JN411823

삶과 죽음, 운명과 마음에 대한
가장 근본적인 질문

삶에 지침서, 문/답

나我를 위해 죽기 전에 알아야 할 것들

천산야 지음

맑은샘

차례

001 신(神)이란 무엇이며 실제 신이라는 것이 존재하는지 궁금합니다

(답) 결론은 세상 사람들이 말하는 신(神)이라는 것은 존재하지 않는다고 해야 맞고 개개인의 의식과 관념에 따라 인위적으로 만들어진 것에 불과합니다. 이것을 이해하기 위해 과거 인간이 지구 상에 존재하며 살아온 과정을 이해해야 하는데 마음이라는 것을 발견하지 못했을 때는 인간도 기타 동물과 같이 단순한 먹이 활동했지만, 마음을 발견하고 난 이후 '나'에 대한 의구심이 있었고, 이것을 기반으로 해서 '인간이 아닌 그 무엇'이라는 것이 있을까를 사상적으로 생각하게 됩니다. 또 하나는 과거 천재지변 기상이변 자연재해 등이 있을 때도 인간은 '그 무엇이 있어서 그렇다.'라고 생각하게 되었는데 이것이 뿌리를 내리면서 오늘날 종교가 만들어지게 된 것입니다.

따라서 국어사전에서 말하는 신(神)은 (1) 종교의 대상으로 초인간적, 초자연적 위력을 가지고 인간에게 화복(禍福)을 내린다고 믿어지는 존재. (2) 사람이 죽은 뒤에 남는다는 넋 등으로 말하는 것은 인간에게 작용하는 빙의 현상을 알지 못했기 때문에 위와 같이 '그 무엇이 있다.'라고 사상적으로 말하는 것에 불과하고 실제 이 세상에는 일반적으로 말하는 '불가사의한 능력을 지니고 자연계를 지배하며, 인류에게 화복을 내린다는 신앙의 대상이 되는 초월적인 존재'라고 하는 것은 사상적인 말이고, 각자의 관념, 신앙에 따라 존재하는 것일 뿐 진리적으로는 이런 존재는 없다고 해야 맞습니다.

그런데 민속, 민간신앙에서도 조상신이라는 말을 많이 하는 데 의미 없고, 어찌 되었든 빙의 작용이 개개인의 의식에 어떻게 작용하는가에 따라 존재하는 허상일 뿐입니다. 만약 여러분 주변에서 누가 어떤 신을 받았다, 신의 계시를 받았다 등등의 말을 한다면 그것은 빙의 현상이라고 정립해버리면 그뿐입니다. 따라서 과거 역사를 보면 무지했던 시기 권력과 부를 가진 사람의 입에서 나는 신의 계시를 받았다고 말을 하는데 이것도 그 사람의 관념 속에서 일어나는 빙의 현상이라고 해야 맞는 말이 됩니다.

또 여러분 꿈에 부처가, 혹은 종교적으로 말하는 신의 형상을 봤다고 하면 그 마음에 빙의가 작용해서 나타나는 현상이라고 치부해버리면 됩니다. 진리적으로 일반 사람들이 말하는 신에 대한 말은 모두 진리 이치에 맞지 않으며 신을 모시고 있다, 장군을 모시고 있다 등등의 말도 그들의 관념에만 존재하고, 바다에 용왕신, 산에는 산신, 부뚜막에는 조왕신, 하늘에는 옥황상제 등등이 있다고 하는 말도 모두 인간의 사상에서 만들어진 말이고, 결국 빙의 작용으로 그런 현상을 그 자신이 느끼는 것이라고 정립해야 맞는 말이 되어서 여러분이 인생을 살 때 앞서 말한 대로 신이라는 것에 마음을 끄달리지 않는 것이 매우 중요합니다.

행여 이런 것이 있다고 여러분 마음이 끄달리면 그 마음에 빙의는 얼마든지 작용할 수 있음을 명심해야 할 것입니다. 따라서 '불가사의한 능력을 지니고 자연계를 지배하며, 인류에게 화복(禍福)을 내린다는 신앙의 대상이 되는 초월적인 존재'라는 것은 실제로 존재하지 않는다고 해야 맞고 또 신(神)과 관련된 무수한 그림, 형상들(천상계에 그 무엇이 있다는 그림 등)도 인간의 사상으로 만든 것이고 실제는 그런 존재는 없습니다. 따라서 여러분이 '신의 말, 신이 한 말'이라는 것을 들어보면 과연 그 말이 전지전능한 말(이치에 맞는 말)인가를 생각해보고 그것으로 신이 존재하는가를 정립해보면 이러한 말들이 얼마나 감성적이고 모순된 것인가를 알게 될 것입니다.

정리하면 방송에서 말하는 흉가에서 귀신이 살고, 영혼이 돌아다닌다는 것 등도 다 잘못된 것이고, 이런 것은 어떤 사람이 어떤 관념에 빠져 있고, 어떤 빙의가 그 사람에게 영향을 주는가에 따라 그렇게 느끼는 것으로 이런 현상을 느꼈다면 그 사람은 심각한 빙의에 시달리고 있다고 해야 맞는 말이 됩니다. 결론적으로 여러분 자신이 진리 이치를 알면 '진리 이치를 아는 자'(신神)가 되는 것이고, 진리 이치를 모르면 귀신(빙의)이 될 수 있어서 이 현실 속 인간사회가 아비규환의 세상이라고 나는 말한 것이고, 종교적으로 무수하게 말하는 그런 존재는 우주 천지에 존재하지 않는다고 정립해야 할 것입니다.

002 절대적인 선(善)과 악(惡)의 기준이 있는지 궁금합니다

(답) 보통 사람이 생각하는 선(善)과 악(惡)의 기준은 있는데 이것은 각자가 가지고 있는 사상, 관념, 이념에 따라 나름대로 선악을 말하는 것이기 때문에 이것으로 선과 악의 기준으로 삼을 수는 없습니다. 그렇다면 공자와 맹자가 말하는 것이 표준이냐의 문제인데 이것

도 절대적인 표준이 될 수 없는데 그 이유는 공자·맹자 등이 말한 것은 최소한의 기준을 제시한 것이기 때문에 그렇습니다. 그래서 질문에 '절대적인 선과 악의 기준'은 진리 이치에 100% 맞는 말이 선이라고 할 수 있고, 100% 이치에 벗어난 말이라면 악이라고 해야 맞는 말이 됩니다.

따라서 세상에 보통 사람들이 말하는 것으로는 절대적인 선과 악을 단정 지을 수 없습니다. 예를 들어 어떤 판사가, 혹은 이름난 사람, 종교의 지도자 등이 말하는 것이 100% 선이라고도 할 수 없는데 그 이유는 아상(我相)의 마음을 가진 인간이기 때문에 선악의 비율이 얼마인가의 정도 차이만 다를 뿐이라고 해야 맞습니다, 과거 선비들이 학당을 차려놓고 선악을 말하기도 했지만 이 역시 그들의 말이 100% 선이라고도 말할 수 없습니다.

그렇다면 종교의 신앙 대상이 되는 자들이 했다는 말이 표준이고 100% 선이리라고 생각할 것인가의 문제인데 그들이 하는 말이 100% 이치에 맞는 말이라면 선의 말이라고 할 수 있을 것이나 그들의 말이 '이치에 100%' 맞는가를 먼저 들여다보고 여러분이 100% 이치에 맞다 아니다를 먼저 정립해보면 됩니다.

그래서 나는 공자, 맹자 등이 한 말이라고 해도 그들의 말이 100% 이치에 맞지 않는 말이기 때문에 그들은 진리를 깨달은 자가 아니라고 말한 것입니다. 사실 부모가 나를 낳았다고 해도 그 부모의 의식이 100% 이치에 맞지 않는다면 부모의 말이라고 해서 다 옳다고 할 수 없다고 말했는데 이같이 보면 이 세상에서 여러분이 믿고 의지할 것은 '이치에 맞는 말'이 기준이 되는 것입니다. 일반적인 사회에서 단편적으로 '절대적인 선(善)과 악(惡)의 기준'이 있는가에 대한 답은 없다고 해야 맞는 말이 되고 다만 선악의 비율(이치에 맞는 말과 맞지 않는 말의 비율을 말함)이 얼마인가의 차이만 있다고 해야 맞는 말이 됩니다.

그런데 과거에는 선의 비율(이치에 맞는 말)이 높았다고 한다면 요즘 세상은 악(이치에 맞지 않는 말)의 비율로 기울어졌기 때문에 세상이 이제 종말을 향해 치닫고 있는 형국이고, 이같이 이치에 맞지 않는 말이 난무한다는 것은 빙의들의 세상이 되어가고 있다는 것을 의미합니다. 빙의들이 난무하면 의식 없는 사람들이 세상에 판을 치는 것을 의미하고 이 개념으로 요즘 세상을 보면 인간들의 의식이 얼마나 흐려 있는가를 알 수 있습니다.

예를 들어 과거에는 앞서 말했지만 '선비'라는 사람이 있었고, 초등학교에 '도덕'이라는 과목이 있었지만 요즘 세상을 보면 선비라는 것도 다 없어졌고, 도덕이라는 과목도 다 사라졌는데 이것은 무엇을 의미하는가를 생각해보면 과거 무지했던 시절이 인간적인 정, 인간성이 더 많았지만, 요즘은 이런 것이 다 사라졌기 때문에 이 세상이 100% 악으로 변하고 있다고 해야 맞는 말이 됩니다.

각자가 하는 행동이 이치에 얼마나 벗어나 있는가를 모른다는 자체가 의식이 흐려졌기 때문이라고 해야 맞고, 이 세상에서 사람들이 하는 행동을 보면 얼마나 잘못되어가고 있는가를 쉽게 알 수 있는데 이것은 양팔 저울과 같이 악이 수면으로 완전하게 다 올라와서 그렇습니다. 따라서 100% 선의 세상이라는 것도 없으므로 종교들이 말하는 극락, 천당이라는 것도 존재할 수 없는데 그들은 자신들이 하는 말에 따르면 천국 세상이 된다고 하니 내가 말하는 것과 그들이 하는 말을 보면 이 세상이 얼마나 모순인가, 종교가 말하는 것이 얼마나 모순인가를 알 수 있을 것입니다.

결론은 100% 이치에 맞는 말이 절대적인 선(善)이라고 이해하면 되고, 인간성을 100% 전부 상실한 사람을 절대적인 악(惡)이라고 정립해야 하는데, 문제는 여러분의 관점에서 100% 선악이라는 것을 쉽게 분별할 수 없다는 것이고 다만 앞서 말했지만, 각자가 가진 관념에서 상대성으로 작용하는 것이기 때문에 그 비율만 다르다고 정립하면 됩니다. 이 개념으로 세상의 모든 사람이 하는 말을 여러분이 반드시 분별할 수 있어야만 내가 하는 말의 깊이를 알게 될 것입니다. 이것을 정립하지 못하면 내가 지금 무슨 말을 하는가를 이해할 수 없고, 그런 마음으로 내가 하는 말을 여러분 관념, 의식에 비추어보면 내 말도 이치에 맞지 않는다고 생각할 수 있어서 각자의 의식이 얼마나 깨어 있는가에 따라 내 말을 받아들이는 것도 다 다르게 생각하게 되어 있다 할 것입니다.

003 모든 인간은 자유의 의지가 있는지 궁금합니다

답 모든 인간 자체가 가지고 있는 기본적인 것 중에 의식주(依食住)라는 것에 대한 욕구는 누구라도 다 가지고 있는데, 이것은 살아있는 생명체라고 하면 생명체의 기본에 해당합니다. 그런데 문제는 이 질문에 대하여 모든 것을 '자유'라는 이름으로 인간 개개인이 요구하는 대로 다 맡기면 안 된다는 데 있습니다. 그 이유는 인간이 가지고 있는 '아상'이 있어서 그런데 거꾸로 말하면 이 마음이라는 것을 갖고 있지 않다면 다른 동물처럼 자신이 먹을 만큼만 먹으면 되지만, 나라고 하는 아상(我相)이 들어가면 앞서 말한 대로 기본적인 의식주(依食住) 넘어 한도 끝도 없는 욕심을 부리게 되어 있어서 그렇습니다.

그 욕심의 결과가 오늘날 심각한 사회문제로 나타나 있는데 안타까운 일이나 문제는 이 지구가 멸하고 다음 지구가 탄생한다고 해도 마음이라는 것을 또 발견하면 오늘날과 같은 결과가 다시 나타나고 이러한 반복도 돌고 도는 윤회라고 해야 맞습니다. 그래서 나는 인간에게는 자유를 주어야 할 것은 자유를 줘야 하겠지만, 인위적으로 통제를 반드시 해야 하는데 이것을 나는 민주주의와 사회주의를 적당하게 섞어야 한다는 논리로 말했는데 이런 통제를 하지 않으면 '인간은 나 잘났다'라는 아상이 하늘을 찌르게 되어 있습니다.

예를 들어 바다에서 고기를 잡는 사람들이 하는 말 중에 '바다가 준 만큼만 잡는다.'라는 말을 많이 합니다. 여러분은 그렇게 말하는 사람은 순리에 따르는 사람이고, 좋은 사람이라고 생각하겠지만 그게 그렇지 않습니다. 바다라는 특수성 때문에 인간이 마음대로 할 수 없는 상황이어서 이런 말을 하는 것이지 만약 인간이 바다를 다 뒤질 수 있는 입장이라면 바다 고기는 씨가 마를 것이고, '바다가 준 만큼만'이라는 말은 하지 않을 것입니다. 그래서 마음을 가진 인간에게는 규제, 통제 등이 적당하게 필요한 것인데 요즘 사회를 보면 개인 이기주의를 앞세워 모든 것에 자유를 달라고 말하는데 만약 그들의 요구대로 모든 것을 다 풀어 자유를 준다면 이 사회는 어떻게 될까를 생각해봐야 합니다.

또 하나는 종교적으로 이 의식주에 대하여 육신 생활을 유지하는데 가장 필요하고 떠날 수 없지만, 의식주보다 더 요긴한 것은 의식주를 만들어 주는 정신의 삼대 요소라는 것이 있다고 말하는데 바로 이것 보고 사상적인 말(이치에 맞지 않는 말)이라고 해야 맞습니다. 그 이유는 단순하게 인간이 기본적으로 가지고 있는 것은 동물학적으로 말해야 하는데 여기에 '삼대 요소'라는 말을 붙여서 말하는 자체는 그 종교의 사상을 개입시켜 내가 말하는 생명체의 '순수한 의식주'와는 맞지 않는 말이 됩니다.

다시 한 번 보면 '의식주란 육신 생활을 유지하는 데 가장 필요하고 떠날 수 없지만, 의식주보다 더 요긴한 것은 의식주를 만들어 주는 정신의 삼대 요소라는 것이다.'라는 말은 인간의 기본 의식주를 말하는 것이 아니라 종교적 사상을 첨가하여 '삼대 요소'라는 것을 붙였기 때문에 사상이 개입된 것이라고 해야 맞습니다.

그래서 종교가 만들어낸 말을 보면 생명체의 기본을 말하는 것이 아니라 인간의 기본에 사상을 첨가해서 한 말이 대부분이고, 인간이 왜 존재하는가의 근본에 대하여 한마디도 말하지 못하고 있으면서 네 가지의 은혜(사은이라고 함)가 있어서 인간은 존재한다고 말하는 것도 이치에 맞지 않으며 인간은 반드시 이치에 맞지 않는 행위가 있고, 그것이 업화(業化)되어 그 업에 의해서 태어나고 그 업의 과보대로 살아가는데 여기에 무슨 은혜라는 말을 붙이는지 모르겠지만 이에 판단은 여러분이 정리하면 됩니다.

004 정해진 운명이란 있는 것인지 궁금합니다

(답) 결론부터 말하면 '운명은 있다'입니다. 이 말은 사람이 태어나서 죽는 것까지 우연이라는 것은 없고, 그렇게 태어나야 하고 그렇게 살다 죽어야 하는 원인이 있어 존재하는 것이고 하나의 인간이 태어나고 죽고는 모두 운명이라는 자연의 섭리, 법칙, 원칙에 따라서 존재하는 것이라는 것이 정답입니다.

따라서 운명을 부정하는 모든 말들은 사실 진리적으로 이치에 맞지 않으며 각각의 사상적 논리에 따라 말을 만든 것이어서 그런 말은 진리적으로는 의미 없다고 반드시 정립해야 합니다. 이것을 바탕으로 종교가 하는 말들을 대입해보면 상당히 모순된 말임을 알 수 있는데 예를 들어 불교에서 말하는 연기법(緣起法)이라는 것은 이것이 있어 저것이 있다는 말인데 그렇다면 이 말대로 내가 이렇게 되어야 할 이유가 있어서 존재하는 의미의 말이 되는데, 문제는 이 연기법을 말하면서 타고난 운명을 부정하고 있으니 이게 이치에 맞는 말인가를 생각해봐야 할 것입니다.

그래서 불교의 말을 보면 십사무기(十四無記)라는 말이 있는데 붓다가 대답하지 않고 침묵한 열네 가지 질문으로써 그 질문을 보면 (1) 세계는 영원한가? (2) 세계는 무상한가? (3) 세계는 영원하면서 무상한가? (4) 세계는 영원하지도 무상하지도 않은가? (5) 세계는 유한한가? (6) 세계는 무한한가? (7) 세계는 유한하면서 무한한가? (8) 세계는 유한하지도 무한하지도 않은가? (9) 여래(如來)는 사후(死後)에 존재하는가? (10) 여래는 사후에 존재하지 않는가? (11) 여래는 사후에 존재하면서 존재하지 않는가? (12) 여래는 사후에 존재하지도, 존재하지 않지도 않는가? (13) 목숨과 신체는 같은가? (14) 목숨과 신체는 다른가? 라는 질문인데 이것을 말하지 못했다는 것은 무엇을 의미하는가를 생각해봐야 할 것입니다.

결국, 이 열네 가지 질문에 여러분의 문제도 다 들어 있는 말인데 핵심이 되는 이 부분을 말하지 못했음은 진리를 알지 못했다고 해야 맞는 말이 됩니다.

그러면서 인연법(因緣法)이 어떻고 연기법(緣起法)이 어떻다고 말하는 것은 모순이 아닌가? 인연이라는 것은 인연의 주체가 되는 것이 반드시 있다는 것을 전제로 해야만 인연법(그러한 인연, 원인이 있어서)이라는 말이 성립됩니다. 또 하나는 앞에 연기법이라는 것도 글자 그대로 '인연이 되었기 때문에' 이생에 만나지는 것이어서 이것은 말 그대로 우연이라는 것은 없습니다. 이성적으로 상대를 만나면 여러분은 '너와 나의 인연'이라고 하거나, 혹은 그렇게 만나야 할 운명이 있다는 식의 말을 하지 않는가? 그런데 불교는 이런 말을 하면서 그렇게 되어야 할 '운명'이라는 것을 인정하지 않고 있는데 여러분은 이 부분 어떻게 생각하는가?

여러분이 마음공부라는 것을 한다고 하면 종교가 하는 말이 뭔가? 또 그 말이 이치에 합당한 말인가를 분별해야 하는데 이 부분도 불교에서는 십사무기를 물어보자 한다는 말이 '이것은 수행에 방해되기 때문에 의미 없다, 분별하지 말라'고 말합니다. 사실 앞에 십사무기와 같은 말속에 있는 것을 여러분은 제일 궁금해하는 부분이 아닌가? 그 이유는 이 열네 가지의 물음 속에 여러분이 알고자 하는 내용이 다 들어 있어서 그렇습니다.

그래서 불교가 하는 말을 들어보면 실체적이고 구체적인 내용은 없고 이런저런 말을 다 끌어다 '이것은 부처가 한 말이다.'라고 사상적인 말을 하는 것이 전부입니다. 다시 말하지만, 연기법을 말하려면 반드시 운명이 있다는 것을 전제로 하고, '그래서 나는 그렇게 존재해야 할 이유가 있어서 존재하는구나'라고 정립해야 하는데 이런 부분이 없으니 고작 해봐야 괴로우면 천도재하고, 기도하면 되고, 나쁜 짓 하지 말고 착한 짓만 해야 한다는 말만 하는 것이 전부입니다.

내가 법을 말하면서 왜 불교 이야기를 하느냐면 다른 종교의 말은 진리와 아무 관련이 없는 사상적인 말이기 때문에 그렇고, 또 불교가 2600년 전 화현의 부처님과 현실적으로나 진리적으로 깊게 관련이 있어서 그렇습니다. 따라서 진리를 깨달으면 십사무기와 같은 내용은 아주 쉽게 말할 수 있는데 이것을 말하지 못했다는 것은 석가를 부처로 만든 사람들 자체가 진리를 깨닫지 못한 자들이었기 때문에 그렇습니다. 결론적으로 타고난 운명은 반드시 존재하고 일반사람들은 이 운명의 흐름대로 한세월 살다가 죽어 갔고, 그 마음에 흔적으로 돌고 도는 윤회를 하고 있다고 해야 이치에 맞는 말이 된다는 것이 결론입니다.

그래서 나 자신이 돌고 도는 윤회(괴로움)에서 벗어나는 것은 결국 진리 이치를 알고 그에 어긋나지 않게 사는 것을 알아야 하고, 이것을 알아가는 과정을 내가 말하는 마음공부라고 하는 것이고, 이것을 알지 못하면 결국 끝없는 괴로움에서 벗어나는 길, 방법은 없다고 해야 맞는 말이 됩니다. 결론은 운명은 존재하지만, 그 운명은 얼마든지 바꿀 수 있다는 것이 진리 이치이며, 이치를 아는 자는 운명을 바꿀 수 있지만, 이치를 모르고 사는 자는 각자의 정해진 운명 길을 가게 되어 있다는 것이 정답입니다.

005 외계인의 허와 실, 외계인이 존재하는지 궁금합니다

답 외계인에 대하여 있다, 없다 등의 논란은 오늘날까지 끊임없이 이어져 오고 있는데 결론부터 말하면 '없다'입니다. 이 부분을 이해하기 위해 우선 온 우주를 뒤져 지구와 같은 행성이 있어야 하는데 분명한 것은 지구와 같이 자연을 가진 행성은 오직 지구가 유일해서 그렇습니다. 그래서 사람들이 있다, 없다고 말하는 논리에 대하여 내가 그런 말을 똑같이 따라서 말하면 한도 끝도 없는 말이 되기 때문에 그렇습니다.

이같이 말하면 사진 등 여러 가지 정황들은 무엇인가의 문제가 남는데 그것은 여러 가지 경우의 수가 있어서 나타나는 현상이라고 해야 맞고, 또 하나는 강대국에서 알 수 없는 비행체의 실험이나 무기와 같은 것을 실험하기 위해, 혹은 우주선과 같은 것 등등이 있을 수 있고, 결론은 일반 사람들이 말하는 외계인이 우주에 산다는 논리는 성립될 수 없습니다.

이와 관련하여 빅뱅이라는 말을 하는데 이 자체도 인간들이 생각, 사상으로 그런 논리를 말하는 것이고 지구 상에 인간이라는 생명체가 존재하기 이전에도 오늘날과 같은 우주는 여여자연(如如自然)하게 무시무종(無始無終)으로 존재하고 있을 뿐이고, 지구 말고 다른 행성에는 일체의 생명체가 없습니다. 그런데 어떤 종교에서는 '과거 · 현재 · 미래를 통하여 영원한 세월에 우주 대자연 그대로 존속해 있다는 말. 우주 대자연 그대로가 여여하다는 말. 곧 진리 그 자체가 불생불멸(不生不滅)하고 부증불감(不增不減)하며 불구부정(不垢不淨) 하다'고도 말하는데 이것은 사상적인 말에 불과할 뿐이고, 진리적으로 의미 없는 말에 불과합니다.

더 말하면 지구 상에 모든 인간이 다 사라지면(지구의 종말) 이 우주가 있는지, 없는지조차도 모릅니다. 이 말은 인간이 지구 상에 살아 있기 때문에 우주를 말하는 것이고, 인간이 없으면 우주도 없는 것이 됩니다. 그래서 진리 이치를 모르면 앞서 종교가 말하는 것과 같은 말만 하게 되어 있는데 어떤 것을 사상으로 이야기하는가에 따라 어리석은 사람들은 그 말에 쉽게 현혹되는 것이고, 결국 십사무기와 같은 것의 실체를 말하지 못하면서 하는 모든 말은 다 의미 없다고 정립하면 됩니다.

'내가 왜 존재하는가?'를 물으니 한다는 말이 '부모가 연해를 해서 너는 존재한다.'라는 말을 하는 종교인데 이 말 한마디 속에는 '진리를 알지 못한다'라는 의미가 숨어 있는 것이 아닌가? 그래서 여러분이 반드시 알아야 할 것이 진리 이치에 맞는 말과 그럴듯하게 들리는 감성적인 말을 반드시 분별할 수 있어야 하는데 이것을 분별하지 못하면 앞서 내가 하는 말이 무슨 의미의 말인가를 모르게 되어 있고, 감성에 빠져 살다가 죽게 되어 있습니다. 결론은 온 우주에 지구와 같은 행성은 없어서 외계인이라는 존재 자체도 없다고 정립하면 됩니다.

지구가 아닌 다른 행성에서 지구를 볼 때 지구에 사는 인간들을 보면 외계인이라고 말할 것인데 그 이유는 지구도 우주 속에 속해져 있는 하나의 행성이기 때문에 그렇습니다. 이런 관점에서 볼 때 자연(自然)이라는 것이 존재하는 행성이 우주 말고 또 있어야 하는데, 없기에 외계인은 존재하지 않는 것이고, 영화에서나 나오는 그런 형상의 외계인은 인간의 머리로 상상해서 만든 것이 전부이며, 이 개념으로 신, 귀신 등과 같은 것도 다 마찬가지입니다.

그래서 나는 마음을 가진 인간 자체가 요물이고 신이며, 귀신이라고 말한 것이고 과거 할머니들이 말했던 것들 또, 종교인들이 말하고 있는 우주라는 것은 그들의 논리를 정당화하기 위한 방법으로 사용하는 것이고, 이에 따라 우주에 그 어떠한 것이 있다.(불교에서 말하는 도솔천이라는 것) 또는 죽어서 간다는 삼계(三界)의 세상 ① 천계(天界) ·지계(地界) ·인계(人界)의 세 세계. ② 중생이 사는 세 세계. 즉, 욕계(欲界) · 색계(色界) · 무색계(無色界). ③ 불계(佛界) · 중생계(衆生界) · 심계(心界).④ 과거 ·현재 ·미래의 세 세계. 삼세(三世)가 있다는 식의 말들은 모두 허황된 말이며, 현실적으로나 진리적으로 이치에 맞지 않는다고 해야 맞는 말이 되고, 이에 따라 빅뱅의 논리도 모두 사람들이 만들어낸 가설(假設)에 불과하다 할 것입니다.

그러니 없는 것, 실체 하지 않는 것을 있다고 믿고 사는 사람들이 넘쳐나는데 그만큼 그들의 의식은 환각 속에 빠져 있다고 해야 맞는 말이 되어서 이 부분 반드시 정립해야 합니다. 죽어서 어디로 우주 어디에 간다고 말하는 논리는 매우 잘못된 감성적인 말에 불과하므로 이런 의식에 빠지면 현실을 똑바로 인식하지 못하고 살아가게 되어 있습니다. 결론은 지구 외에 생명체가 존재하는 곳은 없으며 온 우주를 뒤져봐도 지구와 같은 자연계가 있는 행성은 없다고 해야 맞는 말이 됩니다.

따라서 외계에서 비행물체가 왔다는 식의 말은 실제 외계에서 뭐가 온 것이 아니라 지구 상에서 일어나는 여러 가지 현상이고, 이것은 자연적으로 일어나는 특이한 현상, 또 물리적으로 극비에 만들어지고 있는 비행체 등일 수 있다고 해야 맞습니다. 그래서 영화에서나 볼 수 있는 이상한 형태의 생명체라는 것이 실제 존재한다는 것은 인간의 상상력으로 만들어진 것이 기정사실로 각인되어 있어서 이 부분은 인간의 상상력이 결국 인간을 무의식에 빠지게 하고 있다 할 것입니다. 결론적으로 온 우주를 뒤져봐도 지구만 유일하게 생명체가 살고 있고 다른 행성은 생명체가 없다고 해야 맞는 말이 됩니다.

006 축지법 혹은 시간 이동이 가능한지 궁금합니다

답 사람들이 하는 말대로 시간 이동하기 위해서는 '타임머신'이라는 것이 필요할 것입니다. 이것은 '과거나 미래로 시간 여행을 가능하게 한다.'라는 공상의 기계를 말하며 이 말은 '영국의 소설가 웰스가 지은 공상 과학 소설의 제목에서 나온 말'이라고 말하는데 문제는 질문처럼 현실적으로 시간 여행이 가능한지인데 답은 '불가능하다'입니다. 이 타임머신을 타고 시간 여행을 한다는 말 사람들이 쉽게 말하지만, 이것은 두 가지로 정립할 수 있을 것인데 예를 들어 하나는 현실에 적응하지 못하고 사는 사람들이 현실에서 도피하고자 하는 생각으로 이런 말을 하는 것이고, 다른 하나는 인간의 상상력을 기반으로 호기심으로 이런 것을 말하는 것으로 정립하면 됩니다.

이 개념과 같은 것이 축지법(縮地法)이라고 하는 것인데 이 말은 '땅을 줄이는 법'이란 뜻으로, 사람들은 '같은 거리를 일반적일 때보다 훨씬 빠르게 이동할 수 있게 해 준다는 가공의 기술이다.'라고도 말하는데 현실적으로 인간이 축지법으로 이 산 저 산을 넘나드는 것은 불가능합니다. 그런데도 어떤 정치인이 '나는 축지법을 사용할 수 있다.'라는 말을 하여 사회적 논란이 된 적이 있고, 또 종교 내에서도 어떤 사람들은 이런 것을 할 수 있다고 말하기도 하는데 직설적으로 정신 나간 소리라고 취급해 버리면 됩니다.

인간은 말 그대로 '두 발'을 땅에 두고 걸어 다니는 동물에 불과합니다. 그런데 이런 동물이 새처럼 하늘을 자유롭게 날아다닐 수 있겠는가? 그래서 현실에 적응을 잘하지 못하는 사람들이 상상으로 지어낸 말이 타임머신, 혹은 축지법 등에 관심을 두고 있는데 매우 잘못된 의식입니다. 인생사 복잡하게 사는 사람이 날아다니는 새를 보고, '나도 자유롭게 날아다니고 싶다.'라는 생각하고, 이것은 감옥에 가 있는 사람이 창밖으로 날아다니는 새를 보고 이런 환상을 갖기도 하는데 시간 개념은 물질의 논리로 이야기하는 것이고, 사실 우주를 보면 시간 개념이라는 것 자체가 존재하지 않습니다.

우리가 흔히 '시간은 흐른다.'라는 말을 하는데 이것은 상대성의 개념으로 몸이라는 물질이 늙어가기 때문에 시간은 흐른다, 지나간다고 말하는 것이고, 지구를 포함한 모든 행성은 그 자체로 여여자연(如如自然)하게 존재할 뿐이어서 우주라는 측면에서 보면 시간은 존재하지 않습니다. 만약 시간이 존재한다면 그 시간의 흐름에 따라 우주는 늙어서 없어진다는 논리가 되어서 우주 속에 시간이 있다는 것은 종교적 사상으로 말하는 것이고, 현실에서는 불가능한 것입니다.

그래서 인간이 자연이 있는 지구 상에 살아가는 처지에서 몸이라는 것이 늙어가기 때문에 시간이 있다고 인지하는 것이고, 그 작용을 시계라는 물질로 정해서 숫자로 세고 있는 것일 뿐 우주에서의 시간 개념은 없다고 정립해야 맞습니다. 따라서 죽은 사람도 인간 사회에서 '그 사람은 언제 죽었다.'라고 말하는 것이고, 이에 반해 진리의 기운 자체는 그날이 그날일 뿐이라고 정립해야 맞습니다. 이 말은 죽은 사람으로서는 '나는 몇 년 몇 월 며칠에 죽었다.'라는 것을 모른다는 것입니다.

그래서 우리가 시간을 세는 것은 반복되는 자연의 변화를 물질 이치에서 인간이 시간으로 정리하여 사용하는 것이기 때문에, 달력이라는 것으로 인간의 운명을 말한다는 것 자체도 인위적이지 여여자연하게 존재하는 우주의 입장에서는 맞지 않는 논리여서 사주, 철학과 같은 것으로 인간의 운명을 안다고 말하는 자체는 모순입니다. 사실 이런 부분은 죽은 사람의 마음을 보면 쉽게 알 수 있는데 여러분의 부모가 죽었다고 하면 그 부모의 '참(眞) 나' 자체는 '나는 언제 죽었다.'라는 것을 모릅니다.

다만 '그때'라는 것은 알 수 있는데 이것은 죽은 사람의 '참(眞) 나'의 마음을 알면 쉽게 알 수 있는 부분이지만 죽은 사람 그 자체는 무의식이기 때문에 의식적으로 나는 이때 죽었다고 그 사람 자체가 말하지 않는다는 것입니다. 죽은 사람은 말이 없다고 사람들은 말하는데 이것은 물질적으로 인간이 사라졌기 때문에 누구나 이런 말은 할 수 있지만, 문제는 마음이라는 진리의 기운은 이 자연 속에 남아 있어서 마음의 작용을 알면 죽어 있는 사람의 마음을 알기는 매우 쉽고, 결국 죽은 자는 시간이라는 개념을 알지 못하고 살아 있는 인간만이 각자의 관점에서 시간을 가지고 이런저런 말을 하는 것이 전부입니다.

더 말하면 인생을 사는 처지에서 하루하루가(찰나) 현실 속에서 시간 여행을 하는 것이고 이것 보고 인생 여행이라고 하는 것이지 내가 40년 전으로 되돌아가고 싶다고 해서 그렇게 되는 법은 존재하지 않음에도 입버릇처럼 이런 말 입에 달고 사는 사람들이 상당한데 이것은 현실을 바로 인식하지 못하고, 적응하지 못한 데서 오는 무의식의 행동이라고 해야 맞는 말이 됩니다. 따라서 이 글을 보는 여러분도 이 현실에서 이 시간이, 시간 여행을 하는 것이고, 이것을 떠나 과거, 혹은 미래로 단번에 옮겨지는 시간 여행이라는 것은 없으며, 절대적으로 불가능하므로 여러분 중에 나는 과거 언제 시절로 되돌아가고 싶다는 생각이 든다면 그것은 올바른 생각은 아닙니다.

결론은 질문에도 있지만 '축지법 혹은 시간 이동이 가능한가'에 대한 답은 '불가능하다'로 정리해야 하고 과거부터 전해져 오는 말은 모두 허상이며 허구라고 해야 맞는 말이 되고 손오공에 나오는 말도 역시 소설에 불과해서 그런 것에 마음 끄달리고 사는 것은 올바른 의식은 아닙니다.

007 환경과 유전의 정의. 세상에 태어나면 환경(環境)과 유전(遺傳)의 영향 중 어느 것에 더 영향을 받는지 궁금합니다

답 이 부분을 이해하기 위해서는 '태초'의 개념을 먼저 정립해야 합니다. 태초란 (1) 윤회를 돌지 않고 순수한 물방울에서 처음 인간으로 태어날 때(순수한 태초). (2) 1과 같은 상황에서 태어난 사람이 그 업에 의해서 다시 이생에서 태어나는 경우도 '이생에서의 태초(업에 의해서 태어나는 것)'가 된다고 먼저 정립해야 합니다.

이것을 기반으로 설명하면 (1)의 경우 그 부모가 어떤 성향을 보인 사람이고, 어떤 직업을 가지고 있는가가 중요하고, 그다음 자신이 태어나는 그 주변의 친구나, 사람들의 성향에 따라 그 영향의 모든 것을 받게 됩니다. 결국, 이생에서 태어나는 환경(環境)에 영향을 받아 각자의 본성이라는 것이 만들어지고, 살다가 죽으면 이 본성을 기반으로 해서 돌고 도는 윤회를 하게 됩니다. 그래서 순수하게 태어나는 (1)의 경우에는 환경(環境)에 영향을 받는 것이고, 윤회를 돌다가 태어나는 경우는 환경과 유전(업의 유전을 말함)적인 영향을 받게 됩니다.

이에 따라 이생에 부모가 두 명의 자식을 낳았다고 하면 한 명의 자식은 물방울의 개념에서 태초로 태어난다면 지금 부모의 영향, 태어난 환경(環境)의 영향을 받아 성장하지만, 윤회를 돌다가 지금 부모를 만나 태어났다면 이 자식은 이미 전생에 만들어진 자신만의 본성이 있을 것이고, 이것을 바탕으로 해서 이생에 다시 환경(環境)의 영향을 받기 때문에 이 두 가지 요소가 작용하지만 1의 경우에는 윤회를 돌지 않았기 때문에 전생이라는 것이 없어서 이생에서 부모와 여러 가지 환경에 따라 그 자식의 본성은 만들어집니다.

그래서 윤회를 얼마나 돌았는가에 따라 그 자식의 마음은 고목처럼 단단하게 굳어지게 되지만 윤회를 한번 한 자식은 단단하게 굳어지지 않았기 때문에 나는 이것을 '분재 나무 길들이는 것과 같다'고 말한 것입니다. 어린나무는 쉽게 휘어지기 때문에 그 모양을 쉽게 잡아, 나갈 수 있지만, 세월이 흘러 굳어진 나무는 원하는 모양으로 만들기는 상당히 어렵습니다. 이 개념으로 무슨 말을 하면 잘 따라오는 사람도 있지만, 어긋 거리고 빈정대며 말을 잘 따르지 못하는 사람도 있는데 이것은 앞서 말한 대로 마음이 어떤 마음이고 얼마나 굳어져 있는가에 따라, 그 업이 뭔가에 따라 다 다른 것이고, 아상(我相)이 얼마나 두꺼운가도 다 마찬가지입니다.

나라고 하는 아상은 윤회를 얼마나 어떤 환경에서 했는가에 따라 그 두께가 다 다르고 이런 사람의 마음에는 '순수함'이라는 것은 없다고 해도 무리는 없습니다. 윤회를 한 번 했는지 열 번 했는지에 따라 순수함의 두께는 다 다르다는 이야기입니다. 따라서 윤회를 많이 한 사람이 입으로 '나는 순수하다.'라고 말하는 것은 자신의 이득을 위해 포장된 말을 하는 것이고, 윤회를 많이 한 사람은 닳고 닳은 사람이라고 해야 맞고, 윤회하지 않고 처음으로 태어나는 사람은 비교적 순수한 마음이 많다고 해야 맞는 말이 되어서 이 부분 새겨봐야 할 것입니다.

따라서 질문에 '세상에 태어나면'이라는 말은 순수하게 태초를 말하는 것(물방울의 개념)과 윤회를 돌다가 이생에 태어나는 것, 이 두 가지의 태초 개념을 정립해야 지금 내가 말하는 것이 이해될 것입니다. 또 '환경(環境)과 유전(遺傳)의 영향 중 어느 것에 더 영향을 받는가'에 대한 부분도 순하게 태초에 태어나는 사람은 환경에 영향을 받는 것이고, 윤회를 한 번도 하지 않았기 때문에 유전의 영향을 받지 않고, 이후 윤회하면 환경과 업의 유전 영향을 동시에 받는다고 정립해야 합니다.

지금 현실을 보면 윤회에 돌지 않고 순수하게 태어나는 자식은 없는데 그 이유는 순수하게 드러나야 할 것(재료가 없어서, 지구 종말이 가까워져서)이 없어서 그렇습니다. 그래서 요즘 태어나는 자식들은 대부분 빙의가 다시 인간으로 태어나는 경우가 대부분이고, 또 윤회를 한번 한 사람인지, 열 번 백번 하다가 태어나는 자식인지의 차이만 있어서 이 세상이 갈수록 험악해지는 것입니다. 이런 것은 과거와 오늘날 사람의 마음이 어떻게 변했는가를 보면 쉽게 여러분도 알 수 있는 부분입니다. 그래서 나는 과거에는 인간성이라는 것이 많았지만, 요즘에는 인간성이 거의 다 사라졌다는 논리로 오래전에 말한 것입니다.

그러므로 요즘 세상을 직설적으로 말하면 인간말종들이 넘쳐나는 세상, 빙의들이 설치는 세상이라고 해야 맞는 말이 되는 것이고 종교가 말하는 것의 정반대로 세상이 변하고 있음을 쉽게 알 수 있어서 우주에 극락, 천당, 지옥이 있다는 식의 말이 얼마나 모순되고 허황되며, 꿈같은 말인가를 알 수 있을 것입니다. 종교가 하는 말은 이 현실은 개판으로 살아도 문제 될 것은 없고, 자신들이 말하는 것만 따르면 죽어서 좋은 곳으로 간다는 논리인데 나는 이 현실을 이치에 맞게 살면 그 결과는 이생에서 혹은 윤회하여 다음 생에 태어나도 좋은 환경으로 진급된다는 논리를 말하고 있어서 종교가 하는 말과는 완전하게 다른 논리를 말하고 있는데 이 부분 깊게 새겨봐야 할 것입니다.

현실에서 인간답게 살지 않고 있는 사람이 천당, 극락을 꿈꾸는 것은 의식 없는 것이고, 의식 있는 사람은 오늘 하루를 내가 얼마나 이치에 맞게 충실하게 사는가를 생각하고 사는 사람입니다. 따라서 내 앞길을 스스로가 이치에 맞게 개척하지 못하는 사람이 거창한 꿈만으로 있다면 이 사람의 앞길이 순탄할 것인가를 생각해보라는 이야기입니다. 이것은 진리를 떠나 아주 단순한 논리인데 이 자체도 이해하지 못하고 사는 사람이 허파에 바람이 잔뜩 들어서 이치에 맞지 않게 거창한 꿈을 가지고 자신이 가지고 있는 마음이 옳고, 맞는 것으로 오기, 객기를 부리고 사는 사람 이 세상에 넘쳐납니다.

귀가 뚫려 있는 사람이라면 어떤 말이 맞는가 틀리는가를 객관적으로 듣고 판단해야 올바른 의식이고, 이같이 하는 사람이 삶에 괴로움, 윤회의 괴로움에서 쉽게 벗어날 수 있지 '나 잘났다, 내가 가진 생각과 의식이 맞다'라는 고집으로 사는 사람은 절대 현실적인 괴로움에서 벗어날 수 없다는 것을 명심해야 할 것입니다.

여기서 괴로움이라는 것은 현실에서 고통을 줄여가는 것이고 확대하면 윤회에서 진급하여 결과적으로 생명체로 태어나지 않음을 의미합니다. 그래서 이 부분은 긴 시간 법당에 와서 내 말을 듣는 사람은 스스로가 자신의 환경이 긍정적으로 변했다는 것을 느끼는 것이고 이것을 마음의 변화로 느끼는 진리의 체득이라고 하는 것이고, 나라는 똥고집을 버리지 못한 사람, 나 잘났다고 아상(我相)을 가지고 있는 사람은 내 말 똑같이 들어도 별로 도움이 되지 못할 것입니다.

마음의 변화로 느끼는 체득이라는 것은 오직 여러분 스스로가 체득할 수 있어서 긍정의 변화를 느끼는 사람은 이 법이 얼마나 소중한 것인가를 알기 때문에 환희심이 나는 것이고, 마음에 변화를 느끼지 못하는 아집에 찌들어 있어서 결국 내 말이 무당집에서 하는 말로 생각하게 되어 있고, 단답형으로만 자신을 위해 무슨 말을 듣고자 하는 마음이라고 해야 맞는 말이 됩니다.

따라서 '세상에 태어나면 환경(環境)과 유전(遺傳)의 영향 중 어느 것에 더 영향을 받는지'에 대한 답은 앞서 말한 대로 태초의 개념을 반드시 정립해야 하고 정립된 만큼 내가 말하는 것이 여러분 마음에 자리를 잡게 될 것입니다.

008 사후세계가 존재하는지 궁금합니다

답 일반적으로 모든 사람이 말하는 사후세계라는 것은 여러분이 사는 오늘 이 현실이 사후세계이기 때문에 우주 어디로 간다는 식의 사후세계라는 것은 존재하지 않습니다. 미신적인 시각으로 보면 과거부터 많은 종교에서 사후세계를 믿어왔고 지금도 믿고 있고 이 부분에 관한 말들은 나라마다 다 다릅니다. 아시아에서 음양론적으로는 '죽은 뒤의 혼은 하늘로, 백은 땅으로 들어가 3년간 머무른다.'라고 말하고 있고 특히 '조상신은 후손을 수호한다고 믿고 있으며 죽은 귀신은 죽은 자가 성불하여 사후세계로 간다'라고 믿으며, 성불하지 않은 영혼은 귀신이 되어 구천을 떠돈다고도 말하기도 하고, 또 영혼은 저승으로 들어가 심판받으며 이에 따라 윤회하거나 천국, 지옥 등으로 배정받기도 한다고도 말하기도 하는데 이 모든 것은 불교의 영향이 크다 할 것이나 문제는 이런 말들은 모두 진리 이치에 맞지 않으며 인간들이 사상적이고 감성적으로 만든 말에 불과합니다.

따라서 진리적으로는 모든 생명체가 살아서 움직이는 이 현실에 전생, 이생, 다음 생(三生)의 이치가 다 들어 있어서 그동안 무수하게 죽어간 사람도 우리가 숨 쉬고 사는 이 공간 속에 다 있어서 일반적으로 종교가 말하는 사후세계라는 것은 존재하지 않음을 명심해야 합니다. 사람들이 사후세계를 만들어 놓은 것은 죽음을 극복하고자 하는 인간의 기본적인 욕구 때문에 설정된 것이라고 해야 맞고, 이에 따라 사후세계의 존재는 죽음을 맞이해도 거기서 끝이 아니라 영혼으로써 존재할 수 있다는 전제를 가지게 됩니다.

사후세계에 관한 믿음은 그 자체만으로 사람들이 죽음에 대한 공포를 크게 달래 주는 존재가 되었던 것이 전부이며 죽음으로써 본인의 의식이 아예 끊어지며 세상에서 사라진다는 것에는 많은 이들이 공포를 기본적으로 가지고 있기에 '내가 지금 이 모든 것을 인식하고 있는데 이 의식이 아예 사라진다는 것은 대체 어떠한 것인가?'에 대한 철학적, 혹은 과학적 물음들이 많았고, 어떠한 것도 사후세계만큼 명확한 이미지로 사람들에게 안심을 주는 해답이 나오지 못했기 때문에 이는 사후세계의 개념이 계속해서 사람들에게 추앙받는 이유가 되고 있는데 문제는 여러분이 아는, 종교가 말하는 대로의 사후세계는 존재하지 않습니다.

결국, 이러한 연유로 인간들의 상상으로 꾸며낸 사후세계를 통해 종교를 크게 확장하는 데도 일조했고, 또 '전생에서 지은 죄는 사후세계에서 심판받는다'라고 믿게 하여 사람들에게 도덕적인 행동을 끌어내도록 한 부분은 있을지언정 문제는 이런 세상은 우주 그 어디에도 없다는 점입니다. 일각에서 사후세계라는 것을 명예롭게 싸우다 죽은 전사는 천당에 갈 수 있다고 여겼기에 전장에서도 용기를 잃지 않고 싸울 수 있게 만드는 원동력이 되기도 했는데 문제는 실체 하지 않는 것을 실체 한다고 믿게 만든 종교가 문제이고,

어찌 되었든 좋은 의미로 천상 세계라는 말을 사용한 부분도 있지만, 또 좋지 않은 결과로도 이 말을 사용했는데 죽음 체험, 천국행 티켓 등 종교와 관련된 각종 사기행각이 생기게 되기도 했고, 사후세계에서 보상이 약속되어 있다고 달래어 하찮은 명예를 위해 죽음

을 강요받는 피해자들 또한 발생하기도 했습니다. 더 큰 문제는 극단적인 경우 인간들에 의해 아름답게 꾸며진 사후세계를 너무나 동경하여 자살하거나 다른 이에게 이것을 추천하는 사람들까지도 생겨나는데 안타까운 일입니다.

그래서 앞서 말했지만, 실체 하지 않는 것을 어떤 사상으로 사실화해 가는가에 따라 여러 가지의 부작용이 이 사회에 나타나게 되고 있는데 이런 것은 인간이 사는 현실에서 다 일어나기 때문에 사후세계라는 것은 딴 세상이 아니라 이 현실에 다 드러나 있다고 나는 말한 것이고, 이 중심에는 빙의들이 인간 사회에서 작용하여 나타나는 현상입니다. 인간의 탈을 쓰고 있지만. 그 인간을 움직이는 것이 빙의가 작용하고 있어서 어떤 빙의가 어떤 인간에게 작용하는가에 따라 그들 스스로가 사후세계가 있다고 인간에게 주입 시킨다는 이야기입니다. 그래서 이 현실을 보면 인간의 탈을 쓰고 해서는 안 되는 일들이 벌어지고 있는데 이런 부분이 바로 빙의 작용입니다.

보이지 않지만 죽어서 빙의로 존재하는 그들의 처지에서 그들이 존재한다는 것은 결국 살아 있는 인간의 몸을 이용해서 자신들의 영역으로 인간의 의식을 흐리게 만드는 것이어서 앞서 말한 대로 일반적인 사후세계라는 것은 없으며 어떠한 빙의가 인간에 따라 그들이 신(神)이라는 이름으로 행세하기도 하고, 귀신이라는 것으로 작용하기도 하는데 이 모든 것은 모두 빙의 현상이고 사후세계라는 것은 죽은 사람의 마음이 살아 있는 인간에게 작용하는 것이기 때문에 나는 이 현실이 사후세계이며, 아비규환의 세계라고 말했고, 결국 죽으면 마음만 남고, 그 마음 작용으로 모든 것이 드러나 있는 이 현실이 사후세계라고 말한 것입니다.

우주 어디에 뭔가 있다고 만든 것도 인간(빙의)들이고 이런 것을 만들어 놓고 좋은 일 했으면 편하게 놀고, 나쁜 일 했으면 고통받는 세계로 말하고, 또 사후세계는 인간의 차별이 없고 평등한 이상향으로 그려지기도 하며, 또는 음식을 남기면 그 음식들을 사후세계에서는 그대로 비벼서 준다는 전설처럼 밥을 남기는 아이들을 혼내기 위한 이야기로도 사용하는데 어찌 되었든 결론은 실체 하지 않는 사후세계에 대하여 각각의 입장에 따라 무수한 말을 하고는 있지만. 이 현실을 떠나 무수하게 말하는 사후세계라는 것은 존재하지 않으며 우리가 사는 이 현실의 인간사회가 바로 사후세계이며 삼생(三生)의 이치가 다 들어 있고 이 지구를 떠나 우주를 말하는 것은 모순이라고 정립하면 됩니다.

결론은 지금 여러분의 모습, 환경은 전생에 살았던 그 흔적으로 살고 있어서 이 현실이 사후세계이며 천상 세계라고 해야 맞아서 이 현실을 떠나 별도로 우주 어디에 사후 세계가 있다고 말하는 것은 모순이라는 이야기입니다. 따라서 여러분이 전생을 알고자 하면 지금 여러분이 살아가는 모습과 마음, 각자가 사는 지금의 환경을 보면 여러분 자신이 전생에 어떤 모습으로 어떻게 살았는가를 알 수 있다는 이야기입니다.

009 윤회(輪迴)의 정의. 윤회라는 것이 무엇이며 실제 이 윤회가 있는지 궁금합니다

(답) 윤회(輪迴)라는 말 불교에서 무수하게 하고 있는데 이 말은 불교가 만들어질 때 새롭게 만들어진 말이 아니라 불교 이전에 있었던 「베다」라는 사상 안에 이 말이 있어서 이 윤회라는 말은 석가가 진리를 깨닫고 한 말은 아니라는 점을 먼저 정립해야 합니다. 그래서 윤회라는 것은 수레바퀴처럼 돌고 돈다는 의미인데 문제는 돌고 돈다는 것은 '그렇게 되어야 할 운명, 주관적인 그 무엇'이라는 것이 있음을 전제로 해야 하는데 불교는 세상에 존재하는 모든 것은 무와 공, 죽어서도 무와 공이라고 말하고 있어서 이 개념으로 보면 돌고 돈다는 의미에서 윤회라는 말을 하면 안 되는 것입니다. 이 말 자세하게 생각해보면 윤회의 주체가 되는 본질은 없다는 것을 말하고 있어서 그렇습니다. 그래서 윤회를 말하면서 무와 공을 말하는 자체가 근본적으로 모순입니다.

여러분이 윤회(輪迴)를 이해하기 위해 어제, 오늘, 내일 이 세 가지의 상황을 이해하면 내가 말하는 윤회의 개념을 쉽게 정립할 수 있는데 어제가 있어서 오늘이 있고, 오늘이 있어서 내일이라는 것이 존재하는데 이 중심에는 반드시 '나'라고 인식하는 것이 있습니다. 그런데 불교의 논리라면 어제, 오늘, 내일이라는 것은 모두가 허상이고 무과 공이라는 논리가 되는데 이런 논리가 이치에 맞지 않으며, 윤회를 말하려면 반드시 윤회의 주체가 뭔가를 말하지 못하고 있어서 윤회를 말하면서 무와 공이라는 것을 말하는 것은 앞뒤가 맞지 않는 모순된 말이 되는 것입니다. 말이라는 것은 앞뒤가 맞는 논리여야 하는데 이 두 가지의 논리는 맞지 않아서 이 부분 정립해봐야 할 것입니다.

불교에서 말하는 윤회(輪廻)의 논리를 보면 '이 세상의 온갖 것은 어느 것이나 완전히 없어져 버리는 것이 아니라 수레바퀴가 끝없이 돌고 도는 것처럼 돌아다니게 된다는 뜻. 인생도 이처럼 중생도 해탈을 얻을 때까지 아득한 과거로부터 무한한 미래에까지 각자의 지은 업인에 따라 생사의 수레바퀴를 무시무종으로 돌고 돌게 된다.' 라고 정의하고 있는데 윤회라는 글자의 의미로만 보면 이 말이 맞지만, 문제는 돌고 도는 주체가 되는 것이 뭔가를 말하지 못하고 있다는 점이고, 문제는 이 윤회설은 고대 인도의『우파니샤드』시대로부터 전해 내려와 불교사상의 핵심이 되었기 때문에 윤회라는 말은 불교의 전유물이 아니라는 점이고, 또 이런 말을 하면서 중생은 천도·인도·수라·축생·아귀·지옥의 육도 세계를 끝없이 윤회하게 된다고 말하는데 이 말은 이 현실이 아닌 이 우주 어떤 세상에 이런 곳이 있다고 말하고 있어서 불교에서 윤회와 관련된 모든 말은 앞뒤가 맞지 않는 모순이라 할 것이어서 이 부분 깊게 정립해야 합니다.

이같이 본질을 말하지 못하면서 윤회를 전생(轉生)·재생(再生)·유전(流轉)이라고 하면서 말에 말꼬리를 잡는 말 무수하게 만들어가고 있는데 참으로 안타까운 일이라 할 것입니다. 여러분이 오늘을 살아가는 것은 나라는 의식, 주체가 있어서 사는 것이고, 어제가 있어서 어제의 결과로 오늘을 살아갑니다. 만약 어제가 없다면 오늘이 없는 것이고, 이것을 확대해서 보면 전생에도 '나'라는 의식을 갖고 살아서 그 이치에 따라 오늘 이생에 존재하는 것이 아닌가? 그리고 오늘(이생)이라는 것이 어떻게 만들어지는가에 따라 다음 생이라는 것이 존재하는 것이고, 이처럼 윤회라는 말 아주 간단한 논리로 말하면 되고, 이 중심에는 여러분의 뿌리가 되는 '참(眞) 나'라는 것이 있습니다. 그래서 나는 살아 있는 인간은 '나'라는 아상의 마음이 있고, 그 마음속에는 여러분의 본성, 근본이 되는 '참 나'라는 것이 있다는 말을 한 것이고, 윤회의 주체가 되는 것은 바로 '참 나'의 마음입니다.

따라서 죽으면 '참 나라는 마음(진리적인 기운)'만 남고, 죽으면 나라고 인식하고 살았던 아상의 마음은 몸의 작용이 멈추면 즉시 사라지는 가식적인 마음이라고 정리하면 됩니다. 그래서 이생에 살다가 죽은 여러분의 조상도 이 자연이 있는 이 현실에 다 있어서 아상이라는 마음이 없으면 무의식으로 존재하는 여러분의 조상이 어디에 어떻게 존재하는가는 매우 쉽게 알 수 있다고 말한 것입니다.

이같이 불교는 말도 안 되는 논리를 말하면서 또 하는 말이 육도(六道)라는 말을 하는데 이 말에 의미를 요약해서 말하면 '불교에서 깨달음을 얻지 못한 무지한 중생이 윤회전생(輪迴轉生)하게 되는 6가지 세계가 있다, 죽어서 가게 되는 곳 중에 가장 좋지 못한 곳인 삼악도(三惡道)는 지옥도(地獄道), 그다음이 아귀도(餓鬼道), 축생도(畜生道)이며 삼선도(三善道)는 아수라도(阿修羅道) 또는 수라도, 인간도(人間道), 천상도(天上道)의 여섯 갈래로 갈라져 있다. 이것을 육도(六道)라고 하며 여기에 삼계인 욕계·색계·무색계가 더하여 삼계육도(三界

六道)라고 부른다.'라고 또 다른 세상을 만들어가는데 이러한 말 여러분은 어떻게 생각하는지 모르겠지만, 이 부분 반드시 정립해야 할 것입니다.

결국, 불교는 윤회라는 말을 하면서 무와 공이라는 모순된 말을 하고 앞에 말한 대로 불교 수행을 하지 않으면 육도로 태어난다고 말하면서 자신들이 하는 말을 따르라고 말하는데 매우 잘못된 말이고, 이것은 현실적으로나 진리적으로 이치에 맞지 않는 논리입니다.

내가 말하는 논리는 죽을 때 그 사람이 지금까지 어떤 마음을 만들었는가에 따라 죽음의 순간 무의식에 빠질 때 그 '참(眞) 나'는 그 사람이 죽기 전에 혹은 죽음과 동시에, 죽고 나서 한 참 후에 이미 이 현실에서 다른 몸을 받거나, 빙의가 되어 다른 사람에게 영향을 주거나 아니면 그가 태어날 자리가 나올 때까지 몸을 받지 않거나 합니다. 그러니 죽어서 우주의 어떤 세상에서 육도중 하나로 태어난다는 것 자체는 모순되는 것이고, 내가 말하는 것은 어떤 사람이 죽으면 바로 그 '참 나'는 그가 지은 업 관계 때문에 이 현실에서 다른 생명체로 태어나는 것이고, 이 경우 꼭 인간으로 태어나라는 법은 없습니다. 그 이유는 그 사람이 이생에 어떻게 살았는가에 따라 태어나는 이치가 다 다르므로 그렇습니다. 그래서 누가 죽으면 좋은 곳에서 태어나, 좋은 곳으로 가라고 말하는 것은 지극히 인간적인 감성으로 하는 말이고, 진리적으로 '너는 좋은 곳으로 가라'고 해서 그 말대로 태어나는 것은 아닙니다.

이같이 말하면 여러분 중에는 '수행을 오래 하여 법력(法力)이 높은 사람'이 천도를 하면 되지 않겠는가 하고 말하는 사람이 있겠지만, 문제는 앞서 말했지만, 이치에 반하는 것을 오랫동안 따르면서 수행했다는 자체는 그만큼 잘못된 수행이 되기 때문에 법력이 어떻다는 식의 말을 하는 것은 아무 의미 없어서 이 문제를 가지고 논한다는 것은 의미 없습니다. 따라서 여러분 가정에서 조상이 종교적 어떤 의식을 했기 때문에 우리 조상은 좋은 곳에 갔다고 고집한다면 무명의 존재가 말하는 것 봐야 여러분에게 아무런 의미 없습니다.

그래서 현실적으로 누가 과거에 수행해서 이름 좀 난 사람이라고 하면 여러분은 그런 사람은 윤회하지 않으리라 생각한다면 잘못된 것이고, 마음이라는 것을 알면 여러분이 성인이라고 생각한 사람도 지금 어디서 어떤 윤회를 하고 있는가는 매우 쉽게 알 수 있고, 이 부분을 전무후무한 일이라고 말한 것이니 이 판단은 오직 여러분의 의식으로 정립하는 수밖에 별도리 없습니다.

따라서 종교적으로 육도를 육취(六趣)라고도 말하는데, 마지막의 천상도·인간도는 선취(善趣)이고, 앞의 세 가지 도는 악취(惡趣)가 된다는 말, 또 보통 불경에서는 수라도(修羅道)를 제외한 오도(五道)로 나누기도 하는데, 문제는 불교에서 '중생은 집착과 선업, 악업으로 해탈하지 못하고 육도를 윤회하게 된다'고 말하는 것도 사상적인 말에 불과합니다. 무와 공사상을 말하면서 윤회의 주체가 되는 것이 뭔가도 말하지 못하면서 하는 말이 '과거의 인간이었던 자가 동물이나 벌레로 다시 태어나기도 하고, 벌레였던 것이 인간으로 태어나기도 한다. 중생은 번뇌와 업보에 따라 윤회전생(輪廻轉生)하게 된다'고 하니 안타까운 일이 아닌가?

죽으면 무와 공으로 다 흩어진다는 논리가 불교의 핵심 사상인데 이 개념으로 앞에 말한 것처럼 '인간이었던 자가 동물이나 벌레로 다시 태어나기도 하고, 벌레였던 것이 인간으로 태어나기도 한다.'라고 말하는데 이 한 구절로 불교는 앞뒤가 맞지 않는 모순된 말을 하고 있다고 반드시 정립해야 하고 무수하게 말하는 다른 말들은 다 부질 없는 말에 불과합니다.

010 꿈에 대한 정의. 꿈이란 무엇인지 궁금합니다

(답) 우선 현실 사회에서 꿈에 대하여 뭐라고 정의하는가를 보면, '꿈은 (1) 잠자는 동안에 깨어 있을 때와 마찬가지로 여러 가지 사물을 보고 듣는 정신 현상. (2) 실현하고 싶은 희망이나 이상. (3) 실현될 가능성이 아주 작거나 전혀 없는 헛된 기대나 생각이다.'라고 말하고 있는데 이것은 모두 잘못된 말이어서 이런 말은 아무런 의미가 없다고 정립하면 되고 이와 관련하여 '꿈 해석'이라는 것도 아무 의미 없는 말장난에 불과한데 그 이유는 사람이 인생을 살면서 무수하게 꾸는 꿈을 어떤 사람이 해몽했는가인데 만약 꿈 해석에 나와 있는 글이 맞는다고 하면 그는 진리를 깨달은 자가 되기 때문에 그렇습니다.

꿈은 우연히 꾸어지는 것이 아니라 각자의 마음(진리의 기운)을 바탕으로 꾸는 것이어서 A=A라고 정형화해서 말할 수 없는데 꿈 해석이라는 책으로 정형화해서 말한다는 것 자체가 진리 이치에 맞지 않아서 그렇습니다. 사실 이 글을 보는 여러분도 무수한 꿈을 꾸었을 것이고, 그중에 기억에 남는 것도 있겠지만, 그 꿈을 꾸고 금방 잊어버리는 꿈도 있고, 그 내용 또한 무수하게 많은데. 용이나 돼지꿈을 꾸면 복권을 사고 횡재를 할 수 있는 꿈이라는 식의 논리는 인간들이 만들어낸 말이지 진리적으로 의미 없다는 이야기입니다.

따라서 일반적으로 꿈은 '잠을 자는 수면 중에 뇌 일부가 깨어있는 상태에서 기억이나 정보를 무작위로 자동 재생하는 것이다. 잠꼬대는 수면 중 뇌의 일부가 깨어있어 일어나는 현상이다.'라고 말하는 것도 진리적으로나 현실적으로 맞지 않는다는 것을 반드시 정립해야 합니다.

그렇다면 꿈을 꾸는 것 자체가 무의미한 것인가의 문제인데 그렇지 않습니다. 예를 들어 악몽을 꾸는 꿈이라면 자신의 인생사가 순탄하지 않음을 의미하는데 이것은 본인의 본성에 따라 인생의 흐름을 미리 나타내 주는 일도 있지만, 빙의가 여러분 마음에 들락거리는 것을 의미하는 꿈일 수도 있고, 또 각자의 집안에 혹은 본인과 관련된 주변 문제에 대한 것 등일 수 있어서 앞서 말한 대로 A=A라고 하는 논리는 성립할 수 없어서 정형화해서 말하는 꿈 해석이라는 것은 있을 수가 없다는 이야기입니다.

그런데도 과학적으로 '사람이 잠을 자면 처음엔 NREM(Non-REM) 상태가 되어 총 네 단계를 순서대로 거쳤다가 다시 역순으로 돌아온다. 1에서 4단계로 갔다가 다시 4에서 1단계로 돌아오는 식, 한 사이클에 드는 시간은 약 90분이다. 그 이후 REM(Rapid Eye Movement) 상태로 들어오게 되고, 이때부터 꿈을 꾸기 시작한다. 평균 1~2시간에 한 번의 꿈을 꾸는 셈이라고 말하고 있지만, 이치에 맞지 않는데 그 이유는 마음이라는 것이 현대의학이 아무리 발전해도 과학이라는 논리로 인간의 마음을 해부할 수 없으므로 앞서 말한 과학의 논리는 이치에 맞지 않으며 물질 개념으로 꿈을 정형화해서 말할 수 없다는 것도 정립해야 할 것입니다.

예를 들어 난생처음 보는 풍경을 본 것 같은 꿈도 있을 수 있는데, 이것을 뭐라고 하느냐면 '뇌에 저장된 여러 가지 정보가 섞여 재생되기 때문이다. 예를 들어 살면서 한 번도 볼 일이 없는 풍경으로 사막 한가운데에 서 있는 낡은 탑과 그 인근을 주행하는 경전철이 꿈에 나왔다면, 그것은 이전에 깨어 있는 동안에 본 '탑', '사막', '경전철'에 대한 시각 정보를 각각 따로 뇌에 접수하였다가, 꿈에서 한꺼번에 조합해서 재생한 것이다.'라고 말하는데 그렇다면 이 현실에서 여러분이 한 번도 볼 수 없거나, 혹은 종교에서 말하는 특정한 것을 꿈꾸었다고 하면 이것은 뭐라고 할 것인가의 문제가 남습니다.

그래서 꿈에 대한 무수한 논리들은 모두 이치에 맞지 않고, 나는 꿈에 대하여 정의하기를 '꿈은 차창밖에 스쳐 지나가는 그림과 같은 것이다.'라고 말했는데 이것에 의미는 여러분이 꾸는 꿈은 각자의 운명, 인생과 절대 무관하지 않지만, 현실에서 물질로 보는 것이 아니기 때문에 단답형으로 말하거나 정형화해서 말할 수 없고 문제는 각자의 꾸는 꿈은 여러분의 타고난 운명, 본성, 현재의 삶과 깊게 관련이 있어서 똑같이 돼지가 나오는 꿈을 꾸었다고 해도 '돼지'라는 이름은 똑같지만, 그것을 중심으로 꾸는 꿈의 상황, 내용은 다 다르고 내용이 똑같은 꿈은 없습니다.

이것은 진리의 기운(타고난 운명, 마음)이 작용하기 때문에 그렇고, 이 마음이라는 기운이 제각각 다 다르므로 그렇습니다. 그래서 어떤 사람이 어떤 꿈을 꾸었다고 한다면 반드시 그 사람이 그러한 꿈을 꾸는 것은 그 사람에게 일어날 앞으로의 상황이거나, 아니면 빙의가 그렇게 작용하게 해서 그 사람을 빙의의 수하에 두기 위해 꾸는 꿈일 수 있고, 반대로 어떤 꿈이든 꿈을 꾸지 않는다면 원만한 삶을 살아가고 있다고 이해하면 되지만 문제는 자주 꾸는가, 아니면 어쩌다 한번 꾸는가 등도 다 다르므로 이것은 시시각각 변하는 진리(마음 변화)의 흐름이라는 것을 알면 맞춤식으로 개개인이 꾸는 꿈을 통해 각자의 인생사 흐름을 알 수 있는 것입니다.

결론은 사람이 꾸는 꿈이라는 것은 '진리적인 기운' 작용으로 꾸는 것이고, 이것을 학문으로, 과학으로 해결할 수 없으며 정형화해서 말할 수도 없고, 마음이라는 기운의 작용으로 나타나는 무의식의 기운 작용을 인간이 기억하여 '나는 무슨 꿈을 꾸었다.'라고 인지하는 것이며, 꿈의 정의는 열차를 타고 가면서 차창 밖으로 스쳐 지나는 그림과 같아서 나라는 존재가 있어서 창밖을 보는 것이기 때문에 나와 무관하지는 않다고 정립하면 되고, 이것은 오로지 마음이라는 진리적 기운을 아는 자(진리 이치를 아는 자)만이 해몽을 할 수 있다고 해야 맞는 말이 됩니다. 그 이유는 진리의 기운 작용(빙의 작용)이라는 것은 인간의 지식으로 알 수 있는 부분이 아니어서 시중에 정형화해서 말하는 것은 모두 이치에 맞지 않는다고 정립해야 할 것입니다.

011 의식(意識)과 무의식(無意識)의 차이가 무엇인지 궁금합니다

(답) 글자 그대로 의식(意識)에 대한 말은 '깨어 있는 상태에서 자기 자신이나 사물에 대하여 인식하는 작용, 역사적·사회적으로 형성되는 사물이나 일에 대한 개인적·집단적 감정이나 견해나 사상'이라고 말하고 있고, 무의식(無意識)이라는 말은 '자기의 행위를 자신이 의식하지 못하는 상태, 꿈·최면·정신 분석 등에 따르지 아니하고는 의식되지 않는 상태로, 정신 상태에 영향을 주는 마음의 심층'이라고 되어 있습니다. 이것이 보통 사람들이 말하는 의식과 무의식의 논리인데 문제는 이런 논리만으로 의식, 무의식을 말한다는 것은 잘못된 것입니다. 예를 들어 '사람이 살아서 움직일 때는 의식이 있어서이고, 사람이 죽으면 무의식에 빠진다.'라고 하면 이 말은 쉽게 이해하지 못할 것이고, 앞서 말한 대로 막연하게 '깨어 있는 상태에서 자기 자신이나 사물에 대하여 인식하는 작용, 역사적·사회적으로 형성되는 사물이나 일에 대한 개인적·집단적 감정이나 견해나 사상'이라고만 정리하는 것은 단편적인 논리가 됩니다.

따라서 사람이 깨어 있다고 해서 의식이 있다고 포괄적으로 말할 수는 있겠지만 내가 말하는 의식은 지구 상 모든 인간이 다 다르므로 살아 있다고 해서 앞서 말한 단편적인 논리로 의식이 있다고 말할 수는 없다는 것을 나는 말하고 있어서 보통 사람들이 말하는 논리의 차원을 넘어서 말하고 있어서 이 부분 새겨봐야 할 것입니다. 부모가 자식을 낳았다고 하여 부모와 자식의 의식이 똑같을 수는 없다는 것이 내가 말하는 것이고, 일반적으로 말하는 것은 부모와 자식은 살아서 사물을 인식하기 때문에 다 같은 의식으로 생각하는데 그렇다면 이 논리대로 정신병이 걸린 사람의 의식과 그를 낳은 부모의 의식이 같다는 것이어서 '깨어 있는 상태에서 자기 자신이나 사물에 대하여 인식하는 작용'만 한다고 해서 의식이 있다고 말하는 자체는 모순입니다.

그래서 모든 종교는 '깨어 있는 상태에서 자기 자신이나 사물에 대하여 인식하는 작용'을 다 하고 있으니 모든 인간은 다 똑같다고 말하는 것이고, 나는 의식에 차이는 다 가지고 있어서 인간은 똑같지 않다는 논리를 말하고 있어서 이 부분 정립해보면 일반종교가 말하는 논리와 내가 말하는 것에 차이가 완전하게 다름을 알 수 있습니다. 따라서 역사적이나 사회적으로 형성되는 사물이나 일에 대한 개인적, 집단적 감정이나 견해나 사상이 다 다른데 이것은 의식이 다르므로 제각각의 집단이 형성되어 있는 것이고, 제각각의 종교가 무수하게 널려 있는 것도 종교가 주장하는 의식이 다르므로 그렇습니다. 반대로 모든 사람의 의식이 같다면, 똑같다고 한다면 지구 상에는 하나의 국가만 존재해도 되지만 의식이 다 달라서 그 의식의 집합체로 제각각의 국가가 존재하는 것이고, 축소해보면 가정마다 그 의식이 다 다르므로 보통 사람들이 말하는 의식에 대한 논리는 잘못되었고 이치에 맞지 않는 논리라고 할 수 있을 것입니다.

이글을 보는 여러분도 제각각의 의식이 다 다른데 이것은 마음을 바탕으로 의식은 형성되었기 때문에 온 세상 사람들의 마음도 결국 다 다르다는 것을 알 수 있을 것입니다. 그래서 다 다른 마음을 기반으로 해서 오늘날 역사적·사회적으로 형성되는 사물이나 일에 대한 개인적·집단적 감정이나 견해나 사상이 다른 것이고, 이것을 기반으로 해서 서로 다른 종교가 형성되어 끼리끼리 뭉쳐 있는 것이고, 정치할 때 여당, 야당 등으로 난립하고 있는 것도 결국 의식이 다 달라서 그렇습니다. 따라서 내가 말하는 의식의 논리는 어떤 상황이 일어나면 그것에 대하여 '이치에 맞는 말'을 하는 자가 올바른 의식을 하고 있다고 해야 맞는데 하나의 상황에 대하여 지구 상에 존재하는 80억의 인간의 의식이 다르고, 생각하는 것도 다 다르므로 사전에서 정의하듯이 의식에 대하여 단편적으로 정리한다는 것은 불가능해서 사전적 논리, 종교적인 논리는 이치에 맞지 않습니다.

다시 말하지만 서로 다른 의식으로 각각의 국가가 형성되고 무수한 종교가 만들어졌고, 하나의 가정이 형성되어 있어서 몸은 다 같은 인간의 형상이지만 다 같은 인간은 아니라고 나는 말한 것입니다. 그래서 세상 사람들이 말하는 '깨어 있는 상태에서 자기 자신이나 사물에 대하여 인식하는 작용, 역사적·사회적으로 형성되는 사물이나 일에 대한 개인적·집단적 감정이나 견해나 사상을 말한다.'라는 말 깊게 정립해보면 얼마나 단편적인 말인가를 알 수 있고 내가 똑같은 말을 하는데 이것도 듣는 사람의 의식이 제각각 다 달라서 이해하는 깊이도 다 다른 것입니다.

결국, 크게는 살아 있으면 의식이 있고, 죽으면 무의식이라고 정립해야 맞고 죽은 사람이야 몸이 없으니 의식을 논할 수 없지만, 문제는 살아 있는 사람이 문제인데 그것은 제각각 다른 의식을 하나의 의식으로 통합할 수 없다는 데 문제가 있고, 통합된다면 세상에 전쟁이 일어나지 않으며 여당, 야당으로 나눌 필요도 없고 사회적 혼란도 일어나지 않습니다. 그 이유는 하나의 의식은 이치에 맞는 의식이기 때문에 앞서 여러 가지 형태로 인간 사회가 난립할 수 없으며 결국 이 사회는 평화가 찾아오게 되고, 극락, 천국의 세상이 되기 때문에 그렇습니다.

과연 인간의 의식을 하나로 할 수 있을까? 답은 '없다' 입니다. 그래서 종교가 말하는 평화로운 세상은 절대 이루어질 수 없고, 공산주의와 민주주의라는 것도 결국 어떤 의식을 하고 있는가에 따라 나누어지는 것입니다. 철학에서 의식을 '느끼거나 인식하는 정신 작용'이라고 말하는데 이것도 단편적인 말에 불과하고, 내가 말하는 것은 각자의 마음에 따라 '느끼거나 인식하는 정신 작용'이 다 다르다는 것을 말하고 있으므로, 결국 궁극적으로는 '이치에 맞는 의식'으로 여러분의 의식을 바꾸어가지 못하면 한세월 살아봐야 크게 의미는 없습니다.

따라서 현실적으로는 각자 다른 의식으로 살아가는 것이고, 죽으면 마음을 인식하는 몸이 없으니 무의식에 빠져 있다고 정립하면 됩니다. 또 다른 의미는 살아 있는 인간의 의식이 다 같은 것이 아니라고 해야 맞고, 살아는 있지만, 각자의 의식 속에는 무의식이 포함되어 있다는 것을 반드시 정립해야 하고 의식 속에 무의식을 없애가는 과정에 마음공부이며 운명을 바꾸어가는 것(이치를 바꾸어가는 것)이라고 정립하면 되고 기타 일반적이고 단편적으로 하는 무수한 말들은 의미 없는 말이 됩니다. 따라서 의식과 무의식은 순간 교차 되어 여러분에게 작용하고 있어서 이것은 각자의 마음 상태를 스스로 보면 이해될 수 있는 부분이기도 합니다.

'노망이 들었다.'라는 말도 있고, '내 정신이 아닌가 봐'라는 말도 많이 하는데, 문제는 이같이 나타나는 현실적인 부분은 앞서 말한 대로 어떤 기운(마음)이 어떻게 작용하는가에 따라 이처럼 나타나는 현상은 다 제각각이라는 이야기입니다. 따라서 인간은 진리의 기운을 받고 살아가기 때문에 어떠한 기운이 어떻게 작용하는가에 따라 나타나는 현상도 다 다르고 이것은 각자의 마음을 알면 쉽게 알 수 있는 부분이며, 다른 기운의 영향, 간섭받지 않으려면 나 자신의 의식이 뚜렷해야 하고, 중요한 것은 무조건 아무 의식이나 뚜렷하다고 해서 될 문제가 아니라 이치에 맞는 마음, 의식이 뚜렷해야 하는 것이 중요합니다. 그래서 다 같은 마음을 가지고 살지만, 그 마음이 무슨 마음이고 어떤 것에 영향을 받는가에 따라 의식과 무의식의 차이가 다르고 비율이 달라지게 되어 있습니다. 결론적으로 살아 있다고 해서 인간은 다 같은 의식을 하고 있지 않다는 것은 명심해야 할 것입니다.

012 인간(人間)과 동물(動物)의 차이가 궁금합니다

(답) 동물학적 분류로만 보면 인간도 동물이라고 해야 맞는 말이 되지만 인간과 동물이 다른 것은 마음이 있고 없고의 차이가 다릅니다. 마음이 있어서 인간이라고 하고 마음이 없다고 하면 동물이 되는 것입니다. 그래서 사람이 인간다움의 이성을 잃어버렸다고 하면 금수(동물의 다른 이름)가 되는 것인데 이 개념으로 이 사회를 보면 짐승(금수)만도 못한 행동을 하는 사람이 널려 있다는 것을 알 수 있습니다.

단편적인 예로 자식이 부모를 죽였다거나 위해를 가하거나 하는 행위, 또는 부모가 자식에게 위해를 가하는 모든 행위 등이 그것인데 자식을 낳아서 길거리에 버리는 행위, 재산을 탐내고 부모를 죽이는 행위, 기타의 동물을 잡으면서 시시덕거리고, 장난으로 동물을 학대하는 행위 등등 셀 수 없는 행위들을 스스럼없이 하는 것 자체가 금수만도 못한 행위라고 해야 맞고, 이런 사람은 사실 인간으로서 해야 할 짓은 아닙니다.

앞에 금수(禽獸)라는 말을 했는데 이 말의 의미는 '날짐승과 길짐승이라는 뜻으로, 모든 짐승을 이르는 말이고, 다른 의미는 '행실이 아주 더럽고 나쁜 사람을 비유적으로 이르는 말'이라는 의미인데 문제는 인간으로서 자신이 하는 행위가 행실이 나쁜 행위인가 아닌가를 모르고 산다는 것이 문제입니다. 예를 들어 '남의 은혜를 저버리는 사람은 금수만도 못하다'라고 말하기도 하는데 이 말은 인간으로서의 기본적으로 가져야 하는 '윤리·도덕·양심'을 잃어버렸을 때를 금수만도 못한 인간이라고 하는 것입니다.

또 '행실이 아주 더럽고 나쁜 사람을 비유적으로 이르는 말이다.'라고 하는 말도 자기 행동이 더럽고 나쁜 행위인가도 인지하지 못하고 사는 사람 천지이기 때문에 결국 인간사회에 다 같은 인간의 부류로 모두가 섞여 살지만, 이 인간사회에는 인간이 아닌 금수만도 못한 사람들이 다 섞여 있으므로 나는 우리가 사는 이 현실이 아비규환의 세상이라고 말했고, 종교가 말하는 천당, 극락, 지옥, 육도의 세상이 이 현실에 다 있다는 말을 한 것이어서 이 부분 정립하고 이 세상을 보면 내 말이 맞는다는 것을 알 수 있을 것입니다.

따라서 여러분이 인생을 살아가고 있지만, 인간성, 인간의 기본 양심이라는 것을 잃어버리면, 뭔가를 모른다면 비록 인간의 몸을 갖고는 있지만, 금수만도 못한 행위를 할 수 있다는 이야기입니다. 또 하나는 생명체는 반드시 윤회하는데 이 관점에서 보면 인간이 아닌 다른 짐승으로 태어나는 것도 나도 죽으면 그렇게 태어날 수 있다는 것을 여러분이 인지할 수 있다면 눈에 보이는 짐승에게 금수만도 못한 행위를 하지 않게 됩니다. 그런데 불교를 믿는 사람의 관점에서 윤회라는 말을 믿을 것인데 그렇다면 스스로가 나도 다른 짐승으로 태어날 수 있다는 생각을 가져야 하는데 말로는 윤회라고 하면서 실생활에서는 대하기를 함부로 해도 되는 짐승으로만 생각하고 행동하는 사람들 이 세상에 넘쳐납니다.

그래서 생명체 중에 유일하게 가축을 기르면서 '내 새끼, 내 자식' 이라고 말하면서 마음이 변하면 눈앞에서 '먹잇감'으로 생각하고 마음이 돌변하면 그 자리에서 단번에 잡아먹는 것이 마음을 가진 인간이라고 하는 것이어서 인간이 요물이고 신이고 귀신이라고 나는 말한 것입니다. 많고 많은 짐승 중에 자신이 낳은 새끼를 잡아먹는 동물이 있을까? 그런데 유일하게 인간만이 '내 새끼, 내 자식'을 잡아먹는 것이어서 마음을 잘 사용하면 인간이 되는 것이고, 마음을 잘 사용하지 못하면 '짐승'이 되는 것이어서 인간 자체가 요물이라고 해야 맞습니다.

결론적으로 지구 상에 존재하는 모든 생명체는 큰 틀에서는 '동물' 이라고 존재하는 것이고, 다만 그 부류에 속해져 있지만, 세부적으로는 마음을 가진 동물은 인간이라고 이해하면 되고, 나아가 인간이라는 부류 속에서도 마음을 기반으로 해서 의식이 제각각 다 다르므로 똑같은 인간은 없다고 해야 맞고, 이 개념으로 지구 상에 약 80억의 인간이 있어도 똑같은 모양을 가진 사람은 하나도 없고(물질 개념), 또 의식이 똑같은 사람도 없다고 정리하면 됩니다.

그래서 불교에서 말하는 육도(중생이 업의 원인에 따라 필연적으로 윤회하는 여섯 세계.) 지옥(地獄)·아귀(餓鬼)·축생(畜生)·아수라(阿修羅)·인도(人道)·천도(天道)를 육도(六道)라 하는데 이것은 우리가 사는 이 현실에 크게는 여섯 가지 종류의 인간이 존재하는 것이라고 말을 바꾸어야 화현의 부처님 법에서 이치에 맞는 말이 됩니다.

인간이지만 그 부류는 크게 육도로 나눌 수 있지만, 세부적으로는 80억 개의 부류로 구분할 수 있어서 마음이 똑같고 모양이 똑같은 사람이 없어서 모든 종교가 인간은 위대하고 완벽하다, 동등하다는 식의 논리는 감성적인 말에 불과한 것입니다. 또 하나는 앞서 말했지만, 불교에서는 죽어서 가는 곳에 육도가 있다고 말하는 것이고 나는 이 현실에 육도의 세상이 펼쳐져 있음을 말하는 것이어서 이 부분 정립해야 할 것입니다. 또 육도를 중생이 업의 원인에 따라 필연적으로 윤회하는 것이라는 말을 하면서 윤회의 주체가 없는 무와 공 사상을 말하고 있어서 이 말(윤회)은 무와 공사상에 정면으로 배치되므로 불교의 말은 앞뒤 맞지 않는 말이 상당하고 이런 부분을 여러분 의식으로 정립해보면 불교의 말이 얼마나 모순된 말인가를 알 수 있을 것입니다.

013 사자의 서(書) 죽음 이후. 예전에 티베트 『사자의 서』라는 책을 읽은 적이 있는데 이 책은 죽음 이후에 대해서 어떻게 되는지를 얘기하는데 어떻게 이해해야 하나요?

(답) 결론적으로 『티베트 사자의 서』라는 책은 불교의 말을 기반으로 해서 어떤 사람이 자신의 주장을 말한 것으로 '또 하나의 사상'에 불과하다고 말할 수 있을 것입니다. 그 내용을 보면 '살아 있는 어떤

것도 개별화된 실체를 갖지 않으며, 오직 마음만이 실재한다는 것이다.'를 말하고 있습니다. 그렇다면 마음 작용에 대한 부분을 구체적으로 말해야 하는데 이 부분을 말하지 못하고 하는 말이 '마음과 세계는 분리되어 있지 않으며, 이 세계는 마음의 결과이며 마음 없이는 세계도 없다. 그러므로 소우주적인 마음에 근거한 온갖 환영과 유혹에서 벗어나 벌거벗은 상태의 자기 마음을 앎으로써 자기 너머의 자기에 도달할 수 있다는 것이다.'라는 내용인데 이것은 사상적인 말에 불과하고 진리적으로는 아무런 의미 없습니다.

직설적으로 말하면 '불교의 석가'를 기반으로 해서 무와 공 사상을 기반으로 한 무수한 말은 모두 이치에 맞지 않는 말이 상당하므로 여러분 중에 누구라도 이와 같은 책은 얼마든지 만들 수 있습니다.

따라서 무와 공사 상을 기반으로 해서 깨달음을 말하고 있지만 내가 말하는 깨달음은 '이치를 아는 것'이고, 불교의 말은 깨달음의 상태인 한마음에 이르게 되면 우리가 보고 듣고 경험하는 이 모든 상태가 환영이며 윤회계의 신기루에 지나지 않는다는 불교의 무와 공을 기반으로 해서 하는 말인데 참으로 안타까운 것이 여러분이 듣고 보고, 경험하는 모든 것은 환영(幻影)이라고 해서 모두 허상이라고 말하는데 이 부분은 결국 인간은 모두 허상 속에 살고 있다는 말이 됩니다. 인간은 현실에서 몸이라는 것을 가지고 살지 않는가? 그런데 이 모든 것은 허상이고 환영이라고 한다면 허깨비 같은 세상을 살고 있다는 말이 되는데 여러분은 이 부분 어떻게 정리할 수 있는가?

그래서 나는 인간은 몸(물질 이치)과 마음(진리 이치)이 두 가지의 작용으로 현실에서 존재하고 죽으면 내 마음이라고 인식하는 마음은 없어지지만 나를 존재하게 한 '참(眞) 나'라고 하는 것은 영원히 존재하고, 그 '참 나'로 다시 윤회하는 것이라고 말했으므로 아무것도 없다는 논리로 무와 공을 이야기하고, 현실은 모두 허상이라고 말하는 것은 모순입니다. 그러니 이치에 맞지 않는 논리를 '유명한 누가' 어떤 말을 했다고 하면 여러분은 그 유명세에 이끌려 그런 사람들이 한 말을 사실로 인식하는데 안타까운 일입니다. 예를 들어 이름 좀 알려진 누가 방송에 나와 어떤 화장품이나 제품, 건강식품 등을 광고하면 의식 없는 사람들은 이름난 그 사람이 사용하니 그 제품은 좋은 것, 맞는 것으로 따르는데 매우 잘못된 의식입니다.

이 책의 내용을 보면 '이제까지 우리가 스스로 정확하다고 생각했던 지식들이, 실재에 관한 지식이 아니라 변화무쌍하고 덧없는 환영에 관한 지식이다.'라고 말하는데 이것은 단순한 물질 이치에서 인간이 죽으면 사라지는 것만 단편적으로 말하는 것이고, 또 변화무쌍하다는 것도 물질은 변하기 때문에 이런 논리를 말하지만 내가 말하는 것은 '자연의 법칙, 자연의 섭리'는 어떤 경우도 변하지 않기 때문에 모든 것은 '변화무쌍하고 덧없는 환영이고 허상이고 무와 공이다'라는 식의 말은 진리 이치를 모르는 그 사람의 사상일 뿐입니다.

다시 말하지만, 인간은 분명하게 몸이라는 실체를 가지고 삽니다. 그런데 불교는 '그것들은 실체를 가진 것이 아니라 우리의 무의식 세계가 펼쳐 보이는 환상의 그림자에 지나지 않는다. 나아가 삶과 죽음도 우리의 환영이고, 모습도 색깔도, 우리의 마음까지도 실체 없는 환영의 세계다'라는 논리를 말하는데 이 부분은 논할 가치가 없는 말이라고 정립하면 됩니다.

따라서 지구 상에 존재하는 모든 말은 사실 대부분 사상적인 말이고 수많은 책이 있다고 해도 과학적인 논리에서 사실에 근거한 말과 앞서 말한 대로 전혀 이치에 맞지 않는 논리를 말하는 것, 이 두 가지가 있어서 여러분이 신중하게 책을 봐야 할 것이고, 실제는 오늘날 그 많은 책이 있어도 이치에 맞는 말인가 아닌가를 살펴봐야 하는데 앞서 말한 것처럼 이치에 맞지 않는 책을 보면 여러분의 의식은 반드시 흐려지게 되어 있음을 명심해야 합니다.

그래서 표면적으로 어떤 유명한 사람이 어떤 말을 했다는 것을 먼저 생각하지 말고, 그 사람이 한 말이 한 구절이라도 이치에 벗어난 말이라면 온갖 수식어로 꾸며진 그 사람의 말은 쓸데없는 말이 되는 것입니다. 나는 이 부분을 '흰콩에 검은콩 하나만 섞여도 그 흰콩은 온전한 흰콩이 아니다.'라는 말을 했는데 이것을 대입해서 세상사 모든 말을 보면 얼마나 모순된 말이 많은가를 쉽게 알 수 있을 것입니다. 그래서 질문에 티베트 사자의 서에 있는 '죽음 이후'에 대한 말은 진리적으로 아무 의미 없는 것이고, 석가가 했다는 말을 기반으로 하여 사상적으로 만들어낸 것이어서 진리적으로는 어떤 의미도, 가치도 없어서 이 사람의 말 논할 필요는 없다고 정립하면 됩니다.

검정콩이라는 것이 뭔가 이 사람의 말을 보면 '그것들은 실체를 가진 것이 아니라 우리의 무의식 세계가 펼쳐 보이는 환상의 그림자에 지나지 않는다. 나아가 삶과 죽음도 우리의 환영이고, 모습도 색깔도, 우리의 마음까지도 실체 없는 환영의 세계다'라고 하는 이 논리가 진리 이치에 맞지 않으므로 검정콩이 되는 것이기 때문에 이 말을 여러분이 어떻게 이해하는가에 따라 이 말이 맞는다고 생각할 수 있는데 결론적으로 무(無)와 공(空) 사상을 기반으로 하는 이런 말은 진리적으로는 아무 의미 없으므로 이것을 기반으로 말하는 것에 판단은 각자의 의식으로 알아서 정리하는 수밖에 별도리 없습니다.

014 업연의 시작과 끝. 예전에 친하게 지내던 친구들을 이제는 거의 만나지 못하고 사는데 인연이라는 건 시작과 끝이 있는 건가요?

(답) 이 세상에 존재하는 모든 생명체는 모두 형상(몸-물질 이치)을 가지고 있어서 시작과 끝이라는 것은 반드시 존재합니다. 이에 반해 비 물질로 작용하는 진리의 기운, 인간의 마음이라는 것(참(眞) 나-비물질)은 시작도 끝이 없어서 인간이 존재하는 것은 물질(몸)과 비물질(마음)의 개념을 먼저 정립해야 합니다.

따라서 몸이라는 물질은 인간을 포함하여 살아서 움직이는 모든 생명체에게 해당하는 것이기 때문에 몸이 만들어지고 사라지고의 끝은 분명하게 존재하지만, 자연의 기운이라는 것은 시작도 끝도 없고 여여자연(如如自然)하게 존재합니다. 그러므로 일반적으로 말하는 우주(宇宙)라는 것은 물질이지만 시작도 끝도 없는데 그 이유는 생명체가 없는 순수한 물질이기 때문에 그렇고, 그중에 유일하게 지구만 자연이 있어서 지구 자체는 우주의 개념으로 영구히 존재하지만(물질 이치), 지구 상에 존재하는 생명체는 반드시 시작(태어남)과 끝(죽음)이 공존하기 때문에 이 부분을 확실하게 정립해야 합니다.

이것을 기반으로 지구 상에 존재하는 인간은 '태어나야 할 이유(시작)'가 있어서 존재하고, 존재해야 할 이유가 없으면(끝-죽음) 몸이라는 물질은 사라지게 됩니다. 이 과정에 종교적인 무수한 논리들이 만들어져 있는데 문제는 인간이 태어나고 죽는다는 것은 누구나 말할 수 있지만, 그 과정을 소상하게 말하고 있는 종교는 없습니다. 물론 종교뿐 아니라 철학이나 무속 등도 다 마찬가지인데 그 이유는 생명체가 왜 태어나고(시작), 죽는가(끝)의 과정을 깨달은 사람이 없어서 그렇습니다. 그래서 사상(思想)으로 시작과 끝을 말하고 있는 것이 전부인데 심지어 진리를 깨달았다는 석가의 말을 보면 이 부분에 대한 말이 하나도 없다는 것은 진리를 깨닫지 못해서 그렇다고 해야 맞는 말이 됩니다.

왜 이런 말을 여러분이 기본적으로 알아야 하느냐면 '태어나야 할 이유(시작)'가 있어서 존재하고, 존재해야 할 이유가 없으면(끝-죽음) 몸이라는 물질은 사라지게 된다.'라는 것을 모르면 '인연이 되고 끝이 나는 것'에 대한 말을 할 수 없어서 그렇습니다. 그래서 불교의 말을 보면 무와 공이라고 해서 죽으면 다 없어진다는 논리를 말하는데 이 논리라면 인연의 시작과 끝을 말하지 못하게 되어 있고, 또 운명을 부정하는 처지에서 인연이라는 말을 한다는 자체가 모순되는 것입니다. 불교식대로 말하면 부모가 연애해서 나를 낳은 것이어서 꿈은 이루어지는 것이기 때문에 크고 원대한 꿈을 가지고 살라는 말을 하는 것이 전부이며, 괴롭다고 하면 천도재, 49재, 기도 등을 하면 되고 괴로움은 보살이 알아서 다 해결해준다고 말하는 것이 현실입니다.

불교에 가서 '이 사람과 인연인가?'라는 것을 물으면 사주팔자라는 것을 보면 알 수 있다고 말하고 있는데 사주팔자라는 것으로 인간의 운명을 알 수 있다면 이것은 진리를 깨달았다는 석가보다 한 수 위의 사람이 되는데 석가의 말을 보면 인간이 왜 태어나고 죽는가, 운명은 있는지 없는지 등, 생명체의 본질에 대한 말은 하나도 없는데 여러분은 그 이유를 뭐라고 생각하는가? 이것을 말하지 못했다는 것은 무엇을 의미하는가를 생각해보라는 이야기고, 이 한마디 속에 석가는 진리를 깨달은 자가 아님을 알 수 있을 것입니다.

따라서 질문에 '예전에 친하게 지내던 친구들을 이제는 거의 만나지 못하고 사는데 인연이라는 건 시작과 끝이 있는 건가요?'라는 물음에 인연의 시작과 끝은 반드시 존재한다고 정립해야 하고, 이것은 모든 인간관계를 보면 쉽게 알 수 있는데 불교식대로라면 '없다'라고 말할 것입니다. 그래서 나는 이유 없이 존재하는 것은 하나도 없다고 말한 것이고 존재 이유를 아는 것이 깨달음이라고 말한 것이어서 이 부분 정립해보면 내가 말하는 것이 얼마나 깊은 의미가 있는 말인가를 알 수 있을 것입니다.

015 몸과 마음이 다른 점. 마음도 몸이 늙어감에 따라 같이 늙어가는 건가요?

(답) 나는 항상 물질 이치, 진리 이치 이 두 가지를 말하고 있는데 이같이 보면 인간에게는 몸(물질 이치)이라는 것이 존재하고, 마음(진리 이치)이라는 것이 존재합니다. 따라서 사람들이 흔히 말하는 것 중에 '세월아, 가지 말라, 나를 두고 너만 가라'는 식의 말을 많이 하는데 이것은 매우 잘못된 의식입니다.

그 이유는 우리가 춘하추동이라는 것을 느끼기 때문에 세월도 이같이 가는 것으로 생각하는데 매우 잘못된 것이고, 우리가 사는 이 지구의 환경은 여여자연(如如自然)하게 과거부터 오늘에 이르기까지 변하지 않았습니다. 그래서 변하지 않는 세월이고 오고 감이 없는 세월인데 이 인간만이 유독 세월이 가서 나만 늙는다는 식으로 세월을 원망하는데 안타까운 일입니다.

그래서 마음이라는 이것은 진리의 기운, 자연의 기운이기 때문에 이 자체는 여여자연하게 존재합니다. 살아서 움직이는 모든 것은 시간이 지나면서 몸이라는 물질은 늙는 게 당연하고, 마음이라는 진리적인 기운은 그 자체로 존재하기 때문에 의식 없는 사람들이 세월 타령만 하고 있다고 직설적으로 말해야 할 것입니다. 여러분이 태어나서 성장을 하는 것을 보면 세월이 가서 여러분이 늙는 것이 아니라 몸이라는 물질은 밥을 먹으면 물질 이치에서 자연스럽게 성장을 하는 것이기 때문에 흔히 말하는 '세월이 뒤로 10년만 되돌아갔으면 한다. 그러면 나는 어떻게 더 잘 살 수 있다.'라고 말하는데 이같이 생각하는 것은 의식 자체가 잘못되었습니다.

그래서 나는 태어나면서부터 '현실에 맞게 최선을 다해라.'라는 말을 하는데 이같이 살면 세월 탓을 하지 않게 됩니다. 문제는 인생을 살면서 각자가 최선을 다해 살았다고 말하는 사람도 있겠지만 그렇게 생각하는 것은 그 본인의 입장과 관점일 뿐이고, 그 사람의 삶이 이치에 맞는 삶은 살지 않았다 할 것이어서 이 부분 새겨봐야 합니다. 그러므로 당장 내 앞에 있는 현실에 어떤 것이 최선이고, 나 자신의 이치에 맞는 것인가를 알고 사는 것이 중요하고 이런 관점에서 나는 여러분 개개인에게 현실에서 할 수 있는 최선의 길, 방법을 제시하고 있는데 이런 말에는 관심을 두지 않고 자신의 관념, 생각으로만 인생을 살려고 하는데 어리석은 생각입니다.

각자가 생각하는 것이 맞는다고 한다면 무명의 존재인 내가 말하는 것 봐야 할 필요 없습니다. 그 이유는 스스로 관념, 생각이 맞는다고 하면 그 관념대로 살면 될 것이기 때문에 그렇습니다. 그런데 이제까지 인생을 살면서 그런 마음으로 살았지만 되돌아보면 뭔가의 문제가 있고, 그런 삶이 마음에 들지 않아서 오늘 무명의 존재가 말하는 것에 끄달려 있는 것이고, 그렇다면 내가 가진 관념이 틀릴 수 있다고 인정해야 하는데 아이러니하게 이것은 알량한 자존심 때문에 각자가 가지고 있는 그 관념은 쉽게 버리지 못하고 있는 것이 아닌가? 그러면서 뭔가가 자신의 입맛에 맞게 되어주기만을 바라는 모순된 마음을 대부분 가지고 있다고 해도 과언은 아닐 것입니다.

문제는 여러분이 인생을 사는 과정에서 '나 자신이 가진 마음, 관념, 의식' 등이 잘못되었을 수도 있다는 것을 전제로 하지 않으면 여러분의 마음은 절대로 변하지 않으며, 마음이 변하지 않으면 부처가 아니라 부처 할아버지 혹은 종교적으로 그 어떤 대상이라고 해도 여러분의 이치는 바꿀 수 없다는 점 명심해야 합니다. 그래서 모 종교에서 마음은 우주에 있고, 온 세상에 있고 늘거나 줄지도 않고 등등 무수한 말을 하는데 이것은 잘못된 것이고, 내가 말하는 것은 여러분이 왜 지금과 같은 마음을 갖고, 지금과 같은 환경에서 살고 있고, 누구를 만나고 헤어지고 지금의 부모는 어떠한 인연으로 만나고 죽고를 하는가 등의 전반적인 부분을 구체적으로 말하고 있어서 수박의 속을 모르면서 표면만 가지고 말장난하는 것은 의미 없다 할 것입니다.

빈 수레가 요란하다는 말이 있는데 이 말로 온 세상 사람들이 하는 말을 대입해보면 사실 모두가 여러분 인생에 하나도 도움이 되는 말이 없고, 고작 하는 말이 감성적인 말이 대부분인데 그 차이를 여러분이 정립하지 못하면 결국 의미 없는 허무주의에 빠져 한세월 보내고, 고작 한다는 말이 '세월아! 가지 말라, 안타까운 내 인생 다 늙어간다'라는 말 만하다 죽게 되어 있습니다.

그래서 질문에 '마음도 몸이 늙어감에 따라 같이 늙어가는 건가'에 대한 답은 마음이라는 진리적인 기운은 물질 개념으로 말할 수 없고, 여여자연(如如自然)하게 기운(마음)이라는 것은 존재하고 있으며, 몸이라는 물질은 밥 먹고 사는 생명체라면 그 시작이 있는 것이고 시작이 있다면 반드시 그 끝은 있다고 정립해야 할 것입니다. 이 말은 마음이라는 기운은 비물질이기에 몸처럼 물질 개념으로 사라지지 않지만, 몸은 물질이기 때문에 시작과 끝이 있는 것이라고 정립해야 합니다.

죽은 사람은 몸은 없어지지만, 마음은 남고, 마음 작용을 알면 그 마음이 어디에서 어떤 생명체의 몸으로 태어나는가는 쉽게 알 수 있는 것이며 이것을 아는 것 자체가 전무후무한 일이라고 나는 말한 것입니다. 따라서 질문에 '마음도 몸이 늙어감에 따라 같이 늙어가는 건가'에 대한 답은 물질, 비물질 두 가지의 개념을 정립하면 내가 하는 말이 무슨 말인가를 알 수 있습니다.

016 암놈과 수놈. 생명체는 모두 암놈과 수놈으로 되어 있는데 왜 그렇게 되어 있는 건가요?

(답) 이 세상에 존재하는 생명체는 대부분 질문과 같이 모두 암, 수로 되어 있는가인데 답은 그렇지 않습니다. 사실 인간이 발견하지 못한 부분을 보면 암컷과 수컷이 구분되지 않는 생명체도 무수하게 많고 대표적으로 바이러스 같은 것이 그것인데 어찌 되었든 우리가 일반적으로 존재하는 모든 생명체는 대부분 암, 수로 구분되어 있는데 그 이유는 쉽게 말하면 '종족의 대를 이어가기 위해서'라고 이해하면 되고, 진리적으로는 생명체는 제각각 타고난 업이 다르므로 그 업으로 태어나야 할 자리를 만들기 위해서 종족이라는 대(代)를 이어

가기 위함이라고 이해하면 될 것입니다.

다시 말하면 사람이 죽어 강아지의 몸을 받아야 할 사람이 소나 돼지로 태어날 수는 없으므로 강아지로 태어나야 할 업을 지은 사람은 강아지로 태어나지만, 문제는 세부적으로 어떤 강아지의 종류로 태어날 것인가에 따라 그에 맞는 강아지 종자들이 무수하게 있는 것입니다. 마찬가지로 인간이라고 해도 마음, 환경이 다 다르므로 제각각의 업에 따라 그나마 환경이 좋은 곳에 태어날 수 있고, 혹은 매우 가난하고 환경이 열악한 곳에 태어날 수도 있는데 이 개념으로 보면 지구 상에 약 300여 개의 국가가 있다면 그 나라 중에 각자의 업에 맞는 국가에서 태어나는 것이고, 이에 따라 지구 상에 80억의 인간이 있다면 여러분이 죽어서 80억 중에 하나의 인간으로 태어나는 것이어서 결국 그 업연에 맞는 상대를 찾아 자식을 낳게 되면 죽은 사람은 그 성향에 맞는 사람으로 태어나는데 이것 보고 듣기 좋은 말로 업연(業緣)에 따라 그렇게 되는 것입니다.

이 개념으로 이 글을 보는 여러분도 각자의 업에 따라 그 가정에 맞는 가족으로 존재하는 것입니다. 물론 이 업연이라고 해도 어떠한 업연인가는 개개인의 업이 다르므로 또 다른 이야기가 됩니다. 실제 내가 아는 사람 중에 수십 년 수행하고 살았다는 사람이 죽었는데 이 사람은 아프리카의 아주 빈천한 나라에 가난한 집안에서 태어나 사는 것을 그 사람의 마음(참(眞) 나)을 통해 알 수 있었는데 이 사람이 그렇게 태어난 이유는 살아 있을 때 감성적인 말로 사람들의 의식을 흐리게 한 업(業) 때문에 그 사람이 살아서 지은 업의 결과로 그 사람이 태어나야 할 자리가 만들어지는 것입니다.

왜 이런 말을 하느냐면 지구 상에 유정물(有情物)로 존재하는 숫자는 사실 셀 수 없이 많습니다. 그래서 그중에 각자의 업에 맞는 인과응보로 새롭게 생명체로 태어나기 위한 자리가 필요하므로 결국 업의 대를 이어가기 위해 무수한 생명체가 존재하는 것이고 존재하기 위해서는 씨를 받아야 해서 암수로 존재하는 것이라고 정립하면 됩니다. 사실 극히 일부 생명체는 암수가 정해져 있지 않고 필요에 따라 암수가 바뀌는 것도 있는데 이것을 현실에 대입해보면 중성의 성(性)을 가진 사람들이 애매한 성(性)을 갖고 태어나는 것도 이와 깊은 관련이 있으며 이 부분은 여기서는 생략하지만, 이 말을 새겨보면 이유 없이 존재하는 것이 하나도 없음을 알 수 있을 것입니다.

똑같은 인간의 몸을 가지고 있지만, 성(性)에 대한 본질적인 말은 누구도 명확하게 정리하여 말하지 못하고 있는데 이것은 앞서 말했지만, 생명체의 본질을 알지 못해서 그렇습니다. 그러면서 온갖 감성적인 말만 무성하게 하는 것이 현실인데 안타까운 일입니다.

그래서 질문에 '생명체는 모두 암놈과 수놈으로 되어 있는데 왜 그렇게 되어 있는 건가?'에 대한 답은 대부분은 그렇지만 일부는 그렇지 않다고 정립해야 하고, 다양하게 존재하는 암수는 각각의 업에 따라 그 종자, 종류가 나누어져 있으며, 이 글을 보는 여러분도 죽으면 어떠한 생명체로든 태어나고 있어서 나는 서로 몸의 형태, 생김새는 다른 동물이지만 마음이라는 진리적인 기운은 똑같다고 말한 것이고, 다만 어떠한 마음을 만들어 어떠한 몸을 받을 것인가는 여러분의 의식에 달려 있다 할 것입니다. 이 개념으로 세상에 존재하는 수많은 사람도 부류는 다 같은 인간이지만 그 형태가 똑같은 사람이 하나도 없는데 그 이유는 제각각의 마음이 다르므로 그 마음에 따른 몸을 가지고 있는 것입니다.

그래서 나는 사람의 생김새를 보면 그 사람의 전생을 쉽게 알 수 있고, 이생에 사는 사람도 죽으면 어떻게 태어나는 것인가는 쉽게 알 수 있다고 말했는데 이 개념으로 사람들이 살아가는 것을 보면, 모습을 보면 삼생(三生)의 이치를 다 알 수 있다는 말을 한 것입니다. 그래서 인간은 다 같다고 말하는 일반적인 논리는 동물학적으로 인간의 부류에 속해져 있어서 감성적으로 그리 말하는 것이고, 나는 이 차원을 넘어 모양, 생김새는 다 같은 인간의 형태지만 결코 인간은 다 똑같지 않다는 말을 한 것이어서 이 부분 새겨봐야 할 것입니다.

또 하나는 인간의 성(암컷과 수놈)이라는 것은 영생을 통해서도 변하지 않으며 상대의 성에 집착하게 되면 중성화가 되어 태어날 수는 있다는 것이 진리적 입장이어서 나는 여자가 되고 싶다거나, 남자가 되고 싶다고 해서 근본적으로 성(性)이라는 것이 변해서 태어날 수는 없습니다. 따라서 한번 여자는 영원한 여자이며, 한번 남자는 영원한 남자로 윤회하는 것이 진리적인 입장입니다.

017 인간의 역사와 종교 역사와 종교와의 관계를 알고 싶습니다

(답) 종교가 탄생하게 된 것의 근본은 '인간은 온전하지 않기 때문에 생긴 것이다.'라고 해야 맞고, 온전하지 않기 때문에 인간은 유한성(有限性)을 극복하고자 하는 욕구에서 종교가 만들어진 것이고, 이에 따라 사상적(思想的)인 논리로 무한성(無限性)을 부여하고 있는 것이 종교의 본질이라고 해야 맞습니다. 이 말을 이해하기 위하여 맨 처음 지구라는 땅에 인간이 생기는 과정, 마음을 발견하기까지의 과정, 마음을 발견하고 인간의 욕구, 욕망이 세상에 드러나면서 종교에서 하는 말이 정점에 이르렀고, 오늘날은 종교가 쇠태(衰態)되어가고 있는 것이 현실입니다.

왜 이런 말을 하느냐면 결과적으로 종교라는 것은 인간이 갈망하는 무한성에 대하여 무한성으로 귀결되는 말이 아니어서 사람들은 시간이 지나면서 종교의 말이 허구의 말이라는 것을 알게 되었고, 이것은 과거와 같은 무지의 인간이 아니라 지식(과학)으로 이치에 맞지 않기 때문에 종교를 외면하고 있는 것입니다.

지구가 지각변동을 하고 난 이후 하나둘씩 지구 상에 인간이 피라미드 정점에서 생겨날 때는 사실 마음이라는 것은 몰랐고 알몸으로 살아가면서 일반적인 동물과 같은 행위만 했지만, 점차 시간이 지나면서 마음이라는 것을 발견하게 되고, 이때부터 아랫도리를 가리게 됩니다. 만약 오늘날까지 마음을 발견하지 못했다면 오늘날에도 인간은 다른 짐승처럼 맨몸으로 살아가고 있을 것입니다. 이같이 보면 이 '나'라고 하는 마음을 발견하고 난 이후 급격하게 인간사회는 변화가 일어나게 되고, 앞서 말했지만 가진 자, 부유한 자들은 자신들이 언젠가는 죽는다는 유한성을 알게 되고, 영원히 살고자 하는 무한성을 찾기 시작하고 이에 따라 무수한 사상(思想)들이 세상에 그 모습을 드러내게 됩니다.

따라서 종교를 이해하려면 반드시 앞서 말한 시대적 흐름을 들여다봐야 하는데 예를 들어 인도에서 석가가 진리를 깨달은 자로 태어났다고 하지만 현실에서는 실제 인도의 대표적인 종교는 힌두교(80.5%), 이슬람교(13.4%), 기독교, 시크교, 불교, 자이나교 순서로 되어 있는데 이 말의 의미는 불교 이전에도 수많은 사상이 있었다는 것을 의미하고 또 하나는 석가는 부처가 아님을 나타내는 것이기도 합니다.

만약 석가가 여러분이 아는 바대로 위대하고, 어떤 종교가 말하는 것처럼 전지전능하고 위대하다고 하면 태양은 하나이듯이 종교도 하나만 존재하면 됩니다. 그런데 서로 주장하는 바가 다 다르다는 것은 '하나의 태양'이 아니라는 것이고, 결국 그런 것으로 무한성의 욕구를 충족시키지 못하고 있어서 계속해서 오늘날까지 무수한 말들이 만들어진 것입니다. 그런데 오늘날까지 종교는 무수한 말을 하고는 있지만, 대부분은 과학적으로 그들이 말하는 신비주의라는 것이 허상이라는 것을 지식으로 알게 되면서 요즘 사람들은 종교에 별다른 관심을 두지 않게 되고 쇠퇴의 길에 들어서 있는 것인데, 과거 무지했던 시기에는 권력과 세력을 가진 사람들이 꿈을 꾸고 그것이 맞는다고 어떠한 상징물을 만들면 무지한 사람들은 그들이 하는 말, 사상이 맞는 것으로 믿어왔습니다.

예를 들어 바닷물이 갈라지는 현상도 그 당시에는 과학이 발달하지 않아서 위대한 자의 능력으로 생각했고, 지구가 네모나다고 하는 것도 과학으로 밝혀진 것이기 때문에 이에 대한 그들의 말이 모순이라는 것을 알게 됩니다. 이와 관련된 말은 상당하므로 여러분이 종교가 주장하는 말들을 깊이 생각해보면, 논리적으로 정립해보면 얼마나 허황한 말, 현실에 맞지 않는가를 쉽게 알 수 있습니다.

그렇다면 허황된 말이 뭔가를 보면 탄생에 관한 이야기에서 '석가모니와 예수 모두 태몽을 통해서, 남녀의 동침 없이 잉태된다는 점'이 그것입니다. 이에 대하여 하는 말이 '마야부인이 여덟 가지 계 행을 지키느라고 그의 남편과 동침하지 않고 있었는데, 석가모니가 흰 코끼리가 되어 어머니의 오른쪽 갈비뼈를 헤치고 그 태(胎)안에 들어가는 꿈을 꾸고 잉태된 것으로 불경『본생경(本生經)』에 기록되어 있고,『기독경』 또한 요셉의 태몽에 주(主)위 사자(使者)가 나타나 성령이 임하여 마리아에게 잉태됨을 알린 이후 예수가 태어나기까지 동침하지 않았다.'라고 그들은 말하는데 지금도 이런 말이 사실인 것으로 믿는 사람이 있다는 것이고, 이것은 오랜 시간 인간사회에서 뿌리를 내리고 있는데 안타까운 일입니다.

사실 지식을 배운 사람으로서도 요즘 이런 말이 참인 것으로 믿고 있는 사람이 있는데 그만큼 의식이 흐려 있다는 것을 방증하는 것입니다. 의식이 깨어 있는 사람은 남자, 여자가 관계하지 않고 종교가 말하는 것처럼 임신이 된다는 것 하나만 가지고도 '종교의 말은 허구다'라는 것을 알게 됩니다. 상식적인 것을 단순하게 말하지 않고 종교적 사상을 더하여 그런 종교의 말을 따르면 여러분은 죽지 않고 영원히 살 수 있다는 의식을 갖게 되고 유한성의 인간이 무한성의 꿈을 가지게 됩니다. 그래서 종교가 하는 말은 이치에 맞는 말이 아니라 모든 것에 그 종교가 주장하는 사상을 더하여 인간의 의식을 흐리게 하고 있다고 해도 무리는 없다 할 것입니다.

요즘 어린아이들에게 '임신이 어떻게 되는지 아느냐?'라고 물으면 모든 동물이 그러하듯이 남자 여자가 성관계해야 한다고 말할 것입니다. 그런데 종교의 논리로 '성관계를 하지 않아도 임신이 된다.'라고 말하면 의식이 온전하지 못한 사람이 그 종교를 믿으면 '그렇게 되는가 보다'라고 쉽게 생각하게 되어 있어서 나는 어릴 때부터 종교 사상을 접하게 하는 것은 매우 좋지 않다고 말한 것인데 이 부분 여러분은 어떻게 생각하는가? 다시 말하면 요즘 성교육을 가르치면서 하는 말과 종교가 하는 말은 서로 배치되는 말이고, 두 가지는 완전히 다른 의미의 말인데 이 자체를 분별하지 못한다는 것은 요즘 아이들이라도 그만큼 의식이 흐려 있음을 나타내는 것이 아니고 무엇인가?

다시 하나를 말해보면 '석가는 49일 단식했을 때 마라라는 악령의 시험을 받았다. 예수는 40일간 단식 후 악마에게 시험을 받았다.'라는 말을 하는데 여기서 말하는 '악령(惡靈)'이라는 것이 뭔가의 문제인데 이것은 '좋지 않은 기운'을 의미하고 이것은 진리적으로 '빙의(憑依)' 현상입니다. 이같이 볼 때 과거부터 오늘에 이르기까지 모두 빙의들이 장난하는 것에 끄달려 무수하게 사상적인 말들이 만들어져 와서 오늘에 이르렀다 할 것입니다. 다만 이 같은 말이 시대적으로 혹은 어떠한 부와 권력을 가진 자였는가에 따라 그 말은 세상에서 자리를 잡은 것이고 이같이 해서 이름 좀 알려진 사람이면 그 사람 말이 맞다 생각하고 지난 세월이 흘러간 것이 전부입니다.

그래서 여러분이 학교에서 배우고 있는 모든 말에 대하여 '맞는 말'이라는 생각을 버려야 하는데 물질 이치에서 '임신은 성행위를 통해서 된다.'라고 하는 말과 종교적으로 하는 말이 달라서 단편적으로 학교의 말도 맞고, 종교의 말도 맞는다고 한다면 여러분의 의식은 잘못되게 되어 있다는 이야기입니다. 그래서 이 개념으로 종교의 말은 유한성을 극복하고자 하는 인간의 욕구에서 만들어진 말에 불과하여 진리적으로는 아무런 의미 없다고 정립해야 할 것입니다. 결국, 현실에 적응하지 못한 의식을 가지고 있는 사람들이 이치에 벗어난 것을 마음에 두고 살고 이런 부분은 여러분 주변을 보면 쉽게 알 수 있으며, 내가 말하는 것은 인간은 현실을 사는 동물이지 상상 속에 존재하는 것이 아니므로 이 부분 깊게 새겨봐야 할 것입니다.

결론은 이 사상(思想)이라는 것은 지구 상에 80억의 인간이 존재한다면 80억 개의 사상이 있다는 것이고, 인간의 욕구라는 것도 마음이 다 다르므로 80억 개 이상의 욕구가 다 다르다고 정리하면 됩니다. 그래서 큰 부류에서 종교는 욕구가 비슷한 사람들이 끼리끼리 모여 있는 것이고, 이 개념으로 제각각 다 다른 국가로 형성되어 있는 것도, 축소해보면 하나의 가정도 다 마찬가지고, 사회생활을 할 때도 다들 끼리끼리 모여서 살아가는 것인데 이것은 결국 비슷한 이념, 사상, 마음을 가진 사람들이 모여 사는 것이고 다양한 인간사회에서 종교화되어 오늘에 이르고 있다 할 것입니다.

018 여자, 남자 혹은 중성으로 태어나는 이유는 무엇인가?

(답) 이 세상에 존재하는 모든 생명체는 반드시 암컷과 수컷으로 되어 있거나, 아니면 암수가 구분되어 있지 않지만, 그 어떤 상황에 맞게 암수로 변하는 생명체가 있는데 문제는 보통의 경우 인간의 성(암컷과 수놈)이라는 것은 영생을 통해서도 변하지 않으며 이성적으로 상대의 성에 집착하게 되면 그 정도에 따라 중성화(中性化)가 되어서 태어날 수는 있다는 것이 진리적 입장이어서 '나는 여자가 되고 싶고, 남자가 되고 싶다.'라고 해서 근본적으로 성(性)이라는 것이 변해서 태어나는 예는 없습니다. 따라서 한번 여자는 영원한 여자이며, 한번 남자는 영원한 남자로 윤회하는 것이 진리적인 입장이기 때문에 감성적으로 상대의 성에 호기심을 가진다고 해서 다음 생에 여자, 혹은 남자 등으로 처지가 바뀌어서 태어나는 법은 존재하지 않습니다.

우리가 자연을 보면서 살아가지만, 이것은 눈으로 보이는 물질 이치에서 유정물이든 무정물이 되었든 변화하는 것을 보면서 '자연은 살아 있다'는 식의 생각을 하지만, 정작 무수한 생명체가 제각각 모양을 가지고 살아가는 이유에 대해서 누구도 말하지 못하고 있는 것이 현실입니다. 따라서 무수하게 갖가지 형상으로 존재하는 이유는 윤회하는 처지에서 업(業)이라는 것을 지으면 그 업에 맞게 윤회하게 되기 때문에 그 업에 맞는 자리가 만들어져 있다고 해야 맞고, 이 개념으로 모든 생명체는 피라미드 개념으로 인간 이하의 생명체로 존재하는 것이며, 맨 꼭짓점에 인간으로 태어났다고 하면 이후 앞서 말한 자연 속에 무수한 생명체 중에 하나로 윤회해야 하므로 '그 자리'가 이 세상에 자연스럽게 만들어져 있다는 이야기입니다.

예를 들어 공장에서 어떤 제품을 만들 때 잘못 만들어진 제품은 다시 재활용해서 새로운 제품으로 재사용이 되지만, 만약 재활용할 수 없는 것은 폐기 처분하게 되는데 이 개념으로 인간도 인간이라는 동물로 태어나지만 턱걸이해서 마지못해 인간으로 태어나는 사람도 있는데 이것은 다 같은 인간이지만 '인간만도 못 한 사람'을 보면 내가 말하는 것이 쉽게 이해될 것입니다. 왜 이런 말을 하느냐면 제품 공장에서 평균화되어 일괄적으로 제품 생산하듯이 인간이 만들어진다면 인간의 계층이라는 것이 존재할 수는 없지만 앞서 말한 대로 각자의 업에 따라 인간으로 존재하기 때문에 이 같은 개념으로 보면 '다 같은 인간'이라는 것은 존재할 수가 없는 것입니다. 그래서 지구상에 인간이 80억 명이 있다면 마음이 다 달라서 80억 개의 인간 층이 있다고 해야 맞기 때문에 보통 사람이 말하는 '모든 인간은 평등하다.'라고 하는 말은 모양이 다 같은 인간의 형상, 모습을 하고 있어서 이런 말을 하는 것이고, 실제 진리적으로는 절대 평등하지 않다고 해야 맞는 말이 됩니다.

그래서 윤회가 아닌 새롭게 물방울의 개념에서 처음으로 태어나는 생명체가 어디, 어떤 환경에 떨어지는가에 따라 성별은 진리적으로 자연스럽게 나누어지는 것이고, 이같이 생성된 생명체는 남자면 남자, 여자면 여자의 모습으로 이 세상에 나타나기 때문에 이것은 인위적으로 그 어떠한 존재나, 대상이 이같이 선택하는 것은 존재하지 않으며, 여러분 중에 그 어떤 것이 남자, 여자의 성을 만든다고 생각하고 있다면 대단한 착각을 하고 있음을 명심해야 할 것입니다. 이같이 처음에 무작위로 남녀의 성이라는 것이 정해지면 이것은 영생토록 불변의 원칙에 따라 성(性)이라는 것은 바뀌지 않습니다. 이 개념으로 보면 요즘 사람들은 임신하게 되면 인위적으로 원하는 성을 갖고자 해서 성이 마음에 들지 않으면 낙태라는 것도 하는데 매우 위험한 생각입니다.

과거에 임신하면 생긴 대로 낳았는데 이것은 자연을 따른다, 자연의 섭리에 수긍한다는 의미가 있었지만, 요즘에는 앞서 말한 대로 선택하는 상황인데 바로 이것이 자연의 섭리를 거스르는 행위가 됩니다. 이런 사람이 산에 살면서 '나는 자연에 살고 자연이 주는 만큼만 받는다.' 등의 말을 많이 하는데 참으로 웃기는 상황이 아닌가? 그래서 인간의 오만함이라는 것은 각자 처지에 따라 이 자연이라는 말을 끌어다 자신의 관념, 관점에 맞추어 합리화를 해가는 것이 현실인데 참으로 안타까운 일이라 할 것입니다.

다시 말하지만, 어찌 되었든 이 세상에 남자, 여자의 성을 가지고 태어났으면 이 성별은 절대로 바뀔 수 없다는 것을 정립해야 합니다. 또 하나는 이생에 중성(中性)의 성을 가지고 태어나는 사람이 있는데 이것은 윤회가 아닌 태초의 개념에서는 절대로 만들어질 수 없고 윤회를 돌고 도는 입장에서 상대의 성(性)에 강하게 집착하게 되면 후일에 중성의 성을 가지고 태어날 수는 있습니다. 문제는 중성의 성을 가진 사람, 예를 들어 두 개의 성을 가지고 태어나는 사람이 이생에서 어느 한쪽의 성을 갖고자 한다면 어떠한 성을 선택해야 할 것인가는 그 사람의 태초의 성을 알고 그에 따라야 하고, 만약 이 태초의 성을 따르지 않고 이생에서 다른 성을 선택한다면 그 사람은 진리를 완전하게 거스르는 행위가 될 수도 있어서 그 사람의 마음에 나는 남자, 혹은 여자의 성으로 하고 싶다는 마음이 일어난다고 해서 무조건 그것을 따르면 안 되는데 그 이유는 태초의 성을 반드시 따라야 하기 때문에 그렇습니다.

따라서 그 사람이 윤회하는 입장에서 이생에서 끌리는 그 마음(아상, 의식에 따라)으로 성을 바꾸면 이 사람이 죽어서 결국 자연 속 생명체 중에 중성화의 몸을 가지고 살아가는 생명체의 몸을 받게 되고 알 수 없는 윤회의 고통을 받게 됩니다. 그래서 여러분 중에 '나는 여자가 되어 보고 싶다.'라고 하거나, 혹은 '남자가 되어 보고 싶다'라는 생각에 집착하게 되면 결국 그 마음의 집착에 따라 자연 속 무수한 생명체 중에 하나로 태어나고, 이런 사람이 다시 인간의 몸을 받는다는 것은 매우 어렵습니다. 그래서 중요한 것이 이생에서 남자, 여자로서 주어진 몸을 가지고 이치에 벗어나지 않는 의식을 가지고 살아야 하는데 이게 매우 어렵기 때문에 마음을 이치에 맞게 만들어 가는 과정이 어려운 것이고 운명을 바꾼다는 것은 더더욱 어려운 것입니다.

따라서 시중에서 종교적으로 어떠한 행위를 하면 신령이, 조물주가 산신 할머니 등과 같은 존재가, 혹은 신비하고 영험한 능력을 갖추고 있다는 어떤 형상을 만지면 원하는 대로 자식을 낳을 수 있다고 말하는 것은 모두 허상, 허구이며 남자, 여자의 성별이라는 것은 절대로 바뀌지 않으므로 남자가 여자로, 여자가 남자로 태어났으면 좋겠다고 생각하는 마음 버려야 할 것입니다. 부를 가진 집안에서 특히 남자의 성을 가진 자식이 태어나기를 바라는 것도 부부의 업에 따라 자식의 인연이 맺어지는 것이지 원하고 바란다고 해서 그대로 태어나는 건 아닙니다. 참고로 사업하는 사람의 자식이 아들이 아니고 딸이라고 한다면 그 사업은 그 딸이 대물림할 수는 없는데 그 이유는 만약 아들이라고 한다면 사업을 물려줄 수 있지만, 딸만 있다면 그 사업을 물려준다고 해서 딸이 그 사업을 지속해서 이어가지 못합니다.

이 말은 딸 스스로가 독립적인 사업체를 처음부터 만들어 성공했다면 그 딸은 사업체를 지속해서 운영하겠지만, 부모가 하는 사업을 대물림하는 것은 그 딸의 업으로 사업체를 운영하기 어려운데 이것은 남자, 여자의 본분이 다르므로, 업의 성향이 다르므로 그렇습니다. 자식이 부모가 하는 사업체를 물려받아 잘하기 위해서는 반드시 딸의 업이 부모와 동업(同業)이거나 혹은 같은 성향의 업을 가져야 하는데 전생에 남자 여자가 함께하면서, 같거나 비슷한 동업을 짓기는 어렵기 때문에 그렇습니다. 그래서 진리적으로는 현실에서는 딸이라고 하여 인간적인 관계는 존재하더라도 사업체를 이어받아 운영을 잘할 수 있는가는 진리적으로는 별개라고 해야 맞고, 이 부분에 관한 깊은 말은 여기서 생략합니다.

019-1 장례식의 정의, 장례를 가장 잘 치르는 방법이 무엇인지 궁금합니다

(답) 우선 사람의 몸이 어떻게 구성되는가를 알아야 하는데 사람의 몸은 물질 이치로, 마음은 진리 이치로 구성되어 있습니다. 그래서 인간이 태어날 때는 진리적으로 '나'라는 주관자 적인 의식(진리 이치)으로 이 세상에 태어나는 것이고, 이 기운이 뱃속에서 자리 잡으면 물질 이치에서 세포분열이라는 것이 일어나게 됩니다. 이같이 세포분열이 일어나면 주기적인 생리가 멈추게 되고 사람들은 보통 '잉태가 되었다.'라는 것을 인지합니다.

결국, 진리의 기운 작용(업연에 따름)으로 물질 이치에서 세포분열이 이루어지면서 인간 엄마의 뱃속에서 인간의 형태를 갖추어가게 됩니다. 이같이 세포분열이 되는 것을 현대 과학에서도 말하고 있는데 문제는 하나하나의 세포에도 앞서 말한 주관자 적인 '나'를 기반으로 해서 그와 관련된 업연들이 세포분열 과정에 하나의 식(識)으로 자리를 잡고 또 분열이 이루어지면 개개의 세포 속에는 또 다른 식이 자리를 잡게 되고, 이것은 인간이 뱃속에서 만들어지는 과정에서 죽을 때까지 이루어지게 됩니다. 어릴 때는 나라는 주관자 적인 몸이 만들어져야 하므로 무수한 세포분열이 활발하게 이루어지지만, 어느 시기가 지나면서 삶에 하향곡선을 지날 때, 인생이 저물어가는 시기에는 세포분열이 잘되지 않습니다.

이것을 과일나무에 비유하면 과일나무 열매가 맺히기 전에는 나무가 활발하게 성장을 하지만 열매가 거두어지는 수확기에는 나무의 성장이 둔해지는 것과 이치는 똑같다 할 것입니다. 강아지 때는 그 강아지만의 특성 된 몸을 가져야 해서 성장을 빠르게 하고 이 과정에서 그 강아지에 맞는 세포로 빠른 분열을 하게 됩니다.

이 같은 말이 왜 필요하냐면 모든 인간은 '나'라고 하는 주관자 적인 '참(眞) 나'에 따라 그 '참 나'가 지은 업연으로 세포들이 형성되기 때문에 죽을 때도 나라고 하는 '참 나(여러분의 근본)'가 떠나고 나면 육신의 기운, 빙의의 기운 순서로 몸은 식어가게 되는데 '참 나'는 비물질 이어서 한순간에 떠날 수 있지만 내 몸을 지탱하는 세포는 물질(몸이라는 육신)−비물질(세포마다 존재하는 하나의 참(眞) 나)화로 존재하기 때문에 몸은 '참 나'가 떠나면 물질 이치에 따라서 서서히 몸은 식어갑니다. 정리하면 죽은 사람의 마음은 이 진리 속에 존재하고, 그 마음이 이 세상에 존재해야 할 때가 되면 어떤 사람의 마음을 작용하게 되고, 현실에서 그 '참 나'의 인연에 맞는 부부 사이에서 하나의 자식으로 태어납니다.

이때 새롭게 태어나는 자식은 그 자신이 지은 업에 따른 인연들이 세포분열 과정에서 각각의 자리에 맞는 하나의 세포로 자리하게 되고 몸이 만들어지는 과정에서 인간의 몸은 기본적으로 열(熱)이라는 것이 나게 되어 있고, 기본적으로 인간의 몸에 열은 보통 36도에서 37도 사이라고 알려졌는데 이 같은 열은 세포분열 과정에서 발생하는 것으로써 죽으면 세포에 '참(眞) 나'가 떠나고 나면 분열하지 않기 때문에 몸이 식어가는 것입니다. 결국, 아이 때는 몸이 만들어져야 하므로 급격한 세포 변화가 일어나고 이 과정에서 아이의 몸에 열이 오르락내리락하는 것이고 어느 정도 몸이 성장하면 안정적인 몸 상태가 되는데 죽음에 이르면(보통 말하는 자연사를 말함) '참(眞) 나'가 떠나고 난 사람은 혈액순환이 잘되지 않고 얼굴이 창백해지게 됩니다.

그래서 나이가 들면 추위를 많이 타는 것이고 젊은 사람도 유독 추위를 많이 탄다면 이 사람은 세포분열이 거의 이루어지지 않아서 그렇다고 정리하면 됩니다. 따라서 전생에 어떤 사람이 타인에게 어떤 업을 지었는가에 따라 앞서 말했지만, 인간이 생성되는 과정에서 그 사람의 몸에 일부의 세포로 자리를 잡을 수 있고, 이것은 그 사람에게 암(癌)과 같은 것, 혹은 불치병, 난치병, 아니면 특정 부위에 질환 등으로 작용하게 됩니다. 이 개념으로 어릴 때는 별문제가 없는 아이라고 해도 어느 시점에 되받아야 할 업을 지었다면 그 업은 내 몸에 앞서 말한 특징으로 나타나게 됩니다. 결국 사람이 인생을 살아가는 과정에 누구는 몸을 온전하게 유지하다가 죽는 사람도 있지만, 누구는 살아가면서 여러 가지 특징적인 병(病)으로 고통을 받는다면 그것은 누구 탓을 할 것 없고, 앞서 말한 대로 그 사람이 지은 업에 따른 인과응보로 나타나는 것입니다.

그래서 나는 여러분에게 인간으로 태어났다면 인간으로서의 온전한 몸(육신)을 가지고 살다가 죽는 것만으로 다행스러운 일이라고 한 것이고(물질 이치), 마음을 온전하게 가지고 사는 것(진리 이치)은 최상의 삶이라고 말한 것입니다. 이런 이치를 알면 하나의 인간으로 존재하는 사람의 몸(물질 이치)과 마음(진리 이치)을 보면 그 사람의 삼생(三生)의 이치를 다 알 수 있다고 말한 것이고, 이것을 아는 것 보고 전무후무한 일이라고 말한 것입니다. 그래서 시중에서 사주팔자나 점(占) 같은 것으로 인간의 운명, 혹은 본질을 안다고 말하고 있는 것은 모두 진리적으로는 이치에 맞지 않는 말이어서 이 부분 정립해야 할 것입니다.

따라서 사람의 몸을 구성하고 있는 세포도 그 사람이 지은 업에 따라 구성되게 되어 있어서 나라고 의식하고 있는 기운이 무의식으로 빠지게 되면 몸을 구성하고 있는 세포의 식(識)이라는 기운도 서서히 빠져나가게 되는데 이 과정은 사람이 죽는 순간부터 약 2~3일이 걸리고, 빠져나가는 대로 몸이라는 물질은 서서히 식어갑니다. 사실 이런 부분도 세상에서 내가 처음으로 하는 말이기 때문에 여러분으로서는 생소하게 들릴 수 있지만 보통 사람이 죽으면 삼일장을 치른다, 오일장을 치른다 등등의 말을 하지만 이것은 죽은 사람이 어떤 지위에 있는가, 부를 얼마나 얻었는가에 따라 감성적이고 인위적으로 장사의 날을 정하는 것이라서 의미 없고, 죽은 사람이 있다면 보통 2~3일 동안은 몸에서 식(識)이 다 빠져나갈 수 있도록 가만히 그 사람의 몸을 두고 자연스럽게 몸이 식어갈 수 있도록 하는 것이 좋습니다.

그래서 죽으면 7일장, 오일장 등을 하는 것은 사실 진리적으로 아무 의미 없습니다. 앞서 말했지만 3일 정도가 지나면 몸에 세포가 다 식은 상태이기 때문에 그 송장은 장작개비와 같다는 이야기입니다. 그런데 몸이 다 식지 않은 상태에서 냉동시켜버리게 되면 그 세포의 열은 자연스럽게 식는 것이 아니라 급격하게 인위적으로 식혀버리는 것이어서 그 사람의 세포에는 사실 좋지 않기 때문에 어느 정도는 자연스럽게 몸이 식어가게끔 두는 것이 좋다 할 것입니다. 이 글을 보는 여러분도 집안에서 누가 죽으면 종교의식을 하거나 아니면 민속신앙으로 어떠한 행위나, 의식했을 것인데 문제는 그동안 사람들이 해왔던 의식은 사실 아무 의미 없고 모두 감성적인 행위를 했을 뿐이고, 그렇게 했다고 해서 그 사람은 그들이 말하는 '좋은 곳'으로 갔다고 생각한다면 여러분의 의식은 매우 잘못되어 있음을 알아야 할 것입니다.

죽음의 순서는 '참(眞) 나'가 떠나고, 그다음 육신의 기운, 맨 마지막에 빙의의 기운이 떠납니다. 그래서 살아 있는 사람이라고 해도 여러분에 '참 나'가 떠나면 이미 그 사람은 무의식에 빠져들게 되는데 이 경우 살아는 있다고 해도 산송장이 되는 것입니다. 그래서 여러분은 현실에서 사람이 죽어서 숨을 쉬지 않으면 죽었다고 말하지만 사실 진리적으로는 살아서 숨을 쉬더라도 이미 그 사람에 '참 나'가 떠나기 시작하면 죽음의 길에 들어섰음을 쉽게 알 수 있는 것입니다. 나라는 주관자 적 마음인 '참 나'가 떠나면 나머지 세포는 주인이 없는 집에 머물지 못하기 때문에 세포를 구성하는 식(識)이라는 기운도 그 집을 떠나게 되고 떠나는 시간은 2~3일 정도가 된다는 이야기입니다.

이 모든 것이 떠나고 나면 그 몸은 진리적으로 아무 의미가 없어서 그 몸을 태우던가 땅속에 묻어 버리면 그만이고, 제일 좋은 방법은 태워서 강물이나 산속에 뿌려버리면 되지만 요즘에는 물이 오염된다고 해서 물에 뿌리는 것을 법으로 금지하고 있어서 현실적으로 태워서 산속에 뿌려주는 것이 최선이고, 아무것도 없는 그 몸을 땅속에 묻고 거대한 비석을 세우는 것은 진리적으로 의미 없고, 인간적이고 감성적인 행위에 불과해서 이 부분 생각해보면 여러분이 하는 행위가 진리적으로 아무런 의미 없음을 알 수 있을 것입니다. (2에서)

019-2 장례식의 정의, 장례를 가장 잘 치르는 방법이 무엇인지 궁금합니다.

답 (1에 이어서) 또 다른 것은 보통 공동묘지에 사람을 묻으면 그 송장은 썩게 되어 있고, 이 과정에서 송장이 썩은 물이 땅속으로 스며들게 됩니다. 비가 내리면 빗물이 땅속으로 들어가게 되고, 이 물은 땅속에서 물줄기를 타고 흘러가 결국 지하수가 되고, 이 물은 다시 인간의 입으로 들어가게 됩니다. 과거에는 수돗물이라는 것이 없었고 지하를 조금 파서 물이 고이면 그것을 '우물'이라고 했고 이같이 고인 물을 마셨습니다. 따라서 '지하수는 모두 깨끗한 물이다.'라고 하면 안 되는 것이고, 보이지 않지만 땅 위에서 벌어지는 모든 행위의 결과는 결국 지하로 스며들게 되어 있고, 비가 오면 그 물은 지하로 스며들어 지하의 수많은 물줄기에 따라 결국 인간의 입으로 들어왔던 것을 알 수 있고, 이 개념으로 상수원이라고 해서 물이 고여 있고 이 물은 다시 인간의 입으로 들어오는데 사실 이 물은 세상의 온갖 것들이 다 녹아서 스며든 물이라고 해도 무리는 없을 것입니다.

이 부분은 지구 상에 인간의 숫자가 더 늘어갈수록 심화하기 때문에 결국 지구 상에 인간이 넘쳐나면 넘쳐날수록 지구는 아비규환의 세상이 되는 것이어서 종교가 말하는 극락 천당이 어떻고 살기 좋은 세상이라고 말하는 것이 얼마나 허구인가를 알 수 있을 것입니다. 인간이 인생을 살면서 제일 두려워하는 것이 '죽음'인데 종교는 인간의 이런 심리를 이용해서 죽음에 대한 갖가지 상황을 설정한 것이고, 의지가 약한 인간은 죽으면 위대한 존재가 자신을 어떻게 해준다는 것을 믿는 것이 전부이며, 실제 사람이 죽는 것은 전생에 지은 운명대로 죽게 되어 있고, 이런 부분은 사람마다 운명, 각자가 지어놓은 죽음의 이치가 다 다르므로 우연히 죽는 것은 하나도 없고, 그렇게 죽어야 할 이유가 반드시 있어서 아무리 용을 써봐도 이 흐름은 피해 갈 수 없습니다.

피해 가는 유일한 방법은 진리 이치를 알고 그에 맞는 마음을 만들면 각자의 이치가 바뀌는 것이 제일 나은 방법인데 어리석은 인간은 위대한 존재라는 것을 믿으면 모두 죽어서 좋은 곳으로 간다고 생각하고 있어서 이 부분의 판단은 여러분이 정립하는 수밖에 별도리 없습니다. 결론적으로 인생을 살다가 누구나 다 죽음의 길은 피해 갈 수 없고, 그때가 언제인가는 각자의 업에 따라, 운명에 따라 다 다릅니다. 어찌 되었든 문제는 인간이 죽음의 순서에 이르면 '참(眞) 나'는 떠나고, 육신의 마음, 빙의의 마음 순서로 죽음은 이루어지게 되어 있고, 이 같은 기운이 떠나면 몸을 이루고 있는 세포도 떠나면서 몸은 식어가게 됩니다. 그래서 사람이 죽으면 종교적으로 하는 어떠한 행위는 다 필요 없는 것이고, 죽으면 적당한 자리에 놓고 3일 정도의 시간을 두고 몸이 다 식으면 화장해서 산속 적당한 곳이나 강에 뿌려주는 것이 최선이고 이 과정에 인간적으로 가지는 어떠한 의미는 다 부질없다 할 것입니다.

사람이 잘 죽는 방법은 진리 이치를 알고 죽는 것인데 이것은 살아 있을 때 내가 어떠한 마음을 만들어 가는가에 따라 죽음의 이치는 반드시 바뀌게 되어 있고, 이 과정에 앞서 말한 대로 여러분의 이치는 반드시 바뀌지만, 이것은 여러분이 물질적으로 확인할 수 없으므로 안타까운 일이고, 이것을 알 수 있는 유일한 방법은 여러분이 이 법을 알기 전, 후의 상황을 비교해보면 지금 마음이 편해졌다는 것을 인지한다면 그 자체로 이치는 조금씩 바뀌었다 할 것이고, 이런 것을 통해 여러분 마음이 어떻게 되었는가를 가늠해 볼 수 있습니다. 운명은 정해져 있지만 얼마든지 바꿀 수 있다는 말 깊게 정립해야 할 것이고, 죽음의 이치도 마찬가지로 얼마든지 바꿀 수 있다 할 것입니다. 만약 진리 이치를 모르고 타고난 마음대로 여러분의 인생이 흘러간다면 죽음의 이치, 삶의 이치는 절대로 바뀌지 않습니다. 그래서 이 세상을 살다가 죽어가는 사람을 보면 죽음의 상황이라는 것이 다 다른데 그 이유는 각자가 지은 업이 다 다르므로 그렇습니다.

그래서 진리적으로 죽음은 물질에 비례해서 달라지는 것이 아니라 누구나 가지고 있는 마음이라는 것을 어떻게 만드는가에 따라 변화되는 것이어서 돈 많은 부자가 종교적인 의식을 했다고 해서 죽은 그 사람이 좋은 곳으로 갔다고 생각하는 것은 어리석은 생각이고, 인간적인 감성으로 종교적 의식을 풍족하게 했으니 좋은 곳으로 갔을 거라고 믿는 것이지 진리적으로는 아무 의미 없고 무의미한 행위에 불과한 것입니다. 죽음은 돈이 있고 없고가 중요한 것이 아니라 누구나 마음이라는 것을 가지고 있어서 그 마음에 따라 이루어진다고 해야 진정한 평등이 되는 것이어서 죽음을 가지고 물질로 무수하게 하는 행위는 모두 감성적이고, 진리적으로는 모두 다 쓸데없는 짓이라고 반드시 정립해야 할 것입니다.

이같이 봤을 때 인간이 지구 상에 존재하면서부터 오늘에 이르기까지 얼마나 이치에 맞지 않는 행위를 하고 살았는가를 알 수 있는데 문제는 여러분 중에는 '그러한 행위에 뭔가의 의미가 있어서 사람들이 오늘날까지 그런 행위를 하지 않았는가?'라고 생각할 수 있는데 그런 관념을 버리지 못하면 여러분의 이치는 절대로 바뀌지 않음을 명심해야 할 것이고, 그런 마음이 변하지 않으면 내가 아무리 이치에 맞는 말을 해도 의미 없습니다. 사람이 함께 살아온 세월이 있고, 인간적인 정(情)이라는 것도 있을 것이나, 문제는 그런 것에 너무 집착하면 여러분의 그 마음은 이치에 맞는 마음으로 만들기 매우 어렵습니다. 그래서 나는 죽은 다음 하는 행위는 다 부질없는 짓이라고 한 것이고, 살아 있을 때 서로의 마음을 풀고 살아야 한다고 말한 것입니다. 그런데 여러분 주변에 보면 살아서 온갖 짓을 다 하고 막상 그 사람이 죽으면 땅을 치면서 울고불고하면서 '더 잘해줄 것을'이라는 식의 말을 하는 것을 보는데 바로 이것이 어리석은 사람의 행동입니다.

사람이 살아 있을 때 마음을 풀고 살지 못하면 죽은 다음에 그 어떠한 행위를 하더라도 그 사람의 운명은 바뀌지 않음을 명심해야 합니다. 인간으로 태어나 누구나 한번은 죽게 되어 있는데 죽은 사람 앞에서 한다는 말이 "10년만 더 살다 가지?"라는 말을 쉽게 하는데 그렇다면 10년을 그 사람이 더 산다면 뭐가 어떻게 달라지겠는가를 생각해보라는 이야기입니다. 직설적으로 여러분이 장애가 있는 자식을 낳았다고 하면 겉으로 표현은 하지 않겠지만 '차라리 죽어서 눈에 안 보이면 좋겠다.'라는 생각을 속으로는 대부분 다 합니다.

그래서 부모의 관점에서 부모 자신이 이치에 맞게 살지 않으면서 태어난 자식만 가지고 왈가왈부하며 부모 자신은 아무런 문제가 없는 것으로 생각하는데 안타까운 일입니다. 일단 자식에게 어떠한 장애가 있다고 하면 근본적으로는 부모인 내가 좋지 않은 업(業)을 지었다고 먼저 생각하고 부모 자신의 마음을 되돌아보고 고치는 것이 우선인데 보통 사람들은 이 같은 생각하지 않으며 고작 생각하는 것이 나는 이상이 없고 재수 없어서 저런 자식이 태어난 것으로 생각하는 것이 일반적입니다.

사람이 태어나 인생을 살다가 죽는 것은 반드시 '그렇게 존재하다가 죽어야 할 때'라는 것이 있어서 존재하는 것이고, 이 과정을 아는 것이 '깨달음(진리 이치를 아는 것)'이라고 하는 것입니다. 그래서 죽은 송장을 가지고 울고불고하는 것은 인간적인 감성일 뿐이고, 진리적으로는 살아 있을 때 마음을 풀어야 할 것이고, 이것이 잘 진행되면 이치는 바뀌게 되어 있어서 10년 살 사람이 20년, 30년을 더 살 수도 있다는 것이 진리적인 입장입니다. 죽은 사람의 기일(忌日)을 챙기고 이날만 되면 무덤 앞에 울고불고하는 행위는 감성적으로는 그럴듯해 보이겠지만 의미 없으며 진리적으로는 허튼짓을 하는 것임을 명심해야 합니다.

이러한 행위에 마음을 끄달리면 빙의는 여러분의 그 마음에 쉽게 작용할 수 있어서 살아 있을 때 마음에 흔적을 서로 남기지 않고 살다가 죽는 것이 최상의 삶이라는 점 명심해야 하고 죽음 이후에 어떻게 하는 것은 아무 의미 없으며, 죽고 나면 앞서 말했지만, 세포가 떠나야 할 시간을 주기 위해 2~3일의 시간은 필요하고 이 시간이 지나면 그 몸은 장작개비와 같은 것이어서 화장하여 산이나 강물에 뿌려주는 것이 최선이고, 아니면 땅속에 묻어주는 것이 최선이라 할 것인데 문제는 땅에다 묻어 두면 그곳에 가서 마음을 끄달리게 되는데 이것도 진리적으로는 아무 의미 없다고 정립해야 합니다. 따라서 지금까지 여러분이 죽은 사람을 찾아다니면서 했던 무수한 행위는 진리적으로는 아무 소용이 없는 일이라고 해야 맞고, 다시 말하지만, 감성적인 부분과 진리적인 부분을 구분하는 것이 중요하다는 이야기입니다.

020 의식, 의지로 극복하는 삶. 많은 사람이 모여있는 자리가 있으면 벙어리가 되고 움츠러들 때가 있는데 극복하려면 어떻게 해야 하는지요?

답 세상에 존재하는 모든 사람의 성향, 성격이라는 것은 모두가 다릅니다. 그렇다면 이같이 다 다른 성격은 어떻게 만들어지는가? 분명히 엄마의 배 속에 있다가 세상에 나오는 것은 다 똑같은데 성장을 하면서 제각기 다른 외모를 가지게 되고 또 다 다른 성향으로 변하는데 이것은 우연일까? 아니면 그렇게 되어야 할 이유가 있어서 그런 것인가의 문제인데 결론은 '그렇게 되어야 할 이유가 있어서 그렇다.'라고 해야 맞는 말이 됩니다. 예를 들면 전생에 어떤 지위에 있어 사람을 다스리고 산 사람은 이생에 어떠한 상황에서도 사람을 다스리는 지위에 있게 되고 이런 사람은 다른 사람의 아래서 일하지 못하고, 다른 사람이 하는 것이 마음에 들지 않게 됩니다. 이런 사람은 구멍가게를 하더라도 자신이 직접 뭔가를 해야 직성이 풀리게 되고 남의 아래에 들어가서 지배당하지 않으려 합니다.

이런 부분은 여러분 주변에서도 흔히 볼 수 있는 광경이고, 이 글을 보는 여러분 자신을 생각해보면 어떠한 성향을 보이고 있는가를 알 수 있을 것입니다. 또 누구는 '나는 남의 밑에 가서 일하는 것이 속 편하다.'라고 말하는 사람도 있는데 이처럼 사람마다 다 다른데 그 이유는 전생에 나 자신이 어떤 생활을 하고 살았는가에 따라, 혹은 어떠한 업을 지었는가에 따라서 이생에 이같이 각자의 성향으로 자리를 잡게 됩니다. 그래서 여러분이 알아야 할 것이 '고쳐지는 성향'이라는 것이 있고, 반대로 절대 고쳐지지 않는 성향이 있어 남들보다 내가 못 하다, 미흡하다고 생각되는 것을 남들과 똑같이 하지 못해 스스로 고쳐가고 싶다는 마음만으로 고쳐질 수 없는 부분도 있습니다.

그래서 고칠 수 있는 부분은 부단한 노력으로 고쳐가면 변화되는 부분도 있지만 고쳐가지 못하는 것이라면 '내가 이런 성향을 보였구나.'라는 것을 깨닫고 그 상황에 대처하고 살아가는 것이 깨어 있는 의식이라고 할 수 있습니다. 따라서 어떤 부분에서는 내가 남보다 다른 성향을 보이고 있을 수 있어서 특정한 것을 남과 똑같이 하지 못한다고 해서 기죽을 필요는 없다는 이야기입니다. 회사를 운영하는 사람은 각각이 갖춘 능력이나, 재주를 가진 사람을 그 회사에 맞는 자리에 배치하면 결과적으로 모두의 능력을 다 발휘할 수 있고, 그 회사는 원만하게 운영이 될 수 있으므로, 이런 것을 알고 사람을 다스리는 것이 회사 운영을 잘하는 방법입니다.

마찬가지로 가족이 운영하는 회사이기 때문에 내 자식이 갖춘 능력이 안 되는데 그 자식을 요직에 둔다면 그 회사는 잘 돌아가지 않게 되는데 이 말은 회사란 인간 사적인 인연으로 운영되는 것이 아니라 각자의 능력이 모여 하나의 결과물로 나와야만 원만하게 회사는 돌아갑니다. 물론 이런 부분은 회사의 규모에 따라 다 다르겠지만 큰 회사, 잘되어가는 회사를 보면 그 직원마다 가지고 있는 소질, 능력, 자질이 있어서 그 분야에 맞는 사람을 적재적소에 배치된 것을 볼 수 있는데 이런 사람이 회사 운영을 잘하는 사람이라고 해야 맞고 대기업의 구조를 보면 이와 똑같습니다.

각자가 갖춘 능력을 각자의 자리에서 최대한 발휘하게 그 여건을 만들어 주는 것이 중요하고, 또 개인적인 입장에서 질문과 같이 특정한 부분을 남보다 못한다고 해서 의기소침할 필요는 없고, 그 상황에 맞게 최선을 다하면 되는 것입니다. 그것은 본인이 잘하지 못한다고 하지만 다른 부분은 다른 사람보다 더 잘할 수 있는 것이 있다고 생각하는 것이 중요합니다.

인생을 살면서 모든 것을 자기 마음에 들도록 100% 완벽하게 잘하는 사람은 존재할 수 없고, 사람마다 정도 차이는 다 있는 것인데 이것은 전생에 개개인이 어떻게 살았는가에 따라 남보다 조금 더 두각을 나타내는 예도 있고, 그렇지 못한 예도 있어서 이런 현상은 지극히 당연한 진리의 법칙에 따라 이루어지는 것이어서 이런 것 보고 '자연스러운 현상'이라고 하는 것입니다. 그래서 타고난 소질, 능력, 자질이라는 것도 기본적으로 타고나야 하고, 또 타고났다고 해서(비물질) 자동으로 잘하게 되는 것이 아니라 현실에서 꾸준한 자기 노력이 병행되어야 하므로(물질 이치) 이 두 가지의 이치를 알고 나 자신이 끊임없이 노력하지 않으면 결국 인생의 낙오자가 되는 것이고 남는 것 없이 살아가는 것이 보통 사람들의 인생살이라고 하는 것입니다.

따라서 전생에 어떤 흔적을 남겼는가에 따라 이생에 그것이 특별하게 나타나는 경우가 있는데 이것 보고 '각자의 적성, 타고난 소질, 타고난 능력'이라고 하는 것입니다. 그래서 회사 일을 하는 사람이 회사 내에서 어떠한 부분은 다른 사람보다 잘하는 부분도 있고, 또 어떤 부분은 다른 사람보다 못하는 부분이 있더라도 큰 틀에서는 그런 회사에서 일해야 하는 업이 있어 그런 회사에 근무하는 것이고, 세부적으로 어떤 부분을 못 한다는 것은 큰 업에 하위에 해당하는 것이어서 소소한 부분은 현실적으로 본인이 꾸준하게 개선해가는 노력을 하는 것이 현실적으로 최선입니다. 그래서 질문 같은 경우 발표를 잘하지 못한다면 본인의 관점에서 자존심이 상하겠지만 다른 부분은 다른 사람보다 잘하는 부분이 반드시 있을 것이고, 이런 입장은 본인뿐 아니라 모든 사람이 다 마찬가지입니다.

그러므로 어떤 회사가 되었든, 또는 단체가 되었든 공동체를 보면 제각각 다 다른 능력이나 재능을 가진 사람이 하나의 탑을 만들어가고 있는 것이고 다만 어떤 사람이 어떠한 능력을 갖췄다는 다 다르고 그런 능력들이 모여서 크고 작은 집단으로 이 사회는 구성되어 있습니다. 결론적으로 어떤 분야에서 내가 다른 사람만 못하다고 해서 의기소침할 필요는 없고 부족하다고 생각되는 것은 꾸준하게 노력을 현실로 해가면서 점진적으로 발전시켜가는 수밖에 별도리 없습니다.

021 성욕과 성적인 욕구, 성에 대한 집착. 이성에 대한 집착에서 벗어나려면 어떻게 해야 하는지 궁금합니다

답 이 성(性)에 대한 부분은 인간이 지구 상에 존재하면서부터 오늘날까지 무수한 말들이 있었고, 앞으로 지구가 멸하는 날까지, 남자 여자가 존재하는 한 이 성에 대한 부분은 이어져 갈 수밖에 없습니다. 따라서 무수한 말을 해야지만 여기서는 간략하게 진리적인 부분을 말하면 다음과 같습니다. 인간이나 동물이나 상대의 이성을 보면 기본적으로 '원초적' 본능으로 성(性)에 관한 생각은 누구라도 다 하므로 질문과 같이 인간의 마음에서 일어나는 생각 자체가 잘못되었다고 할 수는 없습니다. 문제는 이성적인 상대를 보고 성(性)을 생각하는 마음이 어디까지 진행되는가가 문제인데 상황에 맞지 않게 성에 대해 집착을 하면 그것은 심각한 문제가 되고, 진리적으로는 업을 짓는 것이 됩니다.

따라서 인생 살아가는 과정에 무수한 마음이 일어나지만, 문제는 어떤 상대를 보고 '마음에 끌림'이 있는 경우와 상대를 보고 '성적인 대상'으로 보는 경우가 있어서 여러분이 이성적인 상대를 보면 위 두 마음 중에 어떤 마음이 먼저 작용하는가를 생각해봐야 할 것입니다. 성적인 대상으로 생각하는 마음이 먼저 일어났다면 단순하게 성(性)의 욕구를 해소하기 위해서 상대를 필요한 도구만으로 생각하게 되는데 이것이 심하면 병(病)으로 나타나기 때문에 개인적인 문제 혹은 사회적인 문제가 됩니다.

그러나 이성적인 상대가 하는 행위나 그 모습을 보고 '마음에 끌림'으로 마음이 움직였다고 하면 이 끌림의 이면에는 반드시 진리적인 업 관계가 작용하는 것이라고 큰 틀에서 이해하면 되는데 그 이유는 업연으로 마음 끌림이 일어나면 상대의 어떠한 모습이나, 배경, 행동 등이 동기부여가 되어 그로 인해 만남이라는 것이 이루어지기 때문에 그렇습니다.

그래서 성적인 부분을 충당하기 위해 단순하게 성행위의 대상으로만 생각이 나면 그런 생각이 현실적으로 맞지 않으면 그 생각은 바로 접어버리고 다른 방법으로 성적인 욕구를 해소해 버리면 되지만 앞서 말한 대로 어떤 것에 의한 마음 끌림으로 작용하게 되면 그 마음은 쉽게 지워지지 않습니다. 사실 결혼해서 사는 사람을 보면 대부분은 상대를 보고 어딘가에, 무엇에 '마음 끌림'이라는 것이 있어서 그것이 동기부여가 되어 부부의 인연이라는 것을 맺게 됩니다. 마음 끌림이 없다면 그 상대와 동기부여가 생기지 않게 되기 때문에 상대와 전생의 업(業)이 작용하게 되는 경우와 그렇지 않고 단순하게 이성적인 상대를 보고 성행위만을 생각하는 경우는 다르므로 상대를 보고 일어나는 마음을 파고들어 가 보면 자신의 마음이 어떤 마음인가를 알 수 있을 것입니다.

질문에 보면 인격체로 보기보다는 육체적인 욕구로 상대가 먼저 생각난다면 이것은 상대를 동물학적으로 성행위를 하기 위한 도구로 보일 것이고, 이것에 관한 어떠한 선을 넘거나, 강한 집착을 하게 되면 자기 자신을 위해 좋지 않은 의식이 자리 잡게 됩니다. 사실 한참 성장을 하는 과정에 '수컷'의 경우 '발정'이라는 것은 몸을 가지고 있는 상태에서 어느 한 시기에 집중적으로 생각이 나는 것이나 문제는 모두가 다 똑같이 나타나는 것이 아니라 사람마다 성(性)을 생각하는 것이 다 다르므로 성을 생각하는 것은 결국 각자의 업과 본성과 깊게 관련이 있어서 사람마다 그 정도 차이는 다 다릅니다. 여러분은 단순하게 '내 마음에 일어난 성적인 생각'이라고 하겠지만 사실 진리적으로 빙의가 작용하면 빙의의 집착으로 성적인 생각이 강하게 날 수 있기도 합니다.

흔히 하는 말로 남자가 지푸라기 한 다발만 들 힘이 있다면 성행위를 할 수 있다고 말하는데 이것은 성에 집착해서 하는 말이고, 성행위는 진리적으로 자기 종족(업으로 태어나야 할 자식을 말함) 번식으로 인한 마음이 일어서 자식을 낳는 것이고, 그 자식이 다 태어나면 성에 대한 집착의 마음의 끌림이 덜하고 단순하게 육체적인 욕구나 쾌락을 위해 보편적으로 하는 행위가 될 수 있지만, 빙의가 작용하면 이 선을 넘어서 성에 대하여 강한 집착을 하게 되기 때문에 이것은 사회적으로나 자기 몸에 좋지 않은 영향을 주게 됩니다.

강아지의 경우 '발정기'가 되면 그때만 성적인 욕구가 일어나지만, 마음을 가진 인간은 시도 때도 없이 성적인 욕구가 일어나는데 이것은 '아상'의 마음이 있어서 그렇고 인간이 아닌 다른 동물은 발정기가 아니면 인간과 같이 성을 생각하지 않습니다.

그래서 지구 상에 유일하게 나라고 하는 '아상(我相)'의 마음을 가진 생명체는 인간 외에 존재하지 않아서 만약 인간에게 마음이라는 것이 없다고 하면 일반 짐승처럼 '그때'가 되면 성행위를 할 것입니다. 이같이 볼 때 사람의 마음이라는 것이 다 다르므로 이성의 상대를 보면 성적인 욕구가 일어나는 것도 다 다릅니다. 사실 마음, 생각이라는 것은 비 물질이기 때문에 누가 어떤 마음으로 어떤 생각을 하더라도 그것을 물질처럼 눈으로 볼 수는 없으므로 생각은 자유겠지만 내가 말하고자 하는 것은 아무리 마음에 욕구가 일어났다고 해도 적당한 선에서 그 생각을 멈추어야 하는데 지나친 생각에 집착하게 되면 심각한 문제가 될 수 있고, 그런 집착을 지속해서 하면 빙의가 그 마음에 쉽게 작용할 수 있고, 현실적으로 자신의 앞날에 좋지 않은 영향을 미치게 됩니다.

특히 빙의가 작용하게 되면 남자의 경우 여자만 보면 그 여자와 성행위를 해보는 상상을 하게 되고, 소위 말해 '색골(지나치게 성을 밝힌다는 의미)'이 됩니다. 이런 경우 이 사회를 보면 쉽게 알 수 있는데 이런 사람은 여자의 속옷에 집착하는 예도 있고, 아니면 즉흥적으로 특정한 여자의 집에 들어가서 범죄를 저지르는 예도 있으며, 또 사회적 문제가 되는 것도 대부분 빙의가 작용하여 나타나는 현상임을 쉽게 알 수 있습니다.

그래서 사람으로서 성적인 욕구가 일어날 수밖에는 없지만, 스스로가 얼마나 이 선을 자제하는가에 달려있어서 이것을 참는 것이 인욕(忍辱)이라고 하는 것입니다. 예를 들어 어떤 음식에 강한 집착이 일어나겠지만, 그것이 현실적으로 나에게 해당되지 않는 상황이라면 참아야 하고 마음에서 지워야 하는 것이 인욕(忍辱)입니다. 마찬가지로 상대에 대하여 성적인 욕구가 일어나더라도 마찬가지입니다.

남자, 여자가 성장하면 동물학적으로 성적인 욕구가 일어날 수밖에 없지만 일어나는 그 마음은 각자의 의식에 따라 있으며 각자의 본성과 깊게 관련이 있고, 또 어떤 빙의가 작용하고 있는가에 따라 그 상황은 다 다릅니다. 그래서 질문에 '벗어나려면 어떻게 해야 하는가?'라는 말을 했는데 이 방법은 현실에서 '이치에 맞게 생각하고 행동하면 된다.'라고 정리하면 되고, 여기서 말하는 이치라는 것은 결국 각자의 의식으로 터득하는 길밖에는 없고, 단편적으로 정형화해서 말할 수는 없습니다. 결론적으로 인간은 어떠한 생각이라도 다 할 수 있지만, 그 생각이 어떠한 선을 넘으면 이치에 맞지 않는다면 그 결과는 반드시 업으로 스스로가 되받아짐을 명심해야 할 것이며, 결국 이 이치(理致)라는 것을 아는 것만이 스스로 업을 줄여가는 유일한 방법입니다.

022 정법의 이해, 의식을 깨우는 말, 마음 법당의 법이란 무엇인가요?

(답) 내가 이 법(法)이라는 말을 한 지도 10년이 넘었습니다. 오늘날까지 나는 일반적으로 세상 사람들이 하는 말에 모순이 있다고 말했는데 그 이유는 내가 보는 관점에서 그런 말들이 이치(理致)에 맞지 않아서 그렇다고도 말했습니다. 그래서 일반적인 말이 여러분에게는 익숙하겠지만, 그것에 반하는 말을 하니 쉽게 내 말을 긍정하지 못하고 있는 것도 사실입니다.

따라서 여러분이 내가 말하는 것이 일반적으로 다르다는 정도로만 생각한다면 의식이 깨어 있지 못하고 있다고 해도 무리는 없을 것이고, 왜 다른가, 어떤 차이가 있는가를 여러분이 이해하고 정립한다면 내 말에 의미가 있다고 생각할 것입니다. 나는 '다름과 차이'에 대한 말을 했고, '초록은 동색이 아니다.'라는 말도 했는데 보통 여러분은 비슷비슷한 것은 같은 것, 동일한 것으로 대수롭지 않게 생각하고 있어서 오늘날까지 여러분이 '다름과 차이'를 이해하지 못하면 내 말에 깊은 의미를 알지 못할 것입니다. 따라서 사람이라고 해도 다 같은 의식을 하고 있지 않아서 인간은 모두 평등하다고 할 수 없는데 세상 사람들과 혹은 모든 종교는 '인간의 평등'을 말하고 있는데 잘못된 의식입니다.

수차 말하지만, 동물학적 부류에서 인간이라는 종(種)은 같지만, 의식과 마음이 다 달라서 같은 인간은 아니라는 부분 반드시 정립해야 할 것입니다. 따라서 인간들이 단체적인 행동을 모두 인간의 '놀이 문화'로 보는 처지와 나는 모두 놀이 문화로 볼 수 없다는 논리를 말하고 있어서 이 부분도 다름과 차이를 대입해서 정립해보면 뭐가 다른가를 알 수 있는데 세부적으로 보면 나라마다 전통으로 내려오는 그 나라만의 풍습이 있어서 이것은 각각의 나라에 맞는 국민성과 관련이 있고, 이것을 고유한 풍습이라고 하고, 이것을 놀이 문화로 볼 수 있지만, 세상의 변화에 따라 사상에 따라 발생한 외국의 어떤 것을 우리가 따라 하는 것은 우리나라에서 발생한 전통이 아니기 때문에 이것을 따른다면 이것을 우리가 '전통문화'라고 포괄적으로 인정하면 안 됩니다.

큰 틀에서 인간들이 하는 행위는 시대의 흐름 속에 나타나는 하나의 '문화' 개념으로 볼 수는 있겠지만, 이것은 일반적으로 상술과 정치적인 것, 또는 이권이 개입된 사회의 논리라 할 수 있을 것이고, 진정한 의미에서 전통적으로 내려오는 의미로서의 놀이 문화라고 할 수는 없다는 이야기입니다. 따라서 내가 하는 말과 일반적으로 하는 말에 차이를 알아야 하고, 이 차이를 알면 얼마 전 일어난 참사(이태원)에 대하여 '강제로 억제되었다고 생각되던 인간들의 놀이문화가 일시에 풀어지면서 많은 사람이 죽는 사고를 겪고 있다.'라는 말은 이치에 맞지 않습니다.

그 이유는 문제가 되었던 그 행위는 우리나라 전통과 관련이 없는 것이기 때문에 그렇고, 단편적으로 보면 그들이 그렇게 한 행위를 합리적으로, 아무런 문제가 없고, 당연히 그렇게 할 수 있는 행위로 합리성을 부여할 수도 있어서 그렇습니다. 그래서 이치에 벗어난 행위에 대하여 정당성을 부여하면 그 이면의 것을 볼 수 없게 되는데 만약 내가 다름과 차이를 이해하지 못했다면 나 역시 모든 종교는 다 같이 인간을 위해서 존재한다는 일반적인 말에 동조했을 것입니다. 따라서 오늘날 석가의 법과 화현의 부처님 법과의 다름과 차이를 알지 못했을 것이고, 여러분도 석가의 법과 화현의 부처님 법이 비슷하거나 같은 맥락으로 생각하게 됩니다.

그런데 다름과 차이를 알면 화현의 부처님 법과 불교의 법이 어떻게 다른가를 알 수 있고, 이런 차이를 안다면 인간과 인간의 차이를 알 수 있는데 이 차이를 이해하지 못하면 '다 같은 인간, 종교는 다 같은 것'이라고 생각하게 되어 있습니다. 정리하면 인간 세상에서 인간들이 집단으로 움직인다면 움직여야 하는 이유, 본질이 보편적, 합리적 명분에 맞아야 하고, 이것에 반하는 행동은 궁극적으로 이치에 벗어난 행동, 행위라고 해야 맞고, 이것(집단적 행위)을 하나의 '문화'라고 할 수는 없습니다. 예를 들어 큰 배를 타고 명소를 구경하는 행위를 한다면 이것도 '정당성이 있는 놀이문화다'라고 할 수 있겠는가를 생각해보라는 이야기입니다. 개개인의 이기주의, 우월주의에서 개인적인 만족을 즐기기 위한 '행위'라고 해야 맞고 문화라고 할 수는 없습니다.

다시 정리하면 '행위'와 '문화'는 전혀 다르므로 '코로나로 인해 강제로 억제되었다고 생각되던 인간들의 놀이문화가 일시에 풀어지면서 많은 사람이 죽는 사고를 겪고 있다.'라는 것은 '집단적인 행위'라고 해야 맞기 때문에 '놀이 문화'가 아니라 '집단적인 행위를 하다가 사고가 났다.'라고 해야 정확한 표현이 됩니다. 따라서 그 행위가 이치에 맞는 행위인가 아닌가를 보면 '이치에 맞지 않는 개인적 이기주의에 따른 참사다'라는 결론에 이르게 됩니다.

그런데 이 경우 인간이 죽었으니 모두가 인간적인 감성을 앞세우는데 앞에 말한 본질을 이해하면 감성이 앞서지 않고 '왜 그런 행위를 해서 무고하게 죽었는가?'라는 생각을 하게 됩니다. 물론 이 경우 인간적인 안타까움이 있겠지만, 그 행위 자체를 보면 아무 영양가 없는 행위, 의미 없는 죽음이 되는 것입니다. 그래서 인간 사회에서 오랜 기간 전통적인 것으로 전해져 내려오는 것을 전통문화라고 하는 것이고, 이것이 아닌 행위는 사실 문화라고 하면 안 됩니다. 따라서 지역마다 무슨 축제를 무수하게 하는데 이것도 하나의 문화로 볼 것이 아니라 '하나의 행위'로 차별화해서 생각하면 그뿐이고, 이런 행위는 앞으로도 무수하게 늘어날 것입니다.

그래서 엄밀하게 행위와 문화를 구분해야 하고 이런 것을 구분하게 되면 의식은 바르게 깨어나게 되어서 내가 말하는 다름과 차이를 알게 되고, 초록은 동색이 아님을 알아가게 되고, 화현의 부처님 법과 불교의 말이 뭐가 다른가를 정립할 수 있습니다. 그런데 이것을 분별하지 못하고 모든 인간의 행위를 하나의 문화개념으로만 본다면 다름과 차이를 이해할 수 없고 나아가 내가 말하는 것은 불교의 하나의 종파쯤으로만 생각하게 되어서 그 의식은 깨어나기 어렵다고 할 것입니다. 결국 우리나라에서 자생적으로 순수하게 발생하지 않는 외국의 어떠한 것을 모방하여 따라 하는 것은 그들만의 '행위'에 불과하다 할 것이고, 이것을 순수한 의미로서의 하나의 문화로 이해하면 안 됩니다.

다시 말하지만, 지구에는 수많은 국가가 존재하는데 그들이 하는 모든 행위는 '그들만의 문화'가 있고, 그들만의 '행위'라는 것이 존재합니다. 문화는 국민성과 관련이 있어서 외국의 어떤 행위를 우리가 문화라는 이름으로 받아들이고, 따라 한다고 생각하면 안 되고, 그들의 행위를 모방하는 것이라고 해야 맞는다는 이야기입니다.

그래서 이 개념으로 '핼러윈'의 정의를 보면 '매년 10월 31일, 그리

스도교 축일인 만성절(萬聖節) 전날 미국 전역에서 다양한 복장을 갖춰 입고 벌이는 축제다. 본래 핼러윈은 켈트인의 전통 축제 '사윈'에서 기원한 것으로 알려졌다. 켈트족은 한 해의 마지막 날이 되면 음식을 마련해 죽음의 신에게 제의를 올림으로써 죽은 이들의 혼을 달래고 악령을 쫓았다. 이때 악령들이 해를 끼칠까 두려워한 사람들이 자신을 같은 악령으로 착각하도록 기괴한 모습으로 꾸미는 풍습이 있었는데, 이것이 핼러윈 분장 문화의 원형이 됐다.'라고 정의되어 있는데 이러한 행위를 내가 앞서 말한 대로 '건전한 놀이문화'라고 할 수 있는가? 없는가는 각자가 알아서 정립하는 수밖에 별도리 없습니다.

하나의 종교가 하는 행위는 그들만의 '행위'일 뿐이고 종교의 행위가 하나의 문화가 될 수 없음에도 세상에는 문화인가 아닌가도 분별하지 못하고 인간들의 행위를 모두 문화의 차원으로 본다는 것은 이치에 맞지 않습니다. 무당들이 하는 행위도 하나의 문화인가, 아닌가의 문제도 미신이라는 것도 전통적으로 내려온 것이어서 문화의 논리로 생각한다면 잘못된 것입니다. 그래서 '그 무엇이 있다'는 4차원적인 것을 대상으로 하는 모든 행위는 문화가 아니라 그들만의 행위일 뿐이라고 반드시 정립해야 합니다. 이것을 정립하지 못하면 이치에 맞는 행위가 뭔가, 이치에 맞지 않는 행위가 뭔가를 정립하지 못할 것입니다.

따라서 '코로나로 인해 강제로 억제되었다고 생각되던 인간들의 놀이문화가 일시에 풀어지면서 많은 사람이 죽는 사고를 겪고 있다'

가 아니라 이 말은 '코로나로 인해 강제로 억제되었던 인간들의 행위가 일시에 풀어지면서 많은 사람이 죽는 사고를 겪고 있다.'라고 해야 맞고, 이같이 놀다 죽은 것은 '무의미한 죽음(의미 없는 죽음, 영양가 없는 죽음, 죽음의 가치가 하나도 없는 것)'이라고 해야 맞는 말이 됩니다. 따라서 일반적으로 '핼러윈 축제의 대참사'라고 말하는 것은 모순이고, 이 말은 '핼러윈 행위의 참사'라고 해야 정확한 말이 된다는 이야기입니다.

일부 사람들은 '즐겁고 기뻐해야 할 핼러윈 축제가 대형참사가 되었다.'라고 말하기도 하는데 이같이 말하면 그들의 행위에 정당성, 합리성을 부여하는 것이 되어서 이같이 말하는 것은 감성적인 말을 섞어서 하는 말이 되는 것이고, '즐겁고 기뻐해야 할'이라는 표현은 잘못되었는데 그 이유는 '핼러윈'이라는 것이 생긴 근본을 보면 그 유래는 미신, 혹은 종교 사상에 뿌리를 두고 있어서 그 자체로 이치에 맞지 않기 때문에 그렇습니다. 그래서 다름과 차이를 여러분이 이해하지 못하면 내 말에 깊이를 이해하지 못하게 되는데 '부처'라는 말만 해도 '석가는 부처다'라는 공식으로 부처를 생각하는 것이 전부인데 '무엇이 부처인가'를 여러분이 정립하면 새로운 의식이 열리게 됩니다. 따라서 여러분이 누구에게 들었던 어디서 배웠든 간에 그것을 앞에 펼쳐놓고 객관적으로 보는 시각을 갖지 못하면 각자의 관념에서 절대로 벗어날 수 없고 결론적으로 '문화'와 '행위'에 대한 다름과 차이를 이해하면 내가 말하는 것이 더 쉽게 정리될 것입니다.

023 전쟁과 인간의 사상. 전쟁이 일어나는 이유가 궁금합니다

(답) 이 부분을 이해하기 위해 지구가 지각변동을 하고 오늘에 이르기까지의 상황을 생각해보면 쉽게 이해될 수 있는데 맨 처음 지구 상에 인간이 돌연변이로 미미하게 존재하기 시작할 때는 마음이라는 기운을 스스로가 가지고 있는 줄 모르고 살아왔는데 시간이 흐르면서 인간의 숫자가 늘어가면서 마음(心)이 있음을 알게 됩니다. 여기서 마음이라는 것은 아상(我相)이라는 것이고 '참(眞) 나'의 마음은 아님을 말하는 것입니다. 이때부터 사람들은 각자의 의식이 생겨나고 점차 확대되어 '내 땅, 내 것, 내 영역'이라고 하는 의식이 팽배해지게 됩니다.

그래서 그동안 지구 상에 무수한 전쟁이 일어나게 된 원인은 빙의들이 '서로의 땅, 각자에게 맞는 땅'을 차지하기 위해서 빙의들만의 사상적 대립으로 전쟁이라는 것이 무수하게 일어납니다.

사실 현실적으로 되돌아보면 모든 전쟁은 이념, 사상의 대립이 바탕이 되어 일어납니다. 오늘날 우크라이나와 러시아의 전쟁을 보면 그 뿌리에는 이념, 사상의 대립이 있어서 일어나는 것임을 쉽게 알 수 있고, 북한과 남한의 문제도 결국 이념, 사상의 대립으로 분리된 것임을 알 수 있을 것입니다. 크게는 선(善)과 악(惡)의 대립이라고 보통 사람들은 생각하겠지만, 그 이면을 보면 결국 각각의 나라마나 가지고 있는 사상 이념이 바탕에 깔려 있어서 전쟁을 없애는 방법은 똑같은 사상과 이념을 하나로 만들면 되는데 이것은 현실적으로 불가능합니다.

그래서 종교가 말하는 것을 보면 '목적지는 다 같으나 방법이 다를 뿐이다.'라는 말을 하기 때문에 여러분이 종교를 생각할 때 종교는 다 같이 인간을 위해 존재하는 것으로 생각하겠지만 대단한 착각인데 그 이유는 각각의 종교가 추구하는 목표는 다 다르므로 그렇습니다.

이에 따라 듣기에는 '종교는 인간을 위해 존재한다.'라고 하는 말은 감성적이고 인간의 능력으로 불가능한 것을 종교의 이상적인 그 어떠한 것을 기대게 하는 것으로써 이런 말들은 사실 진리적으로 이치에 맞지 않는 말이 되는 것임을 알아야 합니다. 어찌 되었든 여러분도 부모와 이념, 사상이 맞지 않으면 결국 자신이 그 집을 나오는 것이 최선이 아닌가? 그래서 각각의 인간이 가지고 있는 이념, 사상이라는 것은 매우 중요한 것이고, 오늘날까지 크고 작은 전쟁은 결국 빙의들이 제일 먼저 땅따먹기하는 형국이고, 이것은 오늘날까지 이어져 오고 있지만, 사람들은 표면적으로 선과 악의 논리로만 생각하는데 대단한 착각입니다.

이 흐름으로 보면 미개했던 시기에는 먹이 사냥하기 위해 자신의 영역 다툼이었다면 마음을 발견하고 난 이후에는 앞서 말한 대로 빙의들이 자신의 영역을 주장하는 형국에서 전쟁이라는 것을 했다면 이제는 어느 정도 나라마다 제각각 다른 이념 사상이 자리를 잡았기 때문에 과거와 같이 무차별적인 전쟁은 일어나지 않는 것이고, 지구상에 많은 나라들이 형성되어 있는 것도 결국 이념 사상이 어느 정도 자리를 잡아서 과거와 같은 전쟁은 일어나지 않습니다. 그래서 인간이 지구상에 존재하면서 사회적으로나 역사적인 흐름을 보면 결국 그 시대에 맞는 빙의들이 그 시대 상황에 맞게 등장해왔음을 알 수 있습니다.

대략 보면 처음에는 오늘날과 같이 국경(國境)이라는 것이 없었는데 전쟁을 통해 땅따먹기(자리다툼, 영역 다툼)가 있었고 어느 정도 국가의 영역(사상의 분립)이 확정되었고 땅 뺏어 먹기 과정에 영웅호걸들이라는 존재들이 탄생하게 됩니다. 오늘날을 보면 과거와 같은 영웅호걸이라는 것은 사라지고 그 조무래기들이(대장 빙의는 자신이 할 역할을 다했고) 판치는 세상이 되어 버렸습니다. 이 개념으로 정치를 대입해보면 과거와 현재의 사회가 어떻게 변했는가를 알 수 있는데 이 말은 제각각 시대 상황에 맞는 빙의들이 바뀌었다 할 것이고, 오늘날을 대입해보면 이 시대는 빙의 천국이 되었음을 의미하고 이 같은 것은 '기운의 변화(마음의 변화)'로 쉽게 알 수 있습니다.

그래서 나는 '장수는 사라지고 조무래기들이 판치는 세상'이라고 말한 것입니다. 사회적으로 각자의 영역에서 드러나야 할 큰 것들은 모두 드러났고, 더 이상 신비스럽거나 과거와 같은 영웅호걸은 존재하지 않음은 이미 세상에 드러나야 할 대장 빙의들은 다 드러났고, 이것은 지구의 종말을 의미하기 때문에 거대한 시대적 상황과 사회적 상황을 보면 살기 좋은 세상이 되어가는 것이 아님을 알 수 있어서 종교가 말하는 것은 이제 더 이상 의미는 없습니다. 그 이유는 인간의 세상에 종교가 말하는 것이 얼마나 부질없는 말인가를 알 수 있어서 종교의 신비주의는 사라졌다 할 것입니다.

다시 말하면 과거 무지했던 시기에는 종교가 하는 말이을 신비스럽게 생각하고 사실인 것으로 알았지만, 문명이 발달할수록 그 신비주의는 과학의 논리로 다 밝혀졌기 때문에 현실에서 종교가 외면을 받는 것입니다. 이 말은 무명 시절에는 빙의들이 자신들의 존재를 여러 방면으로 세상에 드러냈지만, 이제는 문명의 발달로 그것이 허상, 허구임을 드러냈기 때문에 결국 빙의는 방법을 바꾸어 인간 우월주의, 개인 이기주의로 세상을 지배하고 있어서 이런 흐름을 여러분이 정립해보면 내가 말하는 것이 뭔가를 이해할 수 있을 것입니다.

그래서 큰 틀에서의 영역 다툼은 끝이 나고 오늘날의 상황은 사상, 이념의 대립이 난무하는 것이고 국지적인 전쟁이 일어나고 있는 형국이고, 결국 사상, 이념의 대립은 지구가 종말 할 때까지 극으로 치닫게 되다 이 불씨로 인해 지구는 멸하게 되어 있는데 이 부분에 긴 말해야 하지만 여기서는 큰 틀만 말할 수밖에는 없습니다.

024 신과 귀신은 존재하는가. 친구가 귀신을 보았다고 하는데요, 신과 귀신이 있나요?

(답) 귀신이 있다, 없다는 것은 개개인의 마음, 의식, 관념에 따라 전설의 고향에서 나오는 그런 형태를 긍정하는 사람도 있고, 부정하는 사람도 있습니다. 따라서 일반적으로 신(神)이라고 하면 '종교의

대상으로 초인간적, 초자연적 위력을 가지고 인간에게 화복을 내린다고 믿어지는 존재, 불가사의한 능력을 지니고 자연계를 지배하며, 인류에게 화복(禍福)을 내린다는 신앙의 대상이 되는 초월적인 존재'를 말하지만 이런 존재 없다는 것이 진리적인 결론입니다.

또 귀신(鬼神)에 대하여 '(1) 민간신앙에서 죽은 사람의 혼령(魂靈), 또는 눈에 보이지 않으면서 인간에게 화복(禍福)을 내려 준다고 하는 정령(精靈). (2) 어떤 분야의 일에 뛰어나게 재주가 많은 사람. (3) 자유자재로 변화하는 초인적인 힘을 가지고 사리에 통달한 능력을 갖춘 영적(靈的) 존재, 또는 그런 사람'이라고 사전에 정의하고 있는데 신이나 귀신이나 그런 존재나 대상은 없다고 확실하게 정립해야 합니다.

따라서 사전적으로 신, 귀신에 대한 의미를 다 같은 의미로 말하고 있는데 이 자체가 모순인 것이 신과 귀신에 대한 의미는 사전에 있는 의미가 아니라 전혀 다른 말이기 때문에 그렇습니다. 단편적으로 신이라고 하는 것은 좋은 의미로서의 신을 말하는 것이고, 귀신이라는 것은 좋지 않은 의미로 사용해야 하는데 사전에 보면 신이나 귀신을 다 같이 '자연적 위력을 가지고 인간에게 화복을 내린다고 믿어지는 존재, 불가사의한 능력을 지니고 자연계를 지배하며, 인류에게 화복(禍福)을 내린다는 신앙의 대상이 되는 초월적인 존재'라고 말하는데 이것은 결국 진리를 깨닫지 못한 자들이 임의대로 해석하는 것이어서 이 말 아무런 가치나 의미는 없습니다.

그래서 나는 무지했던 시기에 자연현상을 보고 어떤 권력이나 세력을 가진 자가 '이것은 신이 능력을 발휘해서 이런 현상이 생긴 것이다.'라고 하면 사람들은 권력이나 세력을 가진 자가 한 말이기 때문에 사실적으로 받아들였고, 여기에 인간만이 가지고 있는 인격(人格)을 더하여 인간과 같은 존재로 만들어 버렸고 그것을 종교는 '인격신(人格神)'이라고 여러 가지 의미의 이름을 붙인 것이 전부입니다. 다시 말하지만, 빙의의 기운 작용이 어떤 사람에게 영향을 주었는가에 따라 그것을 신이라고 생각했고, 인간에게 좋지 않은 상황이 일어나면 어리석은 사람들은 '귀신의 장난'쯤으로 생각하는데 안타까운 일입니다.

다시 말하지만, 사전적으로 '신이나 귀신이나 인간에게 길흉화복을 준다.'라고 말하는데 그렇다면 신이 인간에게 괴로움을 줄 수 있다는 말인데 참으로 안타까운 것이 보통 신이라고 하면 '좋은 의미'인데 이런 신이 괴로움을 준다고 하니 이게 말이 되는가를 생각해보라는 이야기입니다. 진리의 법칙에서 자업자득 인과응보를 말하면서 '신이나 귀신이나 인간에게 길흉화복을 준다.'라고 하는 말은 완전하게 배치되는 말이고, 그 이유는 자업자득(自業自得)이라는 것은 여러분 스스로가 한 행위에 관한 결과를 그대로 되받는 것을 말합니다.

인생을 살면서 괴롭다, 뭔가 마음대로 안 된다고 느끼는 것은 전생에(어제까지를 전생으로 한다면) 이치에 벗어난 행위의 결과가 오늘에 그대로 되받아지기 때문에 현실에서의 괴로움을 느끼는 것입니다. 그런데 자업자득을 말하면서 어처구니없게 '신이나 귀신이나 인간에게 길흉화복을 준다.'라고 말하는 것은 자업자득으로 되받아지는 결과가 아니라 별도로 존재하는 신, 귀신이 여러분에게 해를 주는 것을 의미하는 말인데 이런 논리는 종교가 인위적으로 말을 만든 것에 불과하고, 이같이 이치에 벗어난 것을 만들어 놓고 하는 말이 괴로우면 49재, 천도재, 운 맞이 등을 하면 된다고 말하는데 결국 이런 논리로 오늘날까지 무수한 행위를 하게 만들어 놓은 것이 현실입니다.

따라서 나는 여러분이 괴롭다고 하면 그 괴로움의 원인을 알고 그 마음에 흔적을 지우면 그 괴로움은 그 마음에 맞게 사라진다는 논리를 말하고 있어서 여러분이 아는 바대로 종교가 말하는 논리와는 차원이 다른 말을 하고 있어서 감성에 끄달려 사는 여러분의 입장에 나는 '네 마음을 고치면 괴로움은 줄어든다, 사라진다.'라고 말하니 이 부분을 여러분이 쉽게 긍정하지 못할 것입니다.

다들 나는 이상 없고, 온전한 존재라고 생각하고 사는 처지에 괴로움은 나와 관련이 없는 존재가 별도로 주는 것으로 생각하고 사는 데다가 나는 모든 것은 너의 자업자득 인과응보의 법칙에 따라 스스로가 되받고 있는 것임을 말하니 내 말을 여러분이 쉽게 긍정하겠는가? 참으로 안타까운 것이 내가 어렸을 때 종교나 사람들이 '그 무엇이 있다.'라고 말하면서 그것을 믿으라는 말을 많이 했는데 나는 일반적으로 말하는 모든 것에 관심을 두지 않았고, 심지어 바다에 용왕이, 산에는 산신 등이 산다고 사람들은 믿었지만 나는 '그런 것이 어디 있느냐'라고 반문을 했어도 사람들은 그런 것이 있다고 말하는데 이제 와 생각해보니 그런 것이 마음을 끄달리고 살지 않았던 깊은 이유가 나에게 있음을 스스로가 깨달아 안 것입니다.

따라서 진리 이치를 알게 된 오늘에 생각해보면 무수한 사람들이 뭔가가 있다는 관념으로 어떤 것을 할 때 신, 귀신에 대하여 말하는 모든 행동은 다 진리와 아무 관련이 없다는 것임을 알았고, 그동안 인간사회에서 해왔던 무수한 행위들은 모두 빙의가 그렇게 사람의 마음에 작용하여 자신의 존재를 드러낸 것에 불과하다는 것을 안 것입니다. 그러니 긴 세월 전해져 왔던 것이 참인 것으로 생각하고 사는 여러분의 관점에서 내 말 쉽게 들어오지 않을 것이나 어찌 되었든 그러한 것이 맞는다고 생각한다면 그 말 따르면서 살면 될 것이나 문제는 그 결과는 비참한 삶으로 나타나게 될 것입니다.

지구 상 수많은 종교나 사람들이 신, 귀신이 있다고 믿고 있는데 그런 마음, 의식을 이치에 맞게 바꾼다는 것은 매우 어렵고 그런 행위들은 모두 감성적이고 진리에 맞지 않는 행위라고 나는 말하고 있어서 이 말 새겨봐야 할 것입니다. 따라서 누가 귀신, 신 등을 봤다고 말하는 것은 일단 그 사람의 업이 매우 좋지 않아서 그런 것이라고 해야 맞고, 특히 빙의가 작용해서 그렇게 실제 존재하는 것으로 보이게도 할 수 있어서 일반적으로 신, 귀신이 있다고 믿는 것은 매우 좋지 않은 현상입니다.

그래서 열 사람이 똑같은 길을 함께 갈 때 누구는 앞에 귀신이 있다고 말하는 사람도 있지만, 누구는 아무것도 보이지 않는 사람도 있는데 이것은 각자의 업, 의식의 차이입니다. 그러므로 사람의 마음, 의식, 관념이라는 것이 다 달라서 이같이 달리 나타나는 것이어서 일단 진리적으로 신, 귀신이라는 것은 빙의 작용이라고 정립하면 됩니다. 이 부분에 대하여 많은 말을 해야지만 여기서는 요약해서 말할 수밖에는 없습니다.

025 운명에 대하여., 운명(運命)이라는 것은 존재하나요, 만약 그렇다면 정해진 운명은 바꿀 수 있나요?

(답) 먼저 사전을 보면 운명(運命)에 대하여 '인간을 포함한 모든 것을 지배하는 초인간적인 힘, 또는 그것에 의하여 이미 정하여져 있는 목숨이나 처지. 명운(命運)·숙명(宿命)'이라고 말하고 있는데 이 말이 잘못된 것이 뭔가 하면 '인간을 포함한 모든 것을 지배하는 초인간적인 힘. 또는 그것에 의하여 이미 정하여져 있는 목숨이나 처지'라고 정의하고 있는 이 말 자체가 이치에 맞지 않습니다.

보통 '타고난 운명'이라는 말을 많이 하는데 여기서 타고난 이라는 것은 사전에 있는 것처럼 '인간을 포함한 모든 것을 지배하는 초인간적인 힘. 또는 그것에 의하여 이미 정하여져 있는 목숨이나 처지'를 말합니다. 그러나 이것은 자업자득 인과응보의 이치에 따르는 것이 아니라 나와 전혀 관련이 없는 존재가 내 운명을 거머쥐고 있다는 의미이기 때문에 보통 말하는 운명이라는 것은 자연의 법칙인 자업자득 인과응보의 이치에 완전히 배치되는 말입니다.

어떤 종교는 '절대자가 있어 나를 이같이 존재하게 한 것이다.'라는 말을 하고 또 불교는 자업자득 인과응보의 이치에 따른다고 말하는데 이 두 가지는 그 논리가 완전하게 다른 말인데도 불구하고 요즘 종교는 '종교는 하나다, 다 같은 것이다.'라는 식의 말을 하는데 이 자체는 대단한 모순입니다. 그 이유는 제각각 존재하는 종교의 논리를 보면 앞서 말한 대로 완전하게 상충(相沖)되는 말이어서 그렇습니다. 따라서 내가 말하는 운명의 개념을 쉽게 말하면 여러분이 머리를 들어 허공에 침을 뱉으면 그 침은 여러분의 얼굴로 떨어집니다.

이것이 순수하게 자업자득 인과응보의 법칙인데 이와 달리 일반적으로 운명을 말할 때 '인간을 포함한 모든 것을 지배하는 초인간적인 힘. 또는 그것에 의하여 이미 정하여져 있는 목숨이나 처지'라고 말하고 있어서 이것은 자업자득 인과응보와는 전혀 관련이 없는 말이기 때문에 사전에 나와 있는 운명에 대한 말은 잘못되었다 할 것입니다.

다시 말하면 여러분이 죄를 범하면 그에 따른 인과응보로 형벌이라는 것을 받습니다. 가만히 있는 나에게 '그 누가' 형벌을 주지 않는다는 것을 여러분이 안다면 앞서 말한 '인간을 포함한 모든 것을 지배하는 초인간적인 힘. 또는 그것에 의하여 이미 정하여져 있는 목숨이나 처지'를 운명이라고 말하는 것은 나와 아무 관련이 없는 것이고, 타력적인 힘으로 여러분의 인생이 전개된다는 말인데 이 말 여러분은 어떻게 정리할 수 있겠는가를 생각해보라는 이야기입니다.

따라서 종교에 따라 인간은 '절대자의 지배로 산다.'라고 말하는 종교도 있는데 이것은 지극히 나와 관련이 없는 타력적인 대상(이것을 타력 신앙이라고 함)을 믿게 하는 것이고, 내가 말하는 것은 자업자득 인과응보의 이치에 따라 나 자신의 운명은 전개된다(자력 신앙)는 논리를 말하고 있는데 불교는 자력을 말하면서 신과 조상 같은 것을 믿게 하고 있으므로 요즘 말로 '자력과 타력의 병진'이라고 하여 이것도 저것도 아닌 말을 하는데 이것은 불교의 말이 진리를 깨달은 자의 말이 아니기에 그렇습니다.

따라서 제각각 종교가 주장하는 운명(運命)이라는 것은 다 다르고 내가 말하는 운명이란 전생에 여러분이 한 행위의 결과는 이생에 반드시 여러분의 운명으로 작용하고 있어서 이것은 이생에서 피할 수 없고 전생의 이치가 이생에서 끝이 나면 이생에 존재해야 할 이유가 없어서 나이가 많든 적든지 간에 반드시 죽거나, 헤어지거나 어떠한 결과로 나타나게 되어 있습니다. 그래서 나는 전생에 지었던 흔적, 업의 이치를 바꾸는 것이 이생에서 각자의 운명을 바꾸는 방법이라고 했고 이것은 물질 개념으로 쉽게 눈앞에 나타나는 것이 아니고 마음이라는 것을 고치면 시간이 지나면서 나타나는 것이어서 이 부분을 여러분이 진득하게 기다리지 못합니다.

또 하나는 마음이라는 것을 알면 여러분 앞으로 닥칠 여러 가지 일이나 사태를 쉽게 알 수 있는데 이것도 여러분은 도래되지 않는 것이기 때문에 내가 '이렇게 마음을 고쳐라.'라고 하면 쉽게 수긍하지 못합니다. 그래서 여러분이 직접 인생을 살아보지 않고 다가올 것을 모르는 처지고, 나는 여러분 마음을 알면 앞으로 일어나는 것을 쉽게 알 수 있는데 그 이유는 여러분은 진리 이치를 모르고 자신이 생각한 대로 모든 것이 이루어질 것으로 믿고 있어서 그렇습니다. 그래서 결국 여러분이 성장하면서 인생의 결과가 생각처럼 되지 않을 때 무엇이 문제인가를 단편적으로(타력적인 부분) 찾는 것이 전부이고, 다가오지 않을 것을 미리 대처하고 산다는 것은 어지간한 의식 없이는 매우 어려운 것입니다.

어리석은 사람은 자신의 관념이 맞는다고 살지만, 현명한 자는 이치에 맞는 말을 따라 인생을 사는 것이라고 해야 맞는 말이 되기 때문에 이 말을 이해하지 못하면 단답형으로 말해주는 곳, 소원을 말하면 뚝딱하고 들어준다는 것만 찾게 되어 있습니다. 물질이 없어 이생에 곤란을 겪고 있는 사람은 전생을 살면서 물질의 선업(善業)을 짓지 않아서 그런데 현실에서 이런 이치를 모르고 자신도 남들처럼 물질을 얻고자 용쓰는 사람이 많지만, 전생에 물질의 선업을 짓지 않으면 이생에 되받아지는 것이 없다는 것을 명심해야 하고, 여기서 이치를 바꾼다는 것은 이런 이치를 이해하고 이생에서 이치에 맞는 행으로 물질의 선업(善業)을 지으면 이생에 그에 따른 물질을 얻을 수 있는데 이것이 내가 말하는 운명을 바꾸어가는 개념입니다.

다시 말하지만 '각자가 타고난 운명이라는 것은 반드시 존재한다'라고 정립해야 하고, 이것을 이해하지 못하면 결국 그 운 명줄대로 한세월 살다가 허무주의에 빠져 한 생을 마감하는 것이 전부이며 이것은 지난날 지구 상에 존재했던 보통 사람들의 인생이기도 합니다.

용쓰고 살다 살다 안되니 나이는 들고 남는 것은 없으니 '인생 살아보니 별거 없다'라고 말하는 사람 있는데 이것은 잘못 살아온 자신의 인생일 뿐이고, 진리 이치를 알면 '인생을 사는 거 깊은 의미가 있다'라는 것을 알게 되고 그 의미를 알면 하루하루가 얼마나 소중한가를 알게 되고 일분일초도 아까운 시간임을 알고 살아가는 것이고 이것에 결과는 내일 모래 혹은 다음 생 여러분의 이치가 바뀌는 결과로 분명하게 나타나게 되어 있습니다. 그래서 결론적으로 '타고난 운명은 반드시 존재하지만, 그 운명줄은 얼마든지 바꿀 수 있다.'라고 정립해야 합니다. 이것을 부정한다면 여러분은 이런 요행수를 바란다면 종교가 말하는 것에 끄달리며 살아가면 되고 내가 말하는 것을 시간 들여가며 봐야 할 필요는 없습니다.

따라서 새롭게 태어나는 것도 살다가 제각각 다 다르게 죽어가는 것도 결국 각자가 전생에 지은 업에 따라 자업자득 인과응보의 이치에 따라 한 치의 오차도 없이 진행되는 것이고 진리 이치(참(眞) 나의 마음 작용)를 알면 이같이 인간에게 다양하게 전개되는 업의 흐름은 우연이 아니라는 것을 쉽게 알 수 있는 것입니다. 이런 이치, 법칙을 아는 것 보고 깨달음이라고 하는 것인데 이런 말은 세상에서 내가 처음으로 하는 말이어서 여러분 귀에 쉽게 들어오지 않을 것이나 이런 논리에 관한 판단은 여러분이 하면 됩니다.

026 허무. 세월이 흘러 나이가 들면 허무하다고 합니다. 사람은 왜 살며 허무하다는 것을 느끼는 건가요?

(답) 질문에 '허무하다.'라는 말은 사람마다 다 다른 삶이 전개되기 때문에 한마디로 말할 수 없는 부분이 있습니다. 직설적으로 인생을 살면서 자신이 하고자 하는 것, 짓·행위를 모두 다 하고 살았다면 이 사람은 허무하지 않을까를 생각해보면 그렇지 않습니다. 다시 말하면 하고자 하는 짓을 다 하고 산 사람이나 다 하지 못하고 살다 죽은 사람이나 죽을 때 드는 마음, 생각은 '인생은 허무하다'입니다. 왜 그럴까?

그러나 진리 이치를 알고 살아가다 죽은 사람은 '허무하지 않다.'라는 생각, 마음을 가지게 되고 다시 사람으로 태어나 진리 이치를 알고 살았으면 하는 마음이 드는데 이것은 물질 논리에서 할 짓을 다 하고 산 사람은 자신의 마음을 위해 산 것이 아니기 때문에 허상의 거품이 걷어지면 '허무함'을 느끼는 것이고, 마음을 알고 사는 사람은 진급이 되는 삶이기 때문에 허무(虛無)가 아니라 희열(喜悅)이라는 것을 느끼는 차이가 있습니다.

이 말 어려운 말일 수 있는데 지금까지 인생을 살다가 죽은 사람은 숨을 거두기 전에 어떠한 허무가 되었든지 모두가 허무주의에 빠져 살다가 죽은 것이고 그 인생의 허무함을 물질이 많든 적든, 배웠든 배우지 못했든 간에 그 마음 흔적에 따라 다음 생 자신의 인생이 어떻게 되는지를 죽음의 찰나에 알 수 있어서 그렇습니다. 왜냐하면 사람이 죽을 때는 육신의 마음인 아상(我相)이 끊어지는 그 찰나의 순간에는 한마음을 모두 느끼는데, 이 마음을 느끼면 다시 살아 나올 수 없는 선을 넘어가는 과정에서 느끼는 것이지만 이 마음을 바탕으로 다음 생 그 자신이 어디로 어떻게 태어난다는 것을 알 수 있습니다. 또 인간으로 태어난다면 죽을 때의 마음을 기반으로 다른 생명체로 태어나고, 또 다른 아상의 마음이 생기게 되면서 과거의 마음은 다 지워집니다.

이 말은 열 번을 윤회한 사람이 열 번 살았던 그 마음을 모두 기억하고 있지 않고, 이생에서의 마음만 인식하고 그것을 내 마음이라고 생각하고 삽니다. 만약 전생에 열 번의 윤회를 하면서 인생을 산 사람이 그 열 번의 삶을 다 이생에서 기억한다면 대단한 사회문제가 될 것입니다. 어찌 되었든 예를 들어 수학 공부에 재미를 가지고 열심히 수학을 공부한 사람이 그 학교를 졸업할 때가 되면 허무한 마음을 느낍니다. 하지만 학교에서 수학에 재미가 없는 사람은 그 시간이 허무하게 느껴질 것이기에 이 두 가지의 상황을 생각해보면 같은 '허무'를 말하지만, 세부적으로 보면 의미는 다를 것입니다.

내가 법을 말하는 처지에서 나도 허무함을 느끼는데 그것은 이 법을 다 말하고 세상 사람들에게 이 법을 다 알게 하지 못한 데서 오는 허무함이 있고, 그렇다면 모든 사람에게 이 법을 다 알게 하면 허무하지 않을까인데 그렇지 않습니다. 그 이유는 100% 다 알게 한다는 것은 현실적으로 불가능하므로 그렇고, 내가 이생에서 '이 정도면 됐다.'라고 하는 마음이 들면 나는 죽게 되는데 이 과정에서 허무함은 느끼지 않는데 그것은 다음 생 내가 또 해야 할 일이 있어서 그렇습니다. 왜 이 말을 하느냐면 여러분도 어떤 것에 집중하고 살았다면 살아온 그것에 대해 허무함은 느끼지 않는 것과 내가 법을 말하면서 집중하고 최선을 다했다면 나 역시 지나온 세월에 허무함은 느끼지 않을 것이어서 결국 나 자신을 위해 얼마나 이치에 맞게 살았는가, 살지 않았는가에 따라 '허무'의 의미는 다르게 나타난다는 이야기입니다.

따라서 질문에 '사람이 왜 사는가'에 대한 부분은 종교마다 다 다르게 말하고 불교를 보면 '부모가 연해를 해서 나는 만들어진 것이다.'라고 말하고 있고, 또는 '누구의 종으로 태어났다.'라는 식의 말을 하기도 하는데 나는 '태어나야 할 업(운명)이 있어 태어나고 그 업의 유통기한이 다하면 죽는다'라는 말을 하고 있어서 이 말 깊게 정립해봐야 할 것입니다.

온 세상 사람들이 '허무주의'에 대하여 무수한 말을 하지만 모두 부질없는 말장난이고 어떤 사람이든 죽음에 이르러서 인생은 허무한 것을 느끼는 것이고 다만 그 '허무'가 어떤 것인가의 차이만 다르다고 정립해야 하며, 인생살이가 허무주의에 빠지지 않게 하려면 '이치에 맞게 살면 된다.'라고 해야 맞고 이치를 알고 살아가지 않으면 비관적인 허무에 빠지게 되고, 이치에 맞지 않게 살아가면 비관적이고 극단적인 허무주의에 빠지게 된다고 정립해야 합니다.

그래서 죽을 때 찰나의 순간에 여러분 스스로가 '나는 어떤 허무주의에 빠졌는가'는 스스로가 알 수 있지만, 이 상황은 되돌릴 수 없어서 살아 있을 때 어떠한 의식으로 살았는지는 매우 중요하다 할 것입니다. 보통 사람이 느끼는 허무주의라는 것은 어차피 죽고 나면 아무것도 느낄 수 없고 아무것도 아니었던 상태가 되기 때문에 현재 느끼는 행복이란 감정도, 자기 삶도 아무런 의미가 없다고 생각하는데 바로 이것이 인생에 의미 없는 삶을 살아가기 때문에 느끼는 것이고, 내가 말하는 것은 나 자신을 위하여 의미 있는 삶, 가치 있는 삶이 뭔가를 알고 살아가면 이런 회의감은 느끼지 않습니다.

앞서 말했지만, 허무주의를 느끼는 것은 물질의 많고 적음에 있는 것이 아니라 무의미한 목적을 가지고 사는 사람이고, 나 자신의 본질을 알고 내 마음을 알아가면서 그 마음을 이치에 맞게 바꾸어가면서 살면 위와 같이 인생 허무주의에 빠지지 않게 됩니다. 그래서 질문에 '세월이 흘러 나이가 들면 허무하다.'라고 하는 것은 아상에 끄달려 집착하고 사는 사람이 느끼는 보편적인 허무주의고, 나는 잘났다는 아상(물질만능주의)에 끄달려 살지 않으면 이런 허무주의를 느끼지 않는다고 해야 맞고, '사람은 왜 사는 건가'에 대한 말은 내가(생명체) 이 세상에 존재해야 할 이유, 업을 만들었고, 그 업이 있어 자연의 법칙에 따라 존재하는 것이라고 해야 맞는 말이 되고 일반적으로 무수한 사람들이 하는 말은 각자의 관념, 사상에서 하는 말이기 때문에 의미 없다고 해야 맞습니다.

027 화(禍)·근심·걱정 등 부정적인 마음을 줄이는 방법은 무엇인지요?

(답) 인간이 인생을 살다 보면 어떤 상황에 대하여 무수한 마음이 일어나게 됩니다. 물론 각자 처지에 따라 그것을 화(禍)·근심·걱정 등과 같이 느껴지기도 하는데 어떤 사람은 아무렇지 않게 생각하는 것이라도 어떤 사람은 그것을 견디지 못하기도 하는데 이것은 상대성인 것도 있지만, 상대성이 아닌 일도 있습니다. 결국, 상대성이 있는 상황에서 올라오는 화(禍)·근심·걱정 등은 그 상대와 깊은 업연의 흔적이 남아 있어서 올라오는 것이고, 또 상대성이 없는 상황에서 각자가 화(禍)·근심·걱정 등이 올라오는 것도 상대는 없지만, 전생에 나 자기 삶에 환경과도 밀접한 관계가 있는데 결국 이같이 나 자신에게 일어나는 모든 것의 원인은 근본적으로 나 자신에게 있다, 문제는 나에게 있다고 해야 맞는 말이 됩니다.

사람들은 화(禍)·근심·걱정 등에 대하여 그 원인을 '분노 조절 장애를 의심할 수 있다.'라고도 말하는데 문제는 앞서 말했지만, 인간에게 나타나는 여러 가지 화(禍)·근심·걱정 등은 각자가 전생에 어떻게 살았는가에 따라, 가지고 있는 자신만의 특징과 특성이기 때문에 단순하게 분노 조절 장애 증상이라고 치부하는 것은 옳지 않습니다. 따라서 사람마다 다 다른데 사소한 일에도 화를 참지 못하고, 공격적 말이나 행동을 보이며 분노를 표출하는 것을 단순하게 분노를 조절하지 못해 서라고만 치부하고 이 방법으로 무작정 화를 내기보단 좋아하는 음악을 들으며 마음을 비우는 행동을 취하는 것만으로 화

(禍)·근심·걱정이 사라진다는 식으로 말하는 것은 의미 없습니다.

또 하나의 방법으로 너무 부정적인 생각보다 긍정적인 생각을 하면 스트레스를 줄이는 방법도 효과적이라고도 말하는데 이 역시 근본적인 해결책은 되지 않습니다. 그래서 어떤 상황이 나와 관련이 있는 문제인가, 아니면 나와 직접 관련이 없는 문제인가를 구분해야 하고, 관련이 있는 문제라면 그 문제의 본질이 무엇이고 나에게 있는가? 타인으로 인한 문제인데 내가 개입되어 있는가 등의 상황을 먼저 정리할 수 있어야 합니다.

예를 들어 '정치하는 것'을 보고 화가 난다면 이것은 나와 직접적인 관련이 없는 것이어서 정치하는 그것을 보고 자신의 마음을 정리하면 됩니다. 물론 정치하는 사람들이 내린 결론에는 나의 삶과 관련이 있지만, 그것은 포괄적이어서 화를 내본들 정치에 직접 영향을 주지 않습니다. 나와 간접적인 영향이기 때문에 세상 돌아가는 것이나 자신의 의견, 생각도 있을 수 있지만 내가 정치에 직접 개입해 영향을 줄 수 없는 처지에서 나의 관념에 따라 화(禍)·근심·걱정을 해봐야 내 몸만 상하기 때문에 '그러려니, 그렇게 돌아가는구나'라는 식으로 이해하는 선에서 멈춰야 합니다. 회사에 다니는 사람이 회사 운영에 불만이 있다고 하여 화(禍)·근심·걱정을 한다고 해서 나 자신이 회사 운영에 깊게 관여할 수 없다면 그 문제에 대하여 나는 '이런 의견, 생각하고 있다'는 선에서 멈춰야 한다는 이야기입니다.

그런데 문제는 일상에서 나와 깊게 관련된 문제에 대하여 화(禍)·

근심·걱정 등 어떤 마음이 일어난다면 여러분이 직접 개입해서 그 상대와 상황을 정리할 필요는 있고, 그 본질을 해결하면 화(禍)·근심·걱정 등을 해소할 수 있습니다. 예를 들어 결혼하고 사는 사람은 반드시 상대가 있어서 상대의 행동을 보고 스스로가 화(禍)가 날 수 있는데 이것은 두 사람의 마음에 차이에서 나타나는 현상으로 반드시 대화해서 그 문제의 본질을 알고, 그에 따른 잘잘못을 서로 이해해야 하는데 이게 쉽지 않다는데 그 문제의 심각성이 있습니다. 또 하나는 인간에게 나타나는 모든 현상은 빙의(憑依)의 영향으로 갖가지의 현상, 장애가 나타나는데 이것도 모르면서 막연하게 분노 조절에 대하여 어떻게 해야 한다고 말하는 것은 의미 없다는 이야기입니다.

따라서 빙의가 있는 사람은 어떠한 상황에 대하여 빙의의 마음이 먼저 작용을 하게 되면 스스로가 통제할 수 없고, 입에 나오는 대로 다 말하고 행동을 먼저 해버리게 되는데 이것은 현실에서 얼마든지 확인할 수 있습니다. 그래서 여러분 자신이 전생에 지었던 업에 따라 그것이 이생에 여러분의 성향으로 나타나는 경우가 있고, 빙의의 마음이 작용해서 나타나는 예도 있으며, 또 상대가 있는 상태인가, 없는 상태인가에 따라 다 다르므로 분노가 나타나는 현상을 단답형으로 이렇게 해야 한다고 할 수 없습니다. 현실적으로 제일 나은 방법은 크게 나와 관련이 있는 문제인가 아닌가를 먼저 정립해야 하고, 이것에 따라 일어나는 마음을 다스리는 것이 최선입니다.

남이 싸움하면서 다투는 것을 보고 내가 화(禍)가 나고 근심 걱정을 해봐야 의미 없고, 이 경우 싸우든 말든 하라고 치부해버리면 되는데 빙의가 개입되면 이성을 잃어버리게 되고, 남들 싸움에 개입하여 나와 관련 없는 그 싸움에 개입하게 되면 결국 나와 관련 없는 것에 내가 개입되게 되어 있습니다. 그래서 업이 좋지 않은 집안이라며 서로가 서로를 보고 화(禍)·근심·걱정을 하면서 다툼이 일어나는 것이고 그나마 업이 조금 좋다고 하면 이런 다툼은 그 업에 따라 정도 차이가 다 다르게 나타납니다.

평생을 아웅다웅하면서 살아가며 화(禍)·근심·걱정을 하는 것보다 차라리 깨끗하게 헤어지는 것이 후환을 없애는 방법이 될 수도 있는 상황이 있습니다. 누구는 다툼하더라도 헤어지면 안 된다고 말하겠지만 내 논리는 다른데 현실에서 정리되지 않으면 마음 조아리며 사는 것보다 헤어지는 것이 더 좋을 수 있다는 이야기입니다.

물론 그 다툼이 어떤 것이고 앞으로 개선될 여지가 없는 것일 수 있고, 개선할 수 있는 것도 있어서 단편적으로 말할 수 없는데 이것은 각각의 사안이 다 다르므로 그렇습니다. 그래서 사람들이 막연하게 분노를 다스리는 방법으로 종교적인 행위를 하라고 하는데 마음 뿌리에서 나오는 분노는 그 문제의 본질을 해결하지 않고는 어떤 것으로도 해결할 수 없습니다. 정리하면 타고난 자신의 업을 기반으로, 빙의의 마음이 작용하여, 아상이 작용하여 나타나는 무수한 상황을 다스리는 방법은 내 마음을 알고 마음을 다스리면 대부분 사라지게 됩니다. 따라서 마음을 다스린다고 하니 명상이나 기도, 수행 등을 하여 다스리는 것으로 생각하기 쉽지만, 이것으로 해결할 수 없으며 그 문제의 본질을 볼 수 있는 의식이 있어야만 해결할 수 있다는 이야기입니다.

속담에 '화가 복(이) 된다.'라고 하여 처음에 재앙으로 여겨졌던 것이 원인이 되어 뒤에 오히려 다행스러운 결과를 가져오는 수도 있다는 말로 이런 말을 하지만 의미 없습니다. 중요한 것은 일상을 사는 처지에서 그 문제의 본질을 알면 그 결과에 따라 나 자신의 마음을 다스릴 수 있다 할 것이어서 막연하게 어떤 상황에서 분노가 일어났는데 어떻게 해야 하는가를 말하는 것은 각자의 관념에서 하는 말이고, 이것은 수박의 속을 모르고 표면으로 나타나는 감정을 다스리는 것을 말하는 것이어서 이런 것으로 문제의 본질을 해소할 수 없다는 이야기입니다. 따라서 문제의 본질을 아는 게 중요하고 그다음 그것을 객관적 관념으로 이치에 맞게 이해하면(나의 주관적 관념을 뺀) 그것에 맞게 자연스럽게 풀어지게 되어 있고, 막연하게 올라오는 감정을 막연하게 참는다고 해서, 분위기를 바꾼다고 해서, 종교적 행위를 한다고 해서 올라오는 화(禍)는 없어지지 않으며 가라앉지 않는다는 이야기입니다.

028 꿈과 희망. 사람들은 '꿈을 꾸고 살아라.'라는 말을 많이 하는데 저는 꿈이 없는데 도대체 꿈이라는 게 뭔가요 이런 말이 맞는 건가요?

답 질문처럼 보통 사람은 '꿈을 꾸고 살아라.'라는 말을 많이 합니다. 사회에서 이름 좀 알려진 사람들도 이런 말 많이 하는데 '영원히 살 것처럼 꿈을 꾸고 내일 죽을 것처럼 오늘을 살아라.'라는 말도 많이 하지만 이것은 지극히 감성적인 말이고 이런 말에 끄달려 산다면 현실을 똑바로 살 수 없습니다. 사람은 영원히 살지 않습니다. 그런데 '영원히 살 것처럼 꿈을 꾸고'라는 말은 감성적인 말이 되는 것, 허상에 빠지게 하는 말이 됩니다. 또 '내일 죽을 것처럼 오늘을 살아라.'라는 말도 내일 죽을지 50년 후 죽을지 모르는데 이 말을 하는 것은 그만큼 오늘을 잘살자는 의미로 이런 말을 하는 것이겠지만 문제는 어떻게 오늘을 잘 살 것인가의 본질적인 문제가 남습니다.

그래서 무의식에 빠진 사람은 허망한 꿈에 쉽게 빠질 수 있고 현명한 자는 미래를 생각해볼 수는 있지만, 그 꿈에 빠지지 않는 사람이라고 해야 이치에 맞는 말이 됩니다. 예를 들어 정신 나간 사람은 이성을 생각하는 꿈을 자주 꾼다면 잠을 자면서 상대에 관한 꿈을 꾸고 현실을 살면서도 꿈을 꾸었던 그 상황만을 생각하게 됩니다. 꿈속에 봤던 이성이 자꾸 생각나게 되고, 그런 이성을 만났으면 좋겠다는 꿈을 가지고 일상을 살게 되는데 이런 정신으로 하루를 똑바로 살 수 있겠는가를 생각해보라는 이야기입니다.

따라서 나는 이제까지 여러분에게 법을 말하면서 꿈을 꾸고 살라는 말을 한 번도 하지 않았고, 오늘 '하루를 이치에 맞게 살라'는 말을 했는데 오늘을 이치에 맞게, 본분에 맞게 살면 내일, 모래의 내 환경은 그것에 맞게 변한다는 것을 말하고 있어서 일반 사람들이 말하는 대로 막연하게 '꿈을 꾸고 살아라.'라는 말은 뜬구름 잡는 말, 허황된 말이고, 인간의 의식을 흐리게 하는 말이 됩니다.

따라서 '영원히 살 것처럼 꿈을 꾸고 내일 죽을 것처럼 오늘을 살아라.'라는 말을 가만히 들여다보면 얼핏 듣기에는 좋은 말로 들릴 것이고, 무의식에 빠진 사람은 이런 말에 자기 생각을 정당화시켜 가게 되어 있습니다. 모든 인간은 현실을 사는데 종교적으로 말하는 것도 허황한 꿈을 갖게 만드는 말이 상당한데 이 상황을 보면 얼마나 이 세상 사람들이 무의식에 빠져 있는가는 쉽게 알 수 있습니다. 예를 들어 불교의 경전인 『법화경』에 의하면, '관세음보살의 이름을 마음에 간직하고 염불하면 큰불도 능히 태우지 못하고, 홍수에도 떠내려가지 않으며, 모든 악귀도 괴롭힐 수 없다. 칼과 몽둥이는 부러지고 수갑과 상쇄 · 족쇄는 끊어지고 깨어진다.

또, 중생의 마음속에 있는 불안과 두려움을 제거하고 탐욕과 성냄과 어리석음의 삼독(三毒)을 여의게 하며, 아들이나 딸을 바라는 이는 뜻에 따라 자식을 얻게 한다. 그리고 방편의 힘으로 33가지 몸으로 나타나 중생을 제도한다.'라고 말하고 있는데 무의식에 빠진 사람은 이런 보살만 믿으면 모든 문제가 다 해결될 것으로 생각하고 이 보살을 생각하고 따르는데 이같이 실체 하지 않는 것을 설정하고 무수한 의미를 부여해두면 이런 존재가 나를 어떻게 해줄 것이라는 꿈을 가지게 됩니다. 사실 인간이 인생을 살면서 각자 처지에 따라 무수한 꿈을 가지고 살지만 내가 말하는 것은 '생각은 할 수 있지만, 그 생각에 집착하지 말아야 한다.'라는 논리를 말하고 있으므로 종교가 하는 말은 이치에 맞지 않는 것을 상정하고 그것에 꿈과 희망을 품게 하는 자체가 인간을 무의식에 빠지게 한다는 이야기입니다.

복권을 사고 일주일을 그 복권이 당첨되는 상상 속에 빠진 것과 똑같고, 내가 말하는 것은 현실에서 복권을 살 수는 있지만 '당첨이 되면 되고 안되면 말고'라는 평정심의 마음을 가지라는 이야기인데 문제는 사람의 마음에서 평정심을 가지고 모든 행위를 한다는 것은 매우 어렵습니다. 특히 나이가 어린 사람은 대부분 거창하게 자신의 미래에 관한 꿈을 가지고 있는데 이것은 앞서 말한 대로 온 세상 사람들이 '꿈은 크게 가지고 사는 것이 좋다'라고 말하고 있어서 어린 사람들도 '꿈은 좋은 것'이라고 당연한 것으로 생각하고 있는데 안타까운 일입니다.

만약 나에게 자식이 있다면 나는 오늘 하루를 이치에 맞게 성실하게 살아야 한다고 말을 할 것입니다. 문제는 어떤 사람들은 인생을 살면서 자신의 꿈이 이루어졌다고 말하기도 하는데, 사람마다 다 다른 꿈을 가지고 있어서 그 모두가 꿈을 가졌다 할 것이나 현실로 그것이 이루어질 확률이라는 것은 극히 일부인데 그 이유는 전생에 지은 업이 있다면 이생에 그것이 생각으로 나타나고 그 생각대로 했다면 업과 현실에서 맞아떨어졌을 때 그것은 이루어지는 것이어서 이런 이치를 모르고 막연하게 나도 꿈을 가졌다고 해서 그 꿈대로 되지 않는다는 것이 진리적인 입장입니다.

정리하면 전생에 자신이 지어놓은 업이 이생에 그때가 되어 발현(發現)될 시기라면 그 시기에 맞춰 자신이 생각하는 바대로, 혹은 마음에 일어난 대로 그 목표가 이루어질 수 있다는 것이고, 업을 짓지도 않은 사람이 이생에서 꿈을 가졌다고 하면 그 꿈을 목표로 산다고 해서 이루어지지 않는다는 이야기입니다.

이러한 이치를 모르고 남은 꿈이 이루어졌으니 나도 이루어질 것이라고만 생각한다면 잘못된 생각이라 할 것입니다. 사실 지구 상에 존재하는 모든 사람 나름대로 다 꿈을 가지고 살지만 앞서 말한 대로 그것은 업과 관련이 있어서 지구 상에 사는 모든 사람의 꿈은 이루어지지 않는다는 이야기입니다. 그래서 사람이 태어나면 먼저 자신의 본질을 알아야 하는데 나 자신의 본분을 알고 사는 사람 거의 없다는 것이 문제입니다.

다시 말하지만, 복권을 사면 누가 당첨되었으니 나도 사면될 거라는 생각은 매우 어리석은 생각이고 무수한 사람이 복권을 사겠지만 당첨된 사람은 그가 그런 것을 통해 전생에 지은 업으로 되는 거라고 이해하면 됩니다. 마찬가지로 전생에 부부가 될 인연을 만들지 않은 사람이 이생에서 남들이 결혼했으니 나도 결혼을 할 것이라고만 생각한다면 잘못된 생각이고, 이 경우 반드시 진리적으로 부부의 인연을 만들어놓지 않으면 이생에 진리적으로 이치에 맞는 결혼이라는 것은 할 수가 없는 것입니다.

지구 상에 존재하는 모든 사람은 대부분 이 같은 진리의 작용, 업의 본질을 알지 못하고 허황한 꿈을 가지고 사는데 안타까운 일이라 할 것입니다. 그래서 인생을 살면서 나 자신의 본질, 마음을 모르면서 이치에 벗어난 것에 막연한 꿈을 갖지 말아야 하는데 이런 말 하면 나만 미친놈 취급을 할 것이나, 문제는 인생 살다가 죽을 때쯤 되면 내 말이 무슨 말인가를 알게 될 것입니다. 누구나 생각은 얼마든지 할 수 있고, 상상도 할 수 있지만 도래되지 않는 미래에 관한 꿈은 갖지 않는 것이 좋습니다. 회사에 말단으로 들어갔으면 그 자리에 맞게 최선을 다하면 그 결과에 따라 진급은 자연스럽게 이루어지지만 처음 회사에 들어간 사람이 높은 자리에 이르고자 하는 생각만 한다면 그 사람은 자기 자리에 안착하지 못하게 되고, 결국 자신의 꿈에 맞지 않으면, 마음에 들지 않으면 어떤 식으로든 사고를 저지르게 된다는 것이고 인생이 고단해지게 된다는 이야기입니다.

029 욕심을 비워라, 마음을 비워라. 사람들이 '욕심을 비워라, 마음을 비워라.'라는 말을 많이 하는데 어떤 게 비우는 건지요?

(답) 사람들이 하는 말을 보면 '욕심을 다스려라, 욕심을 비워라, 욕심을 경계하라.' 등의 말을 하기도 하고 또 불교에서는 '욕심을 부리지 않으려 하는 것도 욕심이다.'라는 말을 합니다. 보통 사람들은 '나는 욕심을 비우고 산다. 욕심을 버리면 살아서도 천국이다.'라는 말을 쉽게 하는데 이런 말 역시 각자의 관념에서 하는 말이고 진리적으로 욕심을 부리지 않는 것은 '이치에 맞게 살면 된다.'라고 정립하면 매우 간단한 말이 됩니다. 문제는 여러분이 어떤 상황에서 이치에 맞게 사는 것인가를 모르기 때문에 문제가 되는데 '이치'라는 것을 알면 진리 이치에 반하는 행동을 하지 않기 때문에 결론적으로 이치(理致)라는 것을 알아가는 것이 최선이고, 이 이치를 알고 인생

을 살아가는 것이 궁극적으로는 업(業)을 짓지 않게 됩니다.

어찌 되었든 사람으로 태어나면 기본적으로 '욕심'이라는 것이 다 있는데 예를 들어 고기 잡으러 바다에 간 사람이 고기를 많이 잡지 못했다고 한다면 이 사람은 '바다가 주는 만큼만 잡는다.'라는 말을 쉽게 합니다. 그렇다면 이 사람은 욕심이라는 것이 없는가인데 그렇지 않습니다. 바닷속에 들어있는 고기를 자신의 마음대로 잡을 수 있다면 아마 바닷속에 있는 물고기가 남아 있지 않을 것이나 그렇게 할 수 없는 현실이기 때문에 입으로는 '주는 만큼만 잡는다.'라는 말을 하는 것이고, 세상 사람들은 이런 말을 들으면 '저 사람은 마음을 비우고, 욕심을 비우고 사는구나'라고 생각하게 되어 있다 할 것입니다.

불교에서 보통 뭐라고 하느냐면 '잡은 것이 많으면 손이 아프고 들고 있는 것이 많으면 팔이 아프다.'라고 하고 '있는 것이 많으면 목이 아프고 지고 있는 것이 많으면 어깨가 아프다. 보고 있는 것이 많으면 눈이 아프고 생각하는 것이 많으면 머리가 아프다. 품고 있는 것이 많으면 가슴이 아프다. 내려놓으라, 놓아 버리라'라는 식의 말 무수하게 하는데 이 말대로라면 결국 옳고 그름도 분별하지 못하게 사람의 정신을 만들어 버리는 말이 됩니다. 말이야 듣기 좋은 말로 들리겠지만 참으로 어리석은 말이 아닌가? 사람이 인생을 살면서 이 말대로 모든 것을 다 비운다는 것은 절대로 불가능한데 불가능한 것을 붙잡고 그대로 살아야 한다고 강요한다는 자체가 인간의 의식을 인위적으로 흐리게 만드는 행위가 됩니다.

따라서 말도 안 되는 말을 나열하면서 한다는 말이 '우리가 아픈 이유는 내려놓을 것이 많기 때문이다. 몸과 마음을 위해 잠시 내려놔라.'라는 말을 많이 하는데 '이같이 다 내려놓지 않아서 여러분이 괴로운 것이 아니라 '이치에 맞지 않는 것'을 붙잡고 있어서 괴로운 것이라고 해야 맞는 말이 됩니다. 사람으로서 세상에 모든 것을 다 보고 살지만, 그중에 '나의 이치'에 맞지 않으면 그것에 마음을 두지 않는 것이 내려놓은 것이 되고, 이치에 맞지 않음에도 그것에 마음을 쓰는 것이 집착되며 괴로움이 되는 것입니다. 따라서 이 같은 것을 분별하지 않고 '무조건 모든 것을 다 비워라.'라고 하는 말은 매우 잘못된 말이고, 반대로 모든 것을 다 볼 수 있고 가질 수 있지만, 이치에 맞게 마음을 쓰고 가지면 그것은 괴로움이 되지 않는다 할 것입니다.

그러나 수행을 한다는 사람들을 보면 앞서 말한 대로 '비워라, 놓아라.'라는 말을 한마디씩 하면 여러분은 '저 사람은 도를 깨달은 사람'쯤으로 생각하고 수행을 많이 한 사람으로 생각하겠지만 이런 의식 자체가 썩어 있는 의식이라고 해야 맞고, 감성적인 말은 여러분에게 듣기는 좋겠지만, 그것은 아무 도움이 되지 않습니다. 이름 좀 알려진 사람이 하는 말을 보면 '욕심을 어떻게 내려놓나요?'라고 하니 이 사람 말하기를 이 질문은 마치, 뜨거운 불덩어리를 집고서 "뜨거워 죽겠어요, 어떻게 놔요?" 하고 묻는 것과 똑같다고 말하면서 하는 말이 답은 "그냥 놔라."라고 말합니다.

이것에 논리는 '그걸 쥐고 뜨겁다 고함치면서도 어떻게 놓느냐고 자꾸 묻는 것은 두 가지 이유다. 덜 뜨거워 아직 쥐고 있을 만하든지, 아니면 손을 데더라도 갖고 싶든지. 그런데 문제는 손은 또 안 데고 갖고 싶다는 것 아닌가? 하지만 그런 길은 없다. 갖고 싶거든 손 데는 인과응보를 받든지, 손 데는 인과응보를 받기 싫거든 갖고 싶더라도 놓든지, 그 외에 달리 방법이 없다. 욕심은 욕심대로 다 부리면서 노력 없이 결과만 좋기를 바라는데 그런 건 이 세상에 없다.' 라는 논리를 말합니다. 여러분은 이런 식의 말을 들으면 맞는 말이라고 쉽게 단정 지어 버리는데 매우 잘못된 의식입니다.

그 이유는 앞에 말한 것은 물질 논리를 단편적으로 말한 것이어서 그렇습니다. 그러나 남자가 두 여자를 마음에 두고 있다면 하나를 놓아야 하는데 이것은 앞서 말한 물질 논리하고는 다르기 때문입니다. 앞에 한 말은 단순한 물질 논리에서 하는 말이 되어서 이런 말을 하면서 법, 진리를 말한다고 하는 것이 모순이고 대단한 착각입니다. 말이야 들어보면 그럴듯하겠지만 내가 말하는 '놓아라, 비워라.' 라는 논리와는 정반대되는 말이므로 이 부분 깊이 새겨봐야 할 것입니다. 물질 논리에서 손으로 뜨거운 것을 잡을 것인가, 말 것인가는 아주 단순한 말이고, 내가 말하는 것은 여러분이 인생을 살면 무수한 상황에 부딪히게 되고 그 경계에서 어떤 것을 취하고 버릴 것인가는 오로지 이치에 맞는 행동을 하는 것으로 답을 찾을 수 있을 뿐입니다.

그래서 이 개념으로 여러분이 인생을 살면서 이치에 맞지 않는 행은 괴로움이 되고, 이치에 맞게 한 행동은 선업의 즐거움으로 되받아지게 되어 있을 뿐이어서 여러분은 물질 논리와 진리적인 논리 이 두 가지를 반드시 분별하고 구분할 수 있는 안목을 가져야 합니다. 따라서 어떤 사람이 주식을 했는데 돈을 다 잃고 괴롭다고 말하면서 하는 말이 '그때 하지 말았으면'이라는 말을 하면서 후회하는데 이 경우 돈에 여유가 있어 '나는 그 돈을 잃어버려도 된다.'라는 마음으로 하는 사람은 마음이 편할 것입니다. 하지만 '어떻게 하든 한탕만 잘하면 된다.'라는 생각으로 있는 거 없는 거 다 가져다 주식을 하는 사람의 마음 차이는 다릅니다.

물론 두 가지 상황이지만 반드시 선행되어야 할 조건이 '이치에 맞았을 때' 이 두 가지의 상황에 관한 결과는 다르게 나타나는 것이고, 인생살이의 모든 상황에서 이 부분은 해당하기 때문에 이 말을 여러분이 정립해야 할 것입니다. 그래서 다 다른 마음을 가진 인간들이 모여 이 사회를 만들어가지만, 그 사람들이 하는 말을 물질 이치 진리 이치 이 두 가지를 여러분이 분별하지 못하면 결국 감성적인 말에 끄달려 살게 되어 있고, 괴로움과 즐거움은 이 두 가지를 얼마나 분별하는가에 달린 것이 전부이기 때문에 인생을 사는 여러분의 관점에서 즐거움(이치에 맞게 되돌아오는 결과)이 얼마이며, 괴로움(이치에 맞지 않는 행위의 결과)은 얼마인가를 보면 지금 여러분의 마음이 어떤 마음인가를 쉽게 알 수 있습니다. 문제는 이것도 정확하게 여러분이 판단하기 어려운데 그 이유는 즐겁다, 괴롭다고 느끼는 것은 여러분의 개인적인 관점에서 판단하고 있어서 그렇습니다.

따라서 이치에 맞는 즐거움, 괴로움인가를 보면 여러분이 전생에 어떠한 마음으로 살았는지는 쉽게 알 수 있는데 그것은 그 마음이 이생에 그대로 발현(發現)되어 나타나기 때문에 그렇고 이치를 바꾸지 않으면 결국 전생에 그 습성대로 살다가 의미 없이 죽게 되어 있습니다. 이런 마음을 알고 이치에 맞게 바꾸어가는 것이 이생에서 여러분이 밥을 먹고 살아야 할 이유가 반드시 되어야 하는데 과연 이런 노력을 하고 사는 사람이 얼마나 될지 모르겠지만, 이것이 아니면 결국 자업자득 인과응보대로 살다가 또 그 마음으로 윤회하는 것이 보통 사람들의 삶이니 판단은 여러분이 정립하면 됩니다.

030 마음을 내려놓는다, 비운다는 말은 무슨 뜻인지요?

(답) '마음을 내려놓는다.'라는 말은 곧 '마음을 비운다.'라는 것과 같은 의미의 말입니다. 예를 들어 여러분이 어떤 것에 마음이 끌린다고 할 때 그것에 관한 끌림의 마음을 갖지 않는 것을 의미하는 말인데 문제는 인생을 살다 보면 이런저런 것에 인간의 마음이라는 것이 작용합니다. 그래서 사람에게 무조건 끌리는 것에 대하여 마음을 쓰지, 말라가 아니라 이치에 맞게 마음을 쓰는 것이 '마음을 내려놓는다.'라는 의미가 되기도 합니다. 그래서 마음은 비 물질에서 보이지 않으나 끊임없이 마음을 관리하는 것이 중요하고, 이 같은 관리를 통해서 각자의 마음을 이치에 맞춰가는 것이 내가 말하는 화현의 부처님 법에서 마음 공부법입니다.

따라서 보통 여러분은 '내 마음에서 일어났으니' 그 마음대로 행동하고 살지만 내가 말하는 것은 어떤 사안에 대하여 마음이 일어났다고 해도 일어난 마음을 제대로 관리하지 않으면 결국 마음 가는 대로 몸을 움직이게 되어서 보이지 않으나 마음을 관리한다는 게 매우 어려운 것입니다. 결국 여러분의 마음이 작용하는 대로 살아온 삶이 지금 여러분의 삶에 환경이기 때문에 나는 여러분 스스로 마음은 지금 여러분의 환경에 그대로 나타나 있다고 말했으니 이 글을 보는 여러분의 환경, 주변을 보면 여러분의 마음이 뭔가, 어떻게 흘러왔는지는 쉽게 알 수 있을 것입니다.

부자가 된 사람도 각자의 마음에서 일어난 대로 살아왔지만 물질 이치에서 그 사람이 받아야 할 인과응보가 있어서 물질의 부를 누리고 있는 것이지만 문제는 그렇다고 해서 그 사람의 마음이 모두 이치에 맞는 마음은 아니라는 점입니다. 다시 말하면 사람이 각자의 마음에 따라 움직이지만, 물질의 선업을 짓지 않았다면 마음을 움직이고 살지만, 물질로 되받아지는 것이 없고, 반대로 물질로 되받아야 할 선업이 있다면 이 사람 마음이 움직이는 것에는 그가 되받아야 할 물질의 업이 있어 마음작용(진리이치)과 물질 이치에서 되받아지는 것, 이 두 가지가 같이 하게 됩니다. 하지만 똑같은 마음 작용으로 인생을 살지만, 전생에 물질의 선업을 짓지 않았다면 마음 따라 움직인다고 해도 물질로 되받아지는 것 없이 입에 풀칠하며 살아가는 일도 있어서 인생을 사는 처지에서 반드시 물질은 필요한 것이기에 전생에 없는 것을 이생에 노력한다고 해서 갑자기 부자가 되는 법은 없습니다.

따라서 물질 이치와 진리 이치 이 두 가지를 여러분이 반드시 정립해야 합니다. 왜 이런 말을 하느냐면 앞에 '마음을 내려놓는다.'라는 것은 진리적으로 나 자신의 마음을 알고 내 마음 그릇에 맞게 살아야 하는데 보통 사람들은 똥고집만 가지고 남들이 하니 나도 하면 된다는 생각을 가지고 살아가므로 이 경우 이치에 맞지 않는 마음에 관하여 관심을 두지 않는 것이 '마음을 내려놓는다.'라고 하는 것입니다.

그런데 문제는 각자의 마음에서 일어난 마음이기 때문에 그 마음대로 하고자 하는 마음으로 살기 때문에 본인의 처지에서 '맞는 마음'이라고 생각하게 되는데 이게 문제가 있다 할 것입니다. 그래서 어떤 사람은 자신의 마음이 일어난 대로 행동해서 부자가 되는 사람도 있지만, 누구는 마음에 일어난 행동을 했지만 되는 일이 없는 사람도 있는데 이것은 마음속에 각자의 운명이 들어 있어서 이 같은 현상이 일어나는 것입니다.

그래서 '참(眞) 나'의 마음을 알면 그 사람이 물질로 되받아야 할 것이 있는가 없는가는 매우 쉽게 알 수 있다고 나는 말한 것이어서 자식을 낳으면 돈 버는 머리를 키운다고 해서 그 자식이 돈을 많이 벌 수 있는 것이 아니라 먼저 그 자식이 어떤 마음을 가지고 살아야 할 것인가를 가르치는 것이 현명한 사람입니다. 이같이 해야 하는 이유는 설령 그 자식의 마음에 되받아야 할 물질의 선한 일이 없다고 하더라도 어릴 때부터 마음 쓰는 법을 알게 하면 이생에 이치에 맞게 물질은 얻을 수 있으므로 나는 '운명은 존재하지만, 그 운명은 얼마든지 바꿀 수 있다.'라고 말한 것이어서 이 부분 새겨봐야 할 것입니다.

'마음을 내려놓는다.'라는 말 불교에서도 무수하게 하는 말이지만 내가 말하는 것처럼 '마음을 이치에 맞게 사용해라.'라는 의미의 말 일절 하지 않으면서 마음을 비우라고 하니 사람들은 지난날을 되돌아보면서 '지난날을 마음에서 다 지웠다.'라는 말을 하는데 이같이 해서 마음에 흔적은 지워지지 않습니다. 또 '탐진치(貪瞋癡) 심의 마음을 비워라.'라는 말을 하면서 '마음을 내려놓는다, 비운다.'라고 말하고 있으나 내가 말하는 것은 무조건 탐진 치심을 갖지 않아야 한다는 것이 아니라 이치에 맞는 것이라면 얼마든지 탐진치 심의 마음을 가져도 된다는 논리를 나는 말하고 있어서 이치에 맞는 것을 분별하지 못하고 무조건 탐진치 심을 비우라고 말하는 것은 잘못된 말입니다.

더 말하자면 종교는 탐진치(貪瞋癡)에 대하여 '욕심·성냄·어리석음. 오욕 경계에서 지나치게 욕심을 내고, 마음에 맞지 않는 경계에 부딪혀 미워하고 화내며, 사리(事理)를 바르게 판단하지 못하는 어리석음. 탐욕심(貪欲心)·진애심(瞋愛心)·우치심(愚癡心)을 말한다. 이러한 마음은 지혜를 어둡게 하고 악의 근원이 되므로 삼독심(三毒心)이라고도 한다.'라고 말하고 있는데 매우 잘못된 말이고 살아 있는 인간의 처지에서 기본적으로 탐진치(貪瞋癡)의 마음은 다 가지고 있어서 이것을 다 지우라고 할 때 인간은 무의식에 빠지게 되는데 그 이유는 탐진치(貪瞋癡)에 대한 기준을 어디까지로 봐야 하는지 기준이 없는 말이어서 그렇습니다.

그래서 나는 이치에 맞으면 탐진치(貪瞋癡)를 내도 된다는 논리를 말하고 있어서 이 부분 새겨보면 나는 종교가 말하는 것에 상위법을 말하고 있음을 알 수 있을 것이고 이게 무슨 차이인가 여러분이 정립하지 못하면 내가 말하는 것에 깊은 의미를 알 수 없을 것입니다. 마음에 어떠한 의구심이 일어나면 그것에 본질을 완전하게 이해함으로써 마음은 비워지고 탐진치 심의 마음을 사라지게 된다는 이야기입니다.

031 중년의 삶은 어떻게 살아야 하나요?

(답) '중년의 삶을 어떻게 살아야 하는가?'에 관한 질문에 온 세상 사람들이 한 마디씩 다하고 있어서 그런 말을 기반으로 내가 여기서 다시 논한다는 것은 시간 낭비며 아무 의미 없습니다. 거듭 말하지만, 자식이 태어나면 그 부모가 자식을 이치에 맞게 충실하게 가르치면 그 과정에 나이가 들어가도 그 자식은 이치에 맞게 하루를 살 것이기 때문에 이같이 기본을 정리하지 않고 막연하게 '중년의 삶을 어떻게 살아야 하는가?'를 말한다는 것은 의미 없는데 그 이유는 각자가 생각하고 있는 중년의 삶이라는 것이 다 달라서 그렇습니다.

그래서 어릴 때부터 이치에 벗어나 살아가는 처지에 중년의 꿈을 생각한다고 해서 그 생각대로 중년의 삶은 전개되지 않으므로 시중에서 말하는 여러 가지의 중년의 삶은 사실 정형화해서 말할 수는 없어서 무수한 중년에 대한 말은 사실 아무런 도움이 되지 않을 것입니다. 업대로 살아가는 처지에 오늘 죽을지 내일 죽을지 모르는 사람들이 환상적으로 중년 이후를 꿈꾸는 것보다 오늘 하루를 어떠한 마음으로 살아가야 하는가를 먼저 생각하고 살면 그것에 맞게 노후가 전개되고 그 삶에 만족하고 인생을 마무리하는 마음을 만드는 것이 내가 말하는 '중년의 삶'이 된다고 할 것입니다.

요즘 젊은 사람들이 생각하는 중년의 삶은 말 그대로 이루어질지도 모르는 판타지 같은 꿈을 꾸고 있고, 젊은 여자들은 남자들이 말하는 환상적인 미래에 끄달려 인생을 사는 사람이 상당한데 그런 꿈 가지고 있다가 현실에서 마음대로 되지 않으면 '사네, 못 사네'를 말하고 인생 사는 거 별거 없다고 말하다가 죽어갑니다. 그래서 업이 있어 존재하는 인간의 처지에서 하루하루를 분수에 맞게, 이치에 맞게 살아가면 나이가 들어서도 그 상황에 수긍하며 살 수 있지만, 분수에 맞지 않게 꿈만 키우고 사는 사람이 어떤 상황에서 그 꿈대로 되지 않으면 그 불행을 쉽게 극복하지 못하고 막 나가는 인생을 살게 되어 있습니다. 다들 '행복해지는 방법'이라고 하면서 무엇을 어떻게 해야 한다는 말 무수하게 말하지만, 의미 없고, 인생 잘 사는 방법은 '나 자신의 본분을 알고 하루를 이치에 맞게 살면 된다.'라고 정리하면 됩니다.

따라서 온 세상 사람들이 각자의 처지에서, 관념에서 하는 말은 한도 끝도 없는 말이고, 답이 없는 말 잔치에 감성적인 말을 섞으면 여러분의 의식만 흐려지게 되어 있어서 인간으로서 각자의 미래를 생각할 수는 있지만, 중요한 것은 오늘 이 순간 내가 어떠한 마음으로 살아가는가가 중요한데 그 답은 '이치에 맞게 살면 된다.'라고 해야 맞고, '이치를 알아가는 것이 수행이고 마음공부이며 운명을 바꾸는 방법이다.'라고 정립하면 됩니다.

다시 말하지만, 하루하루 자신의 처지에 맞게 최선을 다하고 살고, 이치에 맞게 살았다면 그 결과에 순응하는 삶이 현실에서 중년의 삶이라고 한다면, 진리적으로는 죽음이라는 것을 염두에 두고 살아야 한다는 것이 진리적인 입장입니다. 그래서 단편적으로 여기서 '중년의 삶'이라는 것을 단형으로 정의할 수 없는데 그 이유는 각자의 마음, 의식, 환경이 다 달라서 질문과 같은 물음은 단편적으로 말할 수 없고, 앞서 말했지만, 각자의 현실에서 이치에 맞게 하루를 살고 그 결과에 순응하는 삶이라고 해야 맞고, 진리적으로는 이치에 맞게 살았다면 그 결과에 순응하는 삶이 잘사는 중년의 삶이라고 해야 이치에 맞는 말이 됩니다.

032 우울증이 심해 괴롭습니다. 사는 게 힘들고 의욕이 없고 무기력한데 어떻게 해야 하나요?

(답) 우울한 상태가 지속되면 이것을 하나의 병(病)으로 진단하는 것이 '우울증'입니다. 문제는 이러한 현상으로 나타나는 증상은 사실 숫자로 셀 수 없을 만큼 다양하므로 어떤 증상 하나로만 우울증이 나타난다고 말할 수 없는데 결국 각자에게 나타나는 우울증의 현상은 크게 두 가지로 나타나는데 (1) 각자가 지은 업에 따라 그것이

질병으로 나타나는 경우, (2) 빙의(憑依)가 작용하여 나타나는 경우로 나눌 수 있을 것입니다. 따라서 직간접적으로 나타나는 우울증의 종류를 보면 주요 우울증(심한 우울증), 기분 부전증(만성 우울증), 양극성 장애(조울증), 겉으로는 우울증인지 알기 어려운 예도 있고, 주로 여성에서 발생하는 우울증, 신체적 질환으로 인한 우울증, 계절성 우울증 등 참으로 그 종류도 다양합니다.

문제는 뭔가 하면 아직도 이런 증상이 왜 나타나는가의 본질도 파악하지 못하고 우울증의 증상으로 보이는 상황에서 정신과적인 치료, 혹은 약물치료인 '항우울제 복용, 수면제'를 복용하는 것이 전부인데 문제는 이런 약물로 우울증에 대한 근본적인 치료는 할 수 없다는 점입니다. 그 이유는 '마음'이라는 기운을 바탕으로 나타나는 현상이기 때문에 그렇습니다. 그래서 모든 사람이 다 우울증에 걸린다는 것이 아니라 걸리는 사람이 있고, 걸리지 않는 사람이 있고, 그 정도가 심한 사람도 있고 심하지 않은 사람도 있는데 이같이 다양하게 나타나는 현상은 마음(지은 업)이라는 것이 다 다르므로 그렇습니다.

어떤 작용이 있고, 그것으로 인해 외적으로 뭔가의 상황이 나타나면 앞서 말 한데로 그 증상에 대하여 이런저런 말 무수하게 하는 것이 전부이고 문제는 이 현상에 대하여 정확하게 진단할 수 없고, 현대 과학으로 완전하게 치료할 수 없다는 데 문제의 심각성이 있습니다. 고작 한다는 말이 '스트레스가 원인이다.'라는 말을 하기도 하는데, 문제는 현실에서 어떤 사안에 대하여 스트레스를 받으면 그로 인해 우울증 현상으로 나타날 수 있겠지만, 눈으로 보이는 상황을 이치에 맞게 정리하면 현실적인 스트레스는 해결되지만, 문제는 앞서 말한 대로 각자가 지은 업으로 나타나는 현상은 물질이 아니기 때문에 물질인 약물로 치료할 수 없고, 비 물질은 비물질의 논리로 풀어야 하므로 마음이라는 바탕을 알지 못하면 결국 우울증으로 나타나는 현상은 해결할 수 없다 할 것입니다.

이같이 말하면 누구는 '약물, 정신과적 치료를 받고 호전되었다, 좋아졌다, 완치되었다.'라고 말하는 사람도 있을 것이나 이것은 앞서 말한 대로 각자의 업이 뭔가, 어떤 것인가에 따라 그 업에 '유통기한'으로 나타나는 현상이지 그 약을 먹었다고 해서 없어진 것이 아니라는 점입니다. 진리적으로 우울증은 '정신질환'이라고 해야 맞고, 빙의 작용이라고 해야 맞는 말이 되어서 이것은 근본적으로 각자의 마음과 마음을 바탕으로 형성된 의식을 깨어나게 하면 그 의식에 따라 해소됩니다. 그런데 이같이 하지 않고 현대의학으로 치료의 단계를 보면 급성기, 지속기, 유지기 치료로 세 단계로 나누어지고, 급성기 치료(2~3개월)—증상 악화방지, 치료목적, 지속기 치료(4~6개월)—호전 상태 유지함을 목적, 유지기 치료(6~24개월)—반복성 우울증의 경우 재발 예방을 목적으로 한다고들 말하는데 근본적으로 이같이 해서 우울증이 완치되거나 호전되지 않습니다.

그 이유는 우울증은 비 물질인 마음을 기반으로 해서 나타나기 때문에 그렇습니다. 그런데 이같이 약물로 인간에게 나타나는 현상을 다 치료할 수 있다고 한다면 지구 상에 존재하는 모든 사람은 자기 몸에 나타나는 여러 가지 질병을 걱정할 이유가 없을 것이 아닌가?

그래서 약물로 치료할 것(물질 이치)이 있고 치료할 수 없는 것(진리 이치)이 있는데 사람들은 모든 것이 현대의학으로 다 해결될 것으로만 생각하는데 안타까운 일이라 할 것입니다.

어찌 되었든 의학적으로 '항우울제 복용 후 대개 1~2주 후 효과가 나타나며 8주에 70~80%는 증상이 소실된다. 그러나 우울증은 재발이 잦기 때문에 급성기 치료 이후에도 4~6개월간 유지 요법을 시행하는 것이 재발을 막는 방법이다.'라고 말하는데 이같이 치료하는 과정에 그 사람의 업의 이치가 바뀌면(빙의 작용에 따른 유통기한, 혹은 빙의가 아니라 개인적으로 받아야 할 업의 시간을 말함) 치료하지 않아도 스스로가 호전되기도 합니다.

이것을 이해하기 위해 똑같은 질환이 있는 사람이 종교적 의식으로 기도했다고 하더라도 사람에 따라 기도하는 시간 동안 업이 다하면 좋아지기도 하는데 이 경우 사람들은 '종교적 행위, 의식을 했기 때문에 좋아졌다'라고 생각하게 되는데 잘못된 것이고, 이 부분은 앞서 말한 대로 어떤 것이 각자의 마음에 영향을 주는가에 따라 결과는 달라집니다.

따라서 가벼운 증상이 나타나는 일도 있지만 심하면 자살에 이르게 하는 예도 있어서 사람마다 업이 다 달라서 한마디로 우울증에 대한 답을 말하기는 매우 어렵지만, 궁극적으로는 마음을 치유하면 그것에 맞게 우울증은 근본적으로 해결할 수 있다고 정립해야 맞고, 인위적으로 약물을 사용하는 것은 결과적으로 그 사람을 무기력하게 만들 뿐 궁극적인 치유는 되지 않습니다. 사람들이 우울증에 대하여 복잡하게 무수한 말을 하는데 그것은 그 사람의 관념에서 하는 말이기 때문에 그 말이 답이 될 수는 없습니다. 더 말하면 일단 업(業)이 있어 존재하는 인간이기 때문에 우울증(마음에 장애)은 누구라도 다 가지고 있지만, 그것(증상)이 0.1이냐 50%냐 100%인가는 사람마다 마음이 다르고 업이 다르므로 일률적으로 정형화해서 말할 수는 없다 할 것입니다.

그래서 제일 좋은 방법은 이치에 맞는 말을 따르면서 법의 일을 하는 것인데, 이 과정에 여러분이 알게 모르게 모든 상황은 좋아지게 되지만 문제는 이것을 여러분이 섬세하게 체득할 수 없는 부분이고, 법과 함께하면서 시간을 보내다 보면 자신도 모르게 '뭔가가 좋아졌다'라는 것을 느끼게 되고, 이 부분을 나는 '진리의 체득이다.'라고 말한 것이어서 이 부분 새겨봐야 할 것입니다. 결론적으로 물질 이치에서 몸에 상처가 나면 꿰매든지 약을 바르든지 하겠지만, 이 마음이라는 기운에 병이 생기면 이것은 결국 마음 치유로 해결하는 방법밖에는 없다는 점 명심해야 합니다.

현실적으로 몸이 이상이 있든 없든 자신을 위해 종합보험을 드는 것도 물질적으로 할 수 있지만, 그 반대로 진리 이치를 알고 그것에 맞게 사는 것, 이 두 가지를 조화롭게 하는 것이 내가 말하는 중도의 삶이라고 나는 말한 것이고, 이것은 여러분의 의식으로 정립하는 수밖에 별도리 없습니다. 문제는 각자의 관념대로 살거나 아니면 이치에 맞게 마음을 고쳐가며 살든지 그것은 오직 여러분의 의식으로 정립해야 하는 것입니다.

033 매일 술만 먹는 남편이 원수 같은데 어떤 마음가짐을 가지고 살아야 하나요?

(답) 질문에 '매일 술만 먹는 남편이 원수 같은데 어떻게 마음가짐을 가지고 살아야 하나'를 물었는데 이것에 대한 답으로 '이렇게 해야 한다.'라고 단편적으로 말할 수는 없습니다. 그 이유는 '매일 술만 먹는다.'라는 것의 이면에는 반드시 '그럴만한 이유'라는 것이 있어서 그렇고 이것은 상대성이 있어서 그렇습니다. 또는 사업적인 목표가 있어서인가? 아니면 자책하는 마음인가? 등의 복합적인 요소가 있어서 포괄적으로 말하기는 어렵고 개개인의 특정한 상황을 봐야 그에 대한 답을 찾을 수 있다 할 것입니다.

마찬가지로 집에서 먹는가, 아니면 밖에서 먹고 들어오는가의 문제도 있고, 그 사람이 밖에서 어떠한 상황에 어떤 직업을 가지고 있으며, 친구는 어떤지 등등 여러 가지 조건이 있어서 술만 먹는다는 것에 대한 답을 단편적으로 말할 수 없다 할 것입니다.

나는 여러분에게 '술(酒)은 제삼자다'라는 말을 했는데 이 말의 의미는 인간이 살아가면서 무엇이든 다 먹을 수는 있지만 어떤 장소에서 얼마만큼의 술을 먹는가에 따라 술이 제삼자가 될 수도 있고 되지 않을 수 있어서 막연하게 술은 제3 자라고만 말할 수도 없습니다. 따라서 술에 중독되어 술을 먹지 않으면 안 되는 일도 있고, 또 가볍게 한두 잔 마시는 것은 다릅니다. 여기서 술에 중독된 경우를 말하면 '자신의 의지대로 할 수 없는 상황, 환경'을 술을 먹음으로써 그것에 취해 어떤 일에 결정이나, 행동하는 것은 매우 좋지 않은데 이 경우를 나는 '술(酒)은 제삼자다'라고 한 것이고, 술을 하나의 인격체로 동등하게 대하는 것이어서 이 부분 분별해야 합니다.

그래서 어떤 목적을 두지 않고 자신의 의식을 잃지 않을 정도는 문제가 없겠지만, 의식을 잃어버릴 정도로 마시고 자신이 상대와 어떤 말을 어떻게 했고 행동은 어떻게 했는지를 모를 정도로 마시는 것은 매우 좋지 않습니다. 앞의 질문과 같이 '매일 술만 먹는 남편이 원수 같은데 어떻게 마음가짐을 가지고 살아야 하나'에 대한 답은 단편적으로 말할 수 없고, 기본적으로 제일 좋은 방법은 술이라는 것을 아예 입에 대지 않고 사는 게 좋겠지만, 현실을 사는 인간의 처지에서 그렇게 할 수는 없고, 다만 이치에 맞게 적당하게 먹는다면 문제 될 것은 없다 할 것입니다.

보통 사람들이 하루를 보내고 몸이 고단하니 술로써 몸을 풀어야 한다는 논리 등 사람들이 술을 먹을 때 온갖 명분을 내세우는데 그것은 개인적으로 술 먹는 것을 합리화시켜가는 것이고, 그런 말을 여기에 다 나열할 수는 없는데 결국 술이라는 것은 마약과 같은 것이어서 술 중독에 빠지면 의식을 바르게 가질 수 없고, 인생 살면서 술을 동반자로 생각하고 술이 없으면 스스로 의식으로 아무 짓도 할 수 없는 상태가 됩니다. 어찌 되었든 결론은 술은 사람이 먹을 수 있는 음식은 맞지만, 문제는 자신이 의식을 잃지 않도록 관리를 해야 하는데 이게 쉽지 않다는 데 그 심각성이 있습니다. 그래서 애당초 술이라는 것을 배우지 않는 것이 좋고, 먹는다면 '술이라는 것이 이런 것이구나'라는 정도로 음미하는 선에서 멈춰야 하고, 술에 길들어 마음을 그 술에 의지해버리면 결국 몸과 마음은 망가지게 되어 있어서 이 부분 정립해야 합니다.

우리가 탐진치(貪瞋癡) 심의 마음을 버리자는 말을 하는데 술에 집착하면서 탐진치(貪瞋癡) 심을 이야기한다는 자체는 모순되는 것입니다. 마음을 이치에 맞게 풀어야 하는데 그 마음을 풀 길이 없으면 결국 술이라는 제삼자를 의지하게 되고 결국 술친구가 없으면 인생살이 허전함을 느끼고 이것에서 빠져나오지 못하면 폐인이 되는 것입니다. 그래서 '이치에 맞게 적당함'이라는 것을 알고 그 선을 넘어가지 않는 게 중요한데 술 좋아하는 사람들은 이런 말에 전혀 관심이 없습니다. 결국 자신도 인지하지 못하는 사이에 술로 인해 생기는 병(病)이라는 것이 몸에 생겨야만 술을 줄이네, 술을 끊네, 하는데 이때는 이미 넘어야 할 선을 넘은 것이고, 술로 인해 몸과 마음에 깊은 상처가 생기면 다시는 회복하기 어려운 지경에 이르게 됨을 명심해야 할 것입니다.

또 하나 다른 각도에서 이야기하면 전생에 술을 좋아했던 사람이 죽어서 빙의가 되어 작용하면 이 경우도 술독에 빠져 살게 됩니다. 본인은 술을 좋아하지 않더라도 빙의의 마음이 작용하면 술만 입에 들어가면 중독이 되어 버리는 사람도 있는데 이것은 심각한 빙의 현상인데 빙의의 현상은 참으로 다양해서 인간이 사는 이 세상에 빙의 작용은 무궁무진하게 다양하게 나타납니다.

술을 좋아하는 것, 이성에게 집착하는 것, 권력에 집착, 돈이라는 물질에 집착 등등 모든 것에도 빙의는 얼마든지 작용할 수 있어서 본인이 타고난 운명에 따라 집착하는 것도 있지만, 빙의가 작용해서 집착하는 것도 있는데 이 경우 자신의 의지대로 술을 먹는 것이 아니라 빙의 마음으로 술을 먹는 것이어서 이것을 자제한다는 것은 자신의 의지대로 할 수 없습니다. 그래서 빙의가 무서운 것이고 이런 것은 그 당사자가 쉽게 알 수 없어서 질문의 경우는 무수한 상황의 변수가 있어서 단답형으로 말하기가 어려운 것이고 개개인의 상황을 봐야 그에 따른 정확한 답을 내릴 수 있어서 '매일 술만 먹는 남편이 원수 같은데 어떻게 마음가짐을 가지고 살아야 하나'에 대한 물음은 여러 가지 경우의 수가 있어서 이 질문은 단편적으로 답은 내릴 수는 없습니다.

034 운명(運命)은 있나요? 사람들은 운명이 있거나 없다고 말하는데 운명은 존재하는가요?

(답) 결론적으로 '운명(運命)은 있는가?'에 대한 답은 '있다'입니다. 사전에서 찾아보면 '인간의 선악·길흉·화복 등의 모든 일이 어떤 초인간적인 위력에 의하여 조성되고 지배된다고 믿어지는 섭리. 이러한 힘은 많은 사람이 생각하고·느끼고·신앙하여 예로부터 신화(神

話)·종교·철학사상에 나타나 있다.'라고 되어 있고, 이에 따라 운명론(運命論)이라는 것이 만들어지게 됩니다. 운명론은 '이 세상의 모든 자연 현상이나, 인생의 모든 일이 다 미리 정해진 필연적인 법칙에 따라 일어나기 때문에 사람의 힘으로써는 변경시킬 수 없어 그대로 따라야만 한다고 생각하는 사상적 입장. 숙명론이라고도 한다.'라고도 말하고 있는데 문제는 왜 이런 논리가 만들어졌는가의 문제입니다.

이런 사상은 인간이 지구 상에 돌연변이로 존재하기 시작하면서부터 만들어진 것이 아니라 '마음'이라는 것이 있음을 발견하고 난 이후에 사상(思想)으로 만들어졌는데 그렇다면 왜 이런 말이 만들어졌는가를 보면 인간에게 나타나는 여러 가지 형태의 상황을 보고 사람의 힘으로 어떻게 할 수 없는 여러 가지 문제에 대하여 그것을 운명(運命)이라고 생각하기에 이른 것이라고 해야 맞는 말이 됩니다.

이에 따라 말은 단순하게 운명(運命)이라는 두 글자이지만 이것을 기반으로 하여 여러 가지 사상이 만들어졌고, 급기야 종교 사상으로 발전해서 오늘에 이르고 있다 할 것입니다. 따라서 운명이라는 것을 믿는 처지와 운명을 믿지 않는 처지로 나눌 수 있는데 각각의 입장에 따라 운명을 부정적으로 혹은 긍정적으로 생각하고 있는 것이 현실이나 결론적으로 운명은 존재한다고 해야 맞는 말이 됩니다.

이 운명을 부정하는 처지라면 자신의 힘만 믿고 알아서 살면 문제는 간단한 것이고, 운명이 있다는 것을 믿는 처지는 운명이 어떻게 만들어지고 작용하는가에 따라 진리라는 것을 이해할 수 있는데 문제는 불교 자체도 이 운명을 부정하고 있어서 불교의 말은 앞뒤가 맞지 않는 모순된 말이 상당한데 그 이유는 운명을 부정하면서 인연, 업, 연기 등의 말을 한다는 것 자체가 모순입니다. 다시 말하지만, 운명을 인정해야만 이 모든 말들이 앞뒤가 연결 지어지기 때문에 그렇습니다.

예를 들어 여러분이 인연(因緣)이라는 말을 할 때 반드시 지금 그렇게 되어야 하는 운명이 있어서 그렇다고 해야 맞는 말이 되는데 불교는 인연, 업, 연기 등의 말을 하면서 그렇게 되어야 할 운명을 부정하고 있으니 안타까운 일이고, 따라서 죽어서 극락, 지옥에 간다고 말하는데 그렇다면 누군가는 극락, 지옥으로 가야 할 운명을 만들었기 때문에 가는 것이라고 해야 맞는 논리가 됩니다.

그런데 극락, 지옥을 간다고 하면서 운명을 부정하고 무와 공으로 지수화풍(地水火風)으로 다 없어진다고 말하는 것은 상호 모순되는 말이 됩니다. 또 죽은 사람을 불러들여 49재, 천도재 등을 한다고 하는데 그들의 말대로 지수화풍으로 다 흩어진 상태인데 무엇을 불러서 이런 의식을 한다는 것인가? 그래서 불교의 무와 공 사상은 애당초 진리 이치에 맞지 않는 말이라고 나는 말했는데 이 부분을 여러분은 반드시 정립해야 할 것입니다. 또 하나의 모순은 윤회한다면 반드시 '윤회의 주체가 되는 것'이 있어야 하지 않겠는가? 그러나 불교의 말 어디를 보더라도 윤회의 주체가 되는 것을 말하지 못하고 있는데 안타까운 일입니다.

그래서 나는 윤회의 주체가 되는 '참(眞) 나'라는 것이 이 자연 속에 있고, '참 나' 속에는 그 사람의 운명이라는 것이 다 들어 있어서 이것(운명)은 존재하는 모든 생명체에게는 기본으로 다 있습니다. 그래서 살아 있는 어떤 생명체를 보더라도 그가 그러한 모습으로 그 환경에 살아가야 할 운명이 있고, 이것은 앞서 말한 대로 '참(眞) 나라고 하는 마음(진리적인 기운)'을 보면 쉽게 알 수 있고, 이것(참나, 운명)을 아는 것을 화현의 부처님은 전무후무한 일이라고 말한 것입니다.

참으로 안타까운 부분이 보통 사람들도 어떤 상황에 부닥치면 다들 '운명'이라는 말 쉽게 말하지 않는가? 남녀가 만나는 과정에서도 '너는 내 운명' 등과 같은 말을 하고, 누가 일찍 죽으면 '그 사람의 운명이다' 등의 말 쉽게 합니다. 그렇다면 운명의 주체가 되는 그 무엇이라는 것이 반드시 있어야 이 말이 신뢰가 있는데 입으로는 이런 말 쉽게 하면서 정작 운명의 주체가 되는 것, 근본을 말하지 못하고 있는 것이 현실인데 여러분은 이 부분 어떻게 정리할 수 있는가?

그래서 나는 여러분의 운명을 알기 때문에 타고난 그 운명을 바꾸어주기 위해, 이치를 바꾸어주기 위해 현실에서 여러분에게 이런저런 말을 하는데 여러분으로서는 내가 말하는 것을 깊이 생각하지 않는데 참으로 안타까운 것이 그러면서 뭔가 한방에 어떻게 되기만을 바라는데 대단한 착각이고, 한방에 바뀌는 비법은 존재하지 않음을 명심해야 할 것입니다.

그래서 나는 '운명은 반드시 존재하지만, 그 운명은 얼마든지 바꿀 수 있다.'라는 말을 한 것입니다. 그러니 운명을 믿고 살든 말든 그것은 각자가 알아서 판단하고 살면 되고, 내 말이 맞는다고 하면 다부진 의식으로 자신의 운명을 바꾸어가면 되고, 이것은 세월이 지난 다음 내가 하는 말이 얼마나 무서운 말이고 깊이가 있는 말인가를 체득하게 될 것입니다.

035 사람마다 처한 환경과 살아가는 모습이 다른 이유가 무엇인가요?

(답) 답은 '업이 다르고 마음이 다 다르기 때문이다.'라고 해야 맞는 말이 됩니다. 여기서 마음이라고 하는 것은 우리가 일반적으로 말하는 마음이 아닌 나의 뿌리, 근본인 '참(眞) 나'를 말하는 것이어서 이 부분 정립해야 하는데 나는 보통 사람들이 '내 마음'이라고 인지하는 마음은 '참 나'를 기반으로 해서 형성된 가식적인 마음을 '내 마음'이라고 하는 것이고, 이 내 마음이라고 하는 것은 죽으면 사라지는 마음이고, '참 나'라고 하는 나의 근본(뿌리)은 죽어도 없어지지 않고 영원하게 존재하는 '기운'입니다. 따라서 인간을 제외한 모든 생명체는 인간과 같은 아상(我相)의 마음을 가지고 있지 않으며 그 생명체를 존재하게 한 '참(眞) 나'라는 기본적인 기운만 가지고 있어서 인간과 같이 다양한 모습을 가지고 있지 않습니다.

예를 들어 각각의 동물을 보면 같은 종(種)이면 그 모양이 거의 다 똑같지만 유독 아상의 마음을 가진 인간만이 똑같은 형태를 가지고 있지 않아서 이 개념으로 삼라만상(參羅萬像)의 생명체를 보면 아상(我相)이 있고 없고의 차이를 쉽게 알 수 있을 것입니다. 이 말은 물고기의 종자, 새, 강아지, 닭 등과 같이 같은 종자를 보면 쉽게 알 수 있는데 사람과 같이 인간이라는 종자를 보면 모습과 형태, 마음이 제각각인 데 비해 다른 종자들은 같은 부류에서 단순한 형태의 모습으로 존재하는데 이것은 인간과 같은 아상의 마음이 없어서 그렇습니다. 그래서 여러분이 자연을 보고 무엇을 배운다고 하는데 이런 것을 보지 못하고 사람들이 자연을 말한다는 것은 의식이 깨어 있지 않아서 그렇다고 해야 맞는 말이 될 것입니다.

어떤 사람들은 '운동을 하러 산에 간다, 살 빼기 위해서 무엇을 한다 '등의 말을 하지만 그렇게 해서 마음먹은 대로 뼈에 붙어있는 살이라는 것이 빠지지 않습니다. 그 이유는 지금 여러분의 몸은 전생에 살았던 업 따라 마음에 따라 몸이 만들어져 있어서 그렇습니다. 그래서 누구는 무엇을 했더니, 먹었더니 살이 얼마나 빠졌다고 하는 것은 일시적으로 몸에 영향을 준 것이고 근본적으로 빠졌다고 할 수는 없다는 이야기입니다. 그래서 지금 여러분이 살아가는 환경은 반드시 전생에 지었던 업의 흔적으로 이생에 물질 이치에서 여러분의 몸과 주변의 환경, 지금의 마음으로 그대로 표현되어 있는데 문제는 여러분 스스로가 자신의 근본을 보지 못하고 있는데 그 이유는 나라고 하는 아상(我相)이 가리어져 있어서 그렇습니다.

직설적으로 아상(我相)이 있을수록 자신의 본질을 알지 못하는 것이고, 나라는 아상이 없으면 스스로 근본을 알 수 있어서 여러분과 나의 차이는 아상이 있는가 없는가의 차이며, 나와 선율이는 아상이 없으므로 여러분이 전생에 어떻게 하고 살았는가, 어떤 마음으로 살았고, 어떻게 죽었는가의 줄기를 다 아는 것입니다. 이게 말은 쉬운데 현실적으로 여러분이 이 부분을 체득한다는 것은 매우 어렵기 때문에 결국 이런 이치를 아는 나와 선율에게 여러분이 뭔가를 물어볼 수밖에는 없습니다.

물어보고 고쳐가고 하면서 여러분이 조금씩 이치가 바뀌는데 이같이 하려면 나라는 아상을 세우지 않는 것이 중요한데 이게 쉽지 않습니다. 그래서 마음에 아상이 없는 사람의 입에서 나오는 말이 곧 법의 말이고, 자연의 말인데 이런 상황을 여러분이 처음으로 보기 때문에 다 같은 인간의 모습으로 존재하기 때문에 거창하게 꾸며진 존재가 하는 말이 아니기 때문에 우습게 생각하는데 매우 안타까운 일이라 할 것입니다. 그래서 여러분은 눈으로 뭔가 그럴듯하게 있어 보이는 것에는 쉽게 마음을 끄달리는 것이고 여기서 '마음을 끄달린다'라고 하는 의미는 전생에 살았던 여러분의 마음에 따라 끌린다는 의미입니다. 따라서 같은 인간의 몸을 가지고 있으면서 평범한 말(위대한 존재가 여러분에게 말한 억양과 같은 말이 아닌 말)을 하니 우습게 생각하는 것이 안타깝다는 이야기입니다.

따라서 질문에 '사람마다 처한 환경과 살아가는 모습이 다른 이유가 무엇인가'에 대한 답은 지금까지 그 누구도 말하지 못했던 부분이고 고작 해봐야 '업이 있어 존재한다'라는 말이 전부일 것입니다. 그러니 나와 선율이 가 여러분에게 '너의 업은 이렇다, 너의 본성은 이렇다.' 등의 말을 하니 이 부분이 전무후무한 말이기 때문에 여러분이 쉽게 긍정하지 못하고 있는 것이 아닌가? 그래서 지구 상에 존재하는 모든 생명체가 '그렇게 존재해야 할 이유'가 있어 다 다른 삶을 사는 것이고, 이런 것 보고 자연스러운 현상이라는 의미로 '자연(自然)'이라고 하는 것입니다.

그래서 지구 상에 존재하는 모든 생명체(유정물을 의미함)는 똑같은 존재가 하나도 없이 다 다른 것이고, 이 중에 하나로 인간이라는 존재로 여러분은 존재하는 것이어서 언제라도 여러분은 무수한 생명체 중에 하나의 생명체(인간이 아닌 기타 여러 가지 생명체를 말함)로 윤회할 수 있다고 해야 맞고, 이 관점에서 보면 인간으로 이생에 어찌어찌 살겠지만 죽으면 무수한 생명체 중에 나 자신의 업(業)에 맞는 생명체로 다시 태어나는 것이 진리의 법칙이고, 진리 이치입니다. 무수한 생명체 중에 나와 맞는 생명체로 태어나는 이치를 알고 말하고 있다는 것 자체가 여러분은 생소할 것입니다.

이런 이치를 알기에 여러분이 일상을 살면서 이치에 벗어난 행동을 하면 그것을 교정해주고 있는데 여러분으로서는 이 말에 별 의미를 두지 않고 자기 똥고집대로 하는데 안타까운 것이 나와 선율이 지적하는 것을 듣고 마음으로 받아들이고 실천하는 사람과 그 말을 돌아서면 잊어버리고 반복적인 행위를 되풀이한다면 여러분은 이생에 죽을 때까지 이 법당에 와도 이치는 절대 바뀌지 않을 것입니다. 실제 이 부분은 이 법으로 인해 변했다, 좋아졌다고 말하는 사람과 변한 것인지 뭔지를 모르겠다고 느끼는 차이로 나타나게 됩니다.

따라서 이 법이 아니면 세상 그 어떤 말도 여러분에게 도움이 되지 않음을 알아야 할 것입니다. 나는 진리의 체득이라는 말을 많이 하는데 내 말을 듣고 실천하고 따르는 사람과 종교의 말을 듣고 따르는 사람과는 전혀 다른 부분으로 나는 여러분이 현실적으로 변화를 느끼는 자력적인 방법을 말하고, 종교는 타력적으로 믿고 따르면 된다는 논리를 말하기 때문에 이 차이를 여러분이 알면 내가 말하는 것이 얼마나 소중한 말인가를 체득하게 됩니다.

결국 '사람마다 처한 환경과 살아가는 모습이 다른 이유가 무엇인가'라는 질문에 대한 답은 한마디로 '업이 있어서다'라고 해야 맞고, 각자가 왜 이 이같이 존재해야 하는가의 본질을 아는 것 보고 깨달음이라고 하는 것이어서 지금보다 진보된 삶을 산다는 것이 매우 어려운데 그것은 아상이라는 것이 여러분은 있어서 그렇습니다. 따라서 미꾸라지가 용이 되는 꿈만 꾸고 사는 사람과 나는 한 마리의 온전한 미꾸라지가 되라는 말을 하고 있어서 이 말에 의미 깊게 새겨봐야 할 것입니다. 마음에 아상이 없는 사람만이 이같이 진리의 작용을 말할 수 있고, 직설적으로 이것 보고 이치에 맞는 말, 법의 말, 부처의 말(진리 이치를 아는 자가 하는 말)이라고 하는 것입니다.

따라서 일반적으로 '이것은 부처의 말이다. 나는 이같이 들었다.'라는 말을 전제로 하여 사상을 더하여 '이것이 부처의 말이다.'라고 하는 말과 나는 전혀 다른 말을 하고 있어서 이 부분 깊게 정립해야 할 것입니다. 결국, '나는 왜 존재하는가?'에 대하여 막연하게 '업이 있어서 존재한다.'라고 말하는 것과 다르게 '너는 이런 업을 전생에 지어서 이생에 자업자득 인과응보의 이치'에 따라 존재한다고 구체적으로 말하는 사람은 이 세상에 내가 처음이기 때문에 이 부분이 전무후무한 일이 되는 것입니다.

따라서 질문에 '사람마다 처한 환경과 살아가는 모습이 다른 이유'는 결론적으로 각자의 업이 있어서 그렇다고 해야 맞고, 이것은 개개인의 업이 다 다르므로 단답형으로 말할 수는 없지만 이 글을 보는 여러분의 개인적인 운명을 알기는 매우 쉬우므로 이 이치를 모르면 종교가 하는 말처럼 막연하게 '타고난 업'을 말하게 되어 있어서 '타고난 업'이라는 말은 다 같이 하지만 나는 여러분의 뿌리를 알고 하는 말이고, 불교는 더 깊은 말은 하지 못하는데 그 이유는 '마음'이라는 것이 뭔지를 모르기 때문에 그렇습니다.

또 하나는 '사람마다 처한 환경과 살아가는 모습이 다른 이유'는 타고난 업이라고 말하겠지만, 이것은 반드시 운명이 있다는 것을 전제로 해야 합니다. 하지만 이 말과 죽으면 무와 공으로 다 흩어진다는 말은 정면으로 배치되는 말이어서 불교의 말을 가만히 들여다보면 앞뒤가 맞지 않는 말이 상당하므로 불교의 말을 하나씩 따져보면 모순투성이인데 이것은 진리를 깨닫지 못한 자가 석가를 깨달은 자로 만들었기 때문에 그렇습니다. 그래서 무와 공이라는 말은 뿌리를 부정하는 말이어서 여러분의 근본을 말하지 못하고 있다는 이야기입니다.

036 좋은 부모가 되는 법, 어떤 부모가 좋은 부모인가요?

(답) 사람은 누구에게나 나를 낳아준, 이 세상에 존재하게 한 부모(父母)라는 것이 존재하기 때문에 막연하게 '어떤 부모가 좋은 부모인가'에 대한 말을 한마디로 정의하기 어렵습니다. 그 이유는 여러분이 세상에 태어나서 만족스러운 삶을 산다고 생각하는 사람이 부모를 생각하는 처지와 고난을 벗어나지 못하고 힘들게 사는 사람이 부모를 생각하는 것은 다르므로 그렇습니다. 그래서 사람은 각자가 어떤 처지고 환경인가에 따라 좋은 부모가 될 수 있지만, 나쁜 부모, 원망을 들을 수 있는 부모가 되기도 합니다. 이생에 정신적 신체적 장애를 가지고 있는 사람의 처지에서 보면 '왜 이런 나를 세상에 존재하게 했는가?'라는 원망심의 마음을 가질 수 있고, 이 사람의 처지에서 보면 좋은 부모가 있을 수 없을 것입니다.

하지만 장애가 있는 나를 돌봐주는 부모라는 관점에서 보면 '좋은 부모'라고 생각하기도 합니다. 그래서 사람이 처한 상황이 다 다르므로 '좋은 부모'라는 정의를 한마디로 내릴 수 없고 진리적으로 보면 '세상에 태어나 이치에 맞는 말'을 지금 들을 수 있어서 이 경우 나를 낳은 부모가 좋은 부모가 되는 것이고, 만약 무조건 나를 낳아주어서 '좋은 부모'라고 한다면 이것은 지극히 '감성적인 말'이라고 해야 맞는 말이 됩니다. 남녀가 연애할 때 하는 말이 '부모가 나를 낳아주어서 너를 만나게 했으니 부모에게 감사하자.'라는 말을 많이 합니다만 이것은 감성적인 말이고, 이 상황에서 진리적으로는 '업연의 동지를 이생에서 만난 것'에 불과하다는 것이 진리적인 입장입니다. 그래서 '좋은 부모'라고 하는 것은 부모가 진리 이치를 알고 자식을 이치에 맞게 키우는 부모가 좋은 부모다 '라고 해야 맞는 말이 됩니다.

따라서 어떤 자식을 낳았던 자식에게 의식주(衣食住)의 양육을 했다고 해서 좋은 부모라고 생각하는 것은 생명체로써 당연한 의무와 책임감이기 때문에 이런 행위를 부모가 했다고 해서 어깨에 힘주며 목에 핏대를 세워가며 '내가 너를 어떻게 키웠는데'라는 말만 앞세우는 것은 감성에 빠져 사는 사람이고, 의식주의 행위는 인간이 아니라도 모든 생명체가 기본적으로 다 하는 행위이기 때문에 자식에게 의식주를 해결해 준 것으로만 좋은 부모라고 할 수는 없다는 것이어서 이 부분 새겨봐야 합니다. 이치를 모르더라도 최소한 윤리 ·도덕·양심에 비추어 그에 벗어나지 않게 키우려고 노력해야 하나 이것을 등한시하고 '너는 돈 많이 벌어 잘 먹고 잘살아야 한다.'라는 논리로만 자식을 양육하는 부모는 좋은 부모가 될 수 없다는 이야기입니다.

그래서 진리적으로 이치에 맞는 말로 그 자식에게 자신의 본분을 알아가며 살게 하는 것과 더불어 윤리·도덕·양심에 반하지 않도록 자식을 훈육하며 키우는 부모가 좋은 부모가 되는 것입니다. 따라서 사회적으로 각자의 위치에서 '좋은 부모가 되는 법'이라고 해서 무수한 말을 하는데 그것으로 결코 좋은 부모가 될 수 없는데 그 이유는 진리적으로 업 관계를 이해하지 못하고 자식을 훈육하는 것은 감성적인 부분이 상당하므로 그렇게 해서 자식이 근본적으로 변하지는 않습니다. 누가 '금쪽같은 내 새끼'라는 말을 하는데 이것은 지극히 감성적인 말 잔치에 불과하고, 진리적으로는 '업이 있어서 존재하는 업둥이다.'라고 해야 맞는 말이 됩니다.

이 말은 인간이기에 인간적인 감정도 있겠지만 진리적으로는 업이 있어 존재하는 것, 이 두 가지를 조화롭게 자식에게 훈육하는 것이 현실적으로는 좋은 부모가 되는 것입니다. 따라서 아무리 현실에서 자식에게 '좋다는 말, 인간적인 말, 감성적인 말' 등을 하며 자식을 훈육한다고 해도 이미 그 아이는 전생에 지었던 그 아이만의 본성이라는 것이 뿌리를 내리고 있어서 어릴 때는 홀로 설 수 없어서 부모의 말을 따르는 척하지만, 몸이 어느 정도 성장을 하면 서서히 그 아이만의 본성을 드러내게 됩니다.

그래서 어릴 때 금쪽같은 내 새끼, 공주, 왕자와 같고 천사와 같이 생각했던 그 자식은 어느 순간에 업둥이로 변하게 되는데 이것은 바로 그 자식만의 본성(本性)의 성향이 자리하고 있어서 그렇습니다. 이 글을 읽는 여러분도 지난 세월 되돌아보면 내가 말하는 것에 공감할 것인데 가지고 있는 씨앗(참 나의 이치에서 근본을 말함)이 있어서 표면으로 나타나는 싹(행위, 행동, 마음)을 가지고 왈가왈부한다고 해서 그 아이의 본성은 다스려지지 않습니다.

지금 성인이 된 여러분에게 '이것을 고쳐라.'라고 하면 당장 고쳐지는가를 생각해보면 내 말이 무슨 말인지 이해됩니다. 뭐라고 지적하면 머리(의식, 생각)로는 잘못되었다고 인지할 수 있지만, 근본적으로 잘못된 자신의 마음은 쉽게 고쳐지지 않는데 이것을 생각해보면 세상 사람들이 뿌리를 알지 못하고 그 뿌리에서 나온 싹의 모양을 가지고 무수한 말을 하고 있어서 결국 이치에 맞는 말은 모두에게 통하는 말이고, 뿌리를 다스리는 말이 되는 것이기 때문에 나는 아이의 의식, 업이 성숙하기 전에 이치에 맞는 말로 자식을 다스리면 결국 그 아이의 본성의 이치는 쉽게 바꿀 수 있다고 무수하게 말했는데 거구로 성인이 된 사람은 이미 그 사람만의 의식이 굳어져 있어서 나이가 들면 들수록 마음 고치는 것이 어렵다고 말한 것입니다.

따라서 좋은 부모가 되자고 일반적으로 말하는 것을 보면 '첫째, 엄마가 자기감정을 인정하자. 아이 행동에 화를 내는 것이 잘못은 아니다. 하지만 그것을 무조건 감추거나 반대로 무조건 아이에게 풀어내는 것은 잘못이다. 아무리 화가 나더라도 감정에 자신을 내맡겨서는 안 된다. 화가 나 감정에 압도된 상황에서는 문제를 풀어나갈 해법을 찾기 힘들기 때문이다. 그러므로 자신의 감정을 인정하되 감정을 가라앉힐 시간을 두고 사건을 바라보면 아이의 문제행동을 한 발짝 떨어져서 볼 수 있다. 둘째, 아이에게도 감정이 있다는 것을 인정하자. 아이는 서너 살이 되면서 감정 분화를 겪고 그 안에서 여러 감정을 경험한다. 좋고 싫은 것뿐 아니라 화나거나 짜증 나거나 슬픈 감정을 느낀다. 또 자랄수록 감정 분화가 더욱 복잡하고 정교해져 엄마가 조곤조곤 이야기했다고 해서 아이가 꼭 엄마 말에 집중하고 따르는 것은 아니다. 아이는 학교에서 있었던 일에 얽매여 있을 수도 있고, 친구 문제로 고민하고 있을 수도 있다.

아이의 문제행동은 엄마와 애착이 제대로 형성되지 않았을 때도 생긴다. 갓 태어난 아이는 엄마가 세상 전부이고 엄마 사랑이 자기 삶의 근거가 된다. 세상에 혼자 있는 것 같은 불안감을 떨쳐버리기 위해 아이는 애착을 형성하는데, 이때 애착이 안정적으로 이루어지지 않으면 문제행동이 일어날 수 있고, 정서발달에도 문제가 생긴다. 아이가 세상에 태어난 후 받는 자극은 모두, 아이에게 어느 정도는 스트레스를 준다. 이때 아이는 애착을 안정적으로 형성함으로써 스트레스를 해소하고 다양한 자극을 성장의 원동력으로 이용할 수 있게 된다. 즉 아이는 엄마 품에 안겨 있으면 불안감이 사라지면서 세상을 다시 탐색할 수 있는 기운을 얻게 된다. 반면 애착이 불안정한 아이는 온종일 스트레스를 받아도 그것을 해소할 통로가 없다. 그래서 불안정감을 다스리지 못해 자신을 세상에서 소외시키고 위축되며, 분노나 적개심 같은 파괴적인 감정을 드러내기도 한다.' 등의 말 무수하게 사람들은 말하지만 모두 의미 없어서 이런 말 나열해봐야 별 볼 일 없습니다.

결국, 한마디로 부모 자신이 먼저 윤리, 도덕/양심이라는 것이 뭔가를 알아야 하고, 그다음 이치를 알고 나서 자식을 낳아야만 그 자식을 잘 키울 수 있고, 그 자식의 의식을 올바르게 깨어나게 해줄 수 있어서 이런 부모가 좋은 부모가 된다고 해야 맞는 말이 되는데 여러분은 자기 뜻대로 부모가 다 들어주면 좋은 부모라고 생각하고 있는데 잘못된 것이고 또 부모는 여러분에게 좋은 회사에 들어가 돈을 많이 벌고, 남보다 잘살아야 하고, 부와 명성을 얻고 살아야 한다 등 기타 무수하게 하는 말은 모두 자라나는 싹을 보고, 혹은 감성적으로, 행동학적으로 하는 말이어서 의미 없다고 해야 맞습니다. 따라서 말은 제주도로 보내고 사람은 서울로 보내야 한다는 식의 무수한 말은 현실적으로나 진리적으로 이치에 맞지 않는 말이 됩니다.

이런 부분 깊게 새겨보면 여러분에게 좋은 부모란 어떤 것인가, 또는 좋은 부모가 되기 위해 내가 먼저 자식을 낳기 전에 어떠한 마음가짐, 의식을 가져야 할 것인가를 생각해 볼 수 있습니다. 결론적으로 나의 몸을 만들어준 그 자체로 좋은 부모라고 생각한다면 의식이 깨어 있지 않았다고 할 수 있고, 내가 말하는 진정한 부모는 여러분에게 이치에 맞는 말을 해주는 자가 내 몸을 낳아주지 않았지만, 세상에서 제일 좋은 부모라고 말하면 이 부분 여러분이 이해할 수 있겠는가?

037 신(神), 귀신(鬼神) 존재하나요?

(답) 여러분은 샤머니즘(shamanism)이라는 말 여러분도 들어봤을 것입니다. 그런데 이 말의 의미로 '초자연적인 존재와 직접적으로 소통하는 샤먼을 중심으로 하는 주술이나 종교다'라고 정의하고 있는데 문제는 여기서 말하는 '초자연적인 존재'라는 것이 현실로 존재하는가의 문제인데 답은 '없다' 입니다. 그래서 사람들이 '그 무엇'이라는 것과 직접적으로 소통할 수 있다고 생각한다면 여러분의 의식은 매우 잘못된 의식이어서 그런 관념 반드시 마음에서 비워야 합니다.

샤먼을 한자(漢字)로 무격이라고 쓰는데 이 말은 무(巫:여성), 격(覡:남성)을 의미하는 말이고, 따라서 샤머니즘을 무격신앙·무속(巫俗)

신앙이라 하며, 샤먼을 무(巫)·무녀(巫女)·무당(巫堂)·무자(巫子)·무복(巫卜)·신자(神子)·단골·만신·박수·심방 등으로 말하고 있지만, 문제는 존재하지 않는 것에 어떠한 이름을 붙이고 그 이름에 대한 여러 가지 의미를 부여하는데 어찌 되었든 '그 무엇의 본질'에 대한 실체적이고 구체적인 대상이 없음에도 마치 그런 것이 존재하는 것을 전제로 하는 말은 모두 잘못된 말입니다.

따라서 이치에 벗어난 것을 사실로 인식하고 알 수 없는 시대부터 그것이 전해져 내려와 인간사회에 깊숙하게 자리를 잡아 오늘날까지 여러분 주변에 그 무엇과 소통한다는 사람들이 있는데 이것은 모두 '빙의 현상'에 불과합니다. 이처럼 종교적으로 신앙의 대상이 되는 초월적인 존재를 설정하고 그 종교를 믿으면 그런 대상과 소통하고, 계시를 받을 수 있다는 식으로 말하는 것은 앞서 말했지만, 실체 하지 않는 것을 실체 하는 것으로 착각하게 하고 있어서 이 부분이 문제가 되는데 초월적 존재는 이처럼 상상의 세계에 '그 어떤 대상'이 있다고 모두 말하고 있는데 이 같은 말은 여러분에게 아무런 도움이 되지 않는다는 것이 진리적인 입장입니다.

이같이 잘못된 사상으로 만들어진 것이 삼신(三神)이라는 존재인데 이 말의 의미는 '아기를 점지하고 생육을 관장한다는 신'으로서 다른 말로는 산신, 삼신할머니, 삼승 할머니라고도 이름하는데 마찬가지로 이런 존재는 이 세상 그 어디에도 존재하지 않습니다. 그런데 문제는 이런 존재가 없음에도 사람들은 어린아이의 엉덩이에 파란 점이 있는 것을 보고 '삼신할머니가 세상에 나가라고 발로 차서 생긴 것이다.'라고 그 의미를 부여하는데 이런 사상이 여러분의 의식을 흐리게 하는 것입니다. 따라서 '그 무엇'이라는 것이 있다고 전재하고 하는 일반적인 말, 행위(굿 같은 것), 종교적 의식, 민속신앙에서 모든 행위는 모두 인간들이 잘못 만들어 놓은 것에 끄달려서 하는 행위로써 여러분이 이런 것을 사실로 받아들인다면 여러분의 의식은 상당하게 흐려 있는 것이고, 그런 마음에 죽은 사람의 마음(빙의)은 쉽게 작용하게 됨을 명심해야 합니다.

따라서 과거 인간이 지구 상에 존재하기 시작하면서 마음이라는 것을 발견하게 된 이후부터 '그 무엇'이라는 것이 있다는 주술적인 사상이 세상에 등장하게 되고 그것이 종교화되고 신격화되어 오늘날까지 이어져 오고 있는데 어찌 되었든 문제는 무수한 사람들이 말하는 그런 존재가 있느냐인데 답은 '없다'입니다.

그러나 불교는 '수미산(須彌山)은 불교의 세계관에서 세계의 중심에 솟아있다는 상상의 산이다. 황금과 은·유리·수정으로 이루어져 있으며 산의 중턱에는 사천왕, 정상에는 제석천이 있다'라고 말하고 있는데 앞서 말한 삼신의 개념은 보이지 않는 비물질의 논리라면 이 수미산이라는 것은 물질 개념으로 실제 존재한다고 말하고 있어서 지금 종교가 말하고 있는 말은 '그 무엇'이라는 대상(비물질)이 있다는 논리와 그 어떤 세상에 물질 개념으로 수미산 같은 것이 있다고 두 가지의 말을 하고 있는데 이런 말이 참인 것으로 여러분이 믿고 있다면 결국 여러분의 몸은 현실을 사는 인간의 처지에서 현실이 아닌 세상, 인간들의 사상으로 만들어진 4차원적인 세상에 의식이 빠져 있는 상황에 이르게 됩니다.

어떤 사람이 세쌍둥이를 낳았고, 이후 두 쌍둥이를 다시 낳았다고 합니다. 모두 이런 상황을 보고 '신에게 선택받았으니 축복받은 삶이다.'라는 식으로 말하는데 여러분은 이 말 어떻게 생각하는가? 이것은 진리적으로 좋지 않은 업의 작용으로 부부인 두 사람이 되받아야 할 인과응보로 되받아지고 있는 것이 진리적 입장인데 사람들은 '신에게 축복받은 일이다.'라고 말하는데 이처럼 인간에게 일어나는 것이 좋은 의미로 신(神)이라는 이름을 가져다 붙이고, 좋지 않은 일이라고 생각하는 것에는 귀신(鬼神)이라는 말을 가져다 붙입니다. 그래서 신, 귀신이라는 그 무엇이 있다고 생각하게 된 이유는 앞서 말했지만, 인간이 지구 상에 존재하면서 이 '마음'이라는 것을 발견하고 난 이후 삶에 대한 의구심이 일어나게 되자 권력과 세력을 가진 자들의 사상을 서민 대중에게 전파하게 되었고, 어리석은 인간들은 권력과 세력을 가진 자들이 말하는 것을 사실인 것으로 따르게 되었고, 그것이 종교화되어 오늘에 이른 것이 전부입니다.

이 개념으로 앞서 말한 바와 같이 '수미산(須彌山)은 불교의 세계관에서 세계의 중심에 솟아있다는 상상의 산이다. 황금과 은·유리·수정으로 이루어져 있으며 산의 중턱에는 사천왕, 정상에는 제석천이 있다.'라는 이상한 말이 만들어진 것인데 지금 여러분은 이런 곳이 우주 어디에 있다고 믿고 있는데 참으로 안타까운 일입니다. 그러니 인생을 살다 보면 어떤 문제가 생기면 그것을 현실에서 이치에 맞게 풀어가는 것이 아니라 걸핏하면 존재하지 않는 '그 어떤' 대상을 찾고 이상한 행동을 하는데 이런 것 보고 '정신 나간 행위다'라고 해야 맞는 말이 됩니다. 그래서 인간이 지구 상에 존재하면서부터 인간에게 일어나는 여러 가지 상황에 대하여 '불가항력으로 작용하는 그 무엇'이 있다는 사상이 만들어졌고, 사람들 사이에 그것을 신, 혹은 귀신이라고 말하게 되었으며 이것을 기반으로 무수한 종교가 만들어진 것이라고 해야 맞습니다.

따라서 이 말(사상, 종교)은 '마음 작용'이 뭔가를 몰랐다는 것을 의미하고, 나는 오늘날 인간이라는 생명체는 마음(진리적인 기운) 작용으로 모든 현상이 일어나고 있음을 말하는 것이어서 내 말은 이 세상에 전무후무한 말이 되는데 내가 너무 쉽게 이런 말을 하고 있으니 우습게 생각하는데 참으로 안타까운 일이 아닌가? 자식을 낳지 못하면 유명하다는 어디 가서 빌면 자식을 얻을 수 있고, 기도하면 절대자인 그 무엇이 그 기도를 통해 여러분의 소원을 들어주고 종교적 사상으로 존재하는 그 어떤 대상이 여러분을 구제해준다는 사상 매우 잘못된 말임에도 종교는 '관세음보살의 이름을 마음에 간직하고 염불하면 큰불도 능히 태우지 못하고, 홍수에도 떠내려가지 않으며, 모든 악귀도 괴롭힐 수 없다. 칼과 몽둥이는 부러지고 수갑과 항쇄·족쇄는 끊어지고 깨어진다.

또, 중생의 마음속에 있는 불안과 두려움을 제거하고 탐욕과 성냄과 어리석음의 삼독(三毒)을 여의게 하며, 아들이나 딸을 바라는 이는 뜻에 따라 자식을 얻게 한다. 그리고 방편의 힘으로 33가지 몸으로 나타나 중생을 제도한다고 한다.'라고 말하고 있으니 의식 없는 여러분은 이런 말이 사실인 것으로 생각하는데 이런 말은 모두 진리 이치에 맞지 않으며 여러분의 감성을 자극하는 말이라고 해야 맞습니다.

그러니 세상에 태어나 어떠한 마음으로, 어떠한 의식으로 한세월을 살 것인가는 여러분이 알아서 하겠지만, 문제는 그런 결과로 여러분은 현실에서 알 수 없는 괴로움에 벗어날 수 없음을 명심해야 합니다. 따라서 어떤 의미로든 신, 귀신이라는 말이 들어가는 말을 사실로 받아들이는 여러분의 의식을 고치지 않으면 내가 어떤 말을 한들 여러분에게 도움이 되지 않을 것임을 명심해야 하고 그런 것에 끄달리고 있으면서 오늘, 내일 여러분의 삶이 편안해지기를 바란다면 여러분의 의식이 문제가 있음을 알아야 할 것입니다.

따라서 사람들이 '신을 모시고 있다.'라고 말하는 것은 그들만의 관념, 의식으로 신이 있다고 믿는 것이고, 이것은 진리적으로 '빙의현상(죽은 사람의 마음 작용)'이라고 해야 맞는 말이 되며 일반적으로 인간에게 있어 길흉화복을 준다는 그런 존재는 없음을 명심해야 합니다. 이치에 맞지 않는 논리를 사상으로 발전시켜 인간의 의식을 지배하는 것이 전부이며, 행여 여러분의 마음에도 '절대적인 그런 존재가 있다.'라고 믿는 마음이 있다면 그 마음에 빙의는 얼마든지 작용할 수 있다 할 것이고, 그런 마음으로 인생 살아봐야 여러분에게 어떠한 도움도 되지 않음을 명심해야 할 것입니다. 지금까지 한국무속의 샤머니즘 여부에 대해서는 학자에 따라 긍정·부정으로 학설이 나누어지고 있는데 이것은 '마음'이라는 것이 어떻게 작용하고 있는가를 모르기 때문에 이런 현상은 지속되는 것입니다.

이 같은 신, 귀신의 기원은 인간이 마음이라는 것을 발견하고 난 이후 아주 오랜 고대사회 때부터 각각의 민족사회에 중요한 신앙 형태였다는 점만은 분명한데 결론적으로 신, 귀신이라는 것은 죽은 사람의 마음인 '빙의' 현상에 불과하고 진리적으로 그러한 신들이라는 것이 말하는 것은 아무 의미 없으므로 만약 여러분이 이런 것을 사실로 믿는다면 빙의에 끄달리고 있다고 해야 맞는 말이 되어서 이 부분 깊게 정립해야 할 것입니다. 따라서 질문에 '신(神), 귀신(鬼神) 존재하나요?'에 대한 답으로는 현실에서 진리 이치를 아는 자를 신이라고 해야 맞고, 종교적으로나 민속신앙에서 말하는 신, 귀신이라는 것은 모두 인간에 의해서 만들어진 허상이고, 진리적으로는 죽은 사람의 마음이 살아 있는 인간의 마음에 작용하는 '빙의 현상'이라고 해야 맞는 말이 됩니다.

결론적으로 이 현실이 아닌 그 어떤 곳에 신, 귀신이 존재하는 것이 아니라 인간사회 이 자체가 신도 있고 귀신도 있다고 해야 맞고, 현실에서는 이치에 맞지 않는 행동을 하는 사람을 귀신이라고 해야 맞고, 이치에 맞는 말을 하는 자를 신이라고 해야 맞는 말이 됩니다. 진리적으로는 신은 해탈을 하여 윤회에 들지 않은 사람이 신이고, 빙의가 되어 인간에게 해를 주는 것(현상)을 귀신이라고 해야 맞는 말이 되어서 이 부분 깊게 정립해야 합니다. 그래서 이 개념으로 인간사회의 현실을 보면 신(이치에 맞는 말을 하는 자)도 있고 귀신(이치에 벗어나는 행동을 하는 사람)도 있다고 해야 이치에 맞는 말이 되는데 사람들은 이런 부분을 모르니 무수한 말장난들을 하고 있다고 해도 무리는 없을 것입니다.

038 인생의 후회와 실패를 줄여가기 위해서는 어떻게 해야 하나요?

(답) 인생을 어떻게 살아야 하는가에 대한 답으로는 '이치에 맞게 살면 된다.'라고 말하면 되는데 이 말은 나 자신의 본분(꼬락서니)을 알고 그 본분에 맞게 사는 것을 의미합니다. 말은 단순한 말이지만 이것은 사실 매우 어려운 부분인데 보통 사람들도 '인생의 후회와 실패를 줄여가기 위해서는 어떻게 해야 한다.'라는 말을 많이 하지만 다 부질없는 말장난에 불과하다고 해도 무리는 없을 것입니다. 인간이 사는 이 세상에는 건강하게 사는 법, 부유하게 사는 법, 행복하게 사는 법 등이 존재한다고들 말하지만, 그들이 말하는 다양한 법이라는 것은 그들의 관점에서 하는 말이고, 인간이 잘사는 법이라는 것은 이같이 무슨 무슨 법이라고 구분 지어 말할 수는 없습니다.

그러나 인간의 기본을 말한 공자 맹자의 말만 실천하고 살아도 잘 사는 것이라고 할 수 있지만, 이것도 기본적으로 실천하지 못하고 사는 사람 이 세상에 넘쳐납니다. 따라서 대부분 사람은 인생을 아무 의미 없이 살고 있다고 해도 무리는 없는데 이같이 말하면 누구는 '인간으로서 보람을 느끼며 살아간다.'라고 말하는 사람이 있겠지만, 이것도 그 자신에게 국한된 말, 자신의 처지일 뿐이고, 그런 삶이 모든 사람에게 표준이 될 수는 없다는 이야기입니다. 법을 알게 된다고 하더라도 자의적 해석과 독선적 판단으로 정답하고는 거리가 먼 해답을 가지고 일희일비하며 살아가고 있으니 참으로 안타까운 일입니다.

또 종교적 사상을 더하여 '인간은 신령도 아니고 그렇다고 동물도 아닌 피조물로서 신성(神性)과 영성(獸性)을 동시에 가지고 살아가는 존재이기 때문에 살아서는 인간의 도리를 다하며 죽어서는 신의 반열에 오를 수 있도록 최선을 다해야만 할 것이다.'라는 식의 말을 하기도 하는데 모두 말 같지 않은 말 잔치에 불과하고, 한마디로 '이치에 맞게 살면 된다.'라고 해야 맞고 이치를 알아가는 것은 각자의 노력으로 알아가는 것이 깨달음이며, 나 자신을 알아가는 최고의 방법입니다.

그 이유는 이 세상에 존재하는 모든 인간은 각자가 지은 '타고난 운명'이라는 것이 다 달라서 사람들이 건강하게 사는 법. 부유하게 사는 법. 행복하게 사는 법 등을 정해서 정형화해서 말하는 논리 자체가 모든 인간에게 다 수용될 수 있는 것은 아니기 때문에 이런 논리는 매우 잘못된 것이고, 어떤 학자가 이름 좀 알려지자 여러 가지 책을 내면서 '표준화된 삶'을 정형화해서 말하고 그대로 살면 인생 잘사는 인생이 된다는 논리를 말하는데 매우 잘못된 것이 앞서 말한 대로 인간은 이 마음이라는 것이 다 달라서 정형화, 계량화해서 말하는 인간의 삶은 존재할 수 없다 할 것입니다.

다시 말하지만, 만약 인간의 본분과 사명을 말하라고 하면 윤리·도덕·양심에 반하지 않는 행동을 하고 살면 되고, 나아가 이치에 맞는 마음을 만들고 살면 궁극적으로 '잘 사는 인생'이 되는 것입니다. 하지만 이것을 모르고 사는 사람이 돈을 아무리 많이 벌었다고 해도 결국 죽음의 문턱에 이르러서는 후회하는 인생이 될 것이고 나 잘났다고 뻐기며 사는 사람도 결국 업의 유통기한에 따라 그 업이 다하면 후회하는 삶을 살았음을 알게 될 것입니다. 종교적으로 '어떻게 하는 것이 인간의 도리를 다하는 것이고 사명을 완수하는 것인가'에 대하여 하는 말이 '사랑으로 살면 된다.'라는 논리를 말하고 있는데 참으로 안타까운 일입니다.

나는 이 세상에 존재해서 안 되는 말 중에 '사랑, 행복'과 같은 말이라고 했는데 그 이유는 이 사랑, 행복에 대한 정의가 없으므로 그렇고, 이치에 맞는지 맞지 않는가도 모르면서 잘잘못을 따져보지도 않으면서 모든 것을 '사랑'이라는 말을 붙여 감싸주어야 한다고 말하는데 여러분은 이 부분 어떻게 생각하는가?

또 하나는 '인간은 지혜를 얻어서 인생의 시행착오를 줄이고 살아야 한다, 사랑을 통하여 공존공영하는 우주의 진리를 실천해야 한다.'라는 식의 말을 하는 종교도 있는데 잘못된 논리를 감성으로 하는 말에 불과하고 이런 말 다 부질없다 할 것입니다. 단어적인 말의 조합에 여러분이 현혹되면 안 된다는 이야기입니다. '인간은 지혜를 얻어서 인생의 시행착오를 줄이고 살아야 한다.'라고 한다면 그렇다면 '지혜'라는 것이 뭔가를 먼저 알아야 하는데 지혜는 '이치를 알아가면 자연스럽게 얻어지는 것이다.'라고 해야 맞기 때문에 거두절미하고 이 글을 보는 여러분은 '이치'를 알아가는 것에만 신경을 쓰면 지혜는 얼마든지 얻을 수 있고, 나는 어떻게 살아가야 하는가는 자연스럽게 스스로가 깨닫게 됩니다.

사람들이 인생을 살면서 무수한 시행착오를 겪게 됩니다. 왜 그럴까? 그것은 이치에 맞지 않는 마음을 가지고 있어서 그렇고 다른 이유는 '빙의'가 그 마음에 작용하고 있어서 그렇습니다. 그런데 빙의가 여러분 마음에 영향을 줄 때 '나는 빙의인데 지금부터 네 마음에 작용할게.'라고 말하고 표시를 내면서 여러분 마음에 작용하면 여러분도 쉽게 '이것은 빙의의 마음이다.'라는 것을 알 수 있겠지만, 빙의는 절대로 여러분이 인지하게끔 표시를 내지 않기 때문에 문제가 되는 것이고, 이것은 매우 중요한 부분인데 전생에 나 자신이 살아온 것이 이치에 맞는 삶이었다고 한다면 그 이치에 맞게 이생에 괴로움은 줄어들게 되지만 이치에 맞게 살지 않았다면 그 마음으로 이생에 살아가게 되어 있어서 그에 따른 괴로움, 시행착오를 겪게 됩니다.

이런 이치를 모르고 사람들이 뭐라고 하는가 하면 '성공적인 인생을 살기 위해서는 세 가지 목표를 설정해야 한다. 하나는 육체의 건강을 유지하기 위하여 평소에 꾸준히 운동해야 하는데 될 수 있으면 투기 종목보다는 구기 종목을 선택해야 하고, 다음으로는 전문교육을 이수해야 하는데 인간은 누구나 현생에서 해야 할 사명이 정해지고 풀어야 할 숙제가 주어지기 때문에 이를 해결하기 위해서는 남보다 많은 학식과 경험을 가지고 비교우위를 보여야 한다.'라고 말하면서 이 세 가지를 실천하면 인생의 후회와 실패를 줄여갈 수 있다고 말하는데 참으로 안타까운 일입니다.

이런 말을 하는 근거로는 '인간은 혼자서 살아가는 것이 아니라 천지신명의 도움을 받으며 효율적인 인생을 살도록 설계되었기 때문이다.'라고 하는데 말 같지 않은 말 무수하게 나열하면서 '천지신명'을 들먹이는데 이런 말 의미 없고, 또 종교적으로 '마음을 비우고 욕심을 줄이면 합리적인 선택권을 주는데 인간의 탐욕과 무지가 자신의 분수를 망각하게 하여 불필요한 노력과 희생을 강요하게 됨으로써 스스로 아까운 인생을 허비하게 만드는 것이다.'라는 식의 말도 무수하게 하는데 매우 잘못된 말이고, 거두절미하고 한마디로 '이치를 알고 분수에 맞게 살면 된다.'라고 해버리면 그뿐이고, 그래서 '이치'를 알아가는 것이 중요합니다.

여러분이 쉽게 현혹될 수 있는 말이 '자연의 이치를 무시하고 우주의 진리를 배척하니 어느 사람의 도움도 받지 못하고 자신의 오판과 아집에 의하여 수많은 시행착오를 반복하는 것이다. 지혜를 얻기 위한 가장 소중한 방법은 겸손해지는 것인데 대부분 무지한 사람일수록 교만하고 방자해지는 것으로 도무지 우주의 진리와 인간의 도리를 따르지 않고 아만과 독선으로부터 헤어나지 못하는 것이다.'라는 말을 들으면 이런 논리가 맞는다고 생각하기 쉬운데 이 같은 말은 아무런 의미가 없다는 점 명심해야 합니다. 우리의 사회구조가 갈등과 혼란을 겪고 있는 것도 급격한 산업화의 과정에서 각자가 마음, 인간의 본분을 을 망각하고 있으므로, 의식이 점점 무의식으로 빠져

들어 가기 때문에 일어나는 것이고, 인간의 흐려진 그 의식을 바로 잡는다는 것은 부처 할아버지가 이 땅에 존재한다고 해서 해결될 부분은 아님을 알아야 할 것입니다.

따라서 갈수록 살기 좋은 세상이라고 생각한다면 여러분은 아직 의식이 깨어나지 않았다 할 것이고, 내가 말한 것처럼 앞으로 산업화, 자동화될수록 인간의 의식은 흐려지게 되어 있다는 말에 의미를 이해한다면 내 말이 얼마나 의미 있는 말인가를 알 수 있을 것입니다.

039 남편의 불륜 사실을 알게 되었고 현재는 다 정리했다고 하는데 한 번쯤은 이해하고 넘어가도 괜찮을까요?

(답) 남자, 여자가 이 세상에 존재하기 때문에 암컷과 수컷의 문제는 지구 상에 인간이 다 없어지는 날까지 사라질 수 없을 것입니다. 문제는 갈수록 이성과의 문제는 더 심각한 상황으로 사회문제가 되는데 이것은 비단 오늘날에 문제만 아니라 지구 상에 인간이 존재하면서부터 알게 모르게 끊임없이 진행됐다 할 것입니다. 그렇다면 바람(외도하는 것)이라는 것이 왜 생기는 것일까? 이 부분을 사람들은 단편적으로 '바람기가 있어서 그렇다.'라는 식으로 생각하는데 이것은 단편적으로 하는 말이고, 진리적으로는 '만나야 할 업연'을 만나는 것이라고 해야 맞습니다.

바람이라는 것도 마음이 가지 않으면 바람을 피우지 않습니다. 그래서 바람을 피우는 것도 피우는 처지에서 '성(性)적인 욕망에 의해서 표면적으로 바람을 피우는 것으로 생각하지만, 사실은 이것은 하나의 동기부여일 뿐이고, 진리적으로는 만나야 할 업연을 만나는 것이라고 해야 맞습니다.

물론 이것도 두 가지로 정리해야 하는데 하나는 빙의의 마음이 작용해도 살아 있는 사람의 몸을 빌려 빙의의 성행위를 하게 되는 경우도 있고 이때 살아 있는 사람은 빙의에게 몸만 빌려주는 형국이 됩니다. 이 부분도 내가 세상에서 처음으로 하는 말이 될 것인데 사람이 바람을 피우는 경우는 그 당사자의 개인적인 업에 의해서 피우기도 하지만 앞서 말한 대로 빙의의 영향을 쉽게 받는 사람이라면, 혹은 빙의를 항상 가지고 있는 사람이라면 빙의의 마음으로 바람을 피우는 일도 있다고 정립해야 합니다. 시중에서 흔히 하는 말로 '색신이 들렸다.'라는 말을 하는데 이것은 귀신을 의미하는 말이고 나는 색신이 아니라 '빙의의 마음 작용이다.'라는 말을 하고 있어서 이 부분 정립해야 할 것입니다.

어찌 되었든 색신(色神), 혹은 색귀(色鬼)라고도 말하는 이것은 결국 '귀신의 작용이다.'라는 의미로 보통은 말하는데 진리적으로는 '다른 사람의 마음(빙의)이 산 사람의 마음에 작용하여 성을 즐기는 것'이라고 해야 정확한 표현이 됩니다. 그래서 이런 부분은 당사자의 마음을 보면 그 자신의 마음에서 하는 행위인가, 아니면 앞서 말한 대로 다른 사람의 마음(빙의)이 작용해서 그런가는 쉽게 알 수 있는데 질문 같은 경우는 그 사람이 두 가지의 마음 중에 어떤 마음이 작용해서 그런가를 먼저 파악을 하는 것이 중요하고, 이 결과에 따라 어떻게 해야 할 것인가를 정리하는 것이 순서에 맞습니다. 물론 이 경우 부부 중에 다 해당하기 때문에 꼭 남자의 바람만 이야기할 수 없고, 여자도 마찬가지입니다.

정상적인 남녀의 관계에서는 어느 시기가 되면 성욕이라는 것은 그것에 맞게 사그라지게 되어 있는 것이 자연의 섭리입니다. 이것은 마치 모닥불과 같아서 자연스러운 현상으로 이해하면 되는데 사람들은 모두 성적 욕망을 죽을 때까지 이어가고자 하는데 이것은 매우 잘못된 것입니다. 요즘에는 '성욕'을 자극하는 여러 가지 약재나 기구 같은 것들이 시중에 많이 나와 있지만 이런 것에 집착하여 산다면 이 사람 의식은 정신병에 가깝다고 해도 무리는 없을 것입니다. 따라서 이성적인 상대만 보면 무조건 성을 생각하는 사람도 두 가지로 이해하면 되는데 하나는 진리적으로 '만나야 할 사람'을 이생에 만나는 경우인데 이것은 부부로 사는 사람이 다른 사람과 바람을 피운다면 이생에서 부부가 될 수 없는 인연을 전생에 만든 것이어서 그 업연에 따라 이생에 잠깐 만나는 경우라고 할 수 있어서 이렇다면 이 사람(남자, 여자가 되었든)이 잠깐 바람을 피우는 것을 용서해줄 수 있습니다.

앞서 말했지만, 상대와 잠깐의 업연이 발현되어서 그렇습니다. 하지만 색신(色神), 혹은 색귀(色鬼)의 빙의가 작용하고 있는 것이라면 이런 경우 이 사람은 평생을 성을 밝히고 집착하고 변태적인 성행위를 하게 되어 있어서 질문처럼 '바람을 피운다.'라고 하는 경우도 사실 그 내용을 보면 참으로 다양하므로 단편적으로 용서를 해주어야 하는가, 말아야 하는가를 말할 수 없는 것입니다. 용서해주어야 하는 경우, 해주지 말아야 하는 경우가 다 다르므로 그렇습니다.

또 하나는 바람이라는 것은 부부의 상대성이 작용하기 때문에 '성적인 만족'을 어느 한쪽이 느끼지 못하면 원하는 그 만족을 찾아서 바람을 의도적으로 피우는 경우가 있기도 합니다. 그래서 결론적으로 현실에서 성행위에 대한 불만족으로, 각자가 전생에 어떠한 업을 지었는가에 따라, 어떤 빙의가 작용하는가에 따라, 성의 짜릿함을 잊지 못해서 집착하는 경우 등 크게 이 네 가지의 경우로 외도하게 됩니다.

현실적으로 '성행위란 이런 것이구나.'라는 것만 알고 절제하는 마음을 만들면 되는데 성에 쾌락이 한도 끝도 없이 있는 것으로 생각하고 온갖 도구, 약을 사용하여 강제적으로 몸을 혹사해 가며 밤이고 낮이고 몸에 진을 빼가며 성행위를 하는 사람이 상당한데 이것도 하나의 심각한 병(病)적인 현상으로 매우 좋지 않은 결과를 가져오게 됩니다. 그래서 나는 이생에 이치에 맞지 않는 부부의 인연이 없다면 성적인 욕구는 자위행위를 통해서 푸는 것이 좋고, 이같이 하지 않고 성행위의 목표로 이치에 맞지 않는 이성을 찾는다면 이생에 치유될 수 없는 또 하나의 마음에 상처(흔적)를 남기게 된다는 점 명심해야 합니다. 따라서 전생에 지은 부부의 업연이 없다면 우선 이런 진리 이치를 알고 스스로 마음을 이치에 맞게 바꾸어가면 자연스럽게 이치는 바뀌게 되어 있고, 없는 인연도 그 마음에 맞게 생긴 것입니다.

다시 정리하면 불륜이라고 한 것은 자신의 욕망에 따라, 혹은 전생에 지은 업에 의해 이생에 그렇게라도 만날 수밖에 없는 업연에 따라, 혹은 빙의가 나 자신의 마음에 영향을 주기 위해 나 자신의 몸을 이용하는 경우 등이 있을 수 있는데 문제는 빙의 자신이 만나야 할 다른 빙의와의 업연이 있어도 인간의 몸을 이용해서 상대를 만나게 하는 일도 있습니다. 이 경우 인간은 자기 몸을 빌려주는 것뿐이고, 사실은 빙의 대 빙의의 만남이 되기도 하는데 이런 경우는 흔하게 쉽게 찾아볼 수 있습니다. 그래서 표면으로 단순하게 '인간과 인간의 만남'이라고 보이겠지만 사실은 빙의들의 만남이 되는 것인데 물론 여러분은 그저 내 마음에서 일어난 행동이니 '내 마음'이라고만 생각하겠지만 그게 그렇지 않습니다.

그래서 여러분 마음에 해탈을 한 사람의 마음이 작용하면 이치에 맞는 행동을 하게 되지만, 이치에 벗어난 마음(빙의)이 작용하게 되면 결과적으로 나 자신의 삶을 사는 게 아니라 빙의의 삶을 살게 되어 있고, 예를 들어 이것은 시중에 무수한 깃발을 꽂고 사는 주변 사람들을 보면 쉽게 알 수 있을 것입니다. 물론 빙의가 작용하면 깃발을 꽂고 사는가 꼽지 않고 사는가의 차이만 다를 뿐이고 그래서 어떤 것도 개입되지 않은 나 자신의 '참(眞) 나'의 마음으로 한평생을 산다는 것이 매우 어렵다고 나는 말한 것입니다. 인간과 같이 아상의 마음을 갖고 있지 않은 동물은 '종족의 번식'을 하기 위한 본능적인 행위를 하지만 이 아상의 마음을 가진 인간은 시도 때도 없이 성행위 하고 있어서 아상의 마음이 있고 없고의 차이를 이해하면 얼마나 인간이 지저분한 마음을 가지고 '바람이라는 것을 피우는 행위 지저분한 행위'을 하는가를 쉽게 알 수 있을 것인데 이 본분을 알지 못하고 모든 것, 모든 행위로 '사랑'이라고 말하는 자체는 어리석은 이야기입니다.

따라서 이생에 부부로 만나 살면서 다른 사람과 성행위를 하며 바람을 피운다는 것은 앞서 말한 여러 가지 마음 작용(업의 작용)이 있어서 하는 것이어서 단순하게 바람을 피우는데 어떻게 해야 하느냐는 것에 답은 정형화해서 단답형으로 말할 수 없는데 그 이유는 바람을 피우는 그 상황과 그 사람의 마음이 어떤 마음인가가 다 다르므로 그렇다고 해야 맞고, 이것은 개개인의 문제여서 당사자의 마음을 보면 어떻게 해야 할 것인가의 답을 구체적으로 쉽게 알 수 있다고 정립하면 됩니다.

040 딸이 저희 부부 명의로 수억의 도박 빚을 졌습니다. 딸을 용서할 수 있을까요?

답 이 내용은 우선 딸에게 '도벽(盜癖)'이라는 것에 중독증상이 있는가 없는가를 먼저 봐야 하는데 질문을 보면 '도박으로 수억의 빚을 졌다.'라는 내용으로 봐서 도벽이 있다는 것을 알 수 있고, 문제는 도박한 것에 대하여 '용서'를 해야 하는가 말아야 하는가인데 용서를 한다는 것은 '다음에는 다시 하지 않음'을 전재로 용서를 해주는 것을 의미하지만, 결론적으로 딸의 관점에서 한 번 봐준다고 하면 과연 다시는 도박하지 않을 것인가의 문제가 남습니다.

사실 인간이 가진 욕망 중의 하나가 힘들이지 않고 이득을 취하고자 하는 것도 포함되어 있는데 이것을 도벽이라고 하고, 나아가 인간의 욕구 중에는 식욕(食慾)·성욕(性慾)·수면욕(睡眠慾) 등 무수한 욕구가 있습니다. 사실 도벽이라는 것도 그 많은 욕구 중의 하나이고, 아상의 마음을 가진 인간만이 가지고 있는 것이고 기타의 생명체는 인간 같은 무수한 욕구를 가지고 살지는 않습니다.

돈을 많이 가져야 하고, 좋은 집, 좋은 차, 이상적인 상대, 좋은 음식, 오래 살고 싶은 것, 병에 걸리지 않는 것, 좋은 자식을 얻는 것 등 셀 수 없이 일어나는 것이 욕구인데 어찌 되었든 문제는 인간에게 일어나는 다양한 욕구에 대하여 어떻게 대책을 세워야 하는가의 문제가 남는 데 마음을 가진 인간이기에 일어나는 그 욕구를 잠재울 수 있는 것은 '나 자신의 본분을 알고 사는 것'밖에는 대책이 없습니다.

따라서 질문에 있는 대로 '부모의 이름으로 수억의 도박 빚을 졌다'고 하면 이것은 용서해서 '다시는 그러지 마!'라고 한다고 해서 해결될 부분은 아닙니다. 진리적으로만 이야기하면 부모 자식이라는 것도 하나의 업연의 인연이기 때문에 전생에 부모가 자식에게 되받아야 할 업을 지었다면 이생에 딸은 도박이라는 것을 통해서 부모의 이름으로 빚을 지게 한 것이고, 이에 따라 전생에 자신이 그 부모에게 당했던 것을 되갚는 상황으로 나타나는 예도 있습니다.

다른 하나는 이생에서 좋지 않은 업연으로 새로운 업(業)을 만들어 가는 것으로 전생에 전혀 다른 업을 가진 사람이 이생에 딸(자식)이라는 이름으로 태어나 자신과 무관한 업을 가진 부모에게 해를 주는 상황(새로운 업을 만들어가는 것)이 되어 있을 수 있는데 이것은 딸(자식)에게 어떤 빙의가 작용하는가에 따라 나타나는 현상이 다 다릅니다. 이 말은 딸(자식)과 부모는 좋은 업연이라고 하더라도 어느 순간에 딸(자식)에게 빙의가 작용하면 결과적으로 빙의가 딸을 통해서 부모에게 해를 주는 상황도 있을 수 있다는 이야기입니다.

그래서 진리적으로 이 '마음' 작용이라는 것은 무수한 경우의 수가 있을 수 있어서 결국 누구의 마음이 되었든 그 마음에 다른 마음(빙의)이 작용하지 못하게 하는 것이 최선인데 이같이 하기 위해서는 반드시 부모가 되었든 자식이 되었든 의식이 깨어 있어야 하고 의식이 깨어 있지 않으면 자연 속에 사는 인간은 어떠한 기운이라도 영향을 받을 수 있다 할 것입니다.

업(業)이라는 것이 무서운 것이 내가 어떠한 행위를 누구에게 어떻게 했는가에 따라 앞서 말한 대로 그 인과응보는 어떤 경로를 통해서라도 꼭 되받아지게 되어 있음을 명심해야 합니다. 그래서 부부로 될 업연은 이생에 부부로 만나지만, 부부로 될 업이 아닌 업연을 지었다면 이생에 그 업연을 만나기 위해 바람을 피우는 일도 있고, 바람이라고 해도 한번 만나 피우는 경우 1년, 혹은 10년에 걸쳐 긴 시간 바람을 피우는 일도 있는데 이 말은 열 명의 여자가 있다면 그중에 부부로 될 인연이 정해지고 그다음 바람을 피우며 만나야 할 업연으로 순서가 정해지게 되어서 어떤 식으로든 이생에 그 업의 인연을 다 만나야 하는 것이어서 이런 형국이 자연의 법칙입니다.

이 말은 여러분이 인생을 사는 처지에서 사업적으로 혹은 개개인의 모든 사람을 만나고 관계를 이어가고 해를 주기도 하는 과정은 우연이라는 것이 하나도 없어서 전생에 그 인연을 이생에 다시 만나 관계를 이어가는 것이라고 해야 맞습니다. 그래서 물질 이치에서 다른 사람과의 관계를 이어가는 것도 있지만 내 몸에 병이나 세포로 작용하는 업연도 있어서 존재 이유는 내가 지은 모든 업이 그대로 이생에 몸과 마음으로 되받아지게 되어 있어서 여러분의 몸이나 환경은 반드시 여러분의 전생에 이치가 그대로 드러나 있다고 나는 말한 것입니다.

따라서 각자의 삶을 보면 그 자체가 여러분의 전생에 이치와 똑같다는 것이고 이것을 스스로 볼 수 있다면 여러분의 의식은 깨어 있는 의식이라고 해야 맞고 자신과 주변을 바로 보지 못하면서 '내 전생이 뭔가'라는 것을 찾는 것은 어리석은 사람들이라 할 것이고 이것은 눈앞에 눈썹이 있지만 스스로가 그 눈썹을 바로 보지 못하는 것과 같은 것입니다.

이런 관점, 업의 과정으로 볼 때 질문 같은 경우 '딸이 저희 부부 명의로 도박 빚을 수억 원을 졌습니다. 딸을 용서할 수 있을까요?'에 대한 답은 감정적으로만 볼 것이 아니라 먼저 그 딸과 부모의 업연 고리를 봐야 하고 앞서 말한 대로 어떤 마음의 작용인가를 보면 용서해주어야 할지 말아야 할지를 결정할 수 있는 것입니다. 여러분은 이 같은 업의 작용을 모르니 감정이 앞서겠지만, 혹은 인간적으로 자식이니 어쩔 수 없이 용서해줄 수 있겠지만 좋지 않은 업연이라고 하면 그 딸과의 인연을 정리하는 것이 장기적으로 서로를 위해 좋다 할 것이고 한편으로 용서한다는 것은 딸의 행동을 감당할 수 있는 부분이라고 생각하면 현실에서의 용서도 필요한 것이어서 이 부분은 부모가 현실에서 결정하면 되겠지만, 근본적으로는 서로의 업 관계(마음의 관계)를 보고 결정하는 것이 이치에 맞는다고 할 것입니다.

인간이 인생을 살면서 모든 것에 호기심을 갖게 되는 것이 현실이지만 그렇다고 세상에 존재하는 모든 것을 다 경험해보는 것은 이치에 맞지 않습니다. 이 말은 경험해서 알 수 있는 것도 있지만, 실제 경험을 해보지 않아도 알 수 있는 것도 구분할 수 있는데 이것은 결국 여러분의 의식에 달려 있다는 이야기입니다. 예를 들어 마약이라는 것도 경험해보기 위해서 먹는 것과 마약은 중독성이 있으므로 현실적으로 먹지 말라고 하면 사람들은 그 중독을 '경험하면 좋겠다.'라고 생각하는 사람도 있겠지만, 현실적으로 인생 사는데, 필요하지 않다고 정립하는 사람과는 '의식'에 차이입니다. 다시 말하지만, 밥을 먹고 하루를 사는 처지에 먼저 경험한 사람들이 '먹지 않는 것이 좋다'고 한다면 당장 꼭 필요한 것이 아니라면 그런 것에 신경 쓰지 않는 것이 의식입니다.

예를 들어 '술 중독'이라는 것도 마약과는 차이가 있지만, 술 같은 것으로도 중독을 충분하게 경험해볼 수 있어서 그렇습니다. 따라서 인간의 정신을 몽롱하게 만드는 물질은 나 자신이 의식을 잃지 않도록 '적당히' 먹는 것이 중요한데 결국 술에 중독되면 술이 술을 마시게 되어 있어서 인간이 어떤 것이든 경험을 해볼 수는 있지만, 전제조건이 반드시 '의식'을 잃지 않도록 하는 것이 중요한데 이같이 자신의 의식을 지키려면 어지간한 의식 없이는 할 수 없다는데 그 문제의 심각성이 있다 할 것입니다.

따라서 도박이라는 것도 한 번 중독이 되면 도박에서 손을 뗀다는 것은 매우 어렵고 이런 중독에 길든 사람의 의식을 바로잡는다는 것은 매우 어렵기 때문에 질문에 수억의 빚을 졌다고 한다면 사실 그 사람은 현실적으로 습관(도벽)을 바로잡기 어렵고 설사 '도박하지 않겠다.'라고 해서 하지 않을지는 모르겠지만 앞서 말 한데로 그 이면에 부모와의 업이 작용하고 있어서 결심했다고 하더라도 그 업이 어떻게 진행되는가에 따라 결과는 달라지게 되어있어서 단편적으로 어떻게 하라고는 할 수 없습니다. 물론 현실에서는 부모 자식이니 용서를 해줄 수 있겠지만, 누구는 그 딸과 혈연을 끊는 사람도 있겠지만 중요한 것은 업연의 관계를 알고 정리하는 방법을 찾는 것이 최선입니다.

041 이유 없이 부정적인 생각이 들 때 생각하지 않으려고 하면 더욱 심해지는 것 같습니다. 어떻게 하는 게 좋을까요?

(답) 긍정과 부정이라는 것은 '선과 악'처럼 항상 공존합니다. 어떤

사안에 대하여 누구는 긍정하고 누구는 부정하기도 하는데 여러분은 왜 이같이 나누어진다고 생각하는가? 그것은 바로 각자의 마음, 의식이 다르므로 그렇습니다. 그래서 보통 사람들이 인생을 살면서 자신과 관계가 있든 없든 간에 '부정과 긍정'으로 생각이 나누어지게 되는데 이것을 없애는 방법은 그 문제의 본질을 객관적으로 정확하게 볼 수 있는 의식을 키워가는 방법밖에는 답이 없습니다. 세상에서 제일 어리석은 사람은 긍정함을 긍정으로 보지 못하는 사람과 부정을 부정으로밖에 보지 못하는 사람인데 이런 의식에 집착하게 되면 어떤 말도 귀에 들어가지 않게 됩니다. 어떤 사안에 대하여 '반대를 위한 반대'를 하는 사람도 있고, '찬성을 위한 찬성'을 하는 사람이 있는데 이것도 의식의 차이입니다.

예를 들어 정신이 나간 사람은(의식이 깨어 있지 못한 사람) 그 자신이 생각하는 것 말고는 다른 사람이 자신에게 해주는 말은 귀담아듣지 않는 것과 이치는 똑같습니다. 그래서 사람의 의식이라는 것이 무서운 것이고 특히 잘못된 종교 사상에 정신을 놓아 버리면 이 경우 다른 그 어떤 것도 그 사람에게는 들어가지 않습니다. 남녀 두 사람의 행동을 보고 '저 사람은 불륜이다.'라고 생각하거나, 혹은 두 사람이 이야기하면 '나를 욕하는 것, 나를 모함하는 말을 하는 것 같다'고 생각하면 일단 본인의 관점에서 그 두 사람 보기가 힘들 것입니다. 문제는 두 사람은 아무 관계도 아니고 본인을 험담이나 욕을 하는 것도 아님에도 자신이 생각하기에 자신에게 욕이나 험담을 하는 것 같다고 생각한다면 이것은 '심각한 정신병(빙의 작용)'일 수 있고, 이런 의식을 고친다는 것은 매우 어렵습니다.

그래서 인간에게 나타나는 정신질환이라는 것은 A=A라고 정형화해서 말할 수 없는데 정상이라고 생각하는 행동을 하지 않는 일반적인 현상이 있어야 여러분은 정신에 문제가 있다고 쉽게 생각하겠지만, 사실은 앞서 말한 대로 자신의 의식, 의지를 잃어버리고 사는 사람도 일종의 정신병 범주에 들어가는 것입니다. 이 경우 '그런 생각은 잘못된 것이다.'라고 말을 해주면 '내가 잘못 생각하고 있구나.'라는 의식을 가져야 하는데 끝까지 자신이 생각하는 것이 맞는다고 우겨대는 것은 한 번 잘못 길든 의식이 있어서 그런 것이고, 이런 현상은 쉽게 없어지지 않습니다.

나는 의식이라는 말을 많이 하는데 어떤 사안을 보고 '이유 없이 부정적인 생각이 들 때 생각하지 않으려고 하면 더욱 심해지는 것 같다.'라고 한다면 그 의식에 심각한 문제가 있다는 점 명심해야 할 것입니다. 따라서 나는 자식을 낳으면 그 자식에게 지식을 배워 돈 많이 벌어 부자로 살아야 한다는 논리를 가르치는 것은 자식을 잘못 가르치는 것이고, 먼저 그 자식의 의식을 똑바르게 가지고 살게끔 하는 것이 자식을 잘 키우는 방법인데 요즘은 거꾸로 된 세상이어서 돈, 명예, 출세라는 것만을 자식에게 가르치고 있지만 그렇게 한다고 해서 그 자식이 부모의 뜻대로 성장하지 않음을 명심해야 합니다. 이것은 잘못하면 빙의가 그 자식을 망치게 하는 행위가 될 수 있어서 그렇습니다.

그래서 어떤 사안에 대하여 '이유 없이 부정적인 생각이 들 때 '막연하게' 그런 생각하지 않아야지'라고 해서 그 생각이 없어지는 것이 아니라 그 본질에 대한 것을 스스로가 이해하려고 하는 노력을 해야 하는데, 이 같은 것을 하지 않고 어떻게 하는 게 좋을지 찾는 것은 어리석음입니다. 어떠한 상황에서 일어나는 여러분의 마음은 반드시 그렇게 일어나야 할 이유가 있어서 일어나는 것이고, 혹은 상대의 관점에서 나와 관련된 마음이 있어서 나에게 일어나는 것도 있습니다.

따라서 하나하나를 따져가며 그 원인을 여러분이 분석한다는 것은 매우 어렵기 때문에 일단 타인을 뭐라고 하기 이전에 '나에게 왜 이런 마음이 일어났는가'를 생각해보고 정리하는 것이 매우 중요하고 나와 직접적인 관련이 없는 것이라면 무심한 마음으로 신경을 쓰지 않는 것이 좋고 이것이 내 마음에 흔적을 지워가는 방법입니다.

물론 이 부분이 쉽지 않겠지만, 그 이유는 본질적으로 나의 본성에 따라서 혹은 빙의가 여러분 마음에 작용하면 그렇게 되는 것이어서 이것을 다스릴 수 있는 것(힘, 도구)은 '의식'이 되는데 거꾸로 말하면 의식이 이미 흐려 있으면 스스로가 도구를 사용하지 못하기 때문에 그 마음에서 일어난 것을 고칠 수 없다 할 것입니다. 그래서 인간의 몸을 가지고 살면서 이 '의식'이라는 것이 매우 중요한데 문제는 스스로가 생각하기에 '나의 의식에는 문제가 없다.'라는 관념을 깊게 가지고 있어서 각자가 스스로 의식을 깨운다는 것은 매우 어렵다고 할 것이나 문제는 스스로 의식을 깨우지 못하더라도 어찌해서 코로 숨은 쉬고 밥은 입으로 먹겠지만, 그것으로 잘사는 인생이라 할 수는 없다 할 것입니다.

결국 '깨어 있는 의식'을 만들지 못하면 여러분의 인생은 진급될 수 없으며 타고난 운명을 바꿀 수 없어서 이 말 깊게 새겨봐야 할 것이며, 의식을 깨어나게 하는 것은 돈을 더 많이 버는 것보다 중요한 것인데 현실을 보면 인간의 의식을 흐리게 하는 감성적인 말만 무성하니 그 속에 잃어버린 나 자신을 찾는다는 것은 매우 어렵다고 할 것이나, 의식을 찾아가는 삶이 인생에 목적이 되어야만 여러분의 이치는 그것에 맞게 변화되고 삶이 바뀌게 되는 것임을 명심해야 합니다.

042 중요한 것을 자꾸 미루는 습관이 있는데 습관을 잘 고치는 방법이 있을까요?

(답) 질문에 '미루는 습관을 고칠 수 있는가?'라고 했는데 이것을 고치는 방법은 매우 간단합니다. 현실적인 방법으로는 아주 작은 '메모장'을 항상 주머니에 휴대하고 중요하다고 생각하는 것을 순서대로 적어 놓고 그것을 수시로 보면서 실천해서 지나간 것이라면 하나씩 지워가는 것이 최선입니다. 문제는 '미루는 습관'이라는 말은 다른 의미로 '중요한 것을 알기는 아는데 실천하지 않는 것'이라면 의지, 의식이 약해서 그럴 수도 있고, 아니면 그것을 어떻게 처리해야 할지에 대한 마음이 일어나서 미루는 경우도 있습니다. 따라서 중요한 일을 깜빡하고 잊어버리는 경우는 메모하는 습관을 길들이면 되고, 잊어버리지는 않았는데 처리를 미룬다면 앞서 말한 대로 그 일을 처리하기 거북한 경우, 어떻게 처리해야 할지에 대한 결론이 확고하게 서지 않아서 그렇습니다.

그래서 나는 수없이 여러분에게 말했는데 여러분이 일상에서 작고 소소한 것부터 확실하게 정리를 해나가는 습관을 꾸준하게 길들여야 한다고 말했는데 이 말은 작고 소소한 것을 소홀하게 하면 결국 큰 일도 소홀하게 되기 때문에 그렇습니다. 거꾸로 작은 일도 꼼꼼하게 정리하지 못하는 사람은 큰일을 할 수 없다는 이야기입니다. 사실 자기 주변의 흔적을 깨끗하게 지워가는 것이 우선인데 지금, 이 글을 보는 여러분의 주변을 보면 어지럽혀진 상황이 분명히 있을 것이고, 그런 것을 제자리에 놓고, 쓸모없는 것이라면 버리는 것도 중요합니다. 직설적으로 지저분하게 흘리고 다니지 말라는 이야기입니다. 공중화장실에서 볼일을 볼 때도 나 자신의 흔적을 변기 등에 남기지 않도록 신경을 쓰는 것도 의식을 깨어나게 하는 방법이고, 마음을 홀리지 않는 방법입니다.

이같이 말하면 이런 것이 '미루는 습관'과 어떤 관련이 있는가를 생각하겠지만 깊게 관련이 있는데 그 이유는 이 같은 것을 깨끗하게 처리하지 못하면 질문과 같이 '미루는 습관'이라는 것은 고쳐갈 수 있었는데 그 이유는 의식이 깨어나면 미루는 습관이라는 것은 사라지게 되어 있어서 그렇습니다. 물론 사람마다 타고난 습관이라는 것이 다양한데 그 본질의 원인은 '전생에 지은 마음'에 따라 이생에서 자신의 마음이 그대로 나타나는 것이어서 앞서 말 한대로 주변의 흔적을 남기지 않도록 하면 의식은 깨어나고 의식이 깨어나면 어떤 것이든 흔적은 지울 수 있어서 '의식'이 흐려있으면 '미루는 습관'이라는 것은 생겨나고 결국 널려진 그 흔적이 이생에서 마음에 남고 그것으로 다음 생 윤회를 하는 것이어서 지금 여러분의 상태를 보면 각자의 의식을 쉽게 알 수 있는 것입니다.

문제는 여러분이 생각하기에 여러분의 흔적은 없다, 나는 이상 없다, 내 행동 생각은 이상이 없다는 관념이 있어서 여러분이 하는 행동을 내가 지적하면 '내가 무엇을 잘못했지?'라고 의아하게 생각하는 것이 일반적입니다. 하지만 지적해주는 그 말을 듣고 자신을 되돌아보고 자기 행동에 이런 문제가 있다는 것을 스스로가 알아가는 것이 깨달음이라고 하는 것입니다.

다시 말하지만, 질문에 '중요한 것을 자꾸 미루는 습관이 있다.'라고 하는 것은 일단 중요한 것을 기억하기는 하는 것이고, 문제는 실천의 의지가 중요한데 이것은 자신의 본성과 의식에 깊게 관련이 있고, 또 하나는 빙의라는 다른 마음이 내 마음을 그렇게 작용하고 있어서 그럴 수 있어서 어찌 되었든 이것을 극복하는 방법은 작고 소소한 것에서부터 그것에 맞게 바로 일을 처리하는 습관을 꾸준하게 길들게 해서 그것이 몸에 정착되도록 하는 방법 말고는 없습니다. 이같이 하기 위해서는 자신의 의식이 중요하고 의식이 깨어나면 질문과 같은 것은 현실적으로 해결되지만 어려운 부분이 작심삼일이라고 해서 끝나버리면 안 되고 긴 시간 꾸준하게 하는 방법 말고는 고치는 답은 없습니다.

따라서 현실적으로 최고의 방법은 중요한 것을 탁상용 달력, 혹은 작은 수첩에라도 적어가며 그것을 하나씩 해결해 가다 보면 그것이 습관이 되어 질문과 같은 습관은 고쳐지는 데 문제는 이 역시 본인의 의지, 의식이 중요하기 때문에 이 부분은 본인의 노력으로 해결해가면 되고, 이같이 하지 않으면 부처가, 신이, 절대자 등이 자동으로 여러분의 문제를 해결해주지 않음을 명심해야 할 것입니다.

043 삶과 괴로움. 인생을 산다는 것은 원래 괴로운 것인가요?

(답) '사는 것은 원래 괴로운 것인가'라는 것은 인간이 지구 상에 존재하기 시작해서 오늘날까지 꾸준하게 '화두(話頭)'로 이어져 오고 있는 말이기도 합니다. 이에 대한 결론은 크게 '괴롭다'인데 그 이유는 일단 이 몸(육신)이라는 것을 가지고 있어서 육신이 느끼는 것이 크기 때문에 그렇습니다. 다시 말하면 마음(비물질)과 몸(물질) 이 두 가지의 고통을 인간은 느끼는데 어떠한 고통이 나에게 크게 다가오는가에 따라, 또는 괴로움을 느끼는 강도, 인식하는 차이 등에 따라 차이는 있겠지만, 궁극적으로는 '인생은 괴로운 것이다.'라고 해야 맞고 죽은 사람은 살아서 인생을 살지 않기 때문에 앞서 말한 대로 마음(비물질)과 몸(물질)으로의 괴로움은 없습니다. 여기서 마음이라는 말은 죽은 사람은 산 사람과 같이 몸이라는 것이 없어서 살아 있는 사람이 느끼는 괴로움과 같은 것은 전혀 느끼지 않는다는 이야기입니다.

그래서 이 세상에 돈을 많이 가지고 살면 돈이라는 물질의 힘으로 웬만한 것은 다 해결할 수 있어서 이 경우 '살만한 세상이다.'라고 생각하겠지만, 아무리 물질이 많아도 그 마음에 일어나는 고통, 괴로움은 물질로 해결하지 못하기 때문에 뭔가의 괴로움은 항상 가지고 살아가는 것이 인생입니다. 주변에 '자연에 산다.'라는 사람들이 하는 말을 보면 그들은 '산속에 살아서 행복하다, 괴로움은 없다.' 등의 표현을 하는데 이것은 모든 것을 다 포기하는 상황에서 이런 말을 하는 것이고, 이들이라고 해서 괴로움이 없다고 할 수는 없습니다.

내가 말하는 괴로움이라는 것은 정상적인 인생을 살아가면서 무수하게 일어나는 문제는 모두 괴로움이라는 것을 말하는 것이어서 '행복'이라는 것은 괴로움의 연속에서 다른 환경에서 상대적으로 얻어지는 것, 느끼는 그 순간 괴로움의 변화로 느끼는 잠깐의 감정일 뿐이고 그 시간이 지나면 다시 괴로움을 인지하게 됩니다. 이것은 마치 보리밥을 먹던 사람이 쌀밥이라는 것을 먹으면 행복하다고 그 시간을 느끼는 것과 이치는 똑같습니다.

결국 아이가 태어나는 그 자체가 그 아이의 인생은 괴로움인데 사람들은 아이가 태어나는 것에 천사다, 축복이다, 누구에게 선택받았다는 등의 말을 하는데 이것은 매우 잘못된 인식입니다. 이 글을 보는 여러분은 자신의 삶이 괴로움이라고 생각하는가? 아니면 행복이고 축복이라고 생각하는가를 생각해보면 여러분이 당장 어떤 상황인가에 따라 행복으로 말하는 사람도 있을 것이고, 괴로움이라고 느끼는 사람도 있을 것인데 전체적으로 보면 '괴로움'이라고 해야 맞습니다. 다시 말하지만 '즐겁다, 행복하다.'라고 느끼는 것은 즐거움이라고 생각하는 것이 커지면 괴로움이라는 것은 상대적으로 작아지기 때문에 느끼는 감정의 차이일 뿐이라고 해야 맞는데 예를 들어 연애

하는 사람은 상대적으로 연애해서 몸으로 느끼는 짜릿한 감정이 크기 때문에 괴로움이라는 것을 크게 인지하지 못하는 것입니다.

그렇다면 이 세상에 많은 부(富)를 가지고 있는 사람은 물질이 있어서 괴롭지 않을까인데 이게 그렇지 않습니다. 자식이 있다면 그 자식을 내 마음대로 어떻게 할 수 없는 것도 괴로움입니다. 또 집에 어느 정도 먹고사는 데 지장은 없는데 부부의 인연을 만나지 못하는 것도 괴로움이며, 살다가 몸에 병이라도 생기게 되면 그 자체가 괴로움이며, 정신적 장애, 치매, 난치 불치병에 들어도 그 자체로 괴로움인데 이같이 볼 때 인간이 세상에 태어나고 죽을 때까지가 괴로움이라고 해야 맞고 반대로 괴로움이 없다고 말하는 사람은 잘못된 의식인데 문제는 내 인생에 있어 어디까지를 괴로움이라고 볼 것인가의 문제인데 이것은 사람마다 느끼는 것이 다 다르고, 처한 상황이 다 달라서 이것은 지구 상에 수많은 사람이 느끼는 괴로움 또한 다 다르므로 한마디로 '태어나는 것 자체가 괴로움이다.'라고 해야 맞고, 다만 그 정도의 차이는 다 다르다고 해야 맞습니다.

다시 말하면 어떤 사람에게 '너는 사는 게 괴롭냐, 괴롭지 않으냐?'를 물으면 각자가 처한 상황에 따라 답이 달라집니다. 그 이유는 '자기만족'의 기준을 어디에 두는가에 따라 다 다르지만, 궁극적으로는 태어나서 죽는 그 순간까지 괴로움이라고 해야 맞고, 인간이 세상에 태어나면 대부분 울음을 우는데 그 이유는 '고통이 있는 사바세계에서 살아가야 할 길이 까마득해서 우는 것이다.'라고 해야 맞는데 종교적 사상으로 이 자체를 축복이라고 하는데 감성적인 말에 불과합니다. 아이가 세상에 태어나면 두 주먹을 움켜쥐고 태어나는데 그것은 세상에 대한 두려움 때문에 그렇다고 해야 맞고, 죽을 때 손을 펴고 죽는 것은 괴로움의 바다에서 육신의 고통을 느끼지 않을 수 있어서 안도감으로 손을 펴고 죽는 것이고, 다른 하나는 물질 이치에서 육신의 감각, 기능이 없어져서 그렇다고 이 두 가지를 정립해야 합니다.

불교의 경전 '보왕삼매론(이것은 부처가 말한 것이 아님)'을 보면 맨 앞에 "(1) 몸에 병 없기를 바라지 마라. 몸에 병이 없으면 탐욕이 생기기 쉽나니, 그래서 성인이 말씀하시되「병고로써 양약을 삼으라.」하셨느니라. (2) 세상살이에 곤란함이 없기를 바라지 마라. 세상살이에 곤란함이 없으면 업신여기는 마음과 사치한 마음이 생겨나니, 그래서 성인이 말씀하시되「근심과 곤란으로써 세상을 살아가라.」하셨느니라"라는 말이 있는데 사람들이 괴로움에 처하면 성인이라는 자가 이렇게 말했으니 이 말을 듣고 스스로 위안 삼게 했는데 이런 말이 여러분의 의식을 흐리게 하는 것이고, 내가 말하는 논리는 괴로움을 느낀다면 그 본질을 파악하고 이해하든, 해결하든 정리해버리면 그 괴로움은 사라진다는 것을 나는 말하고 있습니다.

예를 들어 몸(물질)과 마음(비 물질)으로 느끼는 고통, 괴로움이 있다면 그 본질을 아는 것이 중요한데 이 본질을 세상 사람들은 말하지 못하고 있는데 그 이유는 괴로움의 본질, 존재 이유를 알지 못해서 고작 한다는 말이 보왕삼매론처럼 감성적인 말이 전부인데 이 부분 여러분은 어떻게 생각하는가? 자식이 말을 듣지 않으면 왜 말을 듣지 않는가의 근본을 알면 그 원인을 알 수 있고, 몸에 병이 생기면 왜 이런 병이 나에게 생기는 가의 근본을 알면 치료하기는 쉬운데 마찬가지로 이 개념으로 마음을 이치에 맞게 고쳐가면 그 마음에 맞게 진리적으로 몸은 치유될 수 있다는 것을 나는 말하고 있습니다.

따라서 무명의 존재가 말하는 것을 보는 여러분도 내 말에 긍정하고 보면, 내 말의 의미를 받아들이면 여러분은 그 마음에 맞게 마음은 편해지기 때문에 내 글을 보는 것이 아닌가? 반대로 내 글을 봐도 별 변화가 없다면 같은 글을 보지만 내 말을 이해하지 못하고 이해하지 못하면 마음으로 받아들이지 않아서 그렇다고 해야 맞습니다. 선생이 학생에게 하는 말도 학생이 제대로 받아들이면 그 학생은 변하지만 받아들이지 않고 흐리멍덩하다면 그 학생은 제대로 된 공부를 하지 않았다 할 것인데 이 차이는 '의식'에 차입니다. 결론적으로 인생을 산다는 자체가 괴로움이기 때문에 윤회하지 않고 해탈을 하는 것이 최선인데 그 이유는 반복적으로 태어나면서 겪는 육신의 고통을 겪지 않아도 되기 때문에 해탈, 해탈이라는 말을 하는 것입니다.

그래서 궁극적으로 마음공부라는 것은 이러한 진리 이치를 알고 마음에 흔적을 지워가야 하는 것이 화현의 부처님 법이기 때문에 여러분이 이치에 벗어난 행동을 하면 그것을 지적하고 그 행동을 고쳐가도록 하는 것이어서 자신에게 싫은 소리 하는 것 듣기 싫겠지만, 이 방법 말고는 괴로움을 줄여가는 방법, 묘수는 존재하지 않다는 것을 명심해야 할 것입니다. 따라서 이 순간 여러분이 느끼는 괴로움을 신, 혹은 절대자, 아니면 어떤 것에 빌어서 해결하고자 한다면 그것은 매우 잘못된 의식임을 알아야 할 것입니다.

044 자존감을 가지라고 하는데 저는 열등감이 높은 것 같습니다. 원래 타고나는 것인가요?

(답) 우선 일반적으로 말하는 것을 보면 '자존감은 자신을 존중하고 사랑하는 마음이다. 자기 능력과 한계에 대해 어떻게 생각하는지에 대한 전반적인 의견이다. 스스로 가치 있는 존재임을 인식하고, 인생의 역경에 맞서 이겨낼 수 있는 자기 능력을 믿고 자신의 노력에 따라 삶에서 성취를 이뤄낼 수 있다는 일종의 자기 확신이다.'라고 말하고 있으며 또 '자존감이 적당하게 잘 형성된 사람은 자신을 소중히 여기며, 다른 사람과 긍정적인 관계를 유지할 수 있다. 학교나 직장에서도 자기 능력에 자신감을 보여 잘하는 경향이 있다. 자신을 지탱해 주는 감정의 심지가 굳건하므로 다른 사람의 비난이나 어쩌다 생기는 실수에도 바람 앞의 등잔불처럼 흔들리지 않는다.

'인생의 굴곡 앞에서도 유연하게 대처할 수 있다.'라고도 말하는데 여러분은 이 말 어떻게 생각하는지 모르겠지만. 이 같은 말에다가 '자존감을 키우는 방법'에 대하여 무수한 말을 하지만 이것은 사람의 행동, 심리를 분석하여 하는 말이고, 내가 말하는 자존감이라는 것은 먼저 '나 자신의 분수, 본질'을 알아야 함을 말하고 있습니다. 따라서 일반적으로 말하는 윗글은 말의 조합에 불과하고 자신의 본질을 알지 못하고 위의 말에 끄달려봐야 여러분의 자존감은 생기지 않습니다. 그 이유는 먼저 나 자신의 뿌리를 알지 못하면 체구가 작은 강아지가 아주 큰 강아지에게 자신의 혈기만 믿고 까불다가 물려 죽기 십상입니다. 왜 이런 말을 하는가 하면 젊을 때는 뭐든 다 맞설 수 있고, 헤쳐나갈 수 있다고 생각하고 살다가 시간이 지나 그것이 뜻대로 되지 않으면 결국 폐인이 되기 때문에 그렇습니다.

그래서 나 자신의 본분을 알면 이상의 것, 허상의 것에 욕망을 부리지 않게 되고 '너는 너이며 나는 나다.'라는 것을 알게 됩니다. 그런데 사람들은 '자존이야말로 모든 미덕의 초석이다.'(존 허셜)이라는 말이 명언으로 생각하는데 대단한 착각입니다. 내가 말하는 미덕이라는 것은 자존심을 내릴 때는 내리고 세울 때는 세우는 것을 알아가는 것이 마음공부 법인데 문제는 어느 때가 내릴 때인가, 세울 때인가를 여러분이 분별하지 못하기 때문에 삶에 굴곡이 생기는 것이고, 열등감이 생기는 것입니다.

이런 것을 알지 못하고 막연하게 '자존감 자신을 존중하고 사랑하는 마음이다.'라고 말하는 것은 수박의 속을 말하지 못하고 문제의 본질을 말하지 못하는 말, 감성적인 말이 됩니다. 따라서 여러분이 돈 많은 사람을 보고, 혹은 많이 배웠다는 사람을 보고 자존감이나 열등감을 느낀다고 하면 이것은 단순하게 물질 개념에서 있고, 없고의 차이로 느끼는 감성이고, 없으면 없는 대로 배우지 못했다면 배우지 못한 대로 그들과 내가 다름과 차이가 있다고 인정해버리는 것이 중요합니다. 이 말은 만약 물질로 인간의 서열을 정한다면 배우고 가진 자는 인간이 되고, 그렇지 않은 자는 인간이 아니라는 논리가 만들어지는데 물질로 인간 자체를 평가하면 안 되는데 요즘은 어떻게 된 것인지 물질이 많고, 배움이 많은 것으로 인간의 서열을 정하는 세상인데 안타까운 일이 아닌가?

그래서 나는 인성(人性)이 제대로 된 사람이 의식이 제대로 된 사람이면 인간다운 인간이라는 말을 하고 있어서 보통 사람이 생각하는 것과는 차원이 다른 이야기를 하고 있는데 사람들이 말하는 것을 보면 스스로 가치 있는 존재임을 인식하고, 인생의 역경에 맞서 이겨낼 수 있는 자기 능력을 믿고 자신의 노력에 따라 삶에서 성취를 이뤄낼 수 있다는 일종의 자기 확신을 자존감이라고 말하기도 하는데 인간성이 갖춰지지 않은 사람은 마음이 썩어 있는 사람은 똥고집으로 오만한 인생을 살게 되어 있고, 인성이 잘 형성된 사람은 자신을 소중히 여기며, 다른 사람과 긍정적인 관계를 유지할 수 있는데 이것은 물질이 많다고 해서 배움이 많다고 해서 할 수 있는 것은 아닙니다. 다시 말하지만, 상대와 나에 대하여 같음과 다름의 차이를 인정하는 것이 중요하다는 이야기입니다.

자존감이 약한 사람은 자신의 실체와는 별개로 남의 시선을 의식해가며 전전긍긍 살아가는데 이것은 다름과 같음의 차이를 인정하지 않아서 생기는 현상입니다. 따라서 인생을 살면서 자신감이 부족하므로 대인관계가 원만하지 않고 열등감이 심하기도 한데 반대로 현실에서 자기 존중감이 높다고 해서 다 좋은 것은 아닌데 하늘을 찌를 듯이 자존감이 너무 높은 것도 사회생활에서 문제가 될 수 있다는 이야기입니다.

이 말은, 자기를 너무 존중하다 보니 자칫 타인을 무시하기 쉬우므로 현실에서의 자존감은 극단적으로 한쪽에 치우기보다 적당히 균형을 유지하는 것이 중요하다 할 것입니다. 다시 말하지만 배움으로 인간을 평가하는 것 자체도 문제이며, 물질로 인간의 서열을 세우는 것도 잘못된 것인데 요즘 사회를 보면 배우고 물질이 많아야 인간 대접을 받는 세상이 되어 버렸는데 참으로 안타까운 일이고, 이것은 인간이 가져야 하는 기본적인 윤리·도덕·양심이라는 것이 그에 비례해서 다 사라졌음을 의미합니다.

가진 것이 많고 배움이 많은 사람의 의식에는 '나는 남들보다 우월하므로 언제나 존중받아야 한다, 나는 언제 어디서나 항상 최고야' 등의 의식을 하고 있는데 이런 생각을 하고 사는 사람들은 타인을 위한 배려나 혹은 윤리·도덕·양심, 인간성이 뭔지를 잘 모르고 오로지 '인간 우월주의'만 생각하고 삽니다. 그러다 삶에 고비가 오면 그것을 견디지 못하고 극단적인 선택을 쉽게 하기도 합니다. 이치에 맞지 않게 안하무인으로 지나치게 자존감이 높을 때 다른 사람보다 자신을 더 높이 평가해주면 주위 사람보다 자신이 더 뛰어나다고 느낍니다. 오만무도하고 제멋대로고 특권을 받을 자격이 있다고 스스로가 착각하게 됩니다.

다시 말하지만, 현실에서 인생을 살면서 어느 정도의 자존감과 자신감은 중요하지만 지나치면 자만심으로 발전해 남을 배려하는 마음이 없고, 남들과 자신을 비교하며 우월감을 느끼고 거만해지게 되는데, 문제는 본인 스스로 의식으로 자신의 자존감이 높다는 것을 인정하지 못하고 그것을 당연하게 여기거나 자신감으로 생각하는 경우가 많은데 이런 사람에게 인간성을 찾는다는 것은 어렵습니다. 타인과 나는 동등한 인간으로서 상대와 나는 다름과 차이가 있다는 것을 반드시 인정해야 합니다. 이같이 하면 막연하게 상대가 하는 행동을 보고 자존심, 자존감이라는 것이 상할 것도 없습니다. 그 이유는 상대와 나는 다르고 차이가 있어서 나만의 장점이 있을 수 있어서 그렇습니다.

그래서 근본적인 부분을 생각하지 않고 단편적으로 눈으로 보고 지나치게 자신감, 자존감이 낮을 때는 나 자신의 의식은 흐려지게 되고 자괴감에 쉽게 빠지게 됩니다. 이 같은 의식이 자리를 잡으면 자신의 업적, 아이디어 등을 낮게 평가하는 경향이 있고 자신의 장점보다 약점이나 결함에 자신 스스로가 초점을 맞추기 때문에 자신보다 남들이 더 능력이 뛰어나다고 생각하게 됩니다. 따라서 의식에 문제가 있으면 자존감이 낮은 사람은 다른 사람들이 자신에 대해 어떻게 느끼는지를 기준으로 하여 자신의 현재 행동들을 결정해버리게 됩니다.

문제는 이같이 의식이 잘못되어 있으면 자신에 대한 칭찬이나 긍정적인 반응을 받아들이지 못하는 예도 있고, 나아가 직장이나 학교에서 실패를 두려워해 자신만의 자리를 잡지 못하게 됩니다. 그래서 균형 잡힌 자존감을 만들어야 하는데 이것은 앞서 말했지만 '타인과

나는 다른 부분이 있다.'라는 것을 명심해야 하고, 여기에 물질 이치에서 지식이나 부와 명예를 우선 대입하면 안 됩니다. 자신을 공정하고 정확하게 볼 수 있어야 하는데 자신의 가치를 잘 알고 자신을 긍정적으로 평가할 수 있어야 하고, 반대로 자신의 부족한 점에 대해서도 잘 알고 있어야 균형을 바로잡을 수 있고 자존감이나 열등감에서 벗어날 수 있는데 이것의 본질은 나 자신의 의식과 깊게 관련이 있어서 결론적으로 나의 의식이 바르게 깨어나지 못하면 앞서 내가 한 말이 뭔가도 이해하지 못하고 이해하지 못하면 각자의 마음에 새기기는 매우 어렵습니다.

045 노력해서 바꿀 수 있는 것과 해도 안 되는 것을 구분할 수 있나요?

(답) 답은 '바꿀 수 있는 것도 있지만 바꿀 수 없는 것도 있다'가 정답인데 그 이유는 '타고난 본성'이라는 것이 있어서 그렇습니다. 따라서 나는 '운명은 존재하지만, 그 운명은 얼마든지 바꿀 수 있다.' 라는 말을 했는데 문제는 그 운명이라는 것을 바꾸기 위해서 피나는 눈물을 흘려야 하는데 이게 쉽지 않아서 그렇습니다. 다시 말해서 '운명에 변화'를 주는 것이지 궁극적으로 애당초 태초에 만들어진 형성된 것(본성) 자체를 뿌리를 통째로 바꾼다는 것은 불가능합니다.

그래서 내가 말한 '운명은 존재하지만, 그 운명은 얼마든지 바꿀 수 있다.'라는 말은 결론적으로 끝을 말한 것이고, 이렇게 되기까지 알 수 없는 시간을 보내면서 자신이 지었던 업을 다 소멸해야 하는데 이게 또 어렵습니다. 그래서 아상을 누르면 그것에 맞게 환경은 변하겠지만 아상을 완전하게 없애는 것은 매우 어렵기 때문에 '변화'와 '바꿈'이라는 단어를 잘 정립해야 합니다.

사실 마음공부를 한다, 마음을 바꾸면 된다는 식의 말은 매우 단순한 말인데 세부적으로 파고 들어가면 완전하게 다릅니다. 나는 여러분에게 이 순간 한마디를 해주면 그것은 '지금, 이 순간에 너의 미래의 결과는 이렇다.'라는 의미로 결론을 말하는데, 문제는 이치는 수시로 바뀌기 때문에 여러분이 어떠한 노력을 하는가에 따라 여러분의 환경은 바뀌는 데 이것을 가지고 여러분이 노력해서 본성을 바꾸었다고 할 수는 없습니다. 그 이유는 앞서 말했지만, 본성을 바꾼다는 것은 아주 긴 시간에 걸쳐 나(我)라는 아상을 다 비워야 하고, 또 지금까지 살아오면서(긴 윤회를 해오면서) 지었던 모든 업을 다 소멸해야 하므로 당장 여러분의 본성을 바꾼다고 생각하지 않는 것이 좋습니다.

그렇다면 현실에서 어떻게 해야 하는가? 그것은 당장 여러분이 일상을 살면서 하는 행위 중에 이것은 잘못되었고, 저것은 맞는다는 사고를 기르고 이것을 확장해 가려는 의식이 현실에서의 급선무입니다. 따라서 '한방에 블루스'를 생각하면서 자신의 운명이 바뀔 것으로, 혹은 생각하는 그 꿈이 이루어질 것으로 생각한다면 이것은 마치 자신의 운명에 없는 것을 찾는 것과 같아서 이것을 바로 '아상'이라고 하는 것입니다. 따라서 세상을 보면 모두 한탕주의를 말하고 한방이면 뭐가 어떻게 되는 줄 알지만 대단한 착각이고, 나 자신을 먼저 알면, 내 그릇이라는 것이 뭔가를 아는 게 중요하고 이것을 알면 스스로 길은 각자의 분수에 맞게 찾아갈 수 있다 할 것입니다.

그런데 문제는 스스로 본분을 모르니, '참(眞) 나'라는 것을 모르니 대부분 눈에 보이는 허상을 따라가는데 잘못되었고, 또 하나는 여러분의 마음에 일어난 마음이 이치에 맞는 마음일 수 있고, 이치에 벗어난 마음일 수도 있으며, 빙의가 여러분의 마음을 작용할 수 있어서 이 부분을 모르기 때문에 반드시 이치에 맞는 말을 하는 자의 조언이 필요한 것입니다. 그런데 이같이 정립하지 않고 그저 자신의 마음에서 일어난 것이기 때문에 맞는다는 단편적인 생각을 하고 모든 사람이 각자의 마음에 일어난 대로 살아가지만 내 말은 그렇게 해서 될 것도 있지만 이루어지지 않는 것도 있다는 것을 말하고 있어서 이 부분 정립해야 합니다.

이같이 말하면 '모든 세상 사람이 다 물어봐야 하는 거 아니냐?'라고 말할 수 있지만, 결론은 그렇게 하는 것이 맞고, 현실적으로는 이게 불가능하므로 스스로 의식으로 자신의 본분을 알려고 하는 노력을 해야 하는데 이것은 하지 않고, 그 마음은 그대도 두고 똥고집만 부리고 사는 사람이 상당한데 이런 사람은 요행수를 찾는 것에 불과해서 자신이 노력한다고 하지만 내 말은 자신의 본분을 알지 못하면 결국 노력해서 바꿀 수 있는 것과 해도 안 되는 것을 구분할 수 없습니다. 어떤 사람은 자신의 마음에서 일어난 대로 했더니 그대로 되었다고 말하는 사람도 있지만 반대의 경우도 상당한데 왜 이런 현상이 일어나는가? 그것은 그 사람이 지은 업이 그대로 발현되기 위해서 그런 마음이 일어나기도 하고, 또는 빙의가 있어서 그런 마음이 일어나기도 합니다.

다시 말하지만 '참(眞) 나'의 마음만 가지고 있는 사람은 보편적으로 자신이 지은 업에 따라가지만, 이 경우 전생에 물질로 되받아야 할 업이 있어야 하고, 아무리 '참(眞) 나'의 마음이라고 하더라도 그 자신이 물질의 선업을 짓지 않았다면 이생에 아무리 노력해도 물질의 부를 누릴 수는 없습니다. 그러니 이같이 보면 전생에 아무것도 짓지 않은 사람이 이생에서 죽으라고 노력해도 되받아지는 것이 없어서 헛고생만 죽으라고 또 하다가 그렇게 의미 없이 한세월 다 가는 것입니다. 세상에 이런 사람이 부지기수인데 이것은 여러분의 주변을 보면 쉽게 알 수 있고, 나는 '노력해서 바꿀 수 있는 것과 해도 안 되는 것이 있다.'는 것을 말하고 여러분 '참(眞) 나'의 마음을 알면 이런 부분은 쉽게 구분할 수 있습니다.

또 하나는 이생에 타고난 본성이라는 것은 여러분이 마음 한번 고쳐먹으면 된다고 쉽게 생각하는데 대단한 착각입니다. 마음을 고쳐먹는다는 것은 단박에 되는 것이 아니라 작고 소소한 것부터 조금씩 고쳐 나가야 하는데 이 과정이 '나'라고 하는 아상을 내리는 과정인데 이 과정을 겪지 않고 한방이라는 것은 없습니다. 따라서 나라는 아상을 내리면 그것에 맞게 나는 여러분의 이치는 진리적으로 얼마든지 바뀐다고 말했는데 이 말은 반대로 진리고 뭐고를 떠나 '나'라는 아상을 현실적으로 내리지 못하면 결국 전생에 지은 업대로 인생을 살다 죽게 되어 있고, 인간 역사 이래 대부분 사람이 이렇게 죽어갔습니다.

무슨 말인가 하면 이같이 말하면 다들 아들딸 잘 키웠고 먹고사는데 부족함이 없이 잘 살았다는 사람도 있을 것이나 이런 사람은 전생에 자신이 가진 업이 그렇게 되어 있어서 이생에 그럭저럭하다라는 말을 할 수 있지만 내가 말하는 요지는 물질이 있고 없고는 나중에 문제고 이생에 여러분이 이치를 바꾸지 않으면 결국 전생에 지었던 것만 까먹게 되고 다음 생에는 괴로운 인생을 다시 시작해야 하는데 그 이유는 있는 것을 그대로 다 까먹어서 그렇습니다.

그래서 나는 이생에 어떻게 살아가더라도 지금 진리 이치를 알고 그것에 맞게 마음을 만들면 노력하면 이치는 변합니다. 하지만 아무리 노력한다고 해서 자신의 마음이 변하지 않으면 절대 여러분의 운명은 바꿀 수 없다고 정립해야 하고, 진리 이치가 이래서 이생에 여러분이 해야 할 것은 이치에 맞는 노력을 현실적으로 하는 것이 매우 중요하고 그 결과는 이생에 바로 나타나기도 하지만 다음 생에 분명하게 나타나는 것이 진리 이치입니다.

그래서 질문에 '노력해서 바꿀 수 있는 것과 해도 안 되는 것을 구분할 수 있나요?'라는 질문에 답은 '있다' 이며 이것은 여러분의 '참나'의 이치를 알면 쉽게 알 수 있고, 각자의 본성을 알면 이생에 바꿀 수 있는 것도 있지만 바꿀 수 없는 것도 쉽게 알 수 있다고 정립해야 맞고 각자의 의식이 얼마나 깨어 있는가와 깊게 관련이 있습니다.

결과적으로 '아상(我相)'이라는 것이 현실적으로 문제인데 이것이 얼마나 크고 두꺼운가에 따라 타고난 본성이 뭔가에 따라 '노력해서 바꿀 수 있는 것과 해도 안 되는 것을 구분할 수 있다'고 해야 맞고 이것은 마음이라는 것의 작용, 뿌리를 아는 사람만이 알 수 있어서 단편적으로 질문에 대하여 있다, 없다는 식의 단답형으로 말할 수는 없습니다.

사람의 의식이라는 것은 아침에 해가 떠서 낮이 되고 밤이 되는 과정처럼 지구 상에 존재하는 인간의 의식이라는 것이 다 다르므로 노력으로 고칠 수도 있지만 고칠 수도 없어서 그렇고 문제는 '의식'이 얼마나 강한 것인가의 문제인데 이 말은 의식이 강하면 타고난 본성도 변화시킬 수 있지만, 의식이 흐려 있으면 전혀 고칠 수 없어서 운명 타령만 하는 사람은 어리석은 사람이고 현명한 자는 의식을 먼저 깨우는 사람이라고 해야 맞는 말이 됩니다.

046 결혼 후에 권태기가 찾아왔습니다. 주변에서는 아이가 생기면 관계가 또 달라진다고 하고 남편도 아이를 원하는데 아기를 가져도 될까요?

답 하나의 인간이 세상에 태어나고 죽기까지 무수한 몸(물질)에 변화, 마음(비 물질)에 변화가 일어납니다. 그중에 하나가 '권태기'인데 이 부분도 모든 인간에게 자연스럽게 나타나는 현상인데 이것을 어떻게 극복하는가에 대한 말을 무수한 사람들이 말하지만 모두 이치에 맞지 않는 말이고, 진리적으로는 '업의 변화(마음)'에 따라 나타나는 현상이라고 해야 맞는 말이 됩니다. 질문에 '결혼 후에 권태기'라는 말은 일단 결혼까지를 했다는 것이고 이후 어느 정도 시간이 지나서 두 사람 사이에 변화가 일어났다면 두 사람 사이에 마음(업)에 변화가 있다는 것이고, 이것은 두 사람의 업연에 따라서 두 사람 간의 권태기(관심이 멀어지는 것)가 나타나는 시기가 다 다릅니다.

이것은 마치 사계절이 변하는 것과 똑같은 것인데 이 말은 마음이라는 것은 보이지 않지만, 마음에도 생로병사의 이치가 들어 있는데 이 말은 업이 발현되기 시작할 때를 생(生)이라고 한다면 업이 한창 활발하게 진행될 때를 노(老), 업이 마무리될 때를 병(病), 업이 이 생에서 발현될 것이 다 되었을 때는 사(死)라고 이해하면 됩니다. 따라서 권태기라고 하는 것은 마음(비 물질)의 변화로 몸(물질)으로 나타나는 것이고, 다른 하나의 개념으로는 몸이라는 물질은 영원한 것이 아니라 앞서 말한 대로 물리적으로 생로병사 과정을 겪기 때문에 나타나는 자연스러운 현상으로 정리하면 됩니다. 문제는 사람마다 권태기라는 것이 나타나는 시기가 다 다르고, 현상이 다 다르므로 이것을 약이라는 물질로 전부 다스린다고 말하는 것은 모순인데 그 이유는 반드시 마음이라는 것이 작용하고 있어서 그렇습니다.

그래서 제일 좋은 것은 먼저 마음을 이치에 맞게 고치게 되면 몸은 그것에 맞게 자연스럽게 변하게 됩니다. 여기서 변한다고 하니 젊은 청춘으로 변한다는 것이 아니라 심각한 현상을 겪지 않는다는 의미입니다. 다시 정리하면 부부로 만나 살든, 혼자 살든 권태기라는 것은 다 있기 마련이고 다만 부부 사이에 겪는 것인가, 아니면 홀로 살면서 겪는가의 차이만 있고 이것은 두 가지로 다시 정리해야 하는데 부부 사이에 겪는 권태기는 업의 변화에 따라 나타나는 부분과 물질 이치에서 신체의 변화에 따라 겪는 것이 있어서 이것을 권태기 극복하는 약을 먹거나 치료, 운동 등과 같은 것으로 본질적인 해결을 할 수 없습니다. 누구는 운동, 등산, 여행 등을 하면 극복이 된다고 하는데 잘못된 것이고 이것은 신경, 정신이라는 것을 다른 것에 집중하도록 유도하는 것에 불과합니다.

예를 들어 여러분이 쌀밥만 계속 먹으면 지겨우므로 가끔은 다른 것도 먹어보는 것과 이치는 똑같지만, 문제는 끝까지 쌀밥만 고집하며 먹는 사람도 있는데 이것은 이치에 맞는 마음이든 아니든 각자 마음의 변화가 심한가 아니면 변화가 없는 마음인가에 따라 현실적으로 나타나는 것이고, 이 경우 업의 변화가 없는 사람은 한 사람 고집하며 살게 되어 있고, 이같이 지속되는 업 관계를 모르면 현실적으로 부부 사이에 금실이 좋다고 말할 것이나 다른 차원에서 이것은 진리적으로 업연의 고리가 아직도 남아 있음을 의미합니다.

그래서 부부가 처음에 만났을 때 그 마음이 변하지 않고 죽을 때까지 그 마음을 가지고 사는 사람은 없고, 시간이 지나면 어떻게든 그 마음은 변하기 때문에 이 흐름 자체가 권태기라고 해야 맞고, 다른 의미로는 사계절이 변하는 것과 같이 몸이라는 물질의 변화에 따라 의식적으로 몸으로 느끼게 되기 때문에 이 두 가지를 가만히 생각해 보면 '권태기를 극복한다'는 것은 인간으로서 피할 수 없어서 이것을 없앤다고 호들갑 떨고 무수한 방법을 말하는 자체는 이치에 맞지 않는다는 이야기입니다.

그래서 인간이 자연스럽게 몸(물질 이치), 마음(진리 이치)으로 느끼는 것도 있지만, 업의 변화로 인해 상대적으로 느끼는 권태기도 있어서 이 두 가지 부분 정립해야 합니다. 남녀가 서로 몸이 왕성할 때(소위 말하는 이성의 감정, 사랑이 싹튼다고 할 때)는 업이 한참 성숙하고 발현되는 과정이기 때문에 이때는 권태기라는 것을 느끼지 못하지만, 문제는 몸이 쇠약해지는 과정(물질)에서 느끼는 현실적인 부분과 업의 변화로 인해 나타나는 권태기가 있어서 이런 것을 정립해야 하고, 또는 빙의가 상대와 업연을 정리하는 과정에서도 상대에 대한 권태기라는 것도 있는데 이런 것은 결국 사람의 마음이 어떻게 작용하는 것인가를 알면 어느 쪽에 권태기인가는 매우 쉽게 알 수 있습니다.

다시 말하면 빙의가 내 마음에, 혹은 상대의 마음에 작용하다가 그들의 업이 다 해지면 권태기라는 것을 그들도 느끼게 되기 때문에 어떤 업연으로든 만나면 처음에는 신비주의에 빠지게 되고, 이 신비주의의 허상이 빠지게 되면 권태기로 나타나는 것입니다. 어찌 되었든 업연의 인연이 시작될 때와 그 업연이 지속되는 과정, 업연이 끝나가는 과정은 계절의 변화와 같은 것이고, 이것은 앞서 말한 대로 어떤 마음이든 마음에 변화(진리 이치)로 나타나고, 또 하나는 몸의 변화(물질 이치) 이 두 가지로 반드시 나타난다고 해야 맞는 말이 되는데 이런 변화를 약물이나 어떠한 음식, 어떠한 행동(운동) 등을 한다고 해서 근본적으로 해결할 수 없고, 과학이 아무리 발전해도 마음으로 인해 일어나는 현상은 어떻게 할 수 없다고 정리해야 할 것입니다.

따라서 질문에도 있지만 '결혼 후에 권태기가 찾아왔다. 주변에서는 아이가 생기면 관계가 또 달라진다고 하고 남편도 아이를 원하는데 아기를 가져도 될까요?'라는 물음은 일반 사람들이나 하는 말이고, 그런 말에 끄달려 자식을 가진다면 결국 인생의 수렁에 깊게 빠질 수 있고, 거꾸로 말하면 다들 권태기를 느끼면 자식을 낳으면 권태기가 해소될 것으로 생각하는데 대단한 착각입니다. 이 말대로라면 권태기에 있는 부부가 있다면 모두 자식 하나씩을 더 낳으면 권태기가 다 사라진다는 이야기가 되는데 이게 말이 되는가를 생각해보라는 이야기입니다. 그렇다면 부부로 살지 않고 홀로 사는 사람들이 느끼는 권태기는 상대가 없으니 자식을 낳아 해결할 수 없는데 이 부분은 어떻게 할 것인가, 그래서 권태기라는 것 하나를 가지고 무수한 말들을 하는데 안타까운 일입니다.

권태기를 극복하는 최고의 방법은 평소 진리 이치를 알고 그 흐름에 자기 몸과 마음을 맡기면 권태기라는 것을 자연스럽게 넘길 수 있어서 문제는 앞서 말한 대로 권태기에 대한 본질이 뭔가를 먼저 알아야 하고 이런 것을 알지 못하고 보통 사람들이 하는 말에 따른다면 내가 앞서 하는 말은 의미가 없을 것이기 때문에 일반 사람들이 말하는 감성적인 논리의 말에 따를 것인가? 아니면 내가 하는 말을 다시 한 번 깊이 생각해볼 것인가, 결국 이것은 여러분 각자의 몫이라 할 것입니다.

047 제 나름대로는 열심히 살았다고 생각하는데 왜 제 뜻대로 이루어진 것이 없을까요?

답 "콩 심은 데 콩 나고 팥 심은 데 팥 난다"라는 속담이 있고, 불교 '도덕경'이라는 것을 보면 '오이씨를 심으면 오이를 얻고, 콩을 심으면 콩을 얻는다. 하늘의 그물이 넓어서 보이지는 않으나 새지 않는다.'라는 말도 있습니다. 이 말을 사람들이 인용해서 무수한 말을 하고 있는데 문제는 그것이 콩인가? 오이씨인가의 본질을 모른다는 것입니다. 또 인과응보(因果應報), 사필귀정(事必歸正)이라는 말도 많이 하지만, 이 역시 내가 하는 행위 중에 무엇이 인(因)이고 무엇이 과(果)로 되받아지는가를 모르고 막연히 어떤 상황에서 이런 말 무수하게 하는데 이것은 모두 수박의 표면만 이야기하는 것이고, 정작 그렇게 '되는 과정, 본질'에 대한 말은 구체적으로 하지 못하고 있는 것이 현실입니다.

'사람마다 생각, 취향, 믿음 등이 다르므로 누구나 자기주장을 하다 보면 사람 사이의 갈등 자체는 너무나 당연하다.'라는 말을 하는데 이 역시 갈등의 원인을 모르고 그 갈등은 '당연한 것'으로 치부해 버리고 맙니다. 어떤 멘토라는 사람에게 '친아버지에게 성폭행당했다. 어떻게 해야 하는가?'에 대한 물음에 대하여 답한다는 말이 '부모에게 감사하는 마음을 가져야 한다. 설령 아버지가 성폭행했다 하더라도 내가 이 세상에 태어나서 사는 것은 부모님이 있기 때문이다.'라는 말을 하는 사람이 있습니다. 또 '귀신은 있나요?'라는 물음에 한다는 말이 '귀신은 있는 것 같기도 하고 없는 것 같기도 하다'라고 말합니다. 이것은 '마음을 편안하게 가지고 항상 마음을 밝게 가지면 귀신이 있든지 없든지 상관없다.'라는 말을 합니다. 왜 이런 말을 하느냐면 결국 '문제의 본질'을 명확하게 알지 못하기 때문에 이런저런 말을 하면서 자신을 합리화, 정당화시켜가고 있는 것이 현실인데 이런 부분을 먼저 여러분이 정립해야 합니다.

따라서 질문에 '제 나름대로는 열심히 살았다고 생각하는데 왜 제 뜻대로 이루어진 것이 없을까요?'라는 물음에 대한 답은 앞서 말한 대로 본인의 근본, 운명, 뿌리, 바탕이 그렇게 되어 있어서 그렇다고 먼저 이해를 해야 하고, 그다음 '나에게 무엇이 문제인가'에 대한 원인을 아는 것이 중요합니다. 따라서 나 자신의 뿌리, 바탕을 모르면 앞서 말한 대로 이런저런 말을 가져가 붙여 나 자신은 이상이 없는데 '왜 나는 뜻대로 되지 않는가?'라는 생각만 하고, 그 뜻을 이루기 위해 존재한다는 대상을 찾아 울고불고 빌게 되어 있습니다. 따라서 나는 여러분에게 '미꾸라지가 용이 될 수 없다.'는 말을 많이 했는데 이 말은 온전한 미꾸라지부터 되어야 한다는 것입니다. 세상 사람들은 자신이 미꾸라지인지, 지렁이인지 본분을 모르고 살면서 거창하게 용(상상 속에서만 존재하는 것)만 이루어지기를 바라고 사는 게 현실입니다.

그러면서 입으로는 나를 알자, 나를 찾아서 등과 같은 말 무수하게 하는데 사실 이 세상에 말 중에 대부분은 진리에 부합되는 말이 거의 없습니다. 이것 보고 뒤죽박죽, 진흙탕 속에 빠져 살고 있다고 해야 맞고, 문제는 그런데도 내가 진흙탕에 빠져 있는지 똥 통속에 빠져 있는지 그 자체를 인지하지 못하고 나 잘났다고 사는 사람 무수합니다.

그래서 의식을 가지고 사는 사람이 나 자신의 본분을 알고 산다는 것은 매우 어려운데 내가 말하는 것은 나 자신의 의식이 깨어나면 비로소 '나는 이런 사람이구나.'라는 것을 알게 된다는 논리를 말하고 있습니다. 어떤 사람은 '사람의 본분'에 대해 말한 사람도 있는데 이것은 내가 말하는 '나의 참(眞) 나'를 안 것이 아니라 지금 여러분이 인식하는 아상의 마음인 '나'라는 마음을 말하는 것이 고작이고 세상 모든 사람은 내가 태어나서 나라는 마음을 인지하는 그 마음만 가지고 무수한 말을 하는 것이 전부입니다.

앞에 말한 대로 '콩 심은 데 콩 나고 팥 심은 데 팥 난다'라는 말은 지금 여러분이 중년의 나이가 되면 이미 각자의 업이 성숙해져 있어서 각자의 환경을 보면 어느 정도 '나 자신은 이런 사람이구나.'라는 것을 현실적으로 자각하게 됩니다. 왜 이런 말을 하느냐면 초년, 중년, 말년으로 인생을 구분한다면 초년 때는 업이 성숙하지 않아서, 의식이 깨어나지 않아서 자기 자신을 잘 알지 모르지만, 중년쯤 되면 업이 어느 정도 성숙하면서 자신의 삶을 되돌아보고 회의감 같은 것도 느끼기도 하고 인생이 이런 것인가를 인지하기도 합니다.

그리고 죽을 때, 말년쯤 되면 인생의 시간이 더 주어진다면 다시 어떻게 해보겠다는 생각이 들면서 '10년만 젊었어도' 하는 마음으로 가는 세월 탓하고 나이가 들어가는 것을 원망하는 사람 무수하게 있고, 이런 것은 노랫말을 보면 쉽게 알 수 있을 것입니다. 젊을 때의 노래는 꿈, 희망, 사랑 등의 말로 도배질을 하고, 중년이 되면 인생의 허무함을 노래하고, 말년쯤 되면 세월을 붙잡고 늘어지는 노래를 하게 됩니다.

그래서 나는 이 세상 사람들이 하는 말을 보면 이 자체가 아비규환의 세상임을 쉽게 알 수 있다는 말을 한 것입니다. 또 어릴 때부터 '의식'을 깨어나게 해서 현실을 바로 직시하고, 나 자신의 본분을 알고 그 그릇에 맞게 세상을 살게 하는 것이 최고의 자식 교육이라고 나는 말한 것입니다. 이같이 말하면 '무슨 소리냐 세상에 돈을 벌어야 살 것 아닌가?'라는 말을 하는 사람도 있겠지만, 자신의 본분을 모르고 돈에만 혈안이 되어 살아간다고 해서, 돈이 최고라고 생각하고 살아간다고 해서 인생사 마음먹은 대로 뜻대로 되지 않은데 그 이유는 타고난 운명이라는 것이 반드시 있어서 현실적으로 아무리 노력을 한다고 해도 될 사람은 되지만 안될 사람은 뒤로 넘어져도 입으로 자갈이 물리는 삶이 될 수밖에는 없고, 반대로 되받아야 할 업이 이생에 때가 되어 발현하면 은연중에, 자신이 의도하지 않아도 그 업이 작용하여 발현되는 것입니다.

그래서 운명을 거스르지 않고 순리에 따르는 것이 중요한데 문제는 여러분 스스로가 자신의 운명을 알지 못하기 때문에 꿈을 꾸라고 희망을 품어라, 그러면 그 꿈은 이루어진다는 식의 생각을 하고, 부단한 노력을 하고 살지만 분명한 것은 전생에 자신이 짓지 않은 것(만들어 놓지 않는 업)이라면 이생에 아무리 용써도 되는 일 없다는 것을 명심해야 합니다. 따라서 업이 발현되는 상황은 여러분에게 '마음의 변화'와 삶에서의 어떠한 동기부여, 계기가 찾아오게 되어 있는데 이것은 일상을 사는 여러분의 하루 속에 '이렇게 해야지, 이같이 하고 싶다.' 등의 마음으로 혹은 사업적으로 새로운 동기부여 등으로 작용하지만, 문제는 무수하게 일어나는 그 마음이 어떤 마음이 여러분의 이치에 맞는 마음인가를 여러분은 알지 못합니다.

여러분은 무수하게 일어나는 마음, 상황에서 자신 마음에서 내키는 대로 행동하는데, 문제는 그렇게 일어나는 상황은 여러분의 '참 나'의 이치에 따라, 빙의의 작용으로 혹은 아상(我相)의 마음에서 일어나는 것이어서 알지 못하면 결국 그 마음에 일어난 대로 몸으로 행동하게 되어 있어서 때로는 그 마음이 내 마음에서 일어나는 것으로 생각하지, 빙의의 마음에 따라, 아상의 마음에 따라, '참(眞) 나'의 마음에 따라 흔들리는 마음일 수 있습니다. 이때 자신의 업이 발현되면 그것을 되받아야 해서 '참 나'의 마음이 작용하지만 반대로 빙의, 아상의 마음이 작용하는 마음을 여러분은 내 마음에서 일어난 마음이라고 생각하는 예도 있어서 나 자신이 인지하는 마음은 여러 가지 마음일 수 있어서 질문처럼 이생에 뜻대로 되는 것이 없게 됩니다.

다시 말하면 전생에 10개의 선업을 지은 사람은 확률적으로 그 선업이 발현될 것이 있지만 선업이 0개, 혹은 1개인 사람은 이생에 그 선업이 발현될 확률이 없다는 것입니다. 그래서 질문에 '제 나름대로는 열심히 살았다고 생각하는데 왜 제 뜻대로 이루어진 것이 없을까.'라는 생각을 해보겠지만, 이유는 앞서 말한 대로 마음에 문제가 있어서 그렇습니다. 따라서 불교 『도덕경』이라는 것을 보면 '오이씨를 심으면 오이를 얻고, 콩을 심으면 콩을 얻는다. 하늘의 그물이 넓어서 보이지는 않으나 새지 않는다.'라는 말도 있습니다. 이 말 가만히 보면 그럴듯한 말로 들리겠지만, 문제는 '오이씨를 심으면 오이를 얻고, 콩을 심으면 콩을 얻는다.'라는 말은 반드시 운명이 있음을 의미하는 말이지만 그다음에 '하늘의 그물이 넓어서 보이지는 않으나 새지 않는다.'라는 말은 이치에 맞지 않습니다.

그래서 말의 다름과 차이라는 것을 여러분이 정립해야 하는데 이것을 정립하지 못하면 다들 수박의 표면만 보고 대충 맞는 말이라고 생각할 것입니다. 다시 말하면 누구라도 '콩 심은 데 콩 나고, 팥 심은 데 팥 난다.'라는 말을 합니다. 그러나 이 말 뒤에다 '자연의 이치도 마찬가지다. 하늘 또는 자연은 형용할 수 없을 만큼 넓어서 그 이치가 엉성한 것처럼 보이지만, 빈틈없는 이치로 운행한다.'라는 말을 붙이면 어떻게 되는가인데 '이치'라는 것이 어떻게 작용하는가의 근본도 모르면서 이 같은 말을 나열하는 사람이 세상에 넘쳐나는데 이것에 판단은 여러분이 하면 됩니다.

결론적으로 '심보와 인정은 뿌린 대로 거둔다.'라는 말을 보면 여러분은 맞는다고 생각하겠지만, 문제는 이 말은 본질이 없는 말 감성적인 말이기 때문에 맞는 말과 틀린 말의 차이를 반드시 알아야 합니다. 그래서 질문에 대한 답은 각자가 지은 업에 따라 이생에 되받게 되는 것도 있지만 노력한다고 해서 노력대로 되지 않는 것도 있는데 이것은 사람마다 업이 달라서 지어놓은 것이 없다면 이생에 부지런히 선한 일(이치에 맞는 업)을 지어야 하는데 이것은 장기간을 보고 나무를 심는 것도 있지만, 이생에 바로 되받아지는 열매도 있는 것과 이치는 똑같으므로 이런 업의 작용을 알고 부지런히 선업의 업을 짓는 것이 중요합니다.

따라서 사람들이 원인과 결과를 말할 때 비유적으로 '부모의 특징이 자식에게 전달되는 현상을 '유전'이라고 한다. 유전자는 쌍으로 이루어져 생식 세포가 만들어질 때 하나씩 자손에게 전달된다. 어떤 일이든 원인에 따라 결과가 나타난다. 콩 심은 데 콩 나고 팥 심은 데 팥 난다.'라는 식의 말 무수하게 하는데 이 말 단편적인 말에 불과하고 나는 그 실체를 말하고 있어서 이 부분 무엇이 다르고 차이가 있는 말인가를 깊이 생각해봐야 할 것입니다.

048 인생의 노후를 어떻게 대비하는 것이 좋을까요?

(답) 요즘 사회에서 무수하게 말하는 문제이기도 하지만 '노후를 어떻게 대비해야 하는가'에 대한 일반적인 부분은 '물질을 많이 남기는 것'을 '노후를 대비하는 것'으로 생각하는 것이 보통입니다. 나이가 들면 경제력이 떨어지고 없어지기 때문에 벌어놓은 돈으로 죽을 때

까지 산다는 것을 보통은 '노후를 대비한다.'라고 말합니다. 사회적으로 이 부분에 대하여 연금이라는 것도 있고, 보험이라는 것도 있어서 젊은 사람이 사회에 나오면 사회보장제도, 혹은 보험 등과 같은 것을 꾸준하게 부어서 경제력이 없을 때 그것으로 의식주를 해결하는 것이 일반적인 노후생활인데 이것은 현실적으로 늙어서도 돈이 있어야 한다는 것이 결론입니다.

현실에서 누구에게라도 '노후를 어떻게 대비하는 것이 좋은가?'라고 물으면 '돈만 많이 있으면 된다.'라고 말할 것이고, 다만 방법론으로 여러 가지를 말하고 있어서 여기에 내가 그런 부분을 다시 말할 필요는 없을 것입니다. 다만 큰 틀에서 내가 말하고자 하는 부분은 인간이 아닌 다른 생명체 예를 들어 강아지나 기타의 생명체가 인간처럼 노후를 생각하고 사는가를 생각해봐야 하는데 인간을 제외한 생명체는 사실 인간처럼 '노후 준비'를 하지 않습니다. 이같이 말하면 누구는 '비교할 거 비교해라.' 혹은 '인간과 강아지의 삶은 다르다.'라는 식의 말을 할 수 있을 것이나 내 말은 지구 상에 존재하는 무수한 생명체 중에 유독 인간만이 천만년 살 것처럼 호들갑을 떨고 사는 생명체도 없다는 이야기입니다.

왜 이런 말을 하나면 돈이면 모든 것이 해결된다는 논리가 만연한 현 사회에서 노후를 어떻게 대비해야 하는가에 대한 답은 구차한 말 필요치 않고 간단하게 늙어도 돈만 많이 있으면 된다며 이것에 대한 방법론은 현실적으로 무수한 방법을 제시하고 있어서 젊을 때 꾸준하게 벌어서 각자의 상황에 맞는 대비를 하는 것이 맞습니다. 그렇다면 이것은 현실적이고, 진리적으로는 이런 물질 부분으로 진정한 노후생활을 할 수 있는가인데 그게 그렇지 않습니다. 예를 들어 아무리 물질이 많다고 해도 자기 몸에 병이라는 것이 오면 그 병을 돈으로 해결할 수 있는 부분도 있지만, 돈으로 해결하지 못하고 결국 그 많은 돈 쌓아두고 저세상으로 가는 사람, 이 세상에 무수합니다.

그래서 현실적으로 인간이 살아가는 처지에서 적당한 물질도 필요하지만 내가 말하는 제일 좋은 노후생활이라는 것은 금전적으로 자신의 상황에 맞게 대비를 하는 것은 맞고, 한편으로 마음을 어떻게 만들고 사는가가 '제일 좋은 노후생활이다.'라고 해야 맞는데 그 이유는 가래로 막을 것 호미로 막고 살면 큰돈을 들여가며, 있는 것 없는 것 다 까먹고 알거지가 되는 것보다 미리 큰 병, 다가올 것을 막을 수 있다면 결과적으로 큰돈이 들어가지 않기 때문에 이런 부분은 사실 돈으로도 해결할 수 없는 부분입니다.

사실 인간이 살아가는 것은 지구 상 80억 인간의 삶이 다 다르므로 노후생활을 위해 얼마나 있어야 한다는 것을 일률적으로 정할 수는 없습니다. 그래서 최소한의 의식주를 해결할 수 있는 기반만 되어 있으면 그것으로 충분하고 이런 부분은 '기초생활보장'이라는 사회적 제도만 있으면 되는 것이고, 기타 노후생활을 위해 여행도 가고 먹고 싶은 것 다 먹고 갖고 싶은 것 어느 정도는 있어야 하고 남들 하는 것 다 해보고 살아야 한다고 말하는 것은 매우 잘못된 의식입니다.

따라서 노후 생활비로 수백만 원은 매달 있어야 한다고 말하는 것은 인간들의 아상에 의한 논리여서 여러분이 이런 말에 끄달려 산다면 여러분의 의식은 깨어 있지 않다고 해야 맞는 말이 되는데 그 이유는 앞서 말했지만, 각자의 상황이라는 게 사람마다 다 달라서 일률적으로 계산하는 것은 옳지 않으며 반드시 내 분수와 처지에 맞게 살아가면 되는 것이고, 문제는 내 마음, 의식을 어떻게 만들고 살 것인가가 중요하기 때문에 물질의 논리로 노후생활을 따지는 것은 나 자신의 본분, 현실을 알지 못하고 살아가는 어리석은 사람들이나 하는 생각이라고 해야 맞습니다.

예를 들어 가난하게 사는 사람이 생각하기에 '나는 얼마만 있으면 좋겠다.'라는 생각하면서 얼마큼의 돈이 있으면 좋겠다는 생각만 하고 있다면 이런 사람에게 갑자기 물질이 생기면 어떻게 될까? 다시 말하지만, 물질이라는 것은 전생에 자신이 물질의 선업을 지은 만큼 이생에 받게 되어 있어서 받을 것을 만들어 놓지 않고 현실에서 '얼마만 있으면 된다.'라는 생각에 빠진 사람은 의식이 잘못되었다는 이야기고, 그런 상상을 하지 않고 나 자신의 본분과 처지를 알고 그에 만족하는 삶을 사는 사람이 노후생활을 잘하는 사람이라고 해야 맞는 말이 됩니다. 그래서 안타까운 것이 사람들이 보통 말하기를 '주어진 대로 산다.'라는 말 많이 하는데 현실을 보면 '각자에게 주어진 것'이 뭔가도 알지 못하면서 입으로는 마치 도를 다 깨달은 사람처럼 말하는 사람들이 있는데 이런 자들이 정신 나간 자들이라고 해야 맞는 말이 됩니다.

제 뜻대로 되지 않기 때문에, 힘으로 어떻게 할 수 없는 문제가 있어서 자포자기하는 심정으로 '주어진 대로 산다'라는 말을 하는 것이지 실제 나 자신을 알아서 이런 말을 하는 것은 아니라는 이야기입니다. 어부가 바다에 가서 고기를 잡을 때 자신의 마음대로 고기를 어떻게 할 수 없는 상황이어서 '바다가 내어주는 만큼'이라는 말을 하는 것이지 만약 마음대로 고기를 어떻게 할 수 있다면 입으로 바다가 내어주는 만큼이라는 말을 하지 않을 것입니다. 그런데 여러분이 착각하는 것이 어부가 고기를 많이 잡지 못할 때 그 입으로 '바다가 내어주는 만큼 잡는다'라는 말을 하면 보통 생각하기를 '저 사람은 마음이 좋은 사람, 순리에 따르는 사람'이라고 생각할 것인데 그게 그렇지 않습니다.

그래서 인간의 힘으로 어떻게 할 수 없는 처지에서 순리에 따른다고 말하는 것은 인위적으로 어쩔 수 없는 불가항력적 상황이기 때문에 인위적으로 포기하는 것이고, 자연의 순리 섭리를 깨달아서 그것에 맞게 순응하는 것은 아니라는 이야기입니다. 따라서 '노후 대책'이라는 것은 몸에 아무런 병이 없고, 오두막집이라도 가지고 살면서 의식주를 무난하게 해결할 수 있는 상황이면 충분한 것이고, 또 나이가 들어도 자신이 먹이 활동을 할 수 있을 때까지 돈이 많든 적든 꾸준하게 삶을 영위할 수 있는 상태면 충분하므로 인간의 아상으로 이런저런 것을 상정하여 계산하고 나서 얼마는 있어야 한다고 말하는 것은 매우 잘못된 의식입니다. 예를 들어 한 달에 200만 원은 있어야 한다고 했을 때 이 돈으로 최소한의 의식주를 해결할 수 있는가인데 과분한 계산법이고 한적한 시골에 살면서 몸을 움직여 작은 소일거리 하며 손수 의식주를 해결할 수 있다면 이 같은 돈은 다 필요하지 않을 것입니다.

다시 말하지만, 인간은 무덤에 들어갈 때까지 몸을 움직여 스스로 의식주를 해결하고 살면 되는 것인데 요즘 사람들이 생각하는 노후생활이라는 것은 쓸 것, 가질 것 다 가지고 손에 흙 하나 묻히지 않고 살아가는 계산법이고 의식이기 때문에 이런 논리에서 내가 말하는 논리는 아무 의미 없을 것입니다. 보통 사람들이 생각하는 노후생활은 '열심히 일했으니 놀고먹자'라는 논리이며, 내가 말하는 것은 땅속에 들어갈 때까지 내가 움직일 수 있으면 먹이 활동을 꾸준하게 하는 것이 맞고, 스스로가 먹이 활동을 하지 못할 때 남에게 민폐를 주지 말고 죽는 것이 제일 깔끔한 인생이고 노후생활이라는 이야기입니다. 그래서 앞서 말했지만, 인간이 아닌 무수한 생명체를 보면 다들 스스로가 먹이 활동을 하지 못하면 죽음을 맞이하는 것이어서 이 부분을 대입해서 내 말을 생각해보면 무엇이 진정한 삶이고, 노후생활인가를 알 수 있을 것입니다.

그래서 현실적으로 젊을 때 돈을 벌면 적당한 대책을 세우는 것도 중요하고, 진리적으로는 마음을 어떻게 만들어가고 어떠한 의식으로 살아가야 하는가를 정립하면서 살아가는 것이 진정한 노후생활이라고 해야 맞습니다. 다시 말하지만, 현실에서 돈이 많으면 그에 맞는 노후생활이 있을 것이고, 없으면 없는 대로 노후생활이 있을 것이기 때문에 타고난 것도 없는 사람이 '나는 이렇게 있어야 한다.'라고 생각하는 것은 모순이고, 각자의 분수와 처지에 맞게 삶을 살아가는 것이 의식 있는 삶이라 할 것입니다. 하지만 세상을 보면 물질로 인간의 모든 것을 잣대로 삼고 인간을 평가하는 세상이니 이 어찌 안타까운 일이 아니라 할 것인가? 진정한 노후생활이라는 것은 나 자신의 본분을 알고 그것에 맞게 하루를 살아가는 것이라고 해야 이치에 맞는 말이 됩니다.

049 남편이 사업 실패로 자살했습니다. 마음이 무척 혼란스럽고 현실이 받아들여지지 않습니다. 어떻게 해야 할까요?

(답) 이 상황만 놓고 보면 인간적으로만 보면 안타까운 현실임에는 틀림이 없습니다. 그렇다면 문제는 남들은 그런대로 뭔가를 영위하면서 발전하는 사람도 있고, 질문과 같은 상황도 있어서 개개인이 삶을 살아가는 것도 천태만상인데 이 같은 삶에 굴곡이라는 것은 누가 그렇게 자신을 인위적으로 만든 것이 아니라 모든 것은 각자가 지은 대로 되받는 것이고, 이것을 자업자득 인과응보의 이치라고 하는 것입니다. 사람이 인생을 살면서 마음 끌리는 대로 인연을 맺고 살지만, 특히 부부의 경우 대부분 두 사람이 그렇게 살아야 할 인연을 맺어서 이생에 그 업연으로 만나는 것이고, 결국 질문과 같은 상황이 일어나는 것입니다.

그래서 나는 여러분이 어떤 상대에게 뭔가의 마음이 끌리면 그것에는 반드시 그렇게 끌리는 이유가 있다고 말한 것이어서 질문도 처음에 두 사람이 마음이 맞아 결혼했다고 하더라도 업의 진행 과정에 두 사람이 좋지 않은 결말이 되는 인연이라면 처음 마음이 끌린다고 해도 상대를 만나면 안 된다는 말을 한 것이고 이것은 각자의 '참(眞) 나'의 이치를 보면 쉽게 알 수 있지만, 여러분은 이 '참 나'의 이치를 모르니 내가 '사귀지 말라'고 말하면 쉽게 수긍하겠는가? 이게 참 어려운 부분인데 당사자는 업연의 인연으로 만나지만, 현실에서는 죽고 못 사는 마음에 끌림으로 '사랑'이라는 이름을 앞세워 인연을 맺지만, 그 사랑의 결말은 앞서 말한 대로 각자의 업이 작용하고 있어서 이생에 두 사람의 업연이 끝나지 않으면 다음 생까지도 이어가는 것이 부부의 인연입니다.

질문 같은 경우는 이생에 그렇게 끝이 나야 할 업을 가졌고, 이생에 만나서 그런 상황을 맞이하게 된 것이어서 이 부분 인간적으로 보면 안타까운 일이겠지만 진리적으로 보면 자업자득 인과응보의 이치에 따라 전개되는 것이어서 결국 혼자서 가족의 생계를 꾸려가면서 마음에 고통, 육신에 힘듦을 스스로가 가져야 하는 운명이라고 정립해야 맞습니다. 그래서 이 경우 처음 두 사람이 만났을 때 궁합, 사주라는 것이 맞네! 어쩌네 했을 것이고, 종교적으로 축복이라는 것을 받았을 것이나 그런 것은 감성적인 것에 불과하고, 진리적으로 이 사람의 업을 봐야 하는데 현실적으로 이런 부분을 볼 수 있는 사람이 전혀 없기 때문에 호미로 막을 것 가래로 막는 상황이 되어 버린 것입니다.

그래서 여러분이 알아야 할 것이 누가 마음에 든다고 할 때 그 상대와 나 자기 업연의 고리를 봐야 하고 그 업연이 좋지 않은 것이라면 애당초 그 상대를 마음에서 지우면 그 사람과의 업연은 현실에서 정리되기 때문에 질문과 같은 극단의 상황은 피할 수 있는데 문제는 이 마음에 끌림이라는 것을 정리하려면 이별이라는 또 다른 아픔을 겪어야 하므로 현실에서 헤어진다는 고통이 있을 것이나 문제는 앞으로 더 큰 괴로움을 당하지 않으려면 처음에 정리하는 것이 좋습니다. 이 말은 몸에 상처가 나면 그 상처가 더 커져서 고통이 더 심하게 되기 이전에 치료하는 것과 이치는 똑같다 할 것입니다. 따라서 부부의 인연은 좋은 인연이다, 하늘이 맺어준 인연이라는 식으로 찬양하는 것은 대단한 착각이고 모순인데 그 이유는 앞서 말했지만 누가 누구를 만난다는 것은 진리적으로 그렇게 되어야 할 업이 있어서 만나는 것이고, 이 세상에 100% 선연(善緣)이라는 것은 존재하지 않으면 악과 선의 비율이 얼마인가의 차이만 있을 뿐입니다.

아이가 태어나면 천사가 태어났다고 말하는데 매우 잘못된 것이나 세상은 모두 찬양 일색이니 안타까운 일이 아닌가? 이 글을 보는 여러분도 처음에는 다들 그런 말 들었을 것이나 이 시점에서 자신을 되돌아보면 천사로 살아가고 있는가를 되돌아보면 내가 무슨 말을 하는가를 알 수 있을 것입니다. 따라서 질문에 '남편이 사업 실패로 자살했다. 마음이 무척 혼란스럽고 현실이 받아들여지지 않는다. 어떻게 해야 할까'에 대한 답은 '내가 그렇게 살아야 할 운명이 있었다.'라는 것을 먼저 스스로가 인정해야 합니다. 아무리 몸부림쳐도 시간이 지나면 산 사람은 또 어떻게든 현실을 살아가는 것이 인생인데 문제는 현실에서 전혀 생각지 못한, 예상하지 못한 일이 벌어져서 그로 인한 충격이 크겠지만 그렇게 한다고 해서 죽은 사람이 살아오지는 않습니다.

그래서 인생을 살아가는 과정에서 개도 보고 소도 보고 이런저런 일 각자가 다 겪고 사는데 내가 말하는 것은 '내 인생의 본질'을 알고 사는 게 중요하고 가래로 막을 거 호미로 막고 살려고 노력하는 것이 최선이고, 이거 아니면 다른 방법, 요행을 바라는 것은 존재하지 않습니다. 이 업이라는 것은 여러분이 모르지만, 반드시 전생에 지은 것이 이생에 '그때'가 되면 발현이 되기 때문에 이 글을 보는 여러분의 삶을 보면 반드시 삶에서의 굴곡(진리적으로는 업의 굴곡)이라는 것이 전개되고 있는데 질문 같은 경우도 두 사람만의 업연의 고리가 그렇게 되어 있어서 그렇다고 해야 맞는 말이 됩니다.

따라서 단편적으로 '남편이 사업 실패로 자살했다. 마음이 무척 혼란스럽고 현실이 받아들여지지 않는다. 어떻게 해야 할까'에 대한 답은 직설적으로 '네가 알아서 살아.'라고 하면 되지만 인간적인 감성으로는 '안 됐구나, 마음고생이 심하겠다, 마음을 정리하고 새로운 출발을 해야지.' 등의 말을 할 것인데 문제는 애당초 두 사람이 부부로 엮이지 않았으면 질문과 같은 상황은 겪지 않았을 것이어서 진리적으로 보면 당연한 자업자득의 결과이고, 현실적으로는 인간적인 안타까움이 있는 것입니다. 그래서 질문 같은 경우에 대한 답은 '알아서 살면 된다.'라고 하면 되는 것이고 여기에 오만가지 감성적인 말을 해가며 그 사람을 위로해준다는 것은 사실 그 사람에게 듣기는 좋겠지만 냉정하게 보면 현실적으로나, 진리적으로 아무런 도움이 되지 않습니다.

결국, 스스로 문제는 스스로가 풀어가야 하기 때문에 그렇습니다. 더 말하면 이 사람이 현실에서 남편의 죽음에 대한 고통이 있겠지만, 이 여자의 미래에 또 어떤 업이 전개되는가에 따라 지금보다 더 좋지 않은 삶이 전개될 수도 있어서 그렇습니다. 그렇다면 반대로 여기서 이 여자의 업이 전환되어 좀 더 좋은 삶이 전개될 것인가의 문제인데 이것도 이 여자만의 업의 흐름에 달려 있어서 '어떻게 해야 하는가'에 대한 답은 사실 없고, 한마디 한다면 '이같이 각자의 업으로 작용하는 진리 이치를 알고 그에 순응하는 삶을 살면 된다.'라고 해야 맞는데 이런 말보다는 감성적인 위로의 말이 더 귀에 들어올 것이기 때문에 내가 말하는 것 의미 없을 것입니다. 따라서 수많은 사람이 인생을 살지만, 각자가 겪어야 할 인생사의 고통은 사람마다 다 다른데 그 이유는 마음이라는 것이 다 다르므로 그렇습니다.

결론적으로 지금 여러분의 삶은 반드시 각자가 전생에 혹은 이생에서 지은 바 대로의 업에 의해 전개되고 있어서 다가올 업을 대비해서 평소에 아무렇지 않다고 느낄 때 내가 말하는 진리 이치를 알고 마음을 바로잡아가는 것이 중요한데 또 문제는 지금 아무렇지 않다고 생각하는 사람이 내가 말하는 진리 이치를 알려고 하지 않을 것이기 때문에 어리석은 인간은 자신 앞에 괴로움이 있어야만 그나마 정신을 차리게 되어 있고, 현명한 자는 앞서 말한 대로 다가올 것에 대비하며 마음의 준비를 하고 사는 사람이 현명한 사람이라고 해야 맞는 말이 됩니다.

그러므로, 이런 부분은 각자가 알아서 해결해야 할 부분이지 부처 아니라 부처 할아비가 있다고 해도 인위적으로 요술, 도술을 부려 해결해줄 수는 없다는 이야기여서 인간의 의식은 매우 중요하다 할 것입니다. 호미로 막을 것 가래로 막고 살 것인가? 아니면 가래로 막을 것 호미로 막고 살 것인가는 결국 자신에게 달려 있다는 이야기입니다. 이런 부분을 통해 여러분 자신을 위해 어떻게 살아야 최선인가는 스스로가 정립해야 하는 수밖에 별도리 없고 이런 부분을 알고 산다는 것은 사실 어지간한 의식 없이는 할 수 없는 부분이어서 깊게 정립해야 합니다.

050 어버이날에 용돈을 주지 않는다고 부모님이 일방적으로 자식에게 '너는 나쁜 놈이다. 내가 너를 잘못 키웠다고 알아서 잘 살라'고 했습니다. 이런 부모님을 어떻게 이해해야 하나요?

답 우선 여러분도 잘 아는 '맹자(孟子)'의 말을 보면 부자유친(父子有親)·군신유의(君臣有義)·부부유별(夫婦有別)·장유유서(長幼有序)·붕우유신(朋友有信) 이 5가지로, '아버지와 아들 사이의 도(道)는 친애(親愛)에 있으며, 임금과 신하의 도리는 의리에 있고, 부부 사이에는 서로 침범치 못할 인륜(人倫)의 구별이 있으며, 어른과 어린이 사이에는 차례와 질서가 있어야 하며, 벗의 도리는 믿음에 있음을 뜻한다.'라는 말을 생각해볼 필요가 있습니다. 요즘 사람들이 이런 말을 알까인데 이 같은 말을 하면 쓸데없는 소리, 고리타분한 말씀으로 치부해 버릴 것이나 이것은 매우 안타까운 일이라 할 것입니다.

왜 이런 말을 하느냐면 지구 상에 인간이 존재하기 시작하고 그동안 무수한 사람들이 살다가 죽어갔지만, 그 속에는 진리적으로 이 세상에 존재해야 할 여러 가지 것들이 이 세상에 등장했고, 그 속에는 전쟁영웅, 사상가, 학자, 철학자, 과학자 악의 종자, 선의 종자(깨달은 자를 말하는 것이 아님) 등등 진리적으로 두각을 나타내어야 하는 무수한 사람들이 자신들의 이름을 드러내며 한세월 살다가 죽었기 때문에 앞으로는 과거와 같은 인물들은 더 이상 이 세상에 태어나지 않는다는 말을 한 것입니다. 이것은 마치 파도가 밀려왔다가 빠지는 형국이어서 파도는 다 일어났고, 또한 썰물이 되면서 그 거품은 다 사라졌음을 의미합니다.

앞에 '아버지와 아들 사이의 도(道)는 친애(親愛)에 있으며'라는 말이 있는데 이 말의 의미는 글자 그대로 친애(親愛)=친밀히 사랑함이라는 내용인데 이 말 자체가 분별이 없는 말이기 때문에 맹자가 한 오륜에 대한 말은 모순이 있는 것이고, 내가 말하고자 하는 것은 아버지가 되었든 자식이 되었든 서로가 '이치에 맞는 행'을 하면 되는데 질문을 보면 어버이날에 용돈을 주지 않는다고 부모님이 일방적으로 자식에게 '너는 나쁜 놈이다. 내가 너를 잘못 키웠다고 알아서 잘 살라'고 했다는 내용을 보면 일단 그 아버지가 의식 없는 사람이라고 해야 맞는 말이 됩니다. 따라서 만약 자식이 아버지와 살지 않고 밖에 나가 사는 처지라면 이런 의식을 가지고 있는 아버지와 절교, 단절하고 사는 것이 최선입니다. 이 경우 아버지이기 때문에 맹자의 말대로 친애해야 한다는 것을 생각하고 아버지의 말을 따른다는 것은 잘못된 의식입니다.

따라서 질문과 같은 의식을 가지고 있는 부모들이 이 세상에 넘쳐나고, 이런 부분은 주변을 보면 쉽게 알 수 있는데 문제는 '너는 내가 낳았으니 무조건 내 말을 들어야 한다'는 의식을 가지고 있는 사람의 말 부모라지만 그런 사람은 부모라고 할 수 없습니다. 또 하나는 '어버이날'이라고 하는 날이 문제인데 이거 누가 만들었는가? 인간이 만들었는데 사실 이 같은 날은 만들 필요가 없는데 그 이유는 서로가 각자의 입장에 맞게 이치에 맞게 살면 1년이라는 날은 모두 어버이날, 자식의 날이 되는 것입니다.

또 하나 예를 들면 도로에 가면 '어르신이 운전하는 차'라는 스티커를 차 앞뒤에 붙이고 다니는데 이거 대단히 잘못된 것이고, 어른이 되었든 젊은 사람이 되었든 임신부가 운전하든 자신이 현실에서 이치에 맞게 차를 이치에 맞게 운전하면 되는데 '나는 이런 사람이다.'라는 식으로 나이가 들었다는 것을 앞세워 자신의 우월주의를 들어내는 자체는 매우 어리석은 사람이라는 이야기입니다.

직설적으로 '꼴값 떨고 사는 사람'이 세상천지에 널려 있는데 이것은 이 세상이 빙의 천국으로 되어 버렸다, 난장판 되었다는 것을 의미하는데, 문제는 스스로가 하고 있는 행위가 뭐가 문제인가를 자각하지 못한다는 데 있습니다. 따라서 '공자, 맹자, 순자' 등의 사람도 진리적으로 이 세상에 존재해야 할 때 이런 인물이 나와서 최소한의 인간 윤리를 말한 것은 맞지만 내가 말하고자 하는 것은 그런 말을 했다고 해서 그들이 진리 이치를 깨달은 성인, 성자는 아니라는 이야기입니다. 그래서 맹자 말을 보면 부자유친(父子有親)·군신유의(君臣有義)·부부유별(夫婦有別)·장유유서(長幼有序)·붕우유신(朋友有信)이라는 것도 깊게 파고들어 가면 이 말은 50%의 의미는 있지만, 인간이 가지고, 지켜야 할 최소한의 윤리, 도덕, 양심을 말한 것은 맞지만 내 말은 그들이 한 그 말이 100% 진리 이치에 부합되는 말은 아니라는 이야기입니다.

이 개념으로 여러분이 명언이라고 생각하는 그 말도 깊게 파고 들어가면 사실 명언이라고 할 수 없는 말이 대부분임을 알 수 있을 것이고, 여기서는 그 말을 생략합니다. 따라서 단편적으로 질문만 보면 '어버이날에 용돈을 주지 않는다고 부모님이 일방적으로 자식에게 '너는 나쁜 놈이다. 내가 너를 잘못 키웠다고 알아서 잘 살라'고 했다면 이런 부모는 사실 진정한 의미에서 부모라 할 수 없어서 단절하고 각자 인생을 살아버리면 됩니다.

따라서 감성적으로 보면 '부모가 자식에게 용돈을 달라고 할 수 있다.'라고 생각하는 사람도 있겠지만, 부모의 행동은 '나는 부모다. 나를 위해 살라, 내 말은 무조건 들어야 한다.'라는 의미가 있는 말일 수도 있고, 다른 각도에서 보면 자식이 평소에 부모를 잘 부양하지 못했기 때문에 '특별한 날' 자식에게 부모가 하는 말일 수도 있습니다.

그래서 먼저 질문자 본인이 부모에게 한 행위가 이치에 맞았는가를 봐야 하고 이치에 맞지 않았기 때문에 부모가 한 말이라면 그런 말을 한 부모를 뭐라고 할 수는 없습니다. 반대로 부모의 처지에서 보면 자식이 어느 정도 부모에게 적당한 부양을 한다고 했음에도, 부모로서의 대우를 해주었음에도 부모가 그런 날을 핑계 삼아 자식을 다그치는 것은 대단히 잘못된 것입니다. 그래서 질문의 경우는 양쪽의 상황을 다 들어봐야 누가 잘못을 했고, 누구의 말이 맞는가를 알 수 있고, 그 결과에 따라 부모와 결별을 하고 살든가, 아니면 서로 잘못된 부분을 이해하고 살 것인가 등의 결정을 할 수 있는 여건이 마련되는 것이어서 질문 하나만 보고 '이렇게 해라.'라고 단답형으로 말할 수 없는 부분이 있다 할 것입니다. 이런 상황은 비단 부모 자식에만 해당되는 것이 아니라 일상을 살면서 이와 비슷한 것은 얼마든지 일어날 수 있어서 이 말을 기반으로 해서 사회의 전반적인 문제나 나 자신의 주변을 보면 누가 어떠한 의식을 가지고 있는가는 쉽게 알 수 있을 것입니다.

따라서 나는 인간이기에 인간적으로 행동해야 하는 예도 있지만 무조건 공자, 맹자가 한 말을 따르는 것도 모순이 있다는 말을 한 것입니다. 또 하나를 말하면 요즘 '어른'이라는 말을 많이 하면서 '어르신이 운전 중'이라는 글을 붙이고 다니는 차를 볼 수 있고, 소중한 내 자식이 타고 있다. 아니면 임산부가 타고 있다는 식의 말을 하는데 이거 대단히 잘못된 의식이고, 개인 이기주의가 사회에 만연해져 있음을 나타내는 것이어서 세상이 이상하게 변해버렸습니다.

따라서 내가 어떤 상황에 부닥쳐있든 내 상황에 맞는 행동을 나 자신이 하면 그뿐인데 어른이라고 하면 마치 다른 사람이 나에게 어른 대접을 해주기를 바라는 의식 잘못된 것입니다. 또 하나는 여기서 말하는 '어른'이라는 것에 기준은 뭔가를 봐야 하는데 나이가 들었으니 단순하게 어른으로 봐야 한다는 것은 잘못된 의식이고, 60이 넘으면 보통 어르신이라고 하는 것도 인간들이 그렇게 만든 것이어서 아무 의미 없습니다.

그래서 결론은 '사람이라면 사람다운 행동을 이치에 맞게 해라.'라고 하는 말이 정답이고, 이것을 스스로가 알아가는 것이 깨어 있는 의식이 된다고 할 것입니다. 그래서 질문의 경우는 단편적으로 결론을 내릴 수 없으며 실제 그 상황이 어떤 상황인가를 보면 무엇이 문제인가를 구체적으로 알 수 있는데 질문의 상황을 보고 막연하게 '자식이 부모를 잘 섬기지 못한다, 싹수가 없다.'라는 식으로 이런저런 말 감성적으로 무수하게 하는 것은 이치에 맞지 않습니다. 따라서 질문에 '이런 부모님을 어떻게 이해해야 하나요'에 대한 답은 단편적으로 해야 한다, 하지 않아야 한다는 식의 말은 할 수 없다 할 것입니다.

051 명절(名節)에 차례와 제사에 대한 스트레스가 많은데 꼭 해야 하나요?

(답) 명절(名節)에 관한 말, 요즘 무지하게 많이 합니다. 먼저 사전

에서 명절에 대하여 '(1) 해마다 일정하게 지키어 즐기거나 기념하는 때. 우리나라에는 설날, 대보름날, 단오, 추석, 동짓날 등이 있다. (2) 국가나 사회적으로 정하여 경축하는 기념일'을 명절이라고 한다고 되어 있는데 이것은 달력이라는 것이 만들어지고 인간들이 인위적으로 '이날을 이렇게 정하자.'라고 해서 오늘날과 같이 무수한 날들이 만들어진 것에 불과합니다. 이것은 지역마다 무슨 축제, 혹은 날을 지정하여 '무슨 날'이라고 하고 있고, 심지어 기업에서도 '무엇을 먹는 날'이라는 식의 날을 만들었는데 사실 여러분이 아는 무수한 날이라는 것은 진리적으로 쓸데없는 것이고 동짓날 팥죽을 먹으면 액땜한다, 귀신을 예방한다는 식의 말들이 있는데 결론적으로 다 부질없는 행위, 인간이 만든 인간적인 감성에 불과해서 이 부분 정립해야 합니다.

또 문제는 제각각 종교에서 어떤 날을 지정하여 무수한 의미를 부여하는데 이것도 진리적으로는 아무런 의미 없습니다. 이같이 내가 아무런 의미 없다고 말하니 여러분은 내가 말하는 것 어떻게 생각할지 모르겠지만 어떻게 정리하든 그것은 여러분의 몫이고, 나는 진리적인 부분을 말하고 있으니 새겨봐야 할 것입니다. 따라서 질문에 '명절(名節)에 차례와 제사에 대한 스트레스가 많은데 꼭 해야 하나요?'에 대한 답은 진리적으로 차례와 제사라는 것 일절 지내지 않으면 그뿐입니다.

다만 현실적으로 사람들이 만들어 놓은 날이기 때문에 그날 식구들이 모여 먹을 음식 정도만 만들면 간단한데 문제는 이놈에 '제사'

라는 것을 지내야 하고 제사를 지내려면 음식을 차려야 한다는 관념 때문에 자자손손 이 부분에 대한 문제들이 상당한데 직설적으로 쓸데없는 짓, 허튼짓하고 있으면서 스트레스가 어떻다고 말하는 것 자체가 아비규환의 세상이기 때문에 인간이 인위적으로 만들어 놓고 인간 자체가 그것에 끄달리고 있는 형국이어서 안타까운 일이라 할 것입니다.

따라서 여기서 제사(祭祀)라는 것에 대하여 사람들은 '신령(神靈)에게 음식을 바치며 기원을 드리거나, 돌아간 이를 추모하는 의식'이라고 말하고 있는데 이 자체도 진리적으로 아무 의미 없으며 인간적인 감성을 자극하는 것에 불과해서 결국 제사 자체가 진리적으로 의미가 없는데 이날에 음식을 만들고 어쩌고 하는 자체는 의미 없다는 이야기입니다. 문제는 '신령(神靈)에게 음식을 바치며 기원을 드리거나'라는 말이 문제가 되는데 진리적으로 빙의 현상만 있을 뿐이고, 여러분이 아는, 종교적으로 말하는 신령이라는 존재는 사실 이 우주 어디에도 존재하지 않습니다.

그래서 과거부터 빙의 작용(죽은 사람의 마음)이 뭔지를 모르니 그것을 신, 신령, 혼, 영혼, 넋 등으로 말하는 것이어서 지금까지 그 누구도 말하지 못한 부분을 내가 말하니 여러분은 내 말이 실감이 나지 않을 것이나 문제는 여러분이 죽어보면 내가 무슨 말을 하는가를 실감하게 될 것이고, 마음 작용을 말하는 것이 전무후무한 일인데 이런 부분 여러분이 쉽게 이해하지 못할 것입니다.

그래서 앞에 '신령(神靈)에게 음식을 바치며 기원을 드리거나, 돌아간 이를 추모하는 의식'을 제사의 정의라고 말하면 마치 신령이라는 것이 존재하는 것으로 생각하는데 그 이유는 뒤에 '돌아간 이를 추모하는'이라는 말이 붙어서 이 말은 당연한 말로 생각하게 됩니다. 따라서 인간이기에 '돌아간 이를 추모하는 의식'이라고 하면 싫어할 사람은 하나도 없을 것이고 죽은 조상 좋은 곳으로 가라고 음식을 차리는 처지인데 이 부분 인간적으로 싫어할 사람은 세상천지에 없을 것입니다. 그래서 종교마다 조상이 어쩌고 말하고 있어서 여러분은 '종교는 다 좋은 곳'이라고 생각하게 되는데 나는 죽으면 마음만 남고, 인간적인 부분, 감성적으로 뭐가 존재한다는 말은 의미 없다고 말하고 있으니 기존 관념에 찌들어 있는 여러분의 의식에 내가 말하는 것이 쉽게 마음에 들어오지 않을 것입니다.

문제는 여러분이 감성적인 말과 진리적인 말 이 두 가지를 반드시 구분해서 정립해야 하는데 이것을 정립하려면 의식이 상당히 깨어 있어야 하고, 의식이 깨어 있지 않으면 내가 실체적 진실을 말한다고 해도 여러분 마음은 그대로일 것입니다. 그런데 내가 만약 여러분이 아는 '종교적 신앙의 대상'이 현실에서 존재한다고 한다면 여러분은 금빛 찬란하게 치장하고 이런 말을 한다면 여러분은 어찌하겠는가? 그래서 현실적으로 내가 아무리 이치에 맞는 말을 한들 행색이 여러분과 같으니 보이는 물질에 끄달리는 여러분의 마음으로 볼 때 내 말은 아무 의미 없는 말로 들릴 것입니다. 참으로 안타까운 부분인데 어찌 되었든 이 부분은 각자가 알아서 정립하면 됩니다.

따라서 질문에 '명절(名節)에 차례와 제사에 대한 스트레스가 많은데 꼭 해야 하나요?'에 대한 답은 쓸데없는 짓을 하고 있다고 해야 맞고, 진리적으로는 '빙의가 만연하게 되면 빙의 자신들을 위해 인간이 지내는 제사임을 빙의가 알기 때문에 일부 사람들(빙의가 어떤 것인가에 따라 다 다르지만)은 제사를 지내는 것을 싫어하게 됩니다. 또 하나는 제사를 지낼 때 여러 가지 음식을 차리는데 죽은 사람은 비물질로 마음만 존재하는데 차린 음식을 몸이 없는 사람, 죽은 사람이 그 어디로 음식을 먹는다는 것인가? 참으로 안타까운 부분이 오늘날 지구 상에 진리 이치를 아는 자가 존재하지 않으니 알 수 없는 시기부터 잘못 전해져 온 것들이 묵시적 사실로 받아들여져 오늘에 이르고 있는데 매우 안타까운 일이라 할 것입니다.

그러니 질문에 대한 답은 인간이 만들고 인간이 그 우물에 허덕이고 있는 형국이어서 스트레스 어떻게 할까에 대한 답은 각자가 알아서 해결하고 살면 되고 단답형으로는 제사라는 것뿐 아니라 무엇을 위해 행하는 모든 날에 제사라는 것을 지내지 않으면 문제는 쉽고 간단하게 해결됩니다. 평소 살아 있을 때 어떤 마음으로 사는가가 중요하고 죽어버리면 인간적인 정은 남을지 모르겠지만 죽은 사람, 그 무엇을 향해서 행동하는 것은 죽은 사람에게 어떠한 도움도 되지 않는다는 것이 진리적 입장입니다. 인간이기에 인간적인 정을 나누고 살아서 그립고 생각이야 나겠지만 진리적으로 아무런 도움도 되지 않음을 명심해야 하고 이 부분 정립하지 못하면 나 자신에게 좋지 않은 영향(빙의에게 마음을 끄달리는 것)을 주게 됩니다.

052 죽음 이후, 사후세계에 대하여, 사람은 죽고 나면 어떻게 되나요?

답 무시무종(無始無終)으로 존재하는 이 지구 상에 무수한 생명체들이 살다가 죽었고, 그 속에는 인간이라는 존재도 있습니다. 문제는 인간과 같이 아상의 마음이 없는 동물(생명체)은 죽음 이후를 인간과 같은 의식으로 생각하지 않고 살지만, 아상(我相)의 마음을 가진 인간만이 유독 이 죽음이라는 것에 관심을 가지고 삽니다. 그리고 죽음 이후에 대하여 무수한 말을 하고 있는데 일반적으로 말하는 '죽음 이후(사후세계)'라는 것은 인간들이 만들고 설정한 것이고 진리와는 아무런 관련이 없는 말을 하고 있고, 심지어 종교가 말하는 것도 사상적(思想的)으로 만들어 놓은 것이기 때문에 여러분이 알고 있는 죽음 이후의 세상이라는 것, 죽음 이후에 어떻게 존재한다는 것 자체는 잘못 알고 있는 것이라고 해야 맞는 말이 됩니다.

따라서 내가 말하는 죽음 이후라는 것을 이해하기 위해서 반드시 인간은 몸(물질)과 마음(비 물질)으로 존재한다는 것을 정립해야 내 말을 이해할 수 있을 것입니다. 마음이라는 기운의 작용이 있어서 그 마음에 따라 살다가 그 마음이 이생에서 다하면, 존재해야 할 이유가 진리적으로 없으면 사람은 죽게 됩니다. 그래서 지구 상에 생명체가 존재하는 이유도 다 다르고, 죽음을 맞이하는 것도 다 다른데 그 이유는 제각각의 마음(업)이 다르므로 나타나는 현상이고, 그렇게 살다가 죽으면 몸이라는 물질은 없어지지만 그를 지배했던 마음이라는 것은 그대로 남아서 다시 그 마음이 세상에 발현(發現)되어야 할 때가 있으면 다시 새로운 생명체로 태어나는 것이어서 나 자신이 태어나야 할 자리(각자의 업에 의해 그 자리가 만들어지고 그 환경에서 태어남)가 나오면 그곳에서 태어나서 이 부분은 지구 상에 존재하는 모든 인간의 삶과 환경을 보면 쉽게 이해할 수 있고, 여러분도 지금의 환경도 다 각자의 마음에 따라 만들어져 있는 것입니다.

그래서 보이지 않으나 마음이라는 것(진리의 기운, 자연의 법칙)을 알면 왜 태어나고 왜 이 같은 삶을 살아야 하고 어떻게 죽는가도 쉽게 알 수 있으며, 죽음 이후 그 사람의 마음이 어떻게 되고 어디에 어떤 환경 속에 무엇으로 태어나는가는 쉽게 알 수 있는데 지금까지 이 부분에 대하여 구체적으로 말한 사람은 이 세상에 존재하지 않았기 때문에 내가 이런 말을 하면 무명의 존재가 말하니 별로 깊이 생각하지 않을 것인데 결국 죽음이라는 것은 누구도 피해 갈 수 없지만, 이 같은 진리 이치를 알면(마음 작용을 알면) 생(生)과 사(死)가 둘이 아님을 알게 되어서 삶에 어떠한 애착도 없으며 죽음에 관한 두려움도 없게 됩니다.

이것이 바로 무심(無心)의 마음인데 문제는 이 같은 마음을 만든다는 것은 매우 어려운데 여러분도 이런 마음을 만들어야만 결국 생명체로 태어나지 않게 되는데 이같이 만들지 못하면 태어나야 하는 윤회를 하게 되고, 윤회하면 결국 또 죽어야 하는 것을 반복하게 되는 것입니다.

이것을 이해하면 죽음 이후에 어떻게 되는가를 알 수 있고, 사후세계라는 것은 살아 있는 인간이 체득할 수 있는 부분이 아니어서 누가 죽음 이후를 체득했다고 말하는 것은 모두 빙의(憑依) 작용, 현상이라고 해야 맞는 말이 됩니다. 그래서 이 지구에는 진리의 기운(자연의 기운)이라는 것이 존재하기 때문에 이 작용을 알면 인간이 인지하는 내 마음이라는 것의 작용은 쉽게 알 수 있고, 이런 부분을 알고 말하는 내 말은 전무후무한 말이 된다고 할 것입니다. 그래서 지금까지 죽음에 대하여, 사후세계에 대하여 많은 말들을 하고 있지만 모두 의미 없는 말 사상적으로 만들어내고 설정한 말이라고 해야 맞는 말이 됩니다.

전쟁터에서 총으로 누구를 쏘아 죽였다고 하면 그 순간 그 사람의 몸은 동물학적 구조로 몸의 작용은 멈추었지만 그를 지배했던 마음이라는 것은 어디로 가는 것이 아니라 이 공기 속에 그대로 존재하기 때문에 이 과정을 보면 무엇이 어디로 갔다는 식의 말들은 모두 이치에 맞지 않음을 알 수 있을 것입니다. 따라서 내 육신이 살아 있어서 진리의 기운을 인식하고 그것을 인간은 '내 마음'이라고 생각하고, 죽으면 육신의 기능이 멈추어 버리기 때문에 내 마음이라는 것을 인지하지 못하고 내가 봤던, 살았던 이 세상이라는 것은 존재하지 않는 것입니다.

그러나 자신이 인지하든 못하든 일단 죽으면 이 세상을 살면서 만들어 놓은 업에 따라 다음 생에 윤회한다면 그 마음에 맞게 각자의 환경은 만들어지고, 이생에 살았던 육신의 기억은 다 없어지기 때문에 이생을 기억하지 못하는 것입니다. 그래서 안타까운 것이 여러분은 이생에 살았던 그 환경이 죽어서도 이어지는 것으로 생각하고 그런 세상이 어디에 존재하는 것으로 아는데 잘못된 생각입니다.

그래서 누가 죽으면 '저 좋은 세상에서 다시 만나자.'라는 식의 말은 지극히 감성적인 말이고, 그렇게 말한다고 해서 그 말대로 이루어지는 것은 없습니다. 살아 있을 때가 중요한 것이고, 일단 죽으면 그 순간까지 그 사람의 마음이 어떤 마음이고 어떠한 흔적을 남겼는가에 따라 그 사람의 마음은 그 사람의 마음과 업연에 따라 그 인연을 따라 몸을 받든 빙의가 되어 다른 사람에게 영향을 주든 그 만의 길(마음 작용)을 가기 때문에 감성적으로 여러분이 생각하는 일반적인 그런 상황들은 그 어디에도 존재하지 않습니다. 사실 지금 내가 말하는 이런 부분은 여러분이 물질 논리로 체득할 수 없는 부분이어서 이해하기 어렵겠지만, 그러나 여러분의 의식이 깨어 있으면 논리로 얼마든지 이해할 수 있습니다.

그래서 나는 세상에 무수한 말이 존재하지만, 그 말들이 이치에 맞는 말인가 아닌가는, 오직 여러분의 의식이 깨어 있어야 알 수 있는 부분이어서 의식이 매우 중요하다는 말을 여러분에게 한 것입니다. 따라서 죽음 이후를 누가 심판한다는 식으로 말하는 것은 모두 사상적인 말이고, 진리적으로 아무런 의미 없다고 정립해야 하고, 또 저승사자라는 것이 데려간다는 식의 말도 다 마찬가지로 빙의 현상에 불과합니다. 또 죽으면 49일 동안 어디에 뭐가 머물다가 몸을 받는다는 식의 말 모두 허황한 말, 지어낸 말, 사상적인 말 잔치에 불과하다는 것 반드시 정립해야 합니다.

문제는 사람이 인생을 살다가 죽어가는 환경이 다 다른데 그 이유도 내가 그렇게 죽어야 할 이유를 만들어서 그런 죽음을 맞이하는 것이 전부이며, 누가 차에 치여 죽었다, 벼락을 맞아 죽었다 등의 무수한 상황은 '그게 그렇게 되어야 할 이유'가 나에게 있어서 그런 것이어서 진리적으로는 안타까워해야 할 이유도 없고, 다만 인간적으로 살 만큼 살지 못한 것에 연민의 정은 있을 것이나. 이 두 가지를 정립해보면 반드시 여러분의 삶은 '그렇게 되어 있어서' 지금 그런 환경의 삶을 산다는 것을 먼저 정립해야 합니다.

또 하나는 종교적으로 '악인은 죽은 후에 즉시 영벌의 처소인 지옥으로 들어간다.'라는 말을 하는데 이 말이 모순인 것이 여기서 말하는 '악인'이라는 것의 기준이 뭔가의 문제가 남는데 내가 말하는 '악인의 정의'는 이치에 맞지 않는 행위, 마음을 사용하는 것이라고 말하고 있어서 이 부분도 새겨봐야 할 것이고, 또 '지옥으로 간다'는 말을 하는데 앞서 말했지만, 일반 종교가 말하는 극락, 천당이라는 곳은 존재하지 않기 때문에 '지옥, 극락으로 간다'는 식의 말은 모두 잘못된 말이고, 이치에 벗어난 말을 하면서 인간을 자신들이 추구하는 사상, 이념에 끌어들이는 그 자체가 인간의 의식을 흐리게 하는 것이고, 이 세상을 아비규환의 세상으로 만들어 버렸다고 해도 무리는 없다 할 것입니다.

따라서 절대자가 혹은 부처가 여러분이 죽으면 어떻게 해준다는 식의 말 모두 잘못된 말임을 명심해야 합니다. 그래서 의식이 흐려있는 사람 의지가 약한 사람일수록 감성적인 말에 쉽게 현혹이 되는데, 문제는 여러분은 여러분 자체의 의식에 아무런 문제가 없다고 생각하는 그 자체가 안타까운 일이라 할 것입니다. 거꾸로 말하면 여러분이 100% 깨어 있는 의식이라면 이생에 인간이라는 생명체로 존재하지 않는다는 이야기입니다. 지금 내가 말하고 있는 부분을 정립하지 못하면 결국 이생에서 여러분의 이치를 절대로 바뀌지 않을 것이고, 고작해야 타력적인 것을 찾아 울고불고 여러분이 원하고 바라는 것만 빌게 되어 있고, 이런 부분은 각자가 알아서 정립해야 하며 그런 의식으로 내가 말하는 것 본들 여러분에게 아무런 도움도 되지 않을 거라 이 판단은 여러분이 알아서 각자가 정리하면 됩니다.

결론적으로 사람이 죽는 순간 자신을 기억했던 의식은 사라지기 때문에 이생에서 물질 이치에서 몸으로 느낀 모든 것은 흔적 없이 사라지지만, 문제는 마음(참나)이라는 것으로 진리에 각인된 그 흔적으로 다른 생명체 등으로 태어나기 때문에 죽어서 이생처럼 물질로 자신을 기억할 수는 없습니다.

오직 이생에 여러분이 마음에 흔적으로 남긴 그 마음으로 다른 생명체로 태어나기 때문에 이 경우 '내가 전생에 어떠했다.' 등을 알지 못하는데 그것은 나라고 하는 아상이라는 마음이 가리어져서 그렇고, 만약 다시 태어나는 사람이 아상(我相)이 없다면 과거 생애(전생)에 내가 뭐였고, 어떻게 살았다는 것은 알 수 있는데(지금 내가 여러분의 본질을 알고 말하는 것처럼) 문제는 아상이 있는 보통의 사람들이 혹은 종교적으로 무수하게 말하는 전생이라는 것은 모두가 잘못된 것이고, 빙의 현상으로 인해서 그런 말을 하는 것에 불과하다고 해야 맞는 말이 됩니다. 죽어서 새로 태어나면 지금과 같은 마음이 이어져 가는 것 윤회를 하는 것이 아니고 새롭게 태어나면 '참(眞) 나'를 기반으로 하여 새로운 의식이 만들어진다는 이야기입니다. 이 부분에 대하여 많은 말을 해야지만 여기서는 생략합니다.

053 불안하고 초조한 성격을 바꿀 수 있나요?

(답) 정답은 '바꿀 수 있다.'인데 문제는 구체적으로 '무엇에 대한, 어떤 상황에 대한 것인가'에 따라 바꾸는 방법은 다 다릅니다. 그래서 여기서 막연하게 '불안하고 초조한 성격을 바꿀 수 있나요?'에 대한 답은 단답형으로 말할 수는 없습니다. 예를 들어 대인관계에서 불안함도 있을 수 있고, 미래에 대한 것, 금전적인 것, 회사를 운영하는 처지에서, 혹은 이성적인 상대의 마음이 변하지 않겠느냐는 것, 혹은 성행위를 하기 전에, 자식의 미래, 부모가 언제 죽을지 모르는 상황, 투자한 것에 대한 불확실성, 차를 타고 가면 사고가 나지 않을까에 대한 것, 혹은 하루를 살아가는 것에 막연한 불안감 등의 무수한 상황이 있을 것입니다.

이같이 보면 사람이 느끼는 불안, 초조는 사람마다 다 달라서 막연하게 '불안하고 초조한 성격을 바꿀 수 있나요?'에 대한 답을 단답형으로 정형화해서 말할 수는 없고, 구체적으로 어떠한 상황에서 어떤 것이 불안하고 초조한가를 말해야만 그것에 대한 원인을 알기 때문에 그 마음을 치유할 수 있다는 이야기입니다. 이같이 구분 지어 정리하지 못하고 막연하게 '불안하고 초조한 성격을 바꿀 수 있나요?' 라고 하면 안 된다는 이야기입니다. 사실 사람의 처지에서 보면 이 세상을 살아가는데 갖가지 현상들이 나타나는데 보통은 자신에게 크게 영향을 주지 않으면 신경을 쓰지 않고 넘어가지만, 뭔가가 크게 눈에 뜨이면 그것을 인지하지만 일단 업이 있어서 살아가는 처지기 때문에 각자에게 나타나는 여러 가지 현상을 안고 살아가고 있어서 대부분 사람은 정도의 차이는 있지만 '불안하고 초조하게 살아가고 있다.'고 해야 맞는 말이 됩니다.

이것은 이생에 스스로가 자신의 환경을 그렇게 만들어서 나타나기도 하지만, 본래의 업에 따라 타고난 것으로 불안하고 초조한 성격을 가지고 있을 수 있어서 질문과 같은 물음에 단편적으로 이에 대한 답을 할 수는 없지만 어떤 것이 되었든 바꿀 수 있다고 해야 맞는 말이 됩니다. 문제는 그 종류가 뭔가에 따라 쉬울 수도 있고, 어려울 수도 있다는 이야기입니다.

또 다른 측면에서 보면 어떤 사람에게 빙의(憑依)가 작용해도 일상을 살아가는 데 불안하고 초조함을 느낄 수 있는데 문제는 이런 부분은 여러분이 쉽게 알 수 없으므로 여러분은 단순하게 '내가 불안하고 초조하다.'라고만 생각하게 됩니다. 그래서 이생에서의 문제인가, 타고난 원인이 있는가? 아니면 빙의가 작용하여 나타나는 현상인가의 원인을 알면 그에 따라 질문의 경우는 쉽게 치유할 수 있지만, 문제는 각자의 의식이 중요하기 때문에 복합적인 상황을 봐야 할 것입니다. 예를 들어 의식이 흐려 있는 사람에게 빙의가 작용한다고 해서 인위적으로 빙의만 어떻게 한다고 해서 해결될 문제는 아니라는 이야기입니다.

인생을 사는 데 법이고 뭐고를 떠나 각자의 의식을 깨어나게 하면 원만한 것은 쉽게 스스로가 정리할 수 있지만 메말라가는 나무에 물을 준다고 해서 그 나무 스스로가 생명력이 없으면 물을 주어도 소용이 없다는 이야기입니다. 그래서 나는 꺼져가는 불씨를 살린다는 것은 매우 어렵다고 했는데 그것은 스스로 의지가 없으면 불안하고 초조한 것에 원인을 안다고 해서 그것을 바꿀 수 없다는 이야기입니다.

054 사주팔자(四柱八字)로 인간의 운명을 알 수 있나요?

(답) 정답은 한마디로 '알 수 없다.'이며 운명은 존재하지만, 그 운명을 아는 방법은 '사람의 마음'을 알면 쉽게 알 수 있다고 해야 이치에 맞는 말이 됩니다. 사주(四柱)라는 것은 여러분이 아는 바와 같이 이 세상에 인간이 태어난 연월일시를 말하는데 이것은 인간뿐만 아니라 모든 생명체는 모두 사주팔자라는 것을 가지고 있습니다. 다만 인간 이외의 것에는 신경을 쓰지 않아서 그런데 달력이 만들어진 이후에 사주팔자라는 것이 만들어졌지, 달력이 만들어지기 전에는 사실 이 사주팔자라는 것이 존재하지 않았습니다. 그렇다면 우리가 아는 달력이 2000년 전에 만들어진 것이라고 하면 이 사주팔자라는 말은 이 이후에 등장한 말이기 때문에 결국 인간이 사주팔자라는 것을 인위적으로 만들어 놓은 것에 불과해서 사실 이런 사주팔자의 논

리는 진리와는 아무런 관련이 없습니다.

다시 말하면 달력이 만들어지기 이전에도 인간은 존재했는데 그 사람들은 명확하게 사주팔자라는 것을 알 수 없습니다. 그렇다면 진리를 깨달은 자가 이 사주팔자라는 것을 만들었는가인데 그렇다면 이것을 만든 사람은 도를 깨달은 자, 석가보다 한 수 위의 사람이 되는데 그 이유는 석가도 인간의 운명은 없다고 했고, 이 운명에 대한 말은 불교의 어디를 봐도 한 구절도 없어서 그렇습니다. 따라서 사주라는 것은 달력이 만들어지고 난 이후 사상가들에 의해서 철학이라는 학문으로 만들어진 것이어서 사주로 인간의 운명을 논한다는 자체가 모순입니다. 무수한 동물들도 태어난 사주라는 것이 다 있는데 그렇다면 사주의 논리로 그런 생명체의 운명을 다 알 수 있다는 말이 되는데 여러분은 이 부분을 어떻게 정리할 수 있겠는가?

과거 인간이 이 지구 상에 존재하기 시작하면서 진리의 기운 작용(마음 작용)으로 '그렇게 태어나야 할 때'가 있어서 우후죽순처럼 무수한 생명체가 태어났습니다. 그래서 진리의 기운이라는 것, 자연의 섭리를 알면 자연스럽게 인간의 '마음'이라는 것을 알게 되고 마음을 알면 그 사람의 '참(眞) 나'를 알 수 있어서 이 '참 나'로 그 사람의 운명은 쉽게 알 수 있습니다. '존재 이유'라는 것이 있어 존재하는 것이기 때문에 이 존재 이유를 인간이 만든 학문으로 알 수 있다면 이 세상이 어떻게 되겠는가를 생각해보라는 이야기입니다. 그러나 오늘날까지 인간사회를 보면 사주라는 것으로 인간의 모든 것을 알 수 있다고 대대적으로 자신들을 광고하고 있는데 결론적으로 인간들이 말하는 사주팔자라는 것으로 진리의 기운인 마음을 알 수 없다고 해야 맞는 말이 됩니다.

문제는 인간들이 미래에 대한 불확실성을 가지고 있어서 이것을 알고자 야단법석을 떨고 있어서 그런 인간의 심리, 혹은 요구사항에 맞추어 사상가들이 궁여지책으로 이 사주팔자라는 것, 만세력, 철학, 점술, 심리 등의 학문을 만들어 놓은 것인데 여러분은 이런 것으로 자신의 운명과 관련한 모든 것을 알고자 하는데 이것은 매우 어리석은 것이고 대단한 착각입니다. 문제는 이런 것에 빠진 사람은 이 현실을 똑바로 직시하지 못한다는 데 문제의 심각성이 있다 할 것입니다. 왜 이런 말을 하느냐면 인간이 자신의 의지, 의식으로 인생을 사는 것이 아니라 인간들에 의해서 인위적으로 가공된 말을 만들어 놓은 허황한 것에 정신 줄이 빠져 있으면 자신의 의지로 살아가기 어렵기 때문에 그렇습니다.

그래서 소위 말하는 도인(道人)이라는 사람들이 주변에 있는데 참으로 안타까운 것이 이들이 도인이라고 하는 것은 무엇을 깨달았기에 도인이라고 하는지 모르겠지만 말 그대로 도인이라는 말은 길 도(道) 자에다가 사람 인(人)자를 붙여 '바른길을 아는 자'라는 의미가 되어서 이 말은 '진리 이치를 아는 자(자연의 섭리)'가 도인이라고 해야 맞는데 그들이 하는 짓을 보면 이것과는 거리가 먼 것인데 여러분은 도인이라는 말만 들어가면 무슨 신통한 능력을 갖춘 것쯤으로 생각하는데 이같이 생각하는 여러분의 의식에 심각한 문제가 있음을 명심해야 할 것입니다. 사람으로 태어나 현실을 똑바로 바라볼 수 없다면 그런 정신으로 인생을 산들 자신에게 어떠한 도움이 될 것인가를 생각해보라는 이야기입니다.

운명(運命)에 대하여 사전에는 '인간을 포함한 모든 것을 지배하는 초인간적인 힘. 또는 그것에 의하여 이미 정하여져 있는 목숨이나 처지. 앞으로의 생사나 존망에 관한 처지'를 운명이라고 정의하는데 이 말을 하나씩 따져보면 이 말이 얼마나 모순인가를 알 수 있는데 운명(運命)은 '인간을 포함한 모든 것을 지배하는 초인간적인 힘'이라는 말은 잘못된 말인데 그 이유는 유정물(有情物)과 무정물(無情物)이 두 가지를 구분해야 해서 유정물에만 운명이 있는 것이고, 무정물에는 운명이라는 것이 없어서 막연하게 '모든 것을 지배하는 초인간적인 힘'이라고 말하는 자체가 모순입니다. 또 '그것에 의하여 이미 정하여져 있는 목숨이나 처지. 앞으로의 생사나 존망에 관한 처지'라는 말도 마찬가지로 '정해져 있다.'라는 것은 종교마다 그 해석이 다 달라서 일괄적으로 사전에 그럴듯하게 말한 운명에 대한 정의는 이치에 맞지 않습니다.

'정해져 있다.'라는 말은 자업자득 인과응보의 법칙에 따라 정해져 있다고 해야 맞고, 절대자나 창조자 구원자 등이 존재하여 내 운명을 만들어 놓지 않았기 때문에 이 부분에서 종교 사상과 내가 말하는 자연의 법칙의 길이 갈라지게 되어 있어서 종교는 인위적으로 만들어진 말, 사상에 따라 운명을 말하는 것이고, 나는 자연의 법칙에 따라 내가 지은 업에 의해 내 운명은 정해지고, 정해져 있다는 논리를 말하는 것입니다. 그래서 이생에서의 삶은 반드시 전생에 내가 만든 마음에 흔적으로 인생을 산다고 해야 진리 이치에 맞는 말이 되기 때문에 일반적으로 사전에 나와 있는 말은 본질을 알지 못하고 말의 조합으로 여러분의 감성을 자극하는 말이 됩니다.

그래서 운명이 있다? 없다? 라는 것은 종교의 말을 대입할 필요 없는 것이고, 내가 말하는 논리는 아주 간단하게 머리를 들고 허공에 침을 뱉으면 그 침은 내 얼굴에 그대로 떨어진다는 논리를 말하고 있어서 이 부분 깊이 생각해봐야 하고, 이 같은 이치를 아는 것 보고 깨달음, 혹은 진리 이치를 아는 것이라고 해야 맞습니다. 그래서 앞서 말했지만, 진리 이치를 모르고 온 세상 사람들이 각자의 처지에서 운명을 안다고 말하는 자체가 모순입니다. 결론적으로 운명은 반드시 존재하고 이 글을 보는 여러분은 자신이 지은 업에 의해 이생을 한 치의 오차도 없이 살아가고 있다고 정립하면 됩니다. 그리고 전생의 업이 이생에 다하면 이생에 여러분은 존재해야 할 이유가 없어서 죽음을 맞이하게 된다는 것이 진리적인 사실입니다.

그러니 이치에 맞지 않은 운명을 논하면서 또 말을 뭐라고 만들었는가를 보면 운명론(運命論)이라는 말이 그것인데 이 말은 '이 세상의 모든 자연 현상이나, 인생의 모든 일이 다 미리 정해진 필연적인 법칙에 따라 일어나기 때문에 사람의 힘으로 변경시킬 수 없어 그대로 따라야만 한다고 생각하는 사상적 입장. 숙명론이라고도 한다.'라는 말을 하는데 참으로 안타까운 것이 수박의 속도 모르면서 온갖 말로 수박의 속을 말하니 이 세상에 무수한 말이 만들어지고 있는데 앞에 운명론의 말을 보면 얼마나 모순된 말인가를 알 수 있을 것입니다.

그대로 따라야 하는 운명이 있다면 왜 내가 무엇을 만들었고, 그 업이 이생에 어떻게 발현되는가의 과정을 세밀하게 말하는 사람은 이 세상에 없습니다. 그래서 다들 자신의 운명을 궁금해하니 인간들은 이런저런 것을 만들어 놓고 운명을 알 수 있다고 하니 이것은 참으로 안타까운 일입니다. 따라서 결론적으로 유정물의 생명체는 반드시 그렇게 존재해야 할 운명(전생에 지은 업)이 있어서 존재하고 그렇게 존재해야 할 이유를 아는 것이 진리 이치를 아는 자, 깨달음을 얻은 자라고, 해야 맞고, 이런 자만이 운명에 대하여 정확한 말을 할 수 있으며 이것이 아닌 시중에서 일반적으로 말하는 것, 기타 그 어떤 형상을 하고도 이 운명에 대한 부분을 명확하게 말하고 있는 사람은 과거에도 없고, 현재에도 없다고 해야 맞는 말이어서 이 부분 깊게 정립해야 합니다. 결론적으로 운명을 아는 것은 비물질로 작용하는 여러분의 마음, 행동을 보면 쉽고 간단하게 알 수 있는데 이런 이치를 깨닫지 못했으니 인간들은 사주팔자 등과 같이 이상한 논리를 만들었는데 안타까운 일입니다.

055 누구와도 원만한 인간관계를 만드는 방법이 있나요?

답 답은 '없다' 입니다. 그 이유는 각자의 이념, 사상, 관념이 다르므로 그렇습니다. 따라서 여러분이 다른 사람들과 원만한 관계를 맺고 산다고 생각하는 사람들이 있다면 그 사람은 상대에 대하여 모든 것을 다 들어주는 사람이거나, 아니면 사람들이 자신의 이념, 사상, 관념에 맞추어 자기 말을 들어주기 때문에 원만한 관계로 보일 것이

나 이 경우 그렇다고 해서 상대의 마음과 내 마음이 같아서 원만한 인간관계를 형성하는 것이 아닙니다. 예를 들어 여자가 남자를 사귈 때 여자의 관점에서 남자가 자신의 비위를 다 맞추어주면 여자는 '저 사람은 인간성이 좋다'고 생각할 것입니다.

그런데 문제는 남자가 나에게만 그렇게 하는 것이 아니라 다른 여자에게도 나에게 행동하는 것처럼 똑같이 하면 어떻겠는가? 이 경우 남자는 '줏대 없는 사람'이 되는데 그 이유는 어떤 것에 대하여 옳고 그름이 명확해야 하는데 줏대 없이 아무나 보고 간이나 쓸개를 다 빼주려는 듯한 행동을 하면 표면으로 보면 '저 사람은 좋은 사람'이라고 생각하겠지만, 실제는 그렇지 않습니다. 그래서 이 사회의 집단을 보면 여러분이 생각하는 것처럼 그 집단 사람들은 '원만한 인간관계'를 유지하고 있다고 생각하겠지만 사실 그 집단이 목적하는 것을 따르는 것뿐이고 집단이 아닌 개인적인 관계에서 원만한 인간관계를 이어가는가는 별개라는 이야기입니다.

그래서 목적에 의해 모인 집단은 그 목적이 원하는 바를 따르기 때문에 원만한 인간관계로 보이는 것이고, 그 목적이 깨지면 와해가 되어서 개인적인 삶을 살 때 같은 집단에 있었다고 해도 집단에 있을 때처럼 원만한 인간관계를 이어갈 수가 없어서 이 부분 깊게 정립해야 합니다. 그래서 질문에 '누구와도 원만한 인간관계'를 만드는 방법은 '없다.'라고 해야 맞고, 이 세상은 다 각자의 목적에 의해서 자신의 사상, 이념, 관념에 따라 뭉쳐져 있어서 모든 사람과 원만하다는 관계를 이어갈 수 없고, 만들 수도 없다는 이야기입니다. 따라서 공장, 회사를 운영하는 처지에서 보면 자신에게 물질로 이득이 되는 곳에 현실적으로 모여 있고, 이 경우 회사에서 추구하는 것을 따르겠지만, 사실 회사의 문을 나가는 순간 각각의 업에 따른 습성이 발동하여 회사 밖에서 회사 동료를 만나면 회사 내에서처럼 원만한 인간관계를 이어가지 못하는 것입니다.

회사에서 볼 때 '저 사람은 이런 사람이구나'를 생각했는데 밖에서 그 사람이 하는 행동을 보면 '회사에서 하는 행동과는 전혀 다른 행동이다.'라고 생각을 한다는 것입니다. 예를 들어 종교 내에서 사람이 모여 있는 그 안에서 하는 행동을 보면 모두 '누구와도 원만한 인간관계를 만들어가는구나'라고 생각하겠지만, 그 종교 문을 나서면 개인적인 삶을 살아가는 과정에서 그 사람을 만나면 종교 안에서 봤을 때와는 완전히 다른, 뭔가 다른 행동을 한다는 것이고, 이 부분은 여러분이 일상에서 얼마든지 확인할 수 있는 부분이기도 합니다.

그래서 사실 질문처럼 '누구와도 원만한 인간관계를 만드는 방법이 있나요?'라는 물음에 '그렇다.'라고 말한다면 이 사람은 진리 이치를 아는 자, 이거나 아니면 자신의 의지, 의식 없이 물에 물 탄 듯 술에 술 탄 듯 사는 사람이라고 해야 맞는 말이 될 것인데 이 말은 자신의 태도가 분명하지 않아서 그렇다고 해야 맞는 말이 됩니다. 물론 이 같은 성향은 타고난 것이기 때문에 이생에서 물에 물 탄 듯 술에 술 탄 듯 사는 삶이 되는 것이고, 이런 의식을 깨트린다는 것은 매우 어렵습니다. 그러나 앞에 '진리 이치를 아는 자'라면 어디를 가더라도 본질적인 부분을 알기 때문에 그 상황에 적응할 뿐이고, 적응한다는 것은 의식 없이 물에 물 탄 듯 술에 술 탄 듯 사는 것이 아니기 때문에 이 부분은 비슷한 말로 들리겠지만 다름과 차이를 생각해보면 내 말이 무슨 의미인가를 알 수 있을 것입니다.

또 지구 상에 약 80억의 인간이 존재하지만, 각자의 업이 있어 존재하는 입장이어서 이 의식이라는 것이 모두 다 달라서 그에 따라 인간관계 역시 다 다르므로 보통 사람이 100% 좋은 인간관계를 의지할 수 없고, 인간사회에서 이런 사람은 없다고 해야 이치에 맞는 말이 됩니다. 보통 사람은 각자의 입장·처지·환경에 따라 그들의 처지에서 보면 모두 원만한 인간관계를 유지하고 있다고 생각하겠지만, 이것은 그 사람이 그렇게 생각하는 것이고 보편적으로 100% 모두 원만한 인간관계를 유지하고 사는 사람은 현실적으로 없다고 정리하면 됩니다.

056 하고 싶은 것도 갖고 싶은 것도 많은데 욕심을 어떻게 버리나요?

(답) 사람이라는 생명체는 다른 생명체와는 달리 '나'라고 하는 아상(我相)이라는 것이 반드시 있습니다. 아상(我相)이라는 말을 사전에서 보면 불교에서는 '사상(四相)의 하나. 오온(五蘊)이 화합하여 생긴 몸과 마음에 참다운 '나'가 있다고 집착하는 일'이라고 하고, 일반적으로는 '자기의 학문·재산·문벌·지위 등을 자랑하여 남을 업신여기는 마음'이라고 정의하고 있습니다. 같은 아상이라는 글자에 종교와

일반적인 말이 다 다른데 먼저 불교가 말하는 것은 진리 이치에 맞는 말이 아니라 아상에 대하여 사상(四相)이라고 하는 말을 또 만들어 말을 현실이 아닌 말을 만든 것이어서 의미 없습니다. 이래서 불교의 말은 말에 말꼬리 잡는 식의 말이 무수하게 있는 것이어서 이같이 말을 만들면 무수한 말, 철학적인 말이 되어서 불교의 말에 가치를 둘 필요는 없습니다.

그렇다면 현실에서 '자기의 학문·재산·문벌·지위 등을 자랑하여 남을 업신여기는 마음'이라고 하는 말은 물질 개념에서 현실적으로 나라고 인식하는 나를 내세우는 것이 됩니다. 왜 이런 말을 하느냐면 앞서 한 말을 가만히 보면 불교는 현실이 아닌 사상적인 논리의 말이고, 다른 하나는 일반적으로 '나'라고 하는 마음을 인식하고 사는 인간의 입장에서의 욕심을 말하는 것임을 알 수 있을 것입니다. 내가 말하고자 하는 것은 인간은 이 세상에 태어나면 '참(眞) 나(나 자신의 근본)'를 기반으로 존재하고, 몸을 가지게 되면 이 '참 나'를 기반으로 해서 '아상의 마음'이 생겨납니다. 거꾸로 말하면 이 세상에 태어나는 모든 인간은 모두 '나'라고 하는 아상의 마음으로 살아가고 있어서 이 부분 정립해보면 인간은 비물질에서 '참 나'의 마음이 바탕에 깔렸음을 알 수 있고, 물질 이치에서 아상의 마음인 '나'라는 마음, 이 두 가지가 있음을 알 수 있습니다.

그래서 여러분이 내가 말하는 것을 보면 진리적으로 '참 나'의 작용이 있어 그 끌림으로 내 글을 보는 것이고, 아상의 마음으로 내 글을 보는 것이 아님을 알 수 있을 것입니다. 그러나 '참 나'의 인연이 다

하면 이 법과의 인연도 없어져서 결국 그 업의 유통기한에 따라 이 법을 떠나게 됩니다. 왜 이 말을 하느냐면 사람이 이 세상을 살아가면 결국 '참 나'의 마음이 내면에서 작용하기 때문에 일상을 살면서 이것이 마음이 끌린다, 저것은 마음이 가지 않는다는 마음이 움직이게 됩니다.

그래서 문제는 온 세상 사람들이 '내 마음'이라고 하는 것은 '참 나'를 기반으로 해서 표면에 드러난 마음을 일반적으로 '마음'이라고 하는 것이고, 나는 여러분에게 이 '참 나'를 기반으로 해서 나라는 마음(아상(我相)-몸이 있어 의식으로 인식하는 마음)이 생겨나는 것이라고 하여 두 가지의 마음이 있음을 말하고 있습니다. 이것은 매우 중요한 부분이어서 하나의 마음이 아니라 두 가지의 마음이 누구에게나 작용하고 있다는 것입니다.

그런데 온 세상 사람들은 하나의 마음(아상의 마음)만 이야기하고 있어서 생명체의 본질을 말하지 못하고 온갖 말로 자신들의 운명이나, 본성, 본질을 말하고 있는데 참으로 안타까운 일입니다. 어찌 되었든 질문에 '하고 싶은 것도, 갖고 싶은 것도 많은데 욕심을 어떻게 버리나요?'에 대한 답은 진리적으로 전생에 지은 업에 따른 '참 나'를 기반으로 해서 질문과 같은 마음이 일어날 수 있고, 이 '참 나'를 기반으로 형성된 육신의 마음인 '나'라고 하는 마음이 작용해서 질문과 같은 그런 마음이 일어날 수 있으므로 만약 '참 나'를 기반으로 해서 질문과 같은 마음이 일어난다면 이것은 뿌리 자체에 문제가 있어서 아상의 마음만으로 일어나는 마음보다는 쉽게 고칠 수 없고, 단순한 아상의 마음이라면 이것은 본성에서 올라오는 것이 아니어서 본성(참(眞) 나)에서 올라오는 것보다는 쉽게 고칠 수 있습니다.

이와 같은 것이 진리적인 입장이라면 현실에서는 업이고 뭐고를 떠나 지금 내가 처한 현실을 직시하고 하고 나서 그 상황에 맞게 하고 싶은 것도 갖고 싶은 것도 다 가지면 됩니다. 이게 현실에서 욕심을 어떻게 버리는 최고의 방법인데 문제는 이같이 진리적으로나 현실적으로 올라오는 마음을 다스리는 것은 결국 각자의 의식에 달려 있다 할 것입니다. 그래서 나는 여러분에게 업이고 뭐고를 떠나 나 자신의 이치에 맞는 것이라면 얼마든지 순리에 따라 취할 수 있고, 아무리 마음에서 하고 싶은 것도 갖고 싶은 것도 많다고 해도 순리에 맞지 않으면 그것을 과감하게 마음에서 지워야 한다는 했는데 이같이 하는 것이 욕심을 버리는 방법입니다.

그래서 불교에서 탐, 진, 치심의 마음을 무조건 버려야 한다는 말은 매우 잘못된 것인데 그 이유는 무엇을 취하고 버릴 것인가의 기준이 없는 말이고, 내가 말하는 것은 '이치'에 맞는 것과 맞지 않는 것을 여러분이 분별할 수 있으면 얼마든지 그것에 맞게 취하고 버릴 수 있다는 논리를 말하고 있어서 이 부분 정립해보면 어떤 논리가 맞는가를 쉽게 알 수 있고, '하고 싶은 것도 갖고 싶은 것도 많은데 욕심을 어떻게 버리나요?'에 대한 명확한 답이 될 것입니다. 거듭 말하지만, 마음을 가진 인간의 욕망, 야욕이라는 것은 한도 끝도 없는 것이고, 유독 마음을 가진 인간만이 이러한 마음을 가지고 삽니다.

그래서 인간 자체에서 이런 마음을 모두 다 없앤다는 것은 불가능한데 내가 말하는 것은 마음을 가진 인간이지만 현실에서 내 분수와 처지를 알고 그것에 맞게 사는 것을 말하고 있으며, 이것에 상위법은 진리 이치를 알고 그 이치에 따르는 삶을 사는 것이 탐진치(貪瞋癡) 심의 마음을 버리고 사는 것이라 말하고 있어서 불교에서 말하는 것은 이러한 기준이 없이 막연하게 하는 말이어서 종교의 말과 내가 말하는 것이 달라서 이 부분 깊게 정립하면 질문에 대한 답은 스스로가 찾을 수 있을 것입니다. 직설적으로 탐진치 심을 어떻게 버릴 수 있는가에 대한 답은 스스로의 본분을 알고 살면 버릴 수 있고, 자신의 꼬라지(근본의 처지, 분수)를 모르고 살면 절대 버릴 수 없는 것이라고 해야 맞는 말이 될 것이고, 내가 말하는 마음공부는 자신의 본분, 꼬라지(처지) 분수를 알아가는 과정을 마음공부라고 하는 것입니다.

057 저는 항상 주변 사람들을 의식하면서 사는 것 같은데 나답게 사는 게 무엇인가요?

(답) '나답게 사는 것이 무엇인가'에 대한 답은 한마디로 '필요 없는 상황, 다른 사람의 마음이나 그 환경에 내 마음이 물들지 않고 사는 것이다.'라고 하면 됩니다. 이같이 하려면 먼저 자신의 마음과 현재 나의 상황을 파악하는 것이 우선되어야 하고, 거꾸로 이것을 알지 못하면 결국 생각만으로 '나답게 살고 싶다, 살고 있다.'라고 생각하게 되어 있습니다. 그래서 지나가는 사람에게 '당신은 당신답게 살고 있는가를 물어보면 백이면 백 사람이 모두 '그렇다.'라고 말할 것

인데 이것은 매우 잘못된 말이 됩니다. 그 이유는 앞서 말했지만 '자신의 마음과 현재 나의 상황을 파악하지 못한 마음'이기 때문에 그렇습니다.

예를 들어 명품 할인 매장 앞에 아침부터 길게 줄을 서 있는 사람들을 보면 그들은 과연 자신의 마음과 현재 나의 상황을 파악하고 살아가는가인데 그게 그렇지 않습니다. 따라서 제각각의 환경이 다 다르겠지만 충분한 경제적 능력이 되어서 필요하다고 생각하는 물품을 할인해서 파는 곳에서 제품을 사는 사람과 카드를 빚내서 수백만 원씩이나 하는 무엇을 사들이는 사람은 다릅니다. 이런 상황만 보더라도 이 세상에는 자신의 마음과 현재 나의 상황을 파악하지 못하고 주변 사람을 의식해서 그 자체가 호박 인생임에도 수박 인생인 것으로 착각하고 사는 사람 넘쳐납니다. 실제 충분한 경제적 여력이 있는 사람이라면 그것에 맞게 자신을 치장하는 것을 뭐라고 할 수는 없는데 그 이유는 그럴만한 능력이 있어서 그렇지만, 내 말은 참새가 뱁새를 따라가는 흉내를 내고 사는 사람이 무수하다는 이야기입니다.

그래서 본질적으로 나 자신이 처한 환경과 상황 등 모든 것을 고려해서 남의 눈치 볼 것 없이 사는 것이 '나답게 사는 것이다.'라고 해야 맞는 말이 될 것입니다. 또 하나의 말을 하면 요즘 하루가 다르게 새로운 음식이나, 제품이 세상에 나옵니다. 문제는 어차피 인간의 아상에 의해 이 세상은 흘러갈 수밖에는 없지만, 내가 말하는 요지는 유명인 누구를 앞세워, 혹은 무슨 비법, 무엇을 전수하여서 만들었다는 것, 조상 대대로 무엇을 했다는 말, 새로운 맛이라는 것 등에 현혹되어 그것을 따라가는 것은 매우 잘못된 의식입니다. 물론 세상에 존재하는 것이기에 호기심으로 혹은 필요해서 그것을 사는 사람도 있겠지만 내가 말하는 것은 그렇게 하는 것에는 특별한 뭔가 있을 거라는 생각으로 집착하는 것도 잘못된 의식입니다.

수차 하는 말이지만 맛이라는 것은 그 제품의 '기본의 맛'이면 충분하다는 이야기고, 음식이 아닌 것은 중간쯤의 옷을 저렴하게 사서 입으면 그것으로 충분하다는 이야기입니다. 그래서 마음은 지저분하면서 남들이 장에 가니 나도 신발 끈을 동여매고 따라가는 사람이 이 세상에 하나둘이겠는가만은 앞으로 이런 상황은 더 심화할 것이고, 이것은 빙의들이 세상에 자신들의 존재를 드러내고 있어서 이에 대한 답은 없습니다. 없다는 이야기는 이미 바로잡아야 할 때가 넘어섰다는 것을 의미합니다. 그래서 나는 이 세상은 갈 데까지 갔다는 말을 한 것인데 사실 과거에는 선비라는 사람이 있어 그나마 인간에게 최소한의 훈계라도 했지만 요즘 세상에 '네가 잘못되었다, 그런 행동을 하면 안 된다.'라고 하면 뺨을 맞는 상황이 되니 이 어찌 안타깝지 않다고 할 것인가!

과거 사람의 삶은 농사를 지어도 그렇게 사는 것이 나의 본분이고, 나답게 사는 거라는 생각으로 힘들지만, 하루하루를 살아왔습니다. 하지만 요즘 사람들은 농사를 지어도 '힘든 일, 중노동'이라고 생각하고 회피합니다. 그리고 돈만 있으면, 돈만 벌면 다 해결된다는 생각으로 눈에다 쌍심지 켜고 어떻게 하든 남에게 한 푼이라도 더 뜯

어내기 위해 혈안이 되어 있는 세상인데 이런 의식은 본분을 잊어버렸기 때문에 나타나는 현상이고, 이런 부분도 앞으로 갈수록 더 심화하여 갈 것입니다. 거꾸로 말하면 자신의 본분을 알고 살면 입에서 농사는 짓는 것이 힘들다, 하기 싫다는 식의 말은 하지 않습니다. 과거에 살았던 우리네 조상들은 그 환경에 맞게 자신이 처한 환경에 순응하며 살았지만 요즘 사람들은 이런 말 입에서 절대로 하지 않습니다.

이 말은 과거와 현재를 비교해보면 인간의 마음이라는 것이 어떻게 얼마나 급격하게 변했는가를 알 수 있어서 사람들이 앞으로는 더 좋은 세상이 된다고 말하는 것은 물질 논리에 치우쳐서 말하는 것이어서 상당한 모순이고, 이런 말은 인간의 감성을 자극하는 말임을 명심해야 할 것입니다. 따라서 질문에 '저는 항상 주변 사람들을 의식하면서 사는 것 같은데 나답게 사는 게 무엇인가요?'에 대한 답은 먼저 자신의 실체를 이해하고, 본분을 명확하게 알아야 하며, 그다음 남을 의식하는 삶을 살면 안 되는 것이 질문에 대한 답이고, 이것이 나답게 잘 사는 방법입니다.

058 힘들고 좌절되는 순간을 빨리 이겨내는 방법이 있나요?

(답) 결론부터 말하면 답은 '있다'인데 문제는 그렇게 하기 위해서는 반드시 자신의 삶을 '이치에 맞게 고쳐가면 됩니다. 사람이 이 세상에 존재하는 것은 각자가 지은 업이 있어 존재하는 것이고, 그 업

에 따라 각자가 느끼는, 체득하는 힘듦이라는 것은 다 다릅니다. 예를 들어 시골에서 농사를 짓는 사람이 힘들다는 것을 느끼는 것하고, 직장을 다니는 사람이 느끼는 것, 또는 이성 관계, 부모와 자식과의 관계, 금전 관계, 사회적 관계 등 인생 전반에 걸쳐 차이는 있겠지만, 누구나 보편적으로 삶이 힘들다는 것이 있는데 이 모든 것은 각자의 업과 반드시 관련이 있고, 이것을 기반으로 해서 현실적으로 삶이 전개되기 때문에 그렇습니다. 그래서 질문에 '힘들고 좌절되는 순간을 빨리 이겨내는 방법이 있나요?'에 대한 답은 앞서 말한 대로 나 자신이 이치에 벗어난 삶을 산만큼 힘듦이 있어서 삶을 이치에 맞게 바꾸면 그 힘듦은 줄어들게 되어 있습니다.

따라서 질문은 막연한 힘듦을 말하는 것이고, 각자가 겪는 삶에서 무엇이 제일 힘든가를 구체적으로 알고, 그것부터 바로잡아가면 반드시 힘듦이라는 것은 줄어드는데 이같이 하려면 이치에 맞는 말에 수긍하고 따라주어야 하는 데 문제는 이게 쉽지 않다는 데 있습니다. 사실 이 법당에 와서 자신의 관념을 내리고 따라오는 사람은 그만큼 마음이 편안해지고 있어 이런 부분은 현실에서 크고 작게 나타나고 있지만 나라는 아상(我相)을 내세우는 사람은, 자신의 관념, 똥고집을 부리는 사람은 뭔가의 변화 됨을 느끼지 못할 것입니다. 사람의 업이라는 것이 다 달라서 이런 부분은 자연스러운 현상이지만 아무리 내가 이치에 맞는 말을 여러분에게 해주어도 결국은 각자의 관념이 문제고 의식이 문제이기 때문에 그렇습니다.

내가 여러분에게 무슨 말을 해주면 내 말을 이해하고 실천하지 않으면서 반대로 내 말에서 어떠한 흠결이나 모순을 찾으려 한다면 이것은 매우 잘못된 의식입니다. 여러분이 종교에 가면 그 대상이 하는 말을 무조건 따릅니다. 그 이유는 묵시적으로 그 대상이 하는 말이 맞는다고 인정하고 있어서 그 말이 맞는지 맞지 않는지조차 따지지 않는다는 이야기입니다. 그렇다면 내가 말하는 것도 수차 한 말이지만 논리적으로 내 말이 맞는다면 한다면 여러분에게 해주는 말이 맞지 않겠는가? 그런데 말은 맞기는 하는데 나에게 해주는 말은 따르기 싫다는 것은 '청개구리 심보'와 같다는 이야기입니다. 보통 사람들도 하는 말이 '심보를 고쳐야 병이 낫는다.'라는 말을 하기도 하는데 만약 의사가 여러분의 병을 고칠 때 '이것을 하지 말라'고 하면 당장 몸이 아파서 그 말을 아무 생각 없이 따릅니다.

예를 들어 '당신은 술, 담배를 끊지 않으면 얼마 살지 못한다.'라고 극단적인 처방을 내리면 여러분은 대부분 이 말을 죽기 살기로 따를 것입니다. 그런데 아직은 살만하다고 생각하는 사람이 예방 차원에서 건강검진을 받는다면 이때 똑같이 의사가 '당신은 술, 담배를 끊지 않으면 얼마 살지 못한다.'라고 말하면 이 사람은 자신이 생각하기에 몸에 특별한 문제가 없다고 생각하고 이 말을 가벼이 생각하고 맙니다, 이게 무슨 차이냐면 인간은 자신이 감당하지 못할 극단의 상황이 되어야만 말을 듣는 척이라도 하지만 아직은 살만하다고 생각하는 사람은 앞서 말한 대로 자신이 가지고 있는 관념 쉽게 바꾸지 못한다는 이야기입니다. 따라서 이 두 가지의 상황을 놓고 보면 마음을 가진 이 인간이라는 동물은 자기 발등에 불이 떨어져야만 하고 당장 급한 것이 없으면 그 마음, 의식 고친다는 것은 매우 어렵습니다.

그래서 나는 괴로움이라는 것이 없는 상태에서 살만하다고 생각하는 상태, 혹은 뭔가 자신을 위하는 것이 뭔가를 생각하고 자신의 발전을 생각하는 것이 현명한 사람이라고 말했는데 이게 쉽지 않습니다. 예를 들어 가난하고 척박한 환경에서 살아가고 있는 사람이 당장 자신 앞에 어떤 문제가 없으면 '내가 왜 이런 삶을 살지?'라고 생각하지 않습니다. 하지만 똑같은 삶을 살아도 자기 삶에 의구심을 품고 더 진급된 삶을 사는 것이 뭔가를 생각하고 노력하는 사람은 분명하게 의식이 다르다는 것을 나는 말하고 있는 것입니다.

그래서 현명한 자와 어리석은 자의 차이는 의식이 다른 것이고, 업이 있어 존재하는 마당에 힘들고 좌절되는 순간이라고 생각하는 것도 의식에 따라 이겨내는 것도 사람마다 다 다른 것입니다. 그래서 자신의 의지, 힘으로 뭔가를 이룬 사람의 의식은 사업에, 인생에 어려움이 있더라도 그것을 스스로 현실적으로 이겨내지만, 부모에게 부를 물려받은 사람은 사업에, 인생에 어려움이 있으면 그것을 이겨내지 못하고 대부분 무너집니다.

이런 부분은 여러 명의 자식을 키워보면 자식마다 다 다르다는 것은 쉽게 알 수 있고, 자신의 의식, 의지 없이 부모에게 뭔가를 대물림받고 사는 사람을 보면 쉽게 알 수 있을 것입니다. 결론적으로 인생을 살아가는데 힘들고 좌절되는 순간이라는 것은 누구에게나 다 존재하는 데 문제는 앞서 말했지만, 그것을 이겨내는 사람과 이겨내지 못하는 사람은 의식에 차이, 진리적으로는 업과 본성에 따라 다 다르다고 해야 맞고, 또 그 힘듦이 뭔가도 사람마다 다 달라서 여기서 한마디로 질문에 대한 답을 말할 수는 없지만, 포괄적으로 말하면 '이치에 맞게 사는 것이 힘든 시기를 빨리 이겨내는 방법이다.'라고 해야 맞는 말이 되고, 개인적으로는 괴로움이라는 것이 모두 달라서 구체적인 괴로움, 고통이 뭔가를 알아야만 개인적으로 그에 맞는 정확한 답을 처방할 수 있다는 이야기입니다.

059 행복(幸福)한 삶이 존재하나요?

답 답은 먼저 '행복(幸福)'에 대한 기준이나 정의가 뭔가부터 정립해야 하는 데 문제는 이에 대한 정의(바른 기준)가 없다는 데 있습니다. 그 이유는 사람마다 추구하고 느끼는 행복의 기준과 정의가 다 달라서 그렇고, 이 말은 각자의 의식과 마음이 다 달라서 그렇다고 해야 맞는 말이 됩니다. 그래서 오늘날까지 누가 어떤 말로 행복을 말하는가, 다루는가에 따라 이 행복이라는 말이 수시로 변해왔고 지금도 변하고 있습니다. 다시 말하지만, 종교의 말이 다 다르고 철학자마다 혹은 개인마다 행복의 기준이 다 달라서 변하는 것입니다. 사전에는 행복(幸福)에 대하여 뭐라고 했는가를 보면 '많은 사람이 궁극적인 인생의 목표로 추구하는 것. 이것을 추구하는 것은 인간의 기본적 권리이다.'라고 되어 있는데 이 말 자체도 이치에는 맞지 않습니다.

예를 들어 시골에서 농사를 지으며 주어진 대로 순응하고 삶을 이어가는 사람도 그것에 행복을 느낄 수 있고, 아무리 돈이 많아도 행복을 느끼지 못하는 사람도 있습니다. 또 당장 내가 원하는 것을 얻으면 행복하겠다고 생각하는 사람도 원하는 것을 얻으면 그 행복이라는 마음이 그것으로 끝이 아니기 때문에 행복이라는 것을 단정 지어서 말할 수 없고, 내가 말하는 것은 '이 순간 각자가 요구하는 사항이 해결되었을 때 순간 느끼는 감정일 뿐이다.'라는 것이 정답입니다. 그러므로 행복의 기준, 정의는 일상을 살면서 수시로 변하기 때문에 오늘날까지 이 행복(幸福)에 대하여 무수한 말들이 난무하고 있는 것이라고 해야 맞는 말이 됩니다. 사전적 정의로는 '욕구가 만족하여 부족함이나 불안감을 느끼지 않고 안심해 하는 심리적인 상태를 말한다.'라고 하지만 이 말 가만히 생각해보면 확정된 말이 아니라는 것을 알 수 있을 것입니다.

예를 들어 이성적으로 상대를 사귈 때 하는 말이 '너만 내 옆에 있으면 행복하다.'라는 말을 쉽게 하는데 웃기는 말이고, 막상 그 상대가 내 옆에 있으면 그 행복이라는 것은 변합니다. 이때 느끼는 행복은 시간이 지나면서 불행으로 바뀔 수 있고, 이 글을 보는 여러분도 자신의 삶을 생각해보면 내 말이 맞는다는 것을 알 수 있을 것입니다. 그런데 '아리스토텔레스'라는 사람은 윤리학에서 '인간이 사는 목적은 바로, 이 행복 때문이다.'라고 말했는데 이 말 여러분은 어떻게 생각하는가? 내가 말하는 것은 이 사람 말대로 '인간이 사는 목적은 바로, 이 행복 때문이다.'라는 것은 앞서 말한 대로 그 기준이 명확하지 않기 때문에 행복을 찾는 것은 '허황한 것을 좇아가는 것과 똑같다.'라는 논리를 말하고 있어서 이 부분 깊게 정립해봐야 할 것입니다.

그러니 이 개념으로 이 세상 사람들, 종교가 하는 말을 보면 모두 허황된 말을 하는 것임을 쉽게 알 수 있을 것입니다. 다시 말하지만, 여러분은 지금보다 상당한 물질이 있으면 행복하다고 생각한다면, 또는 내가 얻고자 하는 것, 추구하는 것이 이루어졌다고 해서 행복하다 할 수 있겠지만, 문제는 그것을 취하면 다른 행복을 찾게 됩니다. 부부가 평생을 살면서 처음에 상대를 얻어서 느끼는 그 행복이라는 것을 지속해서 죽을 때까지 처음 그 마음을 유지할 수 있을까? 그렇지 않다는 것을 여러분은 알 것입니다.

그래서 이름 좀 알려진 사람들이 이 행복에 대한 정의를 내리지 못하고 이런 말, 저런 말을 하며 여러분의 감성을 흔드는 것이어서 이런 말에 끄달리면 그 속에서 빠져나온다는 것은 사실 매우 어렵습니다. 그래서 그들이 말하는 행복이라는 것을 좀 더 파고들면 일반인들이 생각하는 행복과는 다른 점이 상당하다는 것을 알 수 있을 것입니다. 그래서 답 없는 말을 철학적, 사상적으로 말하니 한도 끝도 없는 말이 만들어지고 있는 것입니다.

다시 말하지만, 인간이 지구 상에 존재하는 것은 제각각의 마음이 다르므로 존재하는 것이어서 이 때문에 행복의 기준은 지극히 주관적이며 사람마다 다르다고 해야 맞기 때문에 행복의 정의는 없는 것입니다. 따라서 행복이라는 것은 애초에 이건 자기 자신이 판단하는 것이지, 다른 사람이 판단할 수 있는 것이 아니라는 이야기입니다. 예를 들어 출세해서 사회적 성공과 부를 거머쥔 사람은 행복할 것이라며 동경하지만, 공장에서 때를 묻히며 성실하게 사는 노동자를 가리켜서는 불행한 밑바닥 인생이라고 암묵적으로 바라보는 것도 매우 잘못된 의식입니다. 이 세상을 보면 부와 권력을 갖고 있으면서도 자살했던 사람들도 있었고, 평범한 공장 근로자로 살면서도 성실하게 가족들과 열심히 살며 만족해하는 사람들도 있음을 알아야 할 것이고, 결국 행복, 불행이라는 것은 남들이 대신 평가해주는 게 아님을 명심해야 합니다.

결론적으로 진정한 행복의 기준은 오늘 하루 내 마음에 흔적 없이 사는 것이고 이 흔적을 없애면서 사는 것의 기본은 '이치에 맞게 살면 된다'입니다. 그래서 앞에 '인간이 사는 목적은 바로, 이 행복 때문이다.'라고 하는 말은 뜬구름 잡는 말이 되는 것이고, 물질이 많든 적든 오늘 하루를 살면서 그 삶에 만족하는 사람이 하루하루 느끼는 편안한 감정이 행복의 기준이고, 행복하게 사는 방법이라고 해야 이치에 맞는 말이 되어서 이 말 새겨들어야 합니다.

또 행복을 과학적으로 연구하는 긍정 심리학에 따르면 '행복하기 위해서는 자신이 좋아하는 일을 하면서(몰입), 사랑하고 아끼는 사람들과의 지속적인 관계가 유지되어야 한다.'라는 말을 하기도 하는데 이 말 역시 이룰 수 없는 것, 지속적인 것이 될 수 없어서 이 말 의미 없는데 그 이유는 이런 말이야 그럴듯하지만 사실 이 마음을 가진 인간, 업을 가진 인간은 그 업의 이치가 수시로 바뀌기 때문에 그렇습니다.

이같이 말하는 사람들은 또 '행복감을 얻지 못하면 우울증에 걸릴 수도 있다.'라는 말을 하는데 우울증은 이런 것으로 오지 않으며 우울증이라는 것은 각자의 업과 빙의 작용 때문에 우울증은 오는 것이어서 정의되어 있지 않은 행복을 얻지 못해서 우울증에 걸린다는 말은 매우 잘못된 말입니다. 따라서 각자의 삶은 업에 의해 진행되고, 그 삶의 과정은 하나의 동기부여는 되겠지만, 우울증의 근본 원인은 행복을 얻지 못해서 얻어지는 것은 아님을 명확하게 여러분이 정립해야 할 것입니다. 결론적으로 행복의 기준, 정의는 없으며 당장 내가 바라는 것이 얻어졌을 때 순간 느끼는 감정일 뿐이고, 그 감정은 금세 사라지는 것이어서 영원한 행복이라는 것은 절대로 없으니 신기루와 같은 행복을 꿈꾸며, 몽롱한 꿈에 취해 살지 않는 의식을 만들어가는 것이 최선임을 명심해야 합니다.

060 인간에게 질병이 갑자기 찾아오는 이유는 무엇인가요?

(답) 사람에게 나타나는 여러 가지 현상, 태어나면서부터 장애를 가지고 있는 경우와 살아가면서 나타나는 경우 등이 있지만 여기서는 질병에 대한 부분만 말하면 다음과 같습니다. 나는 인간이 삶을 살아가는 과정에 무수하게 나타나는 여러 가지의 현상이 있는데 이것은 몸(물질)으로 나타나는 것도 있고, 마음(비 물질)으로 나타나는 온갖 현상은 반드시 그렇게 되어야 할 이유는 반드시 자업자득 인과

응보의 이치에서 내가 전생에 만들어서 나타나고 있는 것이라고 말했고, 또 이런 이치를 아는 것이 깨달음이라고 말했는데 문제는 보통 사람들이 말하는 대로 '우연히'라는 것은 존재하지 않음으로 먼저 이 부분 반드시 정립해야 합니다.

따라서 누가 '나는 부모가 연애해서 태어난 것이다.'라는 식의 말은 쓸데없는 말장난이고, 또 절대자 등이 나를 존재하게 했다, 무엇의 지배를 받는다는 식의 말도 모두 잘못된 말, 이치에 맞지 않는 말입니다. 따라서 질문에 대한 답을 예를 들어서 해보면 여러분이 시외버스를 타고 어디를 가면 그 버스는 이곳저곳을 들리며 돌다가 결국 목적지인 종착지에 도착하게 됩니다. 이것은 그 버스가 그렇게 다녀야 할 이유가 있어서 그런 것이기에 이 개념으로 보면 인간의 삶이라는 것은 반드시 그렇게 정해진 운명이 있어서 일생을 살면서 각자가 지은 업에 따라 여러 가지 현상이 나타나는 것이어서 이것을 부정하는 사람은 각자가 가진 의식, 관념에 따라 알아서 살아가면 되고, 부정하면서까지 내가 말하는 것을 봐야 할 이유는 없습니다.

사업하다가 실패를 한 사람은 '그렇게 되어야 할 이유가 있어서' 그렇다고 해야 맞고, 잘살던 부부가 헤어지거나 죽거나 바람을 피우거나 하는 것도 그렇게 되어야 할 이유가 있어서이며, 또 자식으로 태어나는 경우도 그 자식이 둘 사이에서 태어나야 할 이유가(업) 있어서 태어나는 것이라는 것이 진리적인 입장입니다. 예를 들어 자식을 여러 명을 낳았는데 그 자식마다 성향이 다 다른 것도 전생에 내가 지은 업에 따라 그 업의 인연(업연)이 되어 이생에 자식으로 태어나는 것입니다. 그래서 누가 말을 듣지 않으면 '전생에 내가 무슨 업을 많이 지어서 이런 고통을 받는가?'라는 말을 하기도 합니다. 그런데 이런 인연이 있음에도 불교는 '나는 부모가 연애해서 태어난 것이다.'라고 하여 운명 자체를 부정하니 이 얼마나 안타까운 일인가?

그러면서 '이것은 부처의 말이고, 부처의 법이다, 진리의 말이다.'라는 식의 말만 나열하니 여러분은 이 부분을 어떻게 정리할 것인가? 따라서 의식이 덜 깨어난 사람은 감성적인 말에 끄달려 살지만, 의식이 깨어 있는 사람은 어떤 말이 맞는가, 맞지 않는가를 구분하고 그것을 행동으로 실천하고 사는 사람이라고 해야 맞는 말이 됩니다. 어찌 되었든 몸을 가지고 사는 인간의 입장이기 때문에 질병은 갑자기, 그냥, 우연히 발생 되는 것이 아니라 내가 전생에 어떠한 행위를 했는가에 따라 그것이 나의 몸의 세포로 작용하기도 하고, 또는 질병이라는 것(물질 이치, 진리 이치 두 가지로 작용함)으로 작용하게 되어서 질문처럼 '갑자기 찾아오는 이유'는 없습니다.

그래서 이런 이치를 알면 여러분에게 미리 이것을 먹어라, 이것을 하라는 식의 말을 할 수 있는데 문제는 여러분이 현실적으로 몸에 질병이라는 것이 내 몸에 있어야만 부랴부랴 뭔가를 찾고 있어서 이 부분은 매우 안타까운 일인데 진리의 작용, 업의 작용을 알면 가래로 막을 것 호미로 막을 수 있어서 법을 알고 사는 사람과 모르고 사는 사람은 차이가 있습니다. 그래서 여러분은 현실에서 '보험'이라는 것에 가입하는 데 보험의 목적은 나중에 나에게 무슨 문제가 있으면 큰돈이 들어가게 되는데 그 부담을 줄이기 위한 수단으로 보험을 들지만,

현명한 자는 내 몸에 이상이 없을 때 내가 말하는 진리 이치를 알고 그것에 맞게 마음을 만들어가는 사람이라고 나는 말한 것입니다. 그래서 물질 이치에서 현실적으로 적당한 보험도 필요하겠지만, 반대로 진리적으로는 비물질에서 보이지 않는 마음을 만들어가는 생활, 이 두 가지가 균형이 맞았을 때를 '중도의 삶'이라고 하는 것입니다.

따라서 전생의 업으로 발생하는 여러분의 삶은 절대 피해서 갈 수는 없고, 반드시 그 업이 작용하는 시가(때)가 있어서 나타나기 때문에 무식한 사람들이 하는 말이 '어느 날 갑자기 나에게 왜 이런 병에 걸렸을까?'라고 자신의 처지를 생각하고 '재수 없이 나만 걸렸다.'라고만 생각하는데 매우 잘못된 의식입니다. 사실 이런 부분은 종교를 가지고 있는 사람에게도 나타나는데 어떤 종교는 '그분의 뜻으로, 그분이 나를 실험하느라고'라는 식으로 자업자득이 아닌 타력에 의해서 몸에 병이 생기는 것은 나를 시험에 들게 한 것으로 생각하는데 대단한 착각입니다. 그래서 자력과 타력의 개념을 반드시 여러분은 정립해야 하고, 이것이 정립되지 않으면 앞서 말한 대로 각자의 의식, 관념에 따라 인위적으로 판단하고 살아가게 되어 있습니다.

불교도 이 업의 작용을 명확하게 알지 못하기 때문에 하는 말이 뭔가? '보왕삼매론(寶王三昧論)'이라는 경을 보면 "(1) 몸에 병 없기를 바라지 마라. 몸에 병이 없으면 탐욕이 생기기 쉽나니, 그래서 성인이 말씀하시되 「병고로써 양약을 삼으라.」 하셨느니라. (2) 세상살이에 곤란함이 없기를 바라지 마라. 세상살이에 곤란함이 없으면 업신여기는 마음과 사치한 마음이 생기나니, 그래서 성인이 말씀하시되

「근심과 곤란으로써 세상을 살아가라.」하셨느니라."라는 말이 있는데 이 말은 인간에게 나타나는 여러 가지 괴로움은 '당연한 것'이기 때문에 이런 것으로 스스로가 위안 삼고 살아가게 만든 감성적인 말에 불과하고, 수박의 표면을 말하는 것이어서 쓸데없는 말이라고 해야 맞고, 내가 말하는 것은 인간에게 여러 가지 상황으로 나타나는 문제는 반드시 '그게 그렇게 되어야 할 이유의 근본'을 알기 때문에 근본적인 치유의 방법을 말하는 것이어서 나는 수박의 속을 말하고 있어서 이 부분 정립해보면 내 말이 얼마나 소중한 말인가를 알 수 있을 것입니다.

비단 인간에게 질병으로만 갑자기 찾아오는 것이 아니라 인연이라는 것도 갑자기 찾아오는데 이것은 말 그대로 '갑자기'가 아니라 '그렇게 되어야 할 이유, 인연'이 있어서 그런 것이어서 여러분의 전생 이치를 알면 이생에 여러분 앞에 나타나는 것이 여러분과 어떠한 업연인가를 쉽게 알 수 있는 것입니다. 그래서 그것에 마음이 끌리는 것은 좋지 않은 업이든, 좋은 업이든 마음에 끌림이 일어나게 되고, 여러분의 입장은 단순하게 마음이 끌리니 그 마음에 따라가는 것이 일반적이고, 내가 말하는 것은 마음에 끌림이 있더라도 그 업이 여러분과 좋지 않은 업이라면 이생에서 과감하게 그 마음을 정리하는 것이 여러분의 업의 이치(운명)를 바꾸는 것이 됩니다. 그래서 이 법당에 와서 이런 말을 마음에 새기는 사람과 새기지 않고 사는 사람은 현실의 삶에서 차이가 있는데 이것은 여러분이 쉽게 체득할 수 있지만, 여러분 의식에 따라 체득하지 못할 수도 있습니다.

내가 말하는 글을 똑같이 보지만 실제 자신이 체득한 부분을 조금이라도 아는 사람과 체득을 느끼지 못하는 사람은 이 법을 대하는 마음이 다릅니다. 왜 이런 말을 하느냐면 앞서 말했지만, 여러분은 잘 모르겠지만, 여러분 몸에 어떤 질병이 발생 될 것도 사전에 차단해 주는 부분도 있는데 이런 부분은 현실로 나타나지 않고 보이지 않는 부분이라서 여러분이 긍정하기 어려울 것입니다. 그래서 이치에 맞는 말을 따르면 환경도 좋아지지만, 진리적으로는 이치가 바뀌기 때문에 질병 등도 그 마음에 맞게 가래로 막을 것 호미로 막게 해 줄 수 있어서 이런 부분은 여러분이 이 법을 얼마나 마음에 새기는가에 따라 다 다릅니다.

그래서 질문에 '질병이 갑자기 찾아오는 이유는 무엇인가?'에 대한 답은 각자가 지은 전생의 업에 따라서 찾아오는 것이라고 해야 맞고, 같은 질병이라도 사람마다 다 다르게 나타나는 것은 마음이(업이) 다 달라서 그렇다고 해야 맞으며, 이런 이치를 알고 평소 이치에 맞는 말을 따르며 삶을 사는 것이 진리적으로 '보험'에 들어가며 사는 것이라고 해야 맞아서 이 판단은 여러분이 정립해야 할 것이고, 다시 말하면 사람에게 나타나는 모든 현상은 '갑자기 우연히'라는 것은 없다는 점 명심해야 합니다.

061 타인이 나에게 정당하지 않은 걸로 뭐라고 해도 저는 상대에게 싫은 소리를 잘하지 못하고 혼자 참으면서 스트레스를 받는데 고칠 수 있을까요?

답 여기서 중요한 것은 질문에 '정당하지 않은 것'이라는 말을 했는데 문제는 이 정당 함이라는 것을 어떤 기준에서 볼 것인가부터 먼저 정립을 해야 합니다. 그다음 나와 직접 관련이 있는 문제인가, 아닌가를 봐야 하고, 내가 상대에게 싫은 소리를 들어야 할 행동을 했는가? 등 복합적인 상황을 봐야 무엇이 원인인지 알 수 있고, 내게 문제가 있어서 싫은 소리를 듣는 것이라면 나를 고치면 됩니다. 그래서 질문을 보면 내가 생각하기에 나는 '정당한 행동'이라고 생각되는 것을 했지만, 그것을 타인이 뭐라고 했다면 일단 나 자신의 행동은 반드시 윤리·도덕·양심에 비추어 맞는 행동이어야 하고, 나아가 진리적으로 이치에 맞는 행동이 되어야 합니다. 그런데도 그 상대가 뭐라고 했다면 그 상황에 맞게 적당하게 뭐라고 따질 수 있지만, 이 기준에 벗어나 본인 스스로 생각하기에 '나의 행동은 정당한 것'이라는 생각만으로 질문과 같은 물음은 잘못된 것입니다.

사람들은 누구나 자신들이 하는 말과 행동이 다 맞고, 옳다고 생각하고 삽니다. 그래서 현실에서 정당하다, 정당하지 않다는 것은 윤리·도덕·양심에 비추어 기준으로 삼고 뭐라고 하는 것이 전부인데 문제는 어떠한 사안인가에 따라 이 기준은 변하게 되어 있다는데 그 문제의 심각성이 있습니다. 얼마 전 사회적으로 문제가 된 부분도 깊게 그 본질을 따져보면 알 수 있고, 주변에서 무수하게 일어난 사건, 사고를 보면 그들이 한 행동이 정당한가 아닌가는 쉽게 알 수 있습니다. 또 하나는 정치적으로 어떠한 권력을 잡은 사람인가에 따라 스스로가 자기 생각, 의식이 맞는다고 고집한다면 이것을 바로잡기란 매우 어려운데 그 이유는 권력이라는 것을 가지고 있어서 그렇습니다.

이 부분은 과거 '충신과 역적'이라는 이름으로 발생한 역사적으로 무수한 상황을 보더라도 쉽게 알 수 있는 부분인데 문제는 상대가 어떤 의식인가에 따라서 그 사람이 생각하기에 내 행동은 충신의 행동, 혹은 역적의 행동이 되기도 합니다. 사실 요즘 세상에 어떠한 사안에 대하여 어떠한 지위에 있는가에 따라서 말이라는 것이 다 달라서 심각한 사회적 문제가 일어나고 있는데 이것은 인간의 기본기가 되어 있지 않은 사람에게 심하게 나타나는 현상이기 때문에 방송을 보면 이런 부분은 쉽게 알 수 있습니다. 방송에 보면 자신의 인생은 구질구질하게 살면서 어떠한 것으로 이름이 알려지면 그 사람은 방송에서 다른 사람, 남에게 뭐라고 훈계를 하는데 참으로 구질구질한 인생입니다.

최소한 남에게 뭐라고 하려면 먼저 자신의 인생이 윤리·도덕·양심에 반하지 않는 삶이어야 하지만 그렇지 않은 사람이 자기 기준으로, 의식으로 타인에게 뭐라고 훈계를 한다는 것은 매우 어리석은 사람입니다. 또 수십 년 방송에서 주둥이를 놀리며 말이 되지 않는 말로 말장난하는 사람들이 상당한데 보통 사람들은 그것을 보며 낄낄대고 웃어가면서 재미있다고 넋 놓고 보는데 참으로 안타까운 일입니다. 그래서 과거에도 한 말이지만 TV는 바보상자라고 말했는데 이 말은 인간의 의식을 흐리게 하는 것(말이나 행동)들이 상당하므로 그렇습니다.

그래서 윤리·도덕·양심에 반하는 말인지도 모르고 또 이치에 맞는 말인가 아닌가도 모르고 이름 좀 알려진 사람들이 무슨 말을 하면 어리석은 사람들은 그들이 그렇게 말했으니 맞는 말이라고 따라 하는데 매우 잘못된 의식이고, 티브이를 보지 말라고 하면 '그런 것도 보지 않고 무슨 재미로 사냐?'라는 말을 하는데 이런 사람들이 바른 의식을 가지고 있다고 할 수 있겠는가를 생각해봐야 할 것입니다. 다시 말하지만, 인생이라는 것은 재미로 사는 것이 절대 아닙니다. 끊임없이 자기 자신을 위하여 노력하고 살아도 짧은 인생인데 정신 차리고 살지 않으면 고난의 연속, 괴로움의 연속인 윤회를 계속하게 되고, 이생에서 처한 환경은 절대로 변하지 않음을 명심해야 합니다.

따라서 아비규환인 이 세상을 잘 사는 방법은 무조건 내 처지에서 남이 정당하지 않은 걸로 뭐라고 하면 먼저 뭐라고 소리를 듣는 그것의 뭔가에 따라 스스로가 태도를 결정하고 그것에 맞게 행동을 상대에게 취하는 것이 좋습니다. 다만, 앞서 말했지만 막연하게 자신의 관념에서 '정당하지 않은 걸로 뭐라고 해도 상대에게 싫은 소리를 잘하지 못하고 혼자 참으면서 스트레스를 받는다.'라고만 생각하면 안 되고, 스스로가 먼저 그 문제의 본질을 명확하게 정리한 다음 그에 맞는 행동을 하는 것이 이치에 맞고, 이같이 하면 혼자 참으면서 스트레스를 받을 일이 없습니다. 질문 내용으로 보면 '남이 나에게 뭐라고 하는 상황이 정당한가 아니면 불합리한 태도인가'를 먼저 구분하는 것이 중요합니다.

또 그 상황에 맞게 응대하고, 참아야 할 상황이면 참고, 참지 않아야 할 상황이면 그 상황에 맞게 응대를 해주는 것이 스트레스를 받지 않고 살아가는 제일 나은 방법입니다. 또 하나의 상황은 직장에서 윗사람이 나에게 뭔가의 꼬투리를 잡으려고 객기를 부리고, 뭐라고 하는 사람도 있는데 이런 상황은 두 사람이 대화로 풀어야 할 경우도 있지만, 또는 직장 상사에게 이런 내용을 말하고 중재를 받아야 할 상황도 있어서 질문은 막연한 말이 되고, 세부적으로 그 내용이 뭔가를 알면 질문과 같은 문제는 쉽게 해결할 수 있습니다.

062 좋은 리더와 좋은 가장이란 무엇인가요?

(답) '좋은 리더란 무엇인가'에 대한 답은 한마디로 정형화해서 말할 수는 없는데 그 이유는 열 명의 사람이 생각하는 '좋은 리더'에 대한 관념이 개인적으로 다 달라서 그렇습니다. 어떤 조사기관에서 '좋은 리더'에 대한 덕목이 무엇인가를 물었는데 그것을 보면 (1) 책임감, (2) 상황에 대한 판단력, (3) 소통 능력, (4) 전문성, (5) 포용력 등이라고 설문조사에 답을 했는데 이같이 순서를 정하는 자체가 잘못된 것입니다. 그 이유는 어떤 상황에서는 포용력이 우선되어야 하는 경우가 있어서 그렇고, 어떤 경우는 소통이 우선되어야 하는 상황 등이 다 달라서 그렇습니다.

그래서 질문에 대한 것은 같은 질문에 대한 제각각의 사람들이 자신의 의견을 개진한 것이고, 이것이 좋은 리더의 기준이 될 수는 없으며 내가 말하는 '좋은 리더'는 그 상황에 맞게 적절하게 능력, 기질을 발휘하는 사람이 좋은 리더라고 해야 맞는 말이 됩니다. 예를 들어 '어떤 가장이 좋은 가장인가?'에 대한 물음을 물으면 이 말에 대하여 여자들이 생각하는 '좋은 가장'이라는 관념이 다 다르므로 이 부분에 대한 답도 정형화해서 말할 수는 없는데 그 이유는 앞서 말한 대로 각자의 관념, 의식이 다 달라서 그렇습니다. 또 다른 각도에서 보면 질문과 같은 경우도 나에게 뭐라고 하는 그 상대와 나의 업관계 때문에, 혹은 그 사람에게 있는 빙의의 마음이 나와 업연이 있어서 그 사람의 몸과 마음을 빌려서 나에게 그렇게 하는 예도 있습니다.

여러분이 알아야 할 것은 지금 여러분이 어떤 직장이나, 가정 사회적인 상황에 부닥쳐있다면 반드시 그 상황에서 풀어야 할 업연의 인연들이 항상 존재하고 있어서 나는 여러분이 처한 환경은 반드시 여러분이 그런 환경에 있어야 할 이유가 있어서 존재하는 것이라고 말한 것입니다. 그래서 처한 지금의 환경을 앞서 말한 대로 이치에 맞게 풀어가면 오히려 이치가 바뀌어서 원만한 대인관계를 할 수 있고, 같은 회사 생활을 하더라도 인간사적인 부딪힘이 줄어들고 마음은 편안해지게 되어 있어서 이런 부분은 실제 여러분이 체득할 수 있는 부분이기도 합니다. 그래서 나는 마음을 어떻게 만드느냐에 따라 여러분의 환경은 변한다고 말했는데 이것은 반드시 여러분이 이치에 맞는 말을 수용하고 따르는 조건이 있어야 가능한 것이고, 내가 한 말을 자신의 관념으로 정리한다고 해서 해결될 부분은 아닙니다.

그 이유는 어떤 상황에 대한 자의적인 해석은 반드시 '나'라고 하는 아상(我相)이 개입 되게 되어 있어서 그렇습니다. 그래서 여러분이 아무렇지 않게 행동하는 그것도 나와 선율이 입장에서 '그것은 잘못되었다.'라고 말하는데 그 이유는 나와 선율이는 나라는 아상이 없어서 객관적으로 보는 처지와 어떤 것에 대하여 아상이 있는 여러분이 보는 처지가 다르므로 이 부분 정립해봐야 할 것입니다. 따라서 질문에 '좋은 리더, 좋은 지도자, 좋은 상사, 좋은 부모' 등에 대하여 사회적으로 숫자로 몇 퍼센트를 정하여 마치 그것이 표준인 것으로 말하는 논리는 이치에 맞지 않는다고 해야 맞기 때문에 여러분 중에 "1위가 책임감이다."라는 말만 생각하고 있다면 잘못된 의식인데 그 이유는 어떤 것에 어떤 책임을 짓는 것이 책임이라고 할 것인가의 문제가 있어서 그렇습니다.

다시 말해 '1위가 상황에 판단력'이라고 하는 말도 어떤 상황에서 어떤 판단을 누가 하는가는 사람마다 다 다릅니다. 결론적으로 '좋은 리더'라고 하는 것은 '그 상황에 맞게 행동하는 자'를 좋은 리더 좋은 팀원이라고 해야 맞고, 이것은 사람마다 그 기준이 다 다르기에 일반적으로 '좋은 리더'에 대하여 수치(%)로 구분을 지어서 말하는 것은 사실 아무런 의미 없습니다. 예를 들어 현실적으로 회사를 운영하는 사장은 회사 내의 모든 것을 다 알고 수용하고 포용해야 현실에서 원만한 회사를 운영할 수 있고, 이것이 되지 않으면 아무리 물질이 많다고 해도 원만한 회사를 운영할 수 없습니다. 이것은 성공한 사람들을 보면 다방면의 능력을 고루 갖춘 사람이 성공하는 것이지 특정한 것만 능력이 있다고 해서 성공할 수는 없다는 이야기입니다.

이 말은 아무리 돈을 많이 번 가장이라고 해서 어느 한 부분이 부족하면 그 가정을 원만하게 꾸려갈 수 없는 것과 이치는 똑같습니다. 과거 어떤 대통령이 '좋은 대통령이다.'라고 여러분은 말하는데 이것도 특정한 부분이 부각이 되어서 그렇고, 세부적으로 보면 좋은 대통령이 아닐 수도 있다는 이야기입니다. 다시 말하면 어떤 것에 두각을 나타내어 이름이 알려졌다고 하면 어리석은 사람들은 그 사람이 모든 것을 다 잘할 것으로 생각하는데 이것은 매우 잘못된 의식이며, 또 좋은 학교를 나왔다고 하면 이 사람의 의식이 바르다고 생각하는데 마찬가지로 잘못된 의식입니다. 그래서 요즘 어디 학교를 나왔다는 말을 앞세우며 나 잘났다고 자신의 아상을 들어내는 사람들이 상당한데 안타까운 일입니다.

이 개념으로 사회 전반을 보면 어떤 것으로 이름 좀 알려지면 어리석은 인간들은 그들이 하는 모든 말, 행동이 맞는 말이고, 정석이고, 표준으로 생각하고 넋 놓고 그들의 말을 보는데 이것은 누구 탓할 것 없고 나 자신의 의식이 잘못되어 있다는 것 알아야 할 것입니다. 어떤 요리사가 어떤 요리를 하면 그렇게 하는 것만이 표준이고, 맞는 것, 맛있다는 생각으로 따라서 하는 행동 잘못된 것입니다. 따라서 '좋은 리더, 좋은 가장이란 무엇인가'에 대한 답은 그 상황에 맞는 행동을 하는 사람이라고 해야 맞고, 인간은 어느 한쪽에 치우치게 되면 의식이 절대로 깨어나지 않는다는 것을 명심해야 합니다. 그래서 어릴 때부터 두루두루 모든 것을 섭렵하는 것이 맞고, 의식 또한 열려 있어야만 원만한 인생을 살 수 있어서 이 말 새겨봐야 할 것입니다.

그래서 전문성의 직업을 가진 사람도 그 분야를 전문으로 했다고 하더라도 그것이 아닌 다른 것도 골고루 아는 의식을 가져야만 하는데 현실을 보면 그렇지 않고 외고집의 삶을 사는 사람이 상당한데 이것은 특히 전문직을 가진 사람들을 보면 쉽게 알 수 있을 것입니다. 이 글을 보는 여러분도 '좋은 리더, 좋은 가장이란 무엇인가'에 대하여 넓은 시각으로 다시 한 번 깊게 정립해보는 시간이 되었으면 합니다.

따라서 내가 말하고자 하는 것은 물의 물에 물 탄 듯 술에 술 탄 듯 사는 사람을 말하는 것이 아니라 어떤 상황에서 그 상황에 맞게 최선을 다하는 사람을 말하는 것이고 막연하게 '너도 좋고 나도 좋고, 누이 좋고 매부 좋고'라는 식으로 살아가는 사람을 좋은 리더, 가장이라고 하는 것이 아님을 정립해야 합니다. 바로 이런 부분을 여러분이 확실하게 정립하는 것이 내가 말하는 마음 공부법이어서 이런 부분을 명확하게 여러분이 정립하지 못하면 여러분의 의식은 절대로 깨어나지 않음을 명심해야 하고, 의식이 깨어나지 않으면 여러분의 삶의 환경은 변하지 않으며 이치는 절대 바뀌지 않습니다.

063 첫인상으로 사람을 판단해도 되나요?

답 답은 '판단해도 된다.'입니다. 이같이 말하면 보통 사람들도 상대를 보면 나름대로 느낌이 들고 어떤 식으로든 판단하므로 각자가 보는 느낌이 맞는다고 생각할 수 있는데 문제는 그 판단이 물질적으로 보통 사람들이 생각하는 것이거나, 아니면 심리적으로 '그럴 것이다.'라는 식으로 판단하는 것이 전부입니다. 예를 들어 어떤 컵의 모양을 보고 '이같이 생겼다.'라는 것, 혹은 험상궂게 생긴 사람을 보고 '인상이 험하다.'라는 말을 하고, 또는 어떤 사람을 보고 순하게 생겼다, 악하게 생겼다 등을 보통 사람들은 대부분 판단합니다. 일반 사람들은 상대의 말과 행동을 보고 여러분도 마음을 가졌기 때문에 대략적 판단을 하는데 그러나 내가 말하는 것은 여러분이 판단하는 것 그 이면의 것을 보고 '저 사람이 왜 존재하는가? 왜 다른 생김새를 가지고 있으며, 왜 저런 성향을 보이고 있는가?' 등을 판단하는 것과는 차원이 다른 판단입니다.

물론 나도 인간이기에 일반적으로 여러분이 판단하는 것을 다 하지만 내가 사람을 보고 판단하는 것은 수박의 표면(물질=보이는 것)을 말하는 것이 아니라 수박의 속(보이지 않는 수박의 그 속=참(眞) 나)을 알고 말하는 것이어서 이 구분이 여러분과 내가 보는 차이입니다. 다시 말하면 내가 어떤 사람을 보면 그 사람의 몸 구석구석을 다 알고, 그 사람의 마음이 무엇이며, 왜 저런 행동을 하는가의 뿌리를 알기 때문에 이 법이라는 것을 말할 수 있다는 것이고, 일반적으로 여러분이 사람을 판단하는 것과는 다르다는 것입니다. 질문에 '첫인상'이라는 말을 했는데 이것은 오직 인간만이 상대를 보고 느끼는 감정이지 기타의 생명체는 아상의 마음이 없어서 상대를 볼 때 인간과 같은 감정, 느낌을 갖지는 않습니다.

왜 이 말을 하느냐면 인간은 사상이 있어 자신의 감정, 관념, 본성이 개입된 마음으로 상대를 본다는 이야기입니다. 그래서 내가 사람을 보는 것과 같은 개념으로 여러분은 그 사람의 뿌리(근본)를 볼 수 없는 것입니다. 만약 내가 여러분과 같은 눈을 가지고 상대를 보고 느끼는 것도 같다면 법을 말할 수가 없다는 이야기입니다. 그래서 아상의 마음을 가지고 있는 사람이 세상에서 법이라는 것을 말한다고 하는 데 문제는 아상 이 있는 사람은 그 입에서 '이치에 맞는 말'을 할 수도 없는데 그 이유는 일반 사람과 그 의식이 다르지 않고 똑같아서 그렇습니다.

예를 들어 자식을 '금쪽'이라고 생각하는 사람과 나는 금쪽이 아니라 업둥이라고 말하는데 이 두 가지의 상황을 보고 여러분이 '금쪽'이라고 생각한다면 여러분은 인간적인 감성에 치우친 것이 되지만, 업둥이라고 생각한다면 그 자식은 금쪽이 아님을 알게 되는데 이 같은 말은 서로 전혀 다른 시각이기 때문에 온 세상 사람들은 '아상'이라는 것이 있어서 보통 자식을 낳으면 앞서 말한 대로 인간적인 감성이 개입되게 되어 있지만, 인간이 아닌 동물들은 아상이라는 것이 없어서 새끼를 낳아서 키우지만, 그러나 그 동물은 오직 동물학적인 본능의 행동을 하는데 인간과 같이 저 새끼는 이렇고, 이 새끼는 이렇다는 식의 판단은 하지 않습니다. 이런 동물들의 행동을 이해하면 인간이 가진 이 '아상'이라는 것이 뭔가는 쉽게 정립할 수 있을 것입니다. 왜 이런 말을 하느냐면 이런 부분을 여러분이 분별하지 못한다면 사람을 볼 때 단순하게 느끼는 감정으로만 상대를 판단하게 되어 있습니다.

다시 말하면 어떤 사람이 자식을 낳았다고 하면 그 자식을 낳은 부모는 그 자식을 객관적으로 판단할 수 없는데 그 이유는 내 몸에서 낳은 자식이기에 인간적인 감정이 깊게 자리합니다. 이 때문에 오죽하면 '고슴도치도 제 자식이 제일 잘생겼고, 곱다, 귀하다.'는 말이 생겨난 것이라고 해도 무리는 없을 것입니다. 또 다른 차원에서 보면 시중에서 철학적으로 사람의 관상(觀相)이나 수상, 족상 등 몸의 구석구석을 보면서 그 사람의 운명을 안다고 말하는데 이것은 매우 잘못된 것이고, 그런 것으로 사람의 근본적인 본질을 알 수 없는데 그 이유는 자연 속에 존재하는 인간을 알려면 반드시 자연의 섭리를 아는 자만이 알 수 있어서 그렇습니다. 만약 생명체인 어떠한 물질을 분석하여 인간이라는 생명체의 본질을 알 수 있다면 이 사람은 도를, 진리를 깨달았다고 하는 그 어떤 존재보다 우월하고 능력 있는 인간이 될 수 있을 것인데 이것은 논리에 맞지 않습니다.

정리하면 보이고, 움직이는 모든 것을 인간은 다 볼 수 있어서 심리학적 행동으로 사람을 분석하기도 하는데 이런 것으로 사람의 근본 마음을 할 수 없고, 존재 이유도 알 수도 없다는 것을 명심해야 합니다. 따라서 일반 사람들이 상대를 보고 느끼는 것은 각자의 관념에 따라 평가하고 분석하는 차원일 뿐이고, 동물적인 행동학으로,

심리적인 반응을 보며 인간을 분석하여 보는 것이 전부입니다. 결론적으로 '첫인상으로 사람을 판단해도 되나요?'에 대한 답은 '해도 된다.'인데 문제는 이런 판단은 누구라도 하겠지만, 양의 탈을 쓴 인간인가, 아니면 양의 탈을 썼지만, 그 사람의 본질도 양인가를 여러분은 알지 못하는데 그 이유는 진리적으로 좋지 않은 업을 가졌어도 겉으로는 양인 척 위선으로 가리어진 사람도 있고, 또 본래가 진리적으로 순한 사람이지만 세상사 풍파에 시달려 늑대의 표정을 나타낼 수 있어서 그렇습니다.

그래서 여러분이 판단하는 것은 사물을 보고 여러 가지로 평가를 하는 것과 같고, 내가 말하는 것은 그 사물(인간)이 그렇게 모양을 하고 존재하는 그 사람 본질의 바탕이 그래서 이생에 그런 모습(형상)을 하고 있다는 뿌리를 알고 나는 말하고 있어서 일반 사람이 첫인상으로 사람을 판단하는 것과 다른 차원에서 본질적인 평가를 하고 있는데 이것은 나라고 하는 아상(我相)이 개입되지 않은 상태에서 보기 때문에 그렇습니다.

수박의 표면은 누구나 다 쉽게 보고 평가할 수 있지만, 그 수박의 모양은 결국 그 수박 속에 있는 근본 이유가 있어서 보이는 물질로 표면에 나타나 있다는 것을 알 수 있어서 이 부분 새겨봐야 할 것입니다. 따라서 '첫인상으로 사람을 판단해도 되나요?'라는 말에 답은 일반적으로 '그렇다.'라고 하면 되겠지만, 이것은 개인적인 주관이나 관념이 개입되게 되어 있어서 그 판단이 100% 옳다고 말할 수는 없는데 그 이유는 각자의 아상이 개입된 입장에서 평가하는 것이어서 그렇고, 아상이 하나도 없는 사람만이 진리 이치를 아는 사람만 유일하게 '첫인상으로 그 사람을 본질을 정확하게 뿌리까지 알 수 있고, 판단할 수 있다.'고 정립해야 맞는 말이 됩니다.

064 사람은 변하나요. 변하지 않나요?

(답) 일반 사람들은 '나'라고 하는 아상(我相)의 마음이라는 것을 가지고 있어서 보통 사람은 그 마음이 100% 변하고, 나라고 하는 아상(我相)이 없는 사람은 변하지 않는 마음을 가지고 있어서 보통 사람처럼 변하지 않는다고 해야 맞는 말이 됩니다. 따라서 나는 남녀가 처음 연애할 때 '일편단심'으로 변하지 말고 '우리 백 년을 살자'는 말을 하는데 이거 웃기는 말, 말 같지 않은 말장난이라고 해야 맞는데 그 이유는 그 마음은 영원히 지속되지 않는 마음, 변하지 않는 마음이 되지 않기 때문에 그렇습니다. 지금, 이 글을 보는 여러분의 마음도 성장하면서 수시로 변하여 오늘에 이른 것이 아닌가? 결혼하고 산 사람이라고 하면 처음의 그 마음과 오늘날의 그 마음이 상당히 변했음을 알 수 있을 것입니다. 그래서 태양이라는 것 자체는 변하지 않지만, 그 태양의 빛을 받고 존재하는 지구 상에 모든 것은 변한다고 해야 이치에 맞는 말이 됩니다.

따라서 지구 상에 미미한 생명체로 존재하는 인간이라는 동물이 인지하는 그 마음은 어떻게든 변하게 되어 있고, 아상이 없는 사람만이 일편단심 변하지 않는 마음이 있어 법을 말할 수 있는 것이라고 해야 맞아서 이 부분 새겨봐야 하는데, 만약 법을 말하는 내가 보통 사람들처럼 마음이 수시로 변한다면 보통 사람들과 똑같은 마음을 가지고 있다는 이야기고, 그런 마음으로 이 법이라는 것을 말할 수 없을 것입니다. 보통 사람들이 말하기를 사람의 마음은 갈대와 같다는 말 쉽게 하는데 이 말만 보더라고 마음은 쉽게 흔들리고 변한다는 것을 알 수 있을 것입니다.

또 누구는 '마음은 가장 소중한 보배다, 마음은 강물이다. 몸은 멀리 있지만, 마음은 가깝게'라는 말도 하고, 또 '이름은 다르지만, 마음은 같다는 식의 말 무수하게 하는데 이런 말은 모두 어떤 상황인가에 따라 감성적으로 하는 말이고 내가 말하는 것은 근본적으로 아상의 마음을 가진 인간의 마음은 한결같은 마음이 아니어서 결국 어떤 식으로든 변하는 것임을 말하는 것이고, 문제는 긍정의 마음(선의 마음)으로 변하는가? 아니면 흔들리는 마음(악의 마음)으로 변하는가의 차이만 다를 뿐이라고 해야 맞는 말이 됩니다.

예를 들어 여러분이 누군가와 어떤 약속을 했으면 그 약속만은 죽을 때까지 지키는 마음인가를 보면 여러분 마음이 변했는가 변하지 않았는가를 스스로가 판단할 수 있을 것입니다. 그래서 이 '약속'이라는 것을 하려면 최소한 그 약속은 세월이 가도 변하지 않아야 하는데 이게 쉽지 않은 것은 바로 그 중심에 '마음'이라는 것이 있어서 그렇습니다.

앞서 남녀 관계라는 것은 수시로 변한다고 말했는데 이것은 상대가 있는 상황이기 때문에 상대성에 따라 변하게 되고, 상대성이 없는 것, 즉 어떤 것에 대하여 스스로 '나는 이것만은 지켜야지, 해야지.'라는 마음을 먹었다고 할 때 그 마음이 변하지 않아야 하는데 지금까지 여러분은 스스로에게 한 약속이 변하지 않았다고 생각하는가를 되돌아보면 결과적으로 그 마음은 변하지 않았는가를 생각해보면 마음 하나 지키고 변하지 않게 간수를 한다는 것은 매우 어렵습니다. 나는 여러분에게 '내 마음을 말하고 있다.'라는 말을 했고, 이 마음은 화현의 부처님 자식으로 태어나 오늘에 이르기까지 수 천만년 세월 속에서도 변하지 않았기 때문에 그 마음을 펼쳐 보이는 것이라고 말했습니다.

이 말은 변하지 않는 마음을 가졌다는 것이고, 그래서 변하지 않는 진리 이치, 자연의 섭리를 여러분에게 법(法)이라고 말하는 것이고, 만약 이 마음이 변하면 진리의 작용을 말할 수 없는 것입니다. 따라서 어떤 사람이 막연하게 '마음은 소중한 보배다'라는 식의 말 무수하게 하는데 이 말은 듣기에는 그럴듯한 말이겠지만 대단히 잘못된 표현입니다. 또 '마음은 하늘이 주신 보배다'라는 말도 하는데 여러분은 모두 감성적으로는 그럴듯하게 들리겠지만, 의미 없는 말장난에 불과한데 그 이유는 '마음'이라는 것을 가지고 영원히 변하지 않는 마음을 가지고 산다는 것은 불가능에 가깝다고 해야 맞는 말이 되어서 그렇습니다.

마음이라는 기운은 자연이라는 기운 속에 사는 인간의 입장이기 때문에 그 마음은 수시로 변하고 이생에 마음은 전생에 마음이 이어져 오고 있고, 또 이생에 어떠한 의식으로 사는가에 따라 마음이 변해 오늘, 내일 마음이 변하고 다음 생에 마음으로 남기 때문에 본질적으로 인간의 마음은 나의 의식에 의해 무수하게 변하며, 결국 변하지 않는 마음이 되어야만 여러분은 괴로움의 늪에서 벗어나는 '해탈(解脫)'이라는 것을 하게 되어 있다는 점 명심해야 합니다.

또 하나의 측면에서 보면 빙의(憑依)의 마음이 내 마음에 작용하면 여러분의 마음은 조석으로 마음이 변하게 되고, 찰나 속에 그 마음은 역시 수시로 변하게 되어 있어서 흔들리지 않는 마음을 만들고, 변하지 않는 하나의, 마음으로 산다는 것은 매우 어렵지만, 문제는 이같이 변하지 않는 마음으로 만들어야만 앞서 말한 대로 여러분의 삶이 변하게 되기 때문에 이생에 살아가는 목적은 결국 마음을 감성적인 마음이 아닌 이치에 맞게 만드는 방법을 알고, 마음을 다스리는 방법을 알고 사는 것이 잘사는 삶이 된다는 것 깊게 새겨 봐야 하고, 결국 '이치에 맞게, 이치에 맞는 마음'으로 만드는 것이 내가 말하는 마음공부입니다.

중요한 것은 세상 사람들이 말하는 마음은 '참(眞) 나'를 기반으로 해서 말하는 '아상의 마음'을 보통 말하는 것이고, 내가 말하는 마음은 본래의 내 마음인 '참 나의 마음(감성이 개입되지 않은 마음)', 그리고 이 '참 나'를 기반으로 해서 인지하는 육신의 마음인 '아상의 마음(감성적인 마음)'이 두 가지의 마음을 말하고 있어서 이 부분도 누구도 말하지 못하는 마음이어서 세상에서 말하는 마음, 내가 말하는 마음의 논리를 여러분이 구분해야 합니다. 따라서 보통 사람들은 허상의 마음(감성적인 마음)을 내 마음으로 인지하고 살기 때문에 이 마음은 갈대와 같은 것이고 쉽게 흔들리게 되어 있다는 이야기입니다.

065 직장에서의 대인관계는 어디까지가 적정선인가요?

(답) 인간이 살아가면서 무수한 대인관계를 이어가기 때문에 인생을 사는 입장에서 어디까지가 대인관계인가를 한마디로 정형화해서 말할 수는 없습니다. 따라서 질문에 '직장에서'의 대인관계를 말했기 때문에 직장에 국한된 말을 하면 한마디로 '맡은 바 업무에 충실해라'이며, 그다음 '공적인 부분과 사적인 부분을 철저하게 분리해서 직장생활을 하는 것'이 중요합니다. 그런데 이것을 분별하지 못하면 맡은 바 직무에 충실하지 못하고 인간적인 감정에 따라 잘못한 것도 넘어가려 하고 자신의 그 말을 상대가 들어주지 않으면 너는 나쁜 사람, 혹은 그것도 들어주지 못하느냐는 식의 감정이 일어나게 됩니다. 따라서 직장에 가면 자신이 해결할 수 있는 일, 자신이 맡은 바 업무에 충실하고 그 업무에 부족함을 느끼면 어떻게 하든 방법을 찾아 소임을 다하는 것이 중요합니다.

이같이 해서 일에 충실하게 되고 숙련이 된다면 그것에 맞게 대인관계를 생각해 볼 수 있는데 본분도 다 하지 못하면서 인간사적인 부분으로 잡다한 말이 오고 가면 분명하게 얼마 지나지 않아 앞서 말한 대로 자신의 본분을 망각하고 인간사 감정이라는 것이 일어나게 되어 있다는 것입니다. 그래서 '빈 수레가 요란하다.'라는 말이 있는데 자신의 할 도리, 본분을 다하면서 주둥이로 한몫하는 사람들이 주변에 상당하고 이런 사람은 남이 하는 것을 보고 사사건건 꼬투리를 잡아 태클을 걸게 되어 있습니다. 문제는 이것이 기본이 되어야 하고 그다음 대인관계를 어떻게 해야 하는가의 문제인데 이것도 인간사적인 감정을 먼저 세우지 말고 직장이라는 것은 반드시 상하관계가 있어서 그에 맞는 처신을 하면 되는 데 문제는 여기서도 인간적인 감정으로 상대에게 들이대지 않는 것이 중요합니다.

이같이 자리를 잡게 되면 자연스럽게 그에 맞는 인간사적인 대화를 할 수 있는데 기본도 하지 못하면서 입으로만 한몫하는 사람도 있고, 또 본분도 잘하지 못하면서 기회주의자가 되어 어떻게든 자신이 잘한다는 것을 내세우며 튀는 행동 등을 하는 사람이 있는데 이런 사람들을 보면 대부분 기회주의자, 나 잘났다는 우월주의자가 분명합니다. 따라서 앞서 말한 대로 먼저 자신의 본분을 다한다면 남이 나를 당장은 알아봐 주지 않더라도 언젠가는 자기 능력을 윗사람에게 인정받게 되어 있습니다. 사실 회사를 운영하면서 성공한 사람들은 자신 회사의 모든 직원이 하는 행동에 대하여 일일이 말은 하지 않더라도 여러분 행동을 다 알고 있습니다.

그래서 어리석은 사람은 자신의 본분도 다하지 못하면서 잘난 척하고 누가 자신을 알아봐 주기를 바라면서 인간적으로 기대고 요란을 떨며 자신이 아니면 회사가 운영되지 않을 것처럼 떠벌리는 사람은 그런 의식으로 회사 생활이나 사회생활 바르게 할 수 없습니다. 여기서 여러분이 알아야 할 것은 나 자신이 어떠한 상황에 있더라도 그 상황의 본분에 맞는 행동을 하는 것이 중요하고, 이것은 사회생활뿐 아니라 가정에서도 마찬가지입니다. 자신의 본분, 근본도 모르면서 날고뛰는 사람이 온 세상에 널려 있음에도 정작 본인은 그 자체를 인지하지 못하고 있으니 이 어찌 안타까운 일이 아닌가? 그래서 인생을 살면서 나 자신의 근본을 알고 인생을 산다는 것은 매우 어렵습니다.

세상에 인간으로 태어나 대인관계(對人關係)라는 것은 사회적 동물이기 때문에 인간과의 관계로 사회를 형성하며 타인과 다양하면서도 무수한 관계를 맺고 살 수밖에는 없습니다. 그러나 각각의 상황이 다 다르기 때문에 제일 좋은 대인관계는 먼저 나 자신의 그릇을 아는 것이 중요하고 그다음 남이 자신을 알아봐 주든 말든 맡은바 업무에 충실하게 하는 것이 최선입니다. 따라서 대인관계에 대하여 무수한 논리들이 있지만 그런 논리는 부질없는 것이고 한마디로 하면 '그 상황에 맞게 행동하면 된다'인데 문제는 '그 상황에 맞게 본분을 다하라.'라는 부분을 여러분이 정립하기 어렵기 때문에 문제인데 이런 부분은 성장하면서 자연스럽게 여러분이 배워야지만 부모가 이런 부분을 자식에게 가르치지 않으면 성인이 되어 원만한 대인관계를 형성할 수 없고 원만한 직장 관계나 혹은 사업을 제대로 할 수 없습니다.

예를 들어 10명이 사회에서 제각각 삶을 살아가다가 열 명이 군대에 갔다고 합시다. 그러면 사회에 있을 때 제각각 다른 신분을 가지고 있더라도 군대라는 곳에 가면 사회적으로 어떠한 신분을 가졌더라도 일단 군대라는 곳에 가면 사회에서 자신의 신분을 그대로 가지고 군 생활을 할 경우 사회생활의 그 의식과 신분으로 하면 절대로 안 됩니다. 따라서 '내가 사회에서 어떤 사람, 신분이었다.'라는 것을 앞세우고 그것으로 특별한 대우를 받고자 하거나, 남들이 다 하는 것을 하지 않으려고 미꾸라지, 같이 노는 사람도 상당하고, 이것은 비단 군대에서뿐 아니라 사회나 가정에서도 마찬가지인데 이런 사람들 이 사회에 널려 있지만 정작 본인들은 당연히 그렇게 해야 한다고 생각한다는데 그 문제의 심각성이 있고, 이런 부분은 현실에서 얼마든지 '나 잘났다'라고 자신의 본분도 모르면서 꼴값을 떨고 사는 사람 수없이 볼 수 있습니다.

어찌 되었든 마음이 다 다른 인간들이 모여 사는 입장이기 때문에 남이 행동하는 것을 보고 반면교사로 삼아 자신을 되돌아보고 '나는 어떻게 살아야겠다, 어떤 상황에서 어떤 행동을 해야겠다'라는 것을 스스로가 정립할 줄 아는 사람이 지혜로운 사람이 되고 원만한 대인관계를 할 수 있으며 가정생활, 나아가 사회생활도 잘할 수 있다 할 것이나 이런 부분은 오직 여러분 스스로가 정립하는 방법밖에는 없고, 누가 이런저런 말로 대인관계를 하는 것이 표준이 될 수는 없다 할 것인데 그 이유는 가장 이상적인 상황을 말하는 것이어서 그렇습니다. 따라서 이 부분 깊게 정립해야 합니다.

066 사람은 왜 태어났는지 궁금합니다

(답) 무수한 생명체는 왜 태어나서 지구 상에 존재하며 그중에서 인간은 왜 태어났느냐고 한다면 답은 아주 간단하게 '업이 있어서이다'라고 하면 됩니다. 이 말은 아주 간단하고 쉬운 말인데 이것을 풀어서 말하려면 한도 끝도 없는 긴 설명이 필요한 부분입니다. 그 이유는 우주 속에 지구라는 것이 무엇인가의 개념부터 정립해야 하기 때문이고, 또 진화론인가? 창조론인가? 자력적(自力的)으로 태어난 것인가? 아니면 타력적(他力的)으로 태어난 것인가? 등의 복합적인 부분을 여러분이 반드시 정립해야만 '왜 태어났는가'라는 부분을 정립할 수 있기 때문에 그렇습니다.

불교의 어떤 사람이 말하기를 '나는 왜 태어났는가?'라고 물으니 한다는 말이 '부모가 연애해서 태어났다.'라고 말하는데 부처의 말(법)을 한다는 자의 입에서 이런 말을 하니 안타까운 일이고, 내가 말하는 것은 진리적으로 태어나야 할 업이 있어서이며, 이 기운(마음)에 따라 부모가 '자식을 갖고 싶다.'라는 마음이 일어나고 결국 물질 이치에서 성행위를 통해서 '나'라는 존재의 몸(물질)이 이 세상에 나오게 되는 것입니다. 따라서 부모가 '이제 자식을 낳지 않고 싶다.'는 마음이 일어나는 것은 두 사람 사이에 태어나야 할 업연이 없어서 이런 마음이 일어나는 것입니다.

그래서 어떤 종교는 신의 뜻에 따라, 절대자의 계시로 나는 존재한다고 말하는데 이 말은 앞서 내가 말한 대로 타력적인 논리인데 진리적으로 타력이라는 것은 존재하지 않아서 이 말은 아무런 가치가 없는 말장난이라고 해야 맞고, 내가 말하는 것은 '반드시 내가 존재해야 할 이유'가 있어서 그 기운 작용으로 인간뿐 아니라 모든 생명체는 존재하는 것임을 알고 말하는 것이고 이 부분은 전무후무한 일이라고 한 것입니다.

따라서 질문에 '사람은 왜 태어났는가'에 대한 명확한 답은 '괴로움이 있어서'라고, 해야 맞고, 이 말은 존재해야 할 그 이유는 태어나서 살아가는 이 자체가 괴로움, 고통이기 때문에 그렇습니다. 불교의 누가 딸이 친부에게 성폭행당한 딸에게 한다는 말이 '지금 중요한 건 괴로움이 일어나게 된 원인이나 책임을 따지는 게 아니라 그 고통에서 벗어나 행복해지는 것이다. 그러려면 우선 부모님에게 감사하는 마음을 가져야 한다. 설령 (아버지가) 성폭행했다 하더라도 내가 이 세상에 태어나 사는 것은 부모님이 있기 때문이다.'라는 말을 했는데 이 말을 가만히 보면 괴로움의 원인, 책임을 알 필요 없고 '행복해지기 위해 무조건 용서해라.'라는 말을 하는데 이 말 여러분은 어떻게 생각하는지 모르겠지만 이런 사람이 법이라는 것을 말한다고 설쳐대니 참으로 안타까운 일이 아닌가?

결국 행복, 사랑이란 말로 무수한 소설을 쓰고 있는데 수차 말하지만, 행복, 사랑이라는 말은 이 세상에 존재해서는 안 되는 말인데 그 이유는 어떤 상황에서 모든 것의 본질을 따져보는 것이 아니라 사랑, 행복이라는 말로 모든 것을 덮어 버리기 때문에 그렇습니다. 사람이 어떤 행동을 했을 때 그 행동이 윤리·도덕·양심이라는 것에 맞는가, 아니면 이치에 맞는가를 따져보고 살아야 하는데 '모든 것을 용서하고 사랑해라.'라고 하는 말은 인간의 의식을 흐리게 하므로 그렇습니다. 듣기에는 감성적으로 좋을지 모르겠지만 이런 말에 빠져 살면 여러분의 의식은 자신도 모르게 흐려지게 되어 있다는 점 명심해야 합니다. 참고로 나는 오늘날까지 인생을 살면서 한순간이라도 누구를 사랑한다는 말 입으로 한 적이 없고, 행복하다는 생각으로 살지 않았으며, 행복을 찾아서 행복에 대한 환상을 생각해 본 적도 없습니다.

이성과 연애를 하면 그 순간 상대가 사랑스럽고 그 상태를 보통 사람들은 행복이라고 말하는데 이것이 일반적인 사람들의 의식인데 이것은 진정한 의미의 행복, 사랑이 아니라 육신이 순간 느끼는 감정으로 찰나에 지나지 않으며 그것은 시간이 흐르면 물거품이 됩니다. 그러니 육신의 짜릿함을 느끼는 감정에 빠져 살면 현실에 적응하는 것이 흐리멍덩해지게 되고, 그런 의식은 여러분의 인생에 결코 도움이 되지 않음을 명심해야 할 것입니다. 다들 처음에 만날 때 사랑의 감정이 싹트고, 그 순간이 행복이라고도 말을 하지만 대단한 착각이고, 말 그대로 사랑이라는 말에 빠져 사는 사람이 위기의 순간이 오면 그것은 또 다른 괴로움의 씨앗이 된다는 점 명심해야 할 것입니다. 그래서 '인간이 어디서 왔느냐?'라는 말을 하다 보면 결국 '어머니 뱃속'까지 가게 되고, 그렇다면 '어머니 뱃속 전에는 어디서 왔나?'라는 물음이 반복됩니다.

결국 '사람은 죽는다.'라는 말에 도달하고 그러면 또 '죽으면 어디로 가는데?'라는 말이 되풀이됩니다. 그리고 하는 말이 '나는 어디서 와서 어디로 가는지도 모르는 놈이 바쁘기는 왜 바빠'라는 말을 어떤 중이 합니다. 사실 이런 말은 시중에서 무수하게 하는 말인데 결국 이런 식의 말들은 생명체인 내가 왜 태어나 존재하는가, 괴로움은 어디서 오는가, 운명은 있는가? 없는가? 등의 뿌리를 알지 못하니 이같이 말이 안 되는 말로 말장난을 하는 것이 전부라고 해도 무리는 없을 것입니다. 참으로 안타까운 것이 불교에서도 '이것이 있으면 저것이 있다.'라는 십이연기법(十二緣起法)이라는 것을 말합니다. 그렇다면 이 연기법대로 내가 존재한다면 왜 존재하는가를 말해야 하는데 거창하게 연기법을 말하면서 '존재 이유'를 말하지 못하고 있다는 것은 무엇을 의미하는가? 그러면서 석가는 진리를 깨달은 자라고 하니 이 얼마나 모순된 상황인가를 생각해보라는 이야기입니다.

공장에서 어떤 제품이 만들어지면 이 제품은 어떤 곳에 있는 공장에서 누가 만들었다는 것이 있는데 인간이라는 것도 반드시 존재하면 '존재 이유'가 반드시 있을 터인데 이 부분을 말하지 못하고 말 같지 않은 말로 말장난 무수하게 하는데 이런 사람들이 법을 말한다고 하니 이 부분 여러분은 어떻게 생각하는가? 다시 말하지만, 불교에서 '미혹한 세계의 인과관계를 설명한 것이 십이연기(十二緣起)다'라는 말을 하고, 이것을 다시 십이지 연기(十二支緣起) 또는 십이인연이라고 말합니다. 그 내용을 보면 무명(無明)·행(行)·식(識)·명색(名色)·육처(六處)·촉(觸)·수(受)·애(愛)·취(取)·유(有)·생(生)·노사(老死) 등을 말하고 이것으로 인간은 십이인연으로 태어난다고 말하는데 참으로 웃기는 것이 누가 이런 말을 만들었는가인데 이 말은 애당초 초기 불교가 만들어질 때는 이런 논리 자체가 없었습니다.

이런 말은 가섭에 의해서 원시 불교가 4차의 결집 과정을 통해 오늘날의 대승불교로 만들어지면서 등장한 말인데 이 말은 시대가 변하는 과정에 불교의 말이 모순이 많다는 것을 알고 인간들의 지식에 의해 만들어지고 꾸며진 말이라는 것을 여러분은 알아야 합니다. 따라서 진리 이치를 모르니 이처럼 말에 말꼬리 잡는 말이 난무한 것이고, 이럼에도 여러분이 불교의 말에서, 불교의 사상적인 말에서 진리적으로 존재하는 여러분 자신에 대하여 알려고 하는데 대단한 착각입니다. 여러분이 불교에서는 '괴로움이 일어나는 열두 과정'을 십이연기법(十二緣起法)이라고 했고, 이 내용을 알아야 하는데 (1) 무명(無明)=사제(四諦)에 대한 무지. (2) 행(行)=무명으로 일으키는, 의도(意圖)하고 지향하는 의식 작용. 무명에 의한 의지력·충동력·의욕. (3) 식(識)=식별하고 판단하는 의식 작용. 인식 작용.

(4) 명색(名色)=명(名)은 수(受)·상(想)·행(行)·식(識)의 작용, 색(色)은 분별과 관념으로 대상에 채색하는 의식 작용. 곧, 오온(五蘊)의 작용. (5) 육입(六入)=대상을 느끼거나 의식하는 안(眼)·이(耳)·비(鼻)·설(舌)·신(身)·의(意)의 작용. (6) 촉(觸)=육 근(六根)과 육경(六境)과 육식(六識)의 화합으로 일어나는 마음 작용. (7) 수(受)=괴로움이나 즐거움 등을 느끼는 감수 작용. (8) 애(愛)=갈애(渴愛). 애욕. 탐욕. (9) 취(取)=탐욕에 의한 집착. (10) 유(有)=욕계·색계·무색계의 생존 상태. (11) 생(生)=태어난다는 의식. (12) 노사(老死)=늙고 죽는다는 의식. 이것이 연기법인데 문제는 이런 말은 인간을 물리적으로 분석하여 그

작용을 이같이 말하는 것인데 이런 것으로 과연 여러분이 왜 태어났는가, 괴로움은 어떻게 만들어지고 어떻게 나에게 오는지를 알 수 있겠는가를 생각해보라는 이야기입니다.

또 하나는 여러분 중에는 이런 글자 정도는 알아야 법을 말할 수 있지 않으냐고 생각하는 사람이 있을 것이나 대단한 착각인 것이 내가 말하는 자연의 섭리, 진리의 작용(마음)이라는 것은 문자나, 학문, 종교사상으로 알 수 있는 것이 절대 아니기 때문에 앞서 말했지만 이런 내용은 인간의 철학 사상으로 만들어진 말장난에 불과함을 명심해야 하고 지금 내가 하는 말을 이해하지 못하면서 내가 왜 태어나고 괴로운가를 절대 이해할 수 없습니다. 말이라는 것은 누구라도 생각해보면 반드시 '이치에 맞는 말'이어야 하고, 이치에 맞는 말을 여러분이 수긍하고 긍정하여 마음에 담는 것이 내가 말하는 화현의 부처님 법에서 마음 공부법입니다.

지금 내가 말하고 있는 부분을 여러분의 의식으로 이해하고, 긍정하고 수용하면 여러분의 본질을 알게 되고, 괴로움은 반드시 사라지게 되어 있으며 이에 따라 여러분의 이치는 바뀌고 마음은 편안해지게 되는데 이것이 바로 여러분의 '운명'을 바꾸는 방법임을 명심해야 하고, 이것이 아닌 그 어떠한 논리로, 기도 등과 같이 종교적인 말로 여러분이 왜 태어나는가의 본질을 알 수 없다는 점 명심해야 합니다.

067 영혼·귀신·혼령·넋·마구니·마장·신·빙의라는 말을 많이 하는데 이 부분은 어떻게 이해해야 하나요?

(답) 결론부터 말하면 질문과 같은 것은 실제 '없다'로 정리하면 되는 데 문제는 이런 것을 이해하기 위해서 인간의 역사를 먼저 정립해야 합니다. 나는 이 지구 상에는 '진리의 기운인 마음'만 작용하고 있다고 말했는데 위와 같은 내용은 모두 '진리의 기운 작용'을 사람들이 알지 못했기 때문에 나라마다, 지역마다 이와 같은 말들이 무수하게 생겨납니다. 또 어떤 나라는 신(神)이라는 존재가 수만 개나 존재한다고 하는데 지구 상에 이토록 무수한 신이라는 것이 존재한다면 그들은 과연 지금 어디에서 무엇을 하고 있는가 생각을 해봐야 할 것입니다. 따라서 인간이 지구 상에 존재하기 시작하면서 마음이라는 것을 발견하고 난 이후 인간이 살아가는 과정이 참으로 다양하게 나타나고 있어서 '이런 현상에는 그 무엇이 있다. 작용한다'는 사상이 만들어지게 되어 오늘날까지 이어져 오고 있고, 그중에 사람이 죽으면 영혼·혼령·넋 등과 같은 것이 몸에서 빠져나간다는 무속, 민속신앙이 만들어진 것이고, 종교 사상 안으로 들어오게 된 것입니다.

그렇다면 인간에게만 영혼·혼령·넋 등이 있는가? 아니면 다른 생명체에게도 이런 것이 있는가의 문제인데 일단 살아 있는 생명체도 하나의 생명체이기 때문에 그들도 인간과 같이 영혼·혼령·넋 등이 있다고 말해야 보편적으로 평등한 말이 되는데 이런 부분은 구체적으로 말하지 못하고 인간만이 영혼·혼령·넋이 어떻다는 식의 말을 하고 있다는 것이 현실입니다. 따라서 여러분이 상식선에서 여러분이 이 순간 죽는다고 가정을 하면 여러분의 몸속에서 뭐가 빠져서 나가는 것이 있는가인데 아무것도 없고 죽으면 내 마음이라는 것만 인식하지 못한다는 것을 알 수 있을 것입니다. 그래서 영혼·혼령·넋 등이 어디로 빠져서 나간다고 말하는 논리는 모두 진리를 알지 못하고 사상적으로 하는 말임을 쉽게 알 수 있을 것입니다. 예를 들어 여러분의 입과 코를 막으면 숨을 쉬지 못하기 때문에 죽게 되는데 다시 코와 입으로 숨을 쉬면 살아나게 됩니다.

이 과정을 생각해보면 공기라는 것이 진리의 기운임을 쉽게 알 수 있어서 공기, 물이 있는 이 지구가 우주에서 생명체가 존재하는 행성이라고 나는 말한 것이고, 거꾸로 공기·물·태양이 없는 곳은 당연히 자연이라는 것이 없어서 진리의 기운이라는 것 자체가 없어서 지구와 같은 생명체가 살고 있지 않습니다. 먼저 이런 개념을 여러분이 정립해야 영혼·혼령·넋 등의 개념을 이해할 수 있는데 이것을 정립하지 못하면 앞서 말한 대로 고정관념에 따라, 모든 인간이 그렇게 영혼·혼령·넋 등이 있다고 생각하는 그 관념은 절대로 버리지 못할 것입니다. 그래서 진리의 작용, 진리 이치를 모르면 앞서 말한 대로 여러 가지 것이 있다고 말하게 되어 있는데 이같이 '그 무엇'이 우주에 극락, 천당이라는 곳에 있다는 식으로 말하는 것은 모두 진리(眞理)의 진(眞)자도 모르는 사람이라고 해야 맞습니다.

따라서 내가 말하는 것은 이 글을 보는 여러분이 이 순간 죽었다고 하면 이때까지 여러분이 인지하는 '나'라는 것은 사라지는데 이것은 여러분이 육신이 있어 나를 인지하는 것이고, 죽으면 이 나를 인지하지 못하고, 나를 지배했던, 존재하게 했던 '나의 참(眞) 나(이것은 영원불멸하게 존재하는 자연의 기운을 말함)'만 남습니다. 그래서 이 '참 나'에 어떠한 흔적이 있는가에 따라 그 마음(기운)은 그 마음에 업연으로 다른 사람에게 영향을 주는 것이 빙의 작용인데 이 현상은 무궁무진하여서 어떤 사람에게는 귀신, 신 등으로 나타나기도 하고, 몸에 갖가지 병으로, 혹은 사회에 무수한 현상 등으로 나타나기도 합니다.

여기서 사회적이라는 말은 인간의 집단으로 나타나기도 하지만, 이것을 축소해서 보면 개인적인 삶에서도 흔하게 나타나고 있어서 빙의 현상은 한마디로 정형화해서 단답형으로 말할 수 없는데, 그 이유는 마음이라는 것은 자연의 기운이고, 자연의 변화는 무궁무진하게 일어나기 때문에 그렇습니다. 그래서 똑같은 사람이 살아가지만, 누구는 귀신이 있다고 느끼기도 하지만 누구는 같은 상황이라도 느끼지 못하기도 하는데 그 이유는 각자의 마음(업, 의식)이 다 다르기 때문에 그렇습니다.

돈 많은 사람이 회사를 운영하는데 이 사장의 의식이 어떤 것인가에 따라 그 회사는 사장(지배자)의 의식대로 흘러가게 됩니다. 그래서 어떤 회사나 가정·단체·국가 등이 흘러가는가, 운영되어가는가를 보면 그것을 이끌고 가는 자(지배자)의 의식은 쉽게 알 수 있고, 이런 것은 그 당사자를 보지 않아도 외부로 나타나는 상황, 보이는 것을 쉽게 알 수 있는데 이런 것도 마음의 작용이기 때문에 마음(기운)의 작용을 알면 자연의 기운이 존재하는 지구 상에서 일어나는 현상의 뿌리, 원인은 매우 쉽게 알 수 있는 것입니다. 왜 이런 말을 하느냐면 이 '기운'이라는 것에는 빙의의 집단이 속해져 있을 수 있고, 자연 자체의 기운일 수 있으며, 여러분 개인적인 기운일 수 있어서 이 세상의 모든 현상은 결국 '기운'으로 움직이고 있다는 것을 정립해보면 이 세상은 우연히 돌아가고 있는 것이 아님을 쉽게 알 수 있습니다.

예를 들어 과거 인간들이 노래하고 있는 것을 대략적인 흐름으로 보면 시조(한시)−블루스(발라드)−트로트−랩 등으로 노래의 탬포가 변해왔고 요즘에는 알 수 없는 노랫말이 세상을 뒤덮어 버렸습니다. 왜 이런 말을 하느냐면 결국 이것도 인간의 마음이라는 것이 이처럼 변했다는 것을 의미하고, 요즘 마트나 시장에 가면 정신 사나울 정도로 빠른 음악을 틀어주는데 이 의미는 인간의 정신을 흐리게, 혼미하게 만드는 빙의들의 기운이 작용하고 있다는 것을 의미합니다.

그래서 과거에는 차분하고 의미 있는 가사가 주류를 이루었다면 요즘에는 무슨 말인지 알 수 없는 귀신 씻나락 까먹는 소리가 세상을 뒤덮고 있으니 참으로 개탄스러운 일이고, 이런 흐름을 보면 자연의 기운, 인간의 마음이라는 것이 어떻게 변했는가를 쉽게 알 수 있으며 이런 이치를 알면 앞으로의 이 지구는 어떻게 될 것인가는 매우 쉽게 알 수 있습니다.

따라서 내가 이런 이치를 아는데 여러분 개개인의 인생사를 아는 것은 누워서 떡을 먹기보다 쉽다는 이야기입니다. 결론은 이 세상에 모든 것은 기운(마음) 작용이고, 이 지구 상에는 선, 악 등의 모든 마음이 들어있어서 이 세상이 극락이고 천국이 되는 것이고, 아비규환의 세상이 되는 것이고, 어떤 기운들이 이 세상에 두각을 나타내는가에 따라 사람들은 그것을 질문과 같이 여러 가지로 각각의 입장(의식)에서 말을 해오고 있는 것이 전부입니다. 따라서 일반적으로 혼, 귀신, 혼령, 넋, 마구니, 마장, 신, 빙의 등 여러 형태로 말하는 것은 모두 앞서 말한 대로 죽은 사람의 마음이 그대로 화현 되어 나타나고 영향을 주고 있다고 해야 맞습니다.

부처라는 이름으로 법을 말한다는 어떤 중이 '이 세상에 귀신이 있는지 없는지 궁금하다.'라는 아이의 질문에 이 중이 말하기를 "귀신은 있는 것 같기도 하고 없는 것 같기도 하다"라고 답했는데 이 말은 '마음을 편안하게 가지고 항상 마음을 밝게 가지면 귀신이 있든지 없든지 상관없다.'라고 또 답을 하는데 바로 이런 말이 말장난이고 사람을 가지고 노는 것이라고 해야 맞습니다. 왜 이 같은 말을 하느냐고 하니 그 이유는 '내가 귀신을 안 만나기 때문이다.'라고 이유를 말하는데 결론은 이 사람은 '귀신의 존재 여부'를 모르기 때문에 그렇습니다. 결국, 이 사람은 완전하게 자신이 빙의에 걸려 있는지를 모르고 이 같은 말을 하는 것이어서 이 사람의 의식은 상당히 문제가 있기 때문에 이 사람의 모든 말은 말장난이고, 이치에 맞지 않아서 나머지 말을 봐야 의미 없습니다.

또 하나는 '나의 운명은 신에 의해서도, 전생의 업에 의해서도 규정되어 있지 않으며 좌우되지도 않는다. 오직 업의 힘에 따라 좌우된다.'라는 말을 하는데 그렇다면 업의 작용이 뭔가를 구체적으로 말해야 하는데 이 부분도 명확하게 말하지 못합니다. 또 '이 세상에는 괴로움과 즐거움이 있는데, 우리의 욕망이 충족되면 즐거움이 생기고 충족되지 않으면 괴로움이 생긴다. 세상이라는 것은 우리 바람대로 될 때도 있고 안 될 때도 있으니까 괴로웠다가 즐거웠다가 괴로웠다가 즐거웠다고 할 수밖에 없다.'는 말 등도 그 본질을 알지 못하기 때문에 이 같은 말장난을 하는 것입니다.

또 여러분이 알아야 할 것은 불교에서는 윤회라는 말을 하지만 이것은 앞서 말한 대로 괴로움 때문에 윤회를 하는 것이라고 하고, 힌두교에서는 태어나고 죽고 태어나고 죽고 하며 돌고 도는 것을 윤회라고 합니다. 다시 말하면 석가는 힌두교에서 말하는 것처럼 나고 죽는 것의 반복이 아니라 괴로움과 즐거움이 반복되며 돌고 도는 것을 윤회라고 하는데 가만히 보면 불교에서 말하는 윤회와 힌두교에서 말하는 윤회의 개념은 다른데 여러분은 이 부분 어떻게 정리하는가? 이같이 두 가지의 말만 놓고 보면 힌두교의 말이 맞는 말이 되므로 이 부분 정립해야 합니다.

결론은 혼·귀신·혼령·넋·마구니·마장·신·빙의 등과 같은 것은 개인의 업에 따라, 관념에 따라서 본인만이 느끼는 현상이고, 실제 여러분이 일반적으로 알고 있는 이런 존재는 존재하지 않는다고 해야 맞고, 만약 이런 것이 있다고 느끼는 사람은 이미 상당하게 빙의가 그 사람의 마음을 장악하고 있다 할 것이고, 이런 마음을 이치에 맞게 회복하기도 어렵고 본인의 '참(眞) 나'를 아는 것도 매우 어려워서 몸은 사람의 몸으로 살지만, 이것은 정상적인 삶을 살지 못하는 빙의의 허수아비로 살아가게 되어 있습니다. 그래서 이 세상은 악(빙의)도 화현 되어 나타나 있고, 선(이치에 맞는 말을 하는 자)도 화현으로 나타나 있어서 여러분의 의식이 어떤 것인가에 따라 이것을 알 수 있고, 모를 수도 있다는 이야기입니다.

참으로 황당한 것이 뭔가 하면 불교는 윤회에 대하여 '우리가 즐거움을 추구하기 때문에 괴로움이 자동으로 따라와서 돌고 돌 수밖에 없다.'라는 말을 하는데 대단한 착각이고, 윤회라는 것은 내가 윤회를 할 수밖에 없는 업(이치에 맞지 않는 행위)을 지어서 그 결과로 윤회하는 것이 진리 이치인데 이것을 모르니 혼·귀신·혼령·넋·마구니·마장·신·빙의 등의 본질은 당연히 모를 수밖에 없어서 이 세상이 요모양 이 꼴로 난장판이 되어 있는 것이라고 해야 맞는 말이 됩니다.

068 세상에는 많은 종교와 신들이 있는데 갈수록 이 세상이 각박해져 가는 이유는 뭔가요?

(답) 여러분은 '세상에는 많은 교회, 절이 있는데 갈수록 이 세상이 각박해져 가는 이유'를 뭐라고 생각하는가를 각자가 한 번 정립해 볼 필요가 있는 질문입니다. 이 부분에 대하여 크게 두 가지로 나누어지는데 하나는 갈수록 살기 좋아진다고 생각하는 사람과 다른 하나는 갈수록 각박해진다는 그룹으로 나누어질 수 있는데 문제는 이렇게 나누어지는 그룹을 보면 뭔가의 차이가 있다는 것을 알 수 있을 것입니다. 따라서 좋아진다고 말하는 사람은 지위가 있거나, 물질

이 많아서, 사랑이라는 것에 빠져서, 주변에 별문제가 없다는 등의 생각을 한 사람은 갈수록 좋아진다고 단편적으로 말할 것이고, 다른 한편은 모든 것을 떠나서 각박해진다는 말을 할 것입니다.

물론 이 속에는 인간성, 인간미가 없어서 그렇다는 생각을 조금씩은 할 것인데 이런 부분은 현실을 어떻게 바라보는가에 따라 사람마다 느끼는 것, 체감하는 것은 모두 다르기 때문에 지구 상 80억의 인간이 존재한다면 이들의 똑같은 생각은 하나도 없는데 그 이유는 각자의 삶과 의식에 따라 나누어지기 때문에 그렇습니다. 예를 들어 아프리카 등 가난한 나라에 사는 사람의 입장과 물질의 풍요를 누리는 사람의 입장도 다 상황이 다르기 때문에 질문과 같이 '갈수록 이 세상이 각박해져 가는 이유'는 다를 수밖에 없고 이런 부분은 물질 논리에서 현실을 어떻게 보는가에 따른 문제이기 때문에 누구라도 이런 말들은 할 수 있지만, 내가 바라보기에 마음에 길을 잃어서 그렇다는 것입니다. 여기서 '마음의 길'이라는 말을 하니 누구는 내 마음에 길을 안다고 말할 수 있겠지만 대단한 착각입니다.

그리고 중요한 것은 이 세상에 '이치에 맞는 말'이라는 것은 없고, 감성적인 말들이 난무하고 있어서 이 사회가 각박해지는 것입니다. 또 인간들의 '아상(我相)'이 극에 달해서, 또는 이치에 맞지 않는 사상적인 말들이 난무해서 그렇다고 해야 맞는 말이 될 것입니다. 여러분이 세상에 종교가 많은데 왜 각박해져 가는가를 실제 체득할 수도 있는데 그것은 바로 '그들의 말이 논리, 이치에 맞는 말인가'를 따져보면 그 이유를 쉽게 알 수 있습니다.

여기서 이 부분에 관한 말, 종교적인 말을 해본들 의미 없고, 이런 부분은 이름 좀 알려진 사람들이 하는 말, 혹은 종교 신앙의 대상이 말했다는 것을 한 자락씩 들어보면 쉽게 알 수 있습니다. 예를 들어 밥을 먹을 때, 일상을 살 때 누구에게 '감사'를 해야 한다고 하면서 종교적인 의식, 행위를 하는데 여러분은 이 행위가 이치에 맞는다고 생각하는가? 맞는다고 생각한다면 그런 의식으로 내가 말하는 것을 봐야 아무 의미 없습니다.

또 하나는 '종교적인 상징물' 등을 집이나 몸에 지니고 다니는 것도 '그들이 있어 나를 돌봐주고 지켜 줄 것이다.'라는 타력적 기대가 알게 모르게 여러분 마음속에서 그런 생각을 하는 것이고, 내가 말하는 것은 '나는 나의 올바른 의식, 이치에 맞는 의식만이 나를 지켜줄 뿐이다.'라는 논리를 말하고 있어서 이 부분 깊게 새겨봐야 합니다. 그래서 지구 상에 존재하는 대부분 인간이 가지고 있는 의식에 따라 '그 무엇'이라는 것이 있다고 믿는 사람이 상당하기 때문에 이 현실을 똑바로 인지하지 못하고 있는 것이어서 문제는 인간의 의식을 누가 흐리게 했는가인데 그것은 바로 '잘못된 사상, 이치에 맞지 않는 말'이 그렇게 만든 것입니다. 따라서 이생에 어떤 사람이 어떤 지위에 있는가, 부를 얼마나 가졌는가에 따라 그 사람은 자신이 믿는 신앙의 대상이 자신을 지켜주고 돌봐주어서 그렇게 되었다고 생각하게 됩니다.

이렇게 살다가 어떠한 고통이 오면 그들은 '신이 나를 시험에 들게 했다.'라고 생각하면서 그것에 더욱더 집착하게 됩니다. 그래서 현실을 보면 전국 방방곡곡에 이치에 맞지 않는 사상적인 말들이 깊숙하게 들어가 있으니 이 부분을 현실적으로 바로 잡는다는 것은 이제는 불가능합니다. 예를 들어 해마다 어린이들에게 어떤 날이 되면 누가 선물을 준다고 말합니다. 그러면 의식이 성숙하지 않은 어린이는 그것을 사실로 받아들여지게 되는데 이것은 마치 강아지나 고양이를 길들이는 것과 이치는 똑같다 할 것입니다. 이 말이 무슨 말인가를 이해하면 사회에서, 종교적으로 하는 말들이 얼마나 모순된 말인가를 알게 될 것입니다. 여러분이 착각하는 부분이 '불교는 깨달음을 위한 종교'라는 말에 속아 넘어가는데 이것은 참으로 안타까운 부분이기도 한데 과연 무엇을 깨닫게 하는 것인가? 석가는 무엇을 깨달았다고 하는지 모르겠지만 '부처라고 하면 자비'를 연상 지어 생각하는데 이것은 매우 잘못된 의식입니다.

또 '시작은 미약했지만, 끝은 창대할 것이다.'라는 말, 모든 인간은 다 평등하다, 꿈은 이루어진다, 부처에게 보시하면 복(부처의 가피)을 받는다, 천국행의 표를 사야 한다. 종교 상징물을 만지면 원하는 것을 얻을 수 있다, 어디에 용하다는 신이 있다, 굿을 하면, 천도재, 운맞이 등을 하면 어떻게 된다, 풍수지리가 어떻고, 속옷에 부적을 넣고 다니고, 손이나 목에 염주를 거하게 걸고 다니며, 또 우주를 끌어들이고, 조상을 끌어드리는 말 등 이 세상에 이런 말들이 사회적으로 깊숙하게 자리하고 있는데 이런 말속에는 분명하게 여러분을 감성적으로 자극하는 말이 들어 있고, 의식이 약한 사람은 이런 말에 쉽게 현혹되기 때문에 오늘날 이사회가 이 모양으로 된 것인데 문제는 '아닌 것은 아니고, 틀린 것은 틀리고 이치에 맞다, 아니다.' 등의 말을 하는 자가 없어서 그렇습니다.

얼마 전 사회적으로 많은 사람이 죽었지만 현실적으로 '무의미한 죽음'인데 이 부분에 대하여 누가 뭐라고 한소리 하면 그들은 벌 떼 같이 달려들고 그런 말을 하는 사람은 말 그대로 졸지에 '나쁜 사람'이 되어 버리는 세상입니다. 그래서 인간적으로 죽음에 관한 안타까움은 있지만, 그 죽음이 합리적, 정당성, 이치에 맞는 죽음인가의 본질을 봐야 하는데 이런 본질을 명확하게 알고 정리하는 사람이 이 세상에 없어서 이 세상은 극단의 이기주의에 치우쳐 있고, 윤리 ·도덕 ·양심이라는 것이 반대로 사라졌기 때문에 나타나는 현상이어서 나는 아상이 있는 인간은 사회주의와 민주주의를 반반 섞어서 다스려야 한다는 말을 한 것입니다. 이 말은 아상의 마음을 가진 인간에게 무한의 자유를 주면 고삐 풀린 망아지가 되어 이리저리 날뛰는 세상이 되는 것입니다.

그러니 이 세상을 보면 다들 인간을 찬양하는 말만 나열하는데 안타까운 일이고, 과거와 같으면 선비와 같은 사람은 그나마 인간에게 최소한의 윤리·도덕·양심이라는 것을 말했다면 요즘은 이런 존재들은 이념, 사상에 따라 다 사라졌습니다. 요즘 정치권에서 하는 말이 '방송에 나와 논설하는 사람들을 평등하게 해라'는 말을 했다고 합니다만, 이것은 결국 정권을 가진 사람의 사상, 이념에 반하는 사람들이 나와서 자신들을 좋지 않게 말하기 때문에 이런 말을 공개적으로 하는데 그렇다면 여기서 말하는 '평등한 사람'이라는 것이 무엇이고, 그 기준은 어디에 맞추어야 하는가의 문제가 남는데 이런 세상이 좋은 세상이라고 할 수 있겠는가를 생각해 보라는 것이고, 결국 각자의 이기주의에 따라 좋은 사람, 좋지 않은 사람으로 편이 나누어져 있어서 이 세상을 보고 나는 '정답이 없는 세상이다.'라고 한 것입니다.

결론은 앞으로의 세상은 지금보다 더 각박해지게 되어 있는데 이것은 곧 큰 틀에서 지구의 종말을 의미합니다. 인간이 인간 본연의 마음을 잃어버렸다는 것이고, 자연은 다시 본래의 자연으로 환원하게 되어 있음을 의미하는데 이런 이치를 아는 자가 이 세상에 있어도 알아보지 못하니 참으로 안타까운 일이 아닐 수 없습니다.

069 마음공부라는 말을 많이 하는데 어떻게 하는 것이 마음공부라고 할 수 있나요?

(답) 좋은 질문인데 내가 말하는 '마음공부'라는 것은 '이치에 맞는 말로 자신의 마음을 만들어가는 것이다.'라고 하면 됩니다. 이것이 아닌 무수한 말로 이 '마음'을 말하는 것은 인간에게 있는 두 가지의 마음이 뭔가를 모르고 하는 말이기 때문에 먼저 '마음'에 대한 정의를 해야 할 것입니다. 쉽게 말하면 수박을 보면 수박의 표면(이것을 나타나 있는 아상(我相)이라고 한다면)만 일반적으로 여러분은 '내 마음이다.'라고 인식하고 현실을 사는 것입니다. 그래서 보통 사람들(불교, 사회적으로)은 이 마음이 자신의 본마음(참(眞) 나의 마음)인 것으로 알고 사는데 이것은 대단한 착각이고, 인간 역사 이래 오늘날까지 무수한 사람들이 말하는 마음, 마음이라는 것은 모두 앞서 말한 데로 나

타나 있는 것, 수박의 표면(외부로 나타나 있는 것, 보이는 것, 가식적인 것)을 말하고 있고, 이 마음, 수박의 표면은 죽으면 이 마음을 인지하지 못하기 때문에 이생에서 사용하는 '일회용' 마음이 되는 것입니다.

그런데 내가 말하는 마음은 두 가지인데 하나는 앞서 말한 대로 나타나 있는 것, 외적으로 드러나 있는 것이라고 한다면, 다른 하나는 수박 속에 있는 씨앗(이것을 '참(眞) 나'라고 함)의 마음이라고 하는 것입니다. 이 두 가지의 개념을 여러분이 반드시 정립한다면 여러분 스스로가 자신의 본질(참(眞) 나)에 대한 이해를 쉽게 할 수 있고, 이 부분을 정립하지 못하면 내가 어떤 말을 해도 여러분이 이해하지 못하게 되어 있습니다. 그래서 수박 속에 있는 '참 나'의 마음을 알면 여러분의 운명(현실적으로 보이는 나는 왜 존재하는가?)은 쉽게 알 수 있는데 이런 부분은 2600년 전 화현의 부처님이 다 마무리하지 못한 부분이기도 하지만 이런 논리는 누가 누구에게 전수해서 될 부분도 아닙니다.

그래서 불교에서 말하는 마음이라는 말은 수박의 표면을 말하는 것이 되어서 이 부분으로 여러분이 알고자 하는 자신의 운명에 대하여 불교 어디를 가서 운명을 알고자 해도 시원하게 답을 들을 수 없는 것입니다. 예를 들어 어떤 나무를 보면 그 나무를 존재하게 한 씨앗(보이지 않지만 작용하는 것)이 반드시 있을 것이기 때문에 이 '참(眞) 나'를 알면 무수한 생명체가 왜 다양하게 존재하고 있는가는 쉽게 알 수 있고, 이 부분을 화현의 부처님은 일성으로 '이것은 전무후무한 일이다.'라고 밝힌 것입니다. 그래서 '운명은 존재하는가? 하지 않는가?'에 대한 답은 명확하게 '존재한다.'라고 이해하면 됩니다.

그런데 문제는 이런 이치를 모르고 마음에 대하여 고작 한다는 말이 '우주의 주인, 만물의 창조주. 인간의 본래 모습을 마음이라고 한다. 진리를 깨친다는 것은 곧 마음을 깨친다는 것이다. 마음은 우주의 주인이요 만물의 창조주이다. 하나님이 조물주가 아니라 각자의 마음이 각자의 조물주이다. 사람은 마음이 있기 때문에 사람이다. 사람에게서 마음을 빼내어 버리면 곧 썩어 없어져 버리고 만다. 그러나 마음은 텅 비어 아무것도 없다. 마음은 일원상의 진리인지라 텅 비어 아무것도 없고, 아무런 모습도 없다. 무어라 이름 붙일 수도 없고, 어떻게 형상으로 그릴 수도 없다. 마음은 텅 비어 허공 같아서 있는 것도 아니요 없는 것도 아니다.

하나도 아니요, 둘도 아니다. 예수도 아니요, 이제도 아니다. 가는 것도 아니요, 오는 것도 아니다. 길고 짧은 것도 아니요, 크고 작은 것도 아니다. 둥글고 모난 것도 아니요, 달고 쓴 것도 아니다. 희고 검은 것도 아니요, 밝고 어두운 것도 아니다. 마음은 시작도 없고 끝도 없다. 생사도 없고 시비도 없다.'라는 식으로 마음을 표현하는데 이것은 앞서 말한 대로 물질 논리에서 마음은 보이지 않기 때문에 온갖 말로 마음을 하는 것이어서 의식 없이 보면 이런 말이 맞는다고 생각하게 되어 있는데 참으로 안타까운 일입니다.

다시 말하면 여러분이 이 세상에 왜 태어나 서로 다른 각자의 삶을 사는가? 라는 것을 생각해 보면 반드시 태어나야 할 운명(이유)이 있어서 태어난 것임을 알 것인데 문제는 왜 태어나는가의 근본(보이지 않은 수박의 속, 씨앗)은 누구도 말하지 못하는데 실제 여러분이 궁금해 하는 것이 자신의 운명을 알고자 하는 것이 아닌가? 그런데 유명하다는 곳에 가더라도 속 시원하게 여러분의 운명을 말해주는 사람은 없을 것입니다. 그들이 하는 말을 얼핏 들으면 그럴듯한 말로 들리겠지만, 이것은 앞서 말한 대로 수박의 표면을 보고 감성적으로 어떻게 말해주는가에 여러분 마음은 인간적인, 감성적인 위안으로 삼는 것이 전부입니다.

그래서 나는 이 세상에 누구도 말하지 못하고 있는 부분을 말하는데 이것은 누구에게 기술을 배워서, 법을 전수하여서 말하는 것이 아니라 내 마음을 풀어서 내 마음에 일어나는 것을 그대로 말하기 때문에 과거 석가가 이 법을 뺏지 못한 이유가 여기에 있는데 그것은 이 마음 작용을 글로써 다 정리할 수 없어서 그렇습니다. 이 이유로 화현의 부처님이 살해당하면서까지 이 법(이치에 맞는 말)을, 한 마음으로 간직한 자기 자식인 아난을 지켜낸 것입니다. 그래서 요즘 시중에서 '나는 누구에게 법을 전수하였다.'라고 하는 말은 종교의 사상적인 말을 배웠다고 해야 맞고, 내가 말하는 것 같은 '참 나의 마음(본질)'을 깨닫고 말하는 것이 아니고 수박의 표면(감성적인 말)의 말이기 때문에 누가 어떤 감성을 자극하는가에 따라 여러분은 그 말은 좋은 말로 생각하고 감정으로 스스로를 위안 삼는 것이 전부입니다.

이것은 시간이 지나면 사그라지는 마음인데 그 이유는 여러분이 '참(眞) 나'를 알지 못하기 때문에 여러분은 식상 해하고 그 말이 그 말이라고 치부해버립니다. 사람으로서 감성적인 말 보통은 다 좋아하지만 '참(眞) 나' 이치를 알면 여러분에게 감성적인 말할 수 없는데 그 이유는 본질을 알아야 그 말을 이해하든가 말든가 할 것인데 명확하게 이 부분을 말하지 못하면 여러분이 인지하는 그 마음이 마음인 것으로만 알고 살게 되어 있고, 이 경우 여러분의 괴로움은 소멸하지 않고, 여러분의 이치(운명)는 절대로 바뀌지 않아서 이 부분 깊게 고민해봐야 할 것입니다.

시중에서 보통 '마음공부'라고 하는 말은 앞서 한 대로 수박의 표면에 나타나 있는 것 하나만 마음이라고 하는 것이고, 내가 말하는 것은 수박의 속이 있는 씨앗을 기본으로 해서 수박의 표면이 나타나 있음을 말하는 것입니다. 따라서 이것은 여러분이 '내 적성에 맞지 않는다.'라고 말할 때 이때 말하는 '적성(適性)'이라고 하는 것은 보이지 않는 수박의 씨앗과 같고(참(眞) 나), 이것은 여러분의 본성, 본질의 마음 바탕이기 때문에 여러분이 어떤 상황에서 마음이 일어났더라도 그 마음이 아상에서(수박의 표면) 일어난 마음인가? 아니면 본성(참(眞) 나)의 마음에서 일어난 것인가를 알면 A의 마음이 일어났더라도 본성(참(眞) 나)에 B로 행동하고 B의 길을 가면 성공할 수 있는데 그 이유는 보통 아상의 마음은 시간이 지나면 변하지만, 이 본성의 마음(참(眞) 나)은 쉽게 변하지 않기 때문에 무엇을 하고 싶다고 인생의 직업을 선택할 때는 '참(眞) 나(본성)'의 마음속에 있는 것을 선택하면 큰 무리는 없습니다.

그래서 사람이 사업하다가 실패, 이성으로 사귀다가 실패, 장사하다가 실패 등을 겪는 이유는 본성(씨앗)대로 따라가지 않고 아상(보이는 표면)의 마음으로서 그렇습니다. 이 말은 전생에 내가 해왔던 것을 이생에 하면 문제가 없지만, 전생에 해보지 않았던 것을 보이는 것에 끄달려 한다면 이것은 100% 망합니다. 이 개념으로 이 세상 사는 사람들을 보면 모두 '보이는 것'에 오만가지 신경을 쓰고 사는데(수박의 표면), 내가 말하는 것은 나의 근본이 되는 '참 나의 마음(씨앗)'을 가꾸는 데는 신경을 쓰지 않고 살아가는데 참으로 안타까운 일이라 할 것입니다. 눈에 보이지는 않지만, 반드시 씨앗(근본)이 있어서 보이는 나무줄기가 만들어지는 것이 아닌가? 여러분은 자연을 보고 무엇을 배운다고 하는데 자연을 보고 이런 부분을 생각하고 내가 말하는 이치를 알려고 하는 사람은 없습니다.

이 개념으로 '나를 존재하게 한 바탕이 무엇인가?'의 의구심을 가지고 끊임없이 자신의 마음을 파보는 것이 '나를 알자'이며 화현의 부처님 법에서의 마음 공부법입니다. 이같이 하면 여러분이 일반적으로 가지고 살아가는 '아상의 마음'이 뭔가를 쉽게 알 수 있어서 결국 '참 나'라는 마음을 이해하면 스스로가 '나는 이런 사람, 이런 성향을 보이고 살았구나.'라는 것을 알 수 있습니다. 그래서 대부분 인생에 실패하는 사람들을 보면 보이는 표면의 마음, 표면에 나타난 허상의 꿈을 따라가기 때문에 인생의 실패를 하는 것입니다. 내 앞에 놓인 돌다리 중에 어떤 것이 나의 본성에 맞는 돌이고, 허상(아상)의 돌인가를 알면 썩은 돌이 무엇이고 썩지 않은 돌이 무엇인가를 알 수 있다는 이야기입니다.

그래서 허상의 꿈을 따라가면서 불안해하는 것보다는 안정적인 인생을 살 수 있고, 마음 편한 길을 갈 수 있다면 여러분은 어떤 길을 선택하고 가고 싶은가를 생각해봐야 할 것입니다. 남처럼 돈을 많이 벌고, 안정된 직장, 직업을 가지고 살고 싶다는 생각이 들어도 그것이 아상(표면의 마음)의 마음이라고 하면 망하는 것이고, 괴로울 것입니다. 하지만 자신의 '참(眞) 나' 이치에 맞는 것이라면 돈이 많든 적든 그것을 떠나 이생에서 안정되고 마음 편한 삶을 살 수 있어서 내가 말하는 마음공부는 이런 이치를 알고 스스로가 아상의 마음을 다스리며 마음 편한 삶을 살도록 하는 것입니다.

주어진 시간에 마음 편하게 살 것인가? 아니면 하루를 살지만, 불안에 떨며 살 것인가의 문제, 밥 한 끼를 먹어도 마음 편하게 먹을 것인가? 불안해하면서 먹을 것인가는 결국 여러분이 어떤 마음으로 사는가에 달려있어서 마음공부가 매우 중요하고, 이런 것이 아니라 감성적으로 듣기 좋은 말을 따라서 산다면 이생에 결과적으로 헛사는 인생, 실패한 인생이 되는 것입니다. 따라서 이 세상에 적응하지 못하고 아상으로 이런저런 일 하다 하다 안 되니 산속에 들어가서 사는 사람, 혹은 자살을 하는 사람 등이 무수한데 그 이유는 모두 '참(眞) 나'의 본분을 잃어버려서 나타나는 현상입니다.

그래서 나는 젊을 때부터 보이는 것에 끌려다니지 말라고 한 것이고, 이런 이치를 알고 마음을 다스려가면서 인생을 살면 그나마 마음 편한 인생을 살 수 있으며 그 방법을 나는 화현의 부처님 법에서의 마음공부 법이라고 말한 것이어서 이 부분 깊게 정립해야 하는데 그것은 오직 여러분의 의식에 달려 있고 이것은 보이지 않지만 내 마음을 알아가는 방법, 마음을 다스리는 마음공부입니다.

070 도(道), 깨달음이라는 것을 어떻게 이해하면 되나요?

답 간단하게 '진리이치(眞理理致)'를 아는 것이라고 정의하면 됩니다. 도(道)라는 뜻은 '길 도' 자를 쓰는데 도(道)는 사전에서 '길, 이치, 근원, 기능, 방법, 사상, 인의(仁義), 덕행(德行)'이라고 되어 있고, 또 (1) 마땅히 지켜야 할 도리(道理). 도에 어긋난 행동은 삼가야 한다. (2) 종교적으로 깊이 깨달은 이치. 또는 그런 경지. 도를 깨치다. (3) 무술이나 기예 따위를 행하는 방법. 검술에 도가 트인다는 식으로 이 도(道)라는 글자를 사용한다고 되어 있는데 여러분은 이 말을 보고 이 말이 맞는 말이라고 생각하는가? 물론 하나의 글자를 만들고 그 말에 의미를 '이렇게 하자'라고 정할 수는 있는데 문제는 앞서 한 말을 보면 뭔가의 모순이 보일 것인데 그것은 이 말들은 붕어 없는 붕어빵 같은 말이어서 그렇습니다.

예를 들어 '(1) 마땅히 지켜야 할 도리(道理). 도에 어긋난 행동은 삼가야 한다.'라고 하는 말을 보면 무엇을 기준으로 해서 마땅히 지켜야 할 도리를 하라는 것인가의 문제가 남습니다. 다시 말하면 '(1) 마땅히 지켜야 할 도리(道理). 도에 어긋난 행동은 삼가야 한다.'라고 할 때 무엇을 도라고 할 것인가의 문제가 남는다는 이야기입니다. 그래서 나는 도(道)라는 것은 '이치에 맞는 말과 행동이다.'라고 말하고 있어서 거꾸로 말하면 이치에 맞는 언행을 하지 못하는 자는 도를 모른다고 해야 맞는 말이 되는데 여러분은 이 부분 어떻게 정리할 수 있는가를 생각해 보라는 이야기입니다. 여러분이 인생을 살면서 '사람으로 해야 할 도리'를 다 지키고 산다고 생각하겠지만, 그것은 고작 해 봐야 스스로가 생각하고 정의하고 있는 윤리·도덕·양심을 바탕으로 이같이 말하는 것이 전부입니다.

이같이 볼 때 지구 상에 80억의 인간이 있다면 결국 80억 개의 도(道)가 있다는 의미가 되는데 이게 말이 되는가를 생각해 보라는 것입니다. 태양은 우주에 하나인데 너도나도 다들 태양이라고 생각하며 사는 것과 무엇이 다르겠는가? 그래서 너도나도 다 잘났다고 살아가는 현실이기 때문에 이 개념으로 요즘 세상을 보면 '도(이치에 맞는 말)가 사라졌다'고 해야 맞는 말이 어서 이 말 정립해봐야 합니다. 다시 말하지만, 과거 공자, 맹자 등과 같은 사람은 최소한으로 인간이 가져야 하는 도리, 규범이라는 것을 제시했지만, 문제는 이것도 '그것에 대한 표준'이 아니었기 때문에 사람들은 그 말을 따르는 것이 아니라 그 말에 자신의 사상, 관념을 섞어서 스스로가 도를 만들어 버렸기 때문에 개인 이기주의가 만연한 사회가 되어 버린 것입니다.

그래서 나는 이 세상에 '기준이 되는 말(이치에 맞는 말)이 있어야만 그것이 표준이 된다고 말했고, 이 표준을 기준으로 해서 내 마음은 얼마나 벗어나 있는가를 알 수 있는 것입니다. 예를 들어 '(1) 마땅히 지켜야 할 도리(道理). 도에 어긋난 행동은 삼가야 한다.'라는 것이 도의 의미인데 이 말대로라면 어떤 것을 기준으로 해서 '마땅히 지켜야 할 도리(道理)'라고 할 수 있으며 또 '도에 어긋난 행동이 뭔가를 판단할 수 있다는 이야기입니다. 그래서 질문에 '도(道) 깨달음이라는 말을 어떻게 이해하면 되나요?'에 대한 답은 스스로가 이치에 맞는 말을 따르고 사는 것이 '마땅히 지켜야 할 도리(道理)'의 삶이라고 정의해야 맞고, 이 도(이치에 맞는 말)를 스스로가 알아가는 과정이 깨달음을 얻는 과정이고, 이치를 다 알았을 때를 깨달음을 얻었다, 도를 얻었다고 정의해야 맞는 말이 됩니다.

'도에 어긋난 행동은 삼가야 한다.'라는 말은 '진리 이치에 어긋난 행동은 삼가야 한다.'라고 정의해야 하고, 이 '이치'를 모르면 결국 도를 알 수 없는 것이라고 해야 맞습니다. 그래서 불교에서 도를 깨달았다고 말하는 것은 모두 앞서 말한 대로 제각각의 사상에서의 도, 개인적인 도일뿐이고, 그것이 진리 이치에 맞는 말은 아님을 여러분이 정립해야 할 것입니다. 온 세상에 너도나도 도를 깨달았다고 말하는데 참으로 안타까운 일이 아닌가? 따라서 도(道)라는 것은 '(1) 마땅히 지켜야 할 도리(道理)'가 아니라 '이치에 맞는 말을 알고 실천하고 사는 것'을 도에 맞는 행동이라고 해야 맞고, '이치에 어긋난 행동은 삼가야 한다.'라고 해야 맞고, 이치에 벗어난 행동은 업(業)이 되어 괴로움의 씨앗이 만들어지기 때문에 윤회 속에서 벗어날 수 없다고 해야 맞는데 이 말은 이치에 맞는 말만이 도(道)의 표준이 되어서 그렇습니다.

그런데 도에 대하여 또 다른 말로 '종교적으로 깊이 깨달은 이치. 또는 그런 경지에'라고 말하는데 그렇다면 그들이 깨달은 것에 본질이 뭔가를 봐야 하는데 이것을 여러분이 아는 방법은 '그들이 하는 말'을 보면 쉽게 알 수 있습니다. 다시 말하면 이 도라는 것을 깨달았다고 무수한 세상 사람들이 하는 말을 논리적이거나 이치에 맞는 말인가 아닌가를 여러분이 확인해 보면 쉽게 알 수 있습니다. 그래서 '도를 깨친다.'라는 말은 '이치를 100% 알았을 때다'라고 해야 맞는 말이 되고, 이치를 알아가는 과정을 도를 깨달아가는 과정이라고 해야 맞습니다. 그런데 사람들이 이 도라는 의미를 이해하지 못하고 하는 말이 아무 데나 이 도라는 말을 붙여 사용하는데 예를 들면 '(3) 무술이나 기예 따위를 행하는 방법으로 검술에 도가 트이다.'라는 식의 말을 만들어 냅니다.

따라서 이런 말은 어떤 분야에 능숙한 자를 '최고의 경지에'라는 의미로 도(道)라는 말을 사용하지만 여기서 말하는 도라는 것은 그 재주나 능력을 인정하는 차원에서 '최고의 경지에'라는 일반적인 수식어일 뿐이고 이 의미는 진리적인 의미와 아무런 관련이 없다는 것 명심해야 합니다. 따라서 산속에서 기인한 행색으로 이상한 몸짓을 하는 것도 그들의 입장에서 자신만의 도일뿐이고, 그런 행위들은 진리적으로 쓸데없는 행위가 되어서 여러분 중에 남들이 일반적으로 하지 않는 행위를 하는 것을 보고 신기하게, 신비하게 생각하고 '어떠한 것을 아는 자가 아닌가?'라고 생각한다면 여러분의 정신은 매우 잘못되었다는 이야기입니다. 그래서 종교 같은 곳에서도 다들 이상한 행색을 하고 있는데 그런 모습을 여러분에게 보임으로써 자신들이 뭔가 특별한 사람으로 생각하게 만들어 온 것이 현실입니다.

그러므로 진리 이치를 깨달으면 시중에서 하는 말 대부분은 모두 잘못된 말, 이치에 벗어난 말, 무엇이 벗어난 것인가 등은 쉽게 알 수 있는데 진리이치를 알지 못하면 결국 속에 붕어가 없는 것을 여러분은 붕어가 있다고 착각하게 하는 것과 똑같습니다. 예를 들어 진리를 말하는 종교에서 진리에 대하여 뭐라고 정의를 오만가지 말로 하고 있는데 보면 진리는 시작도 없고 끝도 없으며, 생겨나는 것도 아니요, 없어지는 것도 아니다. 무시무종(無始無終)·불생불멸(不生不滅)·여여자연(如如自然)이라 천지가 생기기 이전의 소식이요, 부모로부터 내 몸을 받기 이전의 일이다. 진리는 끊임없이 돌고 돌아 순환 무궁한 것이다. 우주는 성주괴공(成住壞空)으로, 만물은 생로병사(生老病死)로, 일 년은 춘하추동(春夏秋冬)으로, 하루는 밤낮으로 끝없이 돌고 도는 것이다. 하늘의 태양은 아득한 옛날에도 동쪽에서 떠서 서쪽으로 지는 것이며, 무한한 미래에도 역시 서쪽으로 지고 동쪽에서 뜨게 되는 것이다. 진리는 아무것도 없이 텅 빈 것이다. 텅 비었기 때문에 모든 것이 다 갖추어져 있는 것이다.

"공적 영지의 광명을 따라 진공 모유의 조화로 영원한 세월에 조화무궁한 것이다. 남는 것도 없고 모자람도 없으며, 길지도 않고 짧지도 않으며, 크지도 않고 작지도 않으며, 깨끗하지도 않고 더럽지도 않은 것이다. 진리는 영원불멸한 것이로되 능히 불변하기도 하고 변하기도 하는 것이다. 나타나기도 하고 숨기도 하는 것이다. 있다가도 없어지고 없다가도 있기도 하는 것이다. 이와 같은 진리이기 때문에 소태산 대종사는 진리에 관한 깨달음을 얻고 법신불 일원상(法身佛一圓相)이라고 표현한 것이다. 아무리 진리를 깨치지 못한 사람이라 할지라도 일원상의 진리를 믿고 수행하면 마침내 우주와 인생의 궁극적 진리를 깨치게 되는 것이다."라고 말하고 있는데 여러분은 이런 말 어떻게 생각하는가? 이런 말보고 '사상적인 말'이라고 하는 것인데 사상적인 말은 진리 이치에 맞지 않는다는 것입니다.

예를 들어 '하늘의 태양은 아득한 옛날에도 동쪽에서 떠서 서쪽으로 지는 것이며, 무한한 미래에도 역시 서쪽으로 지고 동쪽에서 뜨게 되는 것이다.'라는 말 하나를 보면 이것은 진리가 아니라 '단순한 물질 이치'에 불과한데 이것을 진리라고 하는 것은 모순됩니다. 눈에 보이는 것은 모두 물질 이치에서 나타나 있는 것이고 태양이라는 것도 그대로 존재하기 때문에 진리라고 말하는 것은 물질 이치, 진리 이치 이 두 가지 이치를 분별하지 못하고 하는 말임을 알아야 할 것입니다. 그래서 이것을 분별하지 못하면 결국 인간에게 작용하는 '마음(비물질)'과 몸(물질)이라는 이 두 가지의 '이치'를 분별하지 못하게 되어서 앞서 한 말대로 이런저런 말을 조합해서 사상적인 말(생각에 생각을 추가하여)을 무궁무진하게 만들어 내게 되는데 앞서 한 말 깊게 새겨보면 내가 무슨 말을 하는가를 알게 됩니다.

따라서 사상적인 말은 한도 끝도 없는 말장난의 말을 계속해서 만들어 내게 되어 있어서 '진리는 아무것도 없이 텅 빈 것이다. 텅 비었기 때문에 모든 것이 다 갖추어져 있는 것이다.'라는 식의 말을 여러분은 어떻게 생각하는지 모르겠지만 이런 말 평생 듣고 살아본들 여러분에게 어떤 도움도 되지 않습니다. 그러니 세상에 도를 깨달았다는 사람 무수하게 있지만, 그들은 과연 자기 자신이 왜 이생에 존재하는가의 뿌리도 모르면서 도를 말하고 깨달음 운운하고 있는데 안타까운 일입니다. 정리하면 깨달음은 물질적 개념으로 '이것은 이렇게 만들어야 한다.'라고 말했는데 다르게 만들었을 때 '내가 잘못 만들었구나.'라는 것을 스스로가 안 것도 깨달음이고, 또 하나는 '어떤 논리가 맞다'라고 의식으로 각자가 정리하여 마음에 담아두는 것도 비물질에서 깨달음이며, 생명체가 그렇게 존재해야 할 이유, 뿌리를 아는 것도 깨달음이어서 이런 말을 이해하지 못하면 여러분은 감성적이고, 인간적인 말을 섞어서 하는 말을 좋은 말이라고 생각하게 되어 있습니다.

그래서 불교, 종교의 말을 보면 생명체인 인간, 강아지 등이 왜 제각각 모습으로 존재하는가에 대한 말은 그 어디에도 없는데 이것은 무엇을 의미하는가를 생각해 보라는 이야기입니다. 따라서 결론은 '진리의 작용인 진리 이치를 아는 것'이 도(바른길, 이치에 맞는 길)이며, 진정한 의미에서의 깨달음이라고 해야 맞고, 이것에 부합되는 말을 하는 자가 '깨달음을 얻은 자이다.'라고 해야 맞습니다. 불교에서 말하는 '깨달음'이라는 것과 내가 말하는 깨달음이라는 것이 무엇이 다른가를 여러분 스스로가 정리하면 어떤 말이 맞는가를 스스로가 정리할 수 있을 것입니다.

071 인간이 살아가는데 정해진 운명이라는 것은 있는 것인가요?

(답) 답은 '있다' 입니다. 물론 무수한 사람 중에 '운명'이라는 것이 있다, 없다 등 제각각의 생각이 있을 수 있지만 이에 대한 결론은 '있다'이며, 제각각의 운명을 아는 것 보고 깨달음이라고 하는 것입니다. 그래서 인간에게 나타나는 무수한 현상도 '그렇게 나타나야 할, 각자가 겪어야 할 이유'가 반드시 있어서 여러분 앞에 한 치 오차 없이 진행되고 있다는 것이 진리 이치이며, 이 작용을 뿌리째 아는 것 보고 '진리 이치를 아는 자'라고 해야 맞는 말이 됩니다. 따라서 진리의 작용을 모르면 인간이 왜 존재하는가? 나라는 존재가 왜 이러한 환경에서 살아가야 하는가를 모를 수밖에 없습니다. 도를 깨달았다고 말하는 사람, 석가가 부처라고 말하는 사람에게 '운명은 존재하는가?'라는 질문을 하자, 이 사람은 이것은 '괴로움을 없애는 데는 하등 중요하지 않은 질문'이라고 말하면서 잘못된 운명 관을 가지고 있는데 여러분은 이 말이 맞는다고 생각하는가? 맞지 않는다고 생각하는가를 정립해야 합니다.

그 이유는 이것을 정립하지 못하면 여러분의 의식은 흐려 있어서 흐린 그 의식에 어떠한 말을 한들 의미 없기 때문에 그렇습니다. '운명은 존재하는가?'에 대하여 이 사람 답하기를 "'운명이 과연 정해져 있느냐, 정해져 있지 않으냐' 이런 질문은 하등 중요하지 않다. 정해져 있다면 정해져 있는 데로 갈 테니 괴로울 일이 없고, 정해져 있지 않다면 내가 하는 만큼 만들어가는 것이니 누구를 원망하겠는가? 어느 쪽으로 생각해도 괴로울 일이 없다. 운명이 정해져 있거나 안 정해져 있기 때문에 괴로움이 생기는 게 아니다, 욕심을 내기 때문에 괴로움이 생기는 것이다. 다시 말해 어리석기에 괴로움이 생기는 것이다."라는 식의 답을 말하는데 여러분은 이런 말 어떻게 생각하는가? 참으로 웃기는 것이 대부분 사람은 '운명'이 있다는 관념을 가지고 있는데 사람마다 어떠한 운명론을 믿는가는 다 다릅니다.

예를 들어 '절대자, 조물주가 나를 이렇게 만들었다.'라는 것을 믿는 사람도 있고, 또 남녀가 연애할 때 '너와 나는 운명인가 봐'라는 말도 하고, 각자가 삶을 살아가면서 이 운명에 대해 필요하면 '운명'이라는 말을 가져다 붙여서 자신을 스스로 합리화하거나, 위안으로 삼을 때도 운명이라는 말을 하는 데 문제는 큰 틀에서 '여러분 운명은 존재하는가?'인데 정답은 '존재한다'로 정립해야 합니다. 그래서 타력의 힘으로 운명이 존재하는가(타력 신앙), 아니면 내가 내 운명을 그렇게 만들어서 내가 이 세상에 존재하는가(자력 신앙)를 먼저 정립해야 하는데 이것을 정립하지 못한다면 여러분은 내가 아무리 이치에 맞는 말을 해도 각자의 관념대로 내 말을 짜 맞추어 자신을 정당화 합리화해 버릴 것입니다.

따라서 앞에 "운명이 과연 정해져 있느냐, 정해져 있지 않으냐는 이런 질문은 하등 중요하지 않다. 정해져 있다면 정해져 있는 데로 갈 테니 괴로울 일이 없고, 정해져 있지 않다면 내가 하는 만큼 만들어가는 것이니 누구를 원망하겠는가?"라는 말은 말장난에 불과하고 이 말에 모순이 뭔가 하면 '정해져 있다면 정해져 있는 데로 갈 테니 괴로울 일이 없고, 정해져 있지 않다면 내가 하는 만큼 만들어가는 것'이라는 말인데 있다는 것인지 없다는 것인지 명확하게 구분을 짓지 않고 있어서 잘못된 말이고, 이런 말들이 여러분의 의식을 흐리게 함을 명심해야 합니다. 따라서 여러분의 운명은 반드시 '자업자득 인과응보의 법칙'에 따라 존재하는 것이고, 개개인의 삶은 이 운명에 따라 큰 물줄기는 흘러가는 것임을 명심해야 합니다. 여기서 '큰 물줄기'라고 하는 말은 '이치'는 마음이 바뀌면 수시로 운명은 바뀌기 때문에 그렇습니다. 따라서 정해진 운명은 있지만 얼마든지 바꿀 수 있다는 것 마음에 새겨야 할 것입니다.

그런데 불교에서 이름 좀 알려진 어떤 사람이 말하기를 '환생하느냐, 안 하느냐? 이런 질문은 하등 중요하지 않다. 환생한다면 모든 사람이 다 환생할 텐데 뭐가 걱정인가? 그런데 환생한다고 해놓고는 또 개중 몇 명만 환생한다고 하니까 전전긍긍하게 되는 것이고 이건 말이 안 된다. 환생한다고 하면 '지금 생이 어떻든, 다음에 또 태어나니까 별걱정 없겠네.' 이렇게 생각하면 되고, 환생을 안 한다고 하면 '환생을 안 하니까 지금 생이 어떻든 별걱정 없겠네.' 이렇게 생각하면 된다고 말합니다.

이런 것 보고 말장난이라고 하는 것인데 죽어서 다음 생에 태어나는 것 보고 환생(幻生)이라고 하는 것이고, 생명체라는 것은 인간이 되었든 개나 소나 모두 다 윤회라는 것을 통해 환생하게 되어 있는 것이 자연의 법칙입니다. 그런데 불교는 막연하게 인간만 환생하는 것을 말하고 있는데 내가 말하는 것은 하루살이가 죽어서 인간으로,

지금 강아지가 인간 등으로 그 업에 따라 새롭게 태어나는 것이 법칙이기 때문에 불교에서 말하는 환생에 대한 논리는 말장난이 되는 것입니다.

여러분이 반드시 알아야 할 것이 불교는 단편적으로 죽으면 환생하느냐, 하지 않느냐만 이분법으로만 따지고 있는데 이것은 매우 잘못된 것이고, 내가 말하는 것은 모든 생명체는 윤회라는 것을 하고, 다만 어떤 생명체로 몸을 바꾸어 태어나는가만 다른데 그것은 각자가 지은 업에 따라 다 다릅니다. 그래서 이 글을 보는 여러분도 전생에 인간이었는데 이생에 다시 인간으로 태어났다고 생각하면 안 됩니다. 전생에 여러분도 강아지나, 기타의 짐승이었을 수 있고, 이생에 환생하여 인간의 몸을 가지고 있을 수 있다고 생각해 보면 지금 인간이라고 해도 다음 생에는 다시 무엇으로 어떤 생명체로 태어날 것인가는 장담할 수 없는 부분임을 명심해야 합니다. 그래서 나는 동물을 보면 '전생에 좀 더 잘살지 그랬냐?'라는 안타까운 마음으로 보기 때문에 고기를 먹으면서도 '이 고기 어떤 부위가 어떤 맛이다.'라는 식의 생각은 하지 않습니다.

그 이유는 만약 여러분이 죽어서 소로 태어났고, 죽어서 고기로 남겨졌을 때 어떤 부위를 가리키며 이것이 맛있다, 저것이 맛있다고 침을 흘리고 먹는다면 소가 되어 고기로 남게 된 여러분의 입장에서 보면 이런 상황에서 어떤 마음이 들겠는가를 생각해보라는 이야기입니다. 다시 말하지만, 불교는 윤회라는 것을 부정하는 입장입니다. 그래서 죽으면 천당이나 지옥으로 간다고 말하고 있는데 아이러니하게 죽어서 강아지 등으로 환생했다는 식의 말을 많이 하는데 이 자체로 앞뒤가 맞지 않는 모순된 말이 아닌가? 그러니 "운명이 과연 정해져 있느냐, 정해져 있지 않으냐는 이런 질문은 하등 중요하지 않다. 정해져 있다면 정해져 있는 데로 갈 테니 괴로울 일이 없고, 정해져 있지 않다면 내가 하는 만큼 만들어가는 것이니 누구를 원망하겠는가?"라는 말은 진리를 모르는 자의 말장난에 불과한 것입니다.

내가 말하는 것은 운명은 정해져 있어서 그 운명의 줄기대로 환생하여 생명체로써 삶을 제각각 사는 것이고, 인간으로 태어나 어떻게 사는가에 따라 오늘, 내일의 이치가 반드시 바뀌는 것이고, 결국 다음 생 여러분의 운명이 정해지는 것이고, 이같이 돌고 도는 것을 윤회라고 하는 것이고, 윤회의 과정에서 새롭게 무엇으로든 태어나는 것을 환생이라고 하는 것입니다. 인간이었지만 강아지 등 무수한 생명체로 다시 태어나는 것이 환생의 정의입니다. 따라서 인간으로 살면서 여러분에게 나타나는 몸과 마음에 형상은 반드시 전생에 지은 업이 그 업연의 시기에 맞추어 이생에 발현하기 때문에 여러분 인생에 갖가지 현상이 발생하는 것입니다. 이런 것은 진리의 흐름인 여러분의 마음, '참(眞) 나'의 이치로 알 수 있고, 크게는 자연의 기운을 알면 이 세상이 어떻게 흘러갈 것인가는 매우 쉽게 알 수 있습니다. 그러니 이런 이치를 모르면 앞서 말했지만 말장난하는 말만 하게 되어 있다는 이야기입니다.

또 하나를 보면 "'천당에 가느냐, 지옥에 가느냐?' 이런 질문도 마찬가지다. 천당과 지옥이 정말로 있느냐 없느냐는 중요하지 않다.

나쁜 일을 하면 지옥 가고 좋은 일을 하면 천당 간다고 하면, 그냥 좋은 일을 하면 되고, 아무런 걱정할 게 없다. 천당 가고 싶으면 좋은 일을 하면 되고, 나쁜 일을 했으면 지옥 갈 각오를 하면 된다. 그런데도 왜 고민이 될까? 천당 가느냐, 지옥 가느냐 때문에 인간의 고뇌가 생기는 게 아니다. 나쁜 짓을 해놓고 지옥을 안 가겠다고 버티고, 천당 갈 짓을 안 해놓고 천당에 가고 싶어 하니까 두려움이 생기는 것이다."라는 식의 말을 하는데 이 말도 앞서 한 대로 먼저 천당, 극락이 있는가, 없는가를 분명하게 정리해야 하는데 이 본질을 정리하지 못하고 말장난을 하는데 참으로 안타까운 일입니다.

'나쁜 짓을 해놓고 지옥을 안 가겠다고 버티고, 천당 갈 짓을 안 해놓고 천당에 가고 싶어 하니까 두려움이 생기는 것이다.'라는 말 여러분은 어떻게 생각하는가? 결국, 천당·지옥이라는 것은 있다는 것을 전제로 하여 '나쁜 짓'이라는 말을 하는데 여러분은 '나쁜 짓'이라는 것을 어떻게 생각하는가? 나쁜 짓이라는 것은 각자의 주관적 관념이기 때문에 누구는 좋은 짓이라고 생각하더라도 누구는 나쁜 짓이라고 생각할 수 있어서 나쁜 짓이라는 것은 잘못된 표현이고, 내가 말하는 것은 '이치에 맞는가, 맞지 않는가'의 결과에 따라 윤회하여 진급된 삶을 사는가, 강급된 삶을 사는가가 정해지고 그것은 앞서 말했지만 무수한 생명체는 그 결과에 맞게 태어나 이 세상에 존재하는 것이고 이것을 나는 환생하는 것이라고 말하고 있는 것입니다.

그래서 나는 인간이 다 같은 인간의 형상을 가지고 있지만, 업이 다 다르기 때문에 '다 같은 인간은 아니다.'라고 말한 것입니다. 세상에 말도 안 되는 말, 논리에도 맞지 않으며 이치에도 맞지 않는 말 나열하는 사람 무수하게 존재합니다. 부처라는 이름으로 온갖 말을 만드는데 참으로 아비규환의 세상이 따로 없습니다. 따라서 종교가 하는 말을 보면 누가 어떤 말을 어떻게 하는가에 따라 무수한 말들이 세상에 난무하고 있고, 세월이 지나면 그 말은 또 다르게 변하게 되고 이런 말들이 사상적인 말(생각으로 지어내고 만들어진 말)이 되는 것입니다.

결론은 운명은 반드시 존재하며, 인간뿐 아니라 무수한 생명체도 각자의 운명에 따라 제각각의 형상을 하고 있고, 다만, 마음을 어떻게 사용하는가에 따라 그 운명줄은 얼마든지 바뀐다는 것이 진리적 입장입니다. 그래서 세상에는 이치에 맞는 말이라는 것이 필요한 것이고, 인생에 진급(오늘보다 내일이 편안함을 의미함)되는 삶을 살 것인가? 강급(오늘보다 내일이 더 힘들게 되는 것)되는 삶을 살 것인가는 여러분이 어떤 의식으로 살아가는가에 달려있음을 명심해야 할 것입니다.

072 토정비결이나 사주팔자라는 것을 사람들이 많이 보는데 이런 것을 어떻게 이해해야 할까요?

답 토정비결(土亭秘訣)이나 사주팔자(四柱八字)라는 것은 진리와 아무 관련이 없는 사상적인 말에 불과하다가 정답입니다. 그 이유는 이것은 진리를 깨달은 자가 만든 것이 아니라 사상가들이 머리로 짜깁기한 것이어서 그렇습니다. 토정비결(土亭秘訣)은 '조선 명종 때에 토정 이지함이 지었다고 하는 일종의 도참서. 태세·월건·일진 따위를 숫자로 따지고, '주역'의 음양 설에 기초하여 일 년의 길흉화복을 점치는 데에 쓴다.'라고 말하는데 문제는 이 안에 들어 있는 내용은 철학적 학문이라고 할 수 있겠지만 진리적으로는 전혀 관련이 없다고 정립하면 되고 사주팔자(四柱八字)라는 것도 마찬가지인데 이 글을 보는 여러분도 알게 모르게 이런 것 한두 번은 봤을 것이나 인생을 살아오면서 이런 것으로 여러분의 운명을 알 수 있고, 또 여러분의 인생이 그런 말대로 흘러서 왔는가를 되돌아보면 얼마나 무의미한 말인가를 알 수 있을 것입니다.

따라서 인간이 지구 상에 존재하면서부터 각각의 나라마다 인간의 운명을 알고자 무수한 방법을 시도해 왔지만, 결론은 이런 것으로는 자연의 섭리를 알지 못했고, 사람들 사이에 쓸데없는 것이라고 치부하기에 이른 것입니다. 그래서 종교는 갈수록 쇠퇴 되어가고 있고, 문명이 발전함에 따라 사주팔자, 토정비결 같은 것은 미신 취급을 받게 된 것입니다. 진리를 깨달았다고 하는 석가도 생명체의 본질을 말하지 못했는데 시중에서 말하고 있는 사주나 토정비결 등으로 인간의 운명, 생명체의 본질을 알 수 있다고 한다면 이런 것을 만든 사람은 석가보다 한 수위의 도를 깨달은 사람이 아니겠는가? 다시 말하지만, 인간이 지구 상에 존재하면서 그 어떤 사람도 생명체의 근본을 알고 말한 사람은 없었습니다.

과거 2600년 전 화현의 부처님이 그 이치를 말했는데 안타깝게도 그런 말을 한 사람을 인간이 살해했고, 그 이후 긴 세월 동안 지금 내가 말하는 것과 같이 마음에 대한 실체를 말하지 못했고, 생명체의 근본을 말한 사람이 없었기 때문에 인간 스스로가 운명을 알고자 여러 가지 방법 강구하여 왔지만 결국 오늘날까지 생명체가 왜 존재하는가를 밝혀내지 못했습니다. 자연의 법칙, 마음의 작용이라는 것은 아무리 과학이 발달한다고 해도 알 수 없고, 사상적인 것, 종교적인 것으로도 알 수 없다는 점 명심해야 합니다. 따라서 인간에게 나타나는 길흉화복이라는 것은 반드시 전생에 내가 지은 업에 따라 나타나는 것이고, 이생에 이 업이 다하면 인간은 죽게 되어 있습니다.

또 하나는 집을 지을 때나 무덤 자리를 볼 때 과거 명당자리가 있다고 하여 그런 자리를 풍수적으로 찾는 사람이 있는데 이것도 진리와는 아무 관련이 없습니다. 그래서 인간의 역사를 보면 온갖 것 등으로 인간의 길흉화복을 알려고 했고 그 방법은 여러 가지였지만 지금 내가 말하는 것과 같이 마음으로 작용하여 나타나는 본질을 말하지 못하고 있는 것이 현실이고 이것을 알고 말하는 것을 화현의 부처님은 전무후무한 일이라고 말한 것입니다.

따라서 여러분이 자신의 팔자를 알고자 하지만 팔자(八字)라는 것은 인간이 만든 연월일시의 날짜를 조합한 것이어서 이런 것으로 여러분의 운명을 안다고 하는 것 자체가 모순이고, 과거 달력이 없었던 시기에 화현의 부처님은 여러분의 마음을 보고(참(眞) 나) 여러분이 왜 그렇게 존재하는가를 처음으로 말했고 그런 이유로 당시 많은 사상이 있었지만, 화현의 부처님이 말한 그 법(생명체의 본질을 아는 것)을 뺏으려다 안되니 결국 화현의 부처님을 살해했으니 참으로 안타까운 일이 아닌가? 따라서 요즘 사람들이 하는 말 중에 '팔자를 바꾸어 준다, 바꿀 수 있다'라고 말하는 것 자체가 모순인데 그 이유는 팔자라는 것은 인간이 만든 달력을 기반으로 해서 만들어진 것이고 내가 말하는 마음 작용이라는 것은 달력과 아무 관련이 없어서 이 부분 정립해야 합니다.

그래서 연월일시라는 글자를 따서 여러분이 태어난 운명을 알 수 있다고 말하는 자체가 모순이고, 자연 속에 나타나는 여러 가지 형상에 무수한 의미를 부여하는 자체도 모순되기 때문에 지난날을 보면 인간 세상에 얼마나 모순된 것이 천지인가를 알 수 있는데 문제는 이런 것으로 여러분은 무엇을 알려고 야단법석을 떨고 있고, 마음을 끄달리고 사니 안타까운 일이고, 그런 마음에 빙의는 쉽게 작용을 할 수 있음을 명심해야 할 것입니다. 다시 말하지만, 운명은 좀 더 포괄적인 의미로 정해진 인간의 앞날이나 처지를 뜻하는데 이것은 반드시 '그렇게 존재해서 살아야 할 근본'이 있다는 의미이며, 이 운명 중에 숙명은 피할 수 없는 필연적인 운명을 의미한다고 정립해야 합니다.

다시 말하면 여러분이 오늘날과 같은 삶을 이어가는 것은 큰 틀에서 각자의 운명이 있고, 이것은 거대한 강줄기와 같은 것이라면, 숙명이라는 것은 이 운명 속에 속해져 있는 특징적인 것으로 이것은 절대로 벗어날 수 없는 인과응보가 반드시 있다는 이야기입니다. 그래서 여러분이 진리 이치를 안다고 해도 큰 틀에서 운명대로 흘러가는 것이니 이 운명 자체를 통째로 바꿀 수는 없지만, 그 운명의 줄기는 얼마든지 바꿀 수 있어서 이 부분 정립해야 합니다. 예를 들어 기차를 타고 어디를 갈 때 기차는 큰 틀에서 운명이라고 한다면 많은 좌석 중에 어디를 앉아 갈 것인가는 바꿀 수 있다는 이야기입니다. 그런데 어떤 의자에 앉든 앉아야 한다면 의자에 앉는 그 자체를 숙명이라고 하고 이것은 피할 수 없다는 것입니다. 더 말하면 그 의자가 푹신한 의자인가? 아니면 나무로 된 딱딱한 의자 인가만 다를 뿐이어서 앉는 자체를 피할 수는 없다 할 것입니다.

더 말하면 내가 세상에 태어난 것은 나라는 존재가 그렇게 태어나야 할 이유가 있어서 포괄적으로 '나는 존재한다'이며 이것을 포괄적인 운명이라고 한다면, 숙명은 태어나서 겪어야 할 필연적인 상황을 숙명이라고 하는 것인데 이것은 이생에서 각자의 몸에 병이 생길 수밖에 없다는 것이 포괄적인(큰 틀에서) 운명이 있다면 숙명이라는 것은 그 병 자체를 완전하게 없앨 수 있는 것이 아니라 큰 병으로 나타나야 할 것을 작은 병으로, 가래로 막을 것을 호미로 막을 수는 있다는 개념입니다. 그래서 숙명적으로 누구와 만나야 할 것이 있다면 그 만남 자체는 절대로 피할 수 없고, 근 틀에서 운명은 그렇게 될 숙명이 있다고 하더라도 큰 줄기에서 운명을 바꾸면 가래로 막을 거 호미로 막을 수 있다는 것을 나는 말하고 있는 것입니다.

다시 말하면 물(운명 줄기)이 흘러가면 바꾸지 않은 상태에서의 유명의 흐름과 운명의 흐름을 바꾼 상태에서 만나는 것들이 달라진다는 이야기입니다. 따라서 이 법(이치에 맞는 말)이라는 것이 필요한 이유는 여러분의 운명 줄기를 바꾸는 데 필요한 것이고, 이 법(이치에 맞는 말)을 모른 상태에서는 애당초 그렇게 흘러가야 할 각자의 운명의 강물대로 살아가게 되어 있는데 대부분 사람의 삶은 주어진 운명(여러분이 만들어진 운명)대로 살다가 죽습니다. 그리고 그 숙명을 피하지 못하고, 알고 이겨내지 못하고 살아가는데 내가 말하는 것은 거대한 강줄기(운명)의 흐름을 바꾸면 애당초 그렇게 흘러가야 할 인생의 줄기를 바꾸면 운명도 바꿀 수 있고, 숙명도 피해 갈 수 있음을 말하고 있어서 이 말 새겨봐야 하는데 왜 대부분 사람은 바꾸지 못하고 사는가? 그것은 아상(我相)이 강해서 그렇고, 헌 편으로는 이 법(운명을 바꾸는 방법)이 뭔가를 모르기 때문에 그렇습니다.

그래서 자연을 보면서 여러분은 눈으로 나타나 있는 현상만 보고 입으로 자연을 말하는데 나는 삼라만상(물질 이치)으로 나타나게 된 근본인 자연의 기운 작용을 알고 말하는 것이어서 여러분이 일반적으로 말하는 자연과는 차원이 다른 말을 하고 있습니다. 예를 들어 이 글을 보는 여러분이 누구를 만나면, 어떤 것을 보더라도 자신만의 느낌으로 그 상대를 느낍니다. 그 사람의 기운(마음)이 물질(몸)로 나타나 있어서 '기운의 느낌'이라는 것을 여러분 마음으로 느끼는 것입니다. 다시 말하면 여러분도 마음이라는 진리적 기운을 느끼고 살아가고 있고, 상대도 마찬가지여서 상대와 말을 하지 않아도 그 상대 몸의 생김새(물질 이치)와 행동하는 것을 보면 대략 '저 사람은 이렇다, 이럴 것이다.'라는 것을 인지합니다.

왜 그럴까? 이것은 마음이라는 비물질의 기운이라는 것이 작용해서 그렇습니다. 따라서 말이 없는 자연의 기운(비 물질)으로 작용하고 있지만, 그 기운은 삼라만상으로 현실에 제각각 모습을 하고 있어서 마음이라는 기운을 알면 모든 것은 기운에 화현(化現)으로 나타나 있어서 그 본질은 매우 쉽게 알 수 있고, 이 기운을 알면 마음이라는 것을 바꾸면 앞서 말한 운명을 바꿀 수 있고, 숙명은 피해 갈 수 있어서 이 말 중요한 말인데 깊게 정립해야 하고 이런 이치를 알고 말하는 것이 전무후무한 일이라고 화현의 부처님은 말한 것입니다.

따라서 인간이 만든 여러 가지 방법은 모두 인위적으로 만든 물질(형상)을 보고 왈가왈부하는 것인데 내 말과 일반 사람들이 하는 말을 정리해 보면 어떤 차이가 있는가를 알 수 있을 것입니다. 인간이 만든 것으로 여여자연하게 존재하는 자연의 법칙, 흐름을 안다는 것이 가능한 것인가를 생각해 보라는 말이고, 이런 것으로 자연의 흐름, 법칙을 안다고 하면 이것을 만든 사람은 말 그대로 도인이 되는데 여러분은 어떻게 생각하는가? 다시 말하지만, 진리의 기운은(비 물질) 이 세상에 삼라만상으로(물질 이치) 나타나 있으며, 여러분도 여러분 마음(비 물질)의 화현으로 지금의 환경과 몸을 가지고 있다는 것입니다.

그래서 나는 애당초 물질 이치, 진리 이치 이 두 가지의 논리를 오늘날까지 말해 온 것이나 세상 사람들은 이 두 가지를 구분하지 못하고 있어서 모두 보이는 것으로 왈가왈부하는 것이고, 결국 사주팔자, 토성비결 등과 같은 글자(물질)를 만들어 인간 스스로가 자가당착(自家撞着)에 빠진 것이 오늘날의 형국입니다. 그래서 자연의 기운(마음 작용)을 알면 여러분 개개인의 운명, 또는 자연의 기운이 존재하는 이 세상이 어떻게 될 것인가를 알기는 매우 쉽습니다. 여러분 운명은 여러분이 인지하는 '내 마음'에 이미 다 드러나 있고, 그 마음을 기반으로 여러분의 몸은 형성되어 있는 것이어서 이 마음(기운)이라는 것을 알아야(운명의 물줄기)만 운명을 바꿀 수 있고, 그렇게 되어야 할 좋지 않은 숙명은 피해 갈 수 있고, 좋은 숙명은 계속해서 이어 갈 수 있는 것입니다.

073 지식과 지혜, 형이상학과 형이하학은 어떻게 구분을 할 수 있나요?

답 먼저 지식(知識)과 지혜(智慧-知慧)에 대한 글자의 뜻을 이해해야 합니다. '지식'의 의미는 사전적으로 '배우거나 실천하여 알게 된 명확한 인식이나 이해'라는 의미이며, '지혜'라는 것은 '사물의 이치를 빨리 깨닫고 사물을 정확하게 처리하는 정신적 능력'을 의미합니다. 따라서 지식이라는 것은 물질 이치에서 알음알이 알아가는 것이라고 해야 맞고, '지혜'라는 것은 진리 이치에서 비물질의 개념이라고 해야 맞는 말이 됩니다. 이 부분을 여러분이 깊게 정리해야 하는데 예를 들어 학교, 사회에서 물질의 논리를 배우는 모든 것은 일반적으로 '지식'에 해당이 되며, '지혜'는 어떤 논리를 분석하여 그 논리를 이해하여 얻어지는 것이어서 비물질에서 의식에 해당이 된다고 해야 맞습니다. 그러므로 지식은 보이는 물질로 나타나는 것, 형이하학, 즉 유형의 물질을 대상으로 한다면, 지혜는 형이상학 비물질적인 것을 의미하는 것이라고 큰 틀에서 정리하면 됩니다.

다시 말하면 형이상학(形而上學)은 인간의 감각기관을 초월한 도(道). 정신을 가리키는 말. 사물이 형체를 갖기 이전의 본래 모습, 혹은 그 근원적 존재를 나타내는 말이라고 이해하면 되고(비 물질, 지혜), 형이하학(形而下學)은 형체를 가진 물질을 가리키는 말(지식, 물질)이라고 정리하면 됩니다. 정리하면 지혜는 비물질의 논리(형이상학)라고 하면 되고, 지식은 물질 개념(형이하학)이라고 이해하면 됩니다. 문제는 과거에는 문과 이과가 확실하게 구분이 되었지만, 요즘에는 이같이 확실하게 이 부분을 구분하지 않고 말하고 있는데 이것은 무엇을 의미하는가를 생각해 보면 이 말도 이제는 별 의미 없는 말이 되었다는 것을 알 수 있을 것입니다.

어찌 되었든 지식은 형이하학(물질), 지혜는 형이상학(비 물질)의 개념이라고 큰 틀에서 이해하면 되는데, 문제는 보이는 물질이야 인간의 지식(머리-형이하학)으로 모든 것을 다 까발려 보고 그것을 뭐라고 이름을 붙이면 되지만, 눈에 보이지 않는 이 정신세계의 작용(마음 작용-형이상학)이라는 것은 사람의 관념, 의식, 마음에 따라 다 다르게 생각하고, 각자가 정의하고 있다는데 그 문제의 심각성이 있습니다. 그렇다면 보이지 않는 것을 말하는 비물질의 논리를 말하는 종교인은 모두 지혜(형이상학)를 얻었다고 할 수 있는가인데 그게 그렇지 않습니다. 그 이유는 여러분은 보이지 않는 그 세계를 온갖 감성적인 말로 포장을 하게 되면 여러분은 그 말이 맞는다고 생각합니다.

그래서 무슨 수행을 오래 한 사람은 지혜를 얻었다고, 도를 깨달았다고 생각하는 이유가 바로 여기에 있는데 이치에 맞지 않는 사상을 죽을 때까지 오래 수행했다고 해서 절대 지혜라는 것을 얻을 수 없어서 그렇습니다. 다시 말하면 사전적으로 형이상학은 '자신이 경험한 것을 초월해서 그 뒤에 있는 본질, 존재의 근본 원리 등을 사상적으로 말하는 학문이고, 신학, 논리학, 심리학 등이 여기에 해당한다.'라고 말하는데 바로 이 부분이 문제가 되어 과거부터 종교가 만들어지고 사상가들이 생겨나서 각자 입장에 따라 무수한 말들을 만들어 낸 것이 문제 되는 것입니다. 반대로 형이하학이라는 것은 물질 논리이기 때문에 이것은 사상적인 것이 될 수 없는데 그 이유는 물질은 눈으로 바로 확인할 수 있어서 그렇습니다.

지금 내가 말하고 있는 것을 여러분이 잘 정리해 보면 과학자들이 무엇을 발명하여 물질로 만들어 냈다면 이것은 형이하학의 논리(지식)지만, 어떤 사람이 사상적인 말을 해서 종교를 만들었다면 이것은 형이상학(사상적인 논리-비물질의 개념)이 된다는 것입니다. 그래서 지식이 아무리 많다고 해서 그 사람이 동시에 지혜를 얻었다고 할 수 없는 것입니다. 여러분이 물질적으로 뭔가를 배웠다면 지식을 얻은 것이고, 지식을 얻었다고 해서 지혜를 동시에 얻었다고 한다면 이것은 잘못된 것이어서 이 부분 반드시 정립해야 합니다.

따라서 좋은 학교를 나왔다고 해서 지식과 지혜를 동시에 얻었다고 말할 수 없는데 우리의 현실은 어떤가? 이름 있다는 학교를 나오면 그들이 하는 말(지혜 개념), 행동(지식 개념) 등이 맞는다고 생각하는데 매우 잘못된 의식입니다. 과거 무지했던 시기에는 '지식'을 배웠다는 사람들이 하는 말은 모두 맞는 말이라고 의식 없이 따랐는데 대표적인 것이 '선비'라는 사람입니다. 요즘에도 뭔가 배워서 한자리 차지하고 있으면 보통 사람들은 그 말은 모두 맞는 말로 생각하는데 대단한 착각이고, 구구단을 모두 다 알았다고 해서 그 사람이 하는 형이상학적인 말(지혜)이 모두 맞는다고 하면 안 된다는 이야기입니다.

이런 과거 시대의 모순이 오늘날까지 이어져 오고 있는데 지금도 어떤 동네를 지나다 보면 '승진, 임용' 등을 축하한다고 현수막을 걸고 있는 것을 보는데 동네에서 이름 좀 알려진 사람이기에 그 부분을 축하하는 것이야 뭐라고 할 수는 없겠지만, 내가 말하는 것은 그들이 면장이라고 하면 그 사람이 하는 모든 행동, 행위가 맞는다고 따르는 보통 사람들의 그 의식에는 심각한 문제가 있다는 것을 알아야 합니다. 그래서 나는 제대로 된 마음공부를 하려면 가방끈이 짧은 사람이 쉽게 할 수 있다고 말했는데 이 말은 지식을 많이 습득한 사람은(특히 전문직) 아상(我相)을 내려놓기가 매우 어렵기 때문에 그렇습니다. 지혜는 지식에 비례해서 얻어지는 것이 아닌 점 반드시 정립해야 할 것입니다.

어찌 되었든 중요한 것은 형이하학(지식)은 형이상학(지혜)을 이길 수 없으며, 인생이라는 것(윤회하는 입장에서)은 결국 누가 형이상학(지혜)을 많이 얻는가에 따라 여러분 인생은 결정되는 것이지 지식을 얻었다고 해서 윤회와 관련 있는 것은 아닙니다. 그래서 생명체인 인간이 몸(물실 이치)이라는 것을 가지고 살지만, 그 이면에는 마음(형이상학)이 있어서 살아 있는 생명체의 근본은 지식으로 알 수 없다고 나는 말한 것입니다. 따라서 인생을 사는 여러분의 환경을 보면 물질도 부족하고, 마음도 오락가락하며, 자신 몸을 보고 어디가 불편한 곳이 있다고 한다면 이 부분은 전생에 자신이 어떠한 환경에서의 삶을 살았는가를 어림잡아 생각해 볼 수 있을 것이고, 이것을 교훈 삼으면 이생에 어떻게 살아야 하고, 어떠한 마음(지혜를 얻는 것)으로 살아가야 하는가는 쉽게 알 수 있을 것이고, 이런 것을 알아가는 것이 화현의 부처님 법에서 '나를 알아가는 것'이 됩니다.

다시 말하지만, 여러분은 입으로 업(業)이라는 말 많이 하는데 업은 형이상학(비 물질-마음)과 형이하학(물질)이 두 가지의 인과응보(행위의 결과)로 구분을 지어서 이생에 되받게 됩니다. 그래서 마음이 좋지 않은 사람이라도(이치에 맞지 않은 마음) 전생에 물질의 선업을 많이 쌓은 사람은 이생에 그만큼의 부를 누리고 살게 되어 있고, 반대로 물질이 많아도 마음이 이치에 맞지 않는 마음이 많은 사람은 몸이나, 정신, 인간사적인 고통을 많이 받기 때문에 이런 부분도 현실을 보면 여러분이 쉽게 알 수 있습니다.

따라서 질문에도 있지만, 이 기회에 물질(형이하학-지식), 비 물질(형이상학-지혜)에 대한 개념을 확실하게 정립해야 하는데 결국 여러분의 삶의 근본은 지혜를 얼마나 얻었는가에 따라 여러분의 운명줄은 만들어지고, 그 결과로 무수한 생명체의 모양으로 윤회라는 것을 하는 게 전부여서 이 부분 정립해보면 '나는 왜 가난한가?' 또, 나는 왜 몸에 문제가 있는가? 등을 쉽게 이해할 수 있고, 나는 이 두 가지의 이치를 알기 때문에 현실에서 여러분의 근기(뿌리에 맞게)에 맞게 마음을 잡아주고 있어서 얼마나 이런 부분을 여러분이 깊게 마음에 새겨

둘지는 모르겠지만 나는 그 이치를 알고 말할 뿐이고, 이것에 실천은 육신을 가지고 있는 여러분의 몫이 되는 것이고, 이 부분은 그 어떠한 존재에게 손발이 다 닳아지도록 빌어서 자동으로 여러분의 문제를 해결해 주지 않음을 명심해야 합니다.

이 글을 통해서 지식과 지혜의 본질적인 부분을 여러분은 반드시 정립해야 하는데 이것을 정립하지 못하면 여러분은 감성적인 말에 끄달려 무의미한 삶을 살다 죽게 되어 있음을 명심해야 할 것입니다.

074 세상의 모든 생명체는 암컷과 수컷으로 구분되어 있는데 왜 그런 건가요?

(답) 윤회하는 생명체 입장에서 제각각 업에 맞는 생명체로 태어나도록 하기 위해서 암·수가 존재한다는 것이 진리적인 입장입니다. 만약 강아지의 종자가 이 세상에 없다면 강아지로 윤회해서 태어나야 할 자리가 없어지는 것이어서 이 세상에 모든 것은 그 업에 따른 종자를 존재하기 위해서 암수가 존재한다고 해야 맞는 말이 됩니다. '종족의 번식'이라고 일반적으로 단순하게 생각하겠지만, 이것은 매우 단순한 논리이며, 진리적으로는 그렇게 다른 생명체로 태어나야 할 종자가 있어야 윤회하는 입장에서 그 생명체의 업에 맞게 태어나야 할 자리가 만들어지고 그 자리에 태어나도록 하기 위해 암수의 종자가 있는 것이 진리적인 입장입니다.

이 개념으로 부부가 자식이 없다고 한다면 두 사람 사이에 태어나야 할 업연이 없는 것이라고 해야 맞습니다. 그런데 시야를 넓혀서 보면 지구 상의 과거에는 있었지만, 멸종한 생명체가 있고, 새롭게 등장하는 생명체도 있는데 요즘에 등장하는 생명체는 바로 '바이러스'라는 것인데 이 부분 심각한 현상이어서 깊게 새겨봐야 할 것입니다. 이런 부분도 세상에서 내가 처음으로 하는 말인데 여러분은 단순하게 '바이러스가 새롭게 나왔네.'라고만 생각하겠지만, 대단한 착각이고 진리적으로 상당한 의미, 심각한 이유가 있어서 갈수록 새로운 변이가 생겨나고 있는 것입니다. 물론 인간이 지구 상에 존재하기 시작하면서 살아왔던 환경과 오늘날의 환경을 비교해 보면 과거에 존재했던 생명체가 멸종되고 새롭게 생겨나는 생명체도 있는데 이것을 가만히 들여다보면 지구 상에서 그 종(種)이 사라진 것이 있는데 이것은 윤회하면서 그 종자로 태어나야 할 자리가 없어졌다는 것을 의미합니다.

그래서 여러분은 단순하게 어떤 생명체가 지구 상에서 멸종되었다는 말을 들으면 대수롭지 않게 생각하고, 이것은 기후 변화에 의해서 시대가 그렇게 흘러가는 것이구나 등으로 아무렇지 않게 생각하는데 대단한 착각입니다. 지구 상에 그렇게 많은 생명체가 존재해야 할 이유는 많은 생명체(인간을 포함하여)가 돌고 도는 윤회를 하는 과정에 각자의 업에 따라 태어나야 할 그 개체가 있어야 하는데 그것이 없어졌다고 하는 것은 제자리를 찾아가지 못하고 다른 생명체로 태어나거나, 혹은 장애가 있는 인간으로 태어나거나 새로운 바이러스 등으로 태어나서 이것은 마치 소주를 기름 만드는 공장에서 만들어내는 것과 이치는 똑같다 할 것입니다.

따라서 여러분이 불교에 가서 '내가 왜 태어났는가?'라고 물으면 '부모가 연애해서 태어났다.'라는 말을 하는데 이런 논리에 앞서 내가 말하는 논리를 비교해 보면 불교의 말과 내 말의 차이를 알 수 있을 것입니다. 그래서 여러분이 결혼해서 이 경우 자식이 있을 수 있고, 자식이 부부 사이에 없을 수도 있는데 이것은 부부에게 맞는 자리에 태어나야 할 사람이 있으면 태어나는 것이고, 태어나야 할 인연이 없으면 아무리 노력해도 그 사이에서 자식은 태어나지 않는 것과 이치는 똑같습니다. 그래서 여러분은 결혼했으니 자식은 당연히 생긴다고 생각하는 것은 잘못된 생각입니다.

이 말은 지구 상에 인간만 80억 명이고, 기타의 생명체는 알 수 없이 존재한다면 이 모든 자리에 암수라는 것이 존재하는 이유는 제각각 생명체가 지은 업의 결과에 따라서 '각자가 태어나야 할 자리'를 자연의 이치에서 그러한 자리로 태어나도록 하기 위하여 그 다양한 자리를 만드는 것이고, 죽으면 각자의 업에 따른 자리로 태어나게 하기 위해서 자연의 법칙이 그렇게 작용하는 것이므로 이것이 자연의 순리, 섭리라고 하는 것입니다. 따라서 앞서 말했지만, 지구 상에 어떤 생명체의 '종자'가 사라졌다는 것은 곧 윤회해서 태어나야 할 그 자리가 사라졌다는 것을 나타내는 것입니다.

예를 들어 A라는 생명체로 태어나서 살다가 지은 업에 따라 B의 생명체로 윤회해서 태어나야 하는데 B라는 생명체의 종자가 사라졌다고 하면 이 사람은 제대로 된 윤회를 할 수 없을 것이고, 업을 지은 사람은 결국 그와 비슷한 생명체로 태어나야 하거나, 아니면 몸을 받지 못해 빙의로 떠돌게 되거나, 아니면 인간으로, 혹은 기타의 생명체로 태어날 수도 있는데 이 경우 정신적인 장애, 몸에 장애가 있는 상태로 태어날 수도 있다는 이야기입니다.

자기가 태어나야 할 자리가 없어졌으니 어떤 식으로든 생명체로 태어나야 하므로 그렇습니다. 그래서 예를 들면 송아지가 아닌 다른 동물로 태어나야 할 사람이 그 생명체가 사라졌다면 어쩔 수 없이 송아지로 태어나야 할 것이고 이 경우 그 송아지는 태어나서부터 장애를 가지고 태어날 수 있다 할 것입니다. 그래서 태어나면서부터 장애를 가지고 태어났다면 이것은 분명 그 이유가 있어서 그렇게 태어난 것이어서 누구 원망할 것 하나도 없습니다. 따라서 이 경우 그렇게 태어나야 할 그 사람의 업도 있겠지만 앞서 말한 상황이 있을 수 있어서 막연하게 나는 재수 없이 그렇게 태어났다고 생각하는 자체는 잘못된 것이고, 모든 생명체는 반드시 그렇게 존재해야 할 이유가 있어서 태어나는 것이지 우연히 태어나는 것이다, 우연히 그게 그렇게 되었다는 논리는 존재할 수 없습니다.

그래서 질문처럼 암컷과 수컷이 존재하는 이유는 '그 종(種)의 종자'를 얻기 위해 무수한 생명체가 존재하는 것이고, 그렇게 존재해야만 각자가 태어나야 할 업의 자리에서 태어날 수 있어서 자연의 섭리가 그렇게 되어 있어서 암수가 존재하는 것입니다. 동물은 반드시 발정기가 되어야만 성행위를 하지만 아상의 마음을 가진 인간은 시도 때도 없이 성행위를 하는데 이것은 나라고 하는 아상(我相)이 있고 없고의 차이가 있어서 그렇습니다. 이걸 통해서 인간과 동물의 차이를 정립해야 하고, 아상이 뭔가, 또 암, 수가 존재하는 이유를 정립해보면 자연의 섭리가 무엇인가를 이해할 수 있는데 참으로 안타까운 것이 요즘에는 인간의 숫자를 인위적으로 늘리는데 왜 이게 잘못된 것인가를 알 수 있을 것입니다.

그 이유는 말 그대로 자연의 섭리를 심각하게 훼손하기 때문에 그렇습니다. 다시 말하면 생명체라는 것에 그 숫자를 자연스럽게 자연에서 조절하는데 인간의 이기주의 논리(물질, 아상)로 돈으로, 인공수정, 정자 난자 은행 등으로 마음대로 늘리고 줄이고 하는 자체는 자연의 섭리에 역행하는 것이지 자연스러움이 아닙니다. 따라서 이 같은 환경에서 태어나는 인간은 어떤 인간들이 태어나겠는가를 정립해보면 지금 인간이 하는 행위가 얼마나 무모한 것인가를 알 수 있을 것이고 이 사회의 미래가 어떻게 될 것인가를 알 수 있을 것입니다. 인간이 자연을 거스르는 것은 나무를 한그루를 베어내고, 심고 하는 것만이 자연을 보호하고 훼손하는 것이 아니라는 이야기입니다.

따라서 내가 오래전에 한 말 중에 '이 세상은 답 없는 세상이다.'라고 한 말속에는 인간말종들이 판치는 세상이고, 태어나지 말아야 할 인간들이 태어나고 있어서 이것은 심각한 자연을 훼손하는 것이어서 이제는 지구의 멸(滅)만 남았으며 그 시기는 급속하게 진행되고 있다는 것을 의미합니다. 따라서 결론적으로 '세상의 모든 생명체는 암컷과 수컷으로 구분되어 있는데 왜 그런 건가요?'에 대한 답은 '윤회를 도는 생명체가 제각각의 업에 맞는 자리로 태어나게 하도록 하기 위해서 그 종자를 번식하기 위해서'라고 정리하면 아주 간단합니다. 거꾸로 암수가 없다면 윤회해서 각각의 업에 맞게 태어나지 못하기 때문에 암수로 존재하여 새끼가 탄생하면 그 종자에 맞는 생명체가 태어날 수 있다는 이 논리 정립해야 합니다.

075 태어날 때 물질적으로 풍요로운 집안에 태어나는 사람도 있고 가난한 집안에 태어나는 사람도 있는데 그 이유는 뭐라고 이해해야 하나요?

(답) 윤회하는 인간 입장에서 이것은 전생에 물질의 선업(이치에 맞게 물질을 사용하는 것)에 따라 이생에 되받아지는 것이어서 그렇습니다. 따라서 물질 이치, 진리 이치 이 두 가지의 개념을 반드시 여러분이 정립해야 하는데 지금, 이 글을 보는 여러분이 인생을 사는 것은 항상 물질 이치, 진리 이치 이 두 가지의 상황이 전개되고 있습니다. 물질은 적지만 마음이 편한 사람도 있고, 반대로 물질이 많이 있어도 마음이 편하지 않은 사람이 있는데 이것은 앞서 말한 대로 물질과 비물질의 업(業)이 동시 작용하고 있어서 그렇습니다.

그렇다면 이생에 남에게 인간적인 행위를 했다고 하면 그것이 선업이 되는가인데 그렇지 않으며, 인간이 인간적인 도리를 했을 때는 진리적으로 선업도 악업도 되지 않는 중간의 업(인간의 기본적인 행위)이 되는 것이어서 이 부분 새겨봐야 하는데 예를 들어 가난한 자에게 물질적으로 동정심을 베풀었다고 하여 그것이 진리적으로 선업이 된다면 매월 얼마씩을 불우 이웃 돕기에 기부한 사람은 모두 선업을 지었다고 할 것이나 이것은 인간적인 행위에 불과하고 진리적으로 '선업(이치에 맞는 행위)'이라고 생각하면 대단한 착각입니다. 그 이유는 인간이라면 인간으로서의 기본적인 행위가 있기 때문에 그렇습니다. 그런데 우리 주변을 보면 '불우한 이웃'이라고 생각하는 사람들에게 뭔가 보탬이 되는 행위를 하는 사람이 있는데 이것은 보기에는 인간적으로 좋아 보이겠지만 진리적으로 선업은 되지 않는다는 점 명심해야 합니다.

그래서 불우하다고 생각하고 여러분이 한 행위는 그 자체로 끝나야 하고, 그렇게 했으므로 나는 복(福)이라는 것 받을 것으로 생각하는 사람이 있는데 이것은 대단한 착각입니다. 그래서 인간이라면 인간으로서 기본적으로 행해야 하는 것과 진리적으로, 물질의 선업으로 나에게 되받아지는 것을 여러분이 분명하게 구분을 지어야 합니다. 예를 들면 길거리에서 몸이 성한 사람이 엎드려 있으면 여러분은 그 처지가 안쓰러워서 무엇을 어떻게 했다면 그것은 오히려 여러분에게 악업(이치에 맞지 않는 행위)이 되어서 결국 여러분에게 좋지 않은 결과로 나타나게 되어 있습니다. 그래서 여러분 주변에 어떤 사람들을 보면 하는 말이 '나는 나쁜 짓이라는 것을 하지 않고 살았는데 나에게 왜 이런 고통이 있는가? 왜 이런 벌을 받아야 하는가?'라고 말하면서 사신을 원망하는 사람이 있는데 이것은 앞서 말한 대로 자신이 좋은 행위라고 행동한 그 자체가 이치에 벗어난 행위이기 때문에 나타나는 현상입니다.

팔은 안으로 굽는다는 말이 있습니다. 자신이 생각하기에 좋은 행위라고 하는 것은 본인의 의식, 아집, 관념에서 생각하는 것이고, 자신의 행위를 객관적으로 보는 시각을 가져야 하는데 이게 어렵다고 할 것입니다. 그래서 여러분의 의식이 깨어나지 못하면 결국 '자가당착(自家撞着)'에 쉽게 빠지고, 그런 의식으로 평생을 살게 되어 있는데 문제는 그 결과가 이생에서, 혹은 다음 생에서 분명하게 나타납니다. 이에 따라 여러분이 인생을 살다가 훗날 자신의 뒤를 돌아볼 때 '나는 좋은 일만 했는데 왜 이렇게 되는 일이 없는가?'라고 신세 한탄을 하게 되어 있고, 실제 주변을 보면 이런 사람들 무수하게 존재합니다. 그래서 종교들이 여러 가지 명분으로 인간적인 행위를 하라고 하는 것에 대하여 인간적인 행위인가? 아니면 진리 이치에 부합되는 행위인가를 알고 행동해야 하는데 이것을 분별할 수 있는 의식이 깨어 있지 않으면 앞서 내가 말한 개념 이해하지 못할 것입니다.

사람들은 모두 자신들이 착하고, 선하고, 좋은 사람이라는 생각으로 삽니다. 그 기준으로 남이 어떤 행위를 했을 때 '저 사람은 좋은 사람, 저 사람은 나쁜 사람' 등으로 분별하는데 이것은 매우 잘못된 의식이고, 어떤 사람이 어떠한 행동을 했다면 그것을 '나의 주관적 관념'을 빼고 객관적으로 문제의 본질을 봐야 하는데 그렇지 않다는 것이 문제입니다. 따라서 여러분이 인생을 살면서 특별하게 잘못한 것이 없다고 생각하기 때문에 자신에게 물질이 없다면 나만 재수가 없어서 물질이 없다고 생각하고, 또 살다가 몸이라도 아프면 '내가 이생에서 무엇을 잘못해서 이리 아픈가'라고만 단편적으로 생각하는데 바로 이런 생각 자체가 모순인데 그 이유는 내 인생에는 반드시 내가 그렇게 되받아야 할 이유가 있어서 그런 것이기 때문에 지금 여러분의 환경에 대하여 그 누구 원망할 것 하나도 없음을 명심해야 합니다.

따라서 지금 여러분의 환경에 불만이 있다면 그 원인을 알고 개선해 나가면 그 마음에 맞게 물질은 얻어지는 것이 자연의 섭리인데 이 같은 이치를 알고 자신의 운명 줄을 다스리는 것이 아니라 어찌 된 것인지 다들 '한탕주의'에 빠져 일확천금을 노리는데 참으로 안타까운 일입니다. 예를 들어 주식투자를 하면 떼돈을 번다는 광고 무지하게 하는데 이런 말에 솔깃하여 있는 돈, 없는 돈 다 끌어다 주식을 하는 사람이 상당한데 그들의 말대로 해서 다 떼돈을 벌 수 있다면 무엇을 걱정하고 살겠는가?

인생을 살면서 '나 자신의 본분을 알고 산다는 것' 매우 어렵고, 이것이 어렵기 때문에 여러분의 이치는 바뀌지 않는 것입니다. 문제는 이생에 그럭저럭 밥이라도 먹고 사는 사람, 직장이라도 잡아서 별문제 없다고 생각하는 사람이 내가 말한 대로 '진리의 작용, 진리 이치'를 알고 산다는 것은 매우 어렵고, 살다 살다 뭔가 마음대로 되는 일이 없을 때 궁여지책으로 뭔가의 대책이 있지 않을까를 생각하면서 시중에 있는 온갖 것을 찾는 것이 현실이니 참으로 갑갑한 인생을 사는 사람, 이 세상에 넘쳐나는 것이 현실입니다. 따라서 나는 자식이 이럴 때 부모가 이런 이치를 알고 그 자식에게 올바른 의식을 심어주는 것이 최선이라고 했는데 상의 논리에서 자식을 낳으면 모두 '등치고 간을 꺼내 먹는 방법'만 가르치고 있으니 안타까운 일이라

할 것입니다.

인간이 어떠한 마음가짐으로 살아야 하는가를 가르치지 못하고, 어떻게 하면 돈을 많이 벌까를 먼저 가르치고 있는 이 세상 정상적인 세상은 아니라고 해도 무리는 없을 것입니다. 하긴 부모가 이런 이치를 알아야 하는데 이것을 모르니 자식에게 무엇을 가르칠 수가 있겠는가? 참으로 안타까운 부분이고, 그래서 나는 자식을 낳기 전 부모가 먼저 이런 이치를 아는 것이 영어의 단어 하나 더 알고, 수학 공식 하나를 더 아는 것보다 중요하다고 말한 것입니다. 다시 말하지만, 인생을 살아가면서 얻어지는 물질은 반드시 전생에 나 자신이 지은 물질의 선업이 있어야 되받아지는 것이고, 이것이 없다면 이생에 아무리 용을 써도 되받아지는 것이 없다는 것이 기본입니다.

이 경우 그렇다면 없는 대로 살아야 하는가인데 내가 말하는 것은 먼저 이런 이치를 아는 것이 중요하고, 이것을 바탕으로 이생에 물질의 선업(이치에 맞게 물질을 쓰는 행위)을 지어가면 그 마음에 맞게 반드시 물질은 얻어지게 되어 있습니다. 또 이생에 물질이 많은 사람도 전생에 이런 이치를 알고 물질의 업을 지은 것이 아니라 어찌어찌해서 선업의 행위를 해서 되받아지는 것이어서 이것은 반드시 되받아야 할 한계, 선업의 유통기한이 있어서 언젠가는 그것이 바닥이 나게 되어 있는데 이것은 은행에 돈을 넣어두고 빼내서 사용하게 되면 그것이 다 떨어지는 상황이 올 수 있다는 것을 의미해서 이 부분 새겨봐야 하고, 꾸준하게 이생의 이치에 맞게 물질을 사용하여 진리적으로 진리에 저축하는 생활을 해야 합니다.

물질이 많은 사람이 선업을 짓기 쉬운 이유는 그가 진리이치를 알아서가 아니라 물질에 여유가 있으니 열 군데 물질적 행위를 했다면 그중에 하나둘은 자신은 모르겠지만, 이치에 맞는 행위가 될 수 있는 확률이라는 것이 높을 수밖에는 없고, 그것이 선업이 되어 되받아지는 것이어서 이것을 확률적으로 선업이 될 수 있지만, 물질이 없는 사람은 그 물질이 아깝기 때문에 선업을 지을 확률이라는 것이 줄어들게 됩니다. 따라서 이 경우 단돈 1원을 사용하더라도 정확하게 이치에 맞는 행위를 한다면 복권 번호를 콕 찍어서 사는 것과 이치는 똑같습니다. 가진 자는 물질의 여유로 똑같은 복권 10장을 사면 그중에 당첨될 확률이 있지만 없는 자는 한 장을 사기도 어렵습니다. 그래서 가진 자는 당첨이 되든 말든 편하게 생각하겠지만, 없는 자는 한 장을 사고 그것에 기대를 거는 것이 크기 때문에 당첨이 안 되면 그에 따라 실망도 크게 됩니다.

그래서 진리이치를 알고 그에 맞는 물질의 행위를 하면 그 마음에 맞게 반드시 여러분의 환경과 마음은 편안해지는 것이 내가 말하는 자연의 섭리이며, 진리 이치라고 말하고 있어서 이 부분 깊게 새겨봐야 할 것입니다. 아상의 마음을 가진 인간이기에 기본적으로 생각하기를 돈 많은 부잣집에 태어나고 싶고, 그런 집안의 자식을 보면 부러워하는데 이런 생각 인간이기에 해볼 수는 있지만, 그것에 집착하면 안 되는 것이고, 또 정신 나간 사람들이 하는 말이 돈 많은 과부, 혹은 돈 많은 홀아비를 만났으면 좋겠다는 식의 말 무수하게 하는데 이런 사람들 보고 '넋 빠진 인간이다.'라고 하는 것입니다. 다시 말하지만, 이생에 부를 누리는 사람은 전생에 반드시 이생에 되받아야 할 선업을 지어서 그런 것이어서 이 부분을 이해하지 못하면서 이생에 보는 눈이 있어서 그런 사람이 되고 싶다는 생각으로 뼈빠지게 무엇을 하면서 용쓴다고 해서 미꾸라지가 용이 될 수 없음을 명심해야 합니다.

결론적으로 이 글을 보는 여러분이 어떤 마음을 어떻게 만들어가는가에 따라 그 결과는 반드시 자업자득 인과응보의 이치에 따라 얻어지는 것이라고 정립해야 하고 이 같은 이치를 알기 때문에 여러분에게 법이라는 것(이치에 맞는 말)을 말할 수 있고 실제 내가 해주는 말을 꾸준하게 행동으로 실천하는 사람은 몸과 마음이 그 마음에 맞게 편해지고 있음을 알 수 있을 것이고 이것 말고 그 어떤 말로도 여러분의 이치는 바꿀 수 없다는 것 명심해야 할 것입니다. 결론적으로 물질 이치에서 전생에 지어놓은 물질의 선업이 없으면 이생에 밥이야 어찌해서 먹고살 수는 있지만, 문제는 지은 물질의 업이 없으면 이생에 아무리 용써도 생각처럼 물질은 얻어질 것이 없음을 명심해야 하고 그렇다면 어떻게 해야 하는가의 문제인데 이생에 이런 진리의 법칙을 알고 이치에 맞게 물질을 쓰면 그것이 크든 작든 이생에 당장 되받는 것도 있고, 혹은 다음 생에 반드시 되받아지게 되어 있습니다. 이런 부분을 두고 나는 운명은 존재하지만 얼마든지 바꿀 수 있다고 말한 것입니다.

076 세상에는 신, 절대자가 있어서 믿으면 모든 걸 다 해결해 줄 것처럼 말하는데 그들이 말하는 신, 절대자가 정말 존재하나요?

(답) 지금까지 무수한 사람들이 말하는 것은 모두가 감성적인 말이고, 그들이 말하는 신, 절대자라는 것은 없다는 것이 진리적 입장입니다. 나약한 것이 인간의 마음이기 때문에 인간의 힘으로 어떻게 할 수 없는 것이 있다는 심리를 이용해서 온갖 말(감언이설)로 심리적 안정을 주는 것이 전부인데 문제는 이런 상황에 빠지면, 감성적인 생각에 집착하게 되면 여러분의 의식은 흐려지게 되어 있다는 것을 명심해야 합니다. 이 부분은 여러분 주변을 보면 쉽게 알 수 있는데 현실은 개망나니처럼 설쳐대며 나 잘났다고 사는 사람이 종교 사상 안으로 들어가면 정신 놓고 매달리는데 참으로 안타까운 일이라 할 것입니다. 과거 종교가 생겨난 것도 인간의 힘, 의지로 안 되는 그 무엇이 있다는 것을 알고 그사이를 파고들어 신, 절대자 등을 만들어 낸 것이고, 한결같이 그들은 뭔가의 능력을 지녔다고 신비주의의 환상을 줄기차게 말해오고 있습니다.

문제는 그 모든 말은 허상이고, 허구인데 이런 것을 깨닫지 못하고 그 어떤 것을 믿으면 마치 자신들도 그런 존재들이 신통력을 부려 뭔가의 도움을 주거나 괴로움에서 구제를 해줄 것을 믿는데 정신 보따리를 놓고 사는 사람, 이 세상에 넘쳐납니다. 사실 질문에도 있지만, 사회적으로 나타나는 무수한 현상에 대한 본질, 근본의 원인은 한마디도 말하고 있지 못하면서 신비주의의 환상만을 말하니 이 얼마나 모순된 상황인가? 뭔가 사회적으로 문제가 있으면 그 원인이 있을 것인데 이 부분을 말하지 못한다는 것은 무엇을 의미하는가를 생각해보라는 이야기입니다.

그런데도 사전에는 귀신(鬼神)에 대하여 "(1) 민간신앙에서 죽은 사람의 혼령(魂靈), 또는 눈에 보이지 않으면서 인간에게 화복(禍福)을 내려 준다고 하는 정령(精靈). (2) 어떤 분야의 일에 뛰어나게 재주가 많은 사람. (3) 자유자재로 변화하는 초인적인 힘을 가지고 사리에 통달한 능력을 갖춘 영적(靈的) 존재, 또는 그런 사람"이라고 되어 있고, 또 신(神)에 대하여 "거룩하고 성스러우며, 영묘 불가사의한 능력을 갖추고 우주와 자연계를 지배하며, 인간에게 화복을 내린다고 믿어져, 종교신앙의 대상이 되는 초월적인 존재. 우리나라에서는 하느님 ·하나님 ·한울님 ·천지신명이라고도 부른다. 미개사회에서는 자연물이나 자연현상에 초자연적인 정령(精靈)이 머물러 있다고 믿어졌고, 문명사회에서는 이들을 지배하는 것은 초월적인 인격신이라고 믿는 일이 많다."라고 말하고 있는데 과연 이런 현실에서 혹은 지난 세월 속에 이 같은 존재들이 있을까? 답은 단호하게 '없다' 입니다.

그래서 신, 귀신에 대한 해석으로 앞서 말한 대로 말이라는 말 다 가져다 합리화하고 있으며 또 문제는 이러한 허상의 존재들에게 인격을 부여하여 인격신(人格神)이라는 것을 만들어 냈고, 그 의미로 "인간성을 갖추고 있다고 생각되는 신의 관념. 신이 인간과 같은 의지와 감정을 갖고 인간세계에 관계한다고 생각하는 신관(神觀)"이라고 이름을 붙여 정당성을 부여하는데 참으로 안타까운 일입니다. 왜 이런 현상이 생겨났는가? 그것은 초자연적으로 일어나는 그 본질인 마음의 작용을 명확하게 알지 못해서 여러 가지 가설로 위와 같은 말을 만든 것이 전부입니다.

그렇다면 민간신앙에서 말하는 '조상신'이라는 것이 있고, 그들이 말하는 '능력 있는 할아버지'라는 것이 실제 존재하는가인데 이런 현상은 모두 그런 것들이 있다고 믿는 그들의 관념(의식)에서만 존재하는 빙의 현상이라는 것이 진리적인 입장입니다. 따라서 산에는 산신, 바다에는 용왕신, 우주에는 옥황상제, 집마다 가택신 등이 있다고 말하고 있고, 세계 각국에는 그 나라마다 신(神)이 무수하게 존재하는데 거두절미하고 여러분이 아는 신, 종교 등에서 말하는 신이라는 것은 존재하지 않는다는 점 확실하게 정립해야 합니다. 또 귀신(鬼神)이라는 것도 그것이 있다고 믿는 그 사람의 의식, 관념에만 존재하는 것이고, 일반 사람들이 말하는 그런 귀신은 존재하지 않습니다.

따라서 길을 가다가 귀신이 보였다고 한다면 그렇게 본 그 사람은 심각한 빙의 현상에 시달리고 있다, 빙의가 그 사람의 마음을 완전하게 장악하고 있다고 해야 맞는데, 문제는 이 글을 보는 여러분 중에서도 일반적으로 말하는 신, 귀신을 봤다, 저승사자 등을 봤다고 한다면 여러분 마음에는 이미 빙의가 작용하고 있을 수 있다는 점입니다. 꿈자리가 뒤숭숭한 것도, 잠을 잘 자지 못하는 것, 오만가지 잡생각이 끊임없이 일어나는 것 등도 모두 각자의 업에 따라서 나타나거나, 빙의 등이 그렇게 작용하고 있어서 나타나는 것이고, 전지전능한 절대자가 존재한다고 믿는 것도 모두 빙의 현상의 일종입니다. 이같이 볼 때 이 세상에 빙의의 하수인이 되어 사는 사람 천지인데 문제는 그들 자체가 빙의에 걸려 있는지조차도 모르고 살고 있다는 것입니다.

우주에서 지구만 유일하게 진리의 기운(자연의 기운)이 있고, 이 자연(自然)이라는 말은 말 그대로 삼라만상으로 나타나 있어서 죽은 사람의 마음도 이 자연 속에 있기 때문에 이 같은 마음은 어떤 식으로든 여러분에게 온갖 것의 형상으로 나타나거나, 여러분 그 마음에 작용하여 영향을 줄 수가 있습니다. 그래서 과거 사회적으로 신분이 있거나, 이름이 알려진 사람이 무엇을 봤다고 한다면 의식 없는 사람들은 그런 사람이 뭔가 있다고 말하니 그것을 기정사실로 받아들여 오늘에 이르고 있는 것이 전부입니다. 어찌 되었든 이 부분에 대한 말은 무수하게 해야지만, 생략하고 지구 상에 알 수 없는 신들이 있다고 믿는 것은 매우 잘못된 것이고 사실은 빙의 현상일 뿐이라고 정립하면 됩니다.

따라서 글자 그대로 신은 '진리 이치를 아는 자'가 신이라고 해야 맞고, 귀신이라고 하는 말은 죽은 사람의 마음이 진리이치를 알지 못하는, 진리를 아는 능력이 없는 사람을 귀신이라고 해야 맞고, 앞서 말했지만, 시중에서 일반적으로 신, 귀신을 말하는 것은 모두 빙의 현상이라고 정립하면 됩니다. 또 하나는 일반사람들이 쉽게 너도 나도 '빙의'라는 말을 입에 올리고 사는데 이것은 매우 잘못된 현상이고, 그런 사람들의 마음에는 이미 빙의가 작용하고 있다고 해야 맞고, 죽은 사람의 마음이라는 것도 사람이 살아가는 것과 똑같이 집단으로 빙의들이 뭉쳐 그들의 존재감을 드러내는 경우도 있는데 이것은 이 사회를 보면 쉽게 알 수 있는데 여기서는 구체적으로 말하지 않습니다.

한 가지만 말한다면 어떤 상황의 일이 사회적으로 일어나면 그 중심에는 빙의의 집단이 작용하여 그렇게 사회적 현상으로 나타나기도 합니다. 이 부분을 이해하도록 초기에 쓴 카페 글에 '빛과 그림자, 색상이 있는 그림' 등으로 실제 그 작용을 말했으므로 이 부분을 참고하면 됩니다. 그래서 자연의 기운(마음)이라는 것이 온 사방에 퍼져 있어서 이것으로 인해서 나타나는 현상은 무궁무진해서 한마디로 정의할 수 없고, 사람마다 업이 다 다르고, 관념, 의식이 다 다르기 때문에 누가 어떤 사람이 무엇을 봤고, 느끼는가는 다 다릅니다. 이것을 축소해서 여러분 가정을 보면 가정에서 일어나는 현상, 작용하는 것도 다 마음 작용으로 이루어져 가고 있고, 사회적으로도 제각각 마음을 가진 인간들이 집단화되어 움직이고 있어서 이 흐름을 알면 하나의 가정이, 혹은 이 사회가 어떻게 흘러갈 것인가는 매우 쉽게 알 수 있는 것입니다.

따라서 질문에 '많은 종교에서 신, 절대자가 있어서 믿으면 모든 걸 다 해결해 줄 것처럼' 말하는 것은 모두가 허상이고, 허구의 말임을 명심해야 할 것입니다. 그 이유로는 코로나가 발생했을 때 그들은 이 부분에 대한 구체적인 답을 말하지 못하고 있어서 그렇고, 진리 이치를 알면 이 부분은 쉽게 알 수 있는 부분이며, 생명체의 근본, 본질을 말하지 못하고 있어서 그렇습니다. 따라서 '신, 절대자가 정말 존재하나요?'에 대한 부분은 일반적으로 모든 사람이 말하는 그런 존재는 없다고 확실하게 정립해야 하고, 죽으면 누가 구원을 해주고 천당, 지옥, 극락에 간다는 식의 논리는 이치에 맞지 않아서 그렇습니다.

결국, 진리 이치에 반하는 말, 감성적인 말로 누가 여러분을 구원해 주고, 용서하고, 자비를 베풀고 사랑으로 감싸준다는 식의 논리는 인간의 의식을 흐리게 하는 사상적이고, 감성적인 말임을 명심해야 할 것입니다. 다시 말하지만, 일반 사람들이 말하는 신, 귀신이라는 것은 실체 하지 않으며, 그런 것이 있다, 봤다 등을 말하는 사람 자체의 의식에 문제가 있는 것이며, 현실에서 그런 것을 봤다고 말하는 것은 진리적으로 그 사람의 업에 따라 나타나는 심각한 빙의 현상이라고 해야 맞는 말이 되어서 그런 것에 마음을 끄달리고 살면 절대 안 되는데 그 이유는 알게 모르게 여러분 의식, 마음을 병들게 하므로 그렇습니다.

077 예전에 명상하는 곳에 다닌 적이 있습니다. 명상과 깨달음과 관련이 있나요?

(답) 여러분이 먼저 알아야 할 것은 '명상'과 '요가'라는 것은 다릅니다. 요가는 자신 몸을 유연하게 하는 일종의 운동이라고 한다면, 명상은 몸을 움직이지 않고 정신을 한곳에 집중하는 것이라고 크게 정

리하면 되는데 요즘에는 어떻게 된 것인지 '명상+요가'를 같이 하기도 하고 이런 것을 하면 도, 깨달음을 얻는다고들 말하는데 잘못된 것이고 어찌 되었든 진리적으로 이런 것으로 '깨달음(진리 이치를 아는 것)'을 얻을 수는 없습니다. 이같이 말하면 또 '깨달음'이라고 하는 것이 무엇인지 정립해야 하는데 진리적으로 깨달음이란 '지혜'를 얻는 것, '진리 이치, 생명체의 본질을 아는 것'이라고 해야 맞는 말이 됩니다.

사실 이런 부분은 인도 사상에 오래전부터 있었던 말이기도 하지만 문제는 석가가 도를 깨닫기 위해 보리수나무 아래서 명상을 했다는 말이 있어서 종교인들도 걸핏하면 참선(명상)한다고 말하는데 그렇다면 석가가 보리수나무 아래서 깨달음을 얻었다고 한다면 깨달음의 실체를 뭐라고 말했는가인데 이 부분을 보면 생명체가 왜 존재하는가에 대한 부분은 한마디도 말하지 못했기 때문에 이것만 보더라도 석가는 진리 이치(도)라는 것을 알지 못했다고 해야 맞습니다. 불교는 '위 없는 깨달음을 성취한 붓다가 다른 사람들에게 가르침을 펴기 시작하였을 때, 그 사상을 다음같이 요약해서 말하였다.'라고 하면서 석가는 "네 가지 원리를 알아야 한다. 고통과 그 고통의 원인, 고통의 소멸과 그 고통을 없애는 길이 바로 그것이다. 이러한 네 가지 원리는 사성제(四聖諦)라고 한다. 제1 성제는 고통이라는 원리이다. 제2 성제는 고통이 생겨나는 원리이다. 제3 성제는 고통이 없어지는 원리이다.

제4 성제는 고통이 없어지는 길에 대한 원리이다"라고 합니다. 문제는 고통의 원인과 소멸에 대하여 구체적이고 실체적이고 논리적으로 맞는 말은 없고 막연하게 위와 같은 말을 했다고만 말하는데 이것은 사상가가 이 같은 말을 만든 것에 불과하다 할 것입니다. 또 하나는 석가가 도를 깨달았다고 하자, 어떤 사람이 14가지(십사무기)를 질문했는데 석가는 '이것에 물음은 답하지 않겠다, 그 이유는 깨달음과 전혀 관련이 없는 무의미한 질문이기 때문이다.'라는 말을 했는데 이것만 보더라도 석가는 진리를 깨달은 자가 아니라는 것이고, 이것은 곧 석가를 부처, 깨달은 자로 만든 사람 자체가 진리를 모르는 사람이기 때문에 불교의 말 어디를 보더라도 무와 공이라는 말만 하는데 참으로 안타까운 일이 아닌가?

그러니 무수한 보살이 맞춤식으로 존재하는 말을 만들어 내고 무조건 빌면 구원해 주고, 중생을 보살핀다는 말만 하고 있는데 여러분은 이런 말에 현혹되어 뭔가의 괴로움이 있으면 울고불고 빌었을 것인데 과연 100이면 100명의 빈 것을 다 들어주었는가를 봐야 하는데 그렇지 않을 것입니다. 그 이유는 각자의 업으로 진행되는 과정은 자업자득 인과응보의 이치에 따라 진행되는 것이어서 내가 지은 행위를 누가 용서해 준다고 말하는 자체는 어불성설이 아니고 무엇인가? 이같이 말하면 또 자력과 타력에 대한 부분을 다시 말해야 하는데 애당초 잘못된 것을 정리하지 못했으니 질문과 같이 명상이나 기 수련, 요가 등과 같은 것으로 깨달음을 얻는다고 말하는데 이런 것으로 생명체의 근본의 뿌리를 알 수 없어서 이 부분 심각하게 여러분이 정립해봐야 할 것입니다.

아무리 내가 이치에 맞는 말을 하더라도 긴 세월 지나면서 깊은 관념으로 자리 잡은 여러분은 그 의식이 깨어나야만 내 말을 이해할 수 있는데 문제는 또 여러분의 그 의식을 깨어나게 한다는 것은 매우 어렵다는 데 있습니다. 그래서 나는 불교를 어느 정도 안 사람은 내 말과 불교의 말을 비교할 수 있다는 말을 한 것입니다. 무와 공, 사성제, 팔정도, 십이 연기법 등이 전부인데 이것은 보이지 않는 진리의 작용을 숫자로 구획해서 정리할 수 없음에도 이런 숫자로 법을 말한다는 자체는 모순입니다. 자연의 섭리(비 물질)를 숫자로 표현할 수 있다고 한다면 인간이 인위적으로 숫자를 조작하여 자연을 다스릴 수 있다는 말이 되는데 여러분은 이 말 어떻게 생각하는가?

그래서 진리의 작용을 인간이 만든 숫자로 구분 지어 말하는 것 자체가 잘못되었음을 알아야 하고, 또 그 어떠한 행위의 동작을 해서 깨달음을 얻을 수 없으며, 염불이나 알 수 없는 문장을 만들거나, 주술적인 행위 등으로 깨달음을 얻을 수 없습니다. 내가 말하는 깨달음이라는 것은 모든 생명체는 마음이라는 진리의 기운으로 존재하기 때문에 '나'라고 하는 아상의 마음이 없으면 보이지 않으나 진리의 기운 작용을 있는 그대로 느끼게 되어 있어서 여러분도 '아상'의 마음을 없애면 그 자체로 깨달음을 얻게 됩니다. 따라서 수행이라고 하는 것은 일상을 살면서 아상이 뭔가를 알아가고 그 아상을 없애는 것이 내가 말하는 화현의 부처님 법에서 수행되는데 이것과 일반 사람들이 말하는 깨달음, 수행이 뭔가를 반드시 정립해야 할 것입니다.

석가가 이 우주 가운데에서 자기보다 더 존귀한 것이 없다는 뜻으로 석가모니가 탄생하자마자 한 손으로 하늘을 가리키고 또 한 손으로 땅을 가리키며 동·서·남·북 사방으로 일곱 걸음을 걸어가 천상천하 유아독존이라는 게(偈)를 외쳤다고 불교는 말하는데 이 말의 뜻은 '이 우주에서 인간의 성품, 곧 진리를 깨친 마음이 가장 존귀하다는 뜻이며, 이는 처처 불상과 인권 존중의 사상을 강조하고 있다. 누구나 마음을 깨치면 가장 존귀한 존재이기 때문에 처처 불상이 되고, 처처 불상이기 때문에 사사불공(事事佛供)의 생활이 되어야 한다. 또한, 정치적 인권보다 도덕적 인권을 존중하는 데에서 진정한 인권 평등이 실현될 수 있다.'라는 말을 하는데 참으로 웃기는 것이 생명체의 본질도 말하지 못하면서 감성적인 말만 무수하게 나열하는데 이런 감성적인 말에 여러분은 쉽게 현혹되게 되어 있어서 참으로 안타까운 일이 아닐 수 없다는 이야기입니다.

거듭 말하지만, 위와 같은 논리는 진리적으로 아무 의미 없는데 그 이유는 이 말 하나를 보면 앞에 '누구나 마음을 깨치면 가장 존귀한 존재다'라는 말이 있는데 그렇다면 현실에서 종교인들이 과연 이 마음이라는 것을 깨친 사람이 있는가를 봐야 하는데 답은 '없다' 입니다. 왜냐하면 스스로가 왜 존재하는가에 대한 이유를 알지 못하고 있고, 석가도 마음에 대한 부분을 단순하게 무와 공이라고만 말했는데 이 모든 상황은 '나는 진리를 깨닫지 못했다'를 스스로 인정하는 것이기 때문에 일반적으로 이 깨달음이라는 말 무수하게 하고 있지만 모두 말장난에 불과한 것이고, 마음이라는 것이 뭔지를 알면 자연의 섭리는 물론이고, 여러분이 왜 생명체로 존재하는가의 뿌리는 쉽게 알 수 있어서 소위 말하는 '도를 깨쳤다'라고 말하는 사람이 무수한데 그들이 말하는 도라는 것은 진리적으로 도라고 할 수 없어서 질문과 같은 것은 사상적인 말에 조합에 불과한 것이고 내가 말하는 도(자연의 섭리를 아는 것, 진리 이치를 아는 것)라는 것을 알 수 없어서 이 부분을 정립해보면 무엇이 이치에 맞는 말인가를 알 수 있을 것입니다.

078 부모로서 자식이 학교를 다 마칠 때까지 공부만 시켜왔는데 제 인생을 돌아보니 남는 게 없습니다. 자식 교육은 어떻게 해야 하나요?

답 질문에 남는 게 없다는 말이 있는데 여기서 '남는 것'은 무엇일까가 문제입니다. 그런데 앞에 자식을 키웠는데 '부모인 내게 뭔가 되돌아오는 것이 없다'라는 것일까? 아니면 자식을 낳고 기르다 보니 스스로가 느끼는 인생의 허무함을 말하는 것인가? 아니면 뼈가 빠지게 돈을 모아서 자식의 부양에 다 쓴 것에 허무함인가의 문제 등이 있을 수 있는데 결론적으로 여러분이 일반적인 삶을 사는 한 돈이 많든 적든지 허무하고 무상하고 세월이 덧없다는 식의 생각은 누구나 다 하고 삽니다. 다시 말하지만 돌고 도는 세월 속에 자기의 마음에 남는 '건더기'가 없어서 앞서 말 한대로 갖가지의 마음이 교차하는 것이고, 지금까지 보통 사람의 삶은 이같이 흘러왔고 앞으로 남은 시간도 그렇게 흘러가다가 결국 죽음을 맞이하게 될 것인데 이런 것 보고 의미 없는 삶이라고 해야 맞고, 이렇게 돌고 도는 인생을 윤회라고 하는 것입니다.

문제는 질문과 같은 생각을 하는 사람이 과연 이 세상에 얼마나 될까인데 별다른 방법이 없다는 생각으로 남이 결혼해서 자식을 낳으니 나도 그렇게 사는 것이 인생이라고 생각하는데 대단히 잘못된 의식입니다. 따라서 보편적으로 모든 사람이 살아가는 삶의 방식의 굴레에서 벗어나지 못하는데 이 부분은 여러분이 마음에 중심을 어디에 두고 살아야 하는가를 잃어버려서 그렇습니다. 다시 말하면 일반 사람들의 마음에 중심은 자식 잘되고, 별문제 없이 남보다 잘 먹고 잘살면 된다만 생각하고 살아가는데 내가 말하는 것은 삶에서의 모든 행위는 다 무상한 것이어서 이것은 세월이 지나면 질문처럼 인생에 대한 허무함으로 남게 됩니다.

하지만 이치에 맞는 말을 마음에 담고 살면 자식이나 기타의 것에 극단적으로 치우치지 않기 때문에 질문과 같이 인생무상, 인생의 허무함이 들지 않고 극단적 치우침은 우울증과 같이 갖가지 육체질환, 혹은 정신질환으로 나타나기도 합니다. 왜 이런 말을 하느냐면 사람이 한쪽으로 치우친 의식을 가지고 있으면 그 마음에 빙의는 쉽게 작용할 수 있어서 그렇습니다. 다른 측면에서 보면 자식은 반드시 부모와의 업연으로 태어나느냐에 따라 여러 가지 상황이 있을 수 있고, 부모의 입장도 여러 가지 마음에 변화를 가져올 수 있기 때문에 어떤 기대를 하고 자식을 키웠지만 그 자식이 기대하는 것에 미치지 못하면 부모의 입장에서 여러 가지 마음이 일어나는데 이것은 그 자식과 부모와의 업연의 관계와 깊게 관련이 있고, 또 그로 인해서 부모와의 무수한 갈등이 생기게 됩니다.

따라서 질문과 같이 포괄적으로 인생에 남는 것이 없다는 질문에 대한 답은 단답형으로 말할 수는 없고, 그 마음이 일어나는 것이 다 다르기 때문에 구체적인 말을 더 들어봐야만 명확하게 답을 내릴 수 있는 것입니다. 막연하게 위 질문에 대하여 '사는 게 원래 다 그래, 인생이 그런 거지' 등과 같은 말로 감성적인 위로를 해준다고 해서 질문과 같이 '허무하다, 남는 게 없다.'라는 식의 문제는 근본적으로 해결할 수 없습니다. 다시 말하지만, 인간의 마음에 어떠한 마음이 일어나면 일어나야 할 이유가 반드시 있어서 일어나는 것입니다. 따라서 명확한 상황을 알아야만 그 마음에 일어난 것에 대한 답을 찾을 수 있고, 이것은 마치 암(癌)이 발생하면 그 부위와 어떤 암인가를 알면 치료가 비교적 쉽겠지만, 이것을 모른다면 감성적인 말에 끄달리고 이런저런 약만 먹게 되는 것(사상적인 무수한 말을 의미함)과 똑같은 상황이 되는 것입니다.

그래서 불교의 말이나 무수한 사람들이 하는 말을 보면 듣기에는 그럴듯하겠지만 사실 그 말을 파고들어 가면 아무 의미 없는 말임을 알게 될 것입니다. 불교의 말에 '연기법'이라는 것이 있는데 이 논리로 보면 '남는 것이 없다'는 것에 대한 원인을 구체적으로 말해야 하는데 이런 부분에 관한 말, 답은 그 어디에서도 찾을 수 없으니 어찌 안타까운 일이 아니라고 말할 것인가? 결국, 우리가 일상생활을 하다가 죽으면 몸은 사라지고 남는 것은 '마음'밖에는 없습니다. 그래서 물질 이치에서 현실적으로 자식을 키우는 것은 어쩔 수 없지만, 진리 이치를 알고 마음을 만들어가는 삶이 균형을 이루는 것이 내가 말하는 중도의 개념이기 때문에 자식을 어떻게 키워야 하는가에 대한 답은 한 마디로 '이치에 맞게, 나의 분수에 맞게 키우는 것이 최선이다.'라고 해야 맞고, 이같이 했을 때 질문과 같은 마음은 들지 않게 되거나 그 마음에 맞게 줄어들게 됩니다.

그러니 지금까지 무수한 사람이 죽어갔지만, 진리 이치를 모르고 죽었기 때문에 죽기 전 회한의 마음을 안고 죽는 것이고, 거꾸로 진리 이치를 알면 똑같은 삶을 살더라도 질문과 같은 마음은 일어나지 않습니다. 그래서 여러분이 이 법당에 와서 각자의 마음에 일어나는 의구심을 하나둘씩 풀어가서 그것에 맞게 마음이 편안해지고 있는 것이어서 결국 각자의 마음에 맺힌 것을 풀어가는 것이 잘사는 인생이고, 마음에 흔적을 지워가는 최고의 방법이라고 해야 맞는 말이 됩니다. 따라서 자식을 낳으면 돈 버는 요령만 가르치는 것은 잘못된 것이고, 반대로 진리 이치를 먼저 깨닫게 하는 것이 기본이 되어야 하는 것입니다.

이 바탕 위에 자식을 똑같이 키우더라도 그 결과는 부모나 자식에게 좋게 나타나게 되어 있다는 이야기여서 이 말 새겨봐야 할 것입니다. 인생을 사는 거 큰 틀에서 되돌아보면 어린 시절을 지나 성인이 되고, 자식을 낳고 뒷바라지하다 보면 나이는 들고 결국 죽음이라는 것을 맞이하게 되는데 이같이 보면 물질을 얼마나 얻었는가의 정도 차이는 있겠지만 결국 본인 스스로는 물질 말고는 남는 게 없고 그마저도 결국 죽으면 의미 없습니다. 그렇다면 뭐가 남을까가 문제인데 내가 말하는 것은 이생에 업연으로 만난 인생 정리하는 것이 전부이며, 결국 내 마음에 어떤 흔적이 남았는가에 따라 또다시 그 업연 따라 사는 것이 윤회라고 하는 것입니다.

그래서 진리 이치를 알고 마음을 이치에 맞게 고쳐가면 앞서 말한 것은 모두 뜬구름이라는 것을 알게 되어서 한세월 사는 과정에 생사가 둘이 아님을 알게 되면 마음에 법의 희열(법열)이라는 것이 남게 되는데 이것이 '인생에서 남는 것이다.'라고 해야 맞고 기타 인간적인 그 어떤 말도 의미 없음을 알게 됩니다. 그래서 자식에게 성공이라는 이름을 먼저 가르쳐주는 것보다 먼저 진리이치에 맞 말이, 행동이 뭔가를 가르쳐주면 후일 '내 자식이 이런 이치를 알고 살게 해주어서 좋다.'라는 든든함이 생기고 이 마음이 자리를 잡으면 질문과 같이 남는 것은 없다는 말은 하지 않게 되고 인생이 허무하다는 소리도 하지 않게 됩니다.

079 사회생활하면서 말주변이 없어서 항상 일하는데 부담스러운데 이것을 고칠 방법이 있는 방법이 있을까요?

(답) 진리적으로 해결해서 고치는 방법도 있고, 현실적으로는 노력해서 고치는 방법이 있을 수 있지만, 질문의 경우는 현실적으로 스스로가 노력해서 고치는 방법 말고는 대책이 없습니다. 그렇다면 진리적으로 고칠 수 없다고 한 말은 이것은 자신의 '참(眞) 나'가 완전하게 다른 '참 나'로 바뀌면 가능한데 문제는 이게 매우 어렵다는 것입니다. 왜 이런 말을 하느냐면 이 세상에 무수한 인간이 존재하지만, 제각각의 인간은 똑같은 마음을 가진 사람이 없고, 이 말은 곧 제각

각 살아온 환경이 똑같은 사람이 없어서 모든 인간마다 제각각의 특성, 특징이 있어서 그렇습니다. 따라서 질문에 '말주변이 없어서 항상 일하는데 부담스러운데'라는 물음도 '나는 이런 성향, 특성을 보이고 있구나.'라는 본질을 먼저 이해해야 하고, 이것을 이해했다면 다른 사람도 나와 비슷하거나 혹은 전혀 다른 성향, 특성이 있다는 것을 먼저 정립해야 합니다.

그래서 막연하게 자신이 생각하는 바대로, 원하는 대로 모든 것이 다 생각대로 되기만 바라는 것은 잘못된 생각입니다. 사회생활이라는 것은 말 그대로 '조화'입니다. 이것은 우리가 보는 자연 세계도 마찬가지고 모든 생물이 섞여 있는 것을 보면서 여러분은 무엇을 배우는가? 참으로 웃기는 것이 여러분은 자연을 보면서 자연에서 무엇을 배운다는 말을 쉽게 하는데 지금 창문을 열고 자연을 보면 서로 다른 생명체가 존재하고 그런 것을 보면서 막연하게 '자연을 본다'고 말하면 아직 그 사람의 의식은 깨어 있지 못하고 있고, 서로 다른 것이 어울려 있는 것을 보면서 나 자신도 그중에 하나의 생명체로 존재한다는 것을 이해하는 것이 자연을 보고 인생을 배우는 것입니다. 나 잘났다고 우뚝 솟아 있고 싶은 것이 인간의 욕망이라면 자연은 인간처럼 아상의 마음이 없는 무정물이기 때문에 '나 잘났다'라는 생각 자체를 하지 못합니다.

너와 내가 다르다, 다름 속에 차이가 있다는 것을 여러분이 먼저 긍정하는 게 좋고, 이런 것을 잘 활용하는 사람이 대인관계도 잘하고 회사 생활, 가정생활, 또는 회사를 잘 운영하게 되어 있는데 이것은 마치 수만 가지의 자동차 부품들도 하나하나가 제자리에 맞게 들어가야만 비로소 한 대의 차가 잘 굴러가는 것과 이치는 똑같다는 이야기입니다. 따라서 인간과 가장 가깝게 무리를 지어 사는 비둘기 집단을 보면 그 모습을 단순하게 '다 같은 비둘기'라고 보면 안 되고, 모양은 다 비슷한 비둘기지만 그 무리는 인간이 사는 사회와 똑같은 이치가 들어 있습니다. 다시 말하면 모습은 다 같은 인간(비둘기)이라고 하더라도 그 속을 들여다보면 서로 다름이 있어서 인간사회에서 인간들이 모여 사는 그 이치가 동물들 세계에도 존재합니다.

그래서 질문에도 있지만 '말주변이 없어서 항상 일하는데 부담스러운데'라는 것을 알았다면 그것을 현실에서 극복해 가려고 노력하지 않으면 그 어떤 존재가 여러분의 그 마음을 알고 자동으로 이 부분을 해결해 주지 않습니다. 따라서 '나는 이런 존재구나'라는 것을 알았다면 진리 이치에서 나 자신의 근본을 아는 것이 중요하고, 그 다음 현실에서 나는 어떻게 대처하고 살아야 하는가를 꾸준하게 정립해 가는 방법 말고는 대책이 없습니다. 참으로 사람이 어리석은 것이 나 자신의 본분을 알고 현실적으로 노력하는 것이 아니라 막연하게 자신이 부족한 부분을 생각하고 어떻게 되었으면 하고 걱정하거나, 그것을 어떤 대상에게 빌려고 하고, 매달리려고 하는데 잘못된 의식입니다.

사회의 어떤 집단을 보더라도 한 사람이 완벽한 능력으로 모든 것을 다 손수 할 수는 없고, 제각각 자리에 맞는 인재를 등용하여 그 집단이 추구하는 목적을 향해 일합니다. 제각각 다른 능력을 갖춘 것을 알고 그에 맞는 사람을 구하는 것이 일반적인 회사, 집단의 특성이라는 이야기입니다. 따라서 세상에 모든 사람에게 물어보더라도 각자가 생각하는 '부족함'이라는 것은 누구나 다 있는데 문제는 나의 부족함을 현실에 맞게 승화를 시키는 것은 각자의 의식으로 노력하는 수밖에 없습니다. 이 개념으로 볼 때 나는 모임 때도 수차 한 말이 있는데 여러분이 쉽게 접하지 못하는 '공연'이라는 것에 참여하면서 전혀 다른 부분을 해가는 과정에 여러분의 시야는 자연스럽게 넓어졌고, 시야가 넓어진 만큼 새로운 의식이 조금씩 깨어남을 알 수 있을 것입니다. 그래서 과거 사람들이 '열 가지 재주를 가진 사람은 굶어 죽는다.'라는 말을 했는데 이 말은 매우 잘못된 말입니다.

그 이유는 여러분이 공연에 참여하면서 시야가 넓어지면 이생, 다음 생에서 태어날 때, 무엇을 할 때 좀 더 넓은 시각으로 사회에 적응할 수 있게 되고, 다양한 인간관계도 할 수 있게 되어서 이 개념 정립해야 합니다. 그래서 각자가 한자리에 오래 있으면 시야가, 안목이 좁아질 수밖에는 없다고 나는 말한 것이고 이 부분은 모임에서도 수차 한 말입니다. 어찌 되었든 질문자가 제일 고만하고 있는 부분이 '나는 말주변이 없어서 항상 일하는데 부담스러운데'라는 것도 앞서 말했지만, 한편으로 보면, 남이 하지 못한 부분을 나는 잘할 수 있다'는 생각으로 본인이 부족하다고 생각하는 부분을 승화시켜 가는 것이 중요하고, 비단 이것은 본인에게만 해당되는 것이 아니라 이 글을 보는 다른 사람도 상황은 다르겠지만, 이 말을 참고삼아 현실에서 부단한 노력을 하는 것이 중요합니다.

그래서 여러분 입으로 '한가하다.'라는 말을 절대 하면 안 되고, 만약 '한가하다.'라는 말을 한다면 그 사람은 자기 발전을 위해 노력을 하지 않는 사람이라고 해야 맞고, 인생의 시간 짧기 때문에 죽을 때까지 이생에서 자기 발전, 자기 계발을 하고 살기도 모자라는 시간임을 명심해야 할 것입니다. 질문 같은 경우는 진리적으로 '나는 그런 사람이구나.'라는 것을 이해하고, 이생에서 부단한 노력을 해서 현실에 적응하도록 하는 것이 최선입니다. 따라서 진리적으로 마음을 고치는 방법도 있지만, 현실에서 본인이 적극적으로 노력하면서 해결해야 할 부분도 있다는 이야기입니다.

080 종교 신앙을 가져야만 제대로 된 삶, 인간다움의 삶을 살 수가 있나요?

답 이 질문에 답하기 이전에 여러분은 '제대로 된 삶'이라는 것이 뭔가를 생각해 본 적이 있는가? 한번 정립을 해볼 필요가 있습니다. 과연 '제대로 된 삶'이라는 것이 뭘까? 그리고 이 세상에 무수한 사람들이 살다가 죽었지만 제대로 된 삶을 살다가 죽었을까? 또 이 글을 보는 여러분의 부모들은 '제대로 된 삶'을 살다가 죽었을까? 등을 생각해보면 누구는 '살았다.'라고 말하는 사람도 있을 것이나, '그렇지 않았을 것이다.'라고 생각하는 사람도 있을 것입니다. 그렇다면 결론적으로 '제대로 된 삶'이라는 것이 뭔가의 기준도 없고, 각자의 입장에 따라 제대로 된 삶이다, 아니다를 각자의 관념으로 생각하고 있는 것이 전부입니다. 따라서 일반적으로 '제대로 된 삶'이라는 것은 성장하여 결혼하고, 돈 많이 벌고 자식 교육 잘하고, 주변에 특별한 문제 없이 산 사람은 스스로가 '제대로 된 삶'이라고 생각할 것이나 이것은 현실에서 최선의 삶은 되겠지만, 그러나 문제는 진리적으로 보면 이것은 대단한 착각인데 그 이유는 물질 이치에서 비교적 안정된 삶이라고 해서 진리적으로 아무 문제가 없다고 생각하는 것은 이치에 맞지 않아서 그렇습니다.

그런데 세상 사람들은 물질만 가지고 살면 제대로 된 삶을 산다고 생각하는데 잘못된 생각이고, 물질이 많아도 진리적으로 타고난 업이 뭔가에 따라 마음이라는 비물질로 되받는 인과응보가 있고, 비물질로 작용하는 것은 물질이 많다고 해서 물질로 해결할 수는 없습니다. 다시 말하면 앞서 말한 대로 평이하게 보편적으로 살다 죽는 것이 보편적인 삶이라고 하겠지만, 이것은 물질 이치에서 '원만한 것'을 기준으로 각자가 생각하는 것이고, 이렇게 살았다고 해서 진리적으로 그 사람이 '제대로 된 삶'을 살았을까를 생각해 보면 전혀 다른 상황이라는 것입니다.

다시 말하면 물질 이치에서의 업은 반드시 유통기한이 있고, 이것은 은행에 얼마간의 돈을 예치하고 빼면 결국 그 돈은 바닥을 드러내는 것과 같습니다. 그런데 이러한 이치를 모르고 살아가는 사람이 은행 돈이 바닥을 드러내면 결국 물질로 힘들어지게 되어서 물질의 선업은 끝이 있는 것이라고 정리하면 되고, 반대로 진리 이치에서 마음을 이치에 맞게 만들어 놓으면 이것은 영생을 통해 마음 편하므로 살아갈 수 있어서 이 두 가지가 균형을 이루는 삶이 내가 말하는

'제대로 된 삶'이라고 하는 것이어서 이 부분 정립해야 합니다. 어떤 사람이 인생을 사는데, 몸과 마음에 괴로움이 있으면 한다는 소리가 '돈이고 지랄이고 다 필요 없고 마음 편하게 사는 것이 최고다'라는 말 여러분도 들어봤을 것입니다. 왜 이런 말을 하는 것일까?

그것은 돈이라는 물질도 결국 내 몸과 마음이 바쳐주어야만 돈도 제대로 사용하는 것이어서 그렇습니다. 다시 말하면 돈이라는 것은 사람 나고 돈이 생긴 것이지, 돈이 먼저 생겨나고 사람이 생겨난 것이 아니어서 물질보다는 보이지 않지만, 마음이 우선이라는 이야기입니다. 이같이 볼 때 결국 사람으로 태어나 살면 어찌 되었든 다들 입에 풀칠이라는 것을 하고 살기 때문에 그렇고, 이 말의 의미는 보통 사람들이 '제가 먹을 것은 다 가지고 나온다'라는 말을 하기도 합니다. 이게 무슨 말이냐면 인생을 살 때 '마음 편함이 우선이다.'라는 이야기입니다.

그래서 '제대로 된 삶'이라는 것은 먼저 나의 근본이 되는 내 마음을 이치에 맞게 만들고 사는 것이 근본이 되어야 하고, 이것을 바탕으로 해서 얻어지는 물질로 의식주를 해결하는 것이 내가 말하는 '제대로 된 삶'이라는 것을 나는 말하고 있는데 이같이 말하면 누구는 '뭔 소리냐 돈이 많아야 제대로 된 삶을 살지'라고 말하는 사람이 있겠지만 대단한 착각입니다. 그렇다면 거꾸로 돈이 많은 사람이 마음에 뭔가의 문제로 마음에 괴롭다고 한다면 이 사람은 과연 '제대로 된 삶'을 살 수 있는가를 생각해봐야 합니다.

따라서 질문에 '종교를 가져야만 제대로 된 삶을 살 수가 있나요?'에 대한 답은 '종교는 인간사회에서 불필요한 것이다.'라고 정리해야 하는데 그 이유는 그들이 말하는 것은 모두 사상적(思想的)으로 만들어진 말이고, 진리 이치에 맞지 않는 말이어서 그렇습니다. 그래서 여러분이 종교가 하는 말 모두가 이치에 맞는가? 현실에 부합한 것인가를 봐야 하고, 만약 열 마디 말 중에 하나라도 이치에 맞지 않으면 그 모든 말은 다 이치에 맞지 않는 말이라고 해야 맞고, 이것은 흰콩 속에 검정콩이 하나라도 섞이면 그것은 '온전한 콩'이라고 할 수 없는 것과 그 이치는 똑같습니다.

그런데 여러분은 감성적이고 인간적인 말과 사상적으로 만들어진 말을 섞으면 무엇이 참이고 거짓인가를 모르고 막연하게 '종교는 인간 잘되라고 존재하는 것'이라고 생각하게 되어 있고, 한 마디쯤은 틀릴 수 있다고 생각하게 되어 있는데 이것은 매우 잘못된 생각입니다. 사람이라는 것이 참 묘해서 자기 자신을 위로해 주고 감성적인 말로 보듬어주면 앞뒤 가리지 않고 그 사람은 좋은 사람, 그 말은 좋은 말로 대부분 생각하는데 이거 매우 잘못된 의식입니다. 여러분이 학교에 다닐 때 나에게 따끔하게 훈계해주는 선생이 훗날 마음에 남는 것이고 너 잘났다고 감성적으로 여러분에게 오냐오냐라고 말해주는 사람이 마음에 여운으로 남는 사람도 있을 것이나, 그것은 여러분의 인생에 오래 남지는 않을 것이고 만약 이런 부분이 오래 남는다는 사람도 있을 것이고, 반대로 나에게 뭔가 따끔한 말을 해주는 사람이 훗날 여러분의 마음에 오래 남는다고 생각하는 사람도 있어서 이 부분은 여러분 스스로가 정립해야 할 것입니다.

마음을 가진 사람이라는 것은 내 눈앞에서 '너는 이런 부분이 틀렸다.'라고 하면 그 말은 당장 듣기 싫어하는 데 인간의 마음이라고 하는 것입니다. 그래서 현존하는 모든 종교는 '인간은 위대하고 잘났고, 온전하고, 평등하고' 등을 앞세워 말하고, 그 뒤에 상상 속에서나 있음 직한 그런 말들을 하면 여러분 입장에서 그런 말을 쉽게 거부할 수 있겠는가? 다시 말하지만, 인간은 상상 속에, 꿈속에 사는 것이 아니라 눈에 보이는 이 현실을 사는 존재입니다.

그래서 큰 틀에서 '그 무엇, 어떤 대상' 등이 나를 지켜주고 보호해준다, 어떤 것을 믿으면 괴로움은 다 소멸해 주고, 죽으면 좋은 곳으로 인도한다는 식의 말들은 모두 진리 이치에 맞지 않음으로 이런 말에 현혹되어 있다면 여러분의 그 의식에 빙의는 얼마든지 작용하게 되어 있고, 이 경우 여러분 앞길에 될 일도 안 되고 꼬이게 되어 있다는 점 명심해야 합니다. 따라서 모든 종교가 기본적으로 하는 말은 모두 '신비주의'를 말하거나, 현실적으로 불가능한 것, 환상적인 것, 이치에 맞지 않는 것을 맨 먼저 앞세워 말하고 있는데 이것은 어떤 종교나, 사상이든 다 마찬가지입니다. 그중에 하나를 보면 종교의 말 중에 똑같은 탄생 이야기가 있는데 그것은 석가모니와 예수 모두 태몽을 통해서, 남녀의 동침 없이 잉태된다는 점이 그것입니다. 다시 말하면 고대의 거의 모든 촌장, 부족장, 영웅, 왕 등의 신화가 그것인데 고대의 제사에는 '처녀 제물'이 공통 코드로 등장하는 부분이고, 또 종교적으로는 마야부인이 여덟 가지 계행을 지키느라고 그의 남편과 동침하지 않고 있었는데, 석가모니가 흰 코끼리가 되어 어머니의 오른쪽 갈비뼈를 헤치고 그 태(胎) 안에 들어가는 꿈을 꾸고 잉태된 것으로 불경인 『본생경(本生經)』에는 기록되어 있고, 또 『기독경』 또한 요셉의 태몽에 주(主)위의 사자(使者)가 나타나 성령이 임하여 마리아에게 잉태됨을 알린 이후 예수가 태어나기까지 동침하지 않았다고 기록되어 있다고 말하는데 이 부분 여러분은 어떻게 생각하는가? 만약 여러분 중에 위대한 성인은 실제 성행위를 하지 않고 이같이 태어날 수 있다고 믿는 사람이 있으면 내가 말하는 것 시간 버려가며 볼 필요 없을 것이고, 이것은 말이 안 되는 논리라고 생각하는 사람은 그나마 의식이 깨어 있다고 해도 무리는 없을 것이어서 이 부분 깊게 정립해야 합니다.

따라서 이 한 부분에 대한 것만 보면 나머지 말은 더 보나 마나 뻔한 것이어서 더 이상 볼 필요가 없을 것입니다. 또 시중에서 무당들이 흔히 하는 말 중에 '능력 있는 자신들의 조상신이 중생을 구제해 준다.'라는 말도 이치에 맞는 말인가 아닌가를 여러분이 정립해야 하는데 의식 없는 사람은 '능력 있는 조상신'이라는 것이 여러분을 구제해 준다는 그 말에 쉽게 현혹되는데 이런 말에 끄달려 살든지 말든지 그것은 오직 여러분의 의식으로 정리하는 수밖에 별도리 없다는 점 명심해야 하고, 그런 말에 마음이 끌린다면 이미 여러분의 의식은 흐려 있어서 그 의식으로는 내 말이 무슨 말인가를 정리할 수 없습니다. 그래서 종교가 하는 말은 이처럼 그들이 탄생하는 과정과 그들이 신비한 현상을 나타내었다는 식의 말은 모두 비슷하거나 똑같은 구조를 가지고 있는데 여기서는 생략합니다.

인간이 세상에 존재하는 것은 반드시 난자, 정자의 결합으로 태어나는 것은 초등학생이라도 다 아는 내용인데 성행위 없이 그들이 존재했다고 말하는 것 과연 믿을 사람이 있겠는가인데 이것은 대단한 착각이고, 이 세상에 이런 말을 믿고 사는 사람 넘쳐나기 때문에 앞서 한 말을 생각해보면 과연 종교가 필요한 것인가? 필요치 않은 것인가는 여러분이 정립할 수 있을 것이고, 직설적으로 이 땅에 '이치에 맞는 말을 하는 자' 한 사람만 존재하면 그것으로 충분해서 이 부분 새겨봐야 할 것입니다. 다시 말하지만 '종교 신앙을 가져야만 제대로 된 삶, 인간다움의 삶을 살 수 있다'라고 한다면 이 세상에 존재하는 모든 종교인은 신앙을 가졌으니 제대로 된 삶을 산다는 것인데 여러분은 이 부분 어떻게 생각하는가? 여러분이 반드시 알아야 할 것이 종교라는 것은 사상(생각하고 생각하는 것)으로 만들어진 것이지 종교의 말이 진리이치에 맞는 말, 자연의 섭리에 맞는 말은 아니라는 것입니다. 따라서 종교인이 제대로 된 삶을 사는가? 그렇지 않은가는 그들이 하는 말과 행동을 보고 이치에 맞는 말인가 아닌가, 자연의 섭리에 맞게 사는 삶인가를 보면 쉽게 알 수 있으므로 이 부분은 여러분이 판단하면 됩니다.

081 코로나로 긴 시간 힘들었는데 코로나가 왜 생겼는지 본질을 구체적으로 말하는 곳이 한 군데도 없습니다. 코로나가 왜 생겼는지 말씀을 해주실 수 있나요?

(답) 먼저 여러분이 알고 있는 '코로나'라는 것은 아직도 진행형이고, 이 부분은 앞으로 사라지지 않는다는 점을 알아야 합니다. 따라

서 세상에 처음으로 '코로나'라는 신종 질병이 발생하여서 코로나라고 하는 이름이 붙여졌지만, 이것은 지금도 계속 변이형으로 진행되고 있다는 점 이해해야 합니다. 그래서 질문에 '한동안 코로나로 힘들었다.'라고 말하지만, 사실은 지금도 진행되어 가고 있지만 문제는 인간들이 만성이 되어 이제 이런 부분에 대한 심각성을 상실하고 있는 것입니다. 다시 말하면 세상에 처음으로 질병이 발생하면 그것에 관한 두려움이나, 공포심으로 처음에는 몸을 사리겠지만, 아상의 마음은 시간이 지나면서 '그것은 별것이 아니다.'라고 인식한다는 이야기입니다.

또 하나는 인간사회에서 일어나는 이러한 현상에 대하여 종교들은 아무 말도 하지 못하고 있고, 이에 따라 대책이라는 것도 한마디도 못 하고 있다는 것에 대하여 여러분은 어떻게 생각하는지 모르겠지만, 이것은 결국 '진리'를 깨닫지 못해서 그렇다고 해야 맞습니다. 그러면서 우주를 말하고, 이것이 있어 저것이 있다는 연기법이 어떻고를 말하니 참으로 안타까운 일이 아닌가? 이 세상에 존재하는 것(이것)은 반드시 그렇게 되어야 할 것(저것)이 있어서 그런 것이 아닌가? 그런데 '코로나'라는 것도 반드시 이생에 그렇게 되어야 할 이유가 있어서 나타난 것일진대 이것을 말하지 못하고 있다는 것은 무엇을 의미하는가를 생각해 보라는 이야기입니다.

나는 맨 처음 여러분에게 '달도 차면 기운다.'라는 말을 했는데 이 말은 이 세상에 드러나야 할 것이 다 드러나면 기운(지구는 멸한다는 의미)이라는 말을 맨 처음 오래전에 결론적으로 여러분에게 말했습니다. '이 세상에 드러나야 할 것이 모두 다 드러났다.' 또 '답 없는 세상이다.' 등의 말도 했는데 이 말속에는 앞서 말한 대로 돌연변이의 질병 등도 앞으로는 더 심화하여 나타날 것이고, 이와 더불어 무수한 현상들이 자연적으로, 혹은 사회적으로 급속하게 드러날 것입니다. 따라서 최근 기온이 급속하게 올라가면서 사회에서 여러 가지 현상들이 일어나고 있는데 이 부분에 대하여 종교는 한마디도 말하지 못하고 한다는 말이 사랑, 평화, 행복, 꿈 등을 말하고 있는데 참으로 안타까운 일이 아닌가?

현실적으로 평균기온이 1도만 올라가도 인간에게 치명적인 현상이 일어난다고 학자들은 한결같이 말하고 있는데 아상에 찌들어 있는 어리석은 인간은 이런 부분 안중에 두지 않고 너를 이겨야, 밟아야 내가 산다는 논리가 만연한데 결국 사회적으로 나타나는 이런 현상은 이제 지구의 종말이 왔음을 자연이 보여주는 것이고, 이것은 지구 상에 인간을 다 쓸어 버리는 자연의 법칙이 작용하고 있음을 나타내는 것입니다. 지구 상에 무수한 종교가 있고, 사상이 있지만, 눈으로 보이는 것에만 관심을 가지는 척하고 있고, 그 이면에 왜 이러한 현상이 나타나고 있는가에 대한 부분은 누구도 시원하게 답을 말하지 못하고 있다는 것은 무엇을 의미하는가? 그것은 간단하게 '진리를 깨달은 사람, 자연의 섭리를 깨달은 사람'이 없었다, 없다는 것을 의미하는 게 아니고 무엇인가? 이것이 현실인데 어리석은 인간은 종교적으로 하는 말이 맞는다고 생각하고 살아가는데 참으로 매우 안타까운 일입니다.

모든 종교가 하는 말을 들어보면 혹하게 끌리는 말 무수하게 하는데, 문제는 그들이 하는 말이 이치에 맞는가? 합리적으로 타당한 말인가를 여러분이 분별하지 못하면 결국 그 늪에서 빠져나올 수 없다는 것을 명심해야 합니다. 그렇다면 의식을 흐리게 하는 말이 뭔가? 예를 들어 여러분이 이 세상에 존재하는 것은 부모가 있어서 여러분의 몸이 존재하는 것입니다. 이렇게 보면 여러분 집에 '나를 낳아준 아버지, 나를 존재하게 한 당사자'가 이 현실에 다 있고, 아버지 없이 태어난 사람 하나도 없습니다. 그런데 현실에서 집에 아버지를 놔두고 다른 곳에서 아버지를 찾는 사람이 상당한데 여러분은 이 부분 어떻게 생각하는가? 이같이 말하면 그 아버지와 나를 낳아준 아버지는 다른 차원이라는 식으로 말꼬리 잡는 사람이 있을 것인데 이것은 잘못된 의식입니다.

그 이유는 인간은 환상에 빠져 사는 것이 아니라 여러분이 보는 이 현실에서 몸을 가지고 살기 때문에 실제로 나를 낳아준 아버지는 현실에서 '한 사람'이어야 맞지 않는가? 그런데 집에 있는 아버지를 놔두고 다른 곳에서 또 아버지를 찾는다는 이 논리가 이치에 맞는가를 생각해보라는 이야기입니다. 현실에서 집에 있는 아버지는 전지전능하지 못하고 무능력하기 때문에 그대로 놔두고, 또 어떤 아버지는 전지전능하기 때문에 찾는다는 말인가? 참으로 현실이 아닌 이상 속(상상 속)에 빠져 정신 보따리 놓고 사는 사람들, 이 세상에 무수합니다. 이같이 말하면 그들의 입장을 보면 자신들의 생각, 의식이 정상이라고 할 것인데 그 이유는 밥이라는 것을 먹고 똥을 싸고 다른 사람들과 다 같은 인간이라고 생각하기에 그렇습니다.

그래서 나는 인간으로 태어나 제대로 된 의식을 가지고 이 현실을 산다는 것은 매우 어렵다고 말한 것이고, 모습은 인간의 모습이지만 '다 같은 인간은 아니다.'라는 논리를 말하고 있는 것입니다. 또 방송을 보면 어떤 사람이 행동하는 것이 정상이 아니라고 생각하는 것을 '특종'이라는 이름으로 방송하기도 하는데 이것은 일반적으로 정상이라고 생각하는 것을 넘어선 행동을 보고 '특종'이라고 하지만, 문제는 정도 차이는 있지만 이같이 뭔가 특이하게 나타나지 않는 사람은 다들 정상이라고 생각하지만 잘못된 생각인데 그 이유는 사람마다 이 마음(의식)이 다 다르기 때문에 눈에 띄게 나타나는 것과 눈에 띄게 나타나지 않는 그 차이만 있을 뿐입니다.

그 이유는 제각각의 업이 뭔가에 따라 나타나는 현상도 이처럼 다 다릅니다. 그래서 이 마음의 작용을 알면 진리적으로 나타나는 현상에 대한 본질은 매우 쉽게 알 수 있다고 나는 말한 것입니다. 직설적으로 100% 온전한 사람이 있는가에 대한 답은 '없다' 인데 그 이유는 일단 존재한다는 자체가 하자, 흠결이 있어서 그 차이만 다를 뿐이라고 해야 맞는 말이 됩니다. 따라서 질문에 대한 답은 '진리 이치를 깨달은 자가 없어서 코로나에 대한 말을 한마디도 하지 못하고 있다.'라고 해야 맞습니다. 그러니 이런 부분은 말하지 못하고 이상향의 세상, 판타지 같은 세상을 우주라는 허공 속에 사상적인 말로 만들어 놓고 인간의 의식을 흐리게 하는 행위는 매우 잘못된 것이고, 이같이 감성적인 온갖 것에 현혹되지 않고, 그런 말에 빠지지 않으려 노력하는 것이 올바른 의식이라고 해야 맞는 말이 됩니다. 사실 이런 부분에 대하여 직설적으로 많은 말을 더 해야지만 현실적인 부분이 있어 여기서는 생략합니다.

082 종교는 인류의 종말을 얘기하는데 정말 종말이 있나요?

(답) 종말을 이해하기 위해 먼저 정립해야 할 부분이 '태초'에 대한 부분이며 이 부분에 많은 말을 해야 합니다. 그 이유는 '태초(시작)'라는 것이 있다면 반드시 '종말(끝)'이라는 것은 당연히 존재하는 것이기 때문에 그렇습니다. 그런데 문제는 보통 사람들, 종교에서 말하는 태초에 대한 말을 보면 '창조'를 말하는데 결론은 누가 우리가 사는 이 우주, 지구, 행성계 자체를 만들지 않았다, 창조하지 않았다는 것이 진리적인 입장이고, 불교에서는 이 부분에 대한 말이 하나도 없는데 그 이유는 뭐라고 생각하는가도 정립해야 합니다.

나는 화현의 부처님 법에서 태초에 대한 부분을 다음과 같이 말했는데 물질 이치에서 우리가 보는 이 행성계는 현실에서 보는 그 자체로 여여자연(如如自然)하고, 무시무종(無始無終)으로 존재해 와서 오늘에 이른 것이어서 이 자체를 가지고 인간의 사상, 생각으로 왈가왈부하는 것은 매우 잘못되었다고 말했고, 또 다른 일부 사람들은 '우주의 빅뱅' 논리로 이 태초를 말하기도 하는데 이것도 진리적으로 사실이 아니라 인간의 상상(사상)으로 짐작하고 어림잡아서 이런 말을 하는 것이기 때문에 이 부분은 여러분이 알아서 정립하면 됩니다.

다시 말하면 미미한 생명체인 인간이 자연의 시작과 끝을 안다고 말하는 자체는 모순이라는 이야기입니다. 그래서 나는 물질 이치에서 여러분이 보는 행성은 그 자체로 존재하는 것이어서 이 행성이 다 없어지는 것으로 '지구의 종말'을 논하는 것은 진리 이치, 물질 이치에 기본적으로 맞지 않습니다. 그래서 맨 먼저 물질의 논리에서 우리가 사는 이 우주의 세계는 지금처럼 과거 알 수 없는 시기부터 존재했고, 앞으로도 이같이 존재하리라는 것을 맨 먼저 정립해야 합니다. 이것이 정리되지 않으면 이후 어떤 말을 해도 그것은 여러분에게 도움이 되지 않아서 그렇습니다. 물질 논리에서 해와 달 지구 등과 같이 태양계에 있는 행성, 그리고 기타의 행성도 그 자체로 여여자연하게 무시무종으로 존재한다는 점 명심해야 합니다.

문제는 이 '종말'이라는 것은 생명체가 멸하는 것을 의미하는 것이지, 앞서 말한 대로 물질 논리에서 행성 자체가 다 없어지는 것이 아닌데 여러분은 어찌 된 것이 이 지구 자체가 없어지는 것으로만 종말을 생각하는데 잘못된 것입니다. 예를 들어 지구 상에서 인간이라는 것이 다 없어져 버리면 사실 이 지구가 있는가 없는가는 아무도 모릅니다. 오직 인간이 살아 있을 때 해와 달 등도 있다고 인식을 하는 것이어서 이것을 통해 종말이라는 개념, 의미를 여러분이 반드시 정립해야 합니다. 다시 말하면 물질 이치에서 행성은 그 자체로 존재했고, 지구에 인간이 존재하면서부터 오늘날과 같은 행성이 있다는 것을 알게 된 것이기 때문에 창조의 논리에서 지구를 창조(우주를 창조)한 후 아담과 이브가 있었다고 말하는 것은 그래서 모순이 되는 것입니다.

따라서 내가 말하는 시작과 끝(창조)이라는 것은 지구 상에 인간이 다 사라졌을 때를 지구의 멸이고, 다시 지구가 안정화되어 생명체가 존재해야 할 시기에 하나둘씩 생명체가 지구 상에 존재하기 시작한 것을 나는 창조되었다고 말하고 있는 것입니다. 여러분이 눈을 감으면, 이 세상이 보이지 않는데 이게 지구의 멸이고, 눈을 뜨면 우주가 보이는 것이 창조의 개념입니다. 그래서 나는 지구가 약 5번의 지각 변동과정을 통해서 오늘날과 같이 5번째의 지구가 있다고 나는 말했는데 이것은 지구가 완전하게 없어졌다가 다시 만들어진 의미가 아닙니다. 지구 상에 제각각의 생명체는 반드시 그 생명체가 존재해야 하는 환경이 있고, 그 환경에 따라 5번째의 지구에서만 인간이 먹이 사슬의 정점에서 존재하게 되었고, 인간이 있어 오늘날과 같은 우주가 있음을 알게 되었기 때문에 거꾸로 인간이 지구 상에서 다 사라지면 종말이 되는 것이지 이 경우 지구가 완전하게 없어졌다고 할 수 없어서 이 부분 새겨봐야 합니다.

그런데 보통 종교나, 사람들이 말하는 '종말'이라는 것은 지구 자체가 행성에 의해서, 조물주에 의해서 우주에서 영원히 지구가 없어지는 것을 종말이라고 말하면서 우주의 나이가 몇 년이라는 논리를 말하기도 하는데 어리석은 인간이 백 년도 못 사는 미미한 생명체인 인간이 감히 우주의 나이가 몇 년이라고 말한다는 게 말이 되는가? 또는 지구 상에 춘하추동이 있어서 이것을 확대하여 우주에도 춘하추동이 있다고 하여 이 우주에도 겨울이 왔고, 이것은 종말을 의미한다고 말하는 사람도 있는데 참으로 안타까운 일입니다.

또 학자들은 지구의 수명이 100억 년이고, 이제 50억 년이 지나서 앞으로 50억 년이 남았다는 식의 말을 하기도 하는데 이것도 잘못된 것인데 그 이유는 앞서 말했지만, 지구는 무시무종으로 존재해 왔기 때문에 지구라는 것에 수명은 수천만 억년(시작과 끝이 없는 무시무종을 의미함)이 될 수도 있는데 이 말은 곧 지구의 수명을 인간이 만든 숫자로 환산할 수 없다는 것을 의미합니다. 정리하면 물질 이치에서 태초라고 하는 것은 지구 상에 생명체가 완전하게 다 사라진 상태에서(지구의 윤회) 인간이 처음으로 세상에 돌연변이로 나왔을 때를 '태초'라고 해야 맞고, 반대로 지구 상에서 인간이 다 멸했을 때를 '종말이다.'라고 정의하면 되기 때문에 이것이 아닌 무수한 말로 무엇을 대입해서 지구의 종말을 말한다는 것은 매우 어리석은 말이라고 해야 맞습니다.

따라서 어떤 종교는 누가 창조를 했다고 말하고 있고, 불교는 십사무기(十四無記)라고 해서 (1) 세계는 영원한가? (2) 세계는 무상한가? (3) 세계는 영원하면서 무상한가? (4) 세계는 영원하지도 무상하지도 않은가? (5) 세계는 유한한가? (6) 세계는 무한한가? (7) 세계는 유한하면서 무한한가? (8) 세계는 유한하지도 무한하지도 않은가? (9) 여래(如來)는 사후(死後)에 존재하는가? (10) 여래는 사후에 존재하지 않는가? (11) 여래는 사후에 존재하면서 존재하지 않는가? (12) 여래는 사후에 존재하지도 존재하지 않지도 않은가? (13) 목숨과 신체는 같은가? (14) 목숨과 신체는 다른가? 등에 대한 물음에 대한 답을 석가는 말하지 않았다고 말하는데 이 말은 앞서 말한 대로 생명체의 근본을 깨닫지 못했기 때문이 아닌가? 반대로 진리를 깨달았다면 이런 부분은 명확하고 쉽게 알 수 있고, 답할 수 있는데 인간들이 가장 중요하게 생각하고 궁금해하는 부분이 이것인데 말하지 못했다는 것을 여러분은 어떻게 생각할 수 있는가?

따라서 질문에 '모든 종교를 보면 인류의 종말을 얘기하는데 정말 종말이라는 게 있나요?'에 대한 답은 지구가 사라지는 것을 전제로 말하고 있어서 잘못된 것이고, 내가 말하는 논리는 지구, 우주라는 것은 그 자체로 존재하고, 다만 지구 상에서 생명체인 인간이 생겨날 때를 '태초'라고 말하고 있고, 인간이 다 사라졌을 때를 '종말'이라고 말하고 있어서 이 부분 깊게 정립해야 하는데 이런 논리를 세상에서 태초로 말하고 있는데 이것이 정립되면 기타 사람들이 무수한 말을 하는 자체가 왜 모순인가를 알 수 있을 것입니다. 그래서 이 개념으로 우리가 사는 이 지구는 약 5회의 지각변동을 했고, 지금이 5번째의 지구 환경이라고 정립해 보면 지구에 공룡이 왜 사라졌고, 높은 산등성이에서 물고기의 화석이 왜 있는가를 알 수 있으며, 지구 기온이 왜 상승하고 있고, 이것으로 인해서 그 결과가 인간에게 어떻게 나타나는가, 자연재해, 질병의 창궐, 빙의들이 왜 날뛰는가? 등은 매우 쉽게 알 수 있는 것입니다.

내가 말하는 논리로 보면 결국 지구 상에 존재하는 모든 생명체는 진화가 아니라 '돌연변이'로 존재했다는 결론에 도달하게 될 것입니다. 사실 '종말'에 대한 부분만 깊게 말하려면 많은 말을 해야 하고, 여기서는 대략적인 말을 할 수밖에는 없는데 그 이유는 워낙 방대한 말이 난무하고 있어서 그것을 정리하려면 긴 시간이 필요해서 그렇습니다. 따라서 앞서 말한 지구의 논리는 물질 이치에서 시작과 끝, 태초와 종말에 대한 부분이고, 문제는 여러분이 이 세상에 처음으로 태어난 것을 '태초'라고 말하는 종교도 있는데 이런 종교는 절대자의 뜻에 따라 이 세상에 태어난 것이어서 이들은 윤회라는 말을 하지 않습니다.

이 말은 '그 뜻'에 따라 존재하는 '일회용의 인간'이라고 믿기 때문에 그렇습니다. 그렇게 뜻에 따라 살다가, 그 뜻에 따라 죽으면 그 존재 옆으로 간다고 하니 이런 논리 자체는 논할 가치가 없는 것이고 진리와 아무 관련이 없는 단순한 사상에 불과하고, 또 불교도 태초와 종말에 대한 말이 하나도 없는데 이것도 진리를 깨닫지 못했기 때문에 앞에서 말한 십사무기(十四無記)라는 말로 이런 부분을 다 가리고 있음을 알 수 있고, 또 이 부분 여러분 인생과 깊게 관련이 있어서 반드시 정립해야 합니다.

그렇다면 왜 불교는 십사무기라는 말을 했는가의 문제인데 이같이 한 것은 석가는 당연하게 진리를 깨달은 부처가 아님을 방증하는 것이고, 문제는 석가를 부처로 만든 사람 자체가 진리를 깨닫지 못한 사람이어서 그렇습니다. 이것은 현실에서 여러분이 정립하면 되는데 나는 진리이치를 알기 때문에 진리의 마음(기운)인 석가의 '참(眞) 나'라는 것을 보면 석가는 어떤 자인가를 알 수 있고 이런 이치를 알기 때문에 이 법(이치에 맞는 말)이라는 것을 말할 수 있고, 자연의 섭리를 말할 수 있어서 일반인들이 깨달음이라고 하는 것과 내가 말하는 깨달음의 차이가 뭔가를 알 수 있을 것입니다.

따라서 보통 '종말과 태초'라고 말하는 것은 여러분이 반드시 정립해야 하는데 여러분이 과연 이 부분을 이해할 수 있는가의 문제이고, 다른 하나는 무명의 존재가 하는 말이어서 쉽게 긍정하기 어려울 것이나, 그것은 여러분 개개인이 알아서 정립하면 되는데 이 부분을 정립하지 못하면서 내가 여러분 운명에 대한 말을 한들 무슨 의미가 있으며 내 말 마음으로 받아들이겠는가? 그래서 이런 부분을 정립하지 못하면 기존 관념에 찌들어 살다가 죽게 될 것이고, 내가 여러분에게 이치에 맞는 말을 해도 그 말이 무슨 의미가 있는가를 알 수 없으며 여러분은 신비주의의 허상에 빠져 살게 되어 있고, 허구의 말 감성적인 말에 쉽게 현혹될 것이고 내가 말한 종말에 대한 부분 깊게 정독하여 새겨봐야 합니다.

083 윤회(輪廻)라는 말 많이 하는데 이 윤회라는 것이 정말 있나요?

(답) 말도 많고 탈도 많은 말 중의 하나가 윤회(輪廻)라는 말입니다. 한문으로 된 글자의 뜻을 보면 바퀴 윤(輪) 자에다 돌 회(廻)자를 사용하여 말 그대로 바퀴가 빙빙 돌고 돈다는 의미로 윤회라는 말을 일반적으로 하고 있다는 것을 먼저 이해해야 합니다. 이 의미로 보면 무수한 생명체는 그 어떤 것으로든 돌고 도는 윤회라는 것을 한다고 해야 맞는데 여기서 여러분이 반드시 알아야 할 것은 불교는 이런 논리에서의 윤회를 말하는 것이 아니라 '인간의 수명이 다하고 업이 다하면 지옥에서 다시 인간 도로, 천국에서 아귀도로 몸을 바

꾸어서 태어난다.'라고 말하고 있습니다. 이 말은 곧 육도의 세계에서 유한의 생을 번갈아 유지한다는 것이 불교의 윤회관인데 문제는 또 '이 윤회는 철저하게 스스로 지은 대로 받는다는 자업자득에 기초를 두고 있다.'라는 말을 합니다.

이런 말 여러분이 꼭 정립해야 할 부분인데 다시 말하면 여러분은 일반적으로 '죽으면 무엇, 어떠한 생명체로도 태어난다. 이것이 무한 반복되는 것을 윤회라고 생각할 것이나, 문제는 앞에 말했지만, 불교의 논리, 종교의 논리는 인간이 죽어서 극락, 천당을 오고 가는 것만 윤회라고 말하고, 죽으면 우주 어디에 육도(六道)가 있다고 말하는데 그것을 보면 '모든 중생이 선악의 업인(業因)에 의해, 윤회하는 여섯 가지의 세계《지옥·아귀·축생·수라·인간·천상(天上)》이 있다고 설정하고 이것을 다른 말로는 육계(六界)라고 하고 있습니다. 이게 무슨 말이냐면 죽으면 우주 그 어디에 이같이 육도가 있어서 이 여섯 세계에서 윤회한다는 논리가 불교의 윤회 논리입니다. 이것을 보면 내가 말하는 윤회는 이생에서 죽으면 온갖 생명체 중에 하나로 태어나는 현실을 말하고 있어서 불교의 윤회관과 화현의 부처님 법에서의 윤회관은 전혀 다르다는 것을 반드시 정립해야 합니다.

따라서 어떤 종교는 앞서 말한 육도의 세상(극락, 지옥을 왔다 갔다 하는 것)을 윤회라고 하고, 어떤 종교는 우주 어디에 천국과 지옥이 있다는 식으로 말은 조금씩 다르지만, 어찌 되었든 사후세계가 별도로 있고, 그 종교를 믿으면 구원받아서 극락, 천당, 천국에 태어난다는 식의 말을 하는데 이런 논리 자체가 우주 그 어디에도 없어서 이런 말은 모두 진리 이치에 맞지 않음을 명심해야 합니다. 따라서 나는 이생의 인간일지라도 죽으면 강아지, 소, 뱀 등 무수한 생명체 중에 하나로(유정물을 의미함) 돌고 돌아 태어나는 것을 현실에서의 윤회라고 말하고 있어서 종교가 하는 말과 내가 하는 논리가 전혀 다르기 때문에 이 부분 반드시 정립해야 합니다.

다시 정리하면 종교는 죽음 이후 우주 어디에 육도가 있어서 사후세계에서 여섯 가지 세상에 태어난다는 논리가 윤회의 논리이고, 나는 죽으면 우주 그 어디에서 태어나는 것이 아니라 이 자연이 있는 지구 상에 각자의 업에 따라 여섯 가지가 아니라 무수한 생명체 중에(미생물을 포함) 하나로 태어나는 것을 윤회(돌고 돌아 태어나는 것)라고 말하고 있어서 이 부분 새겨보면 그동안 여러분도 윤회라는 말 들어왔을 것이고, 어떤 말이 맞는가를 정립해야 합니다. 그러면서 하는 말이 어떤 집에 강아지가 들어왔는데 주인하고 사이가 좋다고 하면 하는 말이 전생에 인연을 잘 지어서 그렇다고 말을 하는데 이 말은 또 어떻게 생각하는가?

종교가 하는 말은 그 상황에 따라 수시로 변하는 말을 하고 있는데 이 글을 보는 여러분은 이런 부분에 대하여 깊이 생각해보지 않았을 것입니다. 그러면서 막연하게 '죽으면 윤회하는구나!'라고 생각한 것이 일반적일 것인데 이것은 대단한 착각입니다. 여러분은 불교를 안다, 종교를 안다는 말 많이 하는데 내가 말하는 마음공부는 이 부분의 논리를 정립해 가는 과정을 마음공부라고 하고 있어서 이 부분도 깊이 생각해봐야 할 것입니다. 더 말하면 불교는 모든 중생이 선악의 업인(業因)에 의해, 윤회하는 여섯 가지의 세계《지옥·아귀·축생·수라·인간·천상(天上)》, 육계(六界)에 태어난다는 논리입니다. 그런데 이 세계는 현실에 있지 않으며 우주 어디에 있다고 말하는데 대명천지 밝은 날 이런 곳이 어디에 있다고 이런 말들을 하는 것인가?

그러니 각자의 집에는 나를 낳아준 부모가 있음에도 밖에서 '아버지'가 또 있다고 아버지, 아버지 하면서 나를 구원해 달라고 울고불고하는데 참으로 안타까운 일이 아닌가? 그러니 현실에 실체 하지 않는 것을 믿는 그 의식이 과연 정상적이고 올바른 의식인가를 생각해보라는 이야기입니다. 다시 말하지만, 앞에 '모든 중생이 선악의 업인(業因)에 의해, 윤회하는 여섯 가지의 세계'를 불교는 윤회라고 말하는데 이 말 자세하게 보면 모순이 있습니다. 그것은 '모든 중생이 선악의 업인(業因)에 의해'라는 말이 그것인데 여기서 말하는 '선악의 업인'이라는 말을 보면 무엇을 선악이라고 할 것인가의 문제가 남습니다. 여러분은 과연 무엇이 '선이며 악이다.'라고 생각하는지 모르겠지만, 이것은 막연하게 각자의 관념·사상·이념에 따라 선악을 말하는 것이고, 불교의 말도 마찬가지입니다.

하지만 내가 말하는 것은 반드시 이치에 맞으면 선(善)이 되고, 이치에 맞지 않으면 악(惡)이 된다는 논리를 말하고 있어서 '이치에 맞는가 아닌가'를 기준으로 삼아서 선악을 논해야 하는 것입니다. 그런데 불교는 이 부분의 선을 명확하게 정리하지 못하고 막연하게 선, 악을 말하고 있어서 사람들은 인간적인 행위를 한 것으로 선을 말하고, 나쁜 행위라고 생각되는 것을 악이라고 생각하는데 대단한 착각입니다. 사람들은 '이생에 나쁜 짓(악이라고 생각되는 행위)'을 하지 않았는데 나는 왜 이렇게 가난하고, 몸에 병이 오고, 빙의에 시달리고, 정신병, 환청 등 불치의 병을 가지고 있으며, 하는 일마다 되는 일이 없는가 등을 생각하고 신세 한탄을 하는 거 여러분 주변에서 흔히 봤을 것인데 이것은 반드시 '전생'에 지은 행위가 있어서 그렇습니다.

그래서 이런 이치를 알고 고쳐가면 이생에 얼마든지 이치는 바뀌는 논리를 나는 말하고 있는데 불교는 이런 윤회를 알지 못하기 때문에 괴로우면 천도재를 하고, 하는 일이 안되면 '운 맞이라는 것을 하면 된다, 굿을 하면 해결된다.' 등의 말을 하는 것이 전부입니다. 따라서 나는 전생 이치를 알면 이생에서 여러분이 왜 이러한 모습을 갖게 되었고, 왜 지금과 같은 환경에서 살아야 하는가는 매우 쉽게 알 수 있다고 말한 것입니다. 윤회를 말하려면 우주라는 것을 끌어들일 필요가 없습니다. 그 이유는 지금 여러분이 죽으면 지금까지 지었던 업(이치에 맞고, 맞지 않는 것)에 따라 당장 무수한 생명체 중에 하나로 이 지구 상에 태어난다는 논리를 나는 말하고 있어서 이 부분 정립해야 할 것이고, 문제는 지금 내가 말하는 것은 인간이 수 천년을 살아오면서 누구도 말하지 못한 부분을 말하고 있는데 과연 여러분이 이런 부분을 얼마나 이해할까?

우리 인간뿐 아니라 지구 상에 모든 생명체는 반드시 윤회라는 것을 하고, 그 과정에 인간은 인간으로 태어나야 할 업을 지어서 인간의 몸을 가지고 있는데 이런 이치를 모르면 막연하게 '나는 어디서 왔는가?'라고 물으면 '부모가 술 먹고 연애질해서, 성행위를 해서 태어난 것이다.'라는 말을 하는 게 고작입니다. 그래서 여러분이 아는 무수한 보살이라는 것도 여러분의 요구에 맞게 사상적으로 설정되어 존재하는 것이고, 아는바 그대로의 존재(보살, 절대자, 신) 등은 존재하지 않으며 종교 사상 내에서만 있는 것이라고 해야 맞는 말이 됩니다.

그러니 누가 어디를 가서 '이 사람과 살면 잘 살겠는가?'라고 물으면 그들은 사주팔자라는 것으로 그들의 운명을 말하기도 하는데 이 자체가 잘못된 것이 사주팔자라는 것은 인간이 만든 것이어서 그렇습니다. 그러나 나에게 누가 무엇을 물으면 나는 즉석에서 '이렇게 하면 된다, 저렇게 하면 된다.'는 말을 쉽게 하는데 이유는 진리의 기운인 자연이 있는 인간은 반드시 그가 존재해야 할 이유가 있어서 존재하는 것이어서 상대의 마음을 알면(진리 이치) 인간이 만든 그 어떤 것도 필요하지 않고 느낌, 마음으로 쉽게 그 인연을 말할 수 있는 것입니다. 그런데 여러분은 뭔가의 행위, 뭔가 그럴듯하게 보이는 것을 앞에 놓고 거한 문자, 문장을 들먹이며 그들처럼 이상한 행위를 하는 그런 것에, 여러분 마음을 끄달리게끔 말하는 것에만 의미를 두는데 참으로 이런 것에 정신 놓고 사는 인생은 한마디로 갑갑한 인생, 답 없는 인생이라고 해도 무리는 없을 것입니다.

다시 한 번 윤회에 대한 부분만 정리하면 종교는 이 현실에서 윤회한다는 것이 아니라 상상 속의 세상에서 극락, 천당에서 왔다 갔다 하는 것을 윤회라고 하고 있지만, 나는 이 현실에서 죽으면 보이는 이 현실에서 각자의 업에 맞게, 지은 업연에 따라 무수한 생명체 중에 하나로 태어난다는 것을 윤회라고 말하고 있어서 이 부분 꼭 정립해야만 그다음 내가 말하는 모든 논리가 이해될 수 있다는 이야기입니다. 따라서 윤회라는 말은 간단한 두 글자지만 여기서는 큰 틀만 말할 수밖에는 없고, 훗날 이 부분은 더 세밀하게 말할 수 있을 것입니다. 또 내가 말한 글을 오래 본 사람이라면 그동안 내가 했던 말과 지금 한 이 말을 대입해 보면 지금 하는 이 말이 얼마나 중요하고 기초적이며, 원초적인 말인가의 깊이를 알 수 있을 것이고 내가 지금까지 말한 것이 하나도 어긋남이 없다는 것을 알 수 있을 것입니다.

결론적으로 우리가 죽으면 물론 각자가 지은 업에 따라 윤회를 통해 그 업에 맞는 다른 생명체로 태어나는 것은 기본입니다. 하지만 이것을 축소해서 윤회를 대입해 보면 아침에 한 행위가 오후에, 또 오늘 어떻게 했는가에 따라 내일의 삶이 결정되고, 1년을 어떻게 살았는가에 따라 그다음 1년이 결정됩니다. 이 같은 개념으로 보면 지금 여러분의 이 순간이 잠시 후의 결과로 나타나기 때문에 죽어서만 윤회한다는 불교의 논리는 잘못된 것이고, 내가 말하는 것은 이 찰나의 순간에도 윤회의 법칙은 작용하고 있어서 이 말의 의미 정립해야 하고, 따라서 이 순간이 얼마나 중요한가를 알 수 있을 것입니다. 어제의 여러분이 한 행위가 내일 그대로 이어져 나타나는 것도 윤회의 개념이라는 것이어서 꼭 죽어서 사상으로 만들어진 6도(道)의 세계로만 윤회한다는 불교의 논리는 매우 잘못되었고, 진리적으로 맞지 않는 말임을 정립해야 할 것입니다.

084 어떤 걸 하려고 했다가 조금 있으면 마음이 바뀌고 우왕좌왕하는 경우가 많은데 마음 바뀜은 어떻게 생기나요?

(답) 사람의 마음이라는 것은 하루에도 수없이 바뀌고 있고, 그렇게 바뀐 마음 중에 '나는 이렇게 해야지'라고 일어난 그 마음을 선택하여 그것을 행동으로 나타내고 사는 것이 보통 사람의 삶이고, 그렇게 해서 차곡차곡 쌓인 그 마음은 지금 여러분의 삶에 그대로 나타나 있어서 나는 각자의 환경을 보면 자신의 마음이 그대로 펼쳐져 있다는 말을 한 것입니다. 그래서 각자의 환경은 각자가 만든 것이어서 이 환경의 결과로 누구를 탓하고 원망할 것(자업자득 인과응보에 따른 결과로 나타나는 것)이 하나도 없습니다. 그런데 문제는 왜 사람의 마음이라는 것은 수시로 바뀌고 있는가의 문제인데, 분명 마음은 보이지 않지만, 여러분이 인식하기에 '내 마음'이라는 것은 존재하고 있어서 그 마음대로 하지 않으면 괴롭기도 하고, 또 그 마음대로 해서 즐거움이 있다고 하고, 슬프기도 하고, 울고 싶은 마음이 일어나기도 하고 등등 이 마음에 작용은 끝이 없습니다.

그 여러 가지 마음 중에 질문에 대한 부분만을 보면 '어떤 걸 하려고 했다가 조금 있으면 마음이 바뀌고 우왕좌왕하는 경우가 많은데'라고 하여 마음이 흔들리는 것은 앞서 마음에 대한 여러 가지 말을 했지만, 이 경우는 전생에 자신이 지은 업에 따라 생겨난 마음일 수 있고, 빙의의 마음, 현실에서 정신을 차리지 못하고 살아서, 또는 나 자신의 의지, 의식이 약해서 등등 여러 가지 마음 작용이 있을 수 있지만 중요한 것은 전생에 살았던 그 성향이 대부분 작용하기 때문에 그렇습니다. 예를 들어 전생에 내시로 살았던 사람은 이생에 줏대 없는 마음이 일어나게 되는데 여러분이 생각하기에 내시라는 직업은 여러 가지 환경에서 이런저런 말을 듣고 살았을 것이고, 그런 사람들의 비위를 다 맞추는 환경이어서 그 마음이 그대로 이생에 작용하면 마음이 여러 가지로 흔들리게 되어 있습니다.

물론 이 부분은 여러분에게 전생에 대한 것을 이해하도록 하는 말인데 이처럼 대부분 사람이 인지하고, 내 마음이라고 느끼는 그 마음은 반드시 각자의 전생과 깊게 관련이 있습니다. 더 말하면 지금 내가 법을 말하는 것도 전생에 아난이었을 때 했던 말투를 그대로 이생에 하고 있는데, 이같이 볼 때 사람의 말투라는 것도 전생에 어떻게 살았는가와 깊게 관련이 있습니다. 그래서 이생에 법을 말한다는 사람들을 보면 고고한 척, 친밀감이 있는 척하며 말을 가려가며 빙빙 돌려서 말하는 사람도 있는데 내가 보기에는 짜증 나는 목소리인데 그 이유는 이것이 맞으면 맞다, 저것이 맞으면 맞다, 틀리다, 아니다 등 그 문제에 대한 답을 단호하게 결론을 지어 말하는 것이 아니라 이것도 저것도 아닌 말투, 감질나는 말투나 어조로 온갖 감언이설을 섞어서 말하는 것은 결국 여러분이 듣기에 좋아 보일지 모르겠지만 내가 보는 관점은 그렇지 않습니다.

말이라는 것은 단호함이 있어야 하는데, 사람은 각자의 마음에 따라 그 말은 여러 가지를 내포하고 있는데 그것은 바로 각자의 마음을 말로 드러내는 것이어서 그렇습니다. 나는 말이라는 것은 마음을 말이라는 물질로 표현하는 것이고, 눈이라는 것은 그 사람의 마음을 그대로 여러 가지 방법을 통해서 스스로가 그 마음, 각자의 마음을 그려내고 있는 것이고, 행동은 그 사람 마음의 행동(동작)을 표현하는 것이라 말했으니 이 말 생각해보면 인간들이 하는 말, 행동, 눈빛, 숨 쉬는 것 모두에 그 사람의 모든 본성이 다 들어있고, 마음이 뭔가도 들어 있어서 이 마음(진리의 기운)이라는 것을 알면 자연 속에 존재하는 미미한 생명체인 인간의 본질을 알기는 매우 쉽습니다.

그런데 문제는 여러분도 진리의 기운을 감지하고 살기 때문에 여러분도 이것을 다 알 수 있지만, 그러나 '나'라고 하는 아상(我相)이 있으면 이런 기운 절대 알 수 없고, 아상의 관념으로 세상을 보기 때문에 이것은 마치 눈에다 색안경을 끼고 보는 것과 이치는 똑같아서 이 아상이 제일 무서운 것입니다. 그래서 마음공부의 정석은 나라고 하는 아상을 내리는 과정을 수행이라고 하고, 아상이 없어진 만큼 여러분도 진리의 작용, 마음의 작용을 내가 말한 것처럼 알 수 있는데, 이같이 말하면 누구, 어떤 사람은 '나도 사람 볼 줄 안다'고 말할 것이나 그것은 아상이 있는 상태에서 보기 때문에, 결국 나라고 하는 아상의 안경을 끼고 보는 것이어서 진리의 작용, 실체를 그대로 바르게 볼 수 없어서 이 차이가 뭔가를 여러분이 정립해야 합니다.

만약 내가 여러분과 같이 아상이라는 것이 똑같이 있다면 여러분이나 내가 세상을 보는 것은 똑같다 할 것이고, 이 경우 법(이치에 맞는 말, 마음이라는 진리적 기운의 실체)이라는 것 말할 수 없습니다. 따라서 이런 것을 알고 마음의 실체를 말하는 내 마음과 이 작용을 모르고 사는 여러분의 마음은 차이가 있어서 이 부분을 정립해야 할 것입니다.

왜 이런 말을 하느냐면 질문에도 있지만 '마음의 심지'가 어떤 것인가에 따라 질문과 같이 여러 가지 상황으로 각자에게 나타나기 때문에 질문에 대한 답은 한마디로 이렇다고 말할 수 없는 부분이 있습니다. 따라서 진리적인 부분이야 여러분이 모르기 때문에 어쩔 수 없다고 해도 현실적으로 질문과 같이 자신의 현 상태를 알았다면 이것은 진리를 떠나 현실에서 '나는 이런 마음을 가지고 있구나.'라는 것을 인식했으면 '어떤 걸 하려고 했다면' 그것을 메모하든 무엇을 하든 그 마음 먹은 대로 실천을 해버리는 것이 중요합니다.

이같이 하고 나면 결과가 나올 것이고 그 결과를 보고 '이렇게 하니 이런 문제가 있다'는 것을 알 수 있습니다. 이같이 하면 '조금 있으면 마음이 바뀌고 우왕좌왕하는 경우'가 줄어들게 되는데 그것은 이미 실천을 해버려서 그렇습니다. 실천하기 전에는 마음이 바뀐다고 해서 문제 될 것이 없지만, 이미 실천해 버리면 일어난 그 마음은 정리, 종결되어 버리기 때문에 우왕좌왕하지 않는다는 이야기입니다. 그래서 문제는 마음에 일어난 것이 현실에서 맞는가, 맞지 않는가를 여러분이 분별을 정확하게 하고 하면 실패할 확률이 줄어들 것이고, 마음이 일어났다고 해서 앞뒤 가리지 않고 그 마음 따라 행동을 급하게 하면 잘못된 마음이 일어날 수 있습니다.

어찌 되었든 이 부분도 포괄적으로 말하는 것인데 그 이유는 앞서 말했지만, 질문의 경우는 그 마음이 어떤 마음의 기운(빙의)이 작용하는가를 먼저 파악하는 것이 중요하고, 그 결과에 따라 고칠 방법은 달라지게 되어 있습니다. 결국, 여러분은 이런 마음 작용을 모르기 때문에 현실적으로는 앞에 말한 대로 어떤 마음이 일어나더라도 그것이 최선인가를 정립하고, 최선이라고 생각한다면 일단 행동으로 바로 실행해버리고 나서 그 이후 결과를 보고 되돌아보면 그 당시 어떻게 하는 것이 최선이었다는 생각이 다시 일어나게 되는데 이런 과정을 통해 마음에 중심을 잡아갈 수 있고, 우왕좌왕하는 마음을 줄여갈 수 있고, 이것이 아닌 그 어떤 방법으로 그 마음을 다스릴 수는 없습니다.

085 살다 보면 대하기 편한 사람도 있지만 대하기 힘든 사람도 있는데, 대하기 힘든 사람은 어떤 식으로 대해야 하나요?

(답) 사람은 인간관계를 유지하면서 인생을 삽니다. 길을 가다가 보면 개도 보고, 소도 보고 오만가지를 다 보며 살게 되어 있는 것이 인생사입니다. 이같이 볼 때 질문과 같이 '내 입맛에 맞는 사람만 만나고, 그런 사람과 대화한다, 하고 싶다.'라고 생각하면 그것은 여러분의 오만함입니다. 과연 이 세상에 여러분의 입맛대로 맞추어주는 사람이 있을까? 심지어 몸을 섞고 사는 부부의 입장도 내 뜻, 내 마음대로 되지 않는 것이 인생입니다. 그래서 나를 중심으로 맺어지는 인간관계는 진리적으로 나 자신의 업과 깊게 관련이 있어서 만나지는 것이고, 마음이 이치에 맞게 변하면 자신의 주변으로 기운이 바

꿔기 때문에 그 마음이 어떻게 정리되는가에 따라 질문 같은 경우가 심화할 수도 있고, 줄어들 수도 있습니다.

그래서 사업을 하는 사람도 사람으로 인해 망하는 경우도 있고, 사람 덕분에 성공할 수도 있는데 인연의 업이 좋지 않은 사람은 회사를 해도 그 사람으로 인해 손해를 보거나, 회사에 막대한 영향을 끼치며 결국 망하는 사람도 있는 것이고, 반대로 사람 하나 때문에 회사가 번창하는 회사도 있어서 이런 부분은 모두 전생에 나 자신이 어떠한 업을 지었는가에 따라 다 다릅니다. 이것은 비단 회사에서뿐 아니라 여러분의 인생 전반에 걸쳐서 나타나는 것이어서 이런 이치를 알고 이생에 상대와의 좋은 인연(선업을 짓는 행위)을 만들어가는 것이 이치를 바꾸어가는 것이고, 결과적으로 여러분의 운명을 바꾸어가는 것인데, 문제는 이런 부분을 이해하지 못하면서, 의욕과 욕망, 꿈으로 '나도 하면 된다.'라는 이상한 똥고집을 부리는 사람, 객기, 오기를 부리면서 인생을 사는 사람이 상당한데 참으로 안타까운 일이 아닌가?

그렇다면 이런 작용을 신이 와서, 여러분 자기 조상이, 부처, 절대자, 보살 등이 알려줄 수 있을까인데 대단한 착각입니다. 현실을 사는 입장에서 결국 나 자신이 이런 이치를 알고 사회생활에 맞게 대처해 가는 방법 말고는 없습니다. 그래서 인생을 사는 입장에서 자신이 처하는 상황을 보면 '나 자신의 업'이 뭔가를 어느 정도는 이해할 수 있는 것입니다. 이것이 '나를 알아가는 방법'인데 이같이 하지 않고 앞서 말한 대로 무엇을 믿으면 자동으로 나의 길이 편안해지겠다고 생각하는 것은 대단히 모순된 생각입니다.

이 말은 나의 의식으로 그 상황을 어떻게 풀어갈 것인가를 먼저 정립하라는 말인데 사람들은 나는 그대로 두고, 나는 이상이 없다고 생각하고 이상한 사람이 나를 힘들게 한다는 생각을 기본으로 가지고 있는데 잘못된 것이고 '나를 알아야 적을 알 수 있다.'는 것처럼 먼저 나 자신의 본성을 아는 것이 중요하고, 그다음 어떤 상황에서 어떤 사람과의 문제이며, 내가 갑인가, 을인가에 따라 또는 동등한 입장인가, 내가 위에 서열인가, 아니면 그 사람의 아래 서열인가 등등에 따라 응대하는 것이 다 다르기 때문에 그 상황을 파악하고 '그 상황에 맞는 대화'를 하는 것이 최선이 고 어떤 상황에서 어떤 대화를 할 것인가는 스스로가 터득해야 할 부분입니다.

질문을 보면 '살다 보면 대하기 편한 사람도 있지만 대하기 힘든 사람도 있다.'라고 하는 것은 기본적으로 각자의 업과 성향과 관련이 있어서 먼저 나 자신의 본분을 먼저 아는 것이 중요하고 그다음 앞서 말한 대로 '그 상황이 뭔가'를 파악하고, 그다음 그에 맞는 대화나 행동하면 됩니다. 이런 노력도 하지 않으면서 막연하게 '내 입맛에 맞는 사람, 내 입맛에 맞는 환경'이 자동으로 만들어지기를 바라는 것은 대단한 착각입니다. 하긴 시중에 가면 여러분의 입맛에 맞게 다 해결해 준다는 사람, 종교가 수두룩하니 내가 말한 것을 노력하지 않으려면 그런 곳에 찾아가 해결하면 문제는 간단하니 이 부분에 정립은 각자가 하는 수밖에 별도리 없다 할 것입니다.

결론적으로 내 입맛에 맞는 사람은 없으며, 비슷한 성향을 가진 사람들이 끼리끼리 모여 사는 것이 인생인데 그 이유는 제각각 타고난 업이 다르기 때문에 그렇습니다. 그래서 인생을 살 때 어떤 상황에서 어떤 사람을 상대해야 하는가에 따라 부담스럽더라도 대해야 하는 사람도 있고, 편한 사람도 있는데 이것은 앞서 말한 대로 그 상황이 뭔가이며, 어떤 사람인가에 따라 그 상황에 맞게 일 처리를 하는 것이 최선이고, 모든 사람을 내 입맛에 맞는 사람과 상대하고 싶다고 한다면 무인도에 홀로 가서 살면 됩니다.

086 사후세계, 죽음 이후에는 어떻게 되는지 궁금합니다

답 죽음 이후, 사후세계 등에 관한 말 시중에서 무수하게 하고 있는데 일단 그런 말은 모두 이치에 맞지 않는 말이라는 것을 정립하는 것이 중요합니다. 그래서 나는 이 현실이 아닌 '우주'를 끌어들여 그곳에 천당, 지옥이 있고, 육도의 세상이 있으며 절대자 혹은 부처, 보살 등이 있다고 말하는 것은 모두 종교나, 무속신앙 등의 사상적인 논리에 불과하다고 말한 것입니다. 참으로 답답한 부분이 인간은 눈으로 보이는 이 현실을 사는 존재인데 어찌 된 것이 인간이 죽고 나서 우주 어디에서 어떻게 된다는 논리를 말하는데 안타까운 일입니다. 그래서 여러분이 고정관념으로 자리 잡은 그 의식, 생각을 바꾸어가지 않으면 여러분이 인생을 살아간다고 해서 그 이치는 절대로 바뀌지 않을 것이고, 전생에 지은 업이 이생에 다하면 또 무엇으로 어떠한 삶을 살게 될 것인가는 장담할 수 없다는 것 명심해야 합니다.

그렇다면 질문처럼 '죽음 이후, 사후세계'라는 것을 어떻게 알 수 있는가의 문제인데 이 부분에 대하여 불교는 십사무기(十四無記)라고 하여 '붓다가 대답하지 않고 침묵한 열네 가지 무의미한 질문이고 이것을 아는 것은 수행과 깨달음과 관련이 없는 부분이기 때문에 답하지 않는다.'라고 한 말이 있습니다. 그것을 보면 (1) 세계는 영원한가? (2) 세계는 무상한가? (3) 세계는 영원하면서 무상한가? (4) 세계는 영원하지도 무상하지도 않은가? (5) 세계는 유한한가? (6) 세계는 무한한가? (7) 세계는 유한하면서 무한한가? (8) 세계는 유한하지도 무한하지도 않은가? (9) 여래(如來)는 사후(死後)에 존재하는가? (10) 여래는 사후에 존재하지 않는가? (11) 여래는 사후에 존재하면서 존재하지 않는가? (12) 여래는 사후에 존재하지도 존재하지 않지 않는가? (13) 목숨과 신체는 같은가? (14) 목숨과 신체는 다른가? 등이 그것인데 이 부분은 근본에 대한 부분이어서 이 말 새겨보면 결국 '석가는 진리를 깨달은 자가 아니다.'라는 결론에 이르게 됩니다.

이 부분 이해하지 못하면 결국 여러분은 기존 관념의 틀에서 벗어나지 못하고 있어서 질문에 대한 답을 아무리 내가 말해도 이해할 수 없을 것입니다. 따라서 이 말의 의미를 이해하면 내 말이 귀에 들어올 것이고, 이해하지 못하면 여러분의 의식에 문제가 있음을 알아야 합니다. 어찌 되었든 중요한 것은 죽음 이후에 어떻게 되는가의 문제인데 이것은 실제 임사체험 등과 같은 것, 명상이나 그 어떤 사상으로도 알 수 없는 부분인데 그렇다면 '알 수 없는가?'인데 그렇지 않고 여러분도 알 수 있습니다. 문제는 '논리가 이치에 맞는가 아닌가'로 밖에 알 수 없는데 예를 들어 사람이 죽으면 혼령, 넋, 혼백, 영혼 등과 같은 것이 몸에서 빠져나가는 것으로 알 수 있다고 보통 말하지만 '무엇이 빠져나간다.'라고 하는 것은 물질 개념입니다.

여러분은 '마음'이라는 것이 물질이라고 생각하는가? 비 물질이라고 생각하는가를 먼저 정립해야 하는데 몸은 물질, 마음은 비 물질이 두 가지를 확실하게 정립해야 합니다. 몸에서 뭐가 빠져나간다고 말하는 것이 이치에 맞지 않는데 예를 들어 비닐봉지에 인간은 담으면 얼마 지나지 않아 죽게 되는데 이때 봉지 속에 인간이 가두어진 상태이기 때문에 봉지 밖으로 뭐가 나간다고 하는 것은 없습니다. 그래서 나는 진리의 기운은 이 공기 속에 있으며 공기는 온 우주를 뒤져봐도 없어서 자연이 있는 이 지구만 유일하게 생명체가 살고 있다고 말한 것입니다. 따라서 학자들이 우주에 지구와 같은 행성이 몇 개가 있다고 말하는 것은 잘못된 것이라고 말했고 만약 우주에 지구와 같은 행성이 수없이 있다고 한다면 진리는 그 숫자만큼 존재한다는 이야기인데 이게 이치에 맞는가를 생각해 보라는 이야기입니다.

일단 죽으면 그 몸에서 뭐가 빠져나간다고 말하는 것 자체가 이치에 맞지 않는데 어찌 된 것이 사람들은 죽으면 그 몸에서 혼령·넋·혼백·영혼 등이 빠져나가 우주 어디로 간다고 말하는데 이것은 진리를 알지 못해서 그렇습니다. 특히 무속에서는 죽은 조상을 무당집에 불러들여서 항아리에다가 가두어두고 구천을 떠돌지 못하게 한다는 행위를 하면서 죽은 사람을 마치 집 나간 강아지 불러들이듯이 불러

온다고 말하는데 이런 논리는 잘못된 것입니다. 예를 들어 이 글을 보는 여러분이 이 순간 눈을 감으면 세상이 보이지 않고 의식 속에서만 온갖 생각을 합니다. 물론 여기서 의식, 생각이라는 말을 했지만, 이것은 살아 있는 상태에서 눈을 감았기 때문에 이 표현을 하는 것이고, 죽으면 마치 꿈을 꾸는 것과 똑같은 상황이 전개됩니다.

그래서 깊은 잠에 빠지면 누가 내 몸을 건드려도 그 자체를 의식, 생각으로 인지하지 못하는 것과 똑같습니다. 그렇다면 이 같은 죽음을 맞이하면 결국 꿈을 헤매는 것과 같은데 이때 혼령·넋·혼백·영혼이라는 것이 어디로 빠져나가는가를 생각해보면 물질 개념으로 아무것도 빠져나가지 않음을 알 수 있는데, 반대로 꿈을 꾸면 뭐가 빠져나가고 꿈에서 깨어나면 뭐가 들어오고 하는 것은 아니어서 이 부분 깊게 정립해야 합니다. 그래서 비닐봉지 안에다 사람을 가두면 공기(진리의 기운)는 나와 단절이 되어서 몸이라는 물질은 작용을 멈추는데 이 말은 결국 내 몸이라는 것은 진리의 기운인 마음 작용에 의해서 움직이고 있음을 알 수 있습니다.(계속)

086-1 사후세계, 죽음 이후에 어떻게 되는지 궁금합니다

(답) 그래서 여러분이 움직이고, 갖가지 몸의 형태를 가지고 사는 것은 여러분의 마음이 공기 속에서 작용하고 있어서 똑같은 마음(비물질), 똑같은 몸(물질)이라는 것이 지구 상에 없다고 말했고, 이 부분은 무정물인 자연을 보면 그 모습이 똑같은 것이 하나도 없음을 알

수 있는데 이러한 현상을 보고 '자연(自然)'이라고 하는 것입니다. 다시 말하면 우리가 사는 이 자연 속에는 똑같은 것이 하나도 없다고 정립해야 하고, 인간이라는 종자는 동일하지만, 그 모습(물질)과 마음(비 물질)이라는 것이 다 틀리기 때문에 여러분이 흔히 하는 말로 '너와 나는 한마음이다.'라고 하는 말은 목적을 이루기 위해서 이런 말로 자신의 마음을 포장하는 말이라고 나는 했으니 이 부분 심각하게 정립해 보면 아상의 마음이 없는 동물과 달리 이 마음을 인식하고 사는 사람들이 얼마나 위선자이고, 가식적인 마음으로 살아가는 가는 쉽게 알 수 있는 것입니다. 그래서 나는 세상에서 제일 더럽고 지저분한 것이 아상의 마음을 가지고 사는 인간이라는 말을 한 것입니다.

죽으면 나를 포장하고 살았던 아상(我相)의 마음은 없어지고(거두어지고) 나의 근본이 되는 '참(眞) 나'만 남는데, 여기서 남는다고 말한 것은 공기와 단절이 될 뿐임을 의미합니다. 봉지 속으로 들어가면 비닐이 나와 공기를 단절(영향을 주지 않는다는 의미)시키면 그것과 죽음은 똑같습니다. 다시 말하지만, 현실적으로(물질의 개념) 이 공기라는 것이 없으면 기본적으로 이 세상에 모든 생명체는 다 죽게 되는 것입니다. 반대로 이 의미는 진리적으로 지구 상에서 진리의 기운이 변하면 그에 따라 모든 생명체는 그 기운에 따라 반응하게 됩니다. 그래서 자연의 기운을 알면 지구 상에 존재하는 모든 생명체의 미래나 흐름은 쉽게 알 수 있고, 이것을 축소해서 보면 그 기운 속에 사는 여러분의 본질을 아는 것은 쉽게 미래에 대한 것도 쉽게 알 수 있고, 이런 것을 아는 것을 화현의 부처님은 '전무후무한 일'이라고 말한 것입니다.

따라서 나는 그동안 지구 상에 살다가 무수하게 많은 사람이 죽었지만, 마음은 물질이 아니기 때문에 종이컵 하나에 그 모든 마음을 다 담을 수 있다고 표현한 것이고, 이 지구 상에 마음은 가득 차있다(진리의 기운, 공기)고도 말했으니 이 의미를 정립해야 합니다. 그래서 죽은 사람의 혼령, 넋, 혼백, 영혼 등이 우주 어디로 간다, 누가 있어 그 옆으로 가고를 말하는 모든 논리는 그 자체로 이치에 맞지 않는 말임을 명심해야 합니다. 발아래 있는 개미를 밟아 죽이면 그 개미의 몸에서 뭐가 빠져서 나가는 것 봤는가? 아니면 카메라 등으로 이것을 찍을 수 있는가인데 공기 자체는 물질 개념으로 인간의 눈으로 확인할 수 없습니다.

사람이 죽으면 진리의 기운이 그 사람에게 영향을 주지 않으면 단절이 되면, 결국 사람의 몸은 물질 이치에서 식어가는 것이고, 그 사람에게 영향을 주었던 '참(眞) 나'라고 하는 진리의 기운은 그 자체로 이 자연 속에 존재하는 것입니다. 그래서 죽은 사람에게 영향을 주었던 마음이 산 사람에게 영향을 주면 이 자체가 '빙의 작용'이 되는 것입니다. 이같이 보면 인생을 사는 입장에서 무수하게 죽은 사람들의 마음이 여러분 마음에 작용할 수 있는데 이것을 업연(業緣)이라고 하는 것임을 쉽게 알 수 있어서 결국 '마음(진리의 기운)'이라는 것을 알면 여러분의 마음이 무엇이고 어떻게 작용하는가는 쉽게 알 수 있는데 이런 이치를 모르기 때문에 그동안 사람들은 '뭔가가 작용하고 있다.'라는 생각을 하게 되고, 그것은 이 마음이 아닌 것(이것을 귀신이라고 말함)을 모르고 있어서 나와 관련이 없는 것이 나에게 영향을 주고 있다는 사상으로 발전하게 된 것입니다.

여러분이 누구에게 마음이 끌린다고 말하는데 이 경우 여러분은 그 사람과의 마음에 뭔가의 인연이 있어서 여러분은 '끌림'으로 인지하는 것입니다. 따라서 이 순간까지 삶을 살아온 입장에서 마음이 어떻게 끌렸는가에 따라 여러분은 그 마음대로 인생을 살아가고 있는 것입니다. 그래서 문제는 이생에 어떠한 마음으로 살았는가에 따라 죽을 때 그 마음이 자연의 기운 속에 남고, 몸은 물질 이치에서 사라지는데 그 이유는 몸을 움직이는 것은 마음(기운)이 근본이기 때문에 그렇습니다. 그래서 자식을 낳고 싶다, 누가 마음에 든다고 하는 것도 마음이라는 기운의 작용이기 때문에 마음을 알면 왜 그런 마음이 일어나는가의 근본을 알게 되는데 이것은 비단 자식에게만 해당되는 것이 아니라 몸에 병이 생기고, 정신질환이 생기는 것에 본질을 알 수 있고, 또 태어나면서 장애를 가지고 태어나는 것도 쉽게 알 수 있습니다.

한마디로 인간에게 나타나는 모든 현상은 진리의 기운 작용인 마음이 바탕이 되기 때문에 그렇습니다. 왜 이런 말을 하느냐면 여러분이 내 마음이라고 하는 그 '마음 작용'을 이해하지 못하면 질문과 같이 사후세계(죽음 이후)를 이해할 수 없어서 이 부분을 반드시 정립해야 합니다. 이 세상에 존재하는 모든 생명체는 자연의 기운을 받고 살아있어서 자연이 없는 우주에는 지구와 같은 생명체가 없는 것입니다. 따라서 우주 어디에, 혹은 천상계 어디에 무엇이 있다는 논리는 모두 진리 이치에 맞지 않음을 명심해야 합니다. 앞서 말했지만, 이 글을 보는 여러분이 당장 죽으면 살아 있을 때의 의식은 몸이라는 것이 없어서 사라지지만, 무의식의 마음인 '참(眞) 나'는 그대로 이 자연 속에 존재하기 때문에 이 기운이 살아 있는 인간의 마음에 작용하면 그 사람은 마음 바뀜이라는 것이 뭔가를 모르고 자신의 마음에서 일어났으니 '내 마음'이라는 것만 인지합니다.

그래서 죽은 사람에게 종교의식을 해서 '좋은 곳'으로 갔다고 믿는 것은 인간적인 감성일 뿐이고 실제는 어디로 오고 가는 것은 없고, 이 부분은 실제 여러분에게 영향을 주고 있는 경우도 허다합니다. 그러니 자업자득 인과응보의 이치에 따라 지금의 여러분이 존재하는 것이기 때문에 여러분의 마음이 뭔가를 알면 '여러분이 왜 현실에서 존재하는가'에 대한 부분은 뿌리째 알 수 있는 것입니다. 이런 부분도 세상에서 내가 처음으로 하는 말이기 때문에 여러분이 생소하겠지만, 이 부분을 이해하지 못하면 여러분에 대한 문제는 그 어떤 방법으로도 알 수 없으니 이 판단은 여러분이 하면 됩니다.

086-2 사후세계, 죽음 이후에 어떻게 되는지 궁금합니다

(답) 오랜 인간의 역사 속에 종교적 의식을 하면 그들의 말대로 '좋은 곳으로 간다'고 믿고 살아왔고, 지금도 믿고 있겠지만, 그들이 말하는 좋은 곳이라는 것은 그 사상에서만 존재하는 것이고, 실제 많은 돈을 들여가며 '좋은 곳으로 보낸' 그 행위는 쓸데없고, 아무 영양

가 없는 것이기 때문에 인간적으로 생각하는 감성과 진리적인 부분은 전혀 다르다는 점 반드시 명심해야 합니다. 실제 누가 죽어서 종교의식을 한 사람이 나에게 와서 '죽은 그 사람은 종교의식을 거하게 했으니 좋은 곳에 있다'는 말을 하는데 사실은 죽은 그 사람은 가족 중에 빙의로 작용하고 있음을 쉽게 알 수 있는데 그 사람은 종교가 하는 말을 그대로 믿고 있는데 참으로 안타까운 일입니다.

그래서 죽은 그 사람이 가족에게 빙의(마음으로)로 작용하고 있으니 그 집안에 끊임없이 작고 소소한 일이 생기고, 되는 일이 없고, 마음이 편하지 않으며, 사업도 잘되지 않는 등의 현상이 일어나는데 이것도 모르고 뭐가 안되니 그 이유가 뭔가만을 물어보는데 이런 상황이 보통 사람들의 의식이니 참으로 안타까운 일입니다. 따라서 일반인들이 궁금해하는 부분이 '동물도 사후세계에 갈 수 있는가?'인데 문제는 동물도 사후세계에 갈 수 있는지는 종교마다 입장이 다르다는 것입니다. 불교의 경우는 모든 생명체에게 영혼이 있다고 보면 죽을 경우 사후세계가 아닌 인간이든 동물이든 죽으면 환생한다고 믿고 있고, 인간이 동물로 환생할 수도, 동물이 인간으로 환생할 수도 있다고 믿습니다.

또한, 동물이 된 영혼을 불교에서는 축생계라고 하고, 여기서 축생계란 지옥에 비하면 가벼운 형벌을 의미해서 인간보다 못한 동물로서 살아가는 것이라고 말하기도 하는데 참으로 안타까운 것은 이런 말은 죽고 난 이후 천상계 어디에서 육도를 돌고 도는 것(윤회)을 의미하기 때문입니다. 다시 말하면 강아지가 죽으면 그 영혼은 우주 어디에 있다는 육도 세계에서 중생이 업의 원인에 따라 필연적으로 윤회하는 여섯 세계를 말하고 있는데 그것을 보면 지옥(地獄)·아귀(餓鬼)·축생(畜生)·아수라(阿修羅)·인도(人道)·천도(天道)를 육도라고 말하고 있습니다. 이 말은 죽어서 어디로 태어나는가를 현실이 아닌 전혀 다른 세상에서 돌고 도는 것을 윤회라고 말하고 있는데 이런 세상은 이 현실 말고는 없기 때문에 이 부분 구분해서 잘 정립해야 할 것입니다.

나는 강아지뿐 아니라 모든 생명체는 이 현실에서 앞서 말한 업연에 따라 여러분이 보는 이 자연계 안에서 어떤 생명체로도 태어날 수 있고, 이것을 윤회라고 말하는데 불교는 죽어서 존재하는 그 세상을 여섯 가지로 구획을 정하고 그것에서 돌고 도는 것을 윤회라고 말하는데 잘못된 것입니다. 또 하나는 대부분의 아비달마(阿毘達磨) 불교에서는 윤회의 세계로서 천상도·인도·축생도·아귀도·지옥도의 5도를 말했는데 어찌 된 것이 대승불교에서 인도(人道) 다음에 아수라도를 넣어 육도를 말하는 것이 일반적인데 이같이 각자의 입장에 따라 오도(五道)를 말하다가 시간이 흐르니 다시 도(道)를 하나 더 만들어 육도(六道)를 만들어 버립니다. 그리고 육도는 수직으로 배치되어 있으며, 제일 아래쪽에 지옥이 있고, 위쪽에는 무한히 높은 천계(天界)가 있다고 말하는데 과연 이런 세상이 어 현실 속 어디에 있다는 것인지 모르겠지만 안타까운 일입니다.

그래서 나는 '인간이라고 해도 다 같은 인간은 아니다.'라는 말을 했는데 이것은 수많은 사람이 모여 있는 것을 보면 그 속에 천상도·

인도·축생도·아귀도·지옥도·아수라도가 있음을 알게 되는데 이것을 여러분이 알 수 있다면 지금 내가 말하는 것을 이해할 수 있고, 다 같은 사람이라고 보인다면 여러분의 의식은 흐려 있다는 이야기입니다. 그래서 인간 중에 흔히 '개만도 못한 사람, 짐승만도 못한 사람'이라고 보통 말하는 것도 모양은 다 같은 인간이지만 그중에 어떤 사람이 하는 행동이 인간으로서 할 수 없는 행동을 했다면 이것을 '짐승만도 못한 인간'이라고 말하는 것이 아닌가? 그래서 나는 이 현실에 육도의 이치가 다 들어 있다고 말한 것이고, 종교는 이 현실이 아닌 죽음 이후의 딴 세상의 논리를 말하고 있는데 딴 세상이라는 것은 없습니다.

따라서 다른 종교가 하는 말에는 동물이 천국에 간다는 이야기가 없고, 그들의 내용에 따르면 하나님은 오로지 인간에게만 영을 주었기 때문에 동물은 영의 세계에 갈 수 없다는 입장을 말하고 있습니다. 이 부분은 진리와 아주 관련이 없어서 더 이상의 말을 해봐야 그들의 사상적이 말이기 때문에 의미 없고, 이 때문에 여기서 다른 종교의 긴말은 필요하지 않습니다. 다만 불교가 하는 말은 화현의 부처님 법과 깊게 관련이 있는 부분이지만 다른 종교는 불교 이후에 만들어진 하나의 다른 사상이어서 논할 필요는 없다는 이야기입니다. 어찌 되었든 이같이 볼 때 여러분이 불교의 말과 내가 말하는 것을 비교해 보면 어떤 논리가 현실적으로 맞는가는 정립할 수 있어야 하는데, 문제는 각자의 의식에 따라 이해하는 것이 다 다르다는 것이 문제입니다.

또 어떤 종교는 동물들이 사후의 천국에 갈 가능성을 별로 열어두지 않고 있는데 이것은 신의 형상을 본떠 창조된 인간은 다른 피조물보다 우위에 있다는 것이 교리의 기조이기 때문에 그렇습니다. 그래서 나는 종교라고 해도 다 같은 종교가 아니라고 말한 것이고, 이 부분은 사후세계를 진리적으로 거론해야 할 필요는 없는데 그 이유는 진리 이치에 한참 벗어난 논리를 말하고 있어서 논할 가치가 없습니다. (계속)

086-3 사후세계, 죽음 이후에 어떻게 되는지 궁금합니다

(답) 사후세계라는 것이 이 현실에 있음에도 요즘 사람들의 의식은 우주 어디에 무엇이 있다는 논리를 말하는데 이 현상을 종교와 상관없는 영역에서 보자면, 현대에는 반려동물을 키우는 사람들이 늘어나면서 자신보다 먼저 죽은 동물이 사후세계에서 행복하게 지내기를 바라는 사람들이 많아졌는데 이 때문에 죽은 동물들이 가는 별이 있다거나 천국 문 앞에서 인간을 기다려주고 있다는 말을 인터넷 등지에서 찾아볼 수 있는데 이것은 '빙의'들이 심각하게 사회를 장악하고 있음을 나타내는 것이고, 그만큼 빙의에 영향을 받는 사람들이 많다는 것을 방증하는 것이기도 합니다. 그 이유는 빙의는 어떻게 하든 인간의 의식을 비정상으로 만들고자 하므로 그렇습니다.

이 말은 빙의는 절대로 인간을 잘되게 해주는 존재가 아니기 때문에 이 사회가 갈수록 험악해지는 이유는 바로 빙의들이 세상을 장악했기 때문에 나타나는 현상이고, 이런 부분은 이 사회의 정치, 사회적으로 돌아가는 것을 보면 매우 쉽게 알 수 있습니다. 정상이 아닌 사람이 정상이라고 생각하고 사는 이 사회를 여러분은 어떻게 생각하는가? 직설적으로 말하면 사람들이 보통 사람들과 뭔가 다르게 행동하고 그것이 눈에 뜨이면 '특종, 별난 사람, 이상한 사람, 정신이 나간 사람' 등으로 말을 하는데 이것은 '뭔가가 다른 행동, 행위'가 눈으로 보이기 때문에 그렇고, 내가 말하는 논리는 큰 틀에서 일단, 업이 있어 존재하는 생명체는 그 업에 따라 나타나는 방식이 다 다르기 때문에 유독 눈에 띄지 않지만, 장애의 정도 차이는 사람마다 다 있다고 해도 무리는 없고, 만약 100% 장애가 없다면, 업이 없다면 이생에 생명체로 절대 태어나지 않습니다.

다만, 그 장애로 나타나는 것이 0.1인가 10%인가 50%인가 등의 차이만 다 다르다고 정리해야 맞는 말이 되고, 또 그 장애가 몸에 병, 마음의 병, 정신병 등 어떤 것으로 나타나는가는 지구 상에 80억 인간이 다 다릅니다. 그래서 인간은 위대하다고 온전하다고 말하는 세상의 논리는 매우 잘못된 말이고 감성적인 말에 불과하다고 해야 맞는 말이 됩니다. 이 부분을 여러분이 부정하고 나는 '지극히 정상이다.'라고 생각한다면 지금 내가 말하는 글 봐야 할 이유가 없는데 그 이유는 정상이라고 하는 사람은 정상이기 때문에 각자의 삶 자체에 어떤 문제도 흠결도 없어야 하는데 겨자씨만큼 하자, 흠결이 있다고 한다면 흰 콩에 검정콩 하나 섞인 것과 같이 100%의 흰콩은 아니기 때문에 그렇습니다.

그래서 문제가 되는 것은 인생을 살다가 죽은 사람도 그 마음 자체가 흠결이 있게 죽어서 빙의 기운으로 여러분 마음에 작용하면 당연히 그 업만큼의 문제를 일으킬 수 있고, 다만 그 작용이 어떻게 나타나는가는 사람마다 업이 달라서 다 다른 것입니다. 왜 이런 말들이 필요한가 하면 사후세계라는 것은 우리가 사는 이 자연계 그 자체가 사후세계의 세상이기 때문에 이 현실을 떠나 별도로 존재하는 그 어떤 것도 믿지 말고, 찾지 말라는 이야기입니다. 그래서 동물이나, 짐승들이 사는 집단에도 사후세계가 그대로 펼쳐져 있는 것이고, 비둘기 집단의 무리 속에서도 사후세계의 이치, 인간 세상에도 다 같은 사람이 아니기 때문에 이 현실 그 자체가 사후세계가 되는 것입니다.

이 부분은 현실을 여러분이 가만히 들여다보면 온갖 사람들이 행동하는 것 일체를 보면 아비규환, 약육강식의 상황이 따로 없다는 것을 알 수 있을 것이고, 이 현실 자체에 내가 말하는 육도의 세상의 이치가 다 들어 있다는 것이어서 내가 하는 말과 종교가 하는 말을 비교해 보면 어떤 논리가 맞는가를 알 수 있을 것입니다. 그래서 사전에 보면 인간(人間)에 대하여 '(1) 생각하고 언어를 사용하며, 도구를 만들어 쓰고 사회를 이루어 사는 동물. (2) 사람이 사는 세상. (3) 일정한 자격이나 품격 등을 갖춘 이'라고 정의되어 있는데 (3)번을 보면 뭔가 이상한 말이 있는데 그것은 '일정한 자격이나 품격 등을 갖춘 이'라는 말을 보면 무엇을 기준으로 일정한 자격을 판단할 것이며, 무엇을 기준으로 품격을 따질 것인가의 기준이 명확한 게 없는데 여러분은 이 기준을 뭐라고 생각할 것인가의 문제가 남습니다.

그래서 직설적으로 여러분이 다른 사람에게 “너는 일정한 자격이나 품격 등을 갖추지 못한 사람이다.”라고 하면 그 자리에서 큰 문제가 생기고 아귀다툼이 일어날 것입니다. 따라서 현실에서 누가 어떤 것을 보고 “잘못했다.”라고 하면 인권이 어떻고 ‘네가 뭔데 참견이냐?’라는 말이 나오는데 이것은 이 현실을 보면 쉽게 알 수 있습니다. 아이가, 어린이가, 혹은 성인 등 타인에게 훈계 한마디 잘못하면 인권침해, 모독죄, 성추행 등 여러 가지 명분으로 구치소에 가는 세상이 현실입니다. 그래서 과거에는 서당의 훈장, 선비라는 사람이 그나마 사람들에게 훈계할 수 있었지만, 요즘에는 그렇게 하면 안 되는 세상이 되어버렸는데 이것은 결국 이 세상에 ‘이치에 맞는 말을 하는 자’가 없어서 그렇고, 또 하나는 빙의들 자체가 자신들에게 뭐라고 하는 소리를 듣기 싫어서 그들이 ‘인권’이라는 것을 법으로 만든 것입니다. 빙의 자신이 세상에 자신들의 존재를 드러내야 하므로 이 세상에 인간 평등법 등과 같이 갖가지 법이라는 것으로 사전 정지 작업을 해왔음을 의미합니다.

그래서 요즘에 자신이 낳은 자식에게도 부모의 입장에서 손가락 하나 대면 ‘아동 학대죄’가 되는 법이 만들어진 것이라고 이해하면 됩니다. 이같이 볼 때 과거와 현실을 보면 인간의 마음이라는 것이 극단적으로 변했음을 알 수 있는데 이것은 그만큼 이 세상에서 ‘인간미, 인간성, 인간다움의 마음’이라는 것이 사라졌음을 의미하는데 이 부분 여러분은 어떻게 생각하는가? 이 세상에는 모두 인간은 동등하다는 논리가 만연하고, ‘너는 그 마음이 잘못되었고, 그렇게 행동하면 안 된다’라는 말을 하면 당장 그것은 나 자신에게 피해로 다가오기 때문에 나는 여러분에게 세상이 어떻게 돌아가든지 남에게 입을 봉하고, 살아야 하고, '내가 할 일, 역할만 하고 살다가 죽으면 된다.' 라는 말을 한 것입니다.

잘못된 것을 보고, 윤리·도덕·양심에 반하는 것을 보고, 이치에 벗어난 것을 보고도 '그것이 잘못되었다.'라고 말할 수 있는 사람이 이 세상에 없다는 것은 빙의들이 자신을 건드리지 말라는 엄청난 의도가 내면에 깔린 것이 진리적으로 있다는 것입니다. 사실 이런 흐름은 반드시 진리적인 기운(마음 작용)을 알아야만 말할 수 있고, 빙의 작용이 어떻게 이 사회에 혹은 개인적으로 작용하는가를 알 수 있어서 여러분이 이 부분을 이해하기는 어려울 것입니다. (계속)

086-4 사후세계, 죽음 이후에 어떻게 되는지 궁금합니다

(답) 마음 작용이라는 것은 이렇습니다. 한국에 있는 남자가 미국에 있는 여자가 보고 싶다고 마음을 일으키면 미국에 있는 여자의 마음도 그때 맞추어 한국에 있는 남자의 마음에 작용하게 되지만 이것은 눈으로 보이지 않는 작용이기 때문에 남자가 여자에게 '지금 내가 너를 보고 싶은 마음이 일어났다'고 말하면 여자는 '나도 그랬다.' 라고 하면 되지만, 여자는 '아 그랬구나.'라고 단순하게 넘어가 버리는 것이 보통입니다. 그래서 나는 '지금 일어나는 마음 그대로를 표현하는 것이 중요하다'라는 말을 한 것인데 일반적으로 여러분이 '이심전심(以心傳心)'이라는 표현하는데 이것은 각자의 입장이 뭔가에

따라, 그 상대와의 목적이 뭔가에 따라 상대의 비위를 맞추기 위해서 과장된 표현을 하는 것이고 서로에게 원하는 목적이 있는 상태에서 마음 통합의 의미로 이심전심이라는 것은 진리와는 아무런 관련이 없습니다.

따라서 이런 부분에 대하여 긴말 해야지만 여기서는 대략적인 마음 작용만 말할 수밖에 없고, 이 개념으로 보면 죽은 사람도 산 사람의 마음에 작용하면 얼마든지 자신의 마음을 표현할 수 있습니다. 예를 들어 나를 낳아준 아버지가 죽었다면 이 아버지가 자기 부인이었던 엄마나, 혹은 아들, 아니면 집안 가족 중에 누구에게라도 빙의로 작용하면 죽었지만, 그 사람과 이생에서 그 딸과 죽은 아버지와의 대화가 이루어집니다. 실제 이런 부분은 현실에서 비일비재한데 정작 당사자 입장에서 자신과 엄마의 대화로만 생각하는데 이게 그렇지 않습니다.

그래서 죽어서 딴 세상으로 잘 갔다는 식의 말은 감성적인 부분이고, 실제 앞서 말했지만, 진리의 기운이 있는 이 지구 상에 기운으로 다 공존하고 있어서 마음 작용을 알면 여러분 대대로 조상의 마음이, 혹은 지구 상에 그 어떠한 생명체가 지금 어디에 있는가는 매우 쉽게 알 수 있고, 이런 부분을 아는 것을 화현의 부처님은 '전무후무한 일'이라고 말한 것이어서 이 부분 여러분이 쉽게 이해하지 못할 수도 있습니다. 그 이유는 세상에서 누구도 그동안 밝혀서 말한 사람이 없어서 그렇습니다.

그래서 나는 어떤 사람이 어떤 상황에서 무슨 말을 하면 그 말이 그 사람의 마음으로 하는 말과 행동인지, 아니면 죽은 사람의 마음(빙의)인지, 혹은 죽어 있는 타인이 그 사람에게 작용하고 말하는 것인지를 쉽게 알 수 있는데 이런 이치를 모르고 막연하게 '나는 빙의에 걸렸나 봐'라고 생각하는 것은 뭔가의 특별한 것이 발생하였을 때 이런 말하지만, 이것은 누구라도 쉽게 구분할 수 있지만 이런 현상이 아니라도 일상을 사는 일반적인 삶에서도 빙의의 마음은 얼마든지 일어나고 있다는 것이 문제입니다. 그래서 나는 어릴 때(업이 성숙하지 않을 때) 이 같은 진리의 작용, 마음의 작용을 이해하게 하는 것이 중요하고 그 아이의 의식이 바르게 될수록 성인이 되어서 빙의의 기운(자연 속에 살기 때문에 항상 여러분 마음이 노출되어 있지만)의 영향에서 벗어날 수 있다고 말한 것입니다.

죽은 사람의 몸은 현실에서 보이지 않지만, 이 마음이라는 것은 여여자연하게 이 공기 속에(자연 속에)서 존재하기 때문에 마음만을 놓고 보면 삶과 죽음이라는 것은 진리적으로 없다고 나는 말한 것입니다. 예를 들어보면 어떤 부부가 남편과 함께 사업하다가 남편이 먼저 죽었습니다. 그리고 그 여자는 종교적으로 좋다는 의식을 거금을 들여서 했고, 이후 이 여자는 그렇게 했기 때문에 '좋은 곳으로 갔을 것이다.'라는 생각으로 사업하지만 사실 죽은 남편은 좋은 곳으로 간 것이 아니라 그 자식들의 마음을 오고 가며 실제는 그 가정의 가족에게 마음 작용을 하고 있는데 정작 여자의 입장에서는 종교가 하라고 한대로 했으니 '좋은 곳으로 갔다'고만 생각하는데 참으로 안타까운 일이고, 문제는 죽은 남편과 나와 선율이는 진리적(그 사람의 참

(眞) 나 마음)으로 대화를 하고 있는데 정작 본인은 이 부분을 깊이 생각하지 못하고 살고 있는데 현실적으로 보면 안타까운 일이 아닌가?

결국, 죽은 남편은 윤회에 들지 못하고 그 집 가족의 마음에 머물면서 자신의 그 마음으로 가족에게 영향을 주고 있어서 좋은 곳으로 갔다고 하는 말만 믿고, 때만 되면 기일만 되면 잘 있으라고 쓸모없는 행위를 반복적으로 다하고 있는데 이런 부분은 비단 이 사람에게만 해당하는 것이 아니라 지구 상에 존재하는 대부분 사람은 모두 이같이 무엇이 어디에 있다는 그 관념을 버리지 못하고 살아가는 것이 현실입니다. 그래서 여러분은 사람이 죽으면 당연한 것으로 종교의식을 하는데 결론은 이 같은 종교 행위는 살아서나 죽어서도 그 당사자에게 아무 영향을 주지 않으며 진리적으로 그 사람이 살아 있을 때 했던 행위의 결과 마음이 어떻게 만들어졌는가에 따라 이생에 그 업연에 맞는 생명체로 태어나는 것이어서 이 글을 보는 여러분이 이것을 정립하지 못하면 그 당사자는 물론이고, 여러분에게 어떠한 도움도 되지 않습니다.

현실에서 함께 살아왔던 인간적인 정, 감정이 있겠지만, 이것은 살아 있을 때만 해당하는 것이고, 일단 죽으면 이생에서처럼 인간적인 그 감정은 아무 소용이 없다는 점 명심해야 합니다. 그래서 나는 종교는 이같이 인간의 감정을 이용해 사후세계, 천상세계, 도솔천, 극락, 지옥, 천당 등과 같은 세상을 만들어 놓고 이생에서처럼 똑같은 행위를 죽은 사람에게 하고 있는데 이것은 매우 잘못된 의식입니다. 그중 하나가 '노잣돈'인데 종교는 '죽은 사람이 저승길' 편히 가라고 하면서 돈을 주는데 이 같은 행위를 하면 여러분은 말 그대로 '저승길'이라는 것을 편히 갈 것이라는 인간적인 감성을 갖게 될 것이나 이것은 대단한 착각입니다.

086-5 사후세계, 죽음 이후에 어떻게 되는지 궁금합니다

(답) 사실 이와 같거나 이와 비슷한 행위를 모든 사람이 대부분 다 하고 있는데 문제는 죽으면 모든 물질은 다 필요하지 않으며 오직 그 사람의 마음 작용만 남고 그 마음은 진리의 기운이 있는 이 자연계 속에 공기와 같이 남아서 그와 지었던 업연(業緣)이 있는 사람에게 작용하는 것이 바로 빙의(憑依) 현상이라고 하는 것이어서 좋은 곳으로 갔다고 생각하는 것은 치우친 감성이고 진리적으로는 쓸데없는 행위임을 명심해야 할 것입니다. 또 하나는 죽은 사람이 살아 있는 사람의 꿈에 나타나 온갖 상황을 꿈꾸게 하는 데 문제는 이같이 꾸는 꿈에 무수한 의미를 두고 심지어 '해몽'으로 그 꿈의 의미를 제각각 여러 가지로 해석하기도 하는데 이치에 맞지 않습니다.

진리의 기운 작용으로 사람들이 꿈을 꾸는데 이 기운을 해석한다면 그 사람은 진리를 깨달은 사람이 되는데 이거 여러분은 어떻게 생각하는가? 거두절미하고 죽은 사람이 꿈에 나타나는 것은 어떤 꿈이 되었든 '좋지 않다.'고 해야 맞는 말이 되는데 그 이유는 인간이 인생을 살면서 어떤 꿈이라도 가급적 꾸지 않는 것이 좋고 반대로 어떤 꿈이든 꿈을 많이 꾸는 자체는 '자신의 마음이 정돈되지 않아서, 혹은 마음에 뭔가의 장해를 받기 때문에' 그렇습니다. 그런데도 사람들은 그 꿈을 가지고 왈가왈부하는데 이것은 여러분에게 절대 도움되지 않는다는 점 명심해야 합니다. 따라서 '꿈은 꿈일 뿐이다.'라고 마음에 흔적을 남기지 않고 잊어버리는 것이 좋으나, 마음을 가진 인간이라는 것은 그렇지 않습니다.

그 어떤 것에 의미가 있다고 끄달리고 살면 그런 마음에 빙의는 얼마든지 쉽게 작용할 수 있음을 명심해야 하고 노잣돈을 주는 행위, 죽은 사람을 위해 어떠한 행위를 했다면 여러분은 진리적으로 쓸데없는 짓, 영양가 없는 행위를 했을 뿐이고, 그런 행위를 하는 그 자체는 여러분에게 업이 될 수 있음을 명심해야 합니다. 진리의 기운 속에 사는 인간의 입장에서 현실에서 상상할 수 없는 현상들이 꿈에 나타나는 것은 여러분이 눈으로 진리 작용의 실체를 볼 수 없고, 오직 마음으로만 느낄 수 있는데, 이같이 보면 여러분이 마음이라고 인식하는 그 마음은 보이지 않지만, 온갖 것을 다 그려낼 수 있고, 그것은 현실을 보면 쉽게 알 수 있는데, 이 세상은 다양한 인간의 마음이 그대로 펼쳐져 있음을 알 수 있습니다.

그래서 이승과(보이는 것, 물질) 저승이라는 것은 둘이 아니고 하나가 되는 것이며, 여러분이 숨 안 쉬면 저승이고, 숨을 쉬면 이승이기 때문에 결국, 내 몸이 있다는 것은 이승이 되는 것이고, 내 몸이 없으면 저승이 되는 것입니다. 그러니 죽으면 혼, 넋, 영혼 등이 내 몸에서 빠져나간다는 식의 말을 하는 것은 모두 진리 이치를 알지 못하고 하는 소리여서 이런 말은 아무 의미 없는데 과연 이런 말 여러분이 얼마나 새겨 둘진 모르겠지만, 이 판단은 여러분의 의식으로 하면 됩니다. 다시 이승과 저승, 윤회의 개념을 이해하기 위해 말하면 밀폐된 거대한 통속에 사람을 넣고 현존하는 모든 과학기술로 그 사람이 죽을 때를 관찰하면 그 통 밖으로 뭐가 빠져나가는 것은 하나도 없고 또 그 통 안에서 인간이 임신하면 낳으면 외부에서 뭔가 그 사람의 몸으로 들어와서 임신이 되는 것도 없습니다.

물론 비유해서 이 말을 하지만 내가 말하는 모든 것은 우주 어디로 가고 들어오고 하는 것이 없이 우리가 사는 지구라는 통속에서만 모든 상황이 일어나는 것임을 알아야 하고 이런 이치는 진리의 기운인 마음이라는 것에 작용을 알면 쉽게 알 수 있으며, 또 여러분이 보는 자연(自然)의 기운을 알면 지구 자체에 어떤 일이 어떻게 이루어지고 전개될 것인가는 매우 쉽게 알 수 있어서 이런 것을 아는 것 보고 깨달음(진리 이치를 아는 것)이라고 하는 것입니다. 그래서 결론적으로 사람이 죽으면, 무수한 생명체가 죽으면 그 몸에서 뭔가 빠져나가고 들어오고 하는 것 없음을 반드시 정립해야 할 것이고, 이것을 이해하면 종교적으로 하는 무수한 말들이 얼마나 허황한 말인가를 알게 될 것입니다.

이것을 정립해 보면 결국 지구라는 이 거대한 자연 속에서 생명체의 윤회 작용이 이루어지고 있다는 것을 알 수 있고, 진리의 기운(자연의 기운) 속에 변화무쌍한 현상이 일어나고 있다는 것을 알 수 있으며, 죽은 사람의 마음도 함께 공존하고 있다는 것을 알 수 있을 것입니다. 그래서 모든 것은 이 지구 상에 자업자득 인과응보의 법칙에 따라 존재하고 있어서 이것을 기반으로 여러분의 현실을 보면 각자가 지은 바를 그대로 이생에 받고 있음을 알 수 있을 것입니다. 따라서 각자가 지은 대로 되받는 것을 나는 운명(運命)이라고 한 것이고, 기본적으로 인간뿐 아니라 모든 생명체는 이 기본 운명을 가지고 돌고 도는 것인데 불교는 이 같은 논리를 말하지 않으면서 우주 어디에 그 무엇이 있다는 논리(육도의 세상이 있다는 것)를 말하고 있는데 이 부분 확실하게 여러분이 정립해야 합니다.

따라서 여러분이 인생을 살면서 '뜻대로 이루어졌으면 한다'고 생각하는 것은 대단한 착각입니다. 이것은 마치 씨앗이 없는데 원하는 싹이 나오기를 바라는 것과 같으며 익지 않은 홍시가 자기 입에 자동으로 들어오기만을 바라는 형국이어서 매우 어리석은 생각입니다. 그래서 전생에 부부가 될 업을 짓지 않았으면 이생에, 마음에 드는 결혼할 상대가 없는 것이고, 모든 것이 다 마찬가지입니다. 그래서 운명은 존재하기 때문에 먼저 각자의 본질을 아는 것이 중요하고, 그렇다면 그다음 나의 운명을 바꾸려는 의식을 가져야 하는데 여러분은 이런 노력하지 않으면서 그저 내 마음먹은 대로만 해준다는 어떤 대상, 또 내 마음대로 되었으면 하는 것만 찾는데 참으로 갑갑한 인생이라고 해도 무리는 없을 것입니다. 내가 만들어 놓지 않는 것을 찾는다면 이것은 마치 은행에 맡겨둔 돈이 없으면서 마치 돈이 있는 것처럼 생각하는 그 돈을 찾으려 하는 것과 이치는 똑같습니다.

086-6 사후세계, 죽음 이후에 어떻게 되는지 궁금합니다

(답) 그래서 세상에 모든 종교나 민속신앙에서는 사람들이 보편적으로 '내 마음먹은 대로만 되었으면' 하는 인간의 그 마음을 가지고 있다는 것을 알고, 그 심리를 이용해서 무수한 말들이 사상적으로 생겨났고, 이것은 인간 역사가 흐르면서 많은 변형 과정을 통해 오늘에 이르고 있는 것입니다. 그래서 요즘 종교들이 하는 말을 보면 시대가 변하니 그것에 맞게 종교도 변해야 한다고 말하는데 여러분은 이런 말에는 전혀 신경도 쓰지 않고 관심조차 두지 않습니다. 그러니 앞서 내가 말한 것 새겨보면 이런 말들이 얼마나 여러분의 의식을 혼미하게 만드는 것인가를 알 수 있고, 그것을 분별하지 못하고 따르고 살았던 여러분의 의식은 어떻겠는가를 생각해봐야 할 것입니다. 그래서 종교가 하는 말은 모두 '맞는 말, 인간 잘되라고 하는 말'로 생각하고 있다면 여러분은 뭔가 대단한 착각을 하고 살았음을 알아야 할 것입니다.

마음대로 뭔가 되는듯하면 그 무엇이 돌봐서 그런 대상을 찾고, 마음대로 되지 않으면 울고불고하면서 또 뭔가를 찾고, 결국 평생을 그렇게 살다가 나이가 들어버리면 인생 별거 없다고 말하면서 죽게 되고, 또 그 마음에 따라 뭔가로 태어나면 또 그렇게 살다가 죽을 것이고, 이같이 돌고 돌아 다시 무수한 생명체 중에 어떠한 생명체로 태어나는 것을 보고 윤회라고 하는 것입니다.

따라서 이 세상에 존재하는 모든 생명체는 그렇게 돌고 돌아 오만

가지 생명체 중에 하나로 태어나 오늘을 살아가고 있는 것이고, 이 같이 반복되는 고통에서 벗어나려고 하는 사람 과연 있을까? 물론 불교도 윤회에서 벗어나자는 말을 하지만 그들이 하는 말을 보면 석가가 말했다는 사성제(四聖諦), 십이연기(十二緣起), 팔정도(八正道) 등의 수행을 하고 불사(佛事)라는 것을 잘하면 윤회에서 벗어나 석가가 머문다는 도솔천에 태어난다고 하니, 또 우주 어디에 설정돼있는 육도의 세계에서 천상계 등 아주 좋은 곳으로 태어나고 괴로움은 소멸한다고 하니 이런 말들이 맞는다고 생각하면 무명의 존재가 말하는 내 글 봐야 할 이유 없고, 그런 말에 따라 각자의 인생을 살아가면 됩니다.

사실 나와 선율이 가 처음으로 이런 이치를 알아갈 때 불교에서 누가 수행하다가 죽었다는 사람들의 '참(眞) 나'로 그들이 과연 수행해서 그들 말대로 해탈이라는 것을 했는가를 봤는데 결국 수행을 했든 도를 닦았든 그 사람들은 모두 자신들이 지은 업에 따라 열심히 윤회를 돌고 있다는 것을 알았는데 이런 이치를 모르는 사람들은 많은 수행을 했기 때문에 좋은 곳으로 갔다고 말하고 있고, 여러분도 종교적인 수행을 오래 한 사람은 무슨 도를 얻었을 것이라고 믿는데 이치에 맞지 않는 말 죽을 때까지 따르고 살아봐야 아무런 의미 없음을 알아야 할 것입니다. 예를 들어 전봇대가 부처라고 평생을 믿으면 그 사람의 관념, 의식에는 '전봇대는 부처'라는 의식이 뿌리를 내리고, 이 경우 빙의 작용으로 뭔가가 느껴지면 이 사람은 '한 소식 했다. 부처를 봤다.' 등의 말을 할 것입니다.

그러니 스스로가 자신도 제도하지 못하면서 죽은 사람을 종교적 의식으로 천도(薦度)하고, 중생을 구제한다고 말하면서 무수한 행위를 하는데 여러분은 이 부분 어떻게 생각하는가? 내가 말하는 중생구제의 의미는 '이치에 맞는 말로 인간의 의식을 깨어나게 하는 것'이 화현의 부처님 법에서의 중생구제이며, 천도이며, 자비의 정의가 되는 말이어서 이 부분 정립해야 합니다. 따라서 여러분이 이치에 맞는 말인가, 아닌가를 분별한다면 여러분의 마음은 그것에 맞게 변하고, 그 마음에 맞게 여러분의 환경은 반드시 만들어지는 것이고, 그 마음에 따라 살아가면 이생, 혹은 다음 생에 진급되는 삶을 살 수 있어서 지금 내가 말하고 있는 부분을 정리하지 못하면, 이해하지 못하면 각자의 시간 버려가면서 내 글 볼 필요 없습니다. 사람들이 하는 말 중에 '팔자를 고치고 싶다'는 말을 많이 하는데 여기서 말하는 '팔자'라는 것은 무엇을 의미하는 것일까? 태어난 '연월일시'라는 것이 사주팔자인데 이미 여러분은 이 팔자를 타고 태어났고, 이것은 현실적으로 바꿀 수 없는 부분입니다.

또 하나의 의미는 가난한 집안에서 태어난 사람이 부잣집 사람과 결혼하면 '팔자를 고쳤다'는 말을 하는데 이런 말은 다 부질없는 말에 불과하고, 진리적으로 자신의 운명을 바꾸려면, 고치려면 반드시 '이치에 맞는 말을 마음에 담고 사는 것이다.'라고 해야 맞습니다. 이같이 하지 않으면 전생에 주어진 대로 이생에 그럭저럭 살다가 다시 죽으면 이 현실에 무수한 생명체 중에 하나로 태어나는 것이 불변의 자연법칙, 자연의 섭리이며 어떤 생명체로 태어나더라도 이 원칙에서 벗어날 수 없습니다. 그래서 종교가 하는 말은 인간이 저마다 느끼는 괴로움이 있음을 알고 죽으면 '좋은 곳에서 태어나라.'라는 의미로 상상의 세상을 만들어 놓은 것이 전부지만 문제는 그런 세상은 이 현실 말고는 없다는 것입니다.

인간의 삶을 괴로움으로 봤기 때문에 과거부터 많은 종교에서 사후세계를 만들고 그것을 인간들은 아무런 생각 없이 지금도 믿고 있는 것이 전부입니다. 그래서 누구는 음양론적으로 '죽은 뒤의 혼은 하늘로, 백은 땅으로 들어가 3년간 머무른다'는 말을 하고 있고, 또 '조상신은 후손을 수호한다.'라는 말을 하기도 하고, 또 '죽은 자가 성불하여 사후세계로 간다'라고 믿으며, 성불하지 않은 영혼은 귀신이 되어 구천을 떠돈다. 혹은 영혼은 저승으로 들어가 심판받으며 이에 따라 윤회하거나 천국, 지옥 등으로 배정받기도 한다는 식의 무수한 사상이 만들어진 것인데 이 같은 말은 진리적으로 아무 의미 없습니다.

086-7 사후세계, 죽음 이후에 어떻게 되는지 궁금합니다

(답) 여러분이 알고 있는 일반론적인 사후세계의 존재는 인간이 죽음을 맞이해도 거기서 끝이 아니라 영혼으로써 존재할 수 있고 믿게 함으로써 이러한 사후세계에 관한 믿음은 그 자체만으로 사람들이 죽음에 대한 공포를 달래 주는 감성적인 것이 전부이며, 인간은 죽음으로써 본인의 의식이 아예 끊어지며 세상에서 사라진다는 것에 많은 사람이 공포심이 있었기에 사람들은 '내가 지금 이 같은 사후세

계가 있다는 것을 기정사실로 해서 인식하고 있는데 그렇다면 여러분의 의식이 아예 사라진다는 것은 대체 어떠한 것인가?'에 대한 철학적, 혹은 과학적 의구심들이 생겨났습니다. 그러나 그 어떠한 것도 사후세계만큼 명확한 이미지로 사람들에게 안심을 주는 해답이 나오지 못했기 때문에 잘못된 논리인 줄도 모르고 어리석은 인간은 이 사후세계가 기정사실인 것으로 추앙받게 된 것이 전부입니다.

결국, 이러한 이유로 인간의 불안한 심리를 안정시키고자 해서 사후세계를 아름답게 꾸며낸 것이고, 이것은 종교를 크게 성장시키는 데도 일조했는데 현실에서 어떠한 마음으로 살아가야 하는가는 말하지 못하고 앞서 말한 대로 인간이 제일 두려워하는 죽음이라는 것만 제각각 말하고 있는데 이같이 설정한 것으로 전생에서 지은 죄는 사후세계에서 어떤 심판을 받는다고 믿게끔 하여 사람들에게 더욱 도덕적인 행동을 끌어내도록 한 것이 전부입니다. 예를 들어 '명예롭게 싸우다 죽은 전사는 천당에 갈 수 있다'고 믿게끔 한 것도 이에 해당하는데 사람들은 이것이 사실인 것으로 여겼기에 전쟁에서도 용기를 잃지 않고 싸울 수 있게 만드는 하나의 원동력으로 이용되기도 했습니다. 다시 말하지만 죽음 이후에 어떤 세상을 상정하고 명예롭게 싸우다 죽으면 '좋은 곳으로 간다'는 그 말에 따라 그 전쟁을 합리화시키기도 했습니다.

또 하나의 관점에서 이에 따라 사회적으로 잘못된 부분이 생겨나기도 했는데 그것은 사후세계에 대한 임사체험과 경험담을 말하며 천국행 티켓 등 종교와 관련된 각종 사기 행각이 생기게 되었다는 것입니다. 문제는 사후세계에서 보상이 약속되어 있다고 인간을 달래어 하찮은 명예를 위해 죽음을 강요받는 피해자들 또한 발생하였는데 가장 극단적인 경우는 이렇게 아름답게 꾸며진 사후세계를 너무나 동경하여 자살하거나 다른 이에게 추천하는 사람들까지도 나타나게 되었다는 것이 문제입니다. 그러니 이치에 맞지 않는 사상을 나열하고 그것을 이용해서 앞서 말한 여러 가지 현상들이 우리 사회 전반에 일어나게 되었는데 이 말은 이치에 그만큼 인간들의 의식을 흐리게 했다는 것을 의미합니다.

그래서 어리석은 사람들은 막연하게 '좋은 일 했으면 편하게 놀고, 나쁜 일 했으면 고통받는 세계'가 천상 세계로 그려지기도 하고, 또는 그곳에는 차별이 없고 평등한 이상향으로 그려지기도 하여 오늘에 이르고 있습니다. 또는 이생에서 '하던 일 그대로 사후세계에서도 일한다.'라는 이야기도 있기도 한데 이런 말 하려면 한도 끝도 없어서 이에 긴 말을 해봐야 의미 없고, 결론은 앞서 나열한 그런 세상은 우주 천지 어디를 뒤져봐도 없고, 오로지 이 모든 것은 지구 안에서 다 이루어지는 것이어서 이 부분 명확하게 정립해야 합니다. 따라서 물질적으로 죽은 사람에게 잘 가라고 노잣돈을 주거나 음식을 후하게 차려 대접한다는 등의 말 모두 의미 없고, 이 글을 보는 여러분이 이러한 행위를 죽은 사람을 위해서 했다면 직설적으로 아무 쓸모 없는 행위를 했다는 것을 알아야 할 것입니다. 그러니 오늘날까지 죽은 사람의 기일을 챙기며 맨땅에 머리 처박는 행위를 하는데 안타까운 일입니다.

나는 공자, 맹자 등과 같은 사람들이 한 말이 그나마 현실적으로 맞는 부분이 있다고 말했는데 공자의 일화 중 하나를 보면 제자 계로 가 "사람은 죽으면 어디로 가나요?"라고 묻자, "사는 것도 알지 못하는데 죽은 뒤를 어떻게 알겠는가?(未知生焉知死)"라고 답했다는 말이 있습니다. 이 말은 곧 사후세계 신경 쓸 시간에 현실에 신경 쓰라는 것이고, 또 도가도 "죽든 말든 뭔 상관인가? 어차피 자연의 도 앞에서 다 쓸모없다."라고 말하기도 했는데 이런 부분은 그들이 진리 이치를 깨닫지는 못했지만, 그들의 관점, 사상을 들여다볼 수 있는 대목이기도 합니다. 따라서 지금 내가 사후 세계에 대하여 정리하는 것은 이 지구 상에 존재하는 모든 생명체는 죽어서 이 지구에 각자의 업에 따라 마음이라는 기운 작용으로 무수한 생명체 중에 하나로 태어나고 죽고를 반복하고 있고, 이것을 윤회라고 한다면 이 윤회에서 벗어나는 것을 해탈하는 것이라고 정리하면 됩니다.

따라서 이 글을 보는 여러분도 전생에 어찌어찌해서 산 결과가 이 생에 지금 여러분의 모습이고 환경이기 때문에 인간의 몸을 가지고 사는 현실에서 여러분이 어떠한 마음을 만들어가는가에 따라 그 마음에 흔적으로 진급되기도 하지만, 강급되어 많은 생명체 중에 하나로 태어날 수 있고, 지금까지 죽어간 무수한 사람도 결국 이 과정을 되풀이하고 있다는 것이고, 종교적 행위를 해서 좋은 곳에 태어났을 것으로 생각하는 그 존재는 지금 그 마음에 한 흔적으로 누군가에게 빙의로 혹은 가장 천한 집안의 자식으로, 혹은 미생물 중에 하나로 윤회를 하고 있다는 것이 진리적인 입장이어서 이 부분 확고하게 정립해야 할 것이고, 그렇다면 나는 어떻게 해야 하는가를 알아가는 것을 나는 화현의 부처님 법에서의 수행이라고 말한 것입니다. 이 부분 긍정하든 말든 여러분이 알아서 정립해야 하고, 내가 말한 것을 이해하지 못하고, 수용하지 못한다면 부처 아니라 부처 할아버지가 여러분 옆에 있어도 그 자체를 알아보지 못할 것입니다.

087 여자친구가 기분 좋으면 오빠 오빠 하면서 꼬리 치다가 기분 나쁘면 안하무인으로 돌변해서 덤비고 하는데 어떻게 해야 하나요?

(답) 직설적으로 '어떻게 해야 하나요?'에 대한 결론부터 말하면 '그 여자와 헤어져 버리면 된다'입니다. 이 말은 지금이라도 '병든 싹을 뽑아 버리는 것'이 후환을 없애는 최고의 방법인데 이같이 말하면 '그동안 이런저런 정도 들고, 사연이 있는데'라고 생각하고 결단이 쉽지 않겠지만, 질문 내용으로만 보면 '싹수'라는 것이 없어서 그런 사람에게 인생에 시간을 낭비하면서 보낸다면 나중에 의미가 없는 시간을 보냈다고 느낄 때는 젊은 시절 그만큼 허비하게 됩니다. 그러다가 늙어가면서 결국 하는 말이 "인생 사는 거 별거 없다, 다 그게 그거다."라고 생각하고, 결국 '살았으니 사는 수밖에 별도리 없다. 이제 와서 미운 정 고운 정 다 들었고, 자식까지 있는데 어떻게 하겠는가 살아야지, 사는 수밖에 없다.'라는 생각을 하는 것이 일반적인 삶인데 내가 말하는 것은 질문과 같은 내용만을 보면 나중에 호미로 막을 것 가래도 막는 상황이 전개될 것이 뻔합니다.

문제는 두 사람이 만날 때 '점쟁이가 사주팔자'라는 것을 보고 좋다고 해서 만났는가? 아니면 이미 두 사람이 어떠한 끌림으로 만났는가가 중요하고 만약 무당의 말을 듣고 만나서 위와 같은 상황이 전개되고 있다면 과연 그들이 말하는 '좋은 궁합'이라는 것이 대체 뭔가? 이같이 말하면 그들은 또 하는 말이 '살다 보면 이런저런 일도 있지.'라고 말할 것입니다. 그래서 나는 진리고 뭐고를 떠나 질문과 같이 단 한 번이라도 '꼬리 치다가 기분 나쁘면 안하무인으로 돌변해서 덤비고' 했다면 이것은 싹수가 없다, 근본이 없는 사람의 행위라고 해야 맞고, 심하게는 빙의가 질문자를 가지고 노는 것, 하수인으로 대하는 태도입니다. 여기서 남자들이 알아야 할 것이 여자는 성적인 대상으로 남자들이 좋아하는 '여성'이라는 것이고, 여자는 남자가 '여성'을 좋아한다는 것을 알기 때문에 성(性)을 무기로 남자를 다스리게 되는 것이 여자의 특징 중의 하나입니다.

그런데 남자가 이 여자를 처음에 좋아해서 '일방적인 구애'로 사귐이 시작되었다면 질문과 같은 것은 갈수록 심화하게 되어 있는데 나중에 문제가 되어 여자에게 '너는 왜 그래'라고 하면 여자는 '네가 나를 좋아해서 사귄 것이기 때문에 내가 이렇게 하는 것이 싫으면 네가 떠나라.'라는 식으로 배 째라는 오만함을 표현하기도 합니다. 이와 관련하여 무수한 상황이 있을 수 있지만, 남자의 입장에서 보면 여자의 그런 행동을 애교(?)로 생각하는 사람도 있고, '여자들 다 그렇지 뭐'라고 생각해 버리는 경우도 있지만, 어찌 되었든 질문과 같은 상황이라면 자식이 있든 없든 근본 바탕이 되먹지 않은 사람이라면 빨리 정리해버리는 것이 최선입니다.

그래서 누구는 '참고 살면 철든다.'라는 식의 말도 할 것이나 한번 잘못된 행동을 고친다는 것은 매우 어렵고, 또 그 여자의 기본 바탕이 그렇다고 한다면, 타고난 기본 성질이 그렇다고 하면, 또 나아가 빙의가 그 여자의 마음을 완전하게 장악해서 지배하고 있다고 하면 이것은 더더욱 고치기가 어렵습니다. 다시 말하지만, 빙의가 여자의 마음을 지배하고 있다고 하면 빙의 역시 여자의 몸을 남자가 탐낸다는 것을 알고 그 몸을 무기로 삼에 남자를 자신의 지배하에 두려고 할 것이고, 이런 것은 빙의 세상에서 흔하게 있는데 이것은 무속인들이나 신이라는 것을 모시고 산다는 사람들을 보면 쉽게 알 수 있습니다.

이같이 말하면 누구는 '신(神)이라는 것은 원래가 받들어 모시고 사는 것이 아닌가?'라는 생각을 하는 사람도 있겠지만, 세상에 받들어 모실 사람은 딱 하나 '진리 이치를 깨달은 사람이다.'라고, 해야 맞는 말이 되므로 이 부분 정립해봐야 할 것이고 이게 무슨 말인지를 모른다면 내가 무슨 말을 해도 여러분은 이해하지 못할 테니 할 말 없습니다. 따라서 여러분이 전생에 어떠한 업을 지었는가는 매우 중요하고 질문 같은 경우도 그 여자에게 이생에 지배, 농락당해야 하는 상황으로 만나게 되는데 현실에서 그 여자가 하는 행위를 보고 이것은 잘못되었다. 뭔가 문제가 있다는 것을 의식으로 알아차렸다면 앞서 말한 대로 하루 이틀 살다 죽을 것도 아니고 나중에 더 큰 후회를 할 것이기 때문에 현실에서 어떤 기회가 오면 자신의 입장을 정리하고 있으면 그 여자의 입에서 헤어지자는 말이 자연스럽게 나올 것입니다.

이런 현상은 본인이 빙의에게(그 여자가 하는 행동) 수그러들지 않으면 반드시 그 여자의 입에서 '이렇게는 못 살겠다 헤어지자.'라는 말이 나온다면 고민하는 척하다가 '네 뜻이 그렇다면 일단 떨어져 있어 보자.'라는 식으로 시간을 버는 것이 좋은데 그 이유는 여자가 그렇게 말했다고 해서 '그래, 좋다'라고 단박에 말을 해버리면 이것도 빙의의 마음을 건드리는 행위가 될 수 있고, 그 여자를 통해 빙의가 자신의 감정을 내게 될 수 있어서 그렇습니다. 이런 부분을 이해하고 먼저 본인의 입장을 먼저 정립하고 있는 것이 중요하고, 이같이 마음을 확고하게 정리했다면 이후 그 여자의 마음이 드러나게 되면서 어떠한 말을 본인에게 하게 될 것인데 문제는 이런 작용을 여러분 스스로가 할 수 없는데 그것은 팔은 안으로 굽는 것과 같아서 자신의 주관이 개입되게 되어 있어서 이 경우 반드시 이치에 맞는 말을 해주는 사람이 필요한 것이고, 그 말에 따라서 해결하는 것이 중요하고, 이래서 세상에는 이치에 맞는 말을 하는 자가 있어야 하며 이 말 깊게 새겨들어야 할 것입니다.

088 길을 가다가 이성을 보면 특정 부위에 시선이 먼저 가게 되는데 저만 그런 건가요?

(답) 질문에 이성을 보면 특정 부위에 시선이 먼저 가게 된다고 말을 했는데 이것은 여자가 남자를 보는 경우인가? 반대로 남자가 여자를 보는 경우인가에 따라 답이 달라질 수 있고, 또 상대를 성적인 대상으로 보는가, 아니면 하나의 물건으로 보는가 등 여러 가지 상

황이 있을 수 있습니다. 큰 틀에서 남자, 여자는 동일한 인간의 부류에서 인간이라는 것은 맞지만, 그러나 생물학적으로 보더라도, 현실적으로 보더라도 남자, 여자의 본분은 다르다는 것을 먼저 이해해야 합니다. 단순 동물학으로 보면 남자, 여자의 몸 구조가 다르기 때문에 상대를 볼 때 어디를 먼저 보더라도 문제 될 것은 없는데 문제는 '그렇게 보는 그 사람의 마음이 뭔가'에 따라 현실적으로나 진리적으로 문제가 되는 것입니다. 눈이 달린 인간이 세상에 존재하는 것 무엇인들 보지 못하겠는가?

비단 이런 부분은 인간뿐 아니라 무수한 생명체도 다 세상을 보지만, 문제는 인간이라는 것은 이상아상이라는 것이 있어 눈을 통해서, 냄새를 통해서 느끼는 이면의 감정은 사람마다 다 다르게 일어납니다. 구조학적으로 남자 여자의 모양이 다르기 때문에 같은 인간으로서 서로에 대한 호기심을 가지게 되는 것은 어쩔 수 없는 암·수로서의 본능이지만 질문처럼 상대의 특정한 부분에 먼저 시선이 간다는 것은 이미 그 자신은 상대를 '성(性)'이라는 것을 먼저 생각하고 그것에 집착해서 특정 부위를 먼저 보는 것이고, 이것은 특히 남자가 여자를 볼 때 심하고, 반대로 여자의 입장에서 남자의 사타구니를 집착해서 보는 사람은 성을 밝히는 사람이 아니라면 남자처럼 성을 생각하며 집착을 하고 남자의 그 부위를 관심 있게 보지 않습니다.

그 이유는 보편적으로 여자는 남자를 볼 때 성이라는 것 먼저 생각하지 않고, 나를 보호해 줄 수 있고, 부양해줄 수 있는 능력이 있는지를 먼저 봅니다. 이 말은 상대를 보는 관점이라는 것이 서로 다르기 때문에 그렇습니다. 그래서 여자는 남자가 성을 먼저 밝힌다는 것을 이용해서 여자는 자신의 목적을 이루기 위해 성으로 남자를 유혹하는 것입니다. 물론 모두가 다 이런 것은 아니고, 여기서는 보편적인 내용을 말할 수밖에 없는데 이같이 보면 남자, 여자가 서로를 보는 관점은 다르다고 해야 맞고 큰 틀에서 남자가 여자를 볼 때는 제일 먼저 '성적인 대상'으로 생각하기 때문에 특정한 부위에 눈길이 먼저 가는 것이고, 여자 입장은 '나를 품어주고 보호해 줄 수 있는 사람, 내가 의지할 수 있는 사람, 내 뜻에 맞게 행동해 줄 수 있는 사람' 등을 먼저 보지 여자가 남자를 볼 때 먼저 성적인 생각을 하는 것은 아니라는 것을 먼저 정립해야 합니다.

그래서 여자를 볼 때, 남자를 볼 때 먼저 '동등한 인간이다.'라는 의식으로 상대를 보는 것이 중요하고, 그다음 '남자, 여자는 본분, 근본, 성향이 다르다.'라고 이해하는 기본적인 자세가 필요합니다. 이런 바탕을 전제로 한 후, 그다음 성적인 부분을 생각하는 것이 중요한데 세상 사람들은 모두 앞서 말한 대로 성의 대상으로 먼저 생각하는데 매우 잘못된 의식입니다. 이같이 말하면 어떤 사람들은 '남자가 여자를 보고 성적으로 생각하지 말라는 것이냐?'라고 말할 수 있지만 내가 말하는 것은 상대를 보는 의식, 기준이 그와 나는 동등한 인간이라는 것을 전제로 상대를 우선 봐야 하고, 그다음 인연이 이어진다면 성적인 생각을 하는 것이 순리에 맞는데 보편적으로 거꾸로 성이 다른 상대를 보면 '성적인 대상'으로 먼저 보는 것은 이치에 맞지 않는다는 것인데 이게 말은 쉽지만 사실 이같이 한다는 것은 매우 어렵습니다.

남자 중에는 여자만 보면 성적인 대상, 혹은 남존여비의 사상으로 여성을 보는 사람 허다합니다. 그래서 동등한 인간이지만 남자와 여자의 역할이 다르다는 것을 먼저 정립해야 하는데 이같이 보는 사람 현실에서 남자든 여자든 얼마나 될까? 어찌 되었든 어떤 생명체든 성별이 다른 부분이 있지만, 이것을 어떤 시각으로 보는가는 각자의 의식에 따라서 다 다르기 때문에 질문처럼 특정한 부위를 먼저 볼 수 있고, 혹은 일반적인 시각으로 생김새가 다른 상대로 볼 수 있어서 질문과 같은 물음이 잘못되었다고는 할 수 없는 데 문제는 어떤 시각으로 보는가? 또 보는 그 이면에는 어떤 마음으로 상대를 보는가는 각자의 마음에 따라 다 다르기 때문에 질문은 잘못되었다고 할 수는 없는 것이라 할 것입니다. 생김새가 다른 상대 어디를 먼저 보더라도 물질적으로 나타나 있는 부분이어서 문제 될 것은 없다는 이야기입니다.

다만 어떤 부위를 보더라도 문제는 안 되지만 특정한 부위를 유독 눈독을 들여가며 보고, 그 이면으로 무수한 상상을 하여 성적으로 보는가, 아니면 서로 다른 부분을 생각하는가의 마음은 사람마다 다 다르다는 것을 이해하면 되지만, 어떤 시각으로 보는가, 어떤 생각으로 보는가에 따라 그렇게 보는 자체는 각자의 본성이 작용할 수 있어서 자신의 의식이 뭔가에 따라 단순하게 보는 행위라고 해도 그것은 업(業)이 될 수도 있고, 되지 않을 수도 있다 할 것입니다. 따라서 질문에 '저만 그런가요?'에 대한 답은 모든 사람은 눈이 있어 모든 상대를 다 바라볼 수 있는데 앞서 말한 대로 내 앞에 사물이 있어 그것을 단순한 사물로 보는가, 아니면 특정한 부위를 보며 이상한 생각을 하는가는 사람마다 다 다릅니다. 그래서 질문처럼 특정한 부위를 먼저 볼 수 있지만, 이 자체는 잘못된 것이 아니라 이후 어디까지를 상상할 것인가는 각자의 업과 본성과 무관하지 않다는 이야기입니다.

089 사람마다 타고난 능력, 성격이 다 다른데 그 이유는 무엇인가요?

(답) 결론은 전생에 어떠한 삶을 어떠한 환경에서 살았는가에 따라 다 다릅니다. 질문에 '능력'이라는 말을 했는데 이것도 두 가지로 나누어 봐야 하는데 물질 이치에서 전생에 물질의 선업을 지었으면 이생에 그 물질을 되받기 위해 어떠한 행위를 해서 그 물질을 받는 경우 일반적으로 너는 능력이 좋다, 타고났다는 식으로 말하지만, 사실은 물질 이치에서 전생에 선업이 되는 행위를 해서 이생에 그 업이 발현되어 되받아지는 것이고, 반대로 물질의 선업을 짓지 않는 사람이 이생에 아무리 노력해도 받을 것이 없으면 의욕만 앞설 것이고 되받아지는 것이 없어서 이것은 현실을 보면 쉽게 알 수 있는 부분입니다. 누구는 별일 하지 않았음에도 되받아지는 것이 있어 부를 누리고 살지만, 누구는 뼈 빠지게 노력해도 얻어지고 남는 것이 없는 사람도 있는데 이것은 노력, 의욕만 앞세운다고 해서 될 문제는 아니라 반드시 전생에 지은 업(행위의 결과)이 있어야 합니다.

또 성격이라는 것도 보통 '너의 성격은 타고난 것인가 봐'라는 말을 하는데 이것도 전생에 살아온 환경과 밀접한 관련이 있어서 이 성격이라는 것은 이생에서 나를 낳아준 부모를 닮아서 만들어지는 것은 아닙니다. 그런데 이생에서 부자지간에 성격이 닮았다, 엄마와 딸이 닮았다는 식의 말을 하기도 하는데 이것은 진리적으로 전생에 같은 행위를 했다는 것이고, 전생에도 성격이 같아서 동업을 지었으며 그 결과 부모와 자식의 관계로 태어날 수 있고, 혹은 부부관계로 만날 수도 있습니다. 그래서 '부부가 닮았네.'라고 하면 대부분 좋은 의미로 해석하겠지만, 반대로 악행을 부부가 저지른다면 이 경우도 '부부가 닮았네.'라는 말을 하기도 합니다.

따라서 이생에 자식을 낳았지만, 부(父)를 닮은 자식, 모(母) 중에 한 사람을 닮은 자식도 있고, 아니면 부모 둘을 모두 닮은 자식도 있는데 이것은 물질 이치에서 유전자적으로 닮기도 하겠지만, 진리적으로는 전생에 누구와의 업연이 깊은가에 따라 이생에서 누구를 닮든 닮는 것이고, 이 개념으로 '병의 대물림'이라는 것도 동업의 개념에서 나타나는데 현실적으로는 '집안에 유전이다, 내력이다'라는 말을 하는 것이 전부입니다. 대대로 그 집안에 암(癌) 걸린 사람이 있다면 그 집안의 업 줄기가 동일하다, 비슷하다는 것을 의미하는 것이라는 이야기입니다. 그래서 여러분이 반드시 알아야 할 것은 '업의 대물림'이라는 것이 뭔가를 알아야 하는데 이 말은 한 가정을 이루는 것도 결국 비슷하거나 동일한 업이 있다는 것을 의미합니다.

또 다른 의미는 그 집안과 동일한 업을 짓지 않았더라도 다른 사람이 윤회하는 과정에 비슷한 업을 지어서 그 집안에 태어나는 경우도 있는데 여러분이 인생을 살면서 어떠한 업을 짓더라도 그 업에 맞게 각각의 집안에 혹은 어떠한 생명체의 부류로 반드시 태어납니다. 예를 들어 집단을 이루고 사는 비둘기의 무리를 가만히 들여다보면 그 모습은 단순하게 비둘기 집단이지만 그들이 살아가는 모습에는 인간사회와 같이 약육강식의 논리, 아비규환의 논리가 다 들어 있음을 알 수 있는데 여러분은 자연을 보고 자연에서 배운다는 말을 쉽게 하는데 과연 모든 생명체가 살아가는 이 자연을 보고 무엇을 배운다고 말하는 것인가?

앞서 비둘기에 대한 말을 했는데 지구에는 수도 없이 많은 생명체의 부류(종)가 존재하는데 그들이 그렇게 존재하는 이유는 여러분이 윤회하면 각자의 업에 따라 그 부류 중에 하나로 태어나고, 또 그 부류에 태어난다고 해도 그 세계에서 어떤 위치로, 어떤 몸을 가지고 태어나는가는 다 달라서 여러분이 막연하게 '업을 지으면 윤회한다.' 라고만 생각하는 것은 대단한 착각입니다. 그래서 사람이 살아가는 이 사회를 보면 지구 상 80억 명이 있다고 해도 그중에 하나로 태어날 수 있고, 또 인간으로 턱걸이해서 간신히 인간의 모습을 가지고 있다고 해도 온전하지 않은 정신, 몸을 가지고 태어날 수도 있다는 것이 화현의 부처님 법에서의 윤회의 법칙입니다.

이 같은 관점으로 볼 때 여러분이 먹는 가축도 반드시 전생이 있었을 것이고, 윤회를 통해 가축으로 태어났기 때문에 동일한 생명체의 논리로 보면 그 가축도 이전에 죽은 여러분의 조상이 될 수도 있고, 여러분의 친구도 될 수 있다는 것을 쉽게 알 수 있고, 이런 부분은 진리의 기운이 존재하는 이 지구 상 자연의 섭리를 알면 쉽게 알 수 있는 부분입니다. 그런데도 어리석은 인간은 소나 돼지 등을 살 때 어떤 부위가 맛있다, 부드럽다 등의 말을 하면서 고기를 고릅니다. 반대로 여러분이 죽어 있는 상태에서 그 몸을 보고 사람들이 여러분께 손가락질하면서 '이 부분이 어떻고, 저 부위가 어떻다.'라는 말을 하면 여러분의 기분은 어떻겠는가를 생각해보라는 이야기입니다. 부위별로 갈기갈기 난도질당하고 있는 그들의 마음은 어떻겠는가?

그래서 나는 먹이 사슬의 정점에서 인간으로서 무엇이든 먹을 수 있지만 먹는 '각자의 마음'이 어떤 의식의 마음을 가지고 먹는가에 따라 그 행위는 비록 음식을 먹는다고 하겠지만, 그 행위는 업이 될 수도 있고, 되지 않을 수도 있다는 말을 한 것입니다. 더 말하면 인간과 가장 가까운 가축으로 태어나는 것은 인간과 가축이 되어야 할 그 경계점에서 인간의 부류에 들지 못하면 가축으로 태어나는 것이고, 그 경계점을 넘으면 인간으로 태어난다고 해도 이생에서 문제가 있는 인간으로 태어날 수도 있음을 명심해야 합니다. 따라서 인간 우월주의에서 인간 아래에 인간이 없다고 말하는 논리는 모두 잘못된 말이 되는 것입니다. 그래서 나는 인간이라는 모습은 동일하지만 나는 인간이라고 해서 다 같은 인간이 아니다. 인간이라는 탈만 쓴 인간이 무수하게 존재한다는 말을 한 것이어서 이 부분은 이 현실을 깊게 살펴보면 내가 무슨 말을 하는가는 쉽게 이해됩니다.

이 같은 흐름으로 볼 때 각자의 적성, 타고난 소질 등과 같은 것은 윤회가 아닌 태초에 어떠한 환경에서 태어나 어떤 부모와 살았는가?

또 그 부모와 그 시대에 무엇을 배웠는가 기본적으로 성향은 형성되는 것이고, 그것을 기반으로 해서 특성이 자리 잡으면 오늘날 여러분은 '나의 성향, 나의 적성'은 이런 것이라고 인지하게 되는 것이고, 사람마다 다 다른 성향을 보이는 것도 모두 이 범주에 해당합니다. 그래서 아무리 좋은 자리가 주어진다고 해도 여러분은 그 자리에 있지 못하고 결국 나의 적성에 맞는 자리, 일을 찾아서 하는 것입니다. 그래서 부자라고 해도 그 자식의 업(성향)이 부모와 같지 않으면 부를 물려준다고 해도 그 부는 그 자식 대에 끊어지게 되어 있습니다. 예를 들어 과거 선비 집안에 선비가 태어난다는 말을 많이 했는데 요즘에는 그런 선비는 존재하지 않는데 그 이유는 그것에 맞게 짓는 업이 없어서 선비가 대물림되지 않고 사라져 버린 것입니다.

그래서 현실에서 집안의 가업을 이어가는 것도 진리적으로는 반드시 어떤 업이 되었든 그 업이 맞았을 때 이어가는 것이고, 동업, 같은 성향의 업이 없으면 그것은 나 자신 대(代)에서 반드시 끊어지게 되어 있음을 명심해야 할 것입니다. 이 세상의 모든 말들은 지금 내가 말하고 있는 것과 같이 본질을 말하지 못하고 있는데 그 이유는 진리 이치, 인간의 마음 작용, 자연의 섭리를 깨닫지 못해서 뿌리를 말하지 못하고 있는데 여러분은 이 부분 어떻게 생각하는가? 비단 인간이 가지고 있는 성향이라는 것만 동업에 해당하는 것이 아니라 각자가 지닌 외형의 스타일도, 먹는 음식도 모두 이와 비슷한 업의 작용이 있어서 이생에 각자의 생김새, 각자의 환경, 주변의 인연, 각자의 능력이나 성격 등이 만들어지는 것이고, 입맛에 맞는 음식이라는 것도 정해지는 것입니다.

문제는 이같이 만들어지는 것을 현존하는 모든 사람은 말하지 못하고 막연하게 '타고난 것이다.'라는 말만 하는데 참으로 안타까운 일이 아닌가? 그런데 또 이것을 말하려면 반드시 '운명(運命)'이 있다는 것을 전제로 말해야 하는데 모든 종교는 이 같은 운명을 부정하고 있다는 것이고, 또 운명을 말하려면 태초라는 것을 알아야 하는데 이것을 알지 못하니 감성적인 말, 머리로 지어낸 말(사상적인 말)만 무성하게 하는 것이 현실입니다. 이 글을 통해 여러분이 무엇을 잘못 알고 있는가를 객관적으로 되돌아보면 세상에서 하는 말과 내가 하는 것에 차이를 알게 될 것이고, 사람마다 타고난 능력, 성격, 모양새가 다 다른 그 이유를 알 수 있을 것입니다.

090 처처불상 사사불공이라는 말의 정의는 무엇인가요?

(답) 처처불상 사사불공(處處佛像 事事佛供)이라는 말은 본래 불교의 법에는 이 말이 애당초 없는 말이고, 모 종교에서 이런 말을 사용하는데 그 종교가 말하는 것은 감성적인 말을 꾸미고 있고, 진리적으로는 그 내용은 사실 아무런 의미 없는데 그 이유는 그 종교의 사상적 관념으로 이 처처불상 사사불공의 말을 꾸며낸 것이어서 그렇습니다. 다시 말하여 이 우주 모든 것에는 불성(부처가 될 근본)이라는 것이 다 있다는 논리를 기본 바탕으로 해서 지금 여러분이 누군가와 마찰이 있다면 그 상대도 부처가 될 불성이 있으니 그를 사랑하고 공경하라는 것이 요지인데 내가 말하는 것은 마찰이 있다면 그 마찰의 본질, 원인이 뭔가를 알고 그것에 맞게 정립하면 괴로움은 소멸

한다는 논리를 나는 말합니다. 하지만 종교는 이 세상 모든 것이 부처가 아님이 없으니 그에게 불공을 드리면 이루지 못할 일이 없다는 논리이므로 이것 자체가 감성적이고 듣기에는 좋을지 모르겠지만, 매우 잘못된 말입니다.

여러분에게 어떤 문제가 있으면 그 문제로 인해 괴로움이 있다면 당사자인 본인이 중심이 되어서 그 문제를 풀어가면 됩니다. 그런데 이 처처 불상 사시불공이라는 말은 이런 논리가 아니라 그 상대도 부처가 될 씨앗을 가지고 있거나, 아니면 내가 부처의 마음으로 용서하고 사랑으로 감싸면 그 문제는 해결된다는 논리를 말하고 있어서 질문에 처처불상 사사불공(處處佛像 事事佛供)이라는 것은 사실 진리와 아무 관련이 없는 말장난에 불과하다고 정립해버리면 됩니다. 한문 글자 그대로 보면 처처(곳곳에 불상이 있어서 부처를 대하듯이 하라)는 의미고, 사사불공(事事佛供)이라는 말은 일마다 불공을 드리듯이 하라는 의미인데 참으로 답답한 부분이 여러분이 생각하는 '부처'라는 것이 뭔가부터 반드시 정립해야만 내가 한 말과 종교적으로 하는 말에 차이를 알게 될 것입니다.

처처불상, 사사불공을 하려면 '형식적인 면으로 묵상 심고 와 실지 기도와 설명 기도로 나눌 수 있다. 또 내용적인 면에서의 기도는 몸과 마음을 재계하고 법신불(法身佛)을 향하여 각기 소원을 세운 후 일체 사념을 제거하고, 선정에 들든지 또는 염불과 하든지 또는 주문 등을 외워 일심으로 정성을 올려야 한다.'라고 말하며 이 말에 의미를 부여하는데 이것은 어디까지나 타력적 신앙을 숭배하는 말이고, 내가 말하는 것은 진리적으로 기도, 묵상, 염불한다고 해서 그 대상이 여러분에게 '그래 알았다 내가 도와줄게.'라고 하는 이치는 이 세상천지에 없기 때문에 이 같은 말은 감성적으로는 듣기 좋을지 모르겠지만 쓸데없는 행위라는 것을 명심해야 합니다.

따라서 내가 말하는 화현의 부처님 법에서는 여러분이 어떠한 행위를 한다고 해서 외부에서 뭔가의 대상이 도와주는 것은 없고, 이 현실을 사는 입장에서 현실 속에 일어나는 모든 문제는 이치에 맞게 풀어가면 그 문제는 자연스럽게 풀어지게 되어 있음을 말하고 있어서 자력이냐, 타력이냐 이 부분 반드시 정립해야 하고 이 두 가지의 개념은 완전하게 다르기 때문에 두 가지가 양립될 수 없다는 점 명심해야 합니다.

종교는 "천지 만물 허공 법계가 다 부처 아님이 없다. 우리는 어느 때 어느 곳이든지 항상 경외심을 놓지 말고 존엄하신 부처님을 대하는 청정한 마음과 경건한 태도로 천만 사물에 응할 것이며, 모든 사물의 당처에 직접 불공하기를 힘써서 현실적으로 복락을 장만해야 한다."라고 말하며 처처 불상 사사불공이라는 것에 의미를 부여하고 있는데 이런 말을 보면 '부처가 무엇인지에 대한 본질'이 없고, 또 '현실적으로 복락(福樂)을 장만해야 한다고 말하는데 진리적으로 복(福)이라는 것은 여러분이 전생의 이치에 맞게 선업을 짓지 않았으면 이생에 되받을 것이 없다는 것이고, 복이라는 말은 무속, 민속신앙에서나 존재하는 말이어서 이런 말 자체를 종교에서 말하는 것은 진리 이치를 모르고 하는 말이라고 해야 맞습니다.

또 락(樂)이라는 것도 즐거움을 뜻하는 말인데 결국 이 복락이라는 말은 모든 인간이 그리워하는 희망 사항이기 때문에 종교는 처처 불상 사사불공이라는 사상적인 말을 온 천지에 만들어 놓았는데 이런 말에 의식 없는 사람은 종교에서 말하니 그런가 보다고 따르게 되는데 참으로 안타까운 일입니다. 어리석은 사람은 그 어떤 존재가 자신에게 복락을 준다고 믿고 그 종교가 말하는 수행이라는 것을 하겠지만 여러분은 과연 그렇게 해서 복락이라는 것을 받았는가인데 이것은 그렇게 빌었으므로 뭔가 나에게 득이 될 것이라는 희망, 인간적인 위로를 받는 것이 전부입니다. 예를 들어 복권을 사면 일주일은 그것을 믿는 심정으로 버틸 것이나 그것이 당첨되지 않으면 그로 인한 실망이 더해질 것입니다.

그래서 진리 이치를 알고 그것에 맞게 현실을 헤쳐가면 서서히 그 마음에 맞게 여러분의 환경은 변하게 되어 있고, 이것이 바로 자업자득 인과응보의 법칙인데 이것이 아니고 빌어서, 기도해서, 종교적 사상을 믿어서 이 부분이 해결된다면 지금까지 수천 년을 이어온 그 종교를 믿었던 사람들은 모두 그들이 말하는 복락이라는 것을 받았다는 말이 되는데 이 부분 여러분은 어떻게 정리할 수 있겠는가를 생각해봐야 할 것입니다.

다시 말하면 존재하는 모든 인간의 삶은 결과적으로 '괴로움이라는 것이다.'라는 것을 보편적으로 인지하고 삽니다. 그러기에 종교는 '곳마다 부처님(處處佛像)이고, 일일이 불공법(事事佛供)이다. 천지에게 당한 죄목은 천지에게, 부모에게 당한 죄목은 부모에게, 동포에게 당한 죄목은 동포에게, 법률에게 당한 죄목은 법률에 비는 것이 사실적인 동시에 반드시 성공하는 불공법이 될 것'이라고 말하는데 이런 말 자체는 진리적으로 의미 없는 말인데 업이 있어서 존재하는 모든 인간인데 막연하게 천지에게 당한 죄목은 천지에게 빌라고 말하는 것은 그 죄가 뭔지를 먼저 분별해야 하는데 이 부분에 대한 구체적인 말은 어디에도 없고, 부모에게 당한 것이라는 말도 부모의 입장에서 맞는 말이라고 해도 자식이 어떻게 받아들이는가에 따라 그 말이 고통이 될 수 있어서 막연하게 부모에게 당한 죄와 복이라는 것도 뜬구름 잡는 식의 말이 됩니다.

동포에게라는 말도 여러분이 친구나 주변 사람 사이에 문제가 있다면 그 문제의 본질을 찾아서 해결하면 되고, 그런 존재들이 여러분에게 복락을 주는 것이 아니라 그런 상황은 하나의 동기부여에 불과하고 그 대상을 통해 여러분이 전생에 지었던 그 업을 이생에 즐거움으로 혹은 괴로움으로 되받고 있을 뿐입니다. 어찌 되었든 전생에 지은 업이 이생에서 여러분에게 발현될 때 반드시 앞서 말한 대로 하나의 동기부여의 상황이 주어지는 것이어서 종교가 말하는 기도나, 염불해서 죄와 복이라는 것을 받는 것이 아님을 분명하게 정립해야 할 것입니다.

이 개념으로 부부로 만나지는 인연도 처음에는 즐거움으로 나타나지만, 그 즐거움의 시간(업의 유통기한을 의미함)이 변하면 다시 괴로움으로 나타나는 것이어서 이것도 전생에 상대와 나의 업 관계에 따라 이루어지는 것이어서 인생을 사는 입장에서 '우연히'라는 것은 절대 없습니다. 그래서 업이 있어 존재하는 입장에 이같이 되받아지는 이치를 아는 것이 중요하고 그 업을 이생에 바로 잡아가는 것이 내가 말하는 마음공부이며, 이치를 바꾸어가는 방법, 운명을 바꾸어가는 방법이어서 이 부분 매우 중요한 부분임을 반드시 알아야 할 것입니다.

그래서 누가 무슨 말을 하든지 그 말이 감성적인 말인가? 이치에 벗어난 말인가를 여러분의 의식으로 정리하지 못하면 이치에 맞는 말이 뭔지도 모르고 허황한 말에 끌려다녀 허송세월만 하게 되어 있고, 결국 인생의 회한만 마음에 담고 죽게 되어 있어서 인생을 살면서 이 부분은 반드시 여러분이 정립해야 할 것입니다.

091-1 인간이라는 생명체로 이 세상에 존재하는 이유는 무엇인가요?

(답) 한마디로 간단하게 '존재해야 할 이유가 있어서 존재한다.'라고 하면 아주 간단한 말이 되는 데 문제는 이 '존재 이유'를 여러분 스스로가 안다는 것도 어렵고 또 이것을 알고 인생을 살아간다는 것이 매우 어렵다는 점입니다. 물론 단편적으로 불교도 연기법이라는 것을 말하면서 '이것이 있어 저것이 있다'는 말을 하지만 그들이 말하는 것은 사실 수박의 속, 보이지 않는 나무뿌리는 말하지 못하고 막연하게 연기법을 말하고 있는 것이 현실이고, 나는 보이지 않는 수박의 속을 알고, 또 보이지 않는 나무의 뿌리를 알고 말하고 있어서 이 부분이 '전무후무'한 일이라고 화현의 부처님은 말했습니다.

따라서 깨달음이라는 것은 생명체가 존재하는 이유를 아는 것이 내가 말하는 깨달음이고 불교에서 말하는 깨달음이라는 것은 사실 생명체의 본질에 대하여 그 실체를 말하지 못하고 있습니다.

따라서 오늘날까지 무수한 사람들이 깨달음이라는 것, 도를 얻었다고 입으로는 말하지만, 실제 그들은 그들 자체가 왜 존재하는가이 존재 이유를 모르면서 남의 인생, 운명을 가지고 왈가왈부하고 있는데 참으로 안타까운 일입니다. 문제는 불교에서 말하는 십사무기가 있는데 이것은 석가가 도를 깨닫고 난 후 제자가 석가에게 14가지를 질문했는데 석가는 '이것은 수행과 아무런 관련이 없으니 불필요한 질문이다.'라고 그 질문을 무시한 내용이 있는데 그것을 보면 '십사무기(十四無記)' 그것은 (1) 세계는 영원한가? (2) 세계는 무상한가? (3) 세계는 영원하면서 무상한가? (4) 세계는 영원하지도 무상하지도 않은가? (5) 세계는 유한한가? (6) 세계는 무한한가? (7) 세계는 유한하면서 무한한가? (8) 세계는 유한하지도 무한하지도 않은가? (9) 여래(如來)는 사후(死後)에 존재하는가? (10) 여래는 사후에 존재하지 않는가? (11) 여래는 사후에 존재하면서 존재하지 않는가? (12) 여래는 사후에 존재하지도 존재하지 않지 않는가? (13) 목숨과 신체는 같은가? (14) 목숨과 신체가 다른지의 물음이 그것입니다.

사실 중생의 입장에서 이에 대한 궁금증을 다 가지고 있는데 정작 이 부분이 문제입니다. 이 십사무기(十四無記)는 석가가 대답을 거부하고 침묵한(無記) 14가지의 질문을 가리키는 불교 용어로 이 부분을 여러분이 간과하고 있는데 문제는 이 14가지의 질문은 인생을 살아가는 데 있어 무의미하다는 뜻에서, 즉 열반 또는 깨달음에 이르는 것을 돕는 실천적인 물음이 아니라는 뜻에서 '형이상학적'인 것이라고 취급해버리고 맙니다.

이같이 말하면 불교를 안다는 사람은 '무슨 소리냐 이 십사무기에 대한 내용은 '『중아함경(中阿含經)』 제60권 전유경 제10, 『잡아함경(雜阿含經)』 제16권 408. 『사유경(思惟經)』, 『잡아함경(雜阿含經)』 제34권 962. 『견경(見經)』 등에 이런 내용이 있어서 여러분은 맞는 말이라고 할 것이나, 문제는 이 경이라는 것은 사실 초기 불교나, 원시불교에는 십사무기와 같은 말 자체가 없었으며, 오늘날 대승불교로 만들어지면서 이런 말이 등장한 것이므로 이것은 과연 무엇을 의미하는가를 생각해봐야 합니다. 더 말하면 불교에서 말하는 사성제(四聖諦), 팔정도(八正道), 십이연기법(十二緣起法), 육바라밀(六波羅蜜) 등과 같은 말들은 모두 다 앞에 숫자를 붙여 놓았는데 자연의 법칙이라는 것은 인간이 만든 숫자로 구분을 지을 수 없음에도 사성제(四聖諦)라 하여 '성스러운 네 가지 진리'라는 의미로 말하고 있지만, 이 내용을 보면 (1) 인생의 현실은 괴로움으로 충만해 있다(고성제-苦聖蹄).

(2) 괴로움의 원인은 번뇌(集) 때문이다(집성제-集聖蹄), (3) 번뇌를 없애면 괴로움이 없는 열반의 세계에 이르게 된다(멸성제-滅聖蹄), (4) 열반에 이르기 위해서는 팔정도(八正道)를 실천해야 된다(도성제-道聖蹄)는 네 가지 말로 되어 있는데 이것은 생각(사상)으로 인간의 행동을 분석하여 네 가지로 구분한 말(분류한 것)이 전부입니다. 그렇다면 문제는 이 사성제의 말이 진리적으로 부합되는 말, 이치에 맞는 말인

가를 봐야 하는데 이치에 맞지 않아서 그렇습니다. 그런데도 사람들은 이 사성제에 대한 말은 '아함경(阿含經)'에 나오는 원시불교 가르침으로 불교 기본 교의라고 말하고 있고, 또는 '진리 또는 깨우침을 뜻한다.' 또 사성제는 '네 가지 높은 깨우침' 또는 '네 가지 고귀한 진리'라고 하는데, 문제는 깨달음에 대한 사실적 실체가 뭔가를 말해야 하는데 앞서 말한 십사무기와 같은 내용은 이 부분을 하나도 말하지 못하고 막연하게 이런 말이 '고귀한 진리의 말'이라고 하는 것은 대단한 착각입니다.

고집멸도(苦集滅道)라는 말을 불교는 고제(苦諦), 집제(集諦), 멸제(滅諦), 도제(道諦)의 4가지 진리 또는 깨우침을 의미한다고 말하는데 이 말의 의미를 뭐라고 하냐면 고제(苦諦)–인생의 현실은 괴로움으로 충만해 있다(苦聖諦)는 의미로 이 고제를 말하는데 이것은 일반적인 사람들이 인생을 사는 것은 괴로움이라고 대부분 느끼기 때문에 이 고제를 말하고, 집제(集諦)–괴로움의 원인은 번뇌(집착) 때문이다(集聖諦), 멸제(滅諦)–번뇌를 없애면 괴로움이 없는 열반의 세계에 이르게 된다(滅聖諦), 또 도제(道諦)=열반에 이르기 위해서는 팔정도(八正道)를 실천해야 된다(道聖諦)고 사성제의 정당성을 부여하고 있지만 대단히 잘못된 말입니다.

위의 말을 자세하게 보면 열반에 이르기 위해 팔정도를 수행해야 한다고 하는데 이처럼 어떤 말 하나를 만들고 그 말에 무수한 말을 또 만들어가는데 과연 이렇게 해서 도를 깨닫는다고 말하는데 그런 사람이 있을까? 결국, 말이 안 되는 말에 끄달려 살다가 허무하게 죽어갈 뿐 이런 말로 자연의 섭리 생명체의 본질을 절대 알 수 없음을 반드시 정리해야 할 것입니다. 이런 것으로 인간의 근본을 알지 못하니 또 생겨난 것이 사주팔자, 철학, 무속, 점술 등이 아닌가? 문제는 앞서 십사무기라는 것을 말했지만 결국 그 문제를 알지 못하니 사람들의 물음에 답을 하지 못한 것이고, 사성제와 같은 말을 만들어 놓고 무수한 의미를 부여하고 있는데 참으로 안타까운 일입니다.

그래서 결국 불교의 말은 아무리 머리가 좋은 사람이라도 그 말을 이해하기 어려운 것이고, 결국 파고 들어가다 보면 무와 공을 말하고 있는 것이 전부인데 어디를 봐도 생명체의 본질에 대한 말은 한 구절도 없습니다. 따라서 내가 말하는 것은 무와 공이라는 것도 마음은 물질이 아니기 때문에 물질 논리로 마음은 존재하지만 보이지 않는다는 의미로 '무(無)'라고 하면 되고 공(空)이라는 말도 물질 이치에서 인간의 몸이라는 것도 '죽으면 흔적 없이 사라진다'는 의미로 공(비어있다)이라고 말하면 될 뿐이므로, 앞서 말한 사성제가 어떻고를 말하는 것보다 '이치에 맞게 살면 된다.' 그러면 여러분 모두 생명체로 태어나지 않는 해탈을 할 수 있고, 괴로움은 모두 소멸이 된다고 해버리면 아주 간단합니다. (2에서)

091-2 인간이라는 생명체로 이 세상에 존재하는 이유는 무엇인가요?

(답) (1에 이어서) 그리고 이치에 맞는 행동이 뭔가, 이치에 맞는 말

이 뭔가를 여러분이 알아가는 것을 나는 수행이라고 말하고 있어서 불교의 무수한 말은 사실 깨달음과 괴로움의 소멸이라는 것과는 전혀 의미 없습니다. 오히려 이치에 맞지 않는 것에 마음을 끄달리고 있으면 그 마음은 무의식의 마음으로 변하게 되고, 이 마음에 빙의는 얼마든지 들락거리며 작용하게 됩니다. 이 같은 마음이 되면 앞에 십사무기와 같은 내용의 답은 여러분 스스로가 얼마든지 알 수 있는 것인데 이것 말고 막연하게 사성제를 수행하면, 팔정도를 수행하면 깨달음, 도를 얻는다고 말하는 그 말이 맞는다고 생각하면 무명의 존재가 말하는 내 글 볼 필요 없고, 종교적으로 말하는 사상을 따라 수행하면 되는데, 종교의 말을 마음에 두고 내 글을 본다는 것은 두 가지의 논리가 다르기 때문에 절대 내가 말하는 것과 종교의 말이 양립(兩立)될 수 없어서 그렇습니다.

이 말은 한 여자가 두 남자를, 한 남자가 두 여자와 관계를 맺으면 현실적으로 문제가 되는 것과 이치는 똑같다는 이야기입니다. 참으로 안타까운 것이 불교는 '고집멸도(苦集滅道)는 집과 고라는 연기하는 항목과 도와 멸이라는 연기(緣起)하는 항목을 합하여 나란히 늘어놨다. 여기에서 집은 고의 원인 또는 인연이 되며, 도는 별의 원인 또는 인연이 된다. 고집멸도는 고통의 원인이 집착 또는 갈애이며 고통을 소멸시키는 원인 또는 수단이 도라는 연기 관계를 밝힌 것'이라고 말하는데 바로 이런 부분이 사상적인 말장난에 불과한 것이라 해도 무리는 없을 것입니다.

따라서 문제는 "부처는 '우주는 영원한가? 영원하지 않은가?'와 같은 형이상학적 질문들인 십사무기(十四無記)는 사성제와는 달리 지혜(智), 깨달음(覺), 열반(涅槃)으로 나아가게 하는 것이 아니기 때문에, 가르치거나 배울 것이 아니라고 하였다."라고 말하는데 여러분은 이 부분 어떻게 생각하는가? 이것은 석가를 부처로 만든 사람들 자체가 진리를 깨닫지 못하였기 때문에 그 사람 자체가 말을 이렇게 얼버무린 것이 아닌가? 그러나 이런 부분은 이 세상에 존재하고 살다가 죽은 사람들의 '참(眞) 나'의 마음을 알면 그 사람이 어떤 사람인 가는 쉽게 알 수 있는데 오늘날까지 이 부분을 깨달은 사람이 없어서 이 같은 말들이 무수하게 만들어진 것입니다.

다시 말하지만, 이 14가지 질문의 목록이 가장 잘 나타나 있는 경은 대승불교 때 만들어진『잡아함경(雜阿含經)』제16권 408. 사유경(思惟經)『중아함경(中阿含經)』제60권 전유경 제10에 나와 있다고 하지만 이것은 앞서 말한 대로 석가가 직접 한 말이 아니라는 것이고, 결국 여러분이 제일 궁금해하는 것이 이 십사무기에 나와 있는 내용인데 이것을 말하지 못하니 여러분은 스스로에 대한 의구심을 풀지 못하고 이것저것 찾아다니고 있는 것이 현실입니다. 예를 들어 '독화살의 비유'라는 말을 보면 불교는 그 독화살이 어디서 날아왔는지는 중요하지 않다. 그 원인을 찾다 보면 그 시간에 화살의 독으로 내가 먼저 죽기 때문이라는 말로 독화살이 어디서 날아왔는지는 알 필요 없다고 말하는데 이게 말이 된다고 생각하는가?

여러분이 아파서 병원에 가면 '그 병의 원인'이라는 것을 알아야 그에 맞는 치료를 할 수 있는 것이 아닌가? 그런데 불교는 '독화살의 비유'를 들어가며 하는 말이 뭔가? 석가는 사성제에 대해 말하는 것은 열반으로 나아가게 하지만 십사무기의 질문들에 대해 말하는 것은 열반에 나아가게 하는 것이 아니라고 말합니다. 그리고 한다는 말이 자신은 항상 사성제를 가르치고 말할 뿐 십사무기에 대해서는 가르치거나 말하지 않는다고 말했다고 하는데 결국 이것을 보면 석가는 진리를 깨달은 자가 아니라는 이야기입니다. 그러나 화현의 부처님 법으로는 진리이치를 알면 십사무기에 대한 답은 아주 쉽게 내릴 수 있습니다.

그런데 (1) 세계는 영원한가?' (2) 세계는 무상한가? (3) 세계는 영원하면서 무상한가? (4) 세계는 영원하지도 무상하지도 않은가? (5) 세계는 유한한가? (6) 세계는 무한한가? (7) 세계는 유한하면서 무한한가? (8) 세계는 유한하지도 무한하지도 않은가? (9) 여래(如來)는 사후(死後)에 존재하는가? (10) 여래는 사후에 존재하지 않는가? (11) 여래는 사후에 존재하면서 존재하지 않는가? (12) 여래는 사후에 존재하지도, 존재하지 않지 않는가? (13) 목숨과 신체는 같은가? (14) 목숨과 신체는 다른가? 등에 대한 말은 질문 자체도 유치한 질문이고, 이것에 대한 본질을 말하지 않으면서 무슨 깨달음을 논하는 것인지 참으로 안타까운 일입니다. 이 질문에 답을 알면 생명체의 본질, 여러분의 근본을 뿌리째 아는 것은 매우 쉽다는 이야기입니다.

따라서 질문에 '인간이 이 세상에 존재하는 이유는 무엇인가요?'에 대한 답은 한마디로 '존재해야 할 업이 있어서 존재할 뿐이다.'라고 하면 되고, 생명체가 제각각 존재하는 이유를 아는 것이 깨달음이라고 정리하면 됩니다. 위에 내용은 여러분에게 실체적 진실에 접근하도록 하기 위해서 한 말이고, 이 부분을 더 세밀하게 말해야지만 많은 시간이 필요한 부분이어서 여기서는 생략합니다.

092 신과 귀신의 정의를 알고 싶습니다

(답) 신(神)과 귀신(鬼神)의 정의는 단답형으로 말할 수는 없습니다. 그 이유는 여러분이 먼저 신, 귀신에 대한 올바른 개념 정립을 하는 것이 우선이기 때문에 그런데 먼저 사전적으로 말하는 것을 보면 '귀신(鬼神)'-(1) 민간신앙에 있어서 죽은 사람의 혼령(魂靈), 또는 눈에 보이지 않으면서 인간에게 화복(禍福)을 내려 준다고 하는 정령(精靈). (2) 어떤 분야의 일에 뛰어나게 재주가 많은 사람. (3) 자유자재로 변화하는 초인적인 힘을 가지고 사리에 통달한 능력을 갖춘 영적(靈的) 존재, 또는 그런 사람이라고 말하고 있고, '신(神)'-거룩하고 성스러우며, 영묘 불가사의한 능력을 갖추고 우주와 자연계를 지배하며, 인간에게 화복을 내린다고 믿어져, 종교신앙의 대상이 되는 초월적인 존재. 우리나라에서는 하느님·하나님·한울님·천지신명이라고도 부른다.

미개사회에서는 자연물이나 자연현상에 초자연적인 정령(精靈)이 머물러 있다고 믿어졌고, 문명사회에서는 이들을 지배하는 것은 초월적인 인격신이라고 믿는 일이 많다고 되어 있는데 이것은 모두 종교적 사상, 민간신앙, 무속신앙일 뿐이고, 이런 말이 진리적 실체와는 아무 관련이 없다는 것을 먼저 정립해야 합니다. 그 이유는 앞서 말한 대로 신, 귀신에 대한 말들은 모두 인간의 상상력으로 만들어진 것이기 때문에 그렇습니다. 문제는 이 같은 말들이 만들어진 것은 인간들이 생각하기에 '무엇인가가 있을 것이다.'라는 관념이 있었고, 인간에게 나타나는 현상은 그 무엇에 지배받고 있다는 믿음을 기반으로 해서 신, 귀신이라는 것이 인간과 같은 관념을 가지고 있다는 의미로 '인격(人格)'을 부여한 것이 전부입니다.

예를 들어 어떤 종교인 꿈에 '부처가 꿈에 나와 자신에게 어떤 계시를 내렸다.'라고 해서 그 말대로 뭔가의 행동을 한다면 사람들은 그가 계시받아서 했다는 그 말에 끄달려 버리고, 그들이 하는 말을 기정사실로 해서 믿어 버리는데 그렇다면 예를 들어 불교나, 기타 종교인들이 그들이 신앙하는 그 대상이 꿈에 나왔다고 해서 그것을 사실로 믿어야 하는가인데 그렇지 않습니다. 예를 들어 여러분이 전봇대를 부처라고 믿는 의식이 강하면 여러분은 그 전봇대가 부처로 꿈에 보일 것이고, 다른 종교도 다 마찬가지입니다. A 종교를 믿는 사람이 B 종교의 신앙이 되는 존재가 그 사람의 꿈에 나타날까? 그렇지 않은데 그 이유는 이생에 하나의 종교를 선택한다는 것은 반드시 전생에 그 신앙을 가졌던 사람이거나, 아니면 이생에 종교를 통해 자신의 사업이나 사교, 직업에 이용하기 위해서 종교를 가지고 있는 사람이 상당합니다.

실제 나와 어떤 사람 둘이 길을 가는데 한 사람은 길에 사람이 걸어 다니고, 자신을 통과해서 지나간다고 말을 합니다. 그런데 나와 똑같은 길을 가는 그 사람은 그렇게 느끼고, 보이지만 내가 가는 앞길에는 그 사람이 본 것과 같은 현상은 보이지 않습니다. 이게 무슨 차이냐면 그 사람과 나의 의식의 차이입니다. 마찬가지로 종교인 중에도 자기 눈에 뭐가 보인다는 사람이 상당한데 이것도 사람마다 다른 의식의 차이입니다. 왜 이런 말을 하느냐면 수차 한 말이지만 지구에만 진리의 기운이 있고, 모든 생명체는 그 기운의 영향을 받고 살기 때문에 각자가 어떠한 의식(마음, 정신)을 가지고 있는가에 따라 사람마다 느끼는 것이 다 다르고, 또는 그 사람 마음이라는 기운에 어떤 기운이 작용하는가에 따라 각자가 느끼는 것은 다 다른데 이것은 한마디로 '빙의 현상'이라고 해야 맞습니다.

일단 인생을 살면서 제일 좋지 않은 것은 각자가 인생을 살면서 앞서 말한 대로 '그 무엇'이라는 것이 보이면, 있다고 느껴진다면 일단 여러분은 좋지 않은 업을 가지고 있다고 해야 맞고, 여러분의 의식이 매우 흐려 있다, 잘못되어 있다고 해야 맞습니다. 따라서 잠을 자면서 꾸는 꿈에 저승사자(전설의 고향에서나 나오는 것)라는 것이 보이고, 악몽을 꾸는 것, 가위눌림 등 지저분한 꿈을 꾼다는 것도 앞서 말한 대로 각자의 업과 의식에 심각한 문제가 있음이고, 반대로 이런 꿈을 우선 꾸지 않는 것이 최선입니다. 다른 기운이 자신의 마음에 영향을 주면 일단 그 빙의는 '나 여기 있다.'라는 의식을 상대에게 각인을 시키게 됩니다. 그래서 각자의 업에 따라 영향을 주는 빙의도 있지만, 업이 아니라도 의식이 흐려 있으면 빙의는 그 마음에 쉽게 작용합니다.

그래서 인간이 지구 상에 존재하기 시작하면서 각자의 의식, 업에 따라 뭔가가 작용하는 것이 있다는 것을 알게 되었고, 그것을 신, 귀신이라는 이름을 붙였는데 자신에게 좋다고 느껴지는 것은 신이고, 좋지 않은 현상, 상황이 전개되면 귀신에 씌었다고 분류를 하게 되어 오늘에 이른 것인데 속된 말로 앞서 한 말대로 그러한 능력을 갖춘 존재는 모두 빙의 현상이라고 단정 지어 버리고 그런 말에 여러분 마음을 끄달리지 않는 것이 최선입니다. 그래서 '신의 계시, 할아버지의 말씀, 그분의 말' 등으로 뭔가의 존재가 있다고 말하는 것은 모두 그들의 업, 관념, 의식에 따른 것으로 그들만 나타나는 현상인데 이렇게 나타난다는 것은 모두 그 자신들의 업이 매우 좋지 않다는 것을 의미하고, 그런 현상에서 벗어난다는 것은 현실적으로 매우 어려운데 그 이유는 한번 인간이 잘못된 의식, 사상, 관념을 가지면 그것을 이치에 맞는 마음으로 고친다는 것은 거의 불가능하기 때문입니다.

이 관점에서 세상 사람들을 보면 겉모습은 다 같은 인간일지라도 그들이 하는 말이나 행동을 보면 인간으로서 정상이라고 생각되지 않는 행동을 하는 사람이 상당한데 이것은 모두 빙의가 그 사람의 마음을 지배해서, 혹은 그 자신 본연의 업으로 인해 나타나는 마음의 병(정신적인 질환)이라고 해야 맞고, 사람이 많이 모이는 공공장소에서 쉽게 확인할 수 있으며, 종교 사상에 집착하여 길거리에서 뭐라고 중얼거리는 사람 등으로 다양하게 나타나고 있습니다. 따라서 지구 상에 수많은 신(神)이라는 것이 존재하고 있는데 과연 이렇게 많은 신이라는 것이 필요할까? 또 그런 신들은 지금 어디서 무엇을 하고 있다는 이야기인가? 결국, 보이지 않는 무의식의 세계에 빠져 그 자신들만이 그런 존재가 있다고 믿는 것이 전부이며, 결론적으로 전지전능하고 초월적인 능력을 갖춘 존재는 없다는 것이 진리적인 입장입니다.

따라서 모든 것은 각자의 의식, 마음 작용으로 살아가기 때문에 어떤 것이 있다고 믿고 살아도 믿는 그 자체를 뭐라고 할 수는 없는데 그것은 어차피 각자의 몫이기 때문에 그렇습니다. 현실적으로 이 세상에는 '이치에 맞는 말을 하는 자' 한 사람이면 충분하고, 이치에 맞는 말로 사람의 마음을 바로잡으면 온 세상은 말 그대로 극락, 천국이 되는 것이지 이치에 맞지 않는 말이 난무하면(빙의들이 설쳐대면) 이 세상은 말 그대로 아비규환의 세상이 되는데 지금 이 사회가 돌아가는 것을 보면 여러분은 어떤 생각이 드는가? 종교들이 말하는 극락, 천국의 세상이 되어가고 있는가를 보라는 이야기입니다. 그래서 이치에 맞지 않는 '능력자'를 사방천지에 거하게 만들어 놓고 금빛으로 도배질해놓고 그 앞에서 울고불고하는데 참으로 갑갑한 인생, 답 없는 인생을 사는 사람, 이 세상에 넘쳐납니다.

그러니 그 마음으로 죽으면 또다시 괴로운 윤회를 돌고 돌게 되는데 아무리 지구가 바뀌어도 또다시 아비규환의 세상이 되는 것이어서 이런 현상은 앞으로도 계속될 것이기 때문에 종교들이 말하는 극락 천국이라는 것은 존재할 수 없는데 다들 위대한 존재가 여러분을 구제 해줄 것으로 알지만 그런 존재는 없고, 스스로 의식으로 여러분 자신을 구제하는 방법 말고는 없다는 점 명심해야 합니다. 그래서 나는 살아 있는 인간이라고 해도 의식(마음)이 다 다르기 때문에 똑같은 인간은 없다고 말했고 보통 사람들은 자신의 의식이 맞는 것으로 생각하고 살기 때문에 그런 의식을 깨어나게 한다는 것은 매우 어렵습니다. 부뚜막에 소금 내 손으로 집어넣어야 간을 맞출 수 있는데 정신이 나간 사람은 내가 움직이지 않아도 그 소금을 '그 대상'이 넣어 줄 것으로 생각하고, 또 신, 능력자 등이 나를 구원해 줄 것으로 알고 살아가는 사람 넘쳐납니다.

그래서 온갖 인간들이 뒤섞여 사는 이 현실이 지옥이고, 아비규환의 세상이라고 말한 것이고, 이것에서 벗어나고자 노력을 하는 사람이 깨어 있는 의식이라고 하는 것이어서 이 말 여러분 스스로가 새겨봐야 할 것입니다. 코로 숨 쉬고, 눈으로 사물을 보고, 뚫어진 입으로 먹을 것을 넣을 수 있다고 해서 '의식이 있다, 올바르다. 이치에 맞는 의식이다.'라고 할 수는 없다는 것이고 이것은 여러분이 이 세상 많은 사람을 보면 그 차이가 뭔가, 내가 말하는 것이 뭔가를 이해하게 될 것입니다.

거듭 말하지만, 여러분 주변에서 '나는 신을 봤다.'라고 말하거나, 혹은 '신은 존재한다.'라고 말하는 사람이 있으면 그런 사람의 의식은 이치에 벗어난 의식이고, 현실적으로 신은 '이치에 맞는 말을 하는 자'가 신이고 부처라고 해야 맞는데 과연 이런 말 여러분이 얼마나 이해할 수 있을지의 문제만 남고, 이것은 여러분이 인생을 살다가 죽음의 문턱에 이르면 알 수 있는데 그때는 이미 되돌아올 수 없는 강을 건넌 후이기 때문에 아무리 뉘우친다고 해도 소용없어서 살아 있을 때의 의식으로 정리하는 것 말고는 대책이 없습니다. 허상 속에 무엇이 존재한다고 믿는 의식, 허구의 말이 무엇인지도 모르면서 갈대처럼 그런 말에 끄달려 살아봐야 헛사는 인생이 된다는 것을 명심해야 할 것입니다.

093-1 사람과의 모든 인연은 어떻게 만들어지는가요?

(답) 인생을 살다 보면 여러분은 무수한 사람과의 관계를 맺고 살아가는데 그중에 나에게 좋은 인연이라고 생각하는 사람도 있지만, 좋지 않은 인연이라고 생각하는 사람도 있는데 왜 이러한 인간관계가 맺어지는가의 문제인데 이것은 이생에 여러분이 살아가는 것을 보면 어떻게 인연이 맺어지는가를 쉽게 알 수 있습니다. 그 이유는 지금 살아가는 이생은 바로 전생의 연속된 삶이기 때문에 그렇습니다. 인연(因緣)이라는 말은 말 그대로 인(因)이라는 글자의 의미는 '원인을 이루는 동기, 유래, 연유'의 의미가 있는 글자이고, 연(緣)이라는 것은 '원인을 도와 결과를 낳게 하는 작용'이라고 보통 말하는데 이같이 볼 때 인자는 하나의 동기이며, 연 자는 이 동기가 있어 결과로 맺어지는 것이라고 이해하면 됩니다.

따라서 지금 여러분이 누군가와 관계를 맺고 있다면 그 이면(진리직으로 작용하는 마음)에는 전생에 그와 그렇게 되어야 할 동기가 있어서 그것이 이생에 연분으로 맺어져 있다는 것을 알 수 있어서 말 그대로 '우연히 너를 만났다.'라고 하는 논리는 성립될 수 없습니다. 여러분이 보통 하는 말이 '어디에서 누구와 우연히 만났다.'라고 하는 말은 이생에서 약속되어 있지 않은 상태에서 만남을 그렇게 표현하는 것이고, 사실은 진리적으로 '그와 이때 그렇게 만나야 할 업이 발현되어 만나는 것이다.'라고 정리하면 됩니다. 그래서 이러한 만남은 반드시 전생에 여러분이 그렇게 만들어 놓은 것이 이생에 발현되고 있다는 것이 진리적 실체입니다. 이 부분을 인정하고 나서 지금 여러분과 인간관계를 맺고 있는 제각각의 사람을 보면 참으로 다양한 인연이 여러분 주변에 있음을 알게 됩니다.

문제는 그러한 인연은 사실 '100% 좋은 인연'이라고 하는 사람은 없고, 다만 좋은 관계, 좋지 않은 관계의 비율만 다를 뿐이라고 해야 맞습니다. 그런데 처음에는 좋은 인연이라고 생각한 사람이 시간이 지나면서 나쁜 인연으로 돌변하는 경우도 있는데 여러분은 그 사람과의 인연의 끝을 모르기 때문에 처음에 좋으면 다 좋은 것으로, 끝까지 좋은 인연으로 이어질 것으로 생각하는 것이 일반적인데 사실 사람의 마음(참(眞) 나의 마음)이라는 것을 알면 그 사람이 여러분과 끝까지 좋은 인연으로 갈 것인가? 아니면 한 달, 혹은 1년 후 어떻게 될 것인가를 알기는 매우 쉽습니다. 그래서 일상을 사는 입장에서 선연, 악연의 비율을 봐야 하고 되도록 선연의 비율이 높은 사람과 관계를 맺고 사는 것이 후환을 없애는 방법이고, 가래로 막을 것 호미로 막고 살 수 있습니다. 사실 이 부분을 여러분이 제일 궁금해 하는 부분이기도 한데 이것을 알고자 사주팔자를 보고, 철학을 찾고 종교 등을 찾는 것이 아닌가?

그렇다면 그들은 무엇으로 여러분의 인연법을 알고 말하고 있는가인데 모두 한다는 짓이 앞서 말했지만 뭔가를 꺼내놓고, 혹은 신이라는 것을 불러서 점사를 보는 등 여러 가지 방법으로 여러분의 인연법을 말하지만 모두 잘못된 것이고, 인간이 인위적으로 뭔가를 만들어 놓고 그것을 인간이 따르게 하는 자체는 무엇을 의미하는가? 따라서 여기서 불교에서 말하는 십사무기(十四無記)라는 것을 깊게 새겨봐야 하는데 (1) 세계는 영원한가? (2) 세계는 무상한가? (3) 세계는 영원하면서 무상한가? (4) 세계는 영원하지도 무상하지도 않은가? (5) 세계는 유한한가? (6) 세계는 무한한가? (7) 세계는 유한하면서 무한한가? (8) 세계는 유한하지도 무한하지도 않은가? (9) 여래(如來)는 사후(死後)에 존재하는가? (10) 여래는 사후에 존재하지 않는가? (11) 여래는 사후에 존재하면서 존재하지 않는가? (12) 여래는 사후에 존재하지도 존재하지 않지 않는가? (13) 목숨과 신체는 같은가? (14) 목숨과 신체는 다른가? 등인데 문제는 이 부분을 명확하게 불교는 말하고 있지 못하기 때문에 무수한 것들이, 말들이 만들어지고 있는 것이 현실입니다.

위 말을 가만히 보면 여러분이 알고자 하는 말이 다 들어가 있는데 이것을 진리를 깨달은 자가 여기에 대해 말하지 못했다는 것은 거꾸로 진리를 깨닫지 못해서 그런 것이 아닌가? 결국 이것을 말하지 못했다는 것은 석가를 깨달은 자로 만든 사람 자체가 진리를 알지 못하니 이같이 십사무기라는 것을 만들게 됩니다. 반대로 그 사람이 진리를 깨달은 자라면 이런 말은 필요하지 않습니다. 어찌 되었든 이 열네 가지 물음에 여러분 자체의 궁금함을 대입해서 질문을 해보면 모두가 여러분에게 해당하는 질문이 되는 데 문제는 이에 대한 답은 불교에서는 찾을 수 없다는 것입니다. 만약에 불교가 이 부분을 명확하게 정리했다면 사주팔자, 점사, 신 등과 같은 것들은 이 세상에 존재해야 할 필요가 없는 것이 아닌가? 또 하나는 불교에서 연기법을 말하고 있는데 그렇다면 이 연기법으로 여러분이 왜 존재하고 누구와 어떤 인연이 있어서 만나고 헤어지는가의 본질을 시원하게 말해야 맞습니다.

그런데 말은 거창하게 이것이 있어 저것이 있다는 연기법을 거하게 말하면서 정작 여러분이 왜 이생에 이렇게 살아야 하고, 나에게 온 자식은 왜 어떤 인연을 지어서 자식으로 왔으며, 마음에 고통, 인간사적인 괴로움, 힘듦은 왜 생겨나는가 등의 답은 쉽게 찾을 수 있는데 이것을 말하지 못하고 있다는 것은 또 무엇을 의미하는가를 따져보지 못한다면 여러분은 내가 어떤 말을 해도 긍정하지 못할 것입니다. 따라서 마음이라는 진리의 기운 작용을 이해하지 못하면 결국 인간들의 사상으로 무수한 말 잔치만 하게 되어 있다는 이야기입니다.

그래서 인간이 오늘을 살아가면서 누군가와 인연을 맺고 살아가는 것은 전생에 그 사람과 어떠한 업을 지었고, 그 업이 어떤 업인가에 따라 이생에 반드시 그 사람과의 관계는 형성됩니다. 이 개념으로 보면 지금, 이 순간에 또 누군가와 만나서 인연을 맺어가는 것, 말 한마디, 행동 하나를 하는 것도 그것은 '업식화(業識化)'가 되어 가는 것이고, 이것이 흔적으로 남아 내일, 모래 다음 생 여러분의 업연은 만들어지게 되어 있습니다.

이것은 한 치의 오차도 없는 진리의 작용이기 때문에 여러분이 이생에 살아가는 기본 환경이 되는 것이어서 이생에 누군가와 만나 뭔가의 문제가 있다면 이것도 여러분이 이생에 그 문제를 풀어야 할 이유가 있어서 만나는 것이기 때문에 그 업연을 어떻게 풀어가는가에 따라 흔적이 남을 수 있고, 흔적을 없앨 수 있어서 이것은 여러분이 의도적으로 피한다고 해서 해결될 문제는 아닙니다. 그래서 종교인들이 무슨 수행을 한다고 도를 깨닫는다고 하면서 홀로 독신생활을 하는데 잘못된 것이 무언가 하면 인간으로 이 세상에 존재한다는 것은 반드시 자신이 지워야 할 업의 흔적을 가지고 태어났고, 그 흔적을 지우라는 기회를 가진 것인데 사상에 끄달려 독신으로 살아가는 것은 앞서 말한 대로 자신이 흔적을 지워야 할 '기회'를 놓친 것이 되어서 이것은 심각한 업이 될 수 있습니다. (2에서)

093-2 사람과의 인연은 어떻게 만들어지는가요?

(답) (1에 이어서) 다시 말하지만, 이생에 존재하는 이유는 내 앞에 놓인 문제를 나 스스로 정리할 기회를 얻은 것이어서 이 기회를 놓치면 언제 다시 이생처럼 인간으로 태어날지 알 수 없는데 그것을 의도적으로 회피하는 것은 매우 큰 업을 짓는 것이므로 이 부분 새겨봐야 합니다. 그래서 존재 이유는 '내가 풀어야 할 업이 있어서다'라고, 해야 맞고, 이에 따라 여러분은 하루를 살면서 전생에 지은 그 업연을 만나는 것이고, 인생을 살면서 타인과 어떠한 흔적이 남았는가? 지워졌는가에 따라 그것은 또 다음 생에 인연으로 이어져가는

것입니다. 그래서 이생에 각자의 마음에 흔적을 지우면 그 마음에 맞게 마음이 편안해지고 여러분의 이치는 바뀌게 되는 것입니다.

따라서 질문에 '사람과의 인연은 어떻게 만들어지는가요?'에 대한 답은 이 순간 여러분의 잠재의식 속에(자신이 인식하지 못하는 의식을 의미함) 남아있는 것으로 어떤 인연이든 인연이 되는 것이어서 여러분이 의식하는 그 자체가 이치에 벗어나면 악연이 만들어지는 것이고, 이치에 맞으면 선연이 만들어지는 것이라고 정리하면 됩니다. 그러니 진리이치를 하나씩 알아가면 여러분 자신이 하는 모든 것에 얼마나 깊은 의미가 있는가를 알 수 있게 되지만 문제는 보통 사람들은 자신들이 하는 행동, 행위가 100%다 옳다고 생각하고 살기 때문에 문제가 되는 것이고, 이것을 깨닫지 못하면 결국 돌고 도는 윤회의 과정에 한번 천민은 영원한 천민으로 살아가게 되어 있고, 이런 이치를 알고 의식이 깨어나면 천민에서 벗어나 진급을 할 수 있는 것이 진리의 법칙입니다.

인생을 사는 입장에서 이런 이치를 알고 여러분이 일거수일투족에 신경을 쓰지 않고 입에 나오는 대로 말하고, 의식 없이 행동하고 하는 행위 자체를 반드시 이치에 맞게 고쳐가는 것이 화현의 부처님 법에서의 수행인데 문제는 여러분 자체는 잘못이라고 생각하지 않는 잘못을 지적하면 바로 그 말에 반발한다는 것이 문제이고, 이것은 자신도 인지하지 못하고, 모르는 사이에 불쑥불쑥 튀어나오게 되어 있어서 전생에 습성이라는 것이 그래서 무서운 것입니다. 그렇게 하는 것이 자신의 입장에서 당연하고, 맞는다고 생각하는 그 의식은 하루아침에 고칠 수 없지만 고쳐야 하고, 이것을 이생에 고쳐가지 못하면 흔적으로 남아 윤회 속에 여러분 발목을 잡게 되어 있어서 이 부분 심각하게 정리해야 합니다.

정리하면 '사람과의 인연은 어떻게 만들어지는가'에 대한 답은 '마음에 흔적이 남아서 그것이 업식화 되어 이생에 인연으로 만나는 것이다.'라고, 해야 맞고, 여기서는 포괄적으로 이렇게 말할 수밖에 없지만, 개인적으로 누가 누구를 왜 만나는가에 대한 인연의 본질을 알기는 매우 쉽습니다. 그래서 나와 선율이는 여러분이 누군가와 인연을 맺고자 한다면 '맺어라' 혹은 '맺지 말라'는 식으로 결론을 말해주는데 이같이 할 수 있는 것은 바로 여러분이 어떠한 마음에 흔적이 남아있는지를 알기 때문에 이런 말을 하지만, 정작 여러분은 자신의 마음에 일어났으니 그 마음대로 따라가고자 합니다.

이것이 업연의 끌림이라고 하는데 앞서 말했지만 아무리 마음에서 끌린다고 해도 그것이 이치에 벗어난 것이라면 이생에 단호하게 정리해야만 그 업연의 흔적은 지워지는 것입니다. 이게 마음에 흔적을 지우는 방법이고, 업연을 정리하는 방법인데 이것은 여러분 스스로가 절대 할 수 없습니다. 그 이유는 여러분이 좋은 인연, 나쁜 인연이라는 것을 진리적으로 알고 스스로가 정리할 수 없어서 그렇습니다. 다시 말하면 여러분이 당장은 좋은 인연이라고 생각하는 것도 그 속에 숨겨진 것에는 나쁜 인연이 있고 당장은 나쁜 인연이라고 해도 시간이 지나면 선연으로 바뀔 수 있고, 아니면 지속적으로 선연, 악연으로 이어질 수 있는 인연 등이 있어서 이것을 여러분이 알기는 매우 어렵고, 이것을 아는 유일한 방법은 그 사람 '참(眞) 나'의 마음을 알면 두 사람의 인연 관계가 어떤 것인지는 매우 쉽게 알 수 있는데 이것은 오로지 마음이라는 것을 알아야만 알 수 있고, 시중에서 말하는 그 어떤 것, 방법으로도 인연법을 알 수는 없습니다.

그래서 이러한 이치를 아는 것을 깨달음, 진리 이치를 아는 것, 마음이라는 기운 작용을 아는 것이라고 해야 맞습니다. 결론적으로 이생에 여러분이 누군가와 어떠한 문제로 상대한다면 그 문제의 본질만 상대와 해결하면 됩니다. 그러나 그 문제의 본질을 말끔하게 정리하지 못하면 상대와 흔적이 남게 되고 그것이 인(因)이 되어서 이생에 아니면 다음 생에 반드시 업연으로 만나게 되고 이런 이치로 인연이라는 것은 만들어집니다. 그래서 이 법과 이생에 어떻게 흔적을 만드는가에 따라 내일, 모레 여러분과의 인연은 이어져가는 것이고, 이것을 대입해서 여러분 주변에 인연을 맺고 사는 사람들과의 관계를 보면 여러분이 전생에 어떠한 마음으로 흘리고 살았는지 쉽게 알 수 있습니다.

전생에 그 상황을 정리하지 못했으니 이생에 그 흔적으로 여러분 주변의 인연들이 만들어져 있어서 이런 이치를 알고 스스로 되돌아보는 것이 '나를 알자'입니다. 지금 여러분 주변에서 자신과의 관계를 이어가는 사람들을 보면 여러분이 전생에 어떻게 살았는가? 전생에 어떤 마음이었는가는 쉽게 알 수 있다는 이야기입니다. 따라서 여러분이 전생을 모르니 이생에서 여러분이 누군가와 어떤 것을 하고자 하는 마음이 일어 그 마음을 따라가면 결국 여러분은 전생에 지은(마음을 흘린) 그 사람과 관계를 이어가게 되어 있어서 그것은 현실에서 단호하게 정리하라는 의미에서 이렇게, 저렇게 하라고 조언을 하는 것인데 여러분 입장에서는 전생의 그 마음으로 끌릴 수밖에는 없습니다.

그 이유는 전생에 그 업연으로 마음이 끌리기 때문에 그렇고, 이생에서 하지 말라고 하면 전생에 만든 그 마음에 끌림으로 여러분은 따라가게 됩니다. 그러면 결국 이치는 바뀌지 않기 때문에 이치를 바꾸기 위해, 그 업연을 정리하기 위해 이런저런 말을 해주는 것입니다. 그래서 제일 좋은 인연을 만드는 방법은 이 법안에서 이치에 맞게 행동하면 그것이 흔적 되고, 그 인연은 후일 여러분에게 법 동지로서 선연이 맺어지는 것입니다. 결국, 어찌 되었든 여러분 마음에 어떤 흔적이든 남지 않게 인생을 살아가는 것이 최선이고, 마음에 흔적이 다 지워지면 비로소 괴로움은 줄어들고 윤회하지 않는 해탈이라는 것을 하게 된다는 이야기입니다.

094-1 빙의(憑依)에 대한 정의를 알고 싶습니다

(답) 빙의(憑依)에 관한 말 시중에서 무수하게 하고 있는데 그런 말은 사실 사상(생각)으로 만들어진 말이고 뭔가 정의가 되어 있지 않은 말이라고 정리해 버리면 맞고, 내가 말하는 빙의의 정의는 '죽은 사람의 마음이 살아 있는 사람의 마음에 작용하는 것이다'입니다. 말은 간단한 말이지만 빙의의 작용을 구체적으로 말하려면 한도 끝도

없는 말을 해야 합니다. 다시 말하면 인간이 정상이라고 생각하지 않은 것에 대하여, 혹은 현대의학으로 치료될 수 없는 상황이 일어나면 사람들은 뭔가의 다른 것이 있다고 생각하고 그것을 빙의(憑依)라고 이름을 붙인 것이 전부입니다.

일단 사전적으로 "종교적 측면에서는 일반적으로 '귀신 들림', '귀신에 씜'을 의미하는 것으로 다른 靈(영)이 들어온 것을 말한다. 이와 같은 빙의를 경험한 사람들은 특정한 때에 평소와 다르게 전혀 다른 사람처럼 말과 행동을 한다."라고 말하는데 이것도 그럴 것이라고 인간들이 예측해서 말하는 것이고, 구체적으로 이 말이 빙의에 관한 정의라고 할 수는 없습니다. 또 정신의학적 측면에서는 빙의 현상을 '개인이 가지고 있는 또 다른 자아인 다중성격적인 증상으로 진단한다. 이는 평소에 자제되어 있던 내재한 다른 인격이 표출되는 것이다.'라고 말하고 있는데 이 역시 앞서 한 말과 의미는 비슷합니다.

또 최면에서는 뭐라고 하는가를 보면 '때로 영적인 현상이나 빙의 현상이 나타나기도 한다. 빙의란 일종의 영적인 현상으로 제3의 영이 씌웠다는 것인데 귀신 들림의 다른 표현이기도 하다. 원래 과학이 발달하기 이전의 과거에는 인간의 정신적인 장애를 영적인 현상으로 보고 굿과 같은 무속적인 방법 또는 심령적인 방법으로 치료하고자 하였다. 그러나 과학이 발달하면서 그러한 것을 미신 취급하는 풍토가 자리 잡았다. 그래서 현대 과학이나 심리치료에서는 영적인 빙의 현상이나 영적인 원인에 의해 병이 드는 현상을 인정하지 않고 있다. 그러나 최면에서는 그러한 영적 현상을 인정하고 치료하는 방법도 개발되어 있다'고 말하고 있지만, 이것도 다 쓸데없는 말장난에 불과하다고 해야 맞는데 그 이유는 이런 말도 빙의(憑依)의 정의가 될 수 없어서 그렇습니다.

어찌 되었든 지금까지 온 세상 사람들이 하는 말은 빙의(憑依)의 실체를 정확하게 알지 못했기 때문에 각자 입장에 따라 무수한 말을 하는 것이고, 다시 말하지만, 빙의(憑)라는 것은 죽은 사람의 마음이 산 사람의 마음에 작용하여 나타나는 현상을 '빙의 현상, 빙의의 작용'이라고 해야 맞는 말이 된다는 것이고, 이것에, 중심에는 여러분이 인지하는 '내 마음'이라는 것 그 속에서 작용하게 되어서 물질이나 철학, 종교, 무속, 사상 등으로 이런 부분을 알 수도 없는데, 그 이유는 마음이라는 것은 보이지 않는 비 물질이어서 그렇습니다. 이 부분을 이해하기 위해 여러분이 움직이는 몸을 보면 그 이전에 마음이 먼저 움직인다는 것을 알 수 있는데 마음이 움직이지 않으면 몸은 움직이지 않고, 반드시 어떤 마음이든 마음이 먼저 움직이면 그에 따라 몸이라는 것은 움직이고, 반응하게 된다는 것을 정립해야 합니다.

그래서 이 세상에 태어나 오늘까지 여러분이 살아온 환경은 누구를 탓하고 원망할 것 없이 지금의 환경은 여러분 자신의 마음이 그대로 현실에서 펼쳐져 있는 것이고 이것은 전생에 내가 그렇게 만들어 놓은 결과가 오늘날에 펼쳐진 것이어서 지금 살아가는 현실을 보면 여러분 전생이 어떠했는가를 쉽게 알 수 있습니다. 그래서 나는 여러분 스스로가 각자의 전생을 알 수 있다고 말했는데 그것은 앞서 말한 대로 지금, 이 순간의 환경을 보면 되기 때문에 각자의 마음은 각자가 다 볼 수 있어서 그 누구에게 "내 운명, 내 전생이 뭐요?"라고 물어본들 그들이 여러분 마음을 알겠는가?

따라서 여러분의 운명이라는 것은 결국 여러분이 인식하고 있는 '내 마음'이라는 것에 다 들어 있어서 마음을 알면 스스로가 각자의 운명이 뭔가, 왜 오늘날에 나는 이러한 환경에서 이런 마음을 가지고 사는가는 아주 쉽게 알 수 있는데 문제는 여러분이 스스로 마음을 알려고 하지 않으면서 종교나 무속 등을 찾아다니면서 '내 운명이 뭐요?'라고 묻는데 그렇다면 그들은 내가 말하는 것과 같은 논리를 말하지 못하고 막연하게 뜬구름 잡는 식으로 신이 어떻고 절대자, 부처, 보살이 어떠냐고 말하는데 참으로 안타까운 일입니다.

중요한 것은 일단 앞서 말한 것을 기본으로 정립하고 나면 그다음 각자의 마음 바탕이 뭔가를 알 수 있는데 이것을 스스로가 알지 못한다면 결국 마음이라는 기운이 뭔가를 아는 사람에게 자신의 운명을 물어보는 수밖에 별도리 없고, 이것을 스스로 아는 것이 바로 '나를 알자, 나를 찾아서'라고 하는 것입니다. 정리하면 지금까지 여러분은 부부가 되었든 사회의 인연이 되었든 모두가 나 자신이 전생에서 지었던 마음에 흔적이 이생에 발현되어 전생과 똑같은 상황을 이생에 이어가고 있는 것을 부정하면 안 됩니다. 이것을 인정하고 '그렇다면 나는 어떻게 해야 하는가? '의 문제를 찾아서 잘못된 것은 현실에서 고쳐갈 때 여러분의 이치는, 운명은 바뀌는 것이 진리의 법칙입니다. (2에서)

094-2 빙의(憑依)에 대한 정의를 알고 싶습니다

(답) (1에 이어서) 그런데 문제는 여러분이 '나'라고 인식하는 그 마음은 '참(眞) 나'라는 것을 기반으로 해서 만들어진 표면으로 노출된 마음을 지금 여러분은 '내 마음'이라고 인식하는 것이고, 바로, 이 마음을 온 세상 사람들이 말하는 '인간의 마음'이라고 정의하고 있는데, 반해 나는 이 마음은 수박의 표면이고, 수박의 속에는 반드시 '참 나'라는 것이 있음을 말하고 있는데 결국 여러분이 이생에 존재하는 이유는 '참 나'라는 씨앗이 있어서 자라난 마음(표면으로 노출된 마음)이 있어서입니다. 따라서 수박의 속과 수박의 표면은 둘이 아닌 하나의 수박 덩어리 속에 있는 마음이어서 여러분이 행동하는 것에는 '참 나'를 바탕으로 해서 드러난 마음(이것을 가식적인 마음, 아상의 마음이라고 함)을 내 마음이라고 인식하고 살아가는 것입니다.

따라서 여러분이 인식하고 행동하는 그 마음에는 '참(眞) 나의 마음과 아상의 마음'이 두 가지가 교차가 되는 마음'으로 살아가고 있는 것이 일반적이나 문제는 그 마음에 죽은 사람의 마음인 빙의의 마음이 더해지면 결국 세 가지의 마음이 일어나게 되는데 여러분은 오직 하나의 마음을 생각하는데 이게 잘못된 부분이고, 지금 내가 말하는 이 부분은 지금까지 이 세상 누구도 말하지 못한 것, 밝혀내지 못한 말이어서 생소할 것이나, 화현의 부처님은 이런 것을 말하는 내가 존귀하고, 전무후무한 일이라고 말한 것입니다. 그래서 여러분이 이생에 어떤 상황에 이르면 앞서 말한 대로 본성의 마음인 '참(眞) 나'의 마음에 더하여 '참 나'를 기반으로 형성된 아상의 마음, 여기에 더하여 빙의의 마음이 더해지면 결국 현실에서 3가지의 마음이 더해진 마음이 됩니다.

이것을 여러분은 표면으로 나타난 마음인 '내 마음'이라고 인지하고 살아가기 때문에 이 세 가지의 마음이 복합적으로 작용하면 여러분의 현실은 어떻게 되겠는가를 생각해보라는 이야기입니다. 물론 여기서 제일 좋은 것은 바로 여러분 근본의 마음, 어떤 것도 작용하지 않는 '참(眞) 나'의 마음 하나로만 살아가는 것이 최선인데 문제는 이런 마음 작용을 여러분이 구분하지 못한다는데 그 문제의 심각성이 있는 것입니다. 또 하나의 문제는 앞서 말한 빙의의 마음이 하나인 경우도 있지만, 빙의의 마음이 하나 이상 여러분 마음에 작용 된다면 이런 사람은 이생에 정신 놓고 머리에 꽃을 꽂고 다니고 길가면서 무슨 말인지 알아들을 수 없이 횡설수설하고 다니게 됩니다.

또 이런 사람이 남자와 살면 남자 등골을 다 빼먹게 되고, 온갖 여우짓의 몸부림을 다 하고 살게 되어 있고, 남자의 경우도 마찬가지입니다. 또 이에 따라 나타나는 현상은 무궁무진해서 한마디로 빙의의 작용을 다 말할 수 없는데 그 이유는 사람마다 전생에 살아온 환경, 마음, 업이 다 다르기 때문에 그렇습니다. 그래서 이 부분은 특정한 한 사람에게만 그것에 맞게 말해줄 수 있는 부분이고 여기서는 빙의에 대한 전체적인 말만 할 수밖에는 없습니다. 따라서 빙의도 결국 인간으로 인생을 살았던 사람이기 때문에 죽으면 아상(표면으로 나타나는 마음)은 없어지지만, 그 사람의 근본인 '참 나'의 마음은 영원히 존재하기 때문에 그 마음이 이생에서 살아 있는 사람의 마음에 작용하면 이것을 여러분이 분별하지 못하고, 만약 여러분 스스로가 이런 것을 분별할 수 있다면 그 자체가 깨달음을 얻은 사람이 되는 것입니다.

그래서 인간이 빙의가 없는 마음인 그 자기 본래의 마음('참(眞) 나'의 마음)만 가지고 산다는 것은 다행 중에서 다행이라 할 것입니다. 그렇다면 이같이 말하면 여러분은 '나는 빙의가 없는 마음이다.'라고 생각하는 사람이 있을 것이나 그게 그렇지 않습니다. 그 이유는 진리의 기운이 존재하는 이 자연계에 사는 입장이어서 언제라도 빙의는 여러분 마음에 작용할 수 있는데 이것은 마치 문이 열려있는 여인숙(旅人宿)에 누구라도 들어갈 수 있는 것과 같아서 그렇습니다. 그래서 내 마음에 문지기라는 것이 필요한데 이게 뭘까? 그것은 바로 '깨어 있는 의식(意識)'이 되는 것이어서 나는 이 의식에 중요성을 오늘날까지 말하고 있는 것이어서 이 부분 정립해야 할 것입니다.

실제 요놈의 마음 작용이라는 것은 무궁무진해서 의식이라는 것이 흐려 있다면 이것은 마치 성을 지키고 있는 수문장이 꾸벅꾸벅 졸고 있는 것과 같아서 사람이 성문(마음)을 현실적으로는 지키고 있지만, 의식이 깨어 있지 않으면 사실 누가 그 성문으로 들어갔다가 나갔는지도 모르게 되는 것과 이치는 똑같습니다. 그래서 진리의 기운 속에 존재하는 이 자연에 사는 모든 생명체는 언제라도 진리의 기운 속에 존재하는 빙의의 영향을 받을 수 있는데 이것은 생선가게에 가면 내 몸에 비린내가 배는 것과 이치는 똑같습니다. 이 경우 최고의 방법은 나의 의식으로 그 생선가게를 벗어나려고 하는 노력이 필요한데 어리석은 사람은, 의식이 없는 사람은 그 가게가 어떤 가게인지도 모르고 무슨 냄새가 나는지도 모르고 들어가 있고, 빠져나올 생각 자체도 하지 못하는 사람이라고 해야 맞습니다.

그래서 이 세상에 존재하는 인간뿐 아니라 모든 생명체는 각자의 업에 따라 언제라도 빙의의 마음에 영향을 받을 수 있고, 실제 이런 부분은 모든 생명체를 보면 쉽게 알 수 있습니다. 강아지가 유독 인간의 말을 잘 따르는 것도 빙의 작용일 수도 있고, 보통 사람과 다르게 행동을 하는 것도, 현대의학으로 진료가 되지 않는 정신병(조현병) 같은 것도 마찬가지고 살림을 하는 사람도 그 자신의 '참 나'가 아닌 다른 사람의 마음으로 살림하기도 합니다.

결국 어떤 빙의가 어떤 사람에게 작용하는가에 따라 이 사회에 심각한 사회문제가 되기도 하고, 집단으로 문제를 일으키기도 하는데 이런 현상은 여러분이 이 사회가 돌아가는 것을 보면 쉽게 알 수 있는 부분이어서 이런 것을 통해 진리의 기운(마음)이 어떻게 작용하고 있는가를 관심 있게 봐야 하는데 여러분은 이런 것에는 별 관심을 두지 않고 그저 내가 마음먹은 대로 뭔가만 되기를 바라고 사는데 매우 잘못된 의식입니다. 이생에 남녀가 만나 결혼이라는 것을 하고 사는 것이 보통인데 문제는 이 두 사람에게 빙의가 작용하면 결국 두 사람의 인생을 사는 것이 아니라 빙의가 자신의 인생을 사는데 남녀의 몸을 빌려주게 됩니다. 이 말은 몸은 죽어서 없지만, 이 마음이라는 것은 항상 작용하고 있어서 정신을 차리지 않으면 언제라도 빙의 마음에 영향을 심각하게 받을 수 있다는 것을 알아야 할 것입

니다. (3에서)

094-3 빙의(憑依)에 대한 정의를 알고 싶습니다

답 (2에 이어서) 사실 우리가 이 세상을 살아가면서 코로 숨을 쉬고 살지만 내 콧구멍 속으로 어떤 바람이 들어오는가에 따라 여러분은 그 바람의 영향을 받게 되고, 이때 여러분은 단순하게 나는 살아 있다고만 생각하는데 사실은 숨 한번 쉬는 것도 의식 없이 숨을 쉬게 되면 그 바람 속에는 빙의의 바람(마음)도 들어 있을 수 있다는 이야기입니다. 그래서 단순하게 살아 있으니 숨을 쉰다고만 생각한다면 여러분은 그런 마음으로 내가 말하는 것 깊게 이해할 수 없습니다. 우리 주변에 흔히 하는 말로 실득벌득하고 산다는 말이 있는데 이 말은 정신이 들어갔다, 나갔다가 오락가락하는 의미로 이 말 사용하지만, 이런 현상도 빙의가 들락거려서 나타나는 현상이거나, 아니면 그 자신의 '참(眞) 나(본성)'가 그렇게 되어 있어서 나타나는 현상이기도 하고, 또 빙의가 집단으로 한 가정의 가족에게 작용하면 그 집안 모두가 빙의의 집단이 될 수도 있고 이런 것은 흔하게 볼 수 있는 현상이기도 합니다.

나는 어떤 사람을 볼 때 가끔 상대의 눈을 뚫어지게 보기도 합니다. 물론 이같이 상대를 뻔히 보면 상대의 입장에서 민망하기도 할 것이고, 이 경우 상대는 '왜 내 눈을 빤히 쳐다보는가?'라고 말하기도 하는데 마음은 보이지 않지만, 상대의 눈을 보면 그 사람의 마음이 보이기 때문에 보는 것입니다. 흔히 '눈으로 말해요.'라는 말 여러분도 알 것이나 이것은 그 상대의 감정으로 표정으로 나타내는 것을 읽는 것, 느끼는 것이지 내가 말한 것처럼 그 사람의 근본인 마음 바탕을 보는 것은 아닙니다.

다시 말하면 아상(我相)이 있는 사람은 눈앞에 색안경을 끼고 보게 되지만, 아상이 없는 사람은 색안경이 없기 때문에 있는 그대로를 보는 것과 이치는 똑같습니다. 그래서 여러분이 말하고 행동하는 것 속에는 모두 나는 이런 본성의 업을 가지고 있다는 것을 스스로가 다 나타내고 있지만 정작 여러분은 '제 눈에 안경'이라고 해서 자신이 스스로 생각하기에 자신 행동에는, 바라보는 눈에는, 그 마음에는 아무런 문제가 없다고 생각하는 것이 전부인데 그러면서 '나의 참(眞) 나를 알자, 나를 찾아서'라는 식의 말 무수하게 하는데 참으로 안타까운 일이라 할 것입니다.

그러니 이 세상에 '나의 본마음'을 잃어버리고 사는 사람이 한둘이겠는가? 마음을 나의 '참(眞) 나'의 마음을, 본마음을 잃어버리고 살면 여러분이나 사회적으로 어떤 현상이 일어나겠는가를 생각해보라는 이야기입니다. 그러면서 여러분이 인지하는 마음은 모두 좋은 마음, 아무런 문제가 없는 마음이라고 생각하니 참으로 갑갑한 인생 사는 사람 상당하고, 빙의에게 마음을 다 내어주고 허수아비와 같이 빈껍데기만 가지고 사는 사람, 이 세상에 넘쳐납니다. 집에 나를 낳아준 부모가 있음에도 엉뚱한 곳에서 '아버지'를 찾는 사람이 하나둘인가?

부처가 뭔지도 모르면서 '부처, 부처'하고, 죽은 조상이 신으로 왔다고 해서 손발이 다 닳도록 비는 행위를 하는 사람도 있고, 인간이 만들어 놓은 것으로 인간인 여러분이 그 말을 철석같이 믿고 살아가기도 하고, 무슨 별자리가 자신의 별자리라고 생각하고 큰 의미를 부여하는 사람도 있고, 인간이 만든 이상한 그림을 뽑고 그 그림을 자의적으로 해석하여 온갖 말장난으로 여러분의 운명을 점치고, 또 오방기(다섯 가지의 색깔)라는 깃발 중에 하나를 뽑으면 그 색으로 여러분의 미래, 운명 등 모든 것을 점칠 수 있다고 하고, 자연 속에 기이한 형상을 보고 그것에는 심오한 의미가 있다고 생각하는 사람도 있고, 사람의 생김새를 보고 무엇이 어떻다 등을 말하는데 바로 이런 세상을 보고 '빙의가 판치는 세상이다.'라고 하는 것이고, 이런 현상이 있는 이 현실을 나는 '아비규환의 세상이다.'라고 말한 것입니다.

물론 인간이 이 지구 상에 존재하기 시작하면서부터 빙의 현상은 있었지만, 그 당시에는 이런 현상에 관심을 별로 두지 않았고, 시간이 흐르면서 사람들은 뭔가가 있다는 것에 관심을 두기 시작했는데 문제는 이런 현상이 어떤 사람에게 작용하는가에 따라 그것을 신, 귀신이라고 했고, 무수한 종교적 신앙, 사상이 되어 오늘에 이른 것인데 요즘에는 사람들이 아무 생각 없이 '빙의'라는 말을 직설적으로 입에 담고 사는데 이것은 매우 좋지 않은 상황이고, 이런 상황을 나는 '빙의들의 천국, 빙의들이 세상을 지배했다'라고 말한 것입니다.

그래서 여러분이 반드시 정리해야 할 것이 빙의(憑依)라는 것은 '죽은 사람의 마음'이 살아 있는 인간이나 기타의 생명체에 지대한 영향을 주고 있는 현상을 '빙의 현상'이라고 정립해야 하고 이것은 여러분 스스로가 쉽게 인지하지 못하고, 인지한다는 것이 고작 '내가 다른 사람과 뭔가 다른 행동'이라는 것을 했다고 인식했을 때, 혹은 현대의학으로 치료되지 않는 신체적, 정신적인 문제가 있을 때 겨우 '뭔가 이상하다'라고 느끼는 것이 전부입니다.

그러나 내가 말하는 것은 여러분이 정상이라고 생각하는 그 마음에도 빙의는 있을 수 있고, 아기가 태어나면 그 아이에게도 빙의가 작용할 수 있고, 또 각자의 업이 뭔가? 어떤 빙의인가에 따라 죽을 때까지, 혹은 죽고 나서 다른 생명체로 태어나도 빙의 작용은 지속될 수 있는데 그것은 빙의에게 여러분이 어떠한 업을 지었는가, 그 업의 종류가 뭔가에 따라 '업의 유통기한'이라는 것이 만들어지기 때문에 그 시간까지는 빙의의 영향을 받을 수밖에는 없다 할 것입니다. 그렇다면 이에 대한 대책은 없는가의 문제인데 여러분 스스로가 치유하는 방법은 있습니다.

그것은 바로 여러분의 마음을 이치에 맞게 고치면, 여러분의 의식은 그 마음에 맞게 변하게 되는데 이같이 하면 그 의식이 강하면 빙의는 유통기한이 남아있더라도 빙의를 스스로 제도할 수 있고, 이것이 아닌 그 어떤 방법, 수단으로, 종교적 의식, 미신, 무속 등의 행위로 빙의를 제도할 수 없다 할 것입니다. 그래서 여러분이 이치에 맞는 말을 긍정하고 실천하게 되면 '마음이 편해지는 것'을 스스로가 느끼는데, 이것은 바로 마음이 청정해져서 나타나는 현상입니다. 그러니 왜 이치에 맞는 말이 이 세상에 존재해야 하는가, 필요한 것인가를 이해할 수 있을 것인데 거꾸로 말하면, 지금까지 이 세상에 이치에 맞는 말이 없어서 오늘날 빙의 천국이 되어 버린 것이라고 해야 맞는 말이 됩니다. (4에서)

094-4 빙의(憑依)에 대한 정의를 알고 싶습니다

답 (3에 이어서) 사람의 마음이라는 것은 여러분의 의식에 따라 변했고, 지금도 여러분이 어떤 의식을 가지고 있는지에 따라 수시로 변합니다. 나는 이 개념을 '마음은 소 길들이는 것과 같은 것이다.'라고 오래전에 말했는데 과연 지금 여러분은 어떤 소를 어떻게 길들이고 있는가를 되돌아보면 여러분의 의식이 무엇인가는 스스로가 알 수 있을 것이나, 문제는 글은 이해가 된다고 하더라도 이것을 실천하기는 매우 어렵다는 점입니다. 그래서 마음 한번 고쳐먹으면 된다고 쉽게 말하는 사람이 있는데 이거 매우 어려운데 그 이유는 현실에서 무엇을 정리할 때 '지나간 것이니 다 잊어버리자.'라고 마음을 고쳐먹으면 되겠지만, 문제는 어떤 사안에 대하여 각자의 '참(眞) 나'에서, 혹은 아상의 마음, 빙의에 마음 등에서 일어나는 그 마음은 앞서 말한 대로 한번 마음을 고쳐먹는다고 해서 해결되지 않는데 그 이유는 여러분 마음 뿌리에서 올라오는 마음이어서 그렇습니다.

예를 늘어 이성 간에 마음이 끌리면 그 마음을 쉽게 고쳐먹을 수 없고, 또 생각을 말자고 고쳐먹었다고 해도 뿌리에서 일어난 그 마음은 그렇게 해서 고쳐지지 않는 데 마음이 끌려 있는데 부모가 주변에서 '하지 말라'고 하면 결국 집을 뛰어서 나가서라도 상대를 만나게 되는데 업의 끌림이라는 것은 이처럼 매우 어려운 것입니다. 더군다나 빙의가 여러분의 마음에 작용하고 그 끌림으로 상대나, 어떤 것에 마음을 두었다면 그 마음을 접기란, 다스리기란 매우 어렵습니다. 비단 끌림이란 이성적인 상대에게만 해당하는 것이 아니라, 음식이나 명품이라는 제품 사업하고자 하는 마음, 권력에 집착하는 마음 등 일체 모든 것에 해당하는 것이어서 이런 부분은 현실에서 얼마든지 쉽게 알 수 있는 부분입니다.

사실 여러분이 법을 찾는 이유(말로는 법을 찾는다고 포장하겠지만)는 자신의 마음 끌리는 대로 인생을 살아왔지만, 그 결과가 생각처럼 원하는 결과로 나타나지 않으니 답답해하고 그 원인을 찾으려 단편적인 생각으로 법이 어떻다고 말하는 것이고, 그렇게 마음을 쓰고 살게 만든 것은 빙의가 근본 원인이고 그다음 여러분이 내 마음이라고 인식하는 그 마음에 문제가 있어서 결국 이 업이라는 것은 여러분을 좋게 하려고 작용하는 것이 아니라 빙의나 여러분의 아상은 결과적으로 여러분을 패가망신하게 한다는 점 명심해야 합니다.

실제 이 빙의(憑依)라는 기운 작용은 여러분이 우습게 생각하겠지만, 이 작용은 여러분이 상상하지 못할 정도로 무서운 것인데 어떤 사람들은 이것을 퇴치하는 무슨 비법이 있다고 말하고, 누구는 유명한 누구에게 무엇을 전수하였다고 말하고 있지만 모두 이치에 벗어난 것이고, 이 빙의(죽은 사람의 마음)를 다스릴 수 있는 것은 오직 '이치에 맞는 말을 하는 자'만에 죽은 그 사람의 마음을 천도(제도)할 수 있다고 해야 맞는 말이 됩니다. 따라서 어떤 사람이 어떤 사안에 대하여 열 마디를 했다면 그 열 개의 말 중 하나가 이치에 맞지 않게 하는 사람도 있고, 또 열 가지의 말이 다 이치에 벗어난 말을 하는 사람이 있다면 이것은 그 사람에게 심각한 빙의 작용이 있다고 해도 무리는 없을 것입니다.

그래서 나는 여러분에게 말이라는 것은 각자의 마음을 표현하는 것이라고 했으니 세상 사람들이 하는 말 한마디, 숨소리, 눈뜨는 것, 행동하는 것 하나만 봐도 여러분의 마음이 뭔가를 알 수 있다고 말했는데 이것은 결국 여러분은 자신이 인지하는 마음이라는 기운에 따라 몸이라는 물질이 그대로 작용하고 있어서 그렇습니다. 나는 청정한 마음을 만들어야 한다는 말을 많이 하고, 불교도 이런 말은 많이 하지만 불교에서 말하는 청정이라는 말은 '육바라밀의 수행'을 통해서 얻어지는 것이라 말하고, 나는 여러분의 마음에 아상의 마음을 없애고, 빙의의 마음이 내 마음에 작용하지 않은 상태를 나는 청정한 마음이라고 말하고 있어서 이 부분 어떤 논리가 타당한 것인가는 반드시 여러분이 정립해야 합니다.

따라서 지금, 이 글을 보고 있는 여러분 스스로가 '나 자신의 마음은 깨끗하고 청정하다.'라고 생각하고 있다면 매우 잘못된 생각이고, 말대로 100% 청정하다고 하면 이 세상에 생명체로 태어나지 않기 때문에 일단 인간으로 존재한다고 하면 그 마음에 뭔가의 문제가 있어서 존재한다는 것을 먼저 인정해야 합니다. 그래서 여러분이 뭔가 자신의 일상에서 문제가 있다고 한다면 여러분 마음이 청정하지 않아서 그러한 괴로움이 있는 것이어서 나는 여러분이 무엇을 물어 보면 이렇게 하라는 말을 하는데 그 말을 따라서 행동하면 여러분의 마음이 청정해져서 그 문제는 그 상황에 맞게 정리가 되는 것이지 이 법을 안다고 해서, 받는다고 해서 여러분 마음에 화현의 부처가 작용하여 여러분을 자동으로 그렇게 편하게(청정하게) 해주지는 않습니다.

불교는 부처나 보살이라는 것을 믿으면 그들이 여러분을 구제하고 구원해 주고 고통에서 벗어나게 해준다는 논리지만, 나는 이치에 맞는 말을 따르면 그것에 맞게 마음이 편안해진다는 것을 말하고 있어서 이 부분 분명하게 여러분의 의식으로 정립해보면 어떤 논리가 맞는가를 이해하게 됩니다. 그래서 오늘날까지 나와 선율이 가 여러분에게 무수한 말을 했고, 그 말을 잘 따르고 실천한 사람과 따르는 척하며 실천하지 않은 사람의 차이는 전혀 다르게 나타나게 되어 있어서 이런 부분은 현실에서 확연한 차이를 나타내게 되어 있고, 이런 부분을 인지하고 있다면 의식이 조금은 깨어 있다고 해도 무리는 없을 것이니 각자의 마음을 되돌아보면 내가 무슨 말을 하는지를 알게 될 것입니다. (5에서)

094-5 빙의(憑依)에 대한 정의를 알고 싶습니다

답 (4에 이어서) 문제는 빙의라고 해도 윤리·도덕·양심이라는 것을 전혀 모른다고 할 수만 없는 것이 빙의 자신도 죽어서 빙의로 되기 전까지는 하나의 인간이었기 때문에 그 자신도 전생에 안만큼의 윤리·도덕·양심이라는 것도 압니다. 마찬가지로 여러분이 이생에 죽으면 이생에 살면서 알았던 만큼을 가지고 죽기 때문에 여러분이 빙의되었다고 해도 다른 사람이 윤리·도덕·양심에 반하는 어떠한 행동을 하면 빙의 자신도 비록 다른 사람의 몸을 쓰고 있지만, 그 사람의 입으로 다른 사람에게 지적할 수도 있습니다.

그래서 빙의라고 해서 여러분에게 꼭 해(害)만 준다고 할 수 없는데 빙의가 이렇게 하는 이유는 자신이 정상이라는 것을 사람들이 눈치채지 못하도록 그러한 행동을 하는 것인데 바로 이 부분 때문에 빙의가 실제 작용하고 있지만 보통 사람들이 보면 '저 사람은 좋은 사람'이라는 인식을 심어줍니다. 왜 이런 말을 하느냐면 빙의가 현실에 어긋난 말만 지속적으로 하는 것이 아니라 때로는 앞서 말한 대로 어떤 상황에서 가끔은 윤리·도덕·양심에 맞는 말을 할 수도 있어서 이런 것을 보면 실제 빙의가 작용하고 있지만, 보통은 정상인이라고 생각하게 만든다는 것입니다.

예를 들어 주차하지 못하게 한 곳에 잠깐 차를 대면 '이곳에 주차하지 말고 주차장에다 주차하세요'라는 말을 하기도 하는데 이 경우 운전자가 생각하기에 이 사람(빙의)이 하는 말이 맞기 때문에 빙의의 그 말에다 반박하지 못합니다. 또 하나는 빙의도 현실적인 법(法)이라는 것을 어느 정도 압니다. 그래서 어떤 때는 '법대로 해라.'라는 말을 하기도 하고, 또 어떤 경우에 예의가 바르게 행동하기도 하고, 원칙을 말하기도 합니다. 이렇기에 특징적으로 빙의 현상을 나타내어 사람들과 다른 행동을 하는 빙의도 있지만 어떤 빙의(사람)는 겉으로 보기에 일반 사람과 별로 다르지 않게 작용하는 빙의도 있는데 예를 들면 이것은 지구 상에 80억의 인간이 있다면 빙의도 80억 개의 종류가 있다는 이야기입니다.

그래서 이 지구 상에 모든 인간이 행동하는 것을 보면 표면으로 빙의 자신이 드러나게 행동하는 빙의도 있지만, 표면에 드러나지 않고 앞서 말한 대로 내면으로만 작용하는 빙의도 있고, 온전하게 빙의로 어떤 사람을 장악해 그 사람이 하는 행동에서 어떻게 보면 맞는 말이라고 생각하는 말도 하므로 일반 사람과 다르지 않다고 여러분은 생각하게 됩니다.

따라서 이생에 살다 죽은 사람도 빙의되어 여러분의 마음에 작용하게 되면 그도 여러분과 똑같은 마음을 가지고 있어서 빙의가 여러분 마음에 작용해도 여러분이 쉽게 그것을 인지하지 못한다는 게 문제가 되는 것입니다. 차라리 뭔가 눈으로 확 뜨이게 작용해버리면 '내가 뭔가 다르다.'라는 것을 인지라도 할 수 있겠지만, 소리소문없이 여러분 마음에 작용하면 대부분은 이것을 눈치채지 못한다는 것이고, 사람 여럿이 모여 하는 대화라는 것을 들어보면 누가 보면 '수다' 떠는 것으로 보지만 사실은 빙의들이 집단으로 모여 그들만의 대화를 하기도 합니다. 그래서 나는 어떤 집단이라도 끼리끼리 모인다는 말을 한 것인데 이것은 사회적으로 혹은 가정적으로도 흔하게 빙의 작용이 나타나기도 합니다.

예를 들어 하나의 가정이라는 것도 전생에 동업, 혹은 비슷한 업을 지었기에 이생에 가족이라는 이름으로 모이게 됩니다. 마찬가지로 빙의라는 것도 여러분이 전생에 어떠한 행위를 가해서 빙의가 되었다면 결코 여러분과 무관하지 않아서 그 한을 되갚기 위해 빙의로 존재하는 것이 기본이기 때문에 실제 하나의 가정을 보면 업도 더럽고, 빙의마저 우글우글하는 것을 쉽게 볼 수 있는데 이런 집에 사는 사람들을 보면 질서도 없고, 쓸데없는 것에 오만가지 신경을 쓰고 남이 하는 것에 지적하면서 왈가왈부하고 차분하고 안정된 집안 분위기를 만들어가지 못합니다.

또는 어디에 뭐가 맛있다고 하면 그런 집만 골라가면서 음식을 먹기도 하고, 명품이라는 것, 혹은 쇼핑이라는 것에 중독되어 남이 갖고 다니는 것을 보고 그대로 따라 하는 행동을 하기도 하고, 성적인 것에 유난히 집착하기도 하고, 술을 먹으면 조금 전에 한 말 또 하고 어찌 되었든 이런 상황을 보통 사람들이 보면 정상이라고 생각하는 것이 문제인데 결국 한 가정이 4식구라고 한다면 여기에 빙의에 집단이 작용하면 보이지 않지만, 그 집안은 4식구가 아니라 10식구가 될 수도 있어서 이런 집안은 되는 일도 없고 집안만 어수선하게 되어 있어서 이런 부분은 현실에서 얼마든지 쉽게 볼 수 있습니다.

다른 사람은 정상이라고 생각하는 것을 내가 보기에 정상이라고 볼 수 없다는 것에 괴리감이 있는 것입니다. 당사자들은 앞서 말했듯이 아무 문제 없다고 살지만, 내가 보기에 심각한 문제가 있다고 한다면 이런 부분을 여러분이 이해하기 어려울 것입니다. 그래서 빙의가 있는 사람이 빙의가 작용하는 것을 보면 같은 동질의 마음을 가지고 있어서, 팔은 안으로 굽는 것이어서 그 빙의가 하는 것을 알지만, 그들이 하는 행동이 잘못되었다고 지적하지 않습니다. 그래서 이 세상을 보면 모두 한다는 말이 '인간은 위대하고, 축복받아서 태어났다, 인간은 평등하다.' 등의 말을 하는데 이것도 앞서 말한 대로 '빙의 대 빙의'로 보면 다 같은 동급인데 같은 인간을 보고 뭐라고 할 수 있겠는가?

그래서 나는 인간 이기주의 인간 평등주의 등을 앞세워 어떤 말을 하면 여러분은 '저 사람은 좋은 사람이다.'라고 생각하는데 실제는 앞서 말한 대로 빙의들도 얼마든지 이런 말 할 수 있음을 알아야 합니다. 어떤 사람이 인생을 열심히 산다고 살아가다가 시간이 지나서 노력은 열심히 한다고 했지만, 결과가 뭔가 뜻대로, 마음대로 되지 않으면 그제야 '나에게 뭔가 문제가 있는 것 아닌가?'라고 생각하기도 하는데 이런 사람은 그나마 의식이 조금은 살아 있다고 해야 맞고, 문제는 죽을 때까지 자신의 마음은 아무 문제 없다고 그 마음 간직하고 사는 사람이 있는데 이런 사람을 깨어나게 한다는 것, 이치를 바꾸어 살도록 한다는 것은 거의 불가능합니다. (6에서)

094-6 빙의(憑依)에 대한 정의를 알고 싶습니다

(답) (5에 이어서) 앞에서 빙의(憑依)에 대한 대략적인 부분을 말했는데 결국 빙의라는 것은 내가 상대에게 이치에 벗어난 행위를 했을 때 그 인과응보의 인과응보로 나에게 그대로 되받아지는 것임을 알

수 있고, 이것은 죽은 사람의 마음이 나에게 작용하고 있기 때문에 이런 이치를 모르고 막연하게 빙의가 어떻다고 말하면서 '퇴마의식'을 하면 된다, 무슨 비법이 있다는 식으로 무수한 말을 하는 것은 모두 이치에 맞지 않는 말입니다. 참으로 답답한 것이 뭔가 하면 모두 빙의라는 말 많이 하지만 이것은 나와 관련이 없는 것으로 생각하고, '내가 재수 없어서 이런 것에 걸렸다.'라고 인식하고 있다는데 그 문제의 심각성이 있습니다.

그런데 나는 빙의는 내가 다른 사람에게 어떠한 행위(이치에 벗어난 행위)의 결과로 내가 그 업보를 그대로 되받는 것이라고 말하니 이 부분 여러분이 쉽게 이해하지 못할 것입니다. 온 세상 사람들이 말하기를 인간은 위대하고 온전하고, 완벽하다고 말하는 입장인데 나는 네 마음에 문제가 있다고 말하니 이게 쉽게 여러분에게 와 닿겠는가? 사전에는 빙의(憑依)에 대하여 '다른 것에 몸이나 마음을 기대는 것, 영혼이 옮겨붙은 것'이라고 말하고 있는데 문제는 이런 말은 내가 한 것과 같이 빙의의 실체를 알지 못하고 생각으로 이같이 말한 것인데 문제가 되는 부분이 '다른 것에 몸이나 마음을 기대는 것'이라고 한다면 그것이 뭔가에 대한 정의가 없고, 또 '영혼이 옮겨붙은 것'이라고 말하는데 이것은 물질 논리가 됩니다.

옮겨붙은 것이라고 하면 파리가 내 몸에 붙은 것과 같은 의미로써 이것은 물질 개념이라서 이것은 이치에 맞지 않습니다. 그런데 사람들은 이같이 '그 무엇이 붙었다.'라는 말을 하고, 이것을 떼어낸다는 의식(행위)을 하는 것이 일반적인데 대단한 착각입니다. 껌이 내 몸에 붙으면 물질이기 때문에 손으로 떼어내면 되지만, 비물질인 마음의 작용으로 내 마음에 영향을 주는 자체는 물질 논리가 절대로 아니기 때문에 온 세상 사람들이 말하는 '악령을 떼어낸다, 어디로 보낸다.'라는 식의 말은 그 자체가 모순되는 것이고, 무슨 수련을 해서 없앨 수 있다고 말하는 것 등은 모두 진리와는 아무 관련이 없습니다.

내가 말하는 것은 '마음에 끌림'으로 작용하는 것이어서 이 마음 작용을 모르면 세상에 그 어떤 방법으로도 빙의를 제도할 수 없고, 천도할 수 없는데 불교나, 무속에서는 죽은 사람을 천도한다고 해서 금전과 음식을 차리고 어떤 의식을 하기도 하는데 만약 이런 것으로 마음으로 작용하는 빙의를 어떻게 한다면 이런 사람들은 진리를 깨달았다고 하는 석가보다 한 수 위의 사람이 될 것인데 그 이유는 석가도 이 부분에 대한 말은 하나도 하지 않아서 그렇습니다. 다시 말하지만, 여러분이 일상을 살면서 어떤 상황에서, 혹은 가만히 있음에도 마음에서 뭔가가 일어날 수 있습니다. 그러면 여러분은 일단 자신의 마음에서 일어난 마음이어서 '그렇게 해야지.'라고 결정을 내리게 되고 행동으로 움직이는 데 문제는 그 마음이 여러분의 '참(眞)나'의 마음이 될 수 있고, 아상의 마음, 빙의의 마음이 될 수도 있는데 이런 마음 변화, 작용을 여러분이 모르기 때문에 문제가 되는 것입니다.

그래서 여러분이 지금까지 살아오는 과정에 모든 상황은 여러분의 마음이 끌려서 그 마음이 그대로 펼쳐져 있는 오늘의 환경이 되는 것이어서 여러분의 마음을 보려면 지금 여러분의 환경을 보라는 말을 한 것입니다. 이 마음을 스스로가 보고 '나는 이런 마음을 가진 사람이었구나.'라는 것을 아는 것, 이것이 바로 '나를 찾아서, 내 마음을 찾아서'라고 해야 맞고, 불교에서 온갖 무게 잡으면서 차 한잔 폼 나게 마시면서 명상이라는 것을 하면서 '나를 알자고' 말하는 것, 알 수 있다고 하는 것은 모순이고, 또 일부는 "이같이 해서 치료하는 과정에 말이 많아지고, 최면에 걸린 것 같고, 전생이 나타나기도 하고, 몸에 열이 나고, 울부짖기도 하는 등의 여러 가지 현상이 나타나고, 이런 현상 등이 나타나면 빙의가 치료된다는 확신을 가지면 된다는 식으로 말하기도 합니다.

또 종교적으로 노잣돈이나 음식을 많이 차릴수록 좋고, 법력이 높은 사람일수록 천도, 빙의 치유가 잘된다고도 말하는데 거듭 말하지만, 온 세상 사람들이 그동안 해왔던 방식으로 '죽은 사람의 마음'을 어떻게 할 수는 없다는 점 명심해야 합니다. 내가 말하는 마음에 작용은 일단 여러분 마음에 어떤 마음이 일어나면 각자의 의식으로 일어난 그 마음이 (1) 윤리·도덕·양심에 맞는 마음인가 (2) 이치에 맞는 마음인가 이 두 가지만 먼저 정립하면 되는데 이것은 결국 여러분의 마음을 다스리는 것은 '의식'이기 때문에 그렇습니다.

이같이 말하면 누구는 '생각은 이렇게 해야겠다고 마음이 일어났다가 그 마음이 금방 변한다, 사그라진다.' 등의 말을 하는 사람이 있는데 이것은 앞서 말했지만, 그 사람의 의식이 약해서 나타나는 것이고, 의식이 흔들리지 않고 강하면 얼마든지 빙의는 다스릴 수 있고, 빙의의 장난에 놀아나지 않게 돼 있어서 이 부분 깊게 정립해

보면 결국 죽은 사람의 마음이 내 마음에 작용하지 못하게 여러분도 얼마든지 할 수 있어서 이 부분은 이 세상 사람들이 말하지 못한 부분이어서 전무후무한 말이 됩니다. 그래서 그동안 여러분이 내가 한 말을 따르는 시간을 되돌아보면 각자의 상황에 맞게 현실적으로 마음이 편안해졌음을 느끼고, 뭔가 여러분의 환경은 좋아졌음을 느낄 수 있고, 이것이 바로 진리의 체득이라고 하는 것입니다. (7에서)

094-7 빙의(憑依)에 대한 정의를 알고 싶습니다

(답) (6에 이어서) 그렇다면 빙의(憑依) 치료를 하는데 기(氣)라고 하는 것이 관련이 있는가의 문제인데 답은 '전혀 없다'입니다. 그 이유는 마음이라는 것은 물질이 아니고, 이 기(氣)라고 하는 것은 물질 논리이기 때문인데 예를 들어 공기라는 것과 공기가 움직여서 느낄 수 있는 것은 전혀 다른 개념입니다. 더 말하면 공기라는 것은 그대로 멈춰있는 것이고, 바람이라는 것은 움직이는 것을 의미하기 때문에 그렇고, 또 사람의 몸에서 '기가 빠져나간다.'라고 하는 것은 몸의 기운을 의미하기 때문에 이것도 물질 개념입니다. 그래서 나는 강아지를 비닐봉지에 담아두면 공기가 없을 것이므로(진리의 기운이 단절되기 때문에) 죽게 됩니다. 이때 그 봉투를 관찰하면 비닐 밖으로 혼·넋·기운 등과 같은 것이 빠져나가는 것을 볼 수 없는 것과 마찬가지로 공기라는 것은 그 자체로 온전한 비 물질이기 때문에 일반 사람들이 말하는 기치료 같은 것으로 마음을 어떻게 한다는 논리는 이치에 맞지 않는 것이어서 이 부분 깊게 새겨봐야 할 것입니다.

다시 말하지만, 인간은 몸(물질)과 마음(비 물질) 이 두 가지로 존재합니다. 빙의 작용은 마음을 기반으로 해서 작용하기 때문에 물질의 그 어떤 논리로도 이 마음을 어떻게 할 수는 없는데 사람들은 앞서 말한 대로 기(氣)를 어떻게 해서 마음으로 작용하는 빙의를 어떻게 할 수 있다고 말하는 자체는 모순입니다. 그래서 마음을 다스리는 것은 결국 여러분의 의식(意識)인데 문제는 이 의식이 흐려 있으면, 깨어 있지 못하면 마음을 다스릴 수 없고, 마음을 다스리지 못하면 결국 몸도 다스릴 수 없어서 살아 있는 인간이 깨어 있는 의식을 가지고 사는 것이 매우 중요합니다. 이같이 말하면 모두 다 인간은 깨어 있는 의식을 하고 있다고 말하는 사람도 있을지 모르겠지만 대단한 착각입니다. 숨 쉬고 밥을 입속으로 넣는 것은 동물학적으로 인간의 본능으로 하는 행동이고, 이 같은 행동을 한다고 해서 내가 말하는 '깨어 있는 의식'이 있다고 할 수는 없어서 이 부분 새겨봐야 할 것입니다.

어떤 여자 둘이 휴게소 화장실을 가는데 두 사람이 동시에 남자 화장실로 들어갑니다. 이때 어떤 사람이 '여기는 남자 화장실이다.'라고 하니 '그래요?' 그러면서 되돌아 나오면서 하는 말이 '사람이 실수할 수도 있지 뭐'라고 하면서 투덜거립니다. 이 상황이 바로 빙의들이 행동하는 상황인데 그 이유는 실수했다고 하면 '아 그래요'라고 답을 하고, 깔끔하게 되돌아서 나오면 되는데, 문제는 나오면서 무슨 말인지 알 수 없는 말로 구시렁거리는 데 이럴 필요가 있을까? 물론 이 상황도 빙의 나름이겠지만 주변에 보면 혼자 구시렁거리면서 왔다 갔다를 하는 사람 길가에 넘쳐나는데 이것도 빙의 현상입니다. 또 이치에 맞지 않는 사상에 빠져 길거리에서 그 종교를 믿으라고 호객하며 영업하는 행위, 다른 종교는 쓸모없고, 자신들의 종교가 유일하다고 말하는데 이것도 일종의 빙의 현상입니다.

따라서 이같이 볼 때 이 세상 사람들은 사실 대부분이 빙의의 영향을 심각하게 받고 살아가고 있다고 해도 무리는 없고, 다만 그 빙의의 작용이 어떻게 나타나는가, 그 정도 차이만 다를 뿐이고 제일 좋은 것은 일단은 빙의가 없이 사는 것이 최선이기 때문에 결론은 여러분 스스로가 빙의에 영향을 받지 않도록 의식을 깨어나게 하는 것이 중요합니다. 그래서 이 방법은 이치에 맞는 말로 마음에 청소를 꾸준하게 하는 방법밖에는 별도리 없습니다. 누가 '하루만 글을 읽지 않으면 입에 가시가 돋친다.'라는 말을 했다고 해서 어떤 책이든 여러분은 볼 것이나 잘못된 의식입니다.

그 이유는 그 책의 내용이 뭔가에 따라 그 책은 여러분 마음에, 의식에 병이 들게 할 수 있고, 여러분을 무의식에 빠지게 할 수 있어서 세상에 수많은 책이 있지만, 반드시 '이치에 맞는 말'을 보는 것이 중요하고, 이름 좀 알려졌다는 사람들의 말에 끄달리면 여러분 인생은 패가망신하게 되어 있음을 명심해야 합니다. 그래서 단순하게 물질 논리를 말하는 책은 현실에서 필요한 부분이지만, 비 물질에서 정신과 마음, 의식에 영향을 줄 수 있는 글은 여러분이 신중하게 접근하는 것이 중요합니다. 여러분 주변이나 방송 같은 것을 보면 '감성적인 말'이 무수하게 있는데 인간사회에서 어떤 말이든 할 수는 있겠지만 그렇게 말하는 것을 탓하지 말고, 내가 어떤 말을 마음에 담고 살 것인가만 생각하고 이치에 맞는 말은 취하고, 이치에 반하는 말은 반드시 마음에서 흔적을 지우는 것이 중요합니다.

이런 의식을 가지고 살지 않으면 감성에 끄달려 집착하는 그 마음에 빙의는 아주 쉽게 소리소문없이 여러분 마음에 작용할 수도 있습니다. 결국 이 지구 상에는 진리의 기운이 존재하고 이 기운 속에는 오만가지 기운이 다 뒤섞여 있어서 여러분 의식이 어떤 기운에 끌리는가에 따라 무수한 기운의 영향을 받게 되어 있습니다. 잘못된 기운에 자신도 모르게 빠져들어 가면 여러분은 다시 그 수렁에서 나오기 매우 어렵고, 이런 부분은 세상 사람들이 하는 행동을 보면 그 사람이 어떤 상태의 의식을 하고 있는지는 아주 쉽게 알 수 있지만, 문제는 정작 그 사람은 자신의 의식이 맞는다고 생각하고 살기 때문에 문제가 되는 것입니다.

여객선을 운전하는 사람의 의식이 잘못되면 이 사람으로 인해 그 배에 타고 있는 수많은 사람의 생명이 한순간에 잘못될 수 있고, 나라를 운영하는 사람의 의식이 이치에 벗어나 있으면 그 나라 국민의 의식은 잘못될 수 있고, 한 가정을 이끄는 입장에서 부부의 의식이 잘못되면 그 자식도 그 의식을 대물림하게 되어 있다는 이야기입니다. 그래서 나는 이 세상에 자식이 태어나면 '윤리·도덕·양심에 맞는 의식'을 먼저 알게 하고, 그다음 '이치에 맞는 말'에 순응하고 따르는 의식을 갖노록 하는 것이 제일 좋은 태교이며, 자식을 훈육하는 방법이라고 말했고, 이같이 했을 때 그 가족과 자식은 평온한 삶, 빙의에게 영향을 받지 않고 살 수 있는 것이라고도 말했고, 이렇게 하는 것이 무수하게 존재하는 빙의의 영향에서 벗어나고, 나를 보호하는 최고의 방법이 되는 것입니다.

여러분이 어렸을 때부터 자신의 마음을 이치에 맞게 만들지 않으면 결국 성인이 될 것이고, 성인이 되어 이성을 만나면 이치에 벗어난 의식을 가진 상대를 만나게 될 것이고, 이같이 되면 빙의는 그 마음에 얼마든지 영향을 주게 되고, 결국 태어나는 자식마저도 이치에 벗어난 마음을 가진 자식을 만나게 되는데 이같이 만들어진 가정이 과연 온전한 가정이 될 것인가? 또 이런 가정에는 항상 풍파나 우환이 끊임없이 일어나게 되고 집안이 시끌시끌하게 되어서 되는 일이 없습니다. 이것은 마치 자석을 당기면 쇳가루가 붙어서 딸려오는 것과 같아서 그런 집안 주변에는, 빙의를 달고 사는 개인에게는 그에 맞는 빙의들이 똥파리가 똥을 보고 달려들듯이 쉽게 빙의들이 꼬이게 되어 있고 결국 빙의의 집단이 만들어지는 것입니다.

인생 사는데 물론 돈이라는 물질 중요합니다. 하지만 내가 말하는 것은 물질이 우선이 아니라 마음을 이치에 맞게 만들면 물질이라는 것은 그 마음에 맞게 얼마든지 가질 수 있음을 명심해야 합니다. 여러분이 처음에 태어날 때 알몸으로 태어났다는 말 쉽게 합니다. 이것은 물질 논리에서 다 아는 내용이라 새삼스러운 것은 없는데 내가 말하고자 하는 것은 알몸으로 태어난 이 상황은 물질이 우선이 아니라 진리적으로 그 자신의 '본질'을 그대로 나타내주는 것이고, 여기에 인간들이 하나둘씩 진리의 실체에 옷을 입혀 그 몸을 가리는 것은 '나라고 하는 아상의 가죽'으로 진리의 실체를 가리는 것이 되는 것이어서 이 말 깊게 새겨봐야 합니다. 그래서 세상의 어떤 것을 봐도 여러분이 일반적으로 보는 관점과 내가 보는 관점은 완전하게 다르다는 점 정립해야 합니다.

그래서 나는 여러분을 볼 때 제일 먼저 여러분의 마음을 보고 그다음 몸을 보는데 이것도 현실에서 여러분도 다 마찬가지로 사물을 보는 것과 똑같습니다. 그런데 문제는 나는 세상 사람들을 보면 '그래서 너는 이런 마음을 가졌기에 이런 몸을 가지고 이런 환경에서 사는구나'라는 것을 봅니다. 이게 나와 여러분이 똑같은 눈으로 세상을 보고 살지만, 여러분과는 차원이 다른 것이어서 오늘날, 이 법이라는 것을 말할 수 있고, 이 부분을 말하는 자식을 오늘날 '내 새끼 내 새끼'라고 애지중지하고 있고, 내가 하는 이런 말이 화현의 부처님이 그토록 말하는 '전무후무한' 일이라고 하는 것입니다. 이 말이 무슨 말인가를 여러분이 이해하지 못하면 결국 내 말은 여러분에게 쓸데없는 말, 사이비의 말로 들릴 수밖에 없어서 어차피 이 부분은 여러분이 정립하는 수밖에 별도리 없는 것입니다.

095 사람은 모두 내 마음이라는 것을 인식하고 있는데 마음이 뭔가요?

(답) 일반적으로 사람들이 '내 마음'이라고 하는 마음은 나를 존재하게 한 바탕인 '참(眞) 나'를 기반으로 형성된 가식의 마음을 보통 '네 마음'이라고 인식하는 것입니다. 그런데 이 마음은 비 물질이

기 때문에 물질 개념으로 인간의 눈에 보이지 않지만 분명하게 여러분은 '이것이 내 마음이다.'라고 확정을 지어 자신의 마음을 표현하고 있는데 이것은 '참 마음(가식이 없는 마음)'이 아니라고 해야 맞습니다. 다시 말하지만, 사과의 속을 보면 분명 씨앗이 있는데 이것은 표면적으로 드러나지 않는 마음이고, 눈으로 볼 수 있는 것은 이 씨앗을 기본으로 하여 형성되어 나타난 수박의 표면을 일반적으로 '내 마음'이라고 인식하고 삽니다. 그래서 불교에서 '참 나를 찾아서'라는 말은 사과의 표면에 나타난 색상 하나만 보고 내 마음이라고 하므로 내가 말하는 두 가지의 마음을 말하는 것은 아닙니다.

예를 들어 여러분이 누구에게 어떠한 말을 했고, 뒤돌아서서 '그때는 내 마음이 아니었어'라고 느낀다면 불교에서 말하는 '참(眞) 나'는 나중에 말한 '그것이 내 참마음이 아니었다.'라고 하는 것을 발견하는 것을 '참 나'를 아는 것이라고 이해하면 됩니다. 다시 말하면 여러분이 싸움할 때 누군가에게 욕을 했다고 하면, 나중에 그 사람을 만나서 '그때 내가 너에게 욕을 한 것은 내 진심이 아니었다.'라고 반성을 할 수 있는데 불교의 말은 조용하게 차를 먹으면서 '참 나'를 알자고 하면서 되돌아보니 상대에게 그렇게 한 말은 진심, 본심의 마음이 아니었다고 후회하는 것, 반성하는 것으로 여러분은 자신의 '참 나'를 안 것으로 생각하는 것이 전부라는 이야기입니다.

그래서 이 같은 마음은 사과의 표면에 나타나는 무수한 마음 중에 뒤섞여서 나타나는 마음이고, 내가 말하는 '참(眞) 나'는 '상대에게 그렇게 말하는 자신의 본성'을 말하는 것(감정, 말하는 전생에 스타일, 억양,

말투, 그 말에 들어 있는 자신만의 씨앗)이어서 잘못했다고 느끼는가 느끼지 않는가만을 놓고 나의 '참 나'를 알았다고 할 수는 없다는 것이어서 이 부분 새겨봐야 할 것입니다. 다시 말하면 여러분이 어떤 상황에서든 무슨 말을 하면 그 말속에, 눈을 깜빡이는 그 속에, 손발을 움직이는 그 행동이나 숨 한번 쉬는 것에도 앞서 말한 사과의 씨앗이라는 것이 반드시 들어있는 것이고, 입으로 말을 할 때는 그 본성(참(眞) 나)을 포장하고 입 밖으로 말을 하는 것입니다.

이를테면 여러분이 누구에게 어떤 상황에서든 '감사합니다.'라는 말 한마디를 했다고 하더라도 그 말속에는 각자의 '참 나의 마음(사과 씨앗의 근본)'이 반드시 섞여 있고, 표면으로는 '감사합니다.'라는 그 말은 그 씨앗을 숨긴 가식적인 말이 되는 것입니다. 따라서 보통 여러분이 내 마음이라고 하는 것은 그 속에(씨앗) 이 뭔지를 모르고 표면으로 올라오는 마음 하나만 가지고 내 마음이라고 인지하지만, 내가 말하는 것은 나를 존재하게 한 그 '참 나'의 마음이 있고, 이 '참 나'의 마음은 여러분이 알 수 없습니다. 그것은 나라고 하는 아상에 '참 나'가 포장되어 있어서 그렇고, 여러분이 '참 나'를 알자고 하는 것은 도덕 · 윤리 · 양심에 반하는 것을 하고 난 이후 되돌아 나중에 생각해보니 '그때 내가 이렇게 행동했구나.'라는 것을 알았을 때를 불교는 '참 나'를 알았다고 말하는 것이어서 이 부분 새겨봐야 할 것입니다.

사실 일반적으로 '참(眞) 나'를 찾아서라고 하는 말은 모두 앞서 말한 의미로 '참 나'라는 것을 말하는 것이 전부이고, 내가 말하고 있는 것과 같이 '참 나-씨앗(보이지 않고 느끼지 못하는 마음-나를 이 세상에 존재하게 한 근본의 마음)'을 말하는 사람은 이 세상에 존재하지 않았습니다. 모두가 '내 마음'이라고 하는 마음은 뭐가, 어떤 마음이 섞여 있는가도 모르고 여러분이 단순하게 인지하는 마음만 내 마음인 줄 알고 살아가고 있는 것입니다. 그래서 어떤 사람이 어떤 말을 하면 나와 선율이는 그렇게 말하는 것 이면에 숨겨져 있는 그 사람의 '참 나'의 마음을 알기 때문에 '너는 그렇게 말하는구나'를 압니다. 그래서 여러분이 무슨 마음을 숨기고 의도적으로 듣기 좋은 말을 하더라도 그 말 이면에 어떤 마음이 작용하고 있는지를 아는데 이 부분이 전무후무한 일이 되는 것입니다.

그렇다면 불교는 왜 이같이 씨앗(참(眞) 나)을 말하지 못하고 표면에 나타난 것 하나만을 마음이라고 하고 있는가인데 이것은 불교의 말에 십사무기라는 것을 들여다보면 쉽게 알 수 있습니다. 다시 한 번 십사무기가 뭔가를 보면 십사무기(十四無記-붓다가 대답하지 않고 침묵한 열네 가지 무의미한 질문)라고 하여 (1) 세계는 영원한가? (2) 세계는 무상한가? (3) 세계는 영원하면서 무상한가? (4) 세계는 영원하지도 무상하지도 않은가? (5) 세계는 유한한가? (6) 세계는 무한한가? (7) 세계는 유한하면서 무한한가? (8) 세계는 유한하지도 무한하지도 않은가? (9) 여래(如來)는 사후(死後)에 존재하는가? (10) 여래는 사후에 존재하지 않는가? (11) 여래는 사후에 존재하면서 존재하지 않는가? (12) 여래는 사후에 존재하지도 존재하지 않지 않는가? (13) 목숨과 신체는 같은가? (14) 목숨과 신체는 다른가? 인데 결국 이 부분을 말하지 못했다는 것은 무엇을 의미하는가를 깊게 정립해야 합니다.

이런 것도 정리하지 못하면서 내가 말하는 '참 나'와 나라는 것을 알고 이해한다는 것은 불가능하고, 여러분이 이 부분을 정립하지 못하면 나와 선율이 여러분 '참 나'를 알고 무슨 말을 해주어도 여러분에게 도움이 되지 않을 것입니다. 따라서 앞에 십사무기라는 것이 뭔가 잘못된 것인가를 알지 못한다면 석가가 말했다는 그 말만 믿고 살면 될 것이고, 내 말이 이해된다면 여러분에게 해주는 말은 물론이고, 지금까지 내가 한 말이 뭔가가 정리될 것입니다. 그래서 이 두 가지의 마음을 확실하게 정리하면 이 세상 사람들이 어떤 마음을 가지고 사는가를 알 수 있고, 표면의 마음인 아상의 마음으로 살면 그 마음속에는 빙의의 마음이 있고, 가식의 마음 등 온갖 지저분한 마음이 있다는 것을 알 수 있고, 반대로 '참 나'의 마음만 가지고 살면 포장된 것이 없으니 사람들은 순수해지는 것입니다.

이 부분은 특히 정치를 보면 쉽게 알 수 있는데 자고 나면 말이 바뀌고 바뀐 그 말을 정당화시키고, 이 말 했다가 상황이 바뀌면 또 다른 말을 하게 되는데 이것은 여러분이 아상의 마음이 뭔가를 이해하도록 이런 비유를 한 것인데 이 개념으로 일반 사람들, 장사하는 사람들 등의 모든 사람의 말을 되새겨보면 얼마나 아상이 큰가, 그 아상을 얼마나 많이 포장하고 사는가를 알 수 있게 됩니다. 사실 나는 '있는 그대로의 말을 해라.'라는 말을 많이 하는데 이게 말은 쉽지만, 매우 어려운 과제입니다. 그러니 우선은 빙의가 없어야 하고, 아상의 마음이 없어야만 비로소 '참 나'의 마음이 드러나게 되는데 이거 말은 쉽지만, 매우 어렵고, 아마 불가능하다고 해도 무리는 없을 것입니다. 아이가 세상에 태어나면 앞서 말한 아상의 마음이 바로 생겨납니다. 그런데 이 아이에게 옷을 입히는 그 자체가 '아상의 시작'이 되는 것이어서 이 부분 새겨보면 태어날 때 빈손, 죽을 때 빈손이라는 말이 무슨 의미 인가는 쉽게 알 수 있습니다.

직설적으로 말하면 맨몸, 알몸이라는 것은 상이 없는 몸을 말하는 것이고, 여기에 옷을 입히면 나라는 상이 생기는 것입니다. 죽을 때 몸만 가지고 관에 들어가는 것은 아상은 죽으면 없어지는 것이라고 이해하면 됩니다. 따라서 질문에 '사람은 모두 내 마음이라는 것을 인식하고 있는데 마음이 뭔가'에 대한 답은 위에 한 말을 정독하고 새겨보면 스스로가 아상이라는 것이 뭔가 '참(眞) 나'의 마음이라는 것이 뭔가를 이해할 수 있을 것입니다. 이런 부분을 스스로가 참고하여 정리하면 각자의 마음이 뭔가를 알 수 있고, 내가 얼마나 깊은 의미의 말을 하고 있는가를 알 수 있기 때문에 나는 여러분에게 어떠한 강요도 하지 않으며, 내 말이 맞으면 그것에 맞게 행동하면 된다는 논리를 말하고 있어서 내 말은 일반 종교가 하는 말과 절대로 섞일 수 없다고도 말했습니다.

096 인생을 살다 보면 유독 특정한 것에 마음이 가는 것은 왜 그런가요?

답 나는 이 세상에 존재하는 모든 생명체는 반드시 전생에 지은 '마음의 흔적'이 있어 존재한다고 말했고, 질문의 경우도 전생에 '그 흔적'이 있어서 이생에 그런 마음이 일어나는 것입니다. 예를 들어 전생에 어떤 음식을 먹고자 했지만, 그것을 마음대로 먹지 못했을 경우 그것은 이생에 흔적으로 남고, 음식만 보면 집착하게 됩니다. 물론 이것은 음식을 비유해서 한 말이지만 여러분에게 일어나는 무수한 마음은 반드시 전생과 깊게 관련이 있고, 특히 전생에 어떠한 삶을 살았는가에 따라 그 마음이 이생에서 그대로 나타나는 것입니다. 이것은 이생에 직업으로 나타나기도 하지만 습성, 본성으로 자리를 잡게 되어서 개개인의 사람을 보면 사람마다 다 다른 특징·특성·적성·습관이 있는데 이것을 보면 이 사람이 전생에 어떠한 삶을 살았는지는 아주 쉽게 알 수 있습니다.

우리가 흔히 어떤 사람이 무엇을 잘하면 '타고났는가 봐'라는 말을 하는데 이것은 그 사람이 뭔가 특이한 행동을 했을 때 이런 말을 하지만, 나쁜 습성을 하는 경우도 '타고났나 봐'라고 해야 합니다. 손재주가 많은 것도 타고난 것이고, 도둑질을 잘하는 것도 타고난 것이고, 이성적인 상대에게 집착하는 것도 마찬가지이며, 음식만 보면 환장을 하는 것도, 물건에 대하여 강한 집착을 하는 것도, 자식에게 강한 집착을 하는 것도 모두 다 마찬가지입니다. 그래서 개개인에게 어떠한 특징·특성·성향을 보이는 것은 반드시 여러분의 전생과 깊게 관련이 있습니다. 그래서 탐진치(貪瞋癡) 심의 마음을 버리는 것이 중요한데 문제는 여러분이 인생을 살면서 어떠한 것이 탐진치 심의 마음인가를 쉽게 분별하지 못하고 어떤 사안에 대하여 그저 내 마음에서 일어났으니 그 마음대로 행동해 버리는 것이 보통입니다.

다시 말하지만, 여러분에게 어떤 것이 마음에 일어났더라도 그 마음에서 일어난 것이 뭔가를 한 발짝 뒤로 물러서서 생각을 해봐야 하는데 이것을 생각하지 않고 그거 '내 마음에서 일어난 마음'이라는 생각에 아무런 의식 없이 그대로 하는 것은 당장은 내 마음대로 했으니 아무 문제가 없을 것이라고 하겠지만 사실 그렇게 하는 행동 속에는 반드시 탐진치 심의 마음이 들어있고, 이것을 모르고 하는 행동은 업이 됩니다. 나는 괜찮다고 생각하는 행동 속에는 반드시 업이 될 수 있는 무의식의 마음이 잠재해 있기 때문에 여러분이 인식하는 각자의 마음이라는 것은 항상 끊임없이 관리해주어야만 합니다. 마음 관리를 해주지 않으면 마음이 어떻게 반응하는가를 관찰하지 않고, 일어난 마음이라고 해서 그대로 그 마음을 사용하면 안 되는 것입니다. 어떤 상황을 봤을 때 내 마음은 그 상황에 대하여 어떻게 반응하고 움직이는가를 보는 것이 마음을 관리하는 방법입니다.

어떤 사람이 사업해서 성공했다고 한다면 이 사람은 자신의 마음에서 일어난 마음으로 사업이라는 것을 했을 것입니다. 이때 이 사람이 '나는 사업을 해야 하겠다.'라고 일어난 마음은 전생에 그가 물질의 선업을 지은 것이 있어서 이생에 그것을 사업이라는 것을 통해서 되받게 됩니다. 반대로 어떤 사람은 직장을 다니면서 만족해하는 사람도 있고, 농사를 짓는 것으로 만족해하는 경우도 있는데 이것은 그 당사자가 전생에 어떠한 업을 지었는가와 아주 깊게 관련이 있는데 예를 들어 농사에 만족하고 사는 사람에게 '회사를 운영해라.'라고 하면 '그것은 내 적성에 맞지 않는다.'라고 하면서 거저 주어도 운영하지 못합니다.

또 여러분 앞에 이성적인 상대 열 사람을 세워놓고 '마음에 든 사람을 골라라.'라고 하면 그 열 사람 중의 한 사람을 고른다면 이 경우도 전생에 지은 업에 따라 그 업연이 이생에 마음으로 작용하여 나는 저 사람에게 마음이 간다고 말하는 것입니다. 그래서 질문에도 있지만 특정한 것이 되었든 특정한 것이 아니든 간에 일단 무슨 마음이든 끌린다면, 집착이라는 것이 일어난다면 그것은 전생에 나 자신이 어떠한 삶의 환경에서 살았고, 그 과정에 어떤 것에 유독 마음이 끌렸는가에 따라 이생에 나타난다는 것을 정립해야 하고, 문제는 그렇다면 이생에서 일어난 그 마음을 어떻게 해야 하는지의 문제인데 앞서 말했지만 '내 마음에서 일어난 마음'이라고 해서 그 마음대로 모든 것을 다 해버리면 안 됩니다.

사업해야겠다는 마음이 일어났다면 그 사업을 통해 되받을 수 있는 업이 있는가를 봐야 하므로 그렇고, 또 하나는 빙의가 여러분 마음에 '사업을 하게끔' 마음이 일어나게 할 수 있고, 아상의 마음에서 그 마음이 일어날 수 있어서 여러분이 어떠한 진로를 잡을 때 반드시 그것이 나의 전생의 업과 관련이 있는가를 봐야 하는 데 문제는 이것을 여러분 스스로가 보지 못한다는 것입니다. 그래서 어떤 마음이든 일어나면 그것이 현실적으로 모든 것을 봤을 때 나의 적성, 능력이나 주변의 여건, 현재 상황에서 합당하고 가능한 것인가의 모든 것을 펼쳐놓고 보는 것이 중요합니다. 이 말은 무조건 마음에서 일어난 마음이라고 해서 그 마음대로 하면 패가망신하게 되어 있다는 이야기입니다. 현실에서 소자본으로 할 수 있는 것이 '치킨집'이라고 합니다.

한 달에 수만 명이 창업하고 수만 명이 망해서 없어지지만, 그중에 극히 일부는 그 사업을 잘하는 사람도 있는데 똑같이 창업했지만 이같이 다른 결과가 나타나는 것 여러분은 우연이라고 생각한다면 착각입니다. 앞서 말했지만, 똑같은 학교를 나왔지만, 교문을 나서는 순간 각자의 삶은 다 다른데 이것도 결국 각자의 업이, 마음이 다르기 때문에 그 업, 마음을 찾아가는 것입니다. 이같이 각자의 마음에 작용하는 것 보고 마음의 끌림, 업연의 작용이라고 하는 것이고, 이런 이치를 알면 여러분 개개인의 삶은 어떻게 전개되어야 하는가를 알기는 매우 쉽습니다. 질문에 '인생을 살다 보면 유독 특정한 것에 마음이 가는 것은 왜 그런가요?'에 대한 답은 구체적으로 특정한 것이 뭔가를 들여다보고 그것이 나 자신의 지금 현실에서 맞게 일어난 마음인가? 아니면 현실에서 내가 무리가 되는 마음이 일어난 것인가?

현실에서 그렇게 하면 안 되는 마음인가 등, 마음에서 일어난 것을 전반적이고, 객관적으로 검토를 해봐야 하는 데 문제는 또 여러분의 입장에서 보면 그 마음대로 하면 된다고 결론을 내리게 됩니다. 보통 사람들이 생각하는 것은 자신이 생각하는 것이 맞다, 합리적이라고 생각하는데 마음에서 일어난 것도 그것을 '나의 주관'을 빼고 객관적으로 볼 수 있는 시각을 가지고 있지 못해서 어떤 사람은 그 마음대로 하는 것이 맞지만, 어떤 사람은 그것을 마음대로 하면 망하는 결과가 나오게 됩니다.

전생에 업을 되받아야 할 상황이 되어서 마음에서 일어난 것과 아상의 논리에서 일어난 마음은 다르다는 이야기입니다. 인생을 사는 입장에서 모든 사람은 다들 특정한 것에 마음이 가서 그 마음에 따라 결론을 내리고 삽니다만, 그 결과는 다양하게 나타나는데 그 이유는 일어난 그 마음이 반드시 자신의 업과 맞았을 때는 성공하지만 무조건 마음에서 일어난 마음대로 행동을 하면 반대로 망하는 사람도 있는데 이것은 일어난 그 마음이 어떤 마음인가에 따라 무수한 결과로 나타나는 것입니다.

그래서 나는 여러분이 나에게 무엇을 물어보면 '이같이 해라, 하지 말라'는 말을 하는데 이것은 여러분의 전생을 알기 때문에 그 업과 맞지 않는 것을 이생에서 하면 안 되기 때문에 이치를 바꾸어주는 말을 하는 것입니다. 그런데 여러분은 하고 싶다는 마음이 강하게 일어나면 내가 하지 말라는 말 반발 하게 되어 있는데 이때는 하고 싶다는 것과 내가 하지 말라는 이 두 가지의 상황을 객관적으로 놓고 보면 여러분 마음이 맞는지 내 말이 맞는지를 스스로가 알게 됩니다. 그래서 질문에 '인생을 살다 보면 유독 특정한 것에 마음이 가는 것은 왜 그런가?'에 대한 답은 전생에 흔적이 마음에 남아서, 혹은 빙의의 마음이 작용해서, 혹은 아상의 마음이 있어서 그렇다고 해야 맞고, 이 경우 현실에서 일어난 그 마음을 어떻게 해야 하는가를 알아가는 것이 내가 말하는 마음 공부법 이어서 먼저 자신의 마음을 객관적으로 관찰하는 것이 우선 되지 않으면 스스로가 답을 찾을 수 없습니나.

중요한 것은 여러분 스스로는 자신의 문제에 대하여 절대 객관적으로 볼 수 없기 때문에 반드시 진리 이치를 아는 자의 도움을 받아야 하고, 이 같이하면 궁극적으로 스스로가 자신의 마음을 볼 수 있는 의식이 생기는 것이고 이것이 진급하는 개념이고 점진적으로 여러분의 '참 나'를 스스로가 볼 수 있으며 질문과 같은 의구심은 스스로가 해결할 수 있습니다.

097-1 즐거움과 괴로움이 생기는 이유는 무엇 때문인가요?

답 결론은 자신이 지은 전생의 업이 이생에서 맞아떨어질 때 선업은 즐거움으로, 악업은 괴로움의 굴곡으로 이생에 나타나는 것이라고 해야 맞는 말이 됩니다. 따라서 인생을 살아가는 과정에 기쁨과 노여움, 슬픔과 즐거움. 즉 인간사에 있어 나타나는 모든 모습, 현상을 보면 우연히 나타나는 것도 하나도 없으며 다만 사람에게 나타나는 즐거움, 괴로움이라고 하는 것은 각자의 입장에서 받아들이기 나름입니다. 어떤 사람은 똑같은 것을 보지만 그것을 즐거움, 괴로움이라고 생각하는 사람도 있지만, 어떤 사람은 그것을 아무렇지 않게 생각하는 사람도 있고, 무덤덤하게 생각하는 사람도 있는데 이 말은 각자가 생각하는 즐거움, 괴로움이라는 기준이 다 다르기 때문에 그렇습니다.

예를 들자면 100의 즐거움을 생각하는 사람 앞에 1의 즐거움이 있다면 이 사람은 1을 즐거움이라고 생각하지 않는다는 이야기입니다. 또 성행위를 할 때 사람들은 그것을 즐거움이라고 생각하지만, 이것은 잠깐 느끼는 감정일 뿐이고, 그 행위의 결과는 대부분 허무함, 공허함 아니면 인생사에 괴로움으로 나타나기도 합니다. 그래서 순간의 쾌락을 느끼면서 그것을 영원한 즐거움이라고 생각한다면 잘못된 의식입니다. 이같이 볼 때 이 세상을 사는 것은 괴로움의 연속이지 즐거움의 연속은 아님을 알 수 있어서 이같이 개개인에게 나타나는 현상은 모두 전생에 자신이 어떠한 환경에서 어떤 업을 짓고 살았는가와 깊게 관련이 있는 것이고, '영원한 즐거움도 영원한 괴로움'이라는 것도 없는데 그 이유는 즐거움, 괴로움이라는 것도 그 업의 유통기한에 따라 작용하기 때문에 그렇습니다.

내가 말하는 것은 전생의 이치에 맞는 행위는 즐거움으로, 이치에 맞지 않는 행위는 괴로움으로 크든 작든 반드시 나타나게 되어 있음을 말하는 것이고, 불교는 괴로움의 원인은 갈애(渴愛) 때문이라고 말합니다. 이 말은 '욕계, 색계, 무색계의 세 가지 세계 중에서 욕계에 살고 있는 중생들은 모두가 욕망이 주원인이다.'라고 하는데 이같이 말하는 것은 지금, 이 순간에도 우리의 마음속에는 무언가를 얻고자 하는 욕망이 끝없이 꿈틀거리고 있어서 그렇다고 말하는데 나는 이런 논리는 이치에 맞지 않는다고 말하고 있습니다. 다시 말하면 마음을 가진 인간의 입장에서, 아상(我相)을 가진 인간이기에 재물, 권력, 명예 그리고 편해지고자 하는 욕망, 성적인 욕망, 식욕에 대한 욕망 등은 언제라도 일어날 수가 있어서 이런 마음 자체를 없앤다는 것은 사실 불가능한데 이것은 인간만이 가지고 있는 '인간의 특성, 본능'이기 때문에 그렇습니다.

그러나 불교는 이 같은 것을 갈애(渴愛)라고 말하고 갈애를 없애야 한다고 말하는데 이런 논리 자체가 이치에 맞지 않는다는 것입니다. 다시 말하면 이 글을 보는 여러분 마음에도 앞서 말했지만, 무수한 마음이 일어날 수 있는데 이 자체를 일어나지 않게 한다는 것, 이 자체는 본질적으로는 불가능한 것입니다. 앞서 말했지만 이같이 일어나는 마음은 인간의 고유한, 인간만이 가지고 있는 특성의 성질이기 때문에 그렇습니다. 그러나 내가 말하는 것은 상황 상황에 따라서 이치에 맞게 행동하면 그것은 즐거움으로 나타나고, 이치에 어긋나게 행동하는 것은 괴로움으로 나타난다는 논리를 말하고 있어서 이것을 분별해 가는 것, 과정을 나는 화현의 부처님 법에서의 수행이라고 한 것이고 궁극적으로는 이치에 맞는 행을 늘려가는 것이 괴로움 소멸이 되는 것입니다. 그런데 불교는 무조건 인간의 마음에서 일어나는 것을 갈애(渴愛)라고 말하고 이 갈애를 없애야 한다고 하니 이게 말이 되는가?

살아 있는 인간에게 나타나는 고유한 특성을 없애야 한다고 하는 논리와 인간의 마음에 일어나는 모든 것을 이치에 맞게 행동하면 고쳐가면 괴로움은 줄어들고 즐거움은 그것에 맞게 비례해서 늘어난다고 말하는 내 논리 중 여러분은 어떤 말이 맞는다고 생각하는가? 다시 말하지만, 불교는 인간에게 나타나는 현상을 뭐라고 말하는가? "갈애(渴愛)의 욕망은 인간의 다섯 가지 근본 욕망이다. 이 외에도 인간은 크고 작은 많은 욕망 속에서 그 욕망을 이루고자 끝없이 몸부림치고 있는데 이러한 본능적 모든 욕망을 통틀어 '갈애'라고 부르는 것이다. 인간은 이 갈애가 충족되지 않으면 괴로워하며 고통에 빠진다. 그래서 갈애를 괴로움의 원인이라고 하는 것이다."라는 논리를 이어가는데 이같이 말하면 한도 끝도 없는 말을 해야 해서 불교의 말은 해도 해도 끝없는 말, 근본이 무엇인지도 모르는 말이 전부입니다. (2에 계속)

097-2 즐거움과 괴로움이 생기는 이유는 무엇 때문인가요?

(답) 앞서 말했지만, 사람의 마음이라는 것은 지구 상에 80억의 인간이 존재한다고 하면 모든 사람의 마음이 다 다르고, 마음이 다르다는 것은 제각각 가지고 있는 느끼고자 하는 욕망이라는 것도, 추구하고 바라는 것도, 희망하는 것도 다 다릅니다. 그래서 불교식으로 말하면 인간에게 나타나는 갈애는 80억 개가 된다는 이야기인데 이것을 막연하게 '괴로움의 원인'이라는 말로 취급해 버리고 모든 인간에게 나타나는 이것을 다 없애야 한다고 말하니 안타까운 일이고, 내가 말하는 논리는 여러분의 마음에 어떤 마음이 일어난다고 해도 그 사안을 이치에 맞게 처리하면 갈애(渴愛), 괴로움이라는 것은 줄어들게 되어 있고, 이것 보고 나는 '업소멸, 업장 소멸의 길, 방법이다.'라고 말한 것이어서 이 부분 새겨봐야 할 것입니다. 실제 여러분이 이 법당에 처음 올 때는 뭔가의 괴로움을 해결하고자 해서 왔고, 시간이 지나면서 이치에 맞는 말을 따르니 처음의 그 괴로움, 갈애(渴愛)는 그 마음에 맞게 사라지거나 줄어들었고, 이것이 줄어든 만큼 현실에서 여러분은 또 다른 즐거움으로 삶을 느끼고 있는 것이 아닌가?

물론 이 부분 체득한 사람도 있고, 체득을 못 하는 사람도 있겠지만, 이것은 똑같은 말을 해도 각자가 어떻게 받아들이는가에 따라 앞서 말한 것의 체득은 다 다릅니다. 불교는 이 같은 말을 하는 것이 아니라 무조건 갈애(渴愛)를 없애라고 하는 논리고, 이 괴로움을 없애주는 '절대자, 보살'을 수없이 만들어 놓은 것이고, 그렇게 능력 있는 존재를 믿고 의지하면 그런 것들이 여러분의 괴로움, 갈애(渴愛)를 없애 준다고 하는 말을 하고 있어서 어떤 것이 맞는 논리인가는 여러분이 정립하는 수밖에 별도리 없습니다. 그렇다면 불교에서 말하는 갈애의 원인은 뭔가의 문제인데 이에 대한 답으로 불교는 '인간의 사견(邪見)' 때문이라고 말합니다.

이 말의 의미는 "인간에게 이 갈애가 생기는 원인은 자기 자신과 세상에 대해서 올바르게 알지 못하는 그릇된 사견(邪見) 때문이다. 잘못된 견해 즉 사견이란 첫째는 자기 자신이 '있다.'라고 생각하는 그릇된 견해다. 이것을 '유신견(有身見)' 또는 '아견'이라고 말하는데, 이 몸이 '있다.'라고 생각하는 것이다. 그리고 둘째는 몸의 감각기관이 인식하는 바깥 대상 세계가 실제로 '있다.'라고 생각하는 그릇된 견해인 '접견(法見)'이 있다. 이 아견과 접견은 모두가 잘못된 사견이다. 이처럼 자기의 몸과 마음 그리고 바깥 경계인 일체 세계에 대해서 올바르게 알지 못하기 때문에 일으킨 그릇된 견해를 모두 사견(邪見)이라고 하는 것이다."라고 말하는데 이 말을 보면 여러분은 몸을 가지고 살지 않는가?

그런데 불교는 '사견이란 첫째는 자기 자신이 '있다.'라고 생각하는 것은 잘못된 견해라고 말하는데 바로 이런 말들이 여러분의 의식을 무의식으로 빠지게 하고, 멍들게 한다는 것입니다. 우리는 실제 이 현실에서 몸이라는 것을 가지고 사는데 불교는 이 몸은 허상이어서 실제는 존재하지 않는다는 논리이고, 이치에 맞지 않게 말을 만들어 놓고 하는 말이 "이것을 '유신견(有身見)' 또는 '아견'이다"라고 하는데 안타까운 일입니다. '있는 것은 없다.' 허상이라고 하는 이 말 여러분은 어떻게 정리할 수 있는가? 또 하나는 "몸의 감각기관이 인식하는 바깥 대상 세계가 실제로 '있다.'라고 생각하는 그릇된 견해인 '접견(法見)'이 있다."라고 말하는데 참으로 답답할 노릇이 아닌가? 몸이 있어서 감각기관이 있고, 그 감각으로 세상 모든 것을 인지하고 느끼고 사는 것이 생명체의 본질입니다.

그런데 "몸의 감각기관이 인식하는 바깥 대상 세계가 실제로 '있다.'라고 생각하는 그릇된 견해인 '접견(法見)'이 있다."라고 하는데 이런 말들은 사실 진리적으로 논할 가치가 없는데 불교의 이런 말은 모두 무와 공사상을 기반으로 해서 만들어진 말이고, 진리를 깨달았다면 이런 논리는 말할 수 없는 것입니다. 이치에 맞지 않는 말을 나열하면서 철학적인 말을 나열하는데 다시 말하면 갈애(渴愛)의 원인은 '무지와 마음의 장애는 무명(無明) 때문'이라고 또 말을 만들어갑니다. 무지(無知)라는 말은 '모른다'는 것인데, 왜 모르느냐 하면 '마음의 장애로 인해 지혜가 없기 때문에 모르는 것이다.'라고 말을 만듭니다.

또 그렇다면, 이 마음의 장애는 왜 생기느냐 하면 무명(無明) 때문에 일어난다고 말하는데 이것을 정리하면 결국 이 무명 때문에 마음의 장애가 일어나고, 마음의 장애 때문에 무지가 생겨나고, 무지로 인해 사견이 생기며 사견으로 인해 온갖 욕망인 갈애를 일으키고, 그 갈애가 충족되지 않아서 괴로움을 겪는 것이라는 것이 불교의 논리인데 이 말 어떻게 생각하는지 모르겠지만 바로 이런 말들이 여러분의 마음을, 의식을 멍들게 한다는 점 명심해야 할 것입니다.

정리하면 나는 인간에게 괴로움, 즐거움이 나타나는 것은 전생에 지은 나 자신의 업과 깊게 관련이 있고, 인간이 느끼는 즐거움, 괴로움이라는 것도 사람마다 다 다르기 때문에 이것은 상대성으로 느낄 수 있기도 하지만, 문제는 인간이 가지고 있는 업으로 모든 것이 기본적으로 나타나는 것이어서 이 자체를 아주 없앨 수는 없습니다. 따라서 나 자신의 본분을 알고, 나에게 주어진 상황에서 나 자신이 이치에 맞게 행동하면 그것은 나에게 맞는 즐거움으로 되돌아오고, 이치에 벗어나면 괴로움으로 온다고 정리하면 됩니다. 반대로 인간이기에 어떠한 욕구가 있을 수 있지만 중요한 것은 그 욕구가 반드시 내가 지은 업과 맞아야 하고, 이치에 초과해서 욕심을 부리면 넘치면 그것은 이치에 맞는 것이라고 해도 괴로움으로 되받아지게 되어 있습니다.

이같이 볼 때 지금, 이 순간에 즐거움, 괴로움으로 느끼는 모든 것은 반드시 업의 유통기한에 따라 수시로 변하고 있어서 이것에서 벗어나려면 꾸준하게 각자의 마음을 이치에 맞게 만드는 것이 중요하고, 이치에 거스르지 않는 행동을 하려고 노력하는 마음을 가지고 살면 되고 이같이 노력하는 것이 진정한 수행이 되는 것이고, 타력적으로 어떤 대상에게 비는 행위를 수행이라고 할 수 없어서 이 부분 정립해야 합니다. 오늘날 여러분에게 되돌아오는 즐거움 괴로움은 모두 자업자득 인과응보의 법칙으로 나타난다는 이야기입니다. 따라서 여러분은 물질이 많고 적음으로 즐거움, 괴로움을 판단하는데 매우 잘못된 의식이고, 물질이 많으면 많은 대로 마음이라는 것이 괴로울 수 있고, 물질이 없어도 마음이 편안할 수 있어서 이 관계를 깊게 정립해야 하고 이 모든 것의 바탕, 근본은 내 마음이 우선이라는 이야기입니다.

098-1 정신병, 조현병과 같이 사람에게 나타나는 갖가지 현상의 원인은 무엇인가?

(답) 인간에게 나타나는 병(病)이라는 것은 사실 무궁무진하기 때문에 질문과 같이 단순하게 정신병, 조현병 이 두 가지만을 가지고 단답형으로 말할 수는 없습니다. 따라서 두 가지로 이해해야 하는데 큰 틀에서 하나는 몸(물질)으로 나타나는 것이 있고, 또 하나는 마음(비 물질)으로 나타나는 경우도 있으며, 이 두 가지가 복합적으로 결합하여 나타나는 것도 있습니다. 그런데 사회적으로 말하는 것은 이 두 가지가 많은 사람에게 흔하게 나타나는 것이어서 유독 이 두 가지를 이야기하는 것이 현실인네 그렇지 않습니다. 예를 들어 정신병(精神病), 조울증(躁鬱症), 편집증(偏執症), 자폐증(自閉症), 몽유병(夢遊病) 등 그 종류도 상당한데 이 같은 것은 현실에서 눈에 뜨이게 빈도

가 높은 것이라면 눈에 뜨이지 않게 나타나는 여러 가지 병들이 있고, 또는 이것들 가운데 여러 가지 겹쳐서 복합적으로 나타나는 것도 있고, 또 이 비율이 어떤 것인가가 다 다르기 때문에 이것을 분류할 수도 없거니와 한다고 하면 수십억 가지가 될 수 있을 것입니다.

이 부분을 이해하려면 여러분이 보통 자연이라는 것을 보면 단순하게 눈에 보이는 것으로 자연을 말하지만 사실 그 이면에는 아직 인간이 발견하지 못한 무궁무진한 작용이 있는 것과 이치는 똑같습니다. 따라서 질문에는 무수한 병중에 부각된 것을 대표적으로 질문한 것으로 보이는데 이것을 단답형으로 말한다면 '전생에 지은 업으로 나타나는 현상(자업자득)이다.'라고 하면 되고, 또는 '빙의 현상이 대부분이다.'라고 큰 틀에서 정리하면 됩니다. 다만, 앞서 말했지만, 업이 있어 세상에 존재하는 입장에서 어떤 것이 눈에 뜨이게 나타나는가, 아니면 보통 사람이 인식하지 못하게 나타나는 것인가는 앞서 말했지만 수십억의 상황이 있을 수 있는 것입니다. 어떤 사람이 정상이라고 생각하지 않는 행동을 했을 때, 특이한 행동을 했을 때 보통의 방송에서는 '특종, 세상에 이런 일이'라는 제목으로 그것을 말하지만, 이것은 정상이라고 생각하는 것에 반하는 것을 부각해 말하는 것이 전부인데 이거 매우 잘못 것입니다.

인간에게 나타나는 모든 현상은 칼로 물을 가르듯이 정형화해서 말할 수는 없어서 그렇습니다. 그 이유는 예를 들어 A가 하는 이상한 행동(정상이라고 생각하지 않은 행동, 행위)을 B가 봤을 때 특이한 행동이라고 생각하지만, 문제는 그것을 본 B도 A처럼 드러나지는 않았지만, B도 정상이 아닐 수 있다는 논리를 나는 말하고 있습니다. 다시 말하면 일단 이 업(業)이 있어서 이 세상에 모든 생명체로 존재하는 입장이기 때문에 이 같은 업의 작용이라는 것은 아침에서 어둠이 오는 것처럼 알 수 없는 무수한 색으로 구분할 수 없는 것과 같고, 이 말은 사람에게 나타나는 현상은 똑같은 것은 없다는 의미입니다. 직설적으로 말하면 이 지구 상에 존재하는 모든 생명체는 정도 차이만 다를 뿐이라는 이야기입니다.

그중에 어떤 것이 보통 사람들의 생각, 관념에서 정상이라고 하는가, 하지 않는가의 차이만 있을 뿐입니다. 그래서 정상이라고 생각하고 사는 대부분 사람이라도 정상과 비정상에 비율의 차이만 다르다고 큰 틀에서 정립해야 할 것이고, 만약 모든 인간이 100% 정상이라고 한다면 그 존재는 이 세상 윤회를 해서 태어나야 할 이유가 하나도 없는 것이 아닌가를 생각해보라는 이야기입니다. 이같이 말하면 이 부분에 대하여 다른 생각이 있을 수 있겠지만, 그것은 각자가 알아서 정리하면 되고, 진리적으로는 이 부분을 부정하면 안 되는데 내 말은 100% 온전하고 완벽한 인간은 없다는 것입니다.

따라서 정신병(精神病), 조울증(躁鬱症), 편집증(偏執症), 자폐증(自閉症), 몽유병(夢遊病) 등과 같은 것은 셀 수 없이 인간에게 나타나는 현상 중 비교적 많이 알려진 증상, 현상에 대하여 이름을 붙인 것이 전부인데, 그렇다면 문제는 이러한 현상을 실질적으로 현실에서 해소할 수 있는가인데 문제는 그동안 여러분이 이것에 대한 대책으로 알고 있는 것으로써는 마음, 업을 기반으로 해서 나타나는 이 부분을 해결할 수 없고, 또 종교적으로도 해결할 수 없다는 것입니다. 만약 종교적으로 이 부분을 해결할 수 있다면 이 세상에 앞서 말한 증상을 가진 사람들이 없어야 하는데 현실은 그렇지 못하고 갈수록 이런 증상은 심화하고 있는데 이 부분은 뭐라고 말할 수 있는가? 그렇다면 현대의학이 발달한 오늘날에는 약물과 같은 것으로 이런 것을 ㅠ치료할 수 있는가인데 답은 '없다' 입니다.

현대의학으로 말하기를 조현병(정신분열병)에 정의를 '조현병(정신분열병)은 10대 후반에서 20대의 나이에 시작하여 만성적 경과를 보이는 정신적으로 혼란된 상태, 현실과 현실이 아닌 것을 구별하는 능력의 악화를 유발하는 뇌 질환이다. 이 질환은 100명 중 1명이 걸리는 흔한 질환이고, 모든 계층의 사람이 걸릴 수 있다. 남녀의 발병빈도는 비슷하다. 원인은 아직 정확히 밝혀지지 않았다. 최근 학계에서는 뇌의 기질적 이상을 그 원인으로 보고 있다. 흔히 생각하듯이 약한 정신력, 부모의 잘못된 양육, 악령이나 귀신으로 인해 발병하는 것이 아니라는 것은 분명하다.'라고 말하는데 대단한 착각이고, 왜 이런 말을 하느냐면 앞서 말했지만, 마음, 업으로 작용하는 것은 진리적인 기운이고, 이 기운(자연의 기운)은 인간의 힘으로 인위적으로 어떻게 할 수 없기 때문에 그렇습니다.

그래서 과학자들은 '약한 정신력, 부모의 잘못된 양육, 악령이나 귀신으로 인해 발병하는 것이 아니라는 것은 분명하다.'라고 한다면 그렇다면 그 원인은 뭔가를 말해야 할 것인데 이 부분은 말하지 못하고 있다는 것은 무엇을 의미하는가? 또 뇌 질환이라고 한다면 과학으로 규명하면 되지만 이에 대한 답을 말하지 못하고 있고, 막연하게 이 원인에 대하여 '원인은 명확히 밝혀지지 않았으며, 생물학적 소인과 환경의 상호 작용에 의해 발병된다고 추정된다. 과거에는 조현병을 심리적 질환으로 보는 견해가 컸지만, 현재에는 뇌의 생화학적 이상과 연관된다고 보는 견해가 지배적이다. 뇌에서는 사고, 감정, 행동을 조절하는 수많은 신경전달 물질이 분비되어 세포 간에 정보를 전달합니다.

조현병(정신분열병) 환자는 뇌의 특정 부위에서 도파민이라는 물질의 신경전달 과정에 이상이 생기면서 증상이 나타난다. 도파민이 활성화되면, 망상, 환청, 혼란된 사고가 나타난다.'라는 식의 말만 하는데 내 말은 몸에 상처가 나면 바늘이라는 물질로 꿰매면 되지만(물질 이치) 이 정신, 마음, 업(비물질), 빙의의 마음 작용 등으로 나타나는 현상은 과학이라는 것으로 어떻게 할 수 없고, 오로지 그 사람의 마음을 이치에 맞게 만드는 방법 말고는 전혀 없다는 것을 명심해야 하고, 또 종교적인 행위, 주술과 같은 것으로도 이 부분 해결하지 못합니다.

왜 그럴까는 앞서 내가 한 말을 정독해서 정리해 보면 무엇이 작용해서 사람마다 다 다르게 여러 가지 현상이 나타나는가를 알 수 있고, 이것은 속된 말로 '내가 재수 없어서, 복이 없어서, 신이 저주해서' 등의 논리 또한 아주 잘못된 생각인데 중생이 이렇게 생각할 수밖에 없는 이유는 그동안 인간사회에서 진리 이치를 깨달은 자가 없어서, 마음이라는 작용을 명확하게 알 수 없어서 중생은 우왕좌왕하고 살아왔기 때문에 그렇습니다. 그래서 이 부분은 그렇게 알고 살아온 중생 잘못도 아닌데 그 이유는 세상에 내가 말한 것과 같은 말을 한 사람이 없었기 때문에 이것이 맞을까? 저것이 맞을까 우왕좌왕한 것이고, 만약 내가 말한 것과 같이 마음을 치유하면 된다, 마음을 이치에 맞게 고쳐먹으면 된다고 이 논리를 세상에다 말해 놨더라면 이 경우는 각자가 알아서 선택할 수 있었을 것이나 이것이 없었기 때문에 중생의 입장에서는 선택의 여지가 없었던 것이 아닌가?

(계속)

098-2 정신병, 조현병과 같이 사람에게 나타나는 갖가지 현상의 원인은 무엇인가?

(답) 이 세상에 온갖 사람들은 저마다 자신들이 정신병, 조현병 등의 치료를 할 수 있다고 무수한 말을 하고 있고, 문제는 그동안 그들이 하라는 대로 해서 치료가 완벽하게 되었다면 이 세상에 이 같은 질병을 앓고 있는 사람이 없어야 하는데 현실은 어떤가? 지구 상에 사는 사람 모두를 질병별로 구분을 쉽게 알 수 있다면 세상이 어찌 되겠는가? 군대처럼 계급별로 분류한다면 어떻게 되겠는가? 이런 부분 여러분은 생각해보지 않았을 것인데 태어날 때부터 '너는 계급이 무엇이다.'라고 달고 나온다면 어떻게 되겠는가? 아마 이 세상 뒤집어질 것입니다. 왜 이런 말을 하느냐면 표면적으로는 이렇게 분류를 할 수 없지만, 사람은 타고난 업이 다 다르기 때문에 앞서 말한 질병이라는 것도 다 다른 것입니다.

그래서 '조현병이다.'라고 하는 것도 그 사람에 따라 조현병이 나타나는 정도, 현상, 크기, 종류가 다 다르기 때문에 인간에게 나타나는 질병은 정형화해서 단답형으로 말할 수는 없는 것입니다. 현실을 살아가는 입장에서 길 가다 넘어져 다리가 부러졌다면 여러분은 단순하게 넘어졌다고 생각할 수 있지만, 진리적으로는 그때 맞게 전생의 업이 발현되어 나타난 것이어서 업이 발현되어 나타날 때는 한 치의 오차도 없이 이생에 어떤 식으로든 나타나게 되어 있습니다. 그래서 전생에 남의 가슴에 한을 맺히게 하면 이생에 내가 가슴앓이 등의 속병으로 그 인과응보를 받게 되고, 고지식한 삶을 전생에 산 사람은 이생에 반신불수, 혹은 심장병 등과 같은 것으로 그 인과응보를 반드시 받게 되어 있습니다. 이같이 말하면 어떤 사람들은 '우연히 나에게 그런 병이 왔다'고, 내가 재수가 없어서 이생에 걸렸다고 생각할 수 있는데 대단한 착각입니다.

남을 멸시한 사람은 다음 생에 뱀으로 태어나거나 아니면 얼굴에 반점 같은 것이 자기 몸에 나타날 수 있고, 이것은 타인을 멸시하는 것이 얼마나 큰가, 작은 것인가에 따라 나타나는 것도 다 다르기 때문에 사람마다 다 나타나는 현상은 지구상 80억 인간이 존재한다고 해도 다 다르게 나타납니다. 그래서 사람에게 어떤 현상이 나타나면 '그것은 우연히, 재수 없어서' 등으로 말하는 것은 매우 잘못된 의식임을 정립해야 할 것입니다. 따라서 몸이라는 물질로 나타나는 업의 발현도 있지만, 정신실환으로 나타나는 질병도 전생에 남에게 잘못된 사상이나, 의식을 심어주게 되면 그것은 자신에게 여러 가지 정신질환 등으로 나타날 수 있어서 이 같은 업의 작용을 알고 이생에 물질로나, 정신적으로 이치에 반하는 행동은 절대 하지 않아야 합니다.

실제 과거 사람들이 하는 말에 '가슴이 답답한 증상'이 나타나면 '전생에 내가 남에게 어떤 짓을 해서 이런 인과응보를 받는가?'라고 말하는 사람도 있는데 요즘에는 자신에게 뭔가의 정신적 질환이나, 몸이 아프면 '전생에 내가 무엇을 잘못했기에'라고 말하는 사람은 거의 없는데 이것은 그만큼 인간의 오만함이 크다는 것이고, 그만큼 자신을 되돌아볼 생각은 전혀 하지 않고 사는 이상한 세상이 되어 버렸다 할 것입니다. 그래서 똑같은 인생을 살지만, 여러분의 일거수일투족은 이생에, 혹은 다음 생에 반드시 어떻게든 인과응보로 되받아진다는 것을 명심해야 합니다. 그래서 이생에 여러분 몸에 물질, 비 물질로 나타나는 모든 현상은 '이유 없이' 나타나는 것이 하나도 없는 것이고, 다만 그 현상이 겨자씨만큼 작게 나타나는가? 아니면 고통스럽게 크게 나타나는가의 정도의 차이만 다를 뿐입니다.

그래서 이생에 일단 인간으로 태어난다는 자체는 뭔가의 업이 있어 태어나고 인과응보를 받는 것인데 이런 이치를 모르고 나 잘났다고 우기고 살아가는 이 세상을 보면 참으로 안타까운 현실임에는 분명합니다. 과거 누가 잘못하면 '그것은 잘못되었다.'라고 말하는 사람이 그나마 있었지만, 요즘에는 이같이 말하면 인격 침해, 개인 행복추구권 등을 말하면서 대들고 그렇게 말한 나 자신이 화살을 받게 되어서 요즘에는 남에게 잘못된 것임에도 그것을 지적할 수가 없는 현실입니다. 반대로 요즘 어른들이라고 하면 나이가 들었으니 막연하게 어른 대접받고자 하는 것이 전부이며, 어른다움을 가진 어른,

어른다움의 행동을 하는 사람이라는 것 자체가 이 세상에서 다 사라졌으니 잘못된 것을 보고 잘못되었다고 지적을 할 수 있는 어른은 이 세상에 없기 때문에 이 세상이 이상한 모양으로 흘러가고 있는 것입니다.

결론적으로 이 세상에 태어나면서 혹은 살아가는 과정에 각자의 몸에 뭔가 이상이 있다고 한다면 이것은 자업자득 인과응보의 법칙에서 나 자신이 그렇게 되받아야 할 '업이 있어서다'라고 정립해야 하고, 그다음 그렇다면 이생에서 어떻게 하는 것이 최선인가를 알고 그 업을 고쳐가려고 노력하는 사람은 현명한 사람이고, 이같이 하지 않으면서 신세 한탄만 하는 것은 매우 어리석은 사람이라고 해도 무리는 없을 것입니다. 그래서 나는 운명은 존재하지만, 그 운명은 여러분 자신이 얼마든지 바꿀 수 있는 것이라고 말했는데 이 말을 여러분이 얼마나 마음에 둘진 모르겠지만, 이거 아니면 결국 정해진 운명대로 윤회를 돌고 도는 수밖에 별도리 없고, 이것은 결국 삶의 괴로움에서 벗어날 수 없다는 것을 의미합니다.

099 태어날 때는 순서가 있다고 하는데 왜 죽음은 순서가 없는지요?

(답) 공장에서 어떤 제품이 만들어지는 것을 보면 이 제품은 언제 어느 때 어떤 라인에서 제조되어 언제 출하가 되었다는 기록이 있습니다. 이같이 알 수 있는 것은 공정마다 시간을 체크하여 그 시간을

기록하기 때문에 쉽게 알 수 있는 것처럼 인간이 엄마 배에서 나올 때 사람들은 바로 시계라는 것을 보고 나오는 그 시간을 기록하고, 그 기록으로 누가 먼저 나왔다는 것을 정하기 때문에 이것으로 '인간이 태어나는 순서'라는 것이 생긴 것입니다. 그렇다면 시계가 만들어진 이후는 이 같은 기록으로 하지만, 과거 시계가 만들어지기 전에는 '어느 때 태어났다.'라고만 사람들은 기억했을 것이고, 나이가 몇 살인지도 세지 않고 살았을 것입니다. 물론 이것은 과거부터 오늘에 이르기까지 큰 흐름을 여러분이 이해하면 '시간'과 '때'의 개념을 이해할 수 있을 것입니다.

그래서 태어날 때는 순서가 있다고 말하는 것은 달력이 만들어지고 난 이후 물질의 개념으로 달력을 인위적으로 만들고 그것으로 숫자를 세어왔기 때문에, 정했기 때문에 순서라는 것을 정할 수 있지만, 죽음은 비물질의 개념이기 때문에 태어날 때처럼 순서를 정할 수 없는데 '왜 죽음은 순서가 없는지요?'에 대한 답은 진리적으로는 '있다'입니다. 하지만 이것을 아는 방법은 전생에 그 사람이 어떻게 살다 죽었는가를 알면 이생에 '어느 때 죽을 것이다.'라는 것은 쉽게 알 수 있습니다. 정리하면 사람이 이생에 태어나는 것은 비 물질에서 물질로 몸이 세상에 드러나는 것이라면, 죽음이라는 것은 몸이라는 것을 가지고 살다가 마음이라는 기운만 비 물질로 남게 됩니다.

이 과정을 가만히 생각해보면 이 글을 보는 여러분은 비물질의 기운이 화현 되면 몸이 있고, 진리의 기운이 다하면 몸은 세상에서 사라지고 마음이라는 비물질의 기운으로 반복되는 과정의 연속에서 오늘을 사는 것임을 쉽게 알 수 있습니다. 그래서 죽으면 모든 것이 다 무와 공으로 사라진다는 불교의 말은 모순이고 대단히 잘못된 논리, 사상임을 쉽게 알 수 있을 것입니다. 그래서 태어나야 할 여러분의 '참(眞) 나' 이치를 알면 여러분이 이 세상에 어떻게 태어났고(태어난 이유) 살다가 어느 때 죽을 것(죽어야 할 이유, 때) 인가는 사실 진리적으로는 다 알 수 있어서 모든 인간은 각자가 지은 업이 있어 그 업이 이생에 나타나야 할 때가 되면 몸이라는 것은 물질로 이생에 잠깐 화현으로 나타났다가 사라지는 것입니다.

따라서 진리적으로 여러분의 근본이 되는 '참(眞) 나'라고 하는 비물질은 이 자연이 존재하는 한 여여자연하게 진리의 기운으로 지구상에 퍼져 있게 되어서 이 과정을 보면 모든 것은 '태어나야 할 이유(업)'가 있어 태어나는 처지이기 때문에 아이가 이 세상에 태어나는 것이 축복할 수는 없고, 천사라고도 말할 수 없음을 알 수 있을 것입니다. 그 이유는 모든 것이 이 세상에 태어나는 자체는 일단 업이 있어서 태어나는 것이기 때문인데 이 부분 정립해야 하고, 만약 업이 없다면 태어나야 할 이유조차도 없는 것이 자연의 섭리이기 때문에 그렇습니다. 그래서 이같이 생명체인 인간이 이 세상에 왜 태어나고 언제 죽어야 할 때인가를 아는 것이 '깨달음을 얻었다, 진리이치를 알았다.'라고 해야 맞는 말이 되고, 이런 이치를 세상에 처음으로 말하는 것을 전무후무한 일이라고 화현의 부처님은 말한 것입니다.

그래서 '너는 그렇게 살다가 그렇게 죽겠구나.'라는 것은 자연의 흐름, 마음의 흐름을 알면 매우 쉽게 알 수 있는데 이 부분에 대하여 화현의 부처님은 초기에 '시시때때로'라는 말을 많이 했는데 이 말은 시시(時時)라는 것은 물질 논리이고, '때때'라는 그것은 비 물질이 작용하는 것을 '그때'라고 정리하면 됩니다. 따라서 과거에는 시(時)는 없었고 때만 있었기 때문에 과거에는 '태어나는 때'만 있었지만, 아상(我相)이 발달하면서 '시(時)'라는 것이 생겨났고, 이때부터 사람들은 '나이에 따른 서열'이라는 것이 만들어지고, 이것이 세상에 만들어지면서 삼강오륜'과 같은 문자들이 생겨납니다. 다시 말하지만, 인간이 지구 상에 존재하기 시작할 때는 시는 없었고, 나이도 헤아리지 못했지만 나(我라)고 하는 아상이 점차 커지면서 시(時)가 만들어졌다고 정립해야 하고, 사실 과거에는 양력이라는 것으로 모든 것을 맞추어 왔지만, 이 양력은 오늘날 농사의 기준으로 삼고 있어서 농사짓는 사람들은 양력(서기력)을 사용하지 않고, 자연의 때를 맞추는 음력(陰曆)을 사용합니다.

이같이 보면 양력은 아상의 논리에서는 필요한 것이겠지만, 사실 자연의 법칙에서 보면 양력은 필요하지 않은 것이고, 자연의 법칙에 따르는 음력 하나로도 인간이 살아가는 데 아무런 문제는 없고 모든 절기(節氣)라는 것도 음력을 기준으로 만들었는데 이런 절기도 인간이 일 년을 살아오면서 '이때는 이렇게 하자'라고 정한 것에 불과하고 이같이 만든 절기에 대한 의미는 진리적으로 보면 사실 의미 없는 것이고, '그때'라는 것만 존재합니다. 따라서 음력, 양력이라는 것도 달력이 만들어지면서 구분을 지은 것이지만, 진리적으로는 태어나 먹이 활동을 하다가 태어나 살아야 할 이유가 다 하면 없어지면 그때 맞게 죽으면 되는 것이기 때문에 어떻게 살아가야 하는가는 매우 중요한데 요즘에는 '어떻게 살아가야 하는가?'를 다 잃어버리고 오로지 돈만 많이 벌면 되고, 물질로 성공과 출세라는 것만 하면 된다는 이기주의가 만연한데 이것은 이 세상이 뒤집혀서 나타나는 현상입니다.

본분을 알지 못하고, 나 자신 잘났다고 똥고집 부리며, 자연의 섭리에 어긋난 삶을 살아가다가 뭔가가 괴로움이 있으면 그것만 어떻게 되었으면 하는 그 마음은 자연의 섭리를 거스르는 인간의 오만함이고 이기주의라고 해야 맞습니다. 그러면서 입으로는 자연에서 배우고 자연을 따르고 산다는 말 주둥이로 무수하게 하는데 참으로 갑갑한 인생을 사는 사람, 이 세상에 널려 있다고 해도 무리는 없을 것입니다. 방안에 전등을 켜면 물질로써 나는 보이지만 전등을 끄면 나는 비 물질 개념에서 보이지 않습니다. 하지만 눈으로 형상을 보고 못 보고의 차이일 뿐 나라고 하는 존재는 그대로 존재하는 것이고, 이 마음에 따라 이생의 삶을 살지만, 죽어서 몸이 안 보인다고 해서(불을 껐다고 해서) 여러분은 무와 공으로 모든 것이 다 사라지는 것은 없어서 불교의 무와 공 사상은 잘못된 말이 되는 것입니다.

여러분 마음이 화현으로 이생에 나타났다가 사라지는 것은 물질에서 몸이라는 육신이지만, 이 몸을 존재하는 마음이라는 것은 영구하게 존재하는 것이기 때문에 그렇습니다. 그래서 그 마음에 따라 이생에 몸을 가지면 내가 있다는 것을 인지하지만, 죽으면 무의식이기 때문에 나라는 것을 여러분이 인식하지 못하는 것이고, 마음이라는 기운만 존재하기 때문에 그동안 인간으로 살다 죽은 무수한 사람도 이 지구 상 자연이 있는 곳에 그 마음은 여여자연하게 존재하고 있어서 무와 공 사상은 잘못된 말이 되는 것입니다. 이 글을 정독하여 내가 말하는 논리를 이해하면 태어나고 죽는 개념이 뭔가를 좀 더 깊게 이해할 수 있을 것입니다.

다시 정리하면 '태어날 때는 순서가 있다고 하는데 왜 죽음은 순서가 없는가?'에 대한 답은 인간이 세상에 태어나면 태어나는 시간이 있어서 연월일시를 따지는 것이어서 순서가 있고, 죽을 때는 각자의 업에 따라 무작위로 죽기 때문에 순서가 없다고 생각하겠지만 진리적으로는 순서가 있다고 해야 맞고, 태어날 때는 시간을 보기 때문에 그것으로 순서를 정하지만, 죽을 때는 죽음의 시계를 볼 수 없기 때문에 순서가 없는 것으로 생각하는 것이나 그러나 보이지 않지만, 진리적으로는 순서가 있다고 정립해야 맞고, 이것은 개개인의 '참(眞) 나' 이치를 알면 쉽게 알 수 있습니다. 예를 들어 A와 B가 있을 때 둘 중에 누가 먼저 죽는가의 순서는 쉽게 알 수 있다는 이야기입니다. 따라서 지구 상에 80억의 인간이 존재한다면 이들은 생년월일로 따져서 줄을 세우면 태어난 순서가 있을 것이고, 죽을 때도 태어난 순서대로 죽는다면 여러분은 이 세상 불안해서 살지 못할 것입니다. 내 앞에 '누가 죽었으니 그다음에는 나다'라는 생각을 떨쳐버릴 수 없을 것입니다.

하지만 태어나는 것은 여러분이 시간으로 알 수 있지만, 죽음의 순서를 몰라야 천만년 살 것처럼 희망, 꿈을 가지고 살 것이 아닌가? 모든 사람은 다들 자신이 언제 죽을지 모르는 상태이기 때문에 10년

후, 20년 후를 생각하는 것이고, 만약 내일 내가 죽는 순서라는 것을 알면 이 세상 난장판이 될 것입니다. 그래서 '태어날 때는 순서가 있다고 하는데 왜 죽음은 순서가 없는가?'에 대한 답은 물질 이치, 진리 이치 이 두 가지를 정립하면 앞서 내가 한 말에 의미가 뭔가를 이해할 수 있을 것입니다. 진리의 기운(마음)을 기반으로 존재하는 인간이기 때문에 각자의 마음에 화현으로 존재하는 입장이기 때문에 이 마음이라는 기운을 알면 임신이라는 것을 통해 태어나는 것은 예고하고 태어나기 때문에 순서를 따질 수 있고, 그 사람이 왜 태어나는가는 진리적으로 쉽게 알 수 있어서 이 경우 물질 이치, 진리 이치가 복합적으로 작용하는 것이고, 반대로 죽는 순서는 태어나는 것처럼 예고 없이 발생하지만, 이 경우 살아 있을 때 어떤 상황에서 어떻게 해서 어느 때 죽으리라는 것도 물질 이치, 진리 이치를 알면 이 부분도 쉽게 알 수 있습니다.

100 우울증, 정신병 등은 왜 생기는가요?

(답) 결론부터 말하면 간단하게 '마음이 우울해하는 것'이 우울증입니다. 사람이 인생을 사는 과정에 무수한 상황이라는 것도 있고, 동기부여라는 것도 있습니다. 나이가 든 사람은 긴 세월 동안 무수한 동기부여 속에 펼쳐진 여러 상황을 맞이했고, 그 과정에 여러분 스스로는 '이것이 최선이다.'라고 선택한 결과의 삶이 지금 각자의 삶의 현실입니다. 이 말은 어떤 상황이 되면 '나는 이렇게 해야지.'라고 각자에게 일어난 그 마음을 선택합니다. 그 결과가 오늘의 모습이라

는 것이어서 각자의 환경을 보면, 주변을 보면, 각자에게 전개된 현실을 보면 여러분 스스로가 '내 마음이 이런 것이구나.'라는 것을 이해하게 되고, 이것이 화현의 부처님 법에서의 '나를 알아가는 것'이 됩니다. 그래서 '우울증은 왜 생기는가?'에 대한 답은 한마디로 정형화해서 말할 수 없는데 이유는 앞서 말한 대로 사람마다 겪는 상황이라는 것이 다 다르기 때문에 그렇습니다.

그래서 어떤 사람에게 어떤 현상이 일어나면 그 사람에게 맞는 원인을 알 수 있고, 이 원인을 알면 그에 맞는 처방이라는 것을 정확하게 할 수 있습니다. 예를 들어 돈이 없는 사람이 집을 갖고 싶은 마음이 일어났는데 현실적으로 가질 수 없다면 이 상황은 동기부여가 그 사람에게 되는 것이고 이것을 통해 그 사람은 우울증과 같은 특징적인 현상이 몸에 나타날 것입니다. 그런데 '상황'은 하나의 동기부여가 되는 것이고, 이 상황이 발생하는 것은 비 물질에서 그 사람의 업과 맞아떨어졌을 때 어떠한 질병으로 현실에서 나타나는 것입니다. 예를 들어 갱년기를 겪으면서 우울증이 온다는 말이 있는데 이것도 갱년기라는 동기부여가 주어지면 그로 인해 진리적으로 업이 작용해서 그 사람에게 다양한 증상으로 나타나고, 이것이 꼭 우울증으로 나타난다고 확신할 수는 없습니다.

현실을 보면 갱년기라고 해서 다 우울증을 심하게 겪지는 않고, 별문제 없이 잘 넘기는 사람도 있는데 이같이 다 다른 이유도 각자의 업에 따라 나타나는 현상이 다 다릅니다. 여자의 경우 생리가 멈출 때, 끊어지는 과정에서 몸에 변화로 우울증을 겪는다고 말하지만, 사실 이것은 진리적으로 그 사람이 이생에서 자식 번식(업으로 인해 태어나는 자식)을 할 이유가 없다는 하나의 신호입니다. 반대로 생리를 오래 하는 사람은 아직도 그에게 태어나야 할 업연이 있음을 의미합니다. 물론 이 말은 보편적으로 하는 말이지만 우울증에 대한 의미는 중대한 업의 변화가 있어서 나타나는 현상 중에 하나라고 이해하면 됩니다.

현대의학으로 이 우울증에 대한 현상으로 거의 매일 지속되는 우울한 기분, 일상 대부분의 일에서 관심 및 흥미 감소, 식욕 감소 또는 증가, 불면 또는 과다 수면, 정신운동 지연 또는 정신운동 초조, 피곤 또는 에너지의 감소, 무가치감, 부적절한 죄책감, 집중력 저하, 우유부단, 반복적인 자살 생각 등으로 우울증을 판단한다고 하는데 이것도 우울증에 대하여 일반적으로 크게 나타나는 현상을 이같이 정리한 것에 불과하고 내가 말하는 것은 알 수 없는 증상, 현상으로 여러분에게 나타나는데 이것에 본질은 각자의 업과 깊게 관련이 있기 때문에 앞서 현대 의학으로 분류한 것으로 100% 우울증에 진단은 할 수 없다고 해도 무리는 없을 것입니다.

다시 말하지만, 인간은 전생에 지었던 업의 작용으로 이생에 존재하기 때문에 뭔가에 문제가 있거나 어떤 현상이 나타나면 반드시 진리적인 부분을 생각해야 하는 데 문제는 진리적으로 작용하는 그 사람의 이치(마음 작용)를 모르기 때문에 어림잡아 대략 이런 증상이면 우울증이라고 말하는 것이 전부입니다. 마음이라는 기운 작용을 알아야만 우울증뿐 아니라 인간에게 나타나는 모든 증상을 정확하게 알 수 있고, 광고하는 것을 보면 다들 우울증 치료의 전문가라고 말하는데 참으로 안타까운 일입니다. 만약 이 세상에 우울증의 원인을 알고 다 치료가 된다면 이 세상에는 우울증에 걸린 사람은 모두 치료가 된다는 이야기인데 이게 말이 되는가를 생각해보라는 이야기입니다.

그래서 말은 '우울증'이라고 한 단어지만 사실 이 증상은 지구 상에 80억의 인간이 있다면 그 정도 차이만 다 다르기 때문에 뭔가 이상하다고 느끼는 사람도 있지만, 견딜만하다고 느끼는 사람, 아니면 우울증이 있는지 없는지조차도 모르고 정상이라고 생각하고 사는 사람 등 천차만별이기 때문에 '우울증의 원인은 뭐 때문이다.'라고 특정해서 정의할 수는 없고, 이것은 사람의 마음, 업이 다 다르기 때문에 마음이라는 것이 아파서 나타나는 현상이어서 그렇습니다. 사실 사람들은 인간에게 나타나는 여러 가지 현상에 대하여 100% 현대의학으로 해결하지 못하고 있는 것이고, 앞서 우울증에 대한 증상을 여러 가지 상황으로 말하고 있는데 이것으로만 우울증의 본질에 접근할 수 없고, 또 현대의학에서 주는 약물로 해결할 수도 없는 게 현실입니다. 왜 그럴까? 이것은 보이지 않는 작용이 있어서 그렇습니다.

그러나 인간이 현실에서 할 수 있는 것이 물리적으로 연구하고 그 답을 찾는 것은 당연하겠지만, 이것은 보이는 반쪽만 알고 보이지 않는 반쪽을 몰라서 그렇습니다. 이런 부분은 진리를 말한다는 사람들이 말해야 할 부분인데 문제는 그들 자체도 자신들이 왜 존재하는가를 모르는 입장이니 이에 대하여 무엇을 말할 수 있겠는가? 직설적으로 코로나에 대한 원인도 제대로 알지 못하니 단번에 완치되는 약을 만들지 못하고 있는 것이고, 완치라고 하는 것도 내면에 남아 있고, 잠재해 있는 것을 감안하면 이것은 인간의 과학으로 해결할 부분은 아닌데 그 이유는 진리적으로 그렇게 나타나야 할 이유가 있기 때문에 그렇습니다. 우리가 자연(自然)이라는 말을 많이 하는데 이 자연의 작용은 정형화할 수 없이 무궁무진하다는 의미가 있어서 앞서 말한 질병이라는 것도 무궁무진하여 하나의 질병의 원인은 뭐라고 말할 수는 없는 것입니다.

이같이 말하면 누구는 진리를 안다면서 왜 단답형으로 '이것의 원인은 이것이라고 딱 잡아 말하지 못하는가'라고 생각하는 사람도 있겠지만, 진리의 작용이란 무궁무진해서 그렇습니다. 그래서 누가 '우울증은 이거다, 한방에 치료된다.'라고 말하는 것은 모두 진리이치에 맞지 않습니다. 따라서 특정한 한 사람에게 나타나는 원인이 뭔가에 대한 답은 쉽게 내릴 수 있지만 여기서 '이것은 이것이다.'라고 단답으로 말할 수 없고, 포괄적인 현상을 말할 수밖에는 없는데 그 이유는 나타나는 현상, 작용이 사람마다 다 다르기 때문에 그렇습니다. 이 글을 통해 전반적으로 인간에게 나타나는 질병, 현상에 관한 이해를 할 수 있을 것이고, 이런 부분을 이해하지 못하고 여러분에게 어떤 현상이 있다고 해서 그것만 어떻게 하기만 바란다면 잘못된 의식을 가지고 있다고 해야 맞습니다.

101-1 부자와 가난한 사람은 타고나는 것인가?

(답) 이에 대한 답은 간단하게 한마디로 '타고난다'입니다. 이 말은 인간이 이 세상에 태어나 살면서 운이 좋아서, 제수가 좋아서 만들어지는 것이 아니라 반드시 전생에 내가 지은 행위가 있고, 그것이 이생에 인생을 살면서 반드시 어떤 동기부여, 계기가 생기고 그 상황에서 일어난 마음에 흐름에 따라 여러분이 어떤 행위를 했을 때 그 업(業)은 이생에서 발현됩니다. 우리가 쉽게 '삶에 굴곡'이라는 말을 많이 하는데 굴곡이 교차하면서 인생의 희로애락이라는 것은 누구나 다 겪는데 이것도 전생에 지은 업의 순서가 이생에 발현되어서 나타나는 것입니다.

그래서 여러분이 인생살이를 하면서 하는 무수한 행동은 모두 업식(業識)으로 자연 속에 기록이 되고, 그 업식화된 것은 이생에 바로 되받아 나타나는 것도 있지만, 다음 생에 각자의 업으로 되받아지고 있어서 이생에 여러분이 하는 말이나 행동도 의미 없는 것이 아니라 진리 입장에서 보면 그것은 모두 업식화되기 때문에 이생에 일거수일투족을 조심해야 합니다. 그래서 물질 이치에서 이생에 여러분이 이치에 맞게 물질을 사용하면 그것은 이생에 되받아지기도 하고, 다음 생에 반드시 그 물질은 되받게 되는데 이것은 순수하게 물질 개념이고, 또 하나는 진리 이치에서 전생에 마음을 어떻게 사용하고 살았는가에 따라 이생에 여러분의 마음이 만들어지는 것입니다.

'물질 이치'와 '진리 이치' 이 두 가지의 개념을 여러분이 반드시 정립해야 합니다. 따라서 몸에 병도 끊이지 않고, 마음도 뭔가의 괴로움을 받고 사는 사람이 지옥의 삶을 살고 있다고 해도 무리는 없을 것입니다. 앞서 '물질 이치'를 말했는데 이것을 나누면 몸(육신)이라는 것도 물질이고, 돈이라는 것도 물질 개념으로 분류할 수 있는데 이에 따라 여러분이 지금 가지고 있는 육신(몸)이라는 것은 전생에 여러분이 몸을 움직여서 한 행동의 결과로 이생에 여러분의 몸이 만들어진 것이어서 태어날 때부터 몸에 문제가 있기도 하지만, 살아가면서 몸에 병이나, 장애가 발생하였다면 그것은 반드시 여러분이 전생에 자기 몸으로 상대에게 한 행위의 결과를 인과응보로 되받고 있다 할 것이고, 이 경우 우연히 내가 재수 없어서 내 몸에 이상이 생기는 것은 아닙니다.

우리가 살아가면서 각자의 몸에 여러 가지 현상이 나타납니다. 감기에서부터 몸에 부스러기, 여드름, 가려움증 등 소소하게 나타나는 현상이 있는 것도 인간이라는 동물의 특성이 있기에 기본적으로 나타나야 하는 것도 있지만, 여러분이 전생에 한 업의 결과로 이생에 되받아지는 것도 있습니다. 예를 들어 어떤 사람은 여드름이 잠깐 나타나고 사라지기도 하지만 누구는 병적으로 심하게 나타나 얼굴에 깊은 흉터가 생기는 사람의 차이를 보면 인간이라는 동물학적 특성으로 가볍게 나타나기도 하지만 이것을 초과하여 병적으로 나타나는 것은 업과 관련이 있다는 이야기입니다.

그래서 물질 이치에서 여러분의 몸을 가만히 생각해 보면 각자의 몸은 전생에 여러분이 몸으로 어떠한 행위를 했는가에 따라 한 치의 오차도 없이 되받고 있는 것이고, 보편적으로 '표준'이라고 생각하는 것에 벗어난 몸을 가지고 있다면 이생에 재수가 없어서 그리된 것이 아니라 나 자신이 전생에 어떤 행위를 누구에게 했는가의 결과가 각자의 몸(물질 개념) 마음(비 물질 개념)으로 현실에 다 나타나 있는 것입니다. 그래서 나는 물질 개념에서 여러분의 몸을 보면 여러분이 전생에 어떠한 행위를 하고 살았는가를 쉽게 알 수 있다고 말한 것입니다. 또 비 물질에서 여러분이 하는 말은 마음이라는 기운을 나타내는 것이기 때문에 각자가 하는 말을 보면 전생에 여러분이 어떠한 말을 하고 살았는가도 쉽게 알 수 있다고 말한 것인데, 이같이 보면 여러분의 전생은 이생에서 자신들이 하는 말(비 물질)과 행동(물질)으로 그대로 드러내고 있어서 여러분의 전생은 이생에 그대로 다 펼쳐져 있다고 말한 것입니다.

문제는 여러분은 전생에 화현으로 이생에 각자의 몸을 가지고 있지만, 그 자체를 여러분 스스로가 보지 못하고 있을 뿐입니다. 그래서 '내 전생이 뭐요?'라고 물으면 현재의 여러분 삶이 바로 여러분의 전생이 되는 것입니다. 이같이 보면 지금 물질로 고생하고 있다면 우선 '내가 전생에 물질의 선업을 지은 것이 없구나.'라는 것을 수긍하는 것이 우선입니다. 그다음 '그렇다면 나는 어떻게 해야 하는가?'라는 문제에 접근하는 것이 깨어 있는 의식인데 가진 자는 이치에 맞게 사용하는 것이 물질의 선업을 만들어가는 것이고, 없는 자는 이생에 '이치에 맞게 물질을 사용하는 습관'을 길들여야 합니다.

이같이 작용하는 진리 작용을 이해하지 못하고 남들이 부자로 사니 '나도 어떻게 하면 부자로 살 수 있을까'만 생각하고 '성공한 사람들의 말(자서전)'을 듣고 자신도 그렇게 하면 부자가 될 수 있다고 생각하고 사는 사람이 상당한데 거듭해서 말하지만, 부자라는 것은 반드시 '타고나는 것'임을 명심해야 합니다. 또 하나는 세상에 무수한 사람들이 '성공하는 삶, 부자가 되는 비법' 등과 같은 말 무수하게 하는데 그 사람들이 하는 말대로 하면 다 부자가 된다면 인생사 아무런 걱정할 필요 없는 것이 아닌가? 돈 버는 묘수, 비법으로 돈벼락을 맞을 수 있다는 말 시중에서 무수한 말을 하지만 대단히 잘못된 말입니다. 특히 시대가 바뀌면서 요즘에는 힘든 일 하지 않고, 일확천금을 꿈꾸고 '뭔가를 해서 한탕만 잘하면 된다'라는 사고방식으로 사는 사람 천지인데 의식 없는 사람들입니다. (2에서)

101-2 부자와 가난한 사람은 타고나는 것인가?

(답) (1에 이어서) 흔히 하는 말이 '복권 당첨이 되면'이라는 말도 많이 하는데 다시 말하면 복권이라는 것을 산다고 해서 그냥 우연히 당첨되는 것이 아니고, 앞서 말했지만 되받아져야 할 업이 이생에 있을 때 복권이라는 것에 진리적인 동기부여가 되는 것이고, 또 복권으로 받아지는 것과 사업 등 기타의 방법으로 되받아지는 것은 다 다릅니다. 또 하나 이 복권이라는 것은 단발성이지만 사업이라는 것은 연속성이기 때문에 사업과 복권은 전혀 다른 업의 작용이고, 또 요즘 같은 시대 복권하나 당첨이 되어봐야 부자 축에도 들지 못합니다. 그러니 이같이 볼 때 어디까지를 부자로 봐야 하는가의 문제가

남는데 이런 것을 이해하지 못하고 막연하게 '나도 부자가 되었으면' 하는 생각 매우 잘못된 의식입니다.

자식을 낳으면 보통 사람들은 그 자식이 잘 먹고, 잘 살기를 바라는데 그게 마음대로 되지 않는 것이 자식은 반드시 부모와의 업연으로 만나는 것이어서 그 업연 속에 그 자식이 얼마나 이생에 되받아야 할 업을 가지고 태어났는가에 따라 그 자식은 부자로, 혹은 거지로 살아가게 되어 있어서 학교 공부를 어디까지 한 것과는 전혀 관계가 없습니다. 만약 학교를 다 나오면 부자로 성공하고 살 수 있다면 온 국민 모두 대학을 다 나오게 하면 될 것이 아닌가? 반대로 배우지 못해서 부자로 못 사는 것이 아니며, 배웠다고 부자로 산다는 것도 아닙니다. 현실에도 배우지 못한 사람도 부자로 돈 많이 벌고 있는 사람도 있고, 배운 사람임에도 빈천하게 사는 사람도 무수하게 존재합니다. 이같이 보면 배움과 부자라는 공식은 성립되지 않음을 알 수 있을 것입니다.

내가 말하는 부자의 의미는 이 세상에 태어나 의식주를 다른 사람의 도움 없이도 안정적으로 해결하는 사람, 또 자신이 갖고자 마음먹은 것을 현실에서 다 가질 수 있는 사람(물질 개념), 하루를 살아도 마음 편하게 사는 사람(비 물질 개념)이 부자의 개념이고, 이 두 가지 중에 하나라도 해결하지 못하고 사는 사람을 가난한 사람이라고 해야 맞는 말이 됩니다. 이것이 아니고 돈이 얼마 있느냐를 숫자로 따져 부자를 말하는 사회의 논리는 사실 진리적으로 쓸데없는 말이 됨을 명심해야 합니다. 그래서 무엇을 하든 적당하게 돈도 벌고 마음도 편하게 사는 사람이 부자여서 이같이 보면 이 세상 부자가 넘쳐난다는 것을 알 수 있을 것입니다. 그러나 문제는 이것을 여러분 스스로가 이해하지 못하고 모든 것을 물질의 잣대로만 평가하니 이 세상 사람들의 의식에 문제가 있는 것입니다.

그래서 지은 업이 없으면서 사회적인 기회를 엿보고 한탕주의로 돈을 얼마 벌어서 그 자신 입과 그 가족의 입에 풀칠하고 사는 것은 진정한 업으로 인한 부자가 아니라 기회주의자이며, 졸부라고 하는 것이고 이런 사람의 인생은 별로 순탄하지 않을 것이고, 결과는 좋지 않게 나타나는 것입니다. 문제는 이런 사람이 자식을 낳으면 그 사람의 업과 성향과 비슷한 자식을 낳게 되고, 이런 것 보고 끼리끼리 태어난다, 업의 대물림이다, 닮은 자식이 태어난다고 해야 맞는 말이 됩니다. 쉽게 말하자면 윤회를 도는 입장에서 이런 성향을 보인 사람(빙의)이 그 집안에 태어날 수 있다는 이야기가 됩니다. 물론 앞의 상황은 비유해서 하는 말이지만 어떤 성향으로 인생을 사는가에 따라 그 자리에 맞는 자식이 태어날 수 있다는 것이고 이것이 윤회의 법칙입니다.

그래서 여러분이 보통 업의 대물림이라는 것은 전생에 같은 업을 지어야만 대물림이 되는 것으로 생각하지만 앞서 말했지만, 업이 아니라 이생에 부모가 어떠한 성향을 보였는가에 따라 윤회를 도는 무수한 생명체 중에 그 자리에 맞는 생명체가 태어날 수도 있다는 것입니다. 그래서 이 업의 작용이라는 것은 무궁무진해서 전생에 만들어진 업도 있지만, 이생에 다시 업연을 맺어가는 것도 있어서 어찌 되었든 업이고 뭐고를 따지지 말고 이생의 이치에 맞는 삶을 살아가는 것이 최선이라고 나는 무수하게 말했습니다. 어리석은 사람은 이런 이치를 모르고 막연하게 '전생의 업'만을 말하는데 대단한 착각이고, 업은 이생에 얼마든지 쉽게 만들 수 있는데 안타까운 것이 어떻게 하면 업이 이생에 만들어지는지는 종교도 말하지 못하고 있는 부분이어서 이 부분 새겨봐야 할 것입니다.

결론적으로 '부자와 가난한 사람은 타고나는 것인가?'에 대한 답은 그렇다고 해야 맞고, 지은 업이 없다면 이생에 단돈 얼마를 써도 이치에 맞게 쓰면 그것은 이생에 바로 나타나기도 하지만, 다음 생을 위히어 진리에 짓는 선업이 되는 것입니다. '운명은 존재하지만, 이 운명은 얼마든지 이치를 바꿀 수 있다.'라는 이 말을 정립해야 합니다.

102 삶에 굴곡, 희로애락은 왜 생기는가?

(답) 사람이 인생을 살다 보면 하루에도 수없이 기분에 굴곡이라는 것이 생깁니다. 다만, 좋은 기분과 좋지 않은 기분의 비율이 얼마나 다른가의 차이만 있을 뿐이고, 100% 좋은 기분, 100% 나쁜 기분이라는 것은 존재할 수 없습니다. 또 각자가 느끼는 삶에 굴곡이라는 것도 상대성이기 때문에 단정을 지어 삶에 굴곡을 말할 수는 없는데 다시 말하면, 상대와의 어떤 문제가 있어서 기분이 좌우되는 경우가 있고, 상대가 없는 상태, 홀로 있는 상태에서도 기분이 변할 수 있습니다. 그래서 질문은 포괄적인 질문인데 이것은 보편적으로 인간

에게 나타나는 현상을 물어본 것이고, 개인적으로 '삶의 굴곡'이라는 것은 다 다릅니다.

따라서 권력을 가졌다고 해서, 아니면 부자로 산다고 해서 삶에 굴곡이 없다고 하면 안 되고 나름대로 인생을 사는 입장에서 삶에 굴곡이라는 것은 누구나 다 가지고 있지만, 그 내용과 종류가 뭔가는 다 다른데 그 이유는 지난 생에 지은 업에 따라, 혹은 어제까지 내가 어떻게 살았는가에 따라 오늘내일, 다음 생의 삶에 굴곡이라는 것이 만들어지는 것입니다. 어제 누군가와 어떤 문제를 어떻게 풀었는가에 따라 그것은 오늘에 굴곡으로 나타나고, 오늘의 삶이 내일 모래 여러분의 굴곡으로 나타나게 됩니다. 이같이 보면 이 법당을 알고 마음이 어느 정도 만들어진 사람은 삶에 굴곡이 순탄하게 나타나지만, 내가 말하는 것을 긍정하지 못하고, 수용하지 못하면 삶에 굴곡은 변하지 않습니다.

이것은 현실에서 얼마든지 여러분이 체득할 수 있는 부분인데 시간이 지날수록 내 마음이 편하다고 하는 사람은 삶에 굴곡이 크게 요동치지 않고 똑같은 일상을 살지만, 마음이 잔잔합니다. 하지만 '나 잘났다.'라는 아상(我相)을 세우면서 내가 말하는 것을 본다면 이런 사람의 삶에 굴곡이라는 것은 크게 변하지 않고 자신의 업대로 흘러가게 되어 있는데 이런 말 과연 여러분이 얼마나 이해할지 모르겠지만, 이 부분은 각사가 알아서 정리하면 됩니다. 또 하나 관점에서 보면 종교를 다니는 사람에게 심한 괴로움이 계속된다면 이 사람들은 '누가 나를 시험에 들게 해서 이 괴로움을 참아야 한다'는 말을 쉽게 하는데 매우 잘못된 의식입니다.

내 앞에 어떤 문제가 있으면 그것을 꺼내놓고 가장 합리적으로 그 문제를 현실에서 해결하면 마음에 흔적으로 남지 않습니다. 그런데 시간이 지나면 이 괴로움은 자동으로 '그 무엇'이라는 존재가 해결해 줄 것으로 생각하고 하루를 사는 사람이 넘쳐나는데 참으로 안타까운 일이 아닌가? 십 년이 넘는 세월 동안 삶에 굴곡이 순탄해진 사람이 있는가 하면, 똑같은 시간을 보냈지만 뭔가 정리되지 않는 상황이 지속된다면 이것은 당사자의 마음, 의식에 문제가 있다는 이야기입니다. 그래서 종교 사상으로 빌고 비는 사람은 마치 복권을 사고 기다리는 것과 똑같고, 앞서 말한 대로 당면한 문제를 이치에 맞게 해결해가면서 사는 사람하고는 천지 차이로 상황은 다르게 전개됨을 명심해야 할 것입니다.

따라서 여러분이 사는 오늘날에 삶에 굴곡이라는 것은 반드시 전생의 삶이 연속되는 것이어서 지금 여러분의 삶을 보면 전생에 삶이 어떠했고, 어떠한 마음이었는가는 매우 쉽게 알 수 있으며, 또 오늘의 삶을 사는 것을 보면 내일 모래, 다음 생 여러분의 삶이 어떻게 될 것인가는 매우 쉽게 알 수 있습니다. 그래서 앞뒤가 꽉 막힌 사람(말귀를 알아듣지 못하는 사람)에게 부처 할아버지가 무슨 말을 해주어도 그 말은 쓸데없는 말이 되는 것이고, 사람이면 사람이 하는 말을 듣고 무엇이 옳고 그름인가 정도는 스스로 의식으로 분별하고 정립해야 하는 데 문제는 이게 어렵다는 것입니다. 그래서 노력도 하지 않으면서 전생에 이치를 바꾸려고 하는 것은 매우 어리석은 사람이라고 해도 무리는 없을 것입니다.

업이 있어 존재하는 처지에 각자의 관념, 생각하는 것이 맞는다고 우긴다면 무명의 존재가 말하는 것 볼 필요 없다는 말 수도 없이 했습니다. 나는 오늘날까지 여러분이 이 법당에 오고 내 눈에 띄는 한 각자에게 맞는 말을 했는데 어찌 보면 여러분이 고쳐지지 않는데 내가 여러분에게 관심을 가지고 치우쳐서 무엇을 고쳐라, 이렇게 해야 한다. 등의 말을 한들 어떤 의미가 있겠는가, 자식 두 명이 있다고 하면 한 명은 엄마에게 혼이 나면서 엄마 품에 파고들어야 젖이라도 한 모금 더 얻어먹을 것이고, 한 명은 엄마가 자신을 어르고 달래서 젖을 먹여 줄 것으로 생각하고 삐기는 사람과 어떤 차이가 있는가를 생각해보라는 이야기입니다.

내가 화현의 부처라는 말을 하니 이 법당에만 오면 화현의 부처님이 여러분을 어떻게 해주고, 돌봐 줄 것으로 생각한다면 대단한 착각이고, 그런 정신, 의식이라면 위대하고 전지전능한 존재가 있는 종교 사상을 믿으면 되고, 선택은 각자가 하면 됩니다. '전생에도 그러더니 이생에 똑같이 한다.'라는 말 여러분은 어떻게 생각하는지 모르겠지만 나와 선율이는 여러분의 모든 것을 다 알고 있습니다. 전생을 다 알고 이생에 여러분이 하는 행동을 보면 하나도 변하지 않고 똑같이 하는 사람이 있지만, 현실에서 잘못된 것을 지적하면 그것을 이해하고 고쳐나가려고 하는 사람이 있는데 이 두 가지의 상황은 이 현실에서 모두 극과 극으로 나타나게 되어 있습니다.

따라서 지금 여러분의 삶이 전개되는 것은 반드시 전생의 삶이 연속성으로 이어져 오고 있어서 현실이 그렇게 전개되는 것이고, 이런 이치를 알고 이생에 조금이라도 고쳐가면 내일 모래 여러분의 삶에 굴곡은 그 마음에 맞게 변합니다. 오늘 어떻게 살았는가, 마무리했는가에 따라 그 결과의 굴곡은 가깝게는 내일 모래, 혹은 다음 생에 반드시 나타나게 되어 있음을 명심해야 합니다. 그래서 이생에 누군가와 문제가 있다면 이것은 전생에 그와의 업이 이생에 이어져 오고 있음을 방증하는 것이어서 지금 여러분의 삶을 보면 전생의 삶에서 어떤 굴곡이 있는가를 알 수 있고, 그 문제를 이생에 어떻게 정리하는가를 보면 내일 모래, 다음 생에 여러분의 삶에 굴곡이 어떻게 전개될 것인가는 매우 쉽게 알 수 있어서 앞서 내가 말한 논리를 충분하게 정립해야 할 것입니다.

그러므로 이생에 물질이 많다고 해서 삶에 굴곡이 좋다고 할 수도 없고, 물질이 없다고 해서 삶에 굴곡이 있다는 식으로 말할 수는 없는데 그 이유는 물질과 비물질의 논리는 다르기 때문에 그렇습니다. 만약 이 세상 모든 사람이 상당한 물질을 모두 다 가지고 있다고 하면 삶에 굴곡이라는 것이 모두 없어지는가인데 이게 그렇지 않습니다. 각자가 지은 업이 뭔가에 따라 그것에 맞게 삶에 굴곡이라는 것은 다 있고, 삶에 굴곡이 없는 사람은 없습니다. 그래서 여러분이 물질이 많으면 삶에 굴곡이 없고, 편하게 살 수 있을 것이라는 생각을 하고 있다면 잘못된 생각이고, 모래알을 씹어 먹어도 마음이 편하면 그 자체로 삶에 굴곡은 없는 것이고, 누가 차려준 밥상을 받아먹는다고 해서 마음이 편하다, 삶에 굴곡이 없다고 말할 수는 없는 것입니다. 결론적으로 지은 업(業)이 있어 존재하는 인간이기에 어떤 형태로든 삶에 굴곡이라는 것은 다 있다는 것이 진리 이치이며, 다만 각자의 마음에 따라 굴곡은 다 다르고 똑같은 굴곡은 없다고 정리하면 됩니다.

103-1 깨달음이란 무엇이며, 깨달음에 정의는 무엇인가요?

(답) 일단 불교에서 말하는 깨달음에 대한 말을 보면 '깨달음은 모든 법의 원인과 조건을 알아 모든 의혹이 사라지는 것이다. 이렇게 모든 의혹이 사라지면 무명과 갈애가 다하여 해탈 열반에 이른다.'라는 것이 핵심이고, 이것을 기반으로 해서 깨달음에 대한 무수한 말을 나열하고 있는 것이 현실인데 문제는 이 말에 심각한 모순이 있습니다. 앞에 '깨달음은 모든 법의 원인과 조건을 알아 모든 의혹이 사라지는 것이다.'라는 말을 보면 듣기에는 그럴듯한 말에 불과하고, 그렇다면 이 말대로 이 세상에 존재하는 모든 생명체가 왜 존재하는가의 원인과 조건을 말해야 하는데 이 부분을 하나도 말하지 못하고 막연하게 이것이 있어 저것이 있다는 연기법이 어쩌고를 말하고 있는데 대단한 착각입니다.

따라서 여러분은 막연하게 '석가는 진리를 깨달은 사람'이라고 하니 뭔가 대단한 것을 깨달은 것으로 생각하고 부처를 찾는데 결론적으로 석가는 진리를 깨달은 자가 아닌데 그 이유는 '석가는 사람들에 의해서 부처라고 만들어진 것'이어서 그렇습니다. 진리적으로나 현실적으로 석가는 성(城)을 가진 자의 아들로 태어났지만, 정신적인 문제가 있었고, 장애가 있으니 석가를 수발들게 한 하인인 가섭이라는 천민 신분을 가진 자가 석가의 이런 부분을 알고 석가를 이용하여 자신의 신분 상승을 위해 화현의 부처님을 살해하고 그 법을 들었던 사람들을 칠엽굴(七葉窟)로 끌고 가 '너는 무엇을 들었느냐?'라고 다그쳤고, 그 상황에서 위암감을 느낀 사람들이 '나는 이같이 들었다.'라고 말한 것을 모아서(이것을 훗날 4차 결집이라고 말함) 원시불교라는 것을 만들고, 그것이 법이라고 할 수 없으니 사상가들이 모여 이런저런 말을 4차에 걸쳐 결집해서 오늘날과 같은 부처가 만들어진 것입니다.

그래서 불교의 말을 보면 십사무기(十四無記) 붓다가 대답하지 않고 침묵한 열네 가지 무의미한 질문이라고 해서 석가가 말하지 못했다는 말이 있는데 그것을 보면 (1) 세계는 영원한가? (2) 세계는 무상한가? (3) 세계는 영원하면서 무상한가? (4) 세계는 영원하지도 무상하지도 않은가? (5) 세계는 유한한가? (6) 세계는 무한한가? (7) 세계는 유한하면서 무한한가? (8) 세계는 유한하지도 무한하지도 않은가? (9) 여래(如來)는 사후(死後)에 존재하는가? (10) 여래는 사후에 존재하지 않는가? (11) 여래는 사후에 존재하면서 존재하지 않는가? (12) 여래는 사후에 존재하지도 존재하지 않지 않는가? (13) 목숨과 신체는 같은가? (14) 목숨과 신체는 다른가? 등입니다.

왜 불교는 이런 말을 하는가를 여러분은 한 번이라도 의아하게 생각해 본 적이 있는가? 없다면, 이 부분을 모른다면 여러분은 불교 공부를 했다고 말할 수 없고, 절간에 가는 것은 인간들이 인위적으로 만들어 놓은 부처, 보살이라는 것이 가졌다는 그 능력에 끄달려 타력적으로 그런 능력을 갖춘 존재에게 의지하려고 다녔다고 해도 무리는 없을 것입니다. 따라서 여러분이 불교 공부(工夫)라는 것을 한다고 하면 불교가 만들어 놓은 책이라도 하나 읽어보고 그 내용이 뭔가 정도는 알아야 하는데 이런 것은 하나도 하지 않고 부처, 보살에게 빌면 그런 존재가 여러분을 어떻게 구원해 준다는 그 말만 듣고 있는 것, 없는 것 다 하고 있는데 모두 쓸데없는 행위에 불과합니다.

그래 놓고 부처님 사업(불사)이라는 것을 한다면, 그들의 말대로 그렇게 하면 복(福)이라는 것 한량없이 받는 것으로 생각하는데 수차 한 말이지만 이치에 맞지 않는 곳에 허튼짓하면 그것은 선업이 아니라 악업으로 자신에게 되받아진다는 것을 명심해야 할 것입니다. 앞서 십사무기라는 말을 했는데 이것에 대한 답을 말하지 못했다는 것은 무엇을 의미하는가? 이 말은 여러분이 왜 존재하는가, 내 운명은 뭔가에 대한 말을 할 수 없다는 것을 의미하는 것이 아닌가? 그러면서 걸핏하면 무시무종. 시작도 없고 끝도 없다는 말과 무와 공이 어떻고 중중 무진 연기, 끝이 없이 중첩된 연기가 어떻다는 말만 하는데 안타까운 일입니다.

또 하나의 글을 보면 '부처님은 깨달았으므로 해탈, 열반하였음을 이렇게 설하셨다.'라고 한 후에 '나의 내면에 지와 견이 솟아났다. 즉 내 마음의 해탈(心解脫)이 확고부동하며, 이승이 나의 마지막 태어남이며, 더 이상의 몸 받음(再生)이 없다는 것을 스스로 알게 되었다.'

라는 말하는데 내가 말하는 요지는 석가모니도 인간이었기 때문에 죽으면 인과응보의 법칙에 따라 어떤 생명체는 몸을 받게 되어 있는데 석가모니가 몸 받지 않는다는 말은 진리를 깨달아 해탈한다는 것인데 참으로 안타까운 것이 앞서 십사무기를 보면 그 실체도 말하지 못하였는데 어떻게 해서 해탈을 한다는 것인가? 그러면서 사람들은 부처가 말한 깨달음은 이렇게 연기법을 알고 해탈, 열반에 이른다는 것을 나는 말한다고 말만 무수하게 나열하니 참으로 안타까운 일입니다.

무슨 법을 말한다는 사람들 입에서 흔하게 하는 말이 '깨달음'이라는 말이고, 이 말은 개나 소나 다 하는데 그렇다면 과연 이 깨달음이라는 것이 뭔가를 정립해야 할 것입니다. 불교에서 '왜 깨달아야 하나?'에 대한 물음에 답으로 부처는 두 가지를 설한다고 말합니다. 그것은 '괴로움과 괴로움의 소멸, 왜 깨달아야 하는가는 바로 괴로움을 소멸하기 위해서다. 깨닫지 못하여 괴롭기 때문이다.'라는 식의 말 나열하고 있는데 깨달음의 본질이 뭔지도 모르고 개나 소나 다 깨달음을 말하는데 대단한 착각이고, 내가 말하는 깨달음이라는 것은 '진리 이치를 아는 것(마음이라는 기운작용)'을 깨달음이라고 말하는 것입니다. 예를 들어 아이에게 물질 논리로서 '이것은 컵이다.'라고 가르치면 아이는 다음에 그런 모양을 보면 '컵이다.'라고 말할 것입니다. 이때 아이는 전혀 몰랐던 부분인데 엄마의 가르침으로 '컵'이라는 것을 안 것이어서 이것도 물질 이치에서 깨달음입니다. (2에서)

103-2 깨달음이란 무엇이며, 깨달음에 정의는 무엇인가요?

(답) (1에 이어서) 구구단 2단의 원리를 배운 아이가 9단을 스스로 터득했다면 이것도 깨달음입니다. 그래서 여러분이 인생을 사는 입장에서 새로운 것을 보고 이것은 자동차, 저것은 비행기라고 이해하는 것도 깨달음이고, 이같이 이 세상에 물질 개념으로 존재하는 것은 죽을 때까지 하나씩 알아가는 것이 물질에서의 깨달음이 되는 것이어서 사실 인간은 태어나서 죽을 때까지 깨달음을 얻어가면서 죽게 되지만 이 물질은 계속해서 만들어지기 때문에 사실 어떤 면에서는 죽는 순간까지 깨달음을 얻어가면서 살아야 하고 그 깨달음을 끝까지 다 알지도 못하고 죽는 것이 인생입니다. 이것이 물질의 논리인데 문제는 진리적으로 '이치를 아는 것, 지혜를 얻는 것'은 물질의 논리와는 전혀 다른 부분입니다. 예를 들어 두 사람이 어떤 논리로 언쟁하고 있다고 한다면 두 사람의 논리 중 어떤 논리가 '이치'에 맞는가를 아는 것이 지혜이며, 깨달음이라고 하는 것입니다.

그래서 눈으로 보이는 물질이 뭐인지를 아는 것도 물질적인 깨달음이지만, 어떤 논리에서 옳고 그름, 맞고 틀림, 다름과 차이를 다 아는 것은 비 물질에서 깨달음입니다. 이 두 가지를 가만히 생각해 보면 학교에 다니면서 수학이나 영어, 물리학 등을 배우는 것은 물질 개념으로 이것은 사람들이 이렇게 하자, 이렇게 한다는 말을 만들어 놓으면 그것을 알음알음 배워가는 것이 물질의 깨달음을 얻는 것이라고 한다면, 비 물질에서는 어떤 논리가 맞는가를 이해해 가는 것인데 이게 어렵다고 할 것인데 이것은 앞서 말한 물질의 논리로 대입해서 정리할 수 있는 부분이 아니어서 그렇습니다. 그래서 석가모니가 태어날 때 마야부인 옆구리로 코끼리가 들어가는 꿈을 꾸고 석가모니를 잉태했다고 말하는 이 말이 논리에 맞는지 아닌지 생각해보면 대부분 사람은 '이것은 이치에 맞지 않는다'라고 생각할 것입니다.

그 이유는 물질의 논리에서 반드시 '난자와 정자'가 합해져야만 임신이 된다는 것을 알기 때문에 그렇습니다. 그러나 의식에 따라 '성인이 태어나는데 그럴 수 있는 상황이 있을 수 있다.' 그 이유는 성인이기 때문이라고 생각한다면 그 사람의 의식에 문제가 있다고 해야 맞는 말이 됩니다. 이 하나의 과정만 보더라도 여러 사람의 의식은 크게 두 가지로 나누어지는데 '그럴 수 있다'와 '없다.' 이 부분 여러분은 어떤 쪽으로 생각하는지를 살펴보면 여러분의 의식이 뭔가를 쉽게 알 수 있습니다. 따라서 종교가 말하는 것을 보면 '마야부인은 여덟 가지 계행(戒行)을 지키기 위해 남편과 동침하지 않고 신령으로 석가모니를 잉태했다. 마리아는 요셉과 약혼만 하고 동침하지 않은 상태에서 성령으로 예수를 잉태했다.'라는 말이 똑같은데 사실 과거 인간이 무지했던 시기에는 이런 말이 통했을지 모르겠지만, 문명이 발달한 요즘에는 이런 말 씨알도 먹히지 않아서 종교가 쇠퇴해 가는 것입니다.

그래서 요즘 사람들은 종교라고 하면 소외시하고 있는데 그 이유는 이치에 맞지 않는 말이 상당하기 때문에 그렇고, 신비스러움이라는 것이 모두 거짓, 허구임을 알기 때문에 그렇습니다. 그런데 요즘에도 성인이 태어나면 그럴 수 있다고 믿는 사람들이 있는데 안타까운 일입니다. 탄생에서부터 신앙의 대상이 되는 대상을 이처럼 신비스럽게 꾸며 놓은 것은 마치 그 종교를 믿으면 뭔가 여러분에게 신비스러운 일이 생길 것이라는 기대를 하게 하는데 매우 잘못된 말입니다. 따라서 '깨달음을 어떻게 아는가? 깨달음이라는 것을 말할 수 있는가?' 등의 무수한 말이 있지만, 종교가 이에 대하여 하는 말은 '깨달음 열반은 무위의 경지이므로 말로 바르게 설명하긴 어렵다. 그러나 석가모니 부처는 45년 동안 깨달음과 열반, 깨달음에 이르는 법, 열반에 이르는 법을 말했다. 중생은 부처의 법을 잘 참조하면 바르게 깨달음과 열반을 알 수 있고 그것을 증득하기 위해 정진할 수 있다.

깨달음은 바르게 설명하기 어려운 것이지만 그래서 말로 설명할 수 없고 오로지 마음으로 전해야 한다.'라는 말만 하니 참으로 안타까운 일이고, 내가 말하는 화현의 부처님 법에서 '깨달음에 이르는 법'이라는 것은 이치를 알아가는 과정을 수행이라고 하고, 이치를 알아가는 과정을 깨달음을 얻는 과정이라고 해야 맞는데 이 부분 여러분이 정립해야 합니다. 부모를 만나 평범한 인간으로 태어나서 진리 이치를 아는 자, 이치에 벗어나지 않는 삶을 사는 자, 순하고 순한 마음, 여리고 여린 마음씨를 가지고 인간의 무리 속에서 자연의 섭리, 마음의 작용을 말하는 자가 '깨달음을 얻은 자'라고 하면 여러분은 이 말 어떻게 생각하는가?

불교에서 말하는 '깨달음은 연기법을 바르게 알고 보는 것이다.'라는 말을 합니다. 이 말은 다시 반복된 이야기인데 즉 '연기법을 바르게 알 때 고성제(苦聖諦)를 알고 집성제(集聖諦)를 끊고, 멸성제(滅聖諦)를 증득(證得)할 수 있다. 이렇게 닦는 것이 도성제(道聖諦)다. 그래서 사성제(四聖諦)를 이룬다. 도성제(道聖諦)는 팔정도(八正道)다. 계정혜(戒定慧)를 닦는 길이다. 몸과 말과 마음을 바르게 닦는 길이다' 라고 말하는데 이 같은 말이 무수하게 있지만 여기서 더 말한들 아무런 소용이 없는 게 얼핏 보면 맞는 말이라고 생각하겠지만 이런 말 죽을 때까지 들어봐야 여러분에게 어떠한 도움도 되지 않습니다. 한 가지만 말하면 앞에 '몸과 말과 마음을 바르게 닦는 길이다'라는 말을 보면 말은 얼핏 그럴듯하게 보이지만 사실 어떤 것, 무엇을 기준으로 삼아 몸과 마음을 닦아야 하는가의 본질이 없습니다. 우리가 일반적으로 말하는 마음은 '참(眞) 나'를 기반으로 형성된 가식의 마음을 여러분은 보통 '내 마음'이라고 인식합니다. (3에서)

103-3 깨달음이란 무엇이며, 깨달음에 정의는 무엇인가요?

답 (2에 이어서) 그래서 차라리 종교가 하는 말보다 공자, 맹자와 같은 사람들이 말한 삼강오륜 등을 기준으로 해서 인생을 사는 것이 차라리 좋다고 나는 말했는데 이런 논리도 없이, 기준도 없이 막연하게 '몸과 말과 마음을 바르게 닦는 길이다'라고 하면 보통 사람들은 자신들의 마음이 다 착하고 선하다고 사는 입장인데 누가 이런 말에 따라 자신들의 마음을 닦을 것인가? 그래서 이치에 맞지 않는 말에 또 무수한 말꼬리를 만들어내는데 '팔정도에서 정념 정정진 정정을 바르게 닦아야 한다. 정념(情念)은 사념처(四念處)를 말하며 사념처 위파사나를 말한다. 이렇게 사념처 위파사나를 닦고, 팔정도를 닦으면 깨달음 해탈 열반에 이르게 될 것이다.'라는 논리 여러분은 어떻게 생각하는가? 그렇다면 이 말이 맞는다고 한다면 수천 년을 이어져 온 불교의 수행을 해서 과연 그들 말대로 깨달음을 얻고 해탈을 한 사람이 있는가인데 답은 '없다' 입니다.

그 이유는 그 사람이 깨달음을 얻었는지 얻지 못했는지에 대한 기준이 없고, 검증할 수가 없는 논리이기 때문에 그렇습니다. 그래서 나는 단순 무식하게 인간으로 태어났으면 인간이 하는 말귀를 바르게 알아들을 수 있다면 진리이치(깨달음)는 여러분도 아주 쉽게 알 수 있다고 말했는데 문제는 사람으로 태어나 사람이 하는 말을 이해하지 못한다면 거기에 대고 그 어떤 말을 한들 무슨 소용이 있겠는가? 이같이 말하면 어떤 사람은 '부처님의 경전을 읽으면 좋다. 석가모니 부처의 직설이고 원음으로 알려진 『아함경(阿含經)』과 『니까야』를 읽으시면 좋다.'라는 말을 할 것입니다. 그러나 또 문제는 석가가 부처로 있으면서(실제는 부처라고 할 수 없지만) 한 말이라고는 하나도 없습니다.

여러분이 아는 경전이라는 것은 모두 '나는 이같이 들었다'는 말로 시작되는데 이것은 화현의 부처님의 자식인 아난이 진리를 깨달은 자였기 때문에 이같이 '아난존자'를 끌어들인 것인데 그렇다면 아난은 '이같이 들었다.'라고 해서 석가의 말을 했는가의 문제가 남는데 아난의 '참(眞) 나'를 보면 아난은 그런 사실이 전혀 없습니다. 그래서 나는 이 세상에 인간으로 살다가 죽은 사람의 '참(眞) 나'라는 것을 알면 그 존재의 이력을 다 알 수 있다고 말했는데 앞서 말했지만, 그동안 이런 이치를 안 사람이 없었기 때문에 여러분은 불교의 수행을 오래 한 사람은 모두 깨달았고 해탈이라는 것을 당연히 한 것으로 생각하는데 대단한 착각입니다.

해탈은 말 그대로 윤회에서 벗어나 다시는 생명체로 태어나지 않는 상태를 말합니다. 그런데 불교의 말을 보면 이 해탈을 무슨 밥을 먹듯이 쉽게 하는 것으로 말하는데 이것은 대단한 착각입니다. 그 이유는 해탈이라고 하는 것은 '진리 이치를 깨달았을 때' 그 사람은 생명체로 태어나지 않고, 이생에서 진리 이치를 알아가는 과정에서 각자의 괴로움(번뇌)은 사라지게 되어 있어서 그렇습니다. 그러니 앞서 말했지만, 불교의 말은 석가가 진리를 깨닫고 무수한 말을 한 것이 아니라 석가를 부처로 만든 사람 자체도 진리가 뭔가, 깨달음이라는 것이 뭔가를 모르고 숫자를 앞세워 사정제, 십이연기, 팔정도 등과 같은 말을 한 것이고, 또 죽으면 보통 49재라는 것을 지내는데 이것도 숫자를 앞세워 49일을 말하고 있어서 이런 논리는 사실 진리와 아무 관련이 없으며 인간적인 행위, 감성적인 행위에 불과하다고 해야 맞는 말이 되어서 이 부분 깊게 정립해야 합니다.

다시 말하지만, 불교에서 깨달음을 말할 때 꼭 하는 말이 '석가모니는 45년 동안 깨달음과 열반에 이르는 법을 말했다.'라는 말을 하는데 과연 석가 시대에 달력이 있었을까? 그 당시에는 오늘날과 같은 달력이라는 것이 없었기 때문에 이 45년이라는 말은 서기(양력)

를 기준으로 해서 거꾸로 역산해서 연도를 계산한 것이기 때문에 구체적으로 45년을 수행했다는 말도 지어낸 말에 불과합니다. 달력의 유래를 보면 인류가 농경 생활을 시작하면서부터 날짜의 흐름을 파악하는 것이 중요하게 부각되었고, 오랜 세월을 살면서 관찰 결과로 달, 해, 별들의 움직임이 아주 규칙적으로 변하는 것을 알게 되었습니다.

특히 해와 별들의 뜨고 지는 위치와 시간이 계절과 밀접하게 연관됨을 알게 되고, 해가 수평선 위에서 뜨고 지는 위치가 매일 변하며, 동지인 12월 21일경에는 가장 남쪽에서 뜨고 지며, 이때 낮의 길이가 가장 짧고, 그림자의 길이가 가장 긴 것을 발견하였다. 반대로 하지인 6월 21일경에는 해가 가장 북쪽에서 뜨고 지며 낮의 길이가 가장 길고 정오 때의 그림자의 길이가 가장 짧은 것을 알게 되었다.'라고 일반적으로 말합니다. 따라서 오늘날과 같은 달력이 만들어진 시기는 기원전 46년에 율리우스력을 제정하고 기원전 45년에 이를 공표하였는데, 이는 약간의 수정 과정을 통해 현재까지 사용되고 있다는 것이 정설로 되어 있습니다. 이같이 볼 때 약 2600년 전에 석가가 존재했는데 이 당시에는 오늘날과 같이 정확하게 맞는 달력이나 시계 같은 것이 없었던 시기입니다.

그런데 '석가모니는 45년 동안 깨달음과 열반에 이르는 법을 말했다.'라고 하니 누가 이 당시 연도를 이같이 정확하게 세고 있었다는 것인가? 따라서 오늘날의 달력은 서기 2023년인데 환산해보면 기원전 46년에다 2023을 더하면 대략 2069년 전에 달력이 만들어졌다는 이야기가 됩니다. 불교에서는 불기(佛紀)라는 말을 사용하는데 이것은 서기 2023년에 544년을 더하면 대략 불기 2600년이 되는데 달력은 대략 2069년 전에 만들어졌고, 석가는 이 달력이 정확하게 만들어지기 전 약 2600년 전에 존재했기 때문에 앞서 45년간 법을 설하였다고 하니 이 부분에 판단은 여러분이 하면 됩니다. (4에서)

103-4 깨달음이란 무엇이며, 깨달음에 정의는 무엇인가요?

답 (3에 이어서) 또 하나는 법화경이나 기타 경 같은 것을 보면 석가가 법을 설할 때 얼만큼의 대중이 모였다고 해서 숫자를 구체적으로 말하고 있고, 예를 들어 칠엽굴에 약 500명의 대중이 굴 안으로 모였다는 식으로 말하고 있는데 과연 그 당시 누가 이같이 모인 사람들의 숫자를 정확하게 파악했는가입니다. 이것을 보면 사실 법이 뭔지 깨달음이라는 것이 뭔가의 본질도 없는데 기타의 내용은 마치 이 근대사에서 일어난 것과 같이 섬세하게 숫자로 묘사하고 있는데 이 부분은 여러분이 알아서 판단하면 됩니다. 또 하나는 이런 말을 하면 불교의 경을 보면 구체적으로 이런 말이 나와 있다고 말하는 사람도 있겠지만, 문제는 법화경, 혹은 팔만대장경 등은 석가가 존재할 당시 만들어진 말이 아니라 4차의 결집과정을 거치면서 무수한 사상가들이 '석가는 부처다'라는 것을 뼈대로 하여 말을 지어낸 것이고 그런 경을 보면 무와 공사상을 말하는 것이 전부이며 어디를 찾아봐도 생명체가 왜 존재하는가에 대한 본질적인 말은 하나도 없습니다.

그래서 앞서 말했지만, 십사무기와 같은 물음에 답하지 못했고, 왜 답하지 못하느냐고 물으니 '이것은 수행과 깨달음을 얻는 것과는 무관한 질문이다.'라고 해서 이에 대한 답은 쓸데없는 것이라고 취급해 버립니다. 그런데 사실 여러분의 입장에서 보면 (1) 세계는 영원한가? (2) 세계는 무상한가? (3) 세계는 영원하면서 무상한가? (4) 세계는 영원하지도 무상하지도 않은가? (5) 세계는 유한한가? (6) 세계는 무한한가? (7) 세계는 유한하면서 무한한가? (8) 세계는 유한하지도 무한하지도 않은가? (9) 여래(如來)는 사후(死後)에 존재하는가? (10) 여래는 사후에 존재하지 않는가? (11) 여래는 사후에 존재하면서 존재하지 않는가? (12) 여래는 사후에 존재하지도 존재하지 않지 않는가? (13) 목숨과 신체는 같은가? (14) 목숨과 신체는 다른가? 에 대한 부분 속에는 여러분이 알고자 하는 것, 궁금해하는 것이 다 들어있지 않는가? 그런데 이 핵심을 말하지 못하면서 무슨 깨달음을 얻었다고 말하는 것인가?

그래서 이 틈새를 노리고 등장한 것이 '무속, 미신, 사주팔자, 보살, 점' 등이 생겨난 것입니다. 만약 불교에서 생명체의 본질을 말했다면, 십사무기와 같은 것에 대한 말을 정확하게 했다면 앞서 말한 무수한 말들은 생겨나야 할 이유가 없는 것이 아닌가? 그러니 과거 2600년 전 화현의 부처님이 인간의 마음 작용을 알고 그것을 법이라고 말했던 그 말(이치에 맞는 말)이 얼마나 많은 사람에게 반향을 일으켰겠는가? 그래서 결국 석가족(釋迦族)의 하인이었던 '가섭'이라는 자가 자신의 신분 상승을 위해 석가족의 권력과 세력을 이용해서 화현의 부처님을 살해하기에 이른 것이고, 이 법을 들었던 사람들을 잡아다 칠엽굴에 가두고 '너는 무엇을 들었는가?'라고 다그쳐서 그 사람의 입에서 나온 말을 모아(이것을 후일에 불교는 결집이라고 말함) 초기 불교라는 말을 만든 것입니다.

그런데 문제는 이같이 사람들을 잡아가 문초하는 과정에 화현의 부처님 법을 뺏으려 했던 석가족의 이런 만행을 알았던 사람들은 자신들이 들었던 화현의 부처님 말을 그대로 다 하지 않았다는 것입니다. 그러니 이런저런 말을 횡설수설하여 말하니 가섭은 그런 말이 화현의 부처님말로 믿었고, 이같이 나온 그 말을 근간으로 하여 여기에 온갖 사상을 추가하여 오늘날과 같은 불교의 법이라는 엇이 만들어진 것이어서 사실 석가가 도를 깨달아 법을 말한 것은 하나도 없습니다. 그래서 여러분은 불교의 말은 '법의 말, 진리를 깨달은 자의 말, 부처가 하는 말' 등으로 생각하는데 참으로 안타까운 일이 아닌가? 우리가 법을 지킨다고 말을 하는데 앞서 말했지만, 법을 지키는 것은 화현 부처님의 말을 들었던 사람들이 들은 그 말을 그대로 복사해서 가섭에게 말한 것이 아니라 들었던 그 말이 아닌 비슷한 말을 했다면 이것이 법을 지키는 것이 됩니다.

실제 여러분이 누군가에게 무슨 말을 들었다고 해서 다른 사람에게 있는 그대로를 말하면 '고자질, 아부'를 하는 것이지만, 그 사람을 보호하기 위해 그 사람이 당초 하지 않은 말을 다른 사람에게 했다면 이것은 현실에서 그 당사자를 보호하는, 지키는 행위가 됩니다. 그래서 나는 그 상황에 맞는 말을 하는 것이 중요하다는 말을 했는데 법을 지키는 것과 고자질하는 행위를 할 때 그 상황이 어떤 상황인가를 알고 그에 맞는 말을 하는 것은 고자질이 될 수도 있지만, 아닐 수도 있다는 이야기입니다. 사실 그 당시 화현의 부처님 법을 알고 지킨 사람은 해탈했고, 지금, 이 순간에도 다른 사람의 '참(眞) 나'의 마음에 작용하여 이 법을 지키는 일을 하고 있음을 쉽게 알 수 있는데 나는 오래전에 '기운은 바뀐다.'라는 말을 했고, 당시 화현의 부처님 법을 보호했던, 지켰던 그 사람들은 오늘날에도 이 법을 지키고 있는데 이것은 '마음이라는 참(眞) 나(기운)의 바뀜'으로 현실에서 나타나고 있습니다.

여러분의 눈에는 이 마음 바뀜이 어떻게 나타나는 것인지 쉽게 이해하지 못하겠지만, 자연의 섭리, 진리 이치를 알면 이 세상의 기운이 어떻게 변해가고 있는가는 매우 쉽게 알 수 있어서 이 부분이 똑같은 마음을 가지고 살지만 나와 여러분의 마음 차이라고 해야 맞습니다. 그러니 걸핏하면 깨달음을 말하고 도를 닦는 수행을 하여 '도를 깨달았다, 얻었다.' 등 무수한 말을 하는데 참으로 안타까운 일이고, 사람들이 이같이 무슨 수행을 해서 도를 닦는다고 말하는 것은 석가모니가 보리수나무 아래 앉아서 별을 보고 수행(명상)을 해서 도를 깨달았다는 말을 불교가 하고 있어서 다들 그렇게 하면 석가와 같은 도를 깨달을 것으로 생각하고 따라 하기를 하는데 참으로 안타까운 일이 아닌가?

수차 말하지만, 진리 이치를 깨닫는다는 것은 넋 놓고 앉아 있는다고 해서 생명체의 본질을 알 수 있는 것이 아닙니다. 내가 말하는 깨달음은 인간으로 태어났으면 인간사회에서 똑같은 일상을 살아가면서 나 자신이 하는 행위가 이치에 맞는가 아닌가를 알아가는 과정에 지혜라는 것을 얻게 되고, 자연의 섭리를 알아가는 과정이 내가 말하는 깨달음을 얻는 과정이어서 이 부분은 불교의 말과는 완전하게 다르므로 이 말 정립해야 합니다. (5에서)

103-5 깨달음이란 무엇이며, 깨달음에 정의는 무엇인가요?

답 (4에 이어서) 결국 여러분이 알고자 하는 것은 '나는 왜 존재하는가? 내가 왜 이러고 살아야 하는가? 부자로 살 것인가? 가난하게 살 것인가? 누구를 만나서 결혼하고, 결혼하면 잘 살 것인가? 내 몸에 병은 왜 생기는가?' 등을 알고자 하는 게 핵심 아닌가? 그런데 불교는 이 부분에 대한 말은 하나도 없고, 이것을 알려고 하면 걸핏하면 사주팔자를 봐야 하고, 조상신을 불러서 물어봐야 하고, 점(占)이라는 것, 산신 할머니라는 것에게 물어봐야 하고 등 무수한 말을 하는데 나는 아주 간단하게 '여러분의 마음을 들여다보면 알 수 있다'고 전혀 새로운 논리의 말을 하고 있으니 이 부분 쉽게 이해하지 못할 것입니다.

그러니 여러분이 대단한 착각을 하는 것이 깨달음을 얻는다고 하는 것은 이런 것을 아는 것이 깨달음을 얻는 것이라고 해야 맞는데 걸핏하면 '부처님이 수행하셨고 깨달음에 이른 수행법으로 널리 알려진 아나빠나사띠, 사념처 위파사나 수행을 배우면 좋다고 말을 하면서 무슨 수행을 해야 함을 말하고 있는 것에 끄달려 사니 그 의식이 올바른 의식이라고 할 수 있는 것인가? 또 하나 문제는 보통 '깨달음이란 무엇인가?'를 물으면 불교에서는 깨닫지 못한 사람은 깨달음은 알 수 없다고 말을 합니다. 그래서 불교는 '법은 마음에서 마음으로 전수한다.'라는 말을 하고 말로써는 깨달음을 말할 수 없다고 말하고 있는데 이런 말을 하는 것도 결국 깨달음이 뭔가를 깨닫지 못해서 이런 말을 하는 것이고 '깨달음은 지식(앎)이 아니라 체험이다.'라는 식의 말을 하는 것인데 참으로 안타까운 일이고, 또 '부처의 깨달음은 연기법(緣起法)이다.'라는 말을 하고, 한편에서는 '그러나 깨달음 그 자체는 연기가 아니다.'라는 말을 합니다.

바로 이런 부분을 말장난이라고 하는 것이고, 누구는 깨달음에 대하여 '참된 자신(眞我)을 찾는 것이다.'라는 말을 하기도 합니다. 이런 말 세상에 널려 있는데 결국 서울(깨달음)을 가보지 않은 사람들이 서울이라는 것에 대하여 이러쿵저러쿵 무성한 말을 하는 것이 현실입니다. 시중에서 '깨달음이란 것을 알 수 있는가?'에 대하여 '알 수 있다.'라고 말합니다. 그렇다면 어떠한 근거에 의하여 알 수 있다고 말하는가를 보면 '빛을 내면에 가져오는 것을 의미한다. 그래서 앞이 환하게 트이고 마음이 밝아오면 이것이 깨달음으로 몰입해 들어가는 과정이라는 것을 알 수 있다. 구도자는 자기 내면을 밝힐 불을 찾는 것이다. 그 불이 내면에 켜지면 어느새 문뜩 깨달음에 다가선다. 열매가 익으면 그 열매를 알 수 있는 것과 똑같다'라고 말하는데 이것은 일종의 빙의 현상이고, 정신질환이라고 해야 맞는 말이 되는데 불교에서는 이런 현상이나, 석가의 불상, 보살이 나타나는 현상 등을 꿈에서 보면 한 소식했다고 말을 하기도 하는데 이런 현상도 일종의 빙의 현상이고 진리를 깨달은 것은 아니어서 화현의 부처님 법에서의 깨달음과는 전혀 관련이 없습니다.

그래서 나는 여러분이 깨달음이라는 것에 대한 정의(正義)가 뭔가를 먼저 정립하는 것이 중요하고, 그다음 '이치에 맞는 말'이 뭔가를 알아가면 어떤 것이 진정한 깨달음이라고 할 것인가의 답을 찾을 수 있습니다. 그렇다면 불교에서는 깨달음을 설명할 수 있는가인데 답은 '없다'입니다. 그래서 수행을 했다는 사람들은 '이심전심'이라는 말을 사용하여 깨달음은 언어도단이기 때문에 '마음과 마음으로 전수하는 수밖에 없다'는 말을 하는데 이것도 잘못된 것입니다. 그러니 과거부터 이치에 맞지 않는 것에 끄달려 있으니 허상을 보게 되는 것이고 허구의 말, 판타지 소설 같은 말을 하는 것이 전부입니다. 깨달음에 대한 정의가 뭔지도 모르고 불교는 석가가 보리수나무 아래서 명상해서 깨달음을 얻었다고 하지만 정작 깨달음의 내용은 사실 불교의 말 어디를 봐도 없습니다.

이같이 말하면 누구는 "생로병사, 연기법, 사성제 등을 '성스러운 진리의 말'이다."라고 하겠지만 대단한 착각입니다. 사물을 분석하여 사물의 행동을 보고 그것을 맨 처음으로 말하면 '신조어(新造語)'가 만들어집니다. 새로운 말이 세상에 등장하면 사람들은 그 말에 상당한 의미를 부여하게 되고, 그런 말을 하는 사람은 '깨달은 사람이다.'라고 생각하게 되어 있습니다. 따라서 인간을 가만히 분석해보니 '태어나서 늙고 병들어 죽는다.'라는 것이 보편적인 인간의 삶이라는 게 이처럼 생로병사(生老病死)라는 것으로 나타낸 것이 전부입니다. 내가 말하는 것은 왜 태어나고, 병이라는 것이 인간에게 나타나고, 왜 인간의 죽음은 제각각으로 다양하게 나타나는가의 본질을 알고 그 이치를 말하는 것이어서 불교처럼 인간을 동물학적으로 분석하여 '생로병사'라고 말하는 것과 나는 차원이 다른 말을 하고 있어서 이 부분 반드시 무엇이 다른가를 여러분은 정립해야 할 것입니다.

그런데 불교는 이같이 구체적인 말을 하지 못하면서 한다는 말이 '언어는 수단이지 목적이 아니다. 그래서 언어를 사용해서 깨달음을 얻는 데 도움을 구할 수 있지만, 언어로는 어떤 한계가 있다. 마치 몸과 영혼이 다른 것처럼 몸은 영혼을 담는 그릇이지만 영혼이 될 수 없는 것처럼 언어는 깨달음을 표현할 수는 있지만 깨달음을 인지하기는 어렵다.'라고 말을 돌립니다. 그래서 불교의 말을 보면 허구한 날 깨달음을 말하지만 무엇을 깨달았는지는 구체적으로 말하지 못하고 있고 생명체의 본질에 대한 말이 없는데 다시 말하지만, 여러분이 십사무기에 대한 말을 정립해 보면 결국 깨달음의 구체적 사실이 없음을 쉽게 알 수 있을 것입니다. 또 하나는 '깨달음이란 무엇인가?'에 대하여 한다는 말이 '깨달음은 기나긴 고행, 난행의 여정을 통해서 얻어지는 구원이다.

부처님께서 삼천대천세계(三千大千世界)에 엄존하심을 믿고 그분의 가르침, 즉 정법에 근거하여 팔정도(八正道)와 육바라밀(六波羅蜜)을 닦아 나가면 얻게 되는 것이 견성(見性), 확철대오(廓徹大悟), 깨달음이다. 깨달음은 우주를 이해하고 우주를 섭득하기 위한 기초 공부

과정이다. 견성 수준의 깨달음 가지고는 결코 우주를 이해할 수 없다. 아라한이 되어도 모른다. 보살이 되면 조금은 안다. 하지만 진실로 붓다가 될 때 투철한 생사관관 육도윤회의 실상을 관하고 부처님 세계의 장엄함을 이해하고 법화경, 화엄경 등의 심오한 내용을 이해하게 된다.'라는 말만 무성하게 하는 것이 현실이고 이런 말을 하면 어리석은 사람들은 깨달으면 모두가 이런 말들을 한다고 생각하게 될 것인데 참으로 안타까운 일입니다. (6에서)

103-6 깨달음이란 무엇이며, 깨달음에 정의는 무엇인가요?

(답) (5에 이어서) 윤회가 왜 생겼는가에 대해 '깨닫지 않으면 육도윤회 속에 헤매게 된다.'라는 말을 합니다. 이에 대하여 '육도윤회(六道輪회)는 자신의 업에 의한 것이다.'라고 말하는데 그렇다면 윤회를 도는 주체가 있어야 하는데 불교는 오로지 죽으면 무와 공으로 다 흩어진다는 논리를 말하기 때문에 윤회를 도는 주체가 없습니다. 이것은 매우 중요한 말인데 지금 여러분은 살아 있는데 죽으면 무와 공으로 아무것도 없어지게 된다는 논리가 불교의 논리입니다. 그래서 시중에는 '한 번 왔다 가는 인생 신나게 놀고먹고 즐기다 죽자.'라는 말을 많이 하는데 그러면서 웃기는 것이 뭔가 마음에 들지 않으면, 성에 차지 않으면 '내 운명이 왜 그래, 내 팔자가 왜 그래' 등의 말을 합니다.

이것은 앞뒤의 말이 다른 이상한 논리가 아닌가? 죽으면 무와 공이라고 하면서 운명 타령, 숙명 타령 등을 말하니 이 세상 살아가는 사람들을 보면 각자의 입맛에 맞는 말 끌어다 무수한 말을 만들어내고 자신을 합리화시켜가며 살고 있는데 이 자체가 바로 아비규환의 세상, 아수라(귀신을 의미함)의 세상이라고 하는 것입니다. 또 어떤 종교는 '영혼(靈魂)'이라는 말을 만들어내는데 '죽으면 무와 공'이라고 말하는 쪽과 '아니다, 영혼은 있다'라고 말하는 논리 여러분은 이 같은 논리가 같다고 생각하는가? 다르다고 생각하는가? 사실 이같이 서로 다른 논리에 모순을 분별하지 못한다면 여러분의 의식은 문제가 있습니다. 물론 위의 두 가지 논리는 모두 진리이치에 맞지 않는 것이어서 말해봐야 의미 없는데 내가 말하는 것은 몸은 죽으면 물질 논리로 없어지겠지만, 그 몸을 존재하게 한 '참(眞) 나'의 마음이라는 것은 몸이 죽으면 의식이 없어서 인지하지 못하는 것이나 자연의 기운이 있는 이 지구 상에 여여자연하게 무시무종으로 존재하는 것입니다.

그래서 몸은 없지만 죽은 사람의 마음이 다른 사람의 마음에 작용하는 것을 '빙의(憑依) 현상'이라고 하는 것이어서 앞에 '영혼은 있다'와 모든 것은 '무와 공'이 다리고 말하는 것은 모두 잘못된 논리를 말하고 있는 것입니다. 그렇다면 문제는 누가 자신의 영혼을 만들었는가를 따진다면 이것은 한도 끝도 없는 철학적 논리를 말해야 하는데 이런 말이 과연 무슨 의미가 있겠는가? 따라서 여러분은 누가 여러분을 존재하게 한 것이 아니라 나 자신이 존재해야 할 이유를 만들었기 때문에 자연의 법칙에 의해서 여러분이 이 세상에 존재하는 것이어서 나 자신이 태어난 것에 대하여 그 누구를 원망할 것 하나도 없는 것입니다.

부모가 있어 여러분이 태어났다면 그 부모와의 업연의 끌림으로 그 집안에 자식으로 태어난 것이 전부이며, 누가 여러분을 강제로 이 세상에 존재하게 한 것은 하나도 없습니다. 그런데 누구는 신의 뜻, 계시받아 여러분이 존재하는 것으로 말하는데 이것은 매우 잘못된 논리입니다. 따라서 불교는 '부처의 가르침인 연기법과 사성제는 하나다'라고 말하기도 하는데 연기법은 '이것이 있어 그 결과로 저것이 있고 이것이 없으면 그 결과로 저것도 없다'는 논리입니다. 그렇다면 내가 왜 존재해야 하는가에 대한 말을 해야 하는데 불교는 이같은 말은 하나도 하지 못하고 막연하게 이것이 있어 저것이 있다는 말만 하니 참으로 안타까운 일입니다. 지금, 이 글을 보는 여러분도 '왜 내가 존재하고, 이같이 살아야 하는가?'라는 것을 알고자 하는 것이 아닌가?

그렇다면 불교의 논리대로 이것(내가 존재하니) 존재하게 한 '저것'은 뭔가를 말해야 하는데 이것이 부분을 말하지 못하고 있음에도 여러분은 불교에 가면서 '나는 왜 괴로운가?'라고 물으면 막연하게 '네 업이 있어서 그렇다.'라는 말을 하는 것이 전부입니다. 그러면서 사성제는 성스러운 진리의 말이고, 괴로움의 원인은 갈애(집착)가 있어 그 결과로 괴로움이 있고 괴로움의 원인인 갈애(집착)를 관용(자애)으로 바꾸어 괴로움의 소멸이 있다는 말만 나열하고 있는데 과연 이렇게 해서 여러분의 괴로움은 소멸할 수 있다고 생각하는가? 그래서 불교의 논리는 '고성제는 집성제가 원인이고, 멸성제는 도성제가 원인이다. 도성제, 팔정도는 괴로움을 소멸하는 여덟 가지 바른길이다. 팔정도 수행으로 몸과 마음이 평온하고 행복해지면 된다.'라는 말만 무성하게 하는 것입니다.

누가 여러분에게 '복(福) 많이 받고, 건강하고 행복해라.'라고 하면 여러분 중에 이런 말 싫어할 사람이 있겠는가? 바로 인간의 이런 심리를 이용해서 감성적으로 종교의 말이 만들어진 것이고, 여러분도 아는 보살이라는 것도 마찬가지 의미로 인간에 의해서 만들어진 존재입니다. 이같이 만들어 놓고 하는 말이 뭔가? '불보살의 서원을 세우게 되면 모든 불보살과의 서원이 일치되고 또 그 서원은 모든 불보살의 하고자 하는 뜻이므로 그분들의 일을 대신하는 뜻과 같아서 불보살께서 이러한 불자가 자신들의 일을 대신하는 것을 기뻐하여 반드시 가피력(加被力)을 베푸시게 되며 그 힘으로 가족은 물론 모든 인연 중생 무량겁의 부모 형제 등 시방의 일체중생들을 자신의 수행경계에 따라 모두 제도할 수 있다.'라는 사상적인 말(생각으로 지어낸 말)을 무수하게 만들고 여러분의 요구 사항에 따라 무수한 보살이 맞춤식으로 존재하는 것입니다. (7에서)

103-7 깨달음이란 무엇이며, 깨달음에 정의는 무엇인가요?

(답) (6에 이어서) 사람은 누구에게나 인생사가 힘들다는 것을 느끼고 삽니다. 따라서 보편적으로 겪는 인간의 괴로움을 위대한 존재, 절대자, 신 등이 자신을 도와준다고 하니 이 말 믿지 않을 사람이 이

세상 어디에 있겠는가? 그래서 이런 인간의 심리를 이용해서 타력적인 말(타력 신앙)이 만들어지게 됩니다. 예를 들어 '부처님께서 이러한 서원을 가진 중생이 비록 병약하여 혼자서는 험하고 먼 길을 갈 수가 없지만, 절대적인 능력자가 양쪽에서 팔을 부축해서 간다면 먼 길을 갈 수가 있는 것과 같아서 가피(加被)의 힘이 꼭 필요하다.'라는 말이 만들어진 것인데 이런 말을 여러분은 어떻게 생각하는가? 여기서 중요한 것이 '타력(他力)'이라는 말은 나 스스로 힘(의식, 의지)이 아닌 것을 말하는 것이고, 나는 자력(自力)의 논리를 말하는 것이어서 여러분은 이 자력과 타력의 개념 명확하게 정립해야 합니다.

여기서 중요한 것은 앞서 자력, 타력의 논리를 말했는데 불교는 진리에 대하여 '자력'인가, '타력'인가, 아니면 자력 타력의 겸용인가 등의 논란을 오늘날까지 하고 있는데 이것은 무엇을 의미하는 것일까를 여러분이 정립해야 하는데 이 말은 곧 '진리를 깨달은 자'의 말이 아니기 때문에 그렇습니다. 그러니 누가 이런 말 하면 이 말에 끄달리고, 저 말 하면 저 말에 또 끌려다니는 형국인데 참으로 안타까운 일입니다. 그러니 깨달음이라는 말도 어떤 사람이 어떤 관념, 사상으로 말하는가에 따라 무수한 말이 만들어져 왔고, 그것은 '팔만대장경'이라는 것에 그대로 나타나 있는 것입니다. 따라서 팔만대장경이라는 것 자체는 역사적인 가치는 있을지 모르겠지만, 문제는 그 속에 들어 있는 내용은 사실 부처가 한 말도 아니고 불교의 무수한 사상가들이 앞서 말한 대로 어떤 말 하나를 가지고 제각각의 사상을 피력한 것이 전부임을 알아야 할 것입니다.

여러분이 대단한 착각을 하는 부분이 금빛으로 치장한 위대한 존재, 위대한 능력을 갖췄다고 말하는 것을 믿으면 여러분이 지은 죄(업)를 다 사해주고, 여러분이 좋아하는 복을 내려준다고 믿는데 그런 존재는 없습니다. 여러분의 모든 것은 오직 자업자득 인과응보의 이치에 따라 현실에서 그대로 삶의 환경이 만들어져 있다는 것이 변함없는 진리 이치이기 때문에 물건으로 만들어진 모양을 가지고 온갖 말들하고 있는데 참으로 안타까운 일이라 할 것입니다. 여러분이 자연을 보고 무엇을 배운다는 말 많이 하는데 그렇다면 간단하게 고개를 쳐들고 허공에 침을 뱉으면 그 침이 어디로 떨어지는가를 생각해보면 자업자득 인과응보의 이치, 뿌린 대로 거둔다는 논리를 알 수 있을 것입니다.

이것은 자력의 개념으로 내가 그러한 행위를 해서 그 결과를 되받는 것이 되고, 아무것도 없는 하늘에서 그 위대한 존재가 그 침을 여러분의 얼굴에 떨어지지 않도록 해준다고 생각한다면 이것은 타력 개념인데 이 부분 여러분은 어떻게 정리할 수 있는가? 말도 많고 탈도 많은 것이 '깨달음'이라는 글자인데 불교의 긴 역사를 통해 보면 결국 '출가이든 재가이든 불교 자들은 선정(禪定) 또는 삼매에 들어가도록 수행하고, 선정이나 삼매에서 불교적 진리를 아는 지혜를 획득하고 깨달음을 얻었다고 생각된다.'라고 어림잡아 말합니다. 세부적으로 '선정이나 삼매로 표층 의식을 소멸시켜 심층 의식을 자각해 가고, 최심층의식도 소멸시키는 동시에 그 자신의 실존에서 모든 중생에 해당하는 근본진리를 아는 지혜를 얻어서 깨달음을 얻는 것이다.' 라고 말합니다.

그렇다면 이 말대로 깨달음을 얻기 위해 출가를 해서 집을 나가서 산속에서 벽을 보고 살아야만 깨달음을 얻을 수 있는가인데 내가 말하는 것은 인간이라면 인간의 무리 속에 살면서 제각각 사람들이 하는 행동을 보고 '왜 저 사람은 저런 행위를 하고, 또 저 사람은 저렇게 살아야 하는가?' 등의 본질을 아는 것이 깨달음입니다. 너와 나의 같음과 다름의 차이의 본질을 아는 것, 또 내가 자식을 낳았다면 이 자식은 나와 어떤 인연으로 태어나는가를 아는 것, 내가 마음먹은 대로 되기도 하지만 내 뜻대로 되지 않는 것은 뭔가 등의 모든 것을 하나씩 알아가는 것이 깨달음입니다. 그런데 나와 인연 된 모든 사람과의 관계를 끊고 홀로 무슨 수행 해서 선정(禪定)이나 삼매에 들어가면 깨달음을 얻는다고 하는 것은 진리적으로 이치에 맞지 않으므로 이 부분 정립해봐야 할 것입니다.

그러니 이치에 맞지 않는 말에 끌려다녀 살아가는 사람들을 여러분은 '도를 닦는 자, 수행하는 자'라고 생각하고 '불사'라는 이름으로 그들에게 온갖 것을 바치고 그렇게 했으니 나도 복을 받을 것이다, 부처가 가피라는 것을 내려 줄 것으로 생각하는데 다시 말하지만, 이치에 벗어난 행위는 반드시 악업(惡業)이 된다는 것을 알아야 할 것입니다. 종교가 하는 말을 보면 참으로 그럴듯한 말로 보이겠지만 이치에 벗어난 행위를 하면 결국 빙의(憑依)에게 놀아나게 되어 있고, 이 부분은 도라는 것을 깨달았다는 사람들이 한 말을 보면 쉽게 알 수 있습니다. 사람이 하는 말(언어)라는 것은 반드시 그 사람의 마음을 표현하는 것이어서 사람이 하는 말을 보면 그 사람의 마음이 뭔가, 어떤 마음이고 어떤 것(기운)이 그 사람을 지배하고 있는가는 매우 쉽게 알 수 있다는 것이고, 이런 것을 아는 것 보고 깨달음이라고 하고, 진리 이치를 아는 것이라고 해야 맞습니다. (8에서)

103-8 깨달음이란 무엇이며, 깨달음에 정의는 무엇인가요?

(답) (7에 이어서) 따라서 이같이 작용하는 마음 작용을 말하지 않고 사상으로 만들어진 무수한 말에 따라 수행이라는 것을 하면 해탈해서 자유롭게 되고, 중생에 대해서 무애(無碍) 자재로 작용해서 새로운 불보살적 인격으로 다시 태어나는 것이다. 수행하면 심오한 선정을 체득해서 과거·미래·현재에 이르는 자아적 존재를 확인하게 되고, '열반'으로 들어간다고 주장하고, 해탈(解脫)을 얻는다든지, 또 십이연기의 진리를 볼 수 있고, 결국 정등각(正等覺)을 얻는다는 식의 말 의미 없습니다. 거듭 말하지만 죽어서 윤회에서 벗어나는 해탈(解脫)이라는 것을 한다는 말은 먼 훗날의 이야기고, 내가 말하는 해탈은 오늘 하루를 살면서 괴롭지 않도록 사는 것, 나와 인연 지어진 모든 것을 이치에 맞게 정리하면 그 마음에 맞게 여러분은 괴로움에서 벗어나게 되고 마음에 흔적은 남지 않게 됩니다.

이것이 내가 말하는 진정한 해탈의 개념이고, 이같이 하지 않으며 앞서 말한 대로 종교적으로 염불하고, 또 무슨 수행이라는 것을 하면 어떻게 된다는 식의 논리는 아무 의미 없어서 깨달음이라는 것이은 뭔가? 종교에서 말하는 논리가 뭔가에 대하여 내가 말하는 것과 종교의 말을 비교해 보면 무엇이 이치에 맞는 말인가를 알 수 있을 것입니다. 사실 여러분의 입장에서 보면 오늘 하루 내 인생에 괴로움이 없기를 바라고 사는 것이 아닌가? 그런데 현실적인 말은 하나도 없고 수행하고 죽으면 해탈하고 정등각을 얻는다, 부처나 보살과 같은 반열에 이른다는 식의 말이 과연 여러분에게 현실적인 도움이 되겠는가를 생각해보라는 이야기입니다.

정리하면 깨달음이라는 것은 두 가지로 요약할 수 있는데 하나는 구구단 2단을 알고 나서 스스로가 9단까지를 안다면 이것도 물질 이치에서 깨달음이라고 할 수 있고, 다른 하나는 어떤 말이나, 논리를 접했을 때 그것이 상식선에서, 혹은 논리적으로 이치에 맞는가 아닌가를 아는 것이 깨달음인데 불교의 말을 봐도 이것에 맞는 말이 하나도 없는데 앞서 말한 십사무기라는 것을 보면 쉽게 알 수 있습니다. 따라서 불교에서 말하는 깨달음은 신비주의로 말을 꾸며낸 것이고, 내가 말하는 게 현실적인 논리를 상식으로 말하는 것이어서 이 부분 새겨봐야 할 것입니다.

또 하나는 불교의 기본이 되는 초기 불교(원시불교)를 보면 아난은 석가모니의 사촌이고, 석가모니의 시자로 있으면서 석모니가가 한 말을 다 기억하고 있다가 결집과정에서 아난은 석가가 한 말을 기억하고 있다가 그 말을 모두 말로써 했고, 처음에 '나는 이같이 들었다.'라는 말을 시작으로 무수한 말을 했다고 말하는데 이같이 한 사실 없다는 것이 진리적으로나 현실적으로 맞는 말이어서 이 부분 여러분이 이해하지 못하면 막연하게 불교의 말은 모두 석가가 한 말로 생각하게 되어 있습니다.

그래서 불교의 어떤 경을 보더라도 첫머리에 '여시아문(如是我聞)' 이라는 말이 나오는데 이 말은 '나는 석가에게 이같이 들었다.'라는 말인데 아난은 화현의 부처님 자식이었고 석가와 아무 인척 관계가 아니었다는 점 명심해야 합니다. 그런데 이런 부분을 어떻게 알 수 있는가인데 이것은 사람의 근본인 '참(眞) 나'라는 마음을 알면 이런 것을 아는 것은 식은 죽 먹기보다 쉽습니다. 바로 이런 이치를 알기 때문에 여러분이 왜 존재하고, 나는 왜 법이라는 것을 이 시대에 말해야 하는가 등 모든 것을 다 알 수 있는데 이것은 '나'라고 하는 아상이 없으면 매우 쉽게 알 수 있어서 이 부분이 '전무후무한 일이다.' 라고 화현의 부처님은 말한 것입니다.

사실 엄청난 일이 현실에서 일어나고 있는데 여러분은 나와 선율을 일개 무당으로 취급하는 사람도 있는데 참으로 안타까운 현실이고, 이것은 그만큼 이 세상이 뒤집혀서 이치에 맞는 말이 뭔가를 알지 못하는 것입니다. 결론은 불교에서 말하는 깨달음과 내가 말하는 깨달음의 개념은 완전하게 다르기 때문에 이 부분은 여러분의 의식으로 정립하는 수밖에 별도리 없다 할 것입니다.

104 해탈의 정의는 무엇인가?

답 해탈(解脫)을 사전에서 찾아보면 글자 그대로 '굴레나 얽매임에서 벗어나는 것' 불교에서는 '번뇌 · 속박에서 벗어나서 근심이 없는 편안한 심경에 이름. 열반(涅槃)'이라고 되어 있습니다. 결국, 어떠한 속박이나 굴레에서 벗어나는 것을 의미하는데 더 말하면 '괴로움 속에서 빠져나오는 것'도 해탈의 의미이며, 부모의 간섭에서 벗어나 홀가분하게 혼자 사는 것도 해탈이고, 학교에 다니다 졸업을 하는 것도 학교의 속박에서 벗어난 것이어서 이것도 해탈의 개념입니다. 부부가 서로에게 얽매여 있다가 떨어져 홀로 사는 것도 해탈이라고 할 수 있고, 인생을 살다가 죽으면 몸(육신-물질 이치)으로 겪는 고통이 없어서 절반 짜리 해탈이 된다고 할 수 있습니다. 이같이 보면 현실에서 어떤 곳, 상황에 구속되어 있다가 그것에서 벗어나는 것이라면 물질 이치에서 해탈이라고 할 수 있는데 문제는 진리 이치에서 내 마음이라는 비물질의 기운이 어느 것에도 걸림이 없는 마음이 되었는가가 진정한 해탈이 됩니다.

따라서 앞서 말한 물질의 논리에서 어떤 상황에서 벗어난 것만 두고 불교는 해탈을 말하고 있고, 나는 진리 이치에서 내 마음이 어떤 것에도 걸림이 없는 마음이 되었는가에 따라 생명체로 태어나는 윤회의 굴레에서 벗어날 수 있다는 것을 진정한 해탈이라고 말하고 있어서 이 부분 새겨봐야 하는데 물론 말이야 이같이 쉽게 할 수 있지만 보통 중생은 물질 이치에서 현실적으로 모든 것에 구속되어 살아가고 있으며, 진리적으로도 여러분의 마음은 뭔가의 걸림 속에 살아가고 있어서 중생은 물질 이치–진리 이치 두 가지의 굴레 속에서 벗어나지 못하고 사는 것이 현실입니다. 그렇다면 이 같은 걸림을 종교가 말하는 수행을 하면 자동으로 없어지고 깨달음을 얻고 윤회에서 벗어나 해탈이라는 것을 할 수 있는가인데 답은 '없다' 입니다.

그 이유는 지금 여러분이 사는 환경에서 자신과 얽혀 있는 모든 관계에 걸림 없이 마음에 흔적이 남지 않도록 정리해야 하고, 이것이 다 정리가 되었을 때 해탈이라는 것(생명체로 태어나지 않는 상태)이 되기 때문에 결국 이것은 몸을 가지고 있는 여러분이 몸을 움직이는 행동과 마음으로 정리해 가야 하는 것이어서 가만히 앉아서 무슨 수행으로 해탈한다는 논리는 매우 잘못된 것입니다. 다시 말하지만, 여러분이 일상을 살면서 문제를 풀다, 옷을 벗다, 용서하다, 놓아주다, 타이르다, 문제가 풀리다, 무엇이 이해되다, 말이 이해가 가다 등의 상황을 접하게 되는데 이 경우도 해탈의 일종이라고 볼 수 있는데 그 이유는 이같이 함으로써 '마음에 의구심'이 해소되기 때문에 그렇습니다.

더 말하면 여러분이 어떤 것에 의구심이 들고 있는데 그 의구심을 해소했다, 풀었다고 한다면 마음에서 그것이 해소될 것이고, 이것이 해탈의 기본 개념이라는 이야기입니다. 이같이 하는 과정에 여러분은 깨달음을 얻을 수 있는데 결국 이 순간 여러분의 마음에 일어난 의구심에 대하여 정리하면 소소하게 해탈을 하는 것이라고 할 수 있는데 마음에서 열 가지의 의구심이 들었고, 이 중에 하나씩 그 문제를 해결해가면 여러분 마음에서 의구심의 숫자는 줄어들게 되어 있다는 이야기입니다. 그런데 불교는 이 같은 논리를 말하지 못하면서 하는 말이 '모든 속박에서 벗어나 자유롭게 되는 것. 인간의 근본적 아집·집착으로부터의 해방을 말한다. 범부·중생은 탐욕·애착·분노·어리석음 등 온갖 구속과 속박으로부터 해방되어 자유를 얻는 것이 해탈이다. 해탈을 얻기 위해서는 선정(禪定)을 닦아 반야의 지혜를 증득해야 한다. 해탈이 곧 불법 수행의 궁극 목적이 된다.'라고만 말합니다.

왜 이렇게 복잡하게 말을 하는가를 여러분이 정리해야 하는데 내가 말하는 해탈과 불교가 말하는 해탈의 차이를 정리해 보면 뭐가 다른가를 알 수 있습니다. 예를 들어 아집과 집착으로부터의 해방이라는 말도 인간의 특성상 마음을 가지고 있어서 '내 마음, 나라고 고집하는 마음, 집착'등을 기본적으로 다 가지고 있는데 불교는 막연하게 탐진치 심의 마음을 버리라고만 말하는데 과연 인간이 기본적으로 가지고 있는 탐진치 심의 마음을 그릇에서 물 비우듯이 버릴 수 있을까? 답은 없다, 불가능하다는 것입니다. 그런데 나는 비울 수 있고, 버릴 수 있다는 논리를 말하고 있는데 그 방법은 어떤 사안에 대하여 나의 주관적인 관념으로 봐야 할 상황이 있고, 객관적으로 봐야 할 상황이 있어서 그 상황에 맞게 나를 개입시키고 나를 뺄 상황이면 빼버리고 그 문제는 풀면 된다는 논리를 말하고 있어서 이런 것을 분별해서 여러분 마음을 사용하면 앞서 말한 대로 마음에 흔적(괴로움)은 하나씩 지워진다는 것을 말하고 있어서 불교가 말하는 것과는 차원이 다른 말을 하고 있음을 알 수 있고, 어떤 논리가 맞는가는 결국 여러분의 의식으로 정리하는 수밖에 별도리 없습니다.

다시 정리하면 불교는 해탈에 대하여 '모든 속박에서 벗어나 자유롭게 되는 것. 인간의 근본적 아집·집착으로부터의 해방을 말한다. 범부·중생은 탐욕·애착·분노·어리석음 등 온갖 구속과 속박으로부터 해방되어 자유를 얻는 것이 해탈이다.'라는 말을 하지만 이것은 구체적인 기준이 없는 말이고, 내 말은 앞에서 했지만 나를 개입시켜야 할 상황과 빼야 할 상황을 분별하여 어떤 일이든 처리하면 그것을 통해 여러분 마음에 흔적은 그 마음에 맞게 지워집니다. 따라서 내 마음에 남아있는 흔적을 지우는 것 이것이 해탈의 정의가 되는 것입니다. 이같이 볼 때 결국 여러분 문제는 여러분 스스로가 얼마든지 풀어갈 수 있는데 이것 보고 '자력(自力)'이라고 하는 것이고, 사람들에 의해서 만들어진 사상으로 수행하면 그 누가 내 문제를 풀어준다고 말하는 것은 '타력(他力)'이 된다는 것을 정립해야 합니다. 따라서 종교는 모두 그 무엇이라는 것을 앞세워 그들이 한 말을 따르면 된다. 모든 문제는 해결할 수 있다는 논리여서 이 부분 깊게 새겨봐야 합니다.

그래서 이런 과정을 말하지 않고 막연하게 '해탈을 얻기 위해서는 선정(禪定)을 닦아 반야의 지혜를 증득해야 한다. 해탈이 곧 불법 수행의 궁극 목적이 된다.'라고 말하는 논리는 말 그대로 꿈같은 말에 불과한 것입니다. 문제는 앞에 '선정(禪定)'이라는 말이 있는데 여기서 선(禪)이라는 말은 초기 불교가 만들어질 때는 이 선정(禪定)이라는 말은 없었고, 이 말은 불교가 4차의 결집을 하는 과정에 새롭게 등장한 말입니다. 이 말은 무슨 의미인가? 따라서 깨달음을 얻는다는 이 말은 모두가 다 하고 있지만, 그 방법은 제각각 다 달라서 오늘날 불교는 약 50개의 종파(宗派)가 만들어진 것인데 이 말은 깨달음이라는 것이 뭔가를 모르기 때문에 다른 방법을 제시하고 있어서 이런 현상이 나타나는 것입니다. 그래서 서울을 가본 사람은 한마디로 서울을 말할 수 있지만 가보지 않은 사람들의 입에서는 무수한 말이 난무하게 되어 있는 것과 이치는 똑같습니다. 이같이 말하면 누구는 '임사체험'을 통해서 사후세계, 혹은 죽음 이후의 세계를 알 수 있다고 말할 수 있겠지만 대단한 착각입니다.

그래서 눈에 보이지 않지만, 자연의 기운인 마음을 알면 이 세상에 존재했다가 죽은 사람이 지금 어디서 어떻게 존재하는가는 매우 쉽게 알 수 있고, 불교에서 말하는 저승, 도솔천, 천당, 좋은 세상 등이 별도로 있는가 없는가는 죽은 사람의 마음을 통해 보면 쉽게 알 수 있는 부분입니다. 따라서 결론적으로 여러분은 종교수행을 하다가 죽은 사람은 당연히 좋은 곳으로 갔을 것이고, 또 그들이 말하는 세상으로 해탈해서 갔을 것으로 생각하기 쉬운데 대단한 착각이고 해탈이라는 것은 진리의 기운이 있는 이 지구 상에 같은 죽은 사람의 마음(기운)과 살아 있는 인간의 기운으로 공기 속에 공존하고 있지만, 윤회에 들지 않고 생명체로서 윤회하지 않고 있는 기운을 해탈한 기운(마음)이라고 해야 맞아서 불교에서 말하는 것과 내가 말하는 해탈의 정의가 다르기 때문에 이 부분 정립해야 할 것입니다.

오늘 어떤 문제로 인해 괴로움을 겪고 있다면 이 문제가 잘 해결되어서 그것에서 벗어난 것도 해탈입니다. 마음에 어떤 의구심이 들었는데 그것을 완전하게 이해하는 것도 해탈이고, 인생을 살아감에 있어 마음에 어떠한 흔적도 남지 않는 게 해탈이고, 궁극적으로는 어떠한 생명체로 다시 태어나지 않는 것도 해탈인데 문제는 인생을 살면서 윤회에서 벗어난다는 것은 하늘에서 별 따기와 같은데 사람들은 해탈하자는 말 거창하게 입에 달고 사는데 안타까운 일입니다.

105-1 인간으로 태어나지 않기 위해 어떻게 해야 하는가요?

답 이 글을 보는 여러분은 이 세상에 무엇 때문에 태어나 존재하는가를 생각해 본 적이 있는가? 또 '존재 이유를 생각해 본 적이 있는가'를 물으면 뭐라고 답할 수 있는가? 보통 사람들은 부모가 연애해서 나는 태어났고, 태어났으니 살아갈 뿐이라는 생각하고 있을 것입니다. 또 종교인은 자신의 존재를 알기 위해 수행이라는 것을 통해 알려고 발버둥 치고 있는 것이 전부인데 한마디로 태어나는 것, 존재 이유에 대한 정의를 내리면 '존재해야 할 이유'가 있어서 존재하는 것이라고 하면 되고, 이 이유를 아는 것을 '깨달음'이라고 하는 것입니다.

그런데 심지어 불교에서도 '이것이 있어 저것이 있다'는 연기법을 말하면서 여러분이 왜 세상에 존재하는가의 본질을 구체적으로 말하지 못하고 심지어 '부모가 연애해서 존재한다'는 말을 하기도 하는데 이 말은 연기법과 완전하게 배치되는 말입니다. 그래서 근본적으로 자연 속에 모든 생명체가 존재하기 때문에 자연의 기운(마음), 섭리, 이치를 알면 여러분은 물론이고 개미 한 마리가 왜 존재하고, 미생물로, 코로나 등과 같은 무수한 질병이 생기는 이유, 원인을 알기는 매우 쉽습니다. 여러분은 불교에서 운명(運命)이 있다고 말하는가? 말하지 않는가를 정리하고 있을까? 불교의 기본적인 논리는 죽으면 모든 것이 무(아무것도 없고)와 공(비어있다)이라는 말이 기본적인 논리입니다.

그래서 어리석은 사람들은 '한번 왔다 가는 인생 즐기며 살자.'라는 말을 하는데 대단한 착각 속에 빠져 있음을 알아야 할 것입니다. 이 말을 가만히 생각해 보면 전생, 운명, 불교에서 말하는 연기법 등을 다 부정하는 말이어서 그렇습니다. 과연 그들의 말대로 '이 세상 한 번 왔다 가는 인생인가. 한 번으로 끝나는 삶인가'를 여러분이 정립해야 하는데 이것을 정립하지 못하면 여러분은 무엇을 알려고 할 것이 하나도 없고, 그저 각자의 마음에서 일어난 대로 행동하고 살면 됩니다. 그래서 이 세상을 가만히 보면 떼돈을 벌어 '인생을 즐기자'는 단편적인 사고를 가지고 사는 사람, 이 세상천지입니다. 죽기 전에 세계 일주하고, 좋다는 음식 찾아다니고, 명품이라는 것으로 몸치장하고, 몸에 좋다는 것은 애써 다 찾아다니며 먹으려 애쓰면서 정작 내가 어떠한 마음으로 살아야 하는가를 생각하는 사람 별로 없습니다.

이 글을 보는 여러분은 과연 '사람으로 태어나 사람답게 살다가 사람답게 죽는 삶'을 한 번이라도 생각해 봤는가? 그렇다면 어떻게 생각하는 것이 인간답게 사는 것으로 생각하는가? 이같이 말하면 대부분은 '나를 돌아보는 과정부터' 생각해야 한다고 말할 것입니다. 그러면서 "나는 지금 뭘 하고 있을까? 제대로 사는 것이 맞나? 에이, 다들 이렇게 살겠지."라고 생각하면서 자신의 합리화를 생각할 것입니다. 어떤 사람들은 '나 자신을 살필 여유도 없이 바쁘게 사는데 무슨 마음공부이며, 나를 되돌아볼 시간이 어딨어?'라고 말하는 사람도 있을 것이나 이것은 대단히 잘못된 의식인데 내가 말하는 것은 시간을 내서 무슨 수행을 하라는 말이 아니라 일상을 살면서 마음에 중심을 어디에 두고 살아야 하는가를 말하는 것이어서 별도로 자신을 위해 어떠한 수행을 해야 한다는 것을 말하지 않습니다.

어찌 되었든 문명이 발달한 사회에서 현대인들의 마지막 목적은 과연 무엇인가? 돈 많이 벌고 다들 잘 먹고, 잘 살자 아닌가? 다시 말하지만, 인간인 여러분은 살아가면서 기본적인 생활양식이나 행동 양식을 배우지만, 정작 인간이 어떤 마음가짐으로 살아야 하는가? 또 나아가 그 누구도 '삶과 죽음'에 대한 근원적인 문제는 가르쳐 주지 않습니다. 대부분 인생을 살면서 후회되는 지난날 과거를 생각하고, 노력해도 발전 없는 현재의 삶, 그리고 불투명한 여러분의 미래를 생각하고 불안해하는 하루를 살고 있지 않은가? 지금까지 이 세상 살다가 죽은 사람도 대부분 이런 삶을 살다가 죽었습니다. 문제는 모두에게 공평하게 주어진 하루를 어떠한 마음으로 사는가입니다.

따라서 여러분이 '한 번의 인생이다.'라는 생각으로 오기, 객기 부리고, 살아봐야 이생 한 번으로 끝나는 것이 아니라는 점입니다. 인간으로 태어나 누구나 잘살고 싶고, 아무도 자신의 인생을 망치고 싶지는 않을 것입니다. 그러나 되돌아보면 결국 여러분은 여러분 스스로가 자신의 인생을 망치는 삶을 살고 있음을 명심해야 합니다. (2에서)

105-2 인간으로 태어나지 않기 위해 어떻게 해야 하는가요?

답 (1에 이어서) 우리 주변에 보면 많은 사람은 '왜 사는지, 어떻게 살아야 하는지, 어떤 모습으로 죽고 싶은지'에 대해 궁금해하며 자신에게 질문할 것이나, 문제는 이런 질문에 대한 답은 여러분 스스로가 절대 찾지 못합니다. 따라서 혼자 독불장군처럼 오기로, 객기로 자신에게 삶에 문제를 끊임없이 물어보고 생각해 봐도 제대로 된 명확한 답을 찾을 수 있는 사람은 없습니다. 왜 없을까? 그것은 팔은 안으로 굽는 것과 같이 스스로가 자신을 정당화, 합리화시켜서 모든 것을 생각하기 때문에 그렇습니다. 앞서 말했지만 대부분 사람은 자신을 돌아보며 스스로 마음을 파악하는 과정을 중요하게 여기지 않습니다. 언제까지 시간이 없다는 핑계로 나 자신을 잘 모르는 상태를 유지하고 살 것인가를 생각해봐야 할 것입니다.

시간은 멈추지 않을 것이고, 되돌아보면 나이는 들어가고 결국 '인생 살아보니 무의미한 인생살이구나!'라고 말할 것이나 인생살이라는 것 결코 무의미한 것이 아닙니다. 여러분이 인생살이 괴롭다고 생각하고 하는 말이 '다시는 이 세상에 태어나고 싶지 않다'는 말을 하는 사람도 있고, 누구는 죽어서 다음 생에도 다시 인간으로 태어나고 싶다고 말하는 사람도 있을 것이나 여러분이 그렇게 생각한다고 해서 그 뜻대로, 마음대로 되지 않는다는 점 새겨들어야 할 것입니다. 결국, 여러분이 생명체로 태어나지 않는 방법은 물질이 많다고 해서 그렇게 되는 것도 아니고, 어떤 종교수행을 오래 해서도 그렇게 되는 것도 아니고, 단 하나의 방법은 지금 여러분의 마음을 이치에 맞게 만드는 방법 말고는 답이 없다는 것 명심해야 합니다.

어리석은 인간은 당장 뭐가 마음에 든다고 하면 시시덕거리고 살 만한 인생이라고 생각하고, 뭐가 마음에 들지 않으면 죽네 사네를 말하면서 갈대처럼 마음에 중심을 잃고 사는 사람, 이 세상에 넘쳐 납니다. 하루살이가 천만년 살 것처럼 꿈을 꾸고, 불나방은 자기 몸이 타 죽을 수 있는 불을 보고도 그 불 속에 파고드는 것과 같은 인생을 사는 사람, 이 세상에 넘쳐납니다. 그러면서 입으로 온갖 말을 하는데 이런 세상이 아비규환의 세상이라고 해야 맞고, 지저분한 인간 세상에 다시는 태어나지 않기 위해 여러분이 당장 무엇을 해야 할 것인가를 정립하지 않으면 짐승만도 못한 인생 살다 죽게 되어 있다는 점 명심해야 합니다.

왜 짐승만도 못한 삶이라고 말하는가? 그것은 짐승은 인간과 같은 아상(我想)의 마음이 없어서 그렇습니다. 다시 말하면 어떤 강아지가 전생에 어떠한 업을 지었다면 그 업으로 강아지로써 10번만 윤회를 하면 전생에 지었던 그 업은 그 업의 유통기한에 따라 기타의 생명체 등인 강아지로 태어나고 죽고를 반복하면 되지만 이 인간이라는 것은 아상이 있고, 이 아상으로 전생에 지은 그 업을 부풀릴 수 있어서 열 번의 윤회가 아닌 100번의 윤회를 할 수 있고, 아상이 있는 인간으로 태어나면 절대 전생에 업의 소멸은 할 수 없습니다.

다시 말하면 하루살이로 나고 죽고를 10번을 하면 하루살이의 그 업은 소멸하지만, 인간은 아상이 있어 그 업을 그대로 받아들이지 못하고 이 아상으로 반복해서 업을 짓기 때문에 종교에서 윤회에서 벗어나 해탈을 하자는 말은 진리이치에 맞지 않으며 지극히 감성적인 희망 사항에 불과하고 이룰 수 없는 꿈임을 명심해야 합니다.

따라서 이생에 인간으로 태어난 것을 여러분은 행운이라고 해야 맞는데 그 이유는 인간으로 태어난 기회를 가진 것은 '인간으로 태어났을 때 이런 진리 이치를 알고 반성하여 깨달아서 진급된 삶을 살라'라는 기회를 준 것이어서 이 자체가 여러분에게 행운이 되는 것이고, 한 번뿐인 인생 먹고 마시고 인생을 즐기며 살라는 기회를 가진 것은 아니어서 이 부분 깊이 생각해보면 어떻게 하는 것이 생명체로 태어나지 않게 되는가를 스스로가 정립할 수 있을 것입니다. 여러분이 이 개념을 이해하면 하루하루 괴로움을 줄여가는 방법이 최선이고, 괴로움이 줄어들면 마음에 흔적도 점차 지워지게 되어 있고 궁극적으로는 해탈이라는 것을 하게 되어 있어서 이 말에 의미 깊게 정립해야 합니다. 그래서 꼭 죽고 나서, 죽음 이후만을 말하는 종교의 논리는 매우 잘못된 논리입니다.

106-1 돈을 많이 벌기 위해서는 어떻게 해야 하는가요?

답 이 세상 인간으로 태어났으면 현실에서 돈이라는 물질은 꼭 필요합니다. 그러나 내가 얼만큼을 가져야 하는가는 정형화해서 말할 수는 없고, 얼마가 있어야 한다는 목표를 세우는 것도 매우 잘못된 의식입니다. 지구 상에 80억의 인간이 있다고 해도 제각각 가지고 있는 물질의 차이는 다 다릅니다. 그 이유는 왜 그럴까? 그것은 전생에 물질의 선업을 얼마나 쌓아두었는가에 따라 나타나는 것이 다르기 때문에 그렇습니다. 그렇다면 부자는 모두 물질의 선업을 지었다는 것인가는 아니라는 점입니다. 수차 한 말이지만 부자도 부자 나름인데 선업을 지어서 되받는 물질과 아상으로 돈을 벌어서 부자가 되는 경우는 다릅니다.

이 말은 사회, 경제의 논리와 시대적 배경 등이 맞아떨어졌을 때 상업적으로 돈을 벌 기회가 주어지는 것이어서 단순하게 그들이 선업을 지어서 부자가 되었다고는 할 수 없습니다. 따라서 질문에 '돈을 많이 벌기 위해서는 어떻게 해야 하는가?'라는 말은 포괄적인 질문이고, 개개인이 인생을 살면서 어느 정도의 물질을 가지고 살아갈 수 있는가를 아는 방법은 각자의 '참(眞) 나'의 마음을 보면 쉽게 알 수 있습니다. 그래서 전생에 물질의 선업을 짓지 않은 사람이 남이 무엇을 해서 부자로 사니 나도 그렇게 따라 하면 된다고 생각하고 누구의 성공 이야기에 나온 부분을 따라 하지만 그렇게 한다고 해서 그들처럼 부자가 되지 않습니다.

또 하나는 어느 정도 부를 가지고 사는 사람이 하루아침에 알거지가 되는 경우도 흔히 보는데 이것은 진리적으로 지었던 선업이 바닥을 드러내서 그렇고, 이것을 보고 '업의 유통기한'이라고 하는 것입니다. 마치 은행에 돈을 예치해 두고(전생에 선업을 지은 것) 이생에 어떤 시기에 기회가 주어지면 그 선업으로 인해 그만큼의 부를 얻을 수는 있지만, 그 선업이 다하면(은행에 예치한 돈을 다 빼면) 결국 그 사람이 가졌던 부는 사라지게 되는데 이것이 진리적으로는 기본 작용이 됩니다. 그런데 여러분은 누가 무엇을 했으니 나도 그렇게 하면 된다고 따라 하는데 이게 그렇지 않습니다. 한 시대를 살면서 시대적 환경, 상황과 내가 지은 업이 어느 시기에 어떤 상황으로 발현되는가 이 세 가지 상황에 맞게 전생의 업(業)은 발현되기 때문에 그렇습니다.

나는 이생에 물질을 많이 가진 사람이 물질의 선업을 짓기 쉽다고 말했는데 이 말은 본인이 진리 이치를 알든 모르든 간에 일단 물질의 여유가 있으면 그 사람이 하는 행위 속에는 이치에 맞는 행위가 있을 수 있어서 그렇습니다. 다시 말하면 돈을 써야 할 곳이 열 군데가 있다면 한 군데는 이치에 맞는 곳이고, 아홉 군데가 이치에 맞지 않는 곳이라고 한다면 이 사람의 의식으로 한 군데가 맞는다고 정립하고 한 군데만 물질을 쓰면 그것은 온전한 물질의 선업이 됩니다. 하지만 이것을 알지 못하고 열 군데에다 물질을 썼다고 하면 그중에 한 군데가 이치에 맞는 것이어서 선업이 되지만, 나머지 아홉 군데에 쓴 행위는 악업이 될 수도 있습니다.

이치에 맞게 쓰면 선업이고, 이치에 벗어난 곳에 쓰면 악업이기 때문에 이 두 가지를 여러분이 정립해야 합니다. 예를 들어 인간적인 감정으로 돈을 사용하면 여러분은 선업이 될 것으로 생각하겠지만 그렇지 않습니다. 인간적인 행위라고 하더라도 상대가 어떤 상황인가에 따라 그 행위는 선업이 될 수 있지만 여기서 선업을 지었다고 해서 그것으로 물질의 인과응보로 되받지 않으며 응당 인간으로서 당연하게 해야 할 도리를 한 것에 지나지 않기 때문에 여러분이 착각하는 것이 인간적인 행위도 선업의 인과응보를 내가 받는다고 생각하면 안 됩니다. 그런데 세상 사람들은 비참하게 그려진 어떤 대상을 보고 그 상황이 안쓰러워 물질로 도와주었다고 하면 '나는 선업을 지었다'라고 생각하는 사람이 있는데 그렇지 않습니다.

다시 말하지만, 인간이라면 반드시 인간적인 행위를 하는 것은 지극히 당연할 뿐 이것이 선업화(先業化)가 되지 않는다는 점 명심해야 합니다. 이같이 볼 때 인간적인 행위를 하더라도 문제는 그 상황이 뭔가, 그 대상이 뭔가에 따라 인간적인 선업은 고사하고 그 행위는 악업으로 되돌아온다는 것이 진리적인 입장입니다. 따라서 이생에 물질을 많이 갖지 못한 사람이라도 정확하게 이치에 맞는 행위를 하는 것이 진정한 선업이 되는데 물질이 많은 사람은 진리이치를 모르고 행동하면 앞서 말한 대로 오히려 악업이 될 수 있어서 물질의 여유로 한 군데가 아닌 열 군데에 사용하면 그중의 하나가 이치에 맞으면 우연히 선업을 지을 수 있지만, 나머지는 되받을 수 없는 인간적인 행위가 되거나, 아니면 오히려 악업이 될 수도 있습니다. (2에서)

106-2 돈을 많이 벌기 위해서는 어떻게 해야 하는가요?

답 (1에 이어서) 이것은 마치 이치가 뭔지를 모르는 사람이 자신 손에 씨앗을 한주먹 쥐고 밭에다 무작위로 뿌리면 그중에 우연히 발화(선업)가 잘되는 씨앗도 있지만 썩어 없어지는 씨앗도 있는 것과 같습니다. 그래서 나는 가진 게 별로 없는 사람은 하나의 씨앗을 심더라도 그 씨앗을 심을 자리가 좋은 땅인가 아닌가를 먼저 생각하고 좋은 자리에 하나의 씨앗(이치에 맞는 행위) 심으면 그 씨앗은 썩지 않고 잘 성장을 하는 것과 이치는 똑같습니다. 그이 세상은 이 같은 이치를 아는 사람이 없어서 보편적으로 '가진 자가 자신도 모르게 선업을 짓기 쉽다'는 말을 한 것입니다. 따라서 이런 이치를 알고 이생에, 이치에 맞게 물질을 사용하면 그것에 맞게 이생에 반드시 되받아지는 것도 있지만, 다음 생을 위한 적금을 드는 것과 같은 상황이 될 수 있습니다.

그러니 여러분 중에는 종교적으로 어떤데 불사라는 이름으로 물질을 사용한다고 해서 그것이 그들의 말대로 자신에게 어떤 이득이 된다고 생각하는 사람이 있는데 앞서 말했지만 보기에는 좋을지 모르겠지만 진리적으로는 그 행위가 이치에 맞지 않으면 반드시 그 행위에 대한 결과는 악업(惡業)화되어 되받게 되어 있습니다. 나는 돈은 '이치에 맞게 벌고 이치에 맞는 곳에 써라'는 말을 했는데 이 말에 의미 깊게 새겨봐야 할 것입니다. 그런데 문제는 이같이 작용하는 진리에 대하여 여러분이 물질로써 확인할 길이 없으니 여러분은 눈에 보이는 곳을 좋아하고, 또 감성적인 말에 마음을 끄달리고 생색을 내고자 하는데 이것 보고 아상이라고 하는 것입니다.

아상(我想)이라는 것이 뭔가? 말 그대로 '나를 내세우고자 하는 행위, 행동'이 아상이라고 하는 것인데 이치에 맞지 않지만, 겉으로 생색을 내고자 행위를 하고 그곳에서 '귀한 대접'을 받으면 대부분 사람은 좋아합니다. 하지만 앞서 말했지만 그렇게 한 행위는 보기에는 좋아 보일 수 있지만, 이치에 맞지 않는다면 그 행위는 오히려 나라는 아상을 키우는 행위가 되고, 그 결과는 악업으로 자신에게 좋지 않은 인과응보가 된다는 점 명심해야 합니다. 그래서 돈이 많다고 해서 선업을 많이 짓는 것도 아니고, 없다고 해서 물질의 선업을 짓지 못한다고도 말할 수 없는데 그 이유는 각자가 진리 이치를 얼마나 아는가에 따라 그 결과는 달라지기 때문에 그렇습니다.

그렇다면 앞서 말한 논리대로 이 세상의 모든 사람을 보면 전생에 그 사람들이 어떻게 살았는가는 쉽게 알 수 있을 것이고, 그렇다면 또 나는 지금 어떻게 해야 하는가를 알 수 있을 것입니다. 다시 말하지만 '물질 이치, 진리 이치' 이 두 가지는 별도로 업이 작용하는데 물질이 많다고 해서 그 사람의 마음이 좋다고도 할 수 없고, 물질이 없으니 그 사람의 마음이 좋지 않다는 식의 논리는 성립되지 않습니다. 인간의 삶이라는 것은 음지가 양지가 되고, 양지가 음지가 될 수 있어서 '영원한 부자'라는 것은 존재할 수 없습니다. 그래서 최상은 물질도 이치에 맞게 쓰고, 마음도 이치에 맞게 만들어가는 삶을 여러분이 추구하지 않으면 균형 있는 삶을 살 수 없다는 것이 진리적인 입장이어서 이 부분 새겨봐야 할 것이고, 전생에 지은 선업도 없는데 이생에 남들 하는 것 보고 용써봐야 되는 일 없습니다.

음식점을 하더라도 전생에 음식을 해봤던 사람이 이생에 음식점을 하면 되는데 전생에 음식과 관련 없는 삶을 산 사람이 '누가 무엇을 해서 돈을 벌었네.'라고 하면 나도 그렇게 하면 될 것으로 생각하고 있는 것 없는 것 다 가져다 뭔가를 하는데 그게 그렇게 한다고 해서 되는 것 없습니다. 따라서 내가 말하는 요지는 이런 진리 이치의 작용을 이해하고 '그렇다면 나는 어떻게 해야 하는가?'라는 것을 반드시 정립하고 하루를 그것에 맞게 살면 반드시 여러분의 삶은 그 마음에 맞게 변하고, 여러분의 환경은 변하게 되어 있음을 명심해야 하고, 이것이 아니라 종교에서 말하듯이 '내 마음먹기에 달렸다.'라고 생각한다면 그 마음 따라 살든지 말든지 이것은 각자가 알아서 선택하면 됩니다.

문제는 이치에 맞는 말을 기준을 삶고 사는가? 아니면 그저 여러분 마음에서 일어난 그 마음을 따라 사는가는 완전히 다릅니다. 그래서 마음에 기준을 어디에 두고 사는가가 중요한데 이같이 말하면 누구는 '그렇다면 내 마음대로 살지 않으면 나는 허수아비가 아닌가?'라는 말을 하는 사람도 있겠지만, 허수아비의 삶은 이치에 맞지 않는 말에 끌려다녀 무의식으로 사는 삶이 허수아비의 삶이고, 이치에 맞는 말인가를 분별하고 맞는 말을 따르는 것은 허수아비의 삶이 아니어서 이 부분 깊게 정립해야 할 것입니다. 따라서 빙의가 여러분 마음에 작용하여, 영향을 주어서 그 마음에 일어나는 마음을 여러분은 내 마음이라고 인식할 수도 있어서 이 경우가 '허수아비의 삶'이 되는 것입니다.

따라서 여러분이 타고난 마음에 물질의 선업이 없다면, 지어놓은 물질이 없다면 결국 인생 살면서 내 마음에 따라 산다고 해도, 아무리 용을 쓴다고 해도 얻어지는 것, 되받아야 할 것이 없기 때문에 먼저 진리의 작용을 이해하고 타고난 게 없다면 이생에서라도 이치에 맞게 물질의 선업을 만들어가는 것이 의식입니다. 사실 이런 말 여러분이 얼마나 이해할지 모르겠지만, 이것이 아니라 빌어서 기도해서, 절대자나 신에게 빌면 되고, 운 맞이 등을 하면 된다는 그 말에 따라 살든 이 부분은 각자가 알아서 정립하면 될 것입니다.

107 신(神)은 존재하며 전지전능한 능력이 있는지요?

(답) 인간이 지구 상에 존재하면서 오늘날까지 말도 많고 탈도 많은 말 중의 하나가 신(神), 귀신(鬼神)이라는 말인데 우선 사전적으로 하는 말을 보면 신(神) '종교의 대상으로 우주를 주재하는 초인간적·초자연적인 존재, 귀신, 하나님, 불가사의한 것, 정신, 혼 등으로 정의'되어 있는데 이런 말은 모두 인간들이 지어낸 말이고, 실제는 '빙의 현상'만 존재한다고 해야 맞는 말이 됩니다. 다시 말하면 빙의 작용을 알지 못해서 뭔가가 있다는 의구심을 풀지 못해서 이 같은 말들이 만들어져 오늘에 이른 것이라고 해야 맞는 말이 됩니다. 귀신이라는 것도 마찬가지인데 빙의 작용으로 나타나는 현상을 각자의 사상에 따라 신(神), 귀신(鬼神)이라고 구분한 것이 전부입니다.

다시 말하지만, 신이라고 해서 '종교의 대상으로 우주를 주재하는 초인간적·초자연적인 존재'는 없음을 반드시 정립해야 하고, 그다음 일반적으로 '신이 무당에게 붙어 영적(靈的)인 행동한다. 신이 사람에게 내려, 모든 것을 알 수 있도록 영이 통하다'라는 식의 말도 모두 빙의 현상이라고 해야 맞는 말이 되며, 실제 일반적으로 말하는 신, 귀신이라는 말은 진리적으로 존재하지 않는 말입니다. 또 귀신(鬼神)이라고 하는 것도 '죽은 사람의 넋. 사람에게 화복(禍福)을 준다는 신령'이라고 말하는데 이것도 진리와는 아무 관련이 없고 오로지 진리의 기운이 존재하는 이 자연 속에 죽은 사람의 마음이 살아 있는 사람에게 어떻게 작용하는가에 따라, 그 사람이 사회적으로 어떤 지위에 있는 사람인가에 따라 진리의 기운으로 작용하는 현상에 대하여 신, 귀신이라고 이름을 붙였다는 것이 전부입니다. 이 개념으로 부처라는 존재도 모두 인간의 상상력으로, 사상으로 설정되고 만들어졌다 할 것입니다.

따라서 지금, 이 글을 보는 여러분도 신, 귀신에 대하여 어떠한 정리를 하고 있을 것이나 여러분이 기존 사람들이 하는 말을 마음에 두고 있고, 실제 이런 존재가 있다고 생각한다면 이미 여러분 마음은 흐려 있고, 또 그 마음에 빙의가 작용하고 있을 수 있음을 명심해야 할 것입니다. 질문처럼 여러분은 일반적으로 말하는 '신(神)은 존재하며 전지전능한 능력'을 가진 자를 현실에서 본 적이 있는가? 이같이 말하면 종교적으로 말하는 전설, 소설과 같은 말이 전부이며, 또는 인간의 상상력으로 만든 영화 같은 데서, 혹은 판타지 소설 같은 데서 등장하는 그런 존재를 신(神)이고, 전지전능한 능력을 갖춘 자라는 것을 상상하고 있을 것이나 이것은 대단한 착각인데 그 이유는 실체 하지 않는 것이어서 그렇습니다.

결국 종교에서 만들어진 말은 모두 지구가 네모나고, 달에는 토끼가 산다는 것을 믿었던 시기에나 있음 직한 말이고, 호랑이가 담배를 피우던 시기에나 한 말이기 때문에 벽화에 그림, 혹은 영화 속에 나오는 그런 존재는 허황한 것임을 명심해야 할 것이고, 진정한 신이라는 것은 여러분의 마음을 알고, 진리의 기운, 흐름을 아는 자, 이치에 맞는 말을 하는 자를 현실적으로 신이라고 해야 맞아서 이 부분 정립하지 못하면 여러분은 기존 사람들이 설정하고, 꾸며 놓은 그런 존재에게 끄달릴 수밖에는 없습니다. 따라서 이같이 만들어진 신을 대입해서 '어떤 일에 남보다 뛰어난 재주가 있는 사람'을 비유해서 신이라고 말하는데 이런 부분이 은연중에 여러분 마음에 차지하고 있어서 그 마음을 고친다는 것은 매우 어렵습니다. 여러분이 대단히 잘못 알고 있는 부분이 '전설에 나오는 것'을 현실에서 일어난 것으로 생각하는데 그렇다면 무엇을 보고 신화나 전설(傳說)이라고 하는 것일까?

사전에서는 '예로부터 전해 내려오는 이야기. 어떤 민족 또는 지방에서 전승(傳承)된 설화(說話)'라고 되어 있는데 이 말은 과거 사실적으로 있었던 것을 전한 것이 아니라 '설화'라고 하여 말로써 전해져 오는 것을 의미하는 말이 전설입니다. 사실 이 전설은 언제 어느 때 만들어졌는가도 불분명한 것이 전부입니다. 그런데 사실이 아닌 말이 사실로 둔갑하여 마치 그것이 실체 하는 것으로 생각하고 아무런 생각 없이 그런 말을 마음에 담고 사는데 참으로 안타까운 일입니다. 예를 들어 신화(神話) 같은 것도 마찬가지입니다. 각각의 나라에는 그 나라의 시초가 되는 신화 같은 것이 다 있는데 여러분도 잘 알다시피 우리나라도 단군신화를 보면 곰이 마늘을 100일 동안 먹고 인간이 되었고, 이에 따라 한 민족이 형성되었다는 것이 요지인데 이 신화에 보면 무수한 신(神)들이 등장하는데 여러분은 이런 상황이 현실적으로 가능한 일이라고 생각하는가?

이 부분에 재론할 필요성이 없어서 여기서 생략하지만, 내가 말하는 것은 그렇다면 동굴 속에서 곰이 100일 동안 마늘을 먹는 것을 본 사람이 있을까? 사실 이런 말은 모두 인간의 상상력으로 만들어진 것이고 실제 이런 사실 없습니다. 그런데 왜 사람들은 이런 것을 기정사실로 해서 말하고 있을까? 바로 이것은 지구 상에 생명체가 존재하는 본질을 모르기 때문에 이처럼 무수한 신화, 설화라는 것이 만들어졌고, 이런 말을 아무 생각 없이 그대로 받아들이고 성장한 여러분의 의식은 과연 온전할까를 생각해보라는 이야기입니다.

그래서 사람의 마음을 멍들게 하는 것은 이치에 맞지 않는 말을 만들고 그것을 사실로 받아들이게 하는 설화, 전설과 같은 말들이 문제이고, 이런 말을 어릴 때부터 받아들이고 살아온 여러분의 의식은 온전할까를 생각해봐야 합니다. 예를 들어 때만 되면 누가 선물 보따리를 한가득 가지고 온다고 말하는 것도 과거 미개했고, 잘 먹지 못하고 살았던 시기에나 통할 수 있는 상황이고, 요즘에는 이런 말 믿는 사람 별로 없습니다.

그러니 잘 먹지 못하고 살았던 시기에는 목구멍이 포도청이라고 당장 먹을 것을 주니 그것에 현혹되어 그들이 하는 말이 사실인 것으로 여러분은 착각해 버립니다. 그리고 절대자가 천지를 창조한 전지전능한 신(神)이라고 말하는데 안타까운 일입니다. 결론적으로 질문에도 있지만 '신(神)은 존재하며 전지전능한 능력이 있는지요?'에 대한 답은 단호하게 '없다' 입니다. 다만, 죽은 사람의 마음이 어떤 사람의 마음에 작용하는가에 따른 '빙의 현상'만 존재하고 어리석은 사람들은 그것도 모르면서 신이고, 귀신이라고 나름대로 정의를 내려버린 것이고, 마치 이런 것이 과거 존재했던 실존의 것으로 생각하고 있을 뿐이라고 정리하면 됩니다. 따라서 지금도 여러분이 이런 것이 실체하고 있다고 생각한다면 이미 그 마음에는 '빙의'만 들락거리게 되어 있고 그 현상으로 여러분은 현실인지 꿈인지도 분별하지 못하고 살아가게 되어 있다 할 것이고 신, 귀신에 대하여 더 이상 말해본들 아무런 의미 없습니다.

삶에 지침서, 문/답
나我를 위해 죽기 전에 알아야 할 것들

초판 1쇄 인쇄 2026년 01월 22일
초판 1쇄 발행 2026년 01월 30일
지은이 천산야

펴낸이 김양수
펴낸곳 도서출판 맑은샘
출판등록 제2012-000035
주소 경기도 고양시 일산서구 중앙로 1456 서현프라자 604호
전화 031) 906-5006
팩스 031) 906-5079
홈페이지 www.booksam.kr
블로그 http://blog.naver.com/okbook1234
이메일 okbook1234@naver.com

ISBN 979-11-5778-733-3 (03110)